Johann Hinrich Wichern

Ausgewählte Predigten

Veröffentlichungen
des Diakoniewissenschaftlichen Instituts
an der Universität Heidelberg

Begründet von Theodor Strohm

Herausgegeben von Johannes Eurich und Volker Herrmann

Band 50

Volker Herrmann/Gerhard K. Schäfer (Hrsg.)

Johann Hinrich Wichern

Ausgewählte Predigten

EVANGELISCHE VERLAGSANSTALT
Leipzig

Bibliographische Information der Deutschen Nationalbibliothek
Die Deutsche Nationalbibliothek verzeichnet diese Publikation in der Deutschen Nationalbibliographie; detaillierte bibliographische Daten sind im Internet über http://dnb.dnb.de abrufbar.

Printed in Germany · H 7762

Das Buch wurde auf alterungsbeständigem Papier gedruckt.

Cover: Kai-Michael Gustmann, Leipzig
Satz: Volker Herrmann, Schwalmstadt
Druck und Binden: Hubert & Co., Göttingen

ISBN 978-3-374-03311-9
www.eva-leipzig.de

Theodor Strohm zum 80. Geburtstag

Vorwort

Mit der nun vorgelegten Auswahl von Predigten Johann Hinrich Wicherns wird ein langwieriger Editionsprozess abgeschlossen, der Ende der 1980er Jahre im Diakoniewissenschaftlichen Institut der Universität Heidelberg begann. Es haben viele Personen an der Bearbeitung mitgewirkt: Pfarrer i.R. Hans Fritzsche (†) hat die handschriftlichen Predigten Wicherns in ein Schreibmaschinenmanuskript überführt, das von Sabine Falter computertechnisch erfasst wurde. An der inhaltlichen Sichtung der Predigten war Prof. Dr. Klaus Müller beteiligt. Es folgten im Laufe der Zeit verschiedene Phasen der Überprüfung, an denen Dr. Urte Bejick, Dr. Walter Göggelmann, Andreas Klaffke, Pfarrerin Mirjam Rappel, Katja Vogelmann und Yvonne Weber sehr hilfreich mitgewirkt haben. Ihnen sei ebenso herzlich gedankt wie den Archivmitarbeiterinnen und -arbeitern des früheren Kirchenarchivs Hamburg, wo die Predigten zu Beginn der Arbeiten noch verwahrt wurden, sowie Herrn Archivar Wolfgang G. Fischer vom Archiv des Rauhen Haus Hamburg, in dem die Predigten inzwischen betreut werden.

Eine gute Unterstützung hat das Projekt über die Jahre hinweg durch das Diakonische Werk der EKD, inzwischen Diakonie Deutschland. Evangelischer Bundesverband, erfahren. Namentlich sei hier Direktor i.R. Dr. Karl-Dieterich Pfisterer genannt. In der Endphase gewährte auch das Forschungszentrum der Evangelischen Hochschule Darmstadt einen Zuschuss.

Die Edition der Wichern-Predigten ist dem ehemaligen Direktor des Diakoniewissenschaftlichen Instituts Prof. Dr. Dr. Theodor Strohm zum 80. Geburtstag gewidmet. Damit verbindet sich unser herzlicher Dank für alle über die Jahre erfahrene Begleitung und Unterstützung. Auch hinsichtlich des Editionsprozesses lagen wesentliche Phasen in der Zeit seiner Leitung des Diakoniewissenschaftlichen Instituts. Im Januar 2013 konnte ihm die Rohfassung des nun gedruckt vorliegenden Buches überreicht werden.

Schwalmstadt, Bochum *Volker Herrmann, Gerhard K. Schäfer*

Inhalt

Volker Herrmann/Gerhard K. Schäfer

Johann Hinrich Wichern. Ausgewählte Predigten – zur Edition

Johann Hinrich Wichern ist unter den Gründergestalten der Diakonie des 19. Jahrhunderts nicht der Einzige, dessen Werke nach seinem Tod in Werkausgaben ediert wurden. Es liegt z.B. eine entsprechende Edition der Werke von Wilhelm Löhe vor. Besonders ist Wichern aber durchaus auch deshalb, weil es gleich drei Werkausgaben von ihm gibt. Sie seien hier kurz genannt: 1. In der Zeit zwischen seinem 20. Todestag im Jahr 1901 und seinem 100. Geburtstag im Jahre 1908 erschien die sechsbändige Ausgabe der „Gesammelten Schriften", die v.a. von Wicherns Nachfolger in der Leitung des Rauhen Hauses, seinem Sohn Johannes, und Friedrich Mahling herausgegeben wurde.[1] 2. In den Jahren 1956-1962 gab Karl Janssen seine dreibändige Edition „Ausgewählte Schriften" heraus.[2] 3. In dieser Zeit, genauer gesagt im Jahre 1958, erschien der erste Band der editorisch zehnbändigen und buchbinderisch zwölfbändigen Ausgabe der „Sämtlichen Werke", herausgegeben von Peter Meinhold und dann fortgeführt von Günter Brakelmann.[3]

Trotz dieser insgesamt 21 Bände enthält keine der drei Werkausgaben auch nur eine einzige Predigt Wicherns. Die Edition von Predigten Wicherns wird zwar in den Vorworten der zuerst erschienenen Bände der Meinhold-Ausgabe angekündigt, ebenso wie eine Edition seiner Briefe. Beides wurde durch die Edition jedoch nicht eingelöst. Auch in den Unterlagen der von Günter Brakelmann abgeschlossenen Meinhold-Ausgabe finden sich keinerlei Anzeichen für entsprechende Vorarbeiten zu den Predigten Wicherns.

---

[1] Johannes Wichern/Friedrich Mahling (Hg.), Gesammelte Schriften D. Johann Hinrich Wicherns, 6 Bde., I-VI, Hamburg 1901-1908.

[2] Karl Janssen (Hg.), Johann Hinrich Wichern. Ausgewählte Schriften, 3 Bde., Gütersloh 1956-1962, bzw. 1979 (GTBS 431-433).

[3] Peter Meinhold/Günter Brakelmann (Hg.), Johann Hinrich Wichern. Sämtliche Werke I-X, Hamburg u.a. 1958-1988.

Das Projekt einer Edition der Predigten Wicherns hat Ende der 1980er Jahre Gerhard K. Schäfer,[4] damals Assistent am Diakoniewissenschaftlichen Institut, entwickelt; Volker Herrmann ist Mitte der 1990er dazu gestoßen. Der Editionsprozess hat sich als langwierig herausgestellt, was nicht zuletzt darin begründet ist, dass Wichern beim Schreiben seiner Predigten nicht an eine spätere Veröffentlichung gedacht hat. Bereits zu seinen Schulzeiten wurde er zu einer sauberen Handschrift ermahnt.

Was hat sich erhalten? Im Archiv des Rauhen Hauses in Hamburg werden 118 Predigten aufbewahrt, davon sind 110 Predigten datiert.[5] Die erste Predigt hielt Wichern 1826 als 18-Jähriger in seiner Zeit als Schüler des Hamburger Akademischen Gymnasiums. Die letzte Predigt ist aus dem Jahr 1873 überliefert, also 47 Jahre nach der ersten Predigt. Es gibt über diesen Zeitraum verteilt insgesamt zehn Jahre, aus denen wir keine Predigt haben. Die mit Abstand meisten Predigten eines Jahres stammen aus dem Jahr 1832, dem Jahr seines theologischen Examens und der Arbeit in der Sonntagsschule von Johann Wilhelm Rautenberg. Nimmt man das folgende Jahr 1833, das Jahr der Gründung des Rauhen Hauses, hinzu, so stammen 20 der 110 Predigten aus diesen beiden Jahren. Im rechnerischen Durchschnitt liegen uns pro Jahr zwei Predigten vor.

84 Predigten hat Wichern im Hamburger Raum gehalten, weitere 20 Predigten im Berliner Raum, sieben Predigten davon hat er in den Jahren 1858/63 im Zellengefängnis Moabit gehalten. Ansonsten lassen sich nur bedingt weitere Aussagen über die Predigtsituation machen, so hat er 1869 auf dem Jahresfest des Vereins der inneren Mission in Hamburg oder 1870 in Buckau bei Magdeburg „vor Fabrikarbeitern" – so lautet der Hinweis auf dem Manuskript – gepredigt.

Die Edition der Predigten versucht durch die Auswahl den langen Predigtzeitraum von fast einem halben Jahrhundert repräsentativ abzudecken. Zudem wurden für Wicherns Biographie bedeutsame Predigten wie seine

---

[4] Vgl. die Predigtedition Gerhard K. Schäfer (Hg.), Die Menschenfreundlichkeit Gottes bezeugen. Diakonische Predigten von der Alten Kirche bis zum 20. Jahrhundert (VDWI 4), Heidelberg 1991.

[5] In seiner Wichern-Biographie verweist Martin Gerhardt auch auf Predigten (z.B. am 1. Juli 1849, vgl. II, 184 und weiter auch II, 203-204, 210-211, 223, 278, 318 oder am 1. April 1866, vgl. III, 418), von denen sich jedoch keine Manuskripte in dem von ihm selbst eingerichteten Archiv des Rauhen Hauses erhalten haben. Zu Martin Gerhardt und der Entstehung des Archivs des Rauhen Hauses insgesamt vgl. Martin Gerhardt, Johann Hinrich Wichern und die Innere Mission. Studien zur Diakoniegeschichte, hg. von Volker Herrmann (VDWI 14), Heidelberg 2002, bes. 166-176, 210-219 sowie Volker Herrmann, Martin Gerhardt (1894-1952) – der Historiker der Inneren Mission. Eine biographische Studie über den Begründer der Diakoniegeschichtsforschung (VDWI 15), Heidelberg 2003, bes. 130-144.

erste Predigt, seine Examenspredigt, die beiden Predigten aus dem Revolutionsjahr 1848 oder die eben genannten Predigten aus den Jahren 1869 und 1870 aufgenommen. Zu seinen Lebzeiten hat Wichern selbst nur zwei Predigten in den Druck gegeben in den Jahren 1834[6] und 1869.[7] Nach seinem Tod wurde 1897 seine erste Predigt als Sonderdruck für die Mitglieder des 29. Kongresses für innere Mission in Bremen in der Druckerei des Rauhen Hauses aufgelegt.[8] 1931 sind Auszüge einer Predigt aus dem Jahr 1855[9] publiziert worden; schließlich wurde 1991 im Rahmen der Edition diakonischer Predigten eine Predigt aus dem Jahre 1864 veröffentlicht.[10]

Während die frühen Predigten Wicherns wortgenau ausgearbeitet und gut lesbar sind, ist die Handschrift in den späteren Predigten teils schwer zu entziffern, teils stellen die Manuskripte aber auch nur einen Entwurfcharakter dar. In späteren Predigten arbeitete Wichern zudem häufig mit Abkürzungen oder strich teilweise nachträglich ganze Passagen ersatzlos, wenn er sich beim Predigen nicht an sein Manuskript gehalten hatte.

Im Laufe des Editionsprozesses ergaben sich mit der Zeit einige Entscheidungen. Die Variante einer Gesamtedition schied auch aufgrund der eben erwähnten Umstände relativ rasch aus. So ergab sich der Plan einer Auswahl-Edition. Die Auswahl erfolgte hierbei erstens nach inhaltlichen Kriterien der einzelnen Predigten, zweitens nach der Relevanz der Feiertage, der Predigttexte und des zeitgeschichtlichen Bezuges sowie drittens in der Absicht, einen Überblick über 47 Jahre Predigttätigkeit Wicherns zu geben.

Die Predigten werden hier nicht in einer textkritischen Ausgabe vorgelegt; diese Absicht wurde im Laufe der Zeit nicht weiter verfolgt. Die Predigten werden hier im Sinne einer Lese-Ausgabe ediert, d.h. geboten wird der

---

6 Johann Hinrich Wichern, Predigt über 1. Kor 11,23-32 am grünen Donnerstage 1833, in: Zwölf Predigten gehalten von einigen Candidaten E.E. Hamb. Minist., Lehrern an den Hamburgischen Sonntagschulen, hg. zum Besten der Sonntagsschulen und der Rettungs-Anstalt für sittlich verwahrlosete Kinder in Hamburg. Mit einem Vorwort von L.[udwig] C.[hristian] G.[ottlieb] Strauch, Altona 1834, 177-195.

7 Johann Hinrich Wichern, Festpredigt gehalten am Jahresfest des Vereins für innere Mission in Hamburg, den 9. Nov.[ember] 1869 im Abendgottesdienst der St. Petri Kirche in Hamburg, Hamburg o.J.

8 Erste Predigt Johann Hinrich Wicherns über das Evangelium vom ungerechten Haushalter, Luk. 16,1-9, gehalten in seinem 18. Lebensjahre am 9. Sonntag nach Trinitatis (23.7.1826) auf der Kanzel der Dreifaltigkeits-Kirche zu Hamm bei Hamburg, Hamburg o.J. [1897].

9 Aus einer Osterpredigt Wicherns über Matth. 28,1-10, in: Das evangelische Hamburg. Neue Folge des Hamburgischen Kirchenblattes 25. Jg., Nr. 7 vom 1.4.1931, 93-94.

10 Johann Hinrich Wichern, Johannes 13,34-35 [9. Oktober 1864], in: Schäfer (Hg.), Menschenfreundlichkeit Gottes, 383-393.

mutmaßlich letzte Stand. Das bedeutet, dass eventuelle Streichungen, Änderungen etc. nicht angezeigt werden, sondern die dadurch entstandene neue Fassung. Nur in wenigen Ausnahmefällen werden auch Randnotizen ediert, vor allem, wenn sie anders nicht aufgenommen werden konnten. So hat Wichern in einem Fall z.B. den Schluss seiner Predigt (vom 11. August 1833) ersatzlos gestrichen und an den Rand „ungefähr" geschrieben. Hier wurde das gestrichene Ende der Predigt mangels Ersatz ediert, aber ebenso die Randbemerkung. In anderen Fällen wurden Streichungen von angefangenen Wörtern oder Sätzen nicht angezeigt. Ebenso wurden Abkürzungen weitgehend stillschweigend aufgelöst.

Allgemein folgt die Transkription den von Peter Meinhold in der Einführung zum ersten von ihm vorgelegten Band seiner Edition der Sämtliche Werke Wicherns 1958 gegebenen Richtlinien: „Wir haben uns hinsichtlich der Textgestaltung stets an den Wortlaut Wicherns gehalten, allerdings die heutige Rechtschreibung und Interpunktion soweit möglich durchgeführt, so jedoch, dass stets auch die schwere Diktion Wicherns erkennbar geblieben ist."[11]

Runde Klammern im Text ( ) stammen stets von Wichern. In eckigen Klammern [ ] finden sich neben der Angabe der Seitenzählung der jeweiligen Vorlage v.a. Nachweise für direkte oder indirekte Zitate von Bibelstellen, ggf. Erklärungen oder textliche Ergänzungen des transkribierten Textes. Von Wichern falsch angegebene Bibelstellen wurden stillschweigend berichtigt. Hinweise auf unleserliche Textstellen werden ebenfalls in eckigen Klammern gegeben: [... ul] = [... unleserlich]. Von Wichern im Manuskript unterstrichene oder anders hervorgehobene Stellen erscheinen im Druck kursiv, von ihm zweifach hervorgehobene Stellen gesperrt. Die Predigten haben in dieser Edition eine einheitliche Überschrift erhalten, in der Datum, Predigttext, die Zeitangabe innerhalb des Kirchenjahres sowie der Predigtort enthalten sind. Weitere Vermerke Wicherns werden in der Regel jeweils in der ersten Anmerkung wiedergegeben. Enthalten die Vorlagen Bibeltexte, so werden sie hier nach der Vorlage wiedergegeben. Bei den anderen Predigten werden die Bibeltexte nach der Lutherbibel in der revidierten Fassung von 1984 in eckigen Klammern ergänzt.

Die Liedangaben Wicherns wurden dort um die Angabe des Gesangbuches etc. ergänzt, wo dies dadurch möglich war, da Wichern sowohl die Liednummern als auch die Lied- oder Strophenanfänge genannt hat. Wenn Wichern nur Liednummern, aber keine Liedanfänge genannt hat, wurde kein weiterer Hinweis gegeben. Allerdings ist generell Folgendes sehr wahr-

---

[11] Peter Meinhold, Einführung, in: Ders. (Hg.), Johann Hinrich Wichern. Sämtliche Werke, Bd. 4/I, Berlin 1958, 11-16: 15.

scheinlich: Bis einschließlich 1842 bezieht sich Wichern in seinen Hamburger Predigten weitgehend auf das von 1778 bis zum Jahr des großen Hamburger Stadtbrandes 1842 aktuelle Gesangbuch: *Neues Hamburgisches Gesangbuch zum öffentlichen Gottesdienste und zur häuslichen Andacht ausgefertiget von dem Hamburgischen Ministerio*. Dieses wurde in verschiedenen Auflagen bzw. Ausgaben nachgedruckt.[12] Ab 1843 greift Wichern in seinen Hamburger Predigten auf das neu eingeführte Gesangbuch zurück: *Hamburgisches Gesangbuch für den öffentlichen Gottesdienst und die häusliche Andacht*.[13] In seinen Berliner Predigten verwendet Wichern seit 1853 die um einen Anhang erweiterte Ausgabe des *Gesangbuchs zum gottesdienstlichen Gebrauch für evangelische Gemeinen* von 1829.[14]

Weiterführend noch einige Hinweise zu Wicherns Sprachgebrauch.[15] Wicherns Sprache entspricht dem Stilideal des 19. Jahrhunderts: Er bildet sehr lange Sätze und verknüpft sie hypotaktisch miteinander. Dabei beachtet er streng das Prinzip der Klammerbildung, d.h. er fügt Nebensätze, Nominalgruppen, erweiterte Adjektiv- oder Partizipialattribute etc. zwischen den ersten und den zweiten Bestandteil von Verben ein. Das Ergebnis dieses Vorgehens sind sog. Schachtelsätze. Sie erschweren an manchen Stellen das Verständnis des Textes. In seinen Sätzen benutzt Wichern häufig nur Partizipien, ohne sie mit den Hilfsverben „haben", „werden" oder „sein" zu verbinden, z.B. „der für uns *geboren* [wurde]". Solche Sätze sind eliptisch und wurden durch Hinzufügungen in eckigen Klammern ergänzt.

---

[12] Da die 8. Auflage dieses Gesangbuches, Hamburg 1816, in der Regel die Hamburger Predigten Wicherns in der Zeit zwischen 1826 und 1842 abdeckt und zugleich zumindest aktuell im Internet leicht und kostenlos als e-book erhältlich ist, nachfolgend die URL: http://books.google.de/books?id=O7c-AAAAIAAJ&redir_esc=y. In den Anmerkungen wird auf diese Ausgabe durch folgende Angabe hingewiesen: „([8]1816)". Überprüft wurden die Angaben der vorliegenden Edition aber auch nach der Printedition, die in der Bibliothek des Diakoniewissenschaftlichen Instituts Heidelberg vorhanden ist: Neues Hamburgisches Gesangbuch zum öffentlichen Gottesdienste und zur häuslichen Andacht ausgefertiget von dem Hamburgischen Ministerio, 2. Auflage dieses [kleinsten] Formats, Hamburg 1829.

[13] Überprüft wurden die Angaben nach dem Exemplar in der Bibliothek des Diakoniewissenschaftlichen Instituts Heidelberg: Hamburgisches Gesangbuch für den öffentlichen Gottesdienst und die häusliche Andacht, Hamburg [1]1843. Zumindest aktuell im Internet leicht und kostenlos als e-book erhältlich unter der URL: http://reader.digitale-sammlungen.de/de/fs1/object/display/bsb10593153_00001. html

[14] Gesangbuch zum gottesdienstlichen Gebrauch für evangelische Gemeinen, Berlin [8]1853. In den Anmerkungen findet sich folgende Kurzangabe: „([8]1853)".

[15] Vgl. auch die Ausführungen auf S. 25.

Typisch für das Stilempfinden des 19. Jahrhunderts ist auch der Gebrauch unflektierter Partizipien und Adjektive, z.B. „ein *himmlisch*[es] Weihnachtsfest feiern“, außerdem heute obsolete Wortformen wie „[ge]*worden*“, „*des*[sent]*willen*“ oder die Voranstellung von Genitivobjekten, z.B. „*seiner Auferstehung* Kraft“ [die Kraft seiner Auferstehung].

Manchmal finden sich auch in Nebensätzen Hilfsverben, die vor dem finiten Verb stehen. Wichern lässt damit die von der Grammatik geforderte Endstellung finiter Verben im Nebensatz außer Acht und benutzt stattdessen die Hauptsatzposition, z.B. „die er hat zugesprochen“ [die er zugesprochen hat]. Er verwendet zudem teilweise Wörter in heute veralteten Bedeutungen. „Grund“ beispielsweise bedeutet weniger „Ursache“ als „Grundlage, Fundament“. Die Bedeutungsänderung der Wörter kann auch zum Wechsel ihrer syntaktischen Funktion führen. So kann „damit“ nicht nur eine finale Konjunktion sein, sondern auch wie das Relativpronomen „womit“ gebraucht werden. Er benutzt ebenso manchmal Substantive mit heute veralteten Genera, z.B. „*der* Runzel“. Auch der Numerus der Substantive kann differieren, so bei „die Ostern“ und „die Pfingsten“.

Da Wichern seine Predigten vor der Rechtschreibvereinbarung von 1901 verfasste, variiert seine Kommasetzung in sich und differiert stark vom heutigen Gebrauch. Offensichtlichte Flüchtigkeitsfehler wurden in der Edition stillschweigend verbessert.

Der Edition der Predigten Wicherns ist eine Einführung von Walter Göggelmann und Gerhard K. Schäfer vorangestellt. Am Ende des Bandes finden sich zur schnelleren Orientierung die Zeittafel zu Wicherns Lebensdaten von Gerhard Wehr und das Verzeichnis der erhaltenen Predigten Wicherns sowie ein Wiederabdruck des nach wie vor anregenden, aber inzwischen schwer zugänglichen Beitrags von Karl Janssen zu Wicherns Predigtanschauung aus dem Jahr 1959.

Abschließend sind die in den Anmerkungen zu den Predigten befindlichen Kurzangaben hier aufgeschlüsselt:

(^{8}1816) = Neues Hamburgisches Gesangbuch zum öffentlichen Gottesdienste und zur häuslichen Andacht ausgefertiget von dem Hamburgischen Ministerio, Hamburg ^{8}1816.

(1843) = Hamburgisches Gesangbuch für den öffentlichen Gottesdienst und die häusliche Andacht, Hamburg ^{1}1843.

(^{8}1853) = Gesangbuch zum gottesdienstlichen Gebrauch für evangelische Gemeinen, Berlin ^{8}1853.

Gerhardt, Wichern I/II/III = Martin Gerhardt, Johann Hinrich Wichern. Ein Lebensbild, Bd. 1: Jugend und Aufstieg 1808-1845, Hamburg 1927; Bd. 2: Höhe des Schaffens 1846-1857, Hamburg 1928; Bd. 3: Ausbau und Ende 1857-1881, Hamburg 1931.

Walter Göggelmann/Gerhard K. Schäfer

Johann Hinrich Wichern. Ausgewählte Predigten – Einleitung

Annäherungen

Die in diesem Band abgedruckten Predigten Johann Hinrich Wicherns umgreifen die Zeitspanne von 1826 bis 1873. Am 23. Juli 1826 hat Wichern als Achtzehnjähriger zum ersten Mal gepredigt. Die letzte der Predigten datiert vom 2. September 1873, dem sog. Sedanstag. Zwischen diesen beiden Daten liegen gleichsam Welten. Der Achtzehnjährige bereitet sich gerade mal auf sein Theologiestudium vor. Der Prediger am Sedanstag steht am Ende seines Wirkens als Gründer des Rauhen Hauses und führende Persönlichkeit der inneren Mission, die auf die Erneuerung der Gesellschaft in allen ihren Bezügen zielt, sowie als Gefängnisreformer im preußischen Staatsdienst. Zwischen 1826 und 1873 ist die Welt aus den Fugen geraten und hat sich in gewisser Weise neu gefügt. Welche Bedeutung haben Wicherns Predigten im Zusammenhang seines Wirkens und auf dem Hintergrund der tiefgreifenden gesellschaftlichen Veränderungen? Im Folgenden werden elementare Zusammenhänge kenntlich gemacht und Themen bezeichnet, die für das Verstehen der Predigten von spezifischem Belang erscheinen. Problemkreise sollen identifiziert werden, die sich aus der Analyse der Predigten ergeben. Unsere Wahrnehmungen, Deutungen und Fragen wollen zur eigenen kritischen Lektüre der Predigten anregen.

Die folgenden Überlegungen gliedern sich in sechs Abschnitte. Wir gehen aus von Wicherns Predigtauffassung (1.). Grundlinien des Wichernschen Predigtverständnisses bieten wichtige Orientierungspunkte für die Interpretation der Predigten. Zugleich kommen die Predigten nicht einfach als Anwendung eines Predigtverständnisses in Betracht, sondern sind als eigenständige Sprachgestalten im Kontext der Erneuerungsprogrammatik Wicherns und gesellschaftlicher Entwicklungen zu begreifen. Der zweite Schritt (2.) dient einer groben Charakterisierung der Predigten nach formalen Gesichtspunkten. Die folgenden Abschnitte 3. bis 5. bieten Analysen und Interpretationen, für die drei Fragehorizonte in besonderer Weise maßgeblich sind: „Christus, der Heiland der Welt" (3.) – damit kommt zur Sprache, was für die Predigten Wicherns grundlegend ist. Das Zentrum, in dem die Predigt ihren Ursprung hat und aus dem alles christlich-kirchliche Handeln seine Dynamik und Perspektive gewinnt, ist der lebendige Christus. Die Christologie entfaltet sich als schlechterdings bestimmende Kraft in der zentralen Frage nach der Rechtfertigung des Sünders und in der Anthropologie insgesamt. Gemeinde und Kirche sind Teilhaberinnen an der Geschichte und an den Ämtern Christi. Damit in Zusammenhang steht Wicherns heilsgeschichtliche Zeitansage in seinen Predigten: Es ist Wendezeit, Zeit zu einer neuen Reformation. Das Achten auf die Zeichen der Zeit kennzeichnet den Spannungsbogen zwischen Wicherns Reich Gottes-Eschatologie und seinem Verständnis der Apokalypse. Dies schließt die Zeitdeutung der Jahre um 1848 zwischen Ordnungstheologie und globaler Hamartiologie ein. Besondere Aufmerksamkeit verdient bei diesem ersten zentralen Fragenkomplex die Zueignung des Christuswortes, die umfassender ist als ein Aufruf zum Glauben, mehr auch als Heiligung und diakonische Aktivierung.

Der Beziehung zwischen dem Prediger Wichern und seinen Hörerinnen und Hörern ist der darauf folgende Abschnitt gewidmet (4.): Zu fragen ist, wer die Adressaten und die Zielgruppen der jeweiligen Predigt sind und wie diese mit ihrer individuellen und sozialen Alltagswelt in der Predigt vorkommen. Wie verhält sich diese zur theologischen und sozialen Vorstellungswelt des Predigers? Wo und wie gewinnt in diesem Kommunikationszusammenhang das Evangelium als Botschaft an die Armen Konturen? Welche Sprache soll das Anliegen der Predigt und des Predigers zu wem tragen?

Der Abschnitt 5. geht Fragen nach, die zu einer näheren Lokalisation der Predigten führen: Wie unterscheiden sich kirchliche Gemeindepredigten, Predigten vor der Zielgruppe der Aktiven der inneren Mission, vor Gefangenen sowie vor Arbeitern in Buckau bei Magdeburg und vor einer vaterländisch gestimmten Gottesdienstgemeinde am „Sedanstag“ in Zielen und Formen? Welchen Standort nimmt der Prediger in der jeweiligen gottesdienstlichen Situation für sich in Anspruch? Wo ordnen sich seine Predigten in ihren Zielen und in ihren Formen zwischen der Welt seiner Kirche und Gemeinde, der Welt der inneren Mission und den auseinander driftenden Lebenswelten seiner Hörer ein?

Die abschließenden Bemerkungen (6.) suchen resümierend charakteristische Aspekte der Wichernschen Predigtpraxis herauszustellen und Fragen und Impulse zu formulieren, die zur Lektüre der Predigten überleiten sollen und – so hoffen wir – die Debatte über Wicherns Predigten anleiten können.

1. Wicherns Verständnis von Predigt – Elemente und Konturen

Johann Hinrich Wichern hat Fragen der Predigt nicht systematisch behandelt. In seinen Schriften finden sich relativ wenige Äußerungen zum Themenfeld Predigt. Diese Äußerungen haben freilich spezifisches Gewicht. In ihnen dokumentiert sich zum einen eine scharfe Kritik an der kirchlichen Verkündigungspraxis seiner Zeit. Zum anderen sucht Wichern bleibend wichtige, wieder zu entdeckende und neu sich stellende Aufgaben der Predigt zur Geltung zu bringen. Wicherns Überlegungen zur Predigt sind aspekthaft und fragmentarisch; sie markieren aber zugleich grundsätzliche Perspektiven und spezifische Anforderungen. Blitzlichtartig leuchtet in ihnen auf, was nach Wicherns Auffassung im Blick auf die Predigt angesichts der „Zeichen der Zeit" not-wendig ist. Aus den Äußerungen zum Handlungsfeld der Predigt, die sich in Wicherns Schriften finden, lässt sich gewiss keine Predigttheorie rekonstruieren. Gleichwohl treten in pointierter Weise einige Konturen und Elemente hervor, die für Wicherns Verständnis der Predigt charakteristisch sind. Sieben Gesichtspunkte sind dabei von besonderer Bedeutung:

Zum einen ist Predigt für Wichern wesentlich Christi „Selbstwort".[1] Wicherns Predigtverständnis ist christozentrisch geprägt. Predigt hat die machtvolle Christuswirklichkeit zu bezeugen und zu erschließen. Damit wendet sich Wichern einerseits gegen einen Rationalismus, der die Offenbarung unter die Kuratel der Vernunft stellt. Der rationalistische Prediger – so Wichern – „siebt so lange, bis er nichts mehr in der Hand hat als das leere Sieb der Vernunft, den Himmel mit seiner Elle messend." Er trägt „seine Subjektivität [...] zu Markte".[2] Predigt soll andererseits nicht orthodoxe Lehre

---

[1] Karl Janssen, Johann Hinrich Wicherns Predigtanschauung, in: Stat crux dum volvitur orbis. FS Hanns Lilje, hg. von Georg Hoffmann/Karl Heinrich Rengstorf, Berlin 1959, 200-213: 203. Der Beitrag ist auch abgedruckt im vorliegenden Band, 351-367. – Bereits 1935 bietet Lothar Przybylski einen Überblick über Wicherns Predigten unter der Überschrift: „Wichern als Homilet". Er beobachtet darin eine fortschreitende Entfaltung der verschiedenen Aspekte der Rechtfertigungslehre. Przybylski findet sich selbst als Prediger wieder in Wicherns Auseinandersetzung mit Schleiermacher und dessen „Erlebnisreligion" und „Erlebnistheologie". Vgl. Lothar Przybylski, Wichern als Homilet, in: Westfälisches Pfarrerblatt, Nrn 2-3/1935, 9-12; 18-21, bes. 12. Zu Grundzügen der Predigten Wicherns und zu dessen Entwicklung als Prediger vgl. auch Gerhardt, Wichern III, 125-129.

[2] Johann Hinrich Wichern, Beleuchtung des Theologen und seines Briefes an einen Nichttheologen für praktische Hamburger von einem praktischen Hamburger (1839), in: SW I, 17-34: 23. – Wichern wird zitiert nach: Johann Hinrich Wichern. Sämtliche Werke I-X, hg. von Peter Meinhold/Günter Brakelmann, Hamburg u.a. 1958-1988 = SW.

darbieten, sondern den ganzen, lebendigen Christus in elementarisierter Form proklamieren. Der Predigt kommt die Aufgabe zu, die Person Christi lebendig vor Augen zu stellen und in die Geschichte Christi hinein zu führen. Entsprechend sollen die Prediger *„Evangelisten, d.h. Erzähler des Lebens Christi für die Erwachsenen* und für die versammelten Gemeinden werden."[3] Verkündigung ist in erster Linie Nacherzählung der Geschichte Jesu Christi. Ihr eignet deshalb ein narrativer Grundzug.

Wicherns Reformbestrebungen zielen – *zweitens* – grundsätzlich darauf, dass jedes Glied der evangelischen Kirche Gelegenheit hat, das „lautere Wort Gottes in rechter, d.h. gerade ihm eignender Weise"[4] zu hören. Die an alle gewiesene Verkündigung hat die unterschiedlichen Zielgruppen differenziert in den Blick zu nehmen. Dazu bedarf es einer adressatenbezogenen Sprache.

Insofern die Predigt in die Geschichte Christi hineinführt, ist sie – *drittens* – vorrangig an die Armen gewiesen. Wichern schärft ein: „Den Armen muss das Evangelium gepredigt werden."[5] Eben dieser Aufgabe kommt die Kirche seiner Zeit nach Wicherns Urteil aber nicht nach. „Wo ist die Predigt seines Wortes an unsere Armen? Wo sind die Armen in unseren Predigten und unseren Gottesdiensten? [...] Den Armen wird in unseren Tagen im großen und ganzen das Evangelium *nicht* gepredigt." Früh schon hebt Wichern hervor, dass „die wahre Ausführung des Gebotes ‚Prediget' mit dem Anklopfen an die Haustüren sehr genau verflochten ist."[6] Der von Wichern konstatierte Ausfall der Armenpredigt hat vor allem damit zu tun, dass die Prediger die Lebensverhältnisse der Armen nicht kennen und nicht an deren Welt teilnehmen. Die Prediger, die zumeist aus dem bürgerlichen Mittelstand kommen, sprechen die Sprache der Armen nicht. Zudem stellt sich die Kirche – soziologisch gesprochen – als Milieu dar, zu dem die Armen keinen Zugang haben. Im Ausfall der Armenpredigt wird theologisch und praktisch offenkundig, dass die Kondeszendenz Christi in der Predigt keine Entsprechung findet.

Die Postulate, die Christuswirklichkeit zu bezeugen und den Armen das Evangelium zu predigen, finden – *viertens* – spezifischen Ausdruck in der Devise, sozialethische Themen zum Gegenstand der Predigt zu machen. Wi-

---

[3] Wichern, Die Aufgabe der evangelischen Kirche, die ihr entfremdeten Angehörigen wiederzugewinnen (1869), in: SW III/2, 143-168: 154.

[4] Wichern, Die innere Mission der deutschen evangelischen Kirche. Eine Denkschrift an die deutsche Nation (1849), in: SW I, 175-366: 213.

[5] Wichern, Kommunismus und die Hilfe gegen ihn (1848), in: SW I, 133–151: 142.

[6] Wichern, Beleuchtung des Theologen und seines Briefs an einen Nichttheologen für praktische Hamburger von einem praktischen Hamburger (1839), in: SW I, 17-34: 3.

chern weist der Predigt über ihre individuelle Dimension hinaus eine sozialethische Orientierungsfunktion zu. Er fordert z.B., die Lage von Gefangenen in Predigten zu thematisieren.[7] Mit Emphase ruft er dazu auf, die Angelegenheiten der Proletarier auf die Kanzeln und so in die Gemeinden zu bringen.[8] Durch die Predigt soll die Kirche ihren originären Beitrag als Kirche zur Lösung der Proletarierproblematik leisten. Wichern unterscheidet dezidiert zwischen unterschiedlichen Dimensionen der Sozialen Frage und den entsprechenden Funktionen gesellschaftlicher Teilsysteme. Er grenzt die kirchliche Lösung der Proletarierproblematik von der politischen und sozialen klar ab. In der Predigt haben – so Wichern – Fragen etwa nach dem Wahlrecht oder der Staatsform sowie nach Lohn und Arbeitsverhältnissen keinen Ort. Die Predigt hat vielmehr grundsätzlich zwei Aufgaben, in denen die Kirche in genuiner Weise zur Lösung der Probleme des Proletariats beitragen kann und muss. Sie hat zum einen „für die große, ewige Unterlage und Heiligungsquelle des ganzen Volkslebens" Sorge zu tragen. Sie will entsprechend das Proletariat mit „der Kraft und dem Leben, wie selbe aus dem Glauben des Sohnes Gottes fließen"[9], erfüllen. Zum anderen richtet sich die Predigt in Gestalt des öffentlichen Gemeindegottesdienstes an die Besitzenden, die Bürger. Ihnen ist die „Schuld der Kirche gegen die Proletarier"[10] und ihre Verstrickung in den kollektiven Schuldzusammenhang zu verkünden. Zugleich ist den höheren Ständen, dem Adel, den Reichen und Besitzenden, deren Verantwortung gegenüber dem Proletariat deutlich vor Augen zu stellen. In diesem Zusammenhang fordert Wichern, durch die Predigt müsse das allgemeine Priestertum der Gläubigen bewusst gemacht und geweckt werden. „Die lebendige Predigt vom allgemeinen Priestertum muss die sämtlichen Zuhörer aus der bisherigen Untätigkeit gegen die Armen und die Proletarier wecken, muss die Hörer der Predigt in ebenso viele Prediger des Wor-

---

[7] Vgl. Wichern, Die Behandlung der Verbrecher in den Gefängnissen und der entlassenen Sträflinge (1852/53), a) Referat und Schlusswort zur Diskussion auf dem fünften deutschen evangelischen Kirchentag (1852), in: SW VI, 31-48: 38f. Wichern scheibt der Gemeindepredigt die Aufgabe zu, „eine lebensvolle und Leben und Liebe nach beiden Seiten erzeugende Wechselwirkung zwischen dem freien und dem gefangenen Teil der Christengemeinde hervorzubringen" (38). Er wünscht, das Kirchenregiment möge verordnen, dass in jeder Gemeinde jährlich einmal eine spezielle Predigt über die Welt der Gefangenen gehalten würde, „in der dann nicht bloß die Gefangenen überhaupt, sondern namentlich die etwaigen Gefangenen eben *dieser* Gemeinde ein Gegenstand ernster christlicher Teilnahme sein sollten" (39).

[8] Vgl. Wichern, Kommunismus und die Hilfe gegen ihn, in: SW I, 145.

[9] Ebd.

[10] A.a.O., 146.

tes verwandeln, wenigstens zu verwandeln bestrebt sein".[11] In dieser Perspektive kommt die Predigt zu ihrem Ziel, wenn die Verpflichtung der Gemeinde und ihrer einzelnen Glieder „zum rettenden Wirken der gläubigen Liebe"[12] realisiert wird. Predigt zielt darauf, Christen in ihrem Weltamt zu stärken, in dem die Folgen des Glaubens gesellschaftlich wirksam werden.

Predigt ist – *fünftens* – prononcierte Zeitansage. Sie soll die „Zeichen der Zeit" deuten, geschichtliche Ereignisse und Entwicklungen auf die Geschichte des Reiches Gottes hin transparent machen und ansagen, was an der Zeit ist. Predigt soll dazu helfen, die Geschichte zu „lesen". Dazu gehört angesichts der Herausforderungen und in den Kämpfen der Gegenwart die Zusage, „dass Gott alles herrlich hinausführen wird und dass der Sieg unser ist, wenn wir uns zu [...] Taten des Geistes von Christo überwinden lassen und namentlich uns in seinem Namen endlich ‚der Zöllner und Sünder' erbarmen."[13]

Wichern sucht das herkömmliche Predigtamt und die Predigt im Gemeindegottesdienst zu profilieren. Daneben geht es Wichern – *sechstens* – darum, neue Wege der Verkündigung zu bahnen und die Vielfalt der vorhandenen Charismen zu nutzen. Wichern weiß, dass die Armen „weder die Lust, noch den Verstand am Wort, noch den Rock, noch die Zeit, noch den Schilling oder Sechsling für den Platz in der Kirche" haben. Er sieht „die wahre Ausführung des Gebots ‚Prediget' mit dem Anklopfen an die Haustüren sehr genau verflochten". Das Vorbild Christi, der sich nicht darauf beschränkte, „sich suchen, besuchen und holen zu lassen und die Leute mit dem Wort in der Synagoge zu bedienen,"[14] gebietet eine Praxis, die das Verlorene sucht, bis sie es findet. Mit Nachdruck weist Wichern immer wieder darauf hin, dass – zumal unter den großstädtischen Verhältnissen – viele vom geordneten Amt nicht mehr erreicht werden. Er fordert – insbesondere nach englischem Vorbild – die Einführung der Laienpredigt[15] und die Einsetzung von Reise- und Straßenpredigern, Armen- und Proletarierpredigern. Sie sollen das Evangelium zu den Armen bringen. Damit ist die Frage nach den Predigtorten verbunden. Bekannt sind Wicherns Sätze: „Es muss das Evangelium wieder ‚von den Dächern' gepredigt werden, es muss auf den Märkten und Straßen frei angeboten und gepriesen werden, wenn die Massen nicht anders zu erreichen sind; dies muss [...] in neuer, kräftiger, anregender Wei-

[11] A.a.O., 148.

[12] Ebd.

[13] A.a.O., 147.

[14] Wichern, Beleuchtung des Theologen, in: SW I, 30f.

[15] Vgl. Wolfgang Bub, Evangelisationspredigt in der Volkskirche. Zu Predigtlehre und Praxis einer umstrittenen Verkündigungsgattung, Stuttgart 1990, 40-43. Vgl. Gerhardt, Wichern III, 501.

se geschehen, damit wieder alle die Predigt hören, damit, was Tausenden ein veraltetes und wertloses geworden, denselben wieder ein neues und teures Lebensgut werden könne".[16] „Suchen die Proletarier nicht mehr die Kirche, so muss die Kirche anfangen, die Proletarier zu suchen, und nicht rasten, bis sie sie mit dem heilbringenden Wort gefunden hat".[17] Kann man nur in Kirchengebäuden predigen? fragt Wichern, und weist darauf hin, dass nicht der Ort das Wort, sondern das Wort den Ort heiligt.

Siebtens: Die Erneuerung der Kirche und des Volkes fordert eine Erneuerung der Predigt. Hinzukommen müssen aber – im Sinne der Betätigung des aus dem Worte Gottes gewirkten Glaubens – *„Werke der helfenden, rettenden Liebe an den sittlich Verlorenen, Verirrten und Verlassenen im Volke"*.[18] Die Predigt hat für Wichern Tat-Charakter. Und umgekehrt hat die Tat Predigtcharakter. Er spricht dezidiert von „Tatpredigt".[19] Es geht dabei um die Bewahrheitung der Wortpredigt: „Solcher Tatbeweis gewinnt zwar nicht alle, aber viele von denen, die fernstehen, auch ohne Worte und überzeugt sie mit dem Geiste seiner Liebe, dass die Kirche des Herrn kein bloßer Schein, sondern in Wahrheit die Gemeinschaft der Menschen ist, die im Bunde mit dem geoffenbarten Gotte vollgültige Macht und Verheißung besitzt".[20]

Die skizzierten programmatischen Aspekte bieten signifikante Anhaltspunkte für die Einordnung der Predigten Wicherns. Die Forderungen, die Johann Hinrich Wichern an die Predigt der Kirche seiner Zeit richtet, sind auf die Predigten Wicherns zu beziehen: Inwiefern entspricht Wicherns eigene Predigtpraxis den essentiellen Anforderungen, die er mit der Erneuerung der Predigtaufgabe verbindet? Inwiefern bleibt die Praxis hinter fundamentalen Ansprüchen, wie Wichern sie formuliert hat, zurück, und inwiefern setzen die Predigten gegenüber den Postulaten Wicherns spezifische Akzente? So ergeben sich aus Wicherns eigener theologisch-diakonischer Existenz erste – eine Art Innensicht vertretende – Orientierungspunkte für diese Einführung. Fragen zum Verhältnis von Predigt und gesellschaftlicher Wirklichkeit, von Verkündigung und Diakonie, von Predigern und Hörern samt allen Folgefragen markieren die für die Zugänge zu den Predigten selbst notwendige Außensicht.

---

[16] Wichern, Die innere Mission, in: SW I, 227.

[17] Wichern, Kommunismus und die Hilfe gegen ihn, in: SW I, 148. Vgl. Gerhardt, Wichern III, 501.

[18] Wichern, Die Aufgabe der evangelischen Kirche, in: SW III/2, 160f.

[19] A.a.O., 162.

[20] Ebd.

2. Zum Charakter der Predigten

Die meisten der in diesem Band abgedruckten Predigten sind gottesdienstliche Gemeindepredigten, gehalten an Sonn- und kirchlichen Festtagen, meist in den Hauptkirchen von Hamburg und Berlin. Zwei Predigten haben ihren Ort in Gottesdiensten mit Gefangenen. Die erste Predigt hat Wichern 1832 im Hamburger Spinnhaus (12.06.1832 - 3. Pfingsttag), die zweite fast dreißig Jahre später im Gefängnis Moabit in Berlin gehalten (09.04.1860 - 2. Ostertag). Die kasuellen Predigten, die sich bei Festen der inneren Mission im Hamburg am 30.10.1865, 10.11.1868 und 09.11.1869 an deren Mitarbeiter richten, verbinden in thematischer Dichte Wicherns Theologie der inneren Mission mit dem Ziel der Zurüstung und Vergewisserung. Völlig aus diesem Rahmen fallen in Form und Inhalten je eine Predigt vor Arbeitern als Zuhörern 1870 (03.02.1870 - Buckau/Magdeburg) und eine Predigt zum dritten Gedenktag der Schlacht von Sedan 1873 (02.09.1873 - Hamburg).

In formaler Hinsicht sind sämtliche Predigten durch eine gemeinsame Struktur geprägt. Bestimmend ist der „textual-thematische“[21] Predigttypus, der dem biblischen Text einen Hauptgegenstand entnimmt und diesen in enger Anlehnung an den Text ausführt. Dabei handelt es sich um die Predigtform, die - neben der Homilie - für die Verbindung aus Luthertum und Erweckungsbewegung typisch ist. Entsprechend gestaltet sich jede Predigt Wicherns als Explikation eines biblischen Textes. Nach einer Hinführung, in der aktuelle Bezüge anklingen, folgt die Verlesung eines Bibeltextes, der der Predigt zugrunde liegt. Der Text wird dann nicht im Sinne einer Homilie ausgelegt, sondern zu einem Thema verdichtet, das systematisch in zwei, drei oder vier Schritten entfaltet wird. In der Predigt zu Johannes 13,34f. z.B. bildet *„die brüderliche Liebe“* das Thema, dessen Explikation in vier Teilen erfolgt: Wichern stellt die brüderliche Liebe grundlegend als Stiftung und Vermächtnis Christi dar, erwägt dann, inwiefern diese Liebe als Kennzei-

---

[21] Friedrich Wintzer, Die Homiletik seit Schleiermacher bis in die Anfänge der dialektischen Theologie in Grundzügen, Göttingen 1989, 80f. Zur Ausdifferenzierung von Predigttypen im 19. Jahrhundert vgl. Friedrich Wintzer, Evangelische Predigt seit dem ersten Drittel des 19. Jahrhunderts, in: Kaspar Elm/Hans-Dietrich Loock (Hg.), Seelsorge und Diakonie in Berlin. Beiträge zum Verhältnis von Kirche und Großstadt im 19. und beginnenden 20. Jahrhundert, Berlin 1990, 293-306. - Wichern wirft dem rationalistischen Predigttypus vor, das biblische Wort lediglich als Material zu verbrauchen bzw. als bloßes Motto für die Predigt zu verwenden und die Rhetorik über die Sache der Schrift zu stellen. Demgegenüber beruft er sich auf Augustin und dessen Vorordnung der sapientia vor die eloquentia, der Sache der Schrift vor die Rhetorik. Vgl. Wichern, Das rationalistische Papsttum und das Recht der protestantischen Gemeinden gegen dasselbe nebst etlichen andern die Praxis betreffenden Stücken (1839), in: SW I, 35-56: 38.

chen der Jünger gelten kann, erläutert die Aufgabe der Liebe in der Welt und betrachtet schließlich deren Vollendung in Gott.[22] Die Ausführung des Gegenstands folgt im Wesentlichen sachlogischen Gesichtspunkten. Die Grundform, die für alle Predigten gilt, macht deutlich: Wichern ist als Prediger stets Lehrer – Lehrer der Geschichte des Christus.

Für Wicherns Sprache sind mehrere Aspekte charakteristisch.[23] Der Prediger bemüht sich einerseits offenkundig um eine schlichte Sprache. Fremdwörter oder theologische Fachtermini kommen nicht vor. Das Eingehen auf unterschiedliche Hörerhorizonte hat andererseits deutliche Grenzen. Metaphern sind zumeist der biblischen Sprachwelt und der christlichen Überlieferung entnommen. Sie sind eingängig – soweit das biblische Sprachspiel vorausgesetzt werden kann. Das Pathos der ersten Predigten weicht zunehmend einer Sprache, die christliche Grundwahrheiten in elementarer Weise expliziert. Wichern erläutert, erwägt, betrachtet. Er will Verstehen ermöglichen. Leidenschaft wird vor allem greifbar, wenn Wichern den Abgrund markiert, der sich in der Zeit auftut, und wenn er bei den Jahresfesten der inneren Mission die Rettung aus der Gefahr beschwört. Er vermag durchaus in kurzen Sätzen zu reden. Er bringt Sachverhalte auf den Punkt. In Anreden und knappen Fragen spricht er die Zuhörer an und imaginiert deren Einwände und Verstehensprobleme. Weitaus häufiger bedient er sich allerdings sog. Schachtelsätze. Er bildet zumeist lange Sätze und verknüpft sie hypotaktisch miteinander. Er folgt dem Prinzip der Klammerbildung, d.h. er fügt Nebensätze, Nominalgruppen, erweiterte Adjektiv- oder Partizipialattribute etc. zwischen den ersten und den zweiten Bestandteil von Verben ein. Wichern entspricht damit dem Stilideal des 19. Jahrhunderts.

3. „Christus, der Welt Heiland“

3.1. Der „ganze“ Christus

„... die *Person Christi* selbst in ihrer Einzigkeit, und zwar die ganze geschichtliche Erscheinung derselben, wie Christus in die Welt gekommen, geleibt und gelebt, geredet und gewirkt, gelitten, gestorben, auferstanden und gen Himmel gefahren ist“[24] – das ist in einer allgemeinen Formulierung der Gegenstand der Predigt. Denn Christus ist Ursprung und Ziel aller Geschich-

---

[22] Predigt am 09.10.1864, 287, 291-293. Gerhardt, Wichern III, 126, beobachtet die Differenzierung eines „Gewaltthemas“ in zwei bis drei Unterteile.

[23] Vgl. auch die Ausführungen auf S. 15.

[24] Wichern, Die Aufgabe der evangelischen Kirche, in: SW III/2, 153. Vgl. Wolfgang Bub, Evangelisationspredigt, 42. Vgl. Gerhardt, Wichern III, 126, 500.

te Gottes mit der Menschheit. Diese christologisch-heilsgeschichtliche Orientierung ist die alle Weltbezüge in der Theologie Wicherns umgreifende Klammer. Entsprechend predigt Wichern christozentrisch. Ohne Einschränkungen gilt: „Wer Jesus hat, sieht das, was geschieht, und die ganze Geschichte [...] im prophetischen Geist".[25] Dieser ganz auf Christus hin orientierte prophetische Blick schließt die Soteriologie als Weg der Rechtfertigung aus Glauben ebenso ein wie die Teilhabe der Christengemeinde an den Ämtern Christi und das Achten auf die „Zeichen der Zeit", die Ziele also, in denen man das Theologenherz des Gründers der inneren Mission deutlich schlagen fühlt.

Die Betonung der Rechtfertigung aus Glauben als Ermächtigung zur Liebe schöpft dabei mit einer gewissen Selbstverständlichkeit aus der lutherischen Tradition. Die Front gegen rationalistische Eindimensionalität und die Akzentuierung der Heiligung, der Zueignung und der Hingabe zu einer verbindlichen christlichen Existenz teilt Wichern mit der Erweckungsbewegung. Wer mit traditionsgeschichtlichem Scharfblick theologische Vaterschaftsnachweise anstrebt, findet ein komplexes Bild vor: einen schöpferisch tätigen Eklektiker und eine komplexe Theologie, in der unterschiedliche Elemente kreativ verarbeitet und in eine originäre Perspektive integriert sind.[26] Dies bewahrheitet sich gerade unter den Voraussetzungen christologischer Zentriertheit und des Ziels einer Verbindlichkeit der christlichen Existenz. Darin, nicht in einer an theologischen Systemtraditionen messbaren Stringenz, bleibt sich der Prediger Wichern mehr als vier Jahrzehnte lang selbst treu.

Sämtliche Predigten sind durchzogen von der „heilsamen Erkenntnis, dass in Jesus Christus die Offenbarung Gottes und Gott selbst ist."[27] Sie beanspruchen, den „ganzen[n] Christus" und das „ganze Evangelium" zur Sprache zu bringen und nicht lediglich ein „viertel oder halbes [...] Christentum"[28] zu propagieren. Mit der Proklamation des totus Christus wendet sich Wichern zum einen gegen den Rationalismus und eine Darstellung des Lebens Jesu, wie sie David Friedrich Strauß im Zuge der Entmythologisierung der Evangelien vorgenommen hat.[29] Zum anderen steckt in der Betonung des

[25] Predigt am 02.09.1873, 340.

[26] Vgl. Gerhard K. Schäfer Theologische Grundanschauungen und kirchliche Impulse Johann Hinrich Wicherns, in: Volker Herrmann/Jürgen Gohde/Heinz Schmidt (Hg.), Johann Hinrich Wichern – Erbe und Auftrag. Stand und Perspektiven der Forschung (VDWI 30), Heidelberg 2007, 76-93.

[27] Predigt am 02.09.1873, 341.

[28] Predigt am 10.11.1868, 319.

[29] Vgl. David Friedrich Strauß, Das Leben Jesu, kritisch bearbeitet, Tübingen 1835/36; bes. 79f.

„ganzen Christus“ sowohl eine Kritik an einer individualistischen Verkürzung der christlichen Botschaft wie an einer orthodoxen Haltung, die den Glauben auf ein Für-wahr-Halten reduziert und die Folgen des Glaubens für die Lebensführung ausspart. Dagegen will Wichern den „volle[n], ganze[n] Jesus“[30] predigen und die unterschiedlichen Dimensionen der umfassenden, heilvollen Christusherrschaft aussagen: „Um diesen Preis, um uns zu gewinnen, sind vom Herrn alle jene Kämpfe gekämpft mit Tod und Teufel und herrliche Siege gefeiert“,[31] und „er wird herrschen in Ewigkeit und die Seinen mit ihm in gleicher Seligkeit, die dann offenbar worden ist“.[32] Die Herrschaft Christi ist Impuls und Korrektiv im Sinne einer umfassenden Vorgabe für alles Glauben und Handeln.

„Wie der ganze Christus im lebendigen Gottes*worte* sich offenbart, so muss er auch in den Gottes*taten* sich predigen, und die höchste, reinste, herrlichste dieser Taten ist die rettende Liebe.“[33] Auf diesen Schlüsselsatz von Wittenberg konzentrieren sich vor und nach 1848 alle Anliegen des Predigers Wichern.

Das Urbild Christus hat die Kirche im Vollzug von Glauben und Liebe als Trägerin des wahren Lebens unter den Bedingungen der Geschichte abzubilden. Bezeichnenderweise ist das Messias-Geheimnis für Wichern tief in dessen Kondeszendenz verborgen. Es ist auch nie ein in sich selbständiger Gegenstand des Glaubens. Vielmehr vollzieht es sich und nimmt Weltgestalt an in seiner Gemeinde als seinem Leib. Diese hat durch ihre Kreuzesform[34] teil an allen drei munera Christi, am munus propheticum ebenso wie am munus sacerdotale und am munus regium. Christus selbst, der Prophet, der Priester und König, macht sie zur Bürgin in und gegenüber der Welt.[35]

3.2. Gemeinschaft der Liebe

Die Teilhabe der Gemeinde an den Ämtern Christi erreicht in der Predigt vom Sakrament der totalen Hingabe ihre eucharistische und damit auch ihre fühlbar größte homiletische Dichte: Der Glaube der Gemeinde vollzieht sich als Hingabe bis zur Christusförmigkeit. Im Beispiel des barmherzigen Sama-

---

[30] Predigt am 10.11.1868, 321.

[31] Predigt am 02.09.1873, 343.

[32] Predigt am 12.06.1832, 121.

[33] Wichern, Rede auf dem Wittenberger Kirchentag (1848), in: SW I, 155-165: 166.

[34] Vgl. Predigt am 31.10.1841, 192f.; vgl. weiter Predigt am 29.08.1841, 178.

[35] Diesem Zusammenhang geht Wichern besonders in den Predigten der Jahre 1837-1841 nach, ohne ihn danach aus dem Auge zu verlieren. Vgl. weiter Predigt am 23.07.1837, 172; Predigt am 29.08.1841, 177ff.; Predigt am 31.10.1841, 195; Predigt am 26.11.1843, 204.

riters wird die Hingabe Jesu selbst zum Wort der Predigt. Lebt die Gemeinde diese Lebensform, so lebt der Christusleib samt allen seinen Charismen. Wo die Gemeinde sich selbst hingibt, teilt sie nicht nur die Hingabe Christi mit ihrem Herrn selbst, sondern sie teilt diese aus an seine geringsten Schwestern und Brüder.[36]

Natürlich ist in der Diakonie Christi auch die durch sein Opfer bewirkte Sündenvergebung[37] enthalten. Natürlich ist die Rechtfertigung des Sünders sola gratia und sola fide auch für Wichern protestantisches „Urbekenntnis". Doch bleibt dieses Bekenntnis in den Predigten eher blass und hat im Verhältnis zur Liebe als der totalen Hingabe eher eine hinführende Funktion.[38] Auf die Wirkung kommt es an!

„[...] mithelfen, die Liebe zu ihm zu begründen, zu behüten, zu mehren und zu erbauen"[39] – das ist bereits zu Pfingsten 1832 für den jungen Prediger Wichern Aufgabe der Gemeinde. In der Gemeinde gewinnt Christus Gestalt. „So lieben wir Christum in einander".[40] Damit bringt Wichern das Strukturprinzip christlicher Gemeinde zur Geltung. Im Juli 1848 bestimmt er unter dem Eindruck der revolutionären Ereignisse und der für die Kirche entstandenen Unsicherheiten die Kirche als „Werkstatt"[41] der Liebe Gottes. Im Herbst 1864 beschreibt der Prediger in einer Art „Hohem Lied der Liebe" die Kennzeichen gemeindeeigener Diakonie. Der Predigt zu Johannes 13, 34f, Wicherns Lieblingstext, kommt geradezu eine homiletische Schlüsselfunktion für Wicherns diakonische Ekklesiologie zu:[42] Die Liebe ist es, die die Gemeinde durch ihren christusförmigen Dienst zur Familie Gottes macht, in der die innertrinitarische Gemeinschaft der Hingabe von Vater, Sohn und Geist ihre Entsprechung findet.[43] Die durch Christus eingestiftete und kontinuierlich genährte Liebe untereinander strukturiert den irdisch-ge-

---

[36] Vgl. bes. Predigt am 16.09.1832, 125-128 (Lukas 10,23-37): Gleichnis vom barmherzigen Samariter). Bereits hier entwickelt der junge Prediger dieses eucharistisch-ekklesiologische Denkmuster weiter, vgl. Predigt am 23.07.1848, 228.

[37] Vgl. Predigt am 21.03.1858, 262f.

[38] Vgl. als Beispiele Predigt am 23.04.1854, 241ff.; 245; Examenspredigt 1832, 87; Predigt am 19.07.1846, 207. Das ist zu betonen gegen Przybylski, Wichern als Homilet, 12ff., der in der Rechtfertigungslehre Wicherns wichtigstes Predigtziel findet.

[39] Predigt vom 12.06.1832, 119.

[40] Predigt vom 24.04.1832, 110.

[41] Predigt am 23.07.1848, 229. Vgl. dazu Helmut Talazko, Märzrevolution und Wittenberger Kirchentag, in: Ursula Röper/Carola Jüllig (Hg.), Die Macht der Nächstenliebe. 150 Jahre Innere Mission und Diakonisches Werk 1848-1998, Stuttgart ^{2}2007, 63ff.

[42] Vgl. Predigt am 09.10.1864, 286-293.

[43] Vgl. Predigt am 09.10.1864, 286f.

schichtlichen Leib Christi und ist das Kennzeichen christlicher Gemeinde. In der Liebe untereinander gewinnt die Sozialität, wie sie von Gott gewollt ist, eine signifikante Intensität. Die Liebe, die einander zuteil wird und mithin exklusiven Charakter trägt, fließt zugleich über und trägt damit die Tendenz zur Inklusion notwendiger Weise in sich. Die „brüderliche Liebe macht das Herz nicht eng, sondern so *weit*, dass sie alle Menschen umfasst“[44]. Aus „der Gemeinschaft derer, welche die Liebe untereinander in Christo gefunden“, geht „ein Feuerstrom der göttlichen Liebe erst recht, nämlich rettend, heilend, helfend verklärend aus[...] durch die Welt.“

So viel steht für Wichern außer jeder Diskussion: Der Hirtendienst der Glieder der Gemeinde an einander, der Vaterdienst in den eigenen Reihen, die gegenseitige Bestärkung in Glauben und Liebe und in der Heiligung insgesamt ist die Voraussetzung dafür, dass die Gemeinde das allgemeine Priestertum der Gläubigen auch außerhalb der eigenen Reihen leben kann.[45] So gilt Wicherns Kernbotschaft von Wittenberg durch alle seine Predigten hindurch, auch in Bezug auf die Adressaten: Im Prinzip der evangelischen Kirche lag von Anfang an die Liebe zu den Elenden und den Verlorenen. Das erweist die Geschichte der Kirche in aller Deutlichkeit.[46] Eben die Haushalterschaft für die Armen macht die Gemeinde zu dem priesterlichen Geschlecht, das mit dem Priestertum Christi selbst beauftragt ist.[47]

Wicherns Beschreibung der „Gemeinde des Herrn“ ist verknüpft mit massiver Kritik an der vorfindlichen Realität von Kirche und Gemeinde. Wir „leben in einem Gemenge sogenannter Christen, nicht in einer Gemeinde Christi“,[48] klagt er. In der Predigt vom 23. Juli 1848 geht diese Klage ins Detail: Bisher war die Kirche „vom Bauwerk des Staates vollkommen umschlossen.“[49] „Eine Bewegung außerhalb desselben“ will „fast unmöglich scheinen.“ „Und doch muss die Kirche den Gang wagen und auf das Neue sich rüsten“, nachdem das Alte 1500 Jahre gewährt hat.[50] Am Reformationstag 1841 hat er bereits kritisch festgestellt: „Unsere Kirche ist un-

---

[44] Predigt am 09.10.1864, 291. – Dort auch die beiden folgenden Zitate.

[45] Vgl. als Beispiel Predigt am 12.06.1832, 118f.; vgl. auch Predigt am 09.11.1869, 329f.

[46] Vgl. Wichern, Die innere Mission, in: SW I, 183; 191ff.

[47] Vgl. Predigt am 23.07.1837, 169ff.; Predigt am 16.05.1853, 238f.

[48] Predigt am 11.08.1833, 144.

[49] Predigt am 23.07.1848, 222. - Dort auch die folgenden drei Zitate.

[50] Zu Wicherns Entwicklung in der Auseinandersetzung mit dem Thema „Staatskirche“ und „Erneuerung der Kirche“ vgl. Mirjam Rappel, Zum Kirchenverständnis Johann Hinrich Wicherns. Eine Untersuchung seiner Predigten bis zum Jahr 1848, in: Volker Herrmann (Hg.), Diakonische Aussichten. Festschrift für Heinz Schmidt (DWI Info 35), Heidelberg 2003, 103-127, bes. 120.

leugbar verfallen, liegt tief darnieder, leidend an innerer Zerrüttung."[51] Das Leiden an einer gelähmten Kirche durchzieht die Verkündigung Wicherns und verstärkt sich in den „späten" Predigten angesichts der von Parteiungen zerklüfteten Kirche: Wichern beklagt, „wie diejenigen verhältnismäßig wenigen, die noch den einen Glauben an Jesum als ihren Herrn erkennen und bekennen, so vielfach in Hass und Hader, Zank und Streit sich untereinander fressen, in Parteien selbstsüchtig sich zerspalten und pharisäisch alles richten und verdammen, was ihrer Partei nicht angehört und angehören will".[52]

In diesen Zusammenhängen betont Wichern immer wieder die Bedeutung der Bildung von Gemeinde im Zeichen der Liebe und Haushalterschaft. Sie soll Trägerin einer neuen Reformation sein. Wer soll denn sonst diese neue „Reformation", die Wichern auch mit dem Bild des „Heiligen Krieges"[53] gegen die Zerstörer aller Gottesordnungen veranschaulichen kann, in das Volk bringen, wenn nicht die Gemeindekerne mit ihrer sakramentalen Hingabe an die Liebe Christi? Wer sonst soll diese Rechristianisierung des Volkes durch Gehorsam gegenüber dem Missionsbefehl Jesu: „Gehet hin [...], machet zu Jüngern [...]", tragen als eben diese aktiven Glieder der „Volkskirche"? Das darf aber nicht zu dem Fehler führen, dass die Reaktivierung der wahren Gemeinde auf das Jenseits vertagt wird. Vielmehr setzt eine „jenseitige Vollendung und größere Herrlichkeit"[54] die durch die innere Mission initiierten Schritte voraus.[55]

Gerade unter diesen Voraussetzungen aber bleibt die Frage, warum die Ansätze zur Entwicklung der Gemeinde der Gläubigen zur „Priesterschar" in Wicherns Predigtpraxis im Einzelnen so wenig ausgeführt und konkretisiert sind.

3.3. Zeichen der Zeit: die Welt am Abgrund und die Rettung in der Perspektive des Reiches Gottes

Zu Wicherns christozentrischer Theologie als Grundorientierung gehört – auch in den Predigten – das Verständnis aller Geschichte als Heilsgeschichte. Das Achten auf die „Zeichen der Zeit", die heilsgeschichtliche Deutung, Zuordnung und Gewichtung von Ereignissen und Entwicklungen der Gegenwart, knüpft an pietistische Traditionen an und ist in der Predigtpraxis

[51] Predigt am 31.10.1841, 185.
[52] Predigt am 09.11.1869, 329.
[53] Vgl. Predigt am 31.10.1841, 194.
[54] Wichern, Die wahre Gemeinde des Herrn (1839), in: SW I, 57-72: 65.
[55] Vgl. Predigt am 29.08.1841, 176f; Predigt am 09.10.1864, 290f.; Predigt am 10.11.1868, 313ff.

der Erweckungsbewegung fester Bestandteil.[56] Christus ist für Wichern die Mitte der heilsgeschichtlich zu interpretierenden Weltgeschichte. Seine eigene Zeit deutet er in einem Ineinander von Weltgeschichte und Heilsgeschichte als Krisis und Kairos. Er identifiziert sie als „Krisis“[57] im Leben der Völker, den Wendepunkten der Zeit Jesu und der Apostel und der Reformation durchaus vergleichbar. Diese „kritische“ Zeit muss auch ein „Wendepunkt in der deutschen evangelischen Kirche“ werden, schärft der Gründer des „Centralausschusses für innere Mission“ in Wittenberg ebenso wie der Prediger in Hamburg zwischen 1848 und 1853 immer wieder ein.[58] Die Gegenwart ist als Kairos, als „Offenbarwerden seiner [scil. Christi] Hand in den Gerichten und Errettungen, die über sein Volk ergehen“, zu verstehen, als „das sichtbar werdende Hereinschreiten des Herrn in die Geschichte.“[59] Versäumt die Kirche der Gegenwart diese Stunde der letzten Entscheidung(en) von geschichtlicher und übergeschichtlicher Bedeutung – wer weiß, ob der Herr der Geschichte eine weitere Chance gewähren wird![60]

Predigt als Zeitansage – dies schließt eine zweifache Aufgabe ein: die Durchdringung der Nöte der Zeit mit ihren apokalyptischen Dimensionen einerseits und eine Ansage der ihnen entgegenwirkenden Kräfte des Geistes andererseits. Seine Zeit steht – das ist die eine Seite – im Zeichen einer fundamentalen, alles umfassenden Erschütterung und abgrundtiefen Verlorenheit. Die Predigt sucht die Tiefendimension der Krise zu entschlüsseln, will aufrütteln und zur Umkehr rufen. In seiner allerersten Predigt 1826 geißelt er die gleichsam bürgerliche Sünde, Gott meistern und domestizieren zu wollen.[61] In der letzten hier abgedruckten Predigt aus dem Jahr 1873 sieht er die „Grund*sünde* unsrer Tage“[62] in dem Abfall von der Wahrheit, dass Gott in Christus erschienen ist. Die Nöte der Zeit treten im geschichtsträchtigen Jahr 1848 massiv und unverhüllt in Erscheinung. Es ist, als habe der Abfall von Gott sich der Massen des Volkes bemächtigt und sich im Revolutions-

---

[56] Vgl. Ulrich Gäbler, Auferstehungszeit, München 1991, 170f.; Gerhard K. Schäfer (Hg.), Die Menschenfreundlichkeit Gottes bezeugen. Diakonische Predigten von der Alten Kirche bis zum 20. Jahrhundert (VDWI 4), Heidelberg 1991, 31f.

[57] Predigt am 16.05.1853, 236.

[58] Wichern, Erklärung auf dem Wittenberger Kirchentag (1848), in: SW I, 155. Vgl. Predigt am 23.07.1848, 229f.; Predigt am 16.05.1853, 236; Dass sich der Gedenktag des nationalen Schlüsselerlebnisses der Schlacht von Sédan für die Ortung der Spuren Gottes in der deutschen Geschichte geradezu anbietet, liegt auf der Hand und ist auch Gemeingut (vgl. Predigt am 02.09.1873, 339ff.).

[59] Ernst Petzold, Eschatologie als Impuls und als Korrektiv für den Dienst der rettenden Liebe, Diss. masch. Leipzig 1981, 96f.; 100.

[60] Vgl. Predigt am 23.07.1848 (!), 228ff.; vgl. Petzold, Eschatologie, 201f.

[61] Predigt am 23.07.1826, 55ff.

[62] Predigt am 02.09.1873, 342.

jahr zu einem Bündnis von Atheismus und Revolution zusammengeballt. Diese Verbindung hat sich gewissermaßen zum System verdichtet. Nicht mit peripheren oder gar einer raschen Ablösung entgegen gehenden sozialen Entwicklungen haben es – Wichern zufolge – also die christlichen Kräfte des Staates und der Kirche zu tun, wenn da Revolution gegen Gott und die Obrigkeit aufbegehrt, Familie zerstört und insgesamt die Ordnungen der Väter und letztlich Gottes Ordnungen und Christi Herrschaft in Frage stellen will.[63]

In seiner „Schlüsselpredigt“ vom 25. Juni 1848 in Hamburg kann Wichern die Zeiterscheinungen in einem Gefälle von Abfall – Aufbegehren – Unordnung – Revolution und Chaos nur noch als apokalyptische Wehen verstehen.[64] In dem neuen „geistigen Heidentum“ verbindet sich Ludwig Feuerbachs Religionskritik mit dem Darwinismus. Dazu gebiert der Industrialismus den Materialismus, der wiederum den Mammonismus und die „Lüste“ nährt.[65] Wenn die Predigt besonders die „Christenheiden“[66] ins Visier nimmt, laufen die Lasterkataloge des Bußpredigers zu Formen auf, die vom Individuum über die „-ismen“ bis zum Franzosenhass reichen: Atheismus, Sozialismus und die Laster der durch den Bazillus der Revolution und der Selbstüberhebung immer noch infizierten Franzosen verdichten sich zu Kettenschlüssen, in denen die Kanzelrhetorik des Predigers über die bei ihm gewohnte Glaubens-Lehr-Predigt weit hinauswächst: Tut Buße! Wehrt dem Zerfall! Stemmt euch den Kräften der Apokalypse entgegen mit aller eurer Kraft![67]

Predigt als Zeitansage bedeutet Aufdeckung der Not in ihrer Tiefendimension. Wichern beschreibt in seinen Predigten die Grundsünde des Menschen und die Verfallenheit der Welt und sucht so einen Schlüssel für die Deutung seiner Gegenwart zu finden. In einem dualistisch verstandenen Prozess strebt in diesem Schicksalsjahr die Geschichte als Kampf der Mächte des Evangeliums mit den Mächten der Finsternis und des Abfalls buchstäblich auf einen Scheitel- und Wendepunkt zu. Wicherns Predigtpraxis

[63] Vgl. bes. Predigt am 25.06.1848, 216ff. Vgl. weiter Rappel, Kirchenverständnis, 122f.

[64] Vgl. Predigt am 25.06.1848, 216ff. (zu Jesaja 40,1-8); vgl. weiter Predigt am 31.10.1841, 185f.; 190f.; Predigt am 23.07.1848, 219ff.; 230.

[65] Zu besonders ausgeprägten Beispielen vgl. Predigt am 11.10.1863, 282ff.; Predigt am 09.11.1869, 326ff.

[66] Predigt am 09.10.1864, 292. Vgl. zum Problem Rappel, Kirchenverständnis, 105f.

[67] Dazu nur einige wenige Beispiele: Examenspredigt 1832, 89f.; Predigt am 16.09.1832, 126f.; Predigt am 04.04.1833, 138f.; Predigt am 11.08.1833, 145f.; Predigt am 23.07.1837, 164f.; Predigt am 31.10.1841, 185f.; Predigt am 26.11.1843, 203f.; Predigt am 25.06.1848, 216f.; Predigt am 23.07.1848, 224; Predigt am 11.10.1863, 283f.; Predigt am 09.11.1869, 325f.; Predigt am 02.09.1873, 342.

begibt sich mit ihren drastischen Kettenschlüssen mitten ins Getümmel. Allerdings wirken die kämpferisch auftretenden Lasterkataloge oft fast wie Fremdkörper in den sonst eher der Glaubens-Lehre dienenden Predigtzusammenhängen. Die Schlagworte sind stark moralistisch eingefärbt.[68] Schließlich sucht der Leser in den Predigten vergebens einen präziseren Hinweis auf die, die von den „geistlichen Nöten" besonders betroffen sind und die für die „geordneten Ämter" und erst recht für die gottesdienstliche Predigt nicht mehr erreichbar sind. Denn bei ihnen haben ja die vom Prediger Wichern genannten geistig-geistlichen Notstände auch die Gestalt von Hunger und nacktem Elend in vielerlei Formen angenommen. Wichern hat das Elend der großstädtischen Unterschicht früh wahrgenommen und dokumentiert.[69] Die Verwahrlosung der Kinder hat er mit besonderer Aufmerksamkeit registriert.[70] Wicherns Darstellung sozialer Notstände in seiner Denkschrift zur inneren Mission strotzt nur so von Zahlen und Fakten.[71] Umso auffälliger ist es, dass die materielle und soziale Dimension des Elends in den Predigten nicht wirklich anschaulich wird.

Predigt hat das Notvolle der Gegenwart anzusprechen. Sie hat aber vor allem mitten in Elend und Trübsal Trost und Mut zuzusprechen und Rettung anzusagen und damit das Not-Wendende zur Sprache zu bringen. Besonders zur Geltung zu bringen ist, dass die Stimme Gottes eine „Stimme des Trostes"[72] ist. Die Welt – und mit ihr die Kirche – steht am Abgrund. Aber die Kirche kann „so wenig vergehen als ihr Gott, der lebt, und ihr Heiland, der auferstanden ist und regiert in *Ewigkeit*".[73] In dieser Glaubensperspektive liegt die Rettung beschlossen – für den Einzelnen wie für die Welt.

Alle Zeitansage Wicherns ist ausgerichtet am Ziel des Reiches Gottes als einer über die Geschichte, auch über die Heilsgeschichte, hinaus reichenden Hoffnung. Das Reich Gottes ist für Wichern schlechterdings zentral. Ein Theologe dieser Zeit müsste gute Gründe haben, wenn er als Prediger und Diakoniegründer seinen Weg außerhalb dieses theologischen Klammerbegriffs des 19. Jahrhunderts suchen würde. Von diesem Ewigkeitshorizont her

---

[68] Vgl. als Beispiele Predigt am 23.07.1826, 61; Examenspredigt 1832, 87; bes. Predigt am 23.07.1837, 164f.; vgl. weiter Predigt am 31.10.1841, 185f.; Predigt am 25.06.1848, 216ff.; Predigt am 23.07.1848, 222ff.

[69] Vgl. Wichern, Hamburgs wahres und geheimes Volksleben (1832/33), in: SW IV/1, 32-46.

[70] Vgl. Wichern, Die öffentliche Begründung des Rauhen Hauses, b) Wicherns Ansprache auf der Gründungsversammlung des Rauhen Hauses vom 12. September 1833, in: SW IV/1, 97-114: 99-101.

[71] Vgl. z.B. Wichern, Die innere Mission, in: SW I, 253-261.

[72] Predigt am 25.06.1848, 217.

[73] A.a.O., 218.

erschließen sich nicht nur Elend und Hoffnung der Zeitgenossen; auch die Aufgabenstellungen der Gegenwart lassen sich von der Vollendung her erst recht unterscheiden, sich aber dann auch recht zuordnen. Noch wichtiger aber – und für Wichern wesentlich – sind die daraus zu gewinnenden Wegweisungen und Handlungsanweisungen. In der Gegenwart als der Zeit des Abfalls gibt die Reich Gottes-Hoffnung den Christen die Perspektive vor. Die Rolle des müßigen Zuschauers ist den Christen verwehrt „in der Zeit, wo die einen den Himmel stürmen und die anderen ihre Harfen an die Weiden hängen".[74] Beim Kampf des Reiches des Lichtes mit dem der Finsternis sind die Christen vielmehr zum Beten und zum Handeln bevollmächtigt. Weil sie „die jenseitige Vollendung und größere Herrlichkeit"[75], die Überwindung aller Feinde Gottes, nie aus den Augen verlieren und weil sie dazu wissen, dass das allein und ausschließlich Gottes Sache ist, können sie in der Unterscheidung davon und der rechten Zuordnung dazu ihren Standort finden und tun, was notwendig ist.

3.4. Die Kirche und das gegenwärtige Wegstück des Reiches Gottes

Notwendig ist, dass die Kirche, die seit 1500 Jahren, seit der sogenannten Konstantinischen Wende, „vom Bauwerke des Staates vollkommen umschlossen war", nun, da sich 1848 die Freiheit vom Staat anbahnt, „auf das Neue sich rüsten".[76] Predigend ruft Wichern die Kirche zu ihrer Sache: Der *„Beruf der Kirche als Heilsverkünderin muss aufs Neue zum Bewusstsein kommen."*[77] Das „Volk Gottes [...] muss erwachen".[78] Es muss sich neu in Gottes Verheißung bergen und seinen Beruf ergreifen, „seinem König und Herrn [...] Bahn zu machen unter denen, die aufgehört haben, sein Volk zu sein." Wichern richtet sein Augenmerk vor allem auf das gegenwärtige Wegstück des Reiches Gottes. Das aber ist für ihn in besonderer Weise durch die Aufgabe der inneren Mission gekennzeichnet. Das „heilige Werk der inneren Mission"[79] zielt auf die „Ausbreitung des göttlichen Reiches inmitten der verfallenden Christenheit" und umschließt „das ganze Volk und Volksleben in heiligen Liebesströmen". Das auf seine Vollendung zugehende Reich Gottes bestimmt die Dynamik des Prozesses der inneren Mission und führt diesem Prozess seine Kräfte zu. Getragen wird die Bewegung der inneren

[74] Predigt am 31.10.1841, 186. Vgl. Gerhardt, Wichern III, 126, 500.

[75] Wichern, Die wahre Gemeinde des Herrn (1839), in: SW I, 57-72: 65.

[76] Predigt am 23.07.1848, 222.

[77] Predigt am 23.07.1848, 229.

[78] Predigt am 25.06.1848, 219. – Dort auch das folgende Zitat.

[79] Predigt am 09.11.1869, 331. – Dort auch die beiden folgenden Zitate. – Vgl. Gerhardt, Wichern III, 500.

Mission vom *„allgemeinen Priestertum aller Christen“*. „Wo dieses Priestertum wirkt, wo dieses Feuer der fürbittenden Liebe entzündet ist, da wachsen [...] all jene anderen so mannigfach verzweigten Werke der christlichen Liebe von selbst hervor.“[80]

Deutlich ist: Wo Glaube Glaube bleibt, indem er zur Liebe wird, wo ihm also „Heiligung“ als gottgegebene Konsequenz folgt, da schlägt Wicherns Predigerherz. Umso auffälliger ist, dass der eschatologische Hoffnungs- und gegenwärtige Handlungshorizont in den Gemeindepredigten eher randständig erscheint, während dieser in den kasuellen Predigten zu den Festen der inneren Mission in voller Breite und Tiefe zur Entfaltung kommt.[81] Die Sache der inneren Mission klingt zwar in einigen Gemeindepredigten an, der Begriff findet sich aber signifikanterweise in keiner einzigen. Dabei ist doch die innere Mission „eine Seite des Lebens der Kirche“, die die „Idee des allgemeinen Priestertums“ in real existierende Kirche umsetzen soll, und daher in sich Umsetzung der „volkumfassenden Geschichte des Reiches Gottes.“[82] Damit sind sowohl die in der Erweckungsbewegung wurzelnden Motive individueller Frömmigkeit als auch die „Sozietätstraditionen“ der Vereinsbewegungen des 19. Jahrhunderts wie die in den meisten Reich Gottes-Traditionen des 19. Jahrhunderts weltweit gespannten universalistischen, ja sogar die Perspektiven einer kosmischen Erneuerung als eine Art von Zubringer-Impulsen mit erfasst.[83] Und das alles, ohne dass die allein Gott vorbehaltene Vollendung in einen jetzt und „dann“, hier und „dort“ nicht mehr unterscheidenden Aktionismus verflacht wäre.[84]

Lässt sich der Umstand, dass der Begriff der inneren Mission in den Gemeindepredigten fehlt, damit erklären, dass die innere Mission höchst umstritten ist und Wichern den Streit um die Bewegung nicht in die Gemeinden tragen will? Das mag für Wichern eine Rolle gespielt haben. Darüber hinaus liegt die Vermutung nahe, dass Wichern seine Hörergemeinden als „Gemenge sogenannter Christen“[85] auffasst und wahrnimmt. In dieser Perzeption erscheinen die Gemeinden (noch) nicht reif für die Ausübung des allgemeinen Priestertums. Sie kommen als Subjekte der neuen Reformation, der Rechristianisierung des Volkes, nicht ohne Weiteres in Betracht. Predigt zielt

---

[80] Predigt am 09.11.1869, 330.

[81] Vgl. als Beispiele Predigt am 25.12.1830, 84f.; Examenspredigt 1832, 88; Predigt am 31.10.1841, 196f.; Predigt am 30.10.1865 und die folgenden, (303-332) bes. Predigt am 10.11.1868, 312ff.

[82] Vgl. Wichern, Die innere Mission, in: SW I, 183; 188; 193; 274.

[83] Vgl. Predigt am 25.12.1830, 84ff.; Predigt am 10.11.1868, 312ff. Vgl. weiter Gäbler, Auferstehungszeit, 173f.; 176f.; Petzold, Eschatologie, 166ff.; 183.

[84] Vgl. Petzold, Eschatologie, bes. 114f.

[85] Predigt am 11.08.1833, 144.

in diesem Zusammenhang darauf, zu allererst die geistlichen Voraussetzungen dafür zu schaffen, dass Gemeinden Trägerinnen der inneren Mission werden können.[86]

3.5. „[...] wird *mein* Name genannt“[87]

„Wer in ihm bleibt“, der bringt die rechten Früchte der Liebe. Diesen auf biblischem Boden gewachsenen integrativen Zusammenhang in einer Zeit des Zerfalls der Glaubensbindungen wie der gesellschaftlichen Ordnungen in den Gottesordnungen Staat und Kirche neu zur Wirkung zu bringen – das ist wohl das allgemeinste Ziel von Wicherns Predigtpraxis. Also nicht verlorene Seelen zur sofortigen Entscheidung zu rufen, wie dies beim Erweckungsprediger Ludwig Hofacker der Fall ist. „Der Herr will kein geteiltes Herz von uns!“,[88] ist zwar auch des Predigers Wichern Sache. Doch diakonische Hammerschläge von der Kanzel, wie sie der Diakoniegründer Gustav Werner seiner Walddorfer Gemeinde zumutet, sind in Wicherns Predigten nirgends zu finden, nicht einmal Aufrufe zur Nächstenliebe an dem, der wie Lazarus vor den eigenen Füßen liegt.[89] Wichern hat seine ganz eigene Art, als Prediger zu vermitteln, was zu Herzen geht: Wo es um den Sünderheiland, wo es um Rechtfertigung allein aus Glauben geht, da dominieren nicht die Sätze rechten Glaubens: Das „Für mich“, das zur Heiligung, das zu „Früchten“ führt für die ganze Welt und für alle Zeiten, ist sein Anliegen. An dieser Stelle ist der Herzschlag des Predigers am deutlichsten zu spüren. „[...] in dem Munde und in dem Herzen des ewigen Hohepriesters wird *mein* Name genannt“.[90] „[...] um uns zu gewinnen, sind vom Herrn alle jene Kämp-

---

[86] Vgl. zur Fragestellung auch Gerhard K. Schäfer, Gottes Bund entsprechen. Studien zur diakonischen Dimension christlicher Gemeindepraxis (VDWI 5), Heidelberg 1994, 121; ders., Theologische Grundanschauungen, 80. – Wie umstritten die innere Mission ist, untersucht Jürgen Boeckh am Beispiel der Predigtpraxis in der Georgen- als einer besonders ausgesetzten Berliner Parochialgemeinde, vgl. Jürgen Boeckh, Predigt in Berlin. Das Beispiel der Evangelischen Parochialkirche von 1830 bis 1900, in: Kaspar Elm/Hans-Dietrich Loock (Hg.), Seelsorge und Diakonie in Berlin. Beiträge zum Verhältnis von Kirche und Großstadt im 19. und beginnenden 20. Jahrhundert, Berlin 1990, 307-328: 318, 328.

[87] So Predigt am 23.04.1854, 244.

[88] Vgl. Ludwig Hofacker, Predigten, Bd. 1, hg. von Fritz Grünzweig, Stuttgart 51. Aufl. 1977, 801; 805.

[89] Vgl. die Zitate in Gotthold Kneile, Werner und sein Werk, Stuttgart ^{2}1925, 35.

[90] So zum Beispiel Predigt am 23.04.1854, 244; vgl. insgesamt 240ff.

fe gekämpft".[91] Und „er wird herrschen in Ewigkeit und die Seinen mit ihm in gleicher Seligkeit".[92]

Dass die Seinen direkt in das Christusgeschehen einbezogen sind und diesen Weg in der Predigt mitgehen können, das ist ja die Diakonie des Christus selbst. Diese erst kann bei ihnen die helfende Tat generieren: Was der Christus an den Seinen und durch die Seinen an Heiligung und Nachfolge wirkt, darf nie in die Gefahr einer umgekehrten Konditionalität kommen.[93] Die Teilhabe am und die Inklusion ins Christusgeschehen ist so der theologische Angelpunkt von Wichern Diakonie durch Predigt. Nie darf die diakonische Tat in die Gefahr kommen, als in sich selbst gründendes Werk eigenes Gewicht und eigene Wertigkeit zu erhalten.

Ist das möglicherweise auch ein Grund dafür, dass der Prediger in der Gemeindepredigt der helfenden Tat höchstens die Bedeutung eines Ausdrucks und eines Ausblicks der Zueignung des Werkes Christi zugestehen kann? *„Alles ist neu geworden in Christo,* [...], *alles,* nicht nur du, einzelnes Herz, sondern auch das, worin du dich findest."[94] Da wird nicht nur der Hörer zu dem bewusst mit „Du" Angeredeten, da ist er Teil des Du des Archidiakons Christus gegenüber dem „geringsten Bruder", Teil der von Christus erneuerten Welt. Da nimmt das inkludierende „Wir" der Predigt die Distanz zwischen Christus, Prediger und Gemeinde. Liegt an dieser Stelle so etwas wie das diakonische Messiasgeheimnis des Predigers Wichern? Oder sollte man eher von einem stets offenen Ausgang zur diakonischen Tat oder besser: von einem Zugang dazu durch den Aufbau eines Hoffnungshorizontes und die Inklusion in das Christusgeschehen sprechen? Ist solche Predigt gar eine Art von „drittem Weg" zwischen Erweckungspredigt und einer Mahnpredigt zum diakonischen Handeln?

Trotzdem: Es bleibt die Frage: Warum zögert der Gemeindeprediger derart, seine Hörer – wenigstens ab und zu exemplarisch – an der Hand zu nehmen und mit ihnen zusammen diesen Zugang in Form von konkreten Beispielen auch zu begehen?

4. Wicherns Predigt im Gemeindegottesdienst und ihre Hörer

Bereits ein erster Blick auf die hier abgedruckten Predigten lässt die Unterschiede in Formen und Inhalten zwischen den dreiundzwanzig Gemeinde-

---

[91] Predigt am 02.09.1873, 343.

[92] Predigt am 12.06.1832, 121.

[93] Vgl. als Beispiel Predigt am 12.06.1832, 118ff.; vgl. weiter Examenspredigt 1832, 91f.; Predigt am 04.04.1833, 137ff.; Predigt am 11.08.1833, 145f.; Predigt am 29.08.1841, 178f.

[94] Predigt am 25.12.1830, 84.

predigten,[95] den drei Predigten zu Jahresfesten der inneren Mission,[96] den beiden Predigten vor Gefangenen, einer vor Fabrikarbeitern und einer zum dritten Jahrestag der Schlacht von Sedan[97] unübersehbar deutlich werden. Gemeindepredigten und „Kasualpredigten“ legen so eine getrennte Betrachtung in den beiden nächsten Abschnitten nahe.

Wer sind die Adressaten der Gemeindepredigten? Sind die Predigten – erinnert sei an Wicherns Programmatik – Evangelium für die Armen? Wird diese Zielgruppe in ihrer Lebenswelt aufgesucht und in ihrer Sprache angeredet? Wie werden – Wicherns Postulat entsprechend – die „höheren Stände“ auf ihre schuldhafte Verstrickung in die „Soziale Frage“ angesprochen und bei ihrer Verantwortung gegenüber den Proletariern behaftet? Wie meistern seine Gemeidepredigten in Hamburgs und Berlins bürgerlich geprägten großen Kirchen die von der Wittenberger Rede selbst angemahnten „Grenzüberschreitungen“?

4.1. Die Predigt, die Hörer und die Not

Auffällig ist für alle Gemeindepredigten, dass sie, was die Adressaten anbetrifft, ziemlich blass und konturenlos bleiben. Im Blick ist die Grundsituation des Menschen vor Gott. Als einzelne gläubige Seelen sind die Hörer angesprochen auf Glauben und Liebe.[98] Dass sie als solche unter der Sünde sind, von der „alle Stände“, das „ganze Volk“ befallen sind, das lässt den Prediger auch immer wieder zu den Ausdrucksformen hamartiologischer Lehrhaftigkeit greifen.[99] Aber gerade die stark moralistischen Beispiele lassen hinsichtlich der Hörer – vor allem hinsichtlich ihrer Sozialität – keinerlei eingrenzende Schlüsse zu. Sind da Hamburger und Berliner „Normal-Gemeinden“ vorausgesetzt, die Hörer also von der sozialen Schichtzugehörigkeit her dem großstädtischen Bürgertum zuzurechnen, kirchlich hoch verbunden, guter biblischer Informationsstand wie auch entsprechende frömmigkeitliche Sozialisationsbedingungen inklusive, insgesamt also von den „geordneten Ämtern“ in Staat und Kirche[100] mit einer gewissen Selbstverständlichkeit erreicht? Dann wären die Lasterkataloge möglicherweise Fremdheitsansagen an das, was sich da außerhalb dieser Kirchlichkeit, außerhalb der Ordnungs- und Normvorstellungen dieser Schicht abspielt. War-

[95] Vgl. Predigten 1-4, 6-21 und 23-25 dieser Edition.

[96] Predigten am 30.10.1865, am 10.11.1868 und am 09.11.1869.

[97] Predigten am 12.06.1832, am 09.04.1860; am 03.02.1870 und 02.09.1873.

[98] Vgl. als Beispiele die Predigten am 02.07.1834 und 25.12.1830.

[99] Vgl. etwa Predigten am 16.09.1832, 126f.; 11.08.1833, 145f.; und 23.07.1837, 164f.

[100] So Wichern, Die innere Mission, in: SW I, 180.

um aber werden nicht gerade diese Hörer vom Prediger auf die zur Tat drängende „Heiligung" als die natürliche Konsequenz ihres Glaubens angesprochen? Wenn auch nur einige Vermutungen hinsichtlich ihrer Schichtzugehörigkeit zutreffen, müssten doch gerade sie besonders ansprechbar sein!

Die Frage nach der Hörerschaft ist in diesem Zusammenhang wohl nur unter Beachtung einiger Voraussetzungen zu stellen: Die kommunikative Praxis der Gemeinde als Bezugsrahmen der Predigt zeichnet sich hier nicht einmal in groben Konturen ab, zumal der Prediger wohl in vielen Fällen die Kanzeln als in späteren Jahren deutschlandweit prominenter Gastprediger bestiegen haben wird. Der in einem solchen Sinne verstandene „Hörerbezug" wird sich also im Rückblick auf Mutmaßungen beschränken müssen.

In traditionellen Gemeinden des 19. Jahrhunderts ist ein hohes Maß an Einbindung der Subjekte der Hörer und der Prediger in vielerlei Konventionen vorauszusetzen: Nicht einmal der Besuch des Gottesdienstes selbst unterliegt wohl einer Entscheidung im heutigen Sinn. Die theologischen Konventionen erweckten Luthertums wie sozialkonservative Ordnungsvorstellungen dürften beim Prediger und den Hörern als selbstverständliche gemeinsame Vorgaben vorauszusetzen sein.

„Das Evangelium den Armen" – das ist das Programm, das Wichern in Wittenberg allen Predigern mit gibt auf den Weg in ihre Gemeinden. Der Leser sucht allerdings vergeblich auch nur einen Blick über den gesellschaftlichen Zaun zu den Nöten „der Anderen", die die Not den „geordneten Ämtern" in Staat und Kirche längst entfremdet hat. Wenn innere Mission heißt, dass die Liebe wie der Glaube die Wirkung des Evangeliums ausmachen, wie kann dann solche Not bei der Predigt von der Liebe Christi außen vor bleiben? Blicke zu anderen Predigern der Zeit und ihre recht konkrete Art der Deutung sind in diesem Zusammenhang aufschlussreich: Wie klar etwa Daniel Friedrich Schleiermacher (1768-1834) die gesellschaftlichen Hintergründe von Nöten seiner Zeit durchleuchtet[101] oder wie der schwäbische „Vater der Armen" Gustav Werner (1809-1887) seinen Hörern die Gesichter der Not vor ihrer eigenen Haustür nicht erspart,[102] das lässt die entsprechenden Spielräume zeitgenössischer Predigt durchaus erahnen. Und wenn Predigt nach Wichern Erzählung des Lebens Christi sein soll, dann gehören

---

[101] Vgl. z.B. Friedrich Schleiermacher, Über die christliche Wohltätigkeit. Zu Epheser 4,28, in: Schäfer, Die Menschenfreundlichkeit Gottes bezeugen, 313-329: 317ff.

[102] Vgl. Gerhard K. Schäfer (Hg.), Dem Reich Gottes Bahn brechen. Gustav Werner (1809-1887). Briefe – Predigten – Schriften in Auswahl, Stuttgart u.a. 1990, 92ff.; 102ff.; 315ff.; Friedensblätter – Zeitschrift für das Reich Gottes, hg. von Gustav Werner, 2. 1852, 50ff.

Arme und Armut doch wie von selbst zu den zentralen christologischen Vorgaben!

Wicherns Stichworte der „geistesleere[n] Welt", die einer neuen Geistausgießung bedarf, und der „Seelennot" der Betroffenen sowie seine Rede von „*inneren* Nöte[n]",[103] die „ohne Unterschiede" bei Herren und Knechten, Armen und Reichen gegeben sind und „Rettung" notwendig machen, blenden soziale Verelendung und materielle Not weitgehend aus. Droht bei diesem Grad von Spiritualisierung von Not Predigt nicht die soziale Erdorientierung dem Ziel der Heilsorientierung und der heilsgeschichtlichen Orientierung zu opfern?

Ist da Predigt nicht in Gefahr, die Fähigkeit der Solidarität mit den Armen einzubüßen und mit der Verantwortung der Gottesdienstgemeinde für Not und Armut auch deren eigene Sozialität aus dem Blick zu verlieren?

Die Vermutung stillschweigend selbstverständlicher durch eine bürgerliche Hörerschaft bedingter Vorgaben an einen Gastprediger, der sich vielleicht aus den konkreten Nöten heraushalten sollte mit Rücksicht auf patriarchalische und obrigkeitliche Verhältnisse auf allen Ebenen,[104] würde sicher zu kurz greifen. Auch nicht ein disjunktives Verständnis der Zwei-Reiche-Lehre ist es, das die sozialen Nöte der Zielgruppen der inneren Mission aus den Predigten verbannt. Als Grund dafür ist eher Wicherns alle Blick- und Predigthorizonte begrenzende Theologie der Gottesordnungen zu vermuten: Da alle gewachsenen Ordnungen in Christus gegründet und so zu einem Organismus verbunden sind, sind sie dem Glauben vorgegeben.

Doch können deshalb „Störungen" dieser Ordnungen nicht Gegenstand der Predigt sein, ohne dass man Lasterkataloge bemühen muss? Die Predigt des Glaubens hat nach Wichern als solche die Ordnungen zu stützen, die der zum Antichristen stilisierte Kommunismus zerstören will: „Die feste Burg des Christenglaubens an den Gott, welcher Vater, Sohn und Heiliger Geist ist, welcher Sünde und Bekehrung, Vergebung und Vergeltung als sein von ihm gegebenes Wort predigen lässt, die geheiligte nicht ungestraft anzutastende Majestät der Obrigkeit und des Gesetzes, die Geistesmacht wahrer mit Opfer und Arbeit errungener Bildung, die Unverletzlichkeit der Gewissen, das Recht der Geschichte, in der die Wahrheit ihre Probe bestanden und die eigentümlichen Gestaltungen im Leben der Völker herausgebildet sind"[105] – dieses Gefüge markiert für die Predigt nicht nur die Aufgabenstellungen, sondern auch die Grenzen.

---

[103] Predigt am 09.04.1860, 271.

[104] Vgl. z.B. Predigt am 12.06.1832, 120f.

[105] Wichern, Der Kommunismus und die Hilfe gegen ihn, in: SW I, 135.

Ist das ein Grund dafür, dass Wicherns Predigt sich nie den Grenzen der proletarischen Elendsquartiere nähern und vollends nicht diese überschreiten kann? Oder ist die Analyse der Not und die Entlarvung der „Schuldigen“ bereits seit den 1840er-Jahren in zunehmendem Maß in die Hände der atheistischen „Sozialisten“ und „Kommunisten“ gekommen, so dass der Prediger zu diesem Territorium einfach Abstand hält?

4.2. Die Predigt und der Prediger

Für wen predigt eigentlich Wichern? Die Frage enthält und enthüllt nicht nur das ganze Dilemma um den Ort der Hörergemeinde, sondern auch um den Ort des Predigers, um den Ort von Gottesdienst und Predigt überhaupt in diesem Stadium der gesellschaftlichen Entwicklung im Umfeld des Achsenjahres 1848, aber auch um den Ort der inneren Mission, die in Wicherns Gemeindepredigten so auffällig abwesend und durch seine Person umso anwesender ist. Die Frage lenkt den Blick auf die so notvoll auseinander driftenden sozialen Lebenswelten – bis in die Differenzen der Sprache hinein. Kann da Predigt überhaupt noch sozialen Fremdheitserlebnissen standhalten und sie vielleicht mildern, Zugänge eröffnen, gar anwaltschaftliche Dienste übernehmen? Wer kann in einer solchen Auseinanderentwicklung überhaupt noch – wenigstens für einen Augenblick! – die Seite wechseln und diakonisch-integrative Kräfte entwickeln?

Da sind auf der einen Seite der Prediger Wichern und seine Hörer – die Zugehörigkeit zur selben bürgerlichen Schicht, eine schichtspezifische christliche Sozialisation, eine Sprache mit vielen biblischen Bildern einmal vorausgesetzt: Des Predigers und der Hörer Lebens- und Frömmigkeitswelten dürften sich sehr ähnlich sein. Eine an den biblischen Texten, ihren Stichworten und Bildern orientierte und diesen entsprechende Lehrinhalte abgewinnende Predigtform wird offensichtlich als der gottesdienstlichen Situation angemessen empfunden. Ob sich der Prediger die Frage, wo und wie die Hörer denn darin vorkämen, stellt oder nicht, es spricht nichts gegen die Annahme, dass sich diese Hörer mit ihren Glaubensanliegen durch diese Art der Predigt ernst genommen fühlen. Der Prediger spricht ihre Sprache und reichert diese mit biblischen Metaphern und Bildmaterialien an: Der Herr, die Weide, die Schafe, der gute Hirte, die Dürre und der unfruchtbare Boden der Welt, die Bäche des ewigen Lebens, das helle Licht seiner heilsamen Erkenntnis etc.[106] Das ist zwar Kirchen- und nicht Alltagssprache, wird aber von den Hörern sicher als dem Gottesdienst angemessen wahrgenom-

---

[106] Die Beispiele aus der Predigt am 12.06.1832, 120f. können als repräsentativ gelten.

men. Und bewusst gesetzte und Aufmerksamkeit auf sich ziehende sprachliche Paukenschläge sind in dieser belehrend-kognitiv angelegten Sprachumgebung kaum zu erwarten. Der Hörerbezug dürfte also auf dieser Sprachebene durchaus gegeben sein.

Wer auf der anderen Seite für die gottesdienstliche Predigt den Anspruch erhebt, den Armen sei damit das Evangelium zu verkündigen, der setzt sich der Frage aus, ob nicht solche Predigten bereits durch ihre Sprache die Armen und ihre Lebenswelt aus dieser gottesdienstlichen Gemeinschaft – als einem Ort faktisch fremdsprachlicher Kommunikation – ausschließen. Ob nicht durch ganz andere – etwa narrative – sprachliche Mittel, die etwa von Armenpredigern zu handhaben wären, diese Hörer leichter zu erreichen wären, ist eine weitere Frage.

Damit aber ist – zumindest im kommunikativen Zusammenhang zwischen Wichern und den Besuchern „seiner" Gottesdienste – ein wichtiger Zugang zur Lebenswelt der Notleidenden versperrt, nachdem auch in dieser Zeit die sozialen Barrieren zwischen den Lebenswelten als fast totale Informationsbarrieren wirken und sich über so gut wie alle Lebensbereiche erstrecken.[107] Wer aber wäre in einer bürgerlichen Stadtgemeinde in Hamburg oder Berlin als Prediger eher berufen, zu Grenzüberschreitungen in Richtung auf die Lebenswelt der Notleidenden zu ermutigen,[108] als gerade der „Vater der inneren Mission"?

In Wicherns Gemeindepredigten jedenfalls ist an keiner Stelle auch nur ein Ansatz zu einer entsprechenden Grenzüberschreitung im Blick. Seine Lebenswelt und die der Notleidenden stehen sich wie eine Art von geschlossenen Systemen mit ihren jeweiligen Binnenstrukturen gegenüber, und der Gottesdienst mit seiner Predigt ist Teil des einen Systems ohne irgendeine Art von Durchlässigkeit zum anderen. Nicht einmal ein „Blick hinüber", eine Art von symbolischem Platzwechsel, der wenigstens Ansätze zu einer stellvertretenden Klage oder auch zu einer Anwaltschaft ermöglichen könnte, ist in irgendeiner der Gemeindepredigten zu finden. Traut es der Prediger selbst der Macht der Christuswirklichkeit nicht zu, dass sie auch an dieser Stelle aufdeckt, wachrüttelt, ermutigt, auf den Weg schickt, bevollmächtigt, gerecht(er) wird?

Eigentlich ist der Bußprediger von Wittenberg ja ausgezogen, um in der Kirche die Lehre vom „allgemeinen Priestertum aller Gläubigen" wieder zu erwecken – auch als „Verpflichtung der Gemeinde und der einzelnen Glieder

---

[107] Vgl. dazu bes. Horst Albrecht, Arbeiter und Symbol. Soziale Homiletik im Zeitalter des Fernsehens (Gesellschaft und Theologie, Abt. Praxis der Kirche 38), München/ Mainz 1982, 27.

[108] Vgl. Schäfer, Die Menschenfreundlichkeit Gottes bezeugen, 37.

zum rettenden Wirken der gläubigen Liebe".[109] Doch ist dieser „Wirkungsabsicht" von Predigt gedient, wenn diese gelegentlich zur Du-Anrede der Erweckungspredigt übergeht, die dann dem Moralismus des Zwei-Wege-Bildes Schub geben soll?[110] Auch dürfte die Frage der Verbindlichkeit eines solchen allgemeinen Hirten- und Priesteramtes nicht eine Frage der Unterscheidung derer sein, „die getaufet sind auf seinen Namen und nach seinem Namen sich Christen *nennen*",[111] und derer, die verbindlich danach leben, also die Frage nach einer aktiven Kerngemeinde. Dieser erweckenden Wirkung dürfte nur näher zu kommen sein, wenn die Hörer diesen Hirtendienst an einander einüben in gemeindeinternen Kommunikationsmodellen und wenn sich der Prediger dann „hinausbegibt" zu den „Schafen, die keinen Hirten haben", und die Hörer behutsam mitnimmt.[112]

Warum geht Wichern auch bei seiner Zeitansage überhaupt so abstinent mit der Benennung von Bereichen seiner Lebenswelt um, die der Sünde das Gesicht der Ungerechtigkeit geben, während zum Beispiel Daniel Friedrich Schleiermacher vor seinen bürgerlichen Hörern schonungslos die „überspannte" soziale Ungleichheit geißelt, um daran nicht nur die Aufforderung zur Wohltätigkeit der Gemeinde zu knüpfen, sondern auch die Mahnung zur Sachgemäßheit und zur Nachhaltigkeit der Hilfe?[113] Warum kann der „Vater der inneren Mission" als Prediger nicht wenigstens auf soziale Zusammenhänge oder auf Beispiele hinweisen, die zum Liebe Üben ermutigen wie etwa Ludwig Harms und Gustav Werner?[114] Schlagen sich die Rückmeldungen der vom Centralausschuss für innere Mission eingesetzten Agenten nirgends nieder?[115]

Dabei greift die Frage: Wie viel Elend und Armut hätten diese Predigten den Gemeinden in Hamburg und Berlin im „normalen" Sonntagsgottesdienst überhaupt zumuten können? wohl zu kurz. Sicher präzisieren eher Grundsatzfragen die Problematik, die die Homiletik wie die Predigtpraxis

---

[109] Wichern, Der Kommunismus und die Hilfe gegen ihn, in: SW I,148.

[110] Vgl. Predigt am 12.06.1832, 119f.

[111] Vgl. Predigt am 12.06.1832, 117 (zu Johannes 10,1-11), vgl. auch Predigt am 23.07.1826, 58.

[112] Zu dieser „Wirkungsabsicht" der Predigt vgl. Schäfer, Die Menschenfreundlichkeit Gottes bezeugen, 24f. Zum biblischen Kontext des Stichworts vgl. Matthäus 9,36. Zu Wicherns Unterscheidung innerhalb der Gemeinschaft der Getauften vgl. Rappel, Kirchenverständnis 105f.

[113] Vgl. Schäfer, Die Menschenfreundlichkeit Gottes bezeugen, 324ff.

[114] Zu Ludwig Harms vgl. die Abendmahlspredigt zu Johannes 13,1-15, abgedr. in: Schäfer, Die Menschenfreundlichkeit Gottes bezeugen, 348-363: 361f. Zu Gustav Werner vgl. Schäfer, Dem Reich Gottes Bahn brechen, 318; 322; 325.

[115] Zu dieser in den Statuten vorgesehenen Einrichtung vgl. Talazko, Märzrevolution 67.

der Zeit sicher kaum im Blick haben konnten, die aber bis heute ihre Aktualität nicht eingebüßt haben: Welche Informationen haben die Angehörigen verschiedener sozialer Schichten von den jeweils schichtspezifischen Sorgen und Verhaltensweisen „der Armen" und Bedürftigen ihrer Zeit? Auf welchen Ebenen und in welcher Weise war Kirche damals und ist Kirche bis heute in ihren Gemeinden und kirchlichen Milieubildungen an entsprechenden Informationsdefiziten beteiligt? Haben Erkenntnisse zu diesen Problemanzeigen überhaupt Auswirkungen auf die kirchliche Arbeit vor Ort – damals und heute?

Dass auf Wicherns Hörergemeinden, wie sie sich in den sonntäglichen Gottesdiensten versammeln, sicher Michael Schibilskys Beschreibung einer „bürgerlichen Milieuverengung" schon damals zutraf, während das Alltagsleben und die Alltagswelt „der anderen" von der „Arbeitssituation" und den elementaren Sorgen um das Überleben geprägt waren und noch sind,[116] ist wohl als Gegebenheit vorauszusetzen. Und dies war und ist nicht einmal eine Frage der theologisch-frömmigkeitlichen, nicht einmal der politischen Richtungszugehörigkeit, sondern einfach eine Frage der sozialen Schichtzugehörigkeit. Dazu ist die dem entsprechende Wahrnehmung der sozialen Wirklichkeit wie die mangelnde Fähigkeit zur Bildung analytischer Maßstäbe wohl eines der grundsätzlichen Geburtsprobleme aller aus dem erweckten Bürgertum des 19. Jahrhunderts hervorgegangen Diakonie.[117] Auch das ist in seiner Tatsächlichkeit wohl einfach hinzunehmen. Doch warum kann die Predigt gerade Wicherns nicht die christliche Freiheit für sich in Anspruch nehmen, die Perspektive einmal zu wechseln hinüber zu denen, denen die Sorge der örtlichen Vereine der inneren Mission ohnehin gilt?

Selbst wenn für den Prediger als Person der soziale Platzwechsel mit allen Konsequenzen keine Möglichkeit ist – wäre ein Schwenk der Blickrichtung wirklich eine Überforderung seiner theologischen, seelsorgerlichen, sozialen Inklusionsfähigkeit? Zwar werden die Arbeiter mit den fortschreitenden Jahren des Jahrhunderts immer kritischer gegenüber den „sozialen Pastoren". Doch bleibt diesen selbst ja die Frage: „Wo stehe ich selbst als Prediger, dem das ‚Evangelium für die Armen' in dieser Zeit der sozialen Umbrüche aufgegeben ist, mit meinem Predigen?" bei jedem Schritt auf die Kanzel auf den Fersen. Die Frage der Parteinahme auch als Prediger beantwortet der Diakoniegründer Gustav Werner exemplarisch mit der Gründung einer durch die totale Solidarität mit den Schwachen geprägten Lebensge-

---

[116] Vgl. Michael Schibilsky, Alltagswelt und Sonntagskirche. Sozialethisch orientierte Gemeindearbeit im Industriegebiet, München 1983, 20.

[117] Vgl. ebd.

meinschaft.[118] Der „soziale Pastor" Friedrich Naumann (1860-1919) tut eine Generation später mit der Perspektive „von unten her" als genereller diakonischer Vorgabe den Schritt.[119] Naumanns Kollege Paul Göhre (1864-1928) geht selbst „hinüber" und wird Industriearbeiter.[120]

Wo also ist der Ort des Predigers in der gottesdienstlichen Situation? Schlüpfen da der Prediger Wichern in bürgerlichen Gemeinden und der „Vater der inneren Mission", der als Prediger seine Mitarbeiter ermutigt, je nach Ort und Situation in verschiedene Rollen? Treten gemeindliche Predigt und innere Mission bereits beim Prediger Wichern selbst tendenziell auseinander?

5. „Kasuelle" Predigten

5.1. Predigten zu Jahresfesten der inneren Mission

Drei der abgedruckten Predigten[121] führen in die ganz „eigene Welt" des „Vaters der inneren Mission". Der Prediger ist wie ausgewechselt, der „Sitz im Leben" der Predigten durch die Jahresfeste der inneren Mission klar definiert. Damit ist auch der situative Anteil entsprechend deutlich: Zielgruppe sind die Mitarbeiter, besonders die der Stadtmissionen und Freundeskreise. Diese Gottesdienste sind auch Orte der erinnernden Lehre: Was ist innere Mission? Doch durch das gemeinsame Arbeitsziel dienen sie zu allererst der Zurüstung und der Vergewisserung der Aktivisten an den härtesten Fronten der inneren Mission. Diese Front ist für Wichern definiert durch die Kette von Großstadt – Unglaube – Entsittlichung – Verelendung.

Hier schöpft der „Vater der inneren Mission" aus vollem Herzen und mit vollem Mund aus den Begründungszusammenhängen innerer Mission, so als sei er – zwei Jahrzehnte danach! – auf dem Rückweg von Wittenberg, um die Bande um das, was seither gewachsen ist, noch fester zu ziehen. Dabei bietet das Doppelfest aus Reformationstag und Jahresfest am 9. November 1869[122] die besondere Gelegenheit, das Verhältnis von Gemeinde, innerer Mission und Reformation aus ihren inneren Zusammenhängen heraus zu entwickeln:

---

[118] Vgl. Walter Göggelmann, Ein Haus dem Reich Gottes bauen. Diakonie und Sozialreform in Gustav Werners Hausgenossenschaft (VDWI 32), Heidelberg 2007, 45ff.; 66ff.

[119] Vgl. Walter Göggelmann, Christliche Weltverantwortung zwischen sozialer Frage und Nationalstaat, Baden-Baden 1987, 76ff.

[120] Vgl. Paul Göhre, Drei Monate Fabrikarbeiter und Handwerksbursche. Eine praktische Studie, Leipzig 1891, passim.

[121] Vgl. Predigt am 30.10.1865 und die beiden folgenden.

[122] Vgl. Predigt am 09.11.1869, 322ff.

Die Zeitansage, die zugleich Ortsansage ist, führt in die Großstadt, den Ort der Industrie und damit den Ort des Mammons und der Sittenlosigkeit. Die neuen Großstädte gelten Wichern als Orte des Abfalls von Gott schlechthin, als Orte, „in denen Christus ohne Ablass *gekreuzigt* und mit *Füßen getreten* wird." Die in den Großstädten herrschenden Zustände sind durch eine Kälte gekennzeichnet, die „uns geistlich in die Nähe der Polarmeere versetzt."[123] Von den Sozialisten und Kommunisten verführte Arbeiter erheben sich gegen Gott und seine heiligen Ordnungen, gegen die Obrigkeit, die christliche Kirche und die christliche Schule.[124] Wichern kann dieses „Jahrhundert des Unglaubens" und der massenhaften Entfremdung von der Kirche nur mit kettenförmigen Lasterkatalogen beschreiben:[125] Die Uhr der Heilsgeschichte zeigt Gottes Gericht an.[126] Hier steht Offenbarung gegen Fortschrittsglauben: Eine Bekenntnissituation wie zur Zeit der Väter der Reformation! Antikatholische und antisozialistische Ausfälle des Predigers gehen fast in einander über. Doch Gottes Reich wächst ja – wie zu den Zeiten der Väter – am Widerspruch: *„Seine Rechte behält den Sieg."*[127] Eine neue Reformation muss die Zeitgenossen lehren, sich unter Gottes Gericht zu beugen. Denn darin liegt eine einzigartige Chance zur Erneuerung des gesamten Volkslebens beschlossen.[128] Wie die Liebe Christi die Mission einst in die Heidenwelt geführt hat, so ist jetzt aus derselben Liebe heraus Mission in der Christenwelt angesagt. Sie muss eine „vollständige Umwandlung und Umkehr" bewirken, besonders in den vom Unglauben befallenen Städten.[129] Über das neu zu erweckende Priestertum aller Gläubigen in Fürbitte und aktivem Einsatz der Liebe kehren der König Christus und das Reich Gottes ins Volksleben zurück. Durch die „Zeugnisse der glaubenserfüllten Barmherzigkeit", getragen durch „neue evangelische Genossenschaften", sieht Wichern eine „Welt christlicher Liebeswerke" am Zielhorizont entstehen.[130] Die zugleich politische und kirchliche Zieldefinition ist deutlich: Die innere Mission beschränkt sich nicht darauf, „Armenpflege- und Wohltätigkeitsanstalt" zu sein, in ihr haben „die Kirche und die Gesellschaft, soweit sie noch christlich ist, einzustehen [...] für die heiligsten Güter des geistlichen Volkes und des öffentlichen Lebens, an deren Besitz oder Verlust die Bewahrung und Erret-

---

[123] Predigt am 10.11.1868, 316.
[124] Vgl. Predigt am 10.11.1868, 314ff.; Predigt am 09.11.1869, 325f.
[125] Vgl. als Beispiele Predigt am 09.11.1869, 325f.; Predigt am 30.10.1865, 306f.
[126] Vgl. Predigt am 09.11.1869, 328f.
[127] Vgl. Predigt am 30.10.1865, 311.
[128] Vgl. Predigt am 09.11.1869, 322ff.
[129] Vgl. Predigt am 10.11.1868, 319f.; Predigt am 09.11.1869, 324f.
[130] Vgl. Predigt am 30.10.1865, 305f.

tung des Volkes oder zuletzt der Untergang des Ganzen zu gewärtigen steht."[131] Weil Gott sein Volk in dieser Krisensituation nicht verlassen wird, heißt die Parole: Haltet durch![132]

Festzuhalten ist zugleich: Auch die Predigten zu den Jahresfesten der inneren Mission, die die Zielgruppen der Mitarbeiter in deren Vereinen ansprechen,[133] sparen bezeichnenderweise die Lebenswelten der durch die innere Mission zu Erreichenden und Erreichten selbst aus. Sie dienen mit einem dichten Geflecht von düsteren bis apokalyptischen Zeitansagen, einer noch dichteren Reich Gottes-Hoffnung als Perspektive und den daraus gezogenen ordnungstheologischen Konsequenzen der Vergewisserung. Dahinter treten Schritte in Richtung auf eine konkrete Zurüstung für die Arbeit vor Ort vollkommen zurück.

5.2. Predigten vor Gefangenen

Seit seiner Berliner Studienzeit gehören die Wahrnehmung der prekären Situation von Gefangenen und die Gefängnisreform zu Wichern Grundanliegen. Auf mehreren Reisen macht er sich 1852/1853 ein genaues Bild von den Gefängnissen zwischen Rhein und Oder. Was er sieht, ist niederschmetternd: Überfüllte Strafanstalten, in denen Erstverurteilte und Schwerverbrecher, Jugendliche und Erwachsene, Frauen und Männer wie Vieh zusammengepfercht sind. Die Reisen in die Wirklichkeit der Gefängnisse lassen Wichern u.a. darauf dringen, die Gefängnissache zum Gegenstand der Predigt zu machen, um die kirchlichen Gemeinden dafür zu gewinnen, sich der Strafentlassenen anzunehmen.[134] 1857 tritt Wichern in den preußischen Staatsdienst. Seine Aufgabe ist die Reform des Gefängniswesens.

Die Gefängnisarbeit gehört zu Wicherns Kernanliegen. Umso auffälliger ist es, dass die „Gefängnissache" in den „Gemeindepredigten" keine Spuren hinterlassen hat. Das Thema taucht darin nicht auf. Sein Engagement zugunsten der Gefangenen manifestiert sich hingegen in dem Faktum, dass Wichern mehrmals in Gefängnissen predigt. Zwei Predigten vor Gefangenen sind exemplarisch dokumentiert: Die erste Predigt hält er 1832 im Hamburger Spinnhaus.[135] Das Spinnhaus wurde als „Besserungsanstalt" für gerichtlich verurteilte Verbrecher benutzt. Wichern thematisiert in seiner Pfingstpredigt im Spinnhaus die „wahre Gemeinde des Herrn" und ruft – so Martin Gerhardt – „in herzandringlicher Weise mit dem feurigen Pathos der ersten

[131] So Predigt am 30.10.1865, 309f.; vgl. Predigt am 10.11.1868, 320f.
[132] Vgl. Predigt am 30.10.1865, 310f.; Predigt am 09.11.1869, 330f.
[133] Vgl. Predigt am 30.10.1865, 303-311.
[134] Vgl. Gerhardt, Wichern II, 291.
[135] Predigt am 12.06.1832, 114ff.

Liebe zum priesterlichen Zeugnis der Liebe zu allen dem Reich Gottes noch Fernstehenden auf."[136] In der Predigt tritt wohl Wicherns Leidenschaft für die „wahre Gemeinde des Herrn" zutage. Zu konstatieren bleibt aber auch, dass die Welt der Gefangenen in Inhalt und sprachlicher Diktion der Predigt kaum eine Rolle spielt. Entsprechendes gilt für die zweite Gefängnispredigt. Bei der Predigt Wicherns im Zellengefängnis Moabit aus dem Jahr 1860 handelt es sich um eine biblische Osterpredigt[137]. Sie ordnet sich mit dem Ziel der ermutigenden Zueignung der Osterbotschaft ganz den Gemeindepredigten ein. Ohne die Ortsangabe in der Überschrift wären weder Ort noch Zielgruppe identifizierbar.

5.3. „Arbeiterpredigt"

Eine „Predigt vor Arbeitern"[138] führt Wichern am 3. Februar 1870 nach Buckau bei Magdeburg. In dieser Predigt „vor Arbeitern" ist kaum die Geburtsstunde des Genus „Arbeiterpredigt" zu sehen, das von Friedrich Naumann (1860-1919) und von Ludwig Weber (1846-1922) ab 1888 zu einer festen Form mit einem festen Sitz im Leben, dem Jahresfest eines evangelischen Arbeitervereins, mit einem festen Predigtziel, der gesellschaftlichen Selbstfindung eines „evangelischen Arbeiterstandes", entwickelt wird.[139] Zwar ist auch bei Wichern die Zielgruppe dieser Predigt durch den „Berufsstand" definiert, doch fehlt die eindeutige Verortung, der „Sitz im Leben", dieses Gottesdienstes. Und ein entsprechendes – dem Genus zuzuordnendes – Predigtziel zeichnet sich noch längst nicht ab. Es ist noch mehr als eine halbe Generation „zu früh."

Der Prediger tut sich sichtlich schwer mit der eigenen Ortsbestimmung in der gegebenen gottesdienstlichen Situation. Während er sich in der Berufswelt der Mitarbeiter der Stadtmissionen wie zu Hause fühlt, findet er sich in der Lebens- und Vorstellungswelt der Arbeiter offenkundig nicht zurecht. Deutlich ist ihm die Unsicherheit gegenüber der fremden Lebenswelt und Mentalität der Hörer abzuspüren. Mit einer Art von Katechese versucht er seinen Ort und seine Rolle als biblischer Lehrer zu finden. Die Predigt mündet in eine Beispielerzählung: Ein Unternehmer-Patriarch, dem Wicherns ganze Sympathie gehört, führt seine Fabrik mit seinen Arbeitern als christliche Familie: Soziale Harmonie in einer christlich-patriarchali-

---

[136] Gerhardt, Wichern I, 116f.

[137] Vgl. Predigt am 09.04.1860, 267ff., Text: Lukas 24,13-35.

[138] Predigt am 03.02.1870, 333ff.

[139] Vgl. Friedrich Naumann, Werke, hg. von Walter Uhsadel, Bd. 1, Köln/Opladen 1964, 56-67.

schen Ordnung. Das auch für die Arbeiter gefährlich Neue am Fabrikwesen ist zum Ursprung der Gottesordnung Familie zurück geführt.

Was Wichern wirklich bewegt, sind die Verführungen der Kommunisten und der Atheisten. Von einer Bemühung um Solidarität mit den angesprochenen Arbeitern ist wenig zu spüren. Ob die Arbeiter in der Predigt auch nur irgendetwas mit ihrer Lebenswelt Kompatibles erkennen können, bleibt zu fragen. Karl Janssens Urteil wird durch die Predigten und insbesondere durch die Predigt vor Arbeitern in Buckau bestätigt: „Es ist [...] Wichern dabei zuzugestehen, dass zu seinen Lebzeiten die zentrale Bedeutung der Arbeiterfrage überhaupt nur wenigen klar geworden ist, dass die große Industrialisierungswelle überhaupt erst nach seinem Ausscheiden aus der praktischen Arbeit einsetzte und dass schließlich die damals bestehende Arbeiterschaft selbst nur zu einem ganz geringen Teil von den sozialistischen Ideen ergriffen war. Er hat es freilich völlig unterlassen, sich über den Stand der Probleme auch nur annähernd auf dem Laufenden zu halten. [...]. Seine Stellung zu Kommunismus und Sozialismus entbehrt darum des Reizes der genauen Kenntnis der Phänomene und führt zu einem Zerrbild, das doch nur sehr entfernt etwas mit der Realität zu tun hat.“[140]

5.4. Predigt zum „Sedanstag“

Mit einer Predigt in Hamm zum 3. Gedenktag der Schlacht von Sedan[141], die ihren kasuellen Charakter durch dieses vaterländische Ereignis erhält, reiht sich Wicherns Predigt ein in den breiten Strom vaterländischer Predigten, wie sie zum Gedenken dieses „weltgeschichtlichen Tages“ mit seinen religiösen Evidenzerlebnissen landauf, landab gehalten werden. Die Zielgruppe Gemeinde ist an diesem Tag von ihren Erwartungen her durch die religiöse Konzentration auf dieses mit allen nationalen Emotionen besetzte Ereignis her definiert. Wicherns Stichworte in diesem Kontext, drei Jahre danach fast schon gewohnte Schlagworte, fallen durchaus nicht aus diesem zeitgeschichtlichen Rahmen, fügen sich andererseits aber auch bruchlos in sein heilsgeschichtlich geprägten Geschichtsverständnis ein: Gottes Weltregiment hat das Gericht am gottlosen Frankreich der Revolution und der Napoleone vollzogen: „Kommt herzu“, „Schaut die Werke des Herrn!“ Es kam in Sedan „eine der großen Krisen der Menschheit zur Entscheidung.“[142]

Wie behutsam sich Wicherns Predigt allerdings gegenüber der Mischung aus national-religiösem Pathos und Franzosenhass der Zeit aus-

---

[140] Karl Janssen, Einführung, in: Johann Hinrich Wichern, Ausgewählte Schriften, Bd. 3, hg. von Karl Janssen, Gütersloh 1961, 135-145; 141.

[141] Vgl. Predigt am 02.09.1873, 338ff.

[142] Predigt am 02.09.1873, 338f.

nimmt, mag ein Blick in die ultrakonservative „Kreuzzeitung" belegen: „In Krieg und Niederlage ist der sittliche Wert der Menschen und Völker geprüft worden. Und während in dem Kampfe weniger Wochen die Missetaten von Jahrhunderten gerächt worden, ist durch den raschen und tiefen Fall der französischen Herrschaft dem Menschengeschlecht der fast verloren gegangene Glaube [...] an das Walten göttlicher Gerechtigkeit wieder erweckt und geschärft worden."[143]

Christus, der Welt Heiland, ist für Wichern auch der Schlüssel zu dieser Großtat Gottes zum Heil der Menschheit. Durch seine Macht sind auch dem deutschen Nationalstolz seine Grenzen gesetzt. Die „Grundsünde" der Zeit, die „Selbstüberhebung" - auch die deutsche -, ist damit exemplarisch Gottes Gericht verfallen. Dem Sturm des Versuchers auf das Reich Gottes ist Einhalt geboten. So bleibt auch auf diesem Gebiet in Gültigkeit: Die „ewigen Siege" sind des Herrn. „Seine Rechte behält den Sieg". Das bedeutet auch: „KeinWort vom überstiegenen Nationalismus [...], sondern auch hier ist die ganze christozentrische Deutung der Predigt für Gott und Vaterland gegeben."[144] Das entwertet die Siege der Nation, die zeitlich sind, keineswegs, relativiert aber ihre Bedeutung.

So bleibt alle Predigt, auch die zu einem emotional so hoch besetzten Gedenktag, umschlossen durch die christologische Klammer und dient der Ermutigung an „seine Gemeinde", die Reihen um den an Erbarmung und Liebe reichen Herrn dichter zu schließen.[145]

6. Abschließende Bemerkungen

Wicherns Wirken zielt insgesamt darauf, die Praxis im Raum des deutschen Protestantismus angesichts tiefgreifender gesellschaftlicher Umbrüche zu reformieren. In diesem Kontext drängt er auch auf eine Erneuerung der Predigt. Er hat das Problem der fundamental neuen Aufgabenstellung der Kirche auch im Bereich der Verkündigung erkannt wie kaum ein Zeitgenosse um 1848 und Reformperspektiven ebenso einfach wie eindringlich formuliert. Erzählung der Geschichte Christi, Evangelium für die Armen, Thematisierung der Lage der Gefangenen und der Angelegenheiten des Proletariats auf der Kanzel, Ansage der Zeit, Stärkung des Priestertums aller Gläubigen, Verbindung von Glaube und Liebe, Bewährung des Verkündeten durch die Praxis der Liebe, Schaffung neuer Verkündigungsformen und

[143] Kreuzzeitung vom 13.09.1870, zitiert nach Michael Jeismann, Das Vaterland der Feinde. Studien zum nationalen Feindbegriff in Deutschland und Frankreich (Sprache und Geschichte 19), Stuttgart 1992, 277f.

[144] So zu Recht Przybykski, Wichern als Homilet, 21.

[145] Vgl. Predigt am 02.09.1873, 340f.; Predigt am 30.10.1865, 310f.

neuer Ämter, um die Kluft zwischen Kirche und großen Teilen der Gesellschaft zu schließen, – das sind programmatische Stichworte, die der Gründervater der inneren Mission der Kirche sowie den Predigern seiner Zeit in Herz und Gewissen schreibt und damit auch seiner eigenen Predigtpraxis vorgibt. Die abgedruckten Predigten suchen einigen der programmatischen Anliegen Rechung zu tragen, bleiben aber auch hinter homiletischen Postulaten Wicherns zurück. Zugleich treten spezifische Grenzen sowohl der Programmatik wie der Predigtpraxis Wicherns zutage.

Wichern sucht – gegen rationalistische Eindimensionalität und qietistische Verengung – den „ganzen“[146] Christus zu verkünden und dessen diakonische Herrschaft vor Augen zu stellen. Ein Erzähler der Geschichte Jesu Christi ist er gleichwohl nicht. Der Gemeinde als Leib Christi Gestalt verleihen, die Bruderliebe und die daraus strömende Liebe zu den Elenden und Verlorenen wecken und formen – dies gehört durchgängig zu den fundamentalen Zielen der Predigten Wicherns. Diese Intentionen werden freilich insbesondere in den Gemeindepredigten nur sehr allgemein zur Geltung gebracht. Die Gemeindepraxis bleibt ebenso ohne klare Konturen wie das Weltamt der Christen, in dem die Folgen der erfahrenen Rechtfertigung durch Gott im „Diakonentum aller Gläubigen“ gesellschaftlich zum Austrag kommen sollen.

Die Predigten deuten die Zeichen der Zeit und sagen an, was an der Zeit ist. Entwicklungen der Gegenwart werden so transparent für Gottes Geschichte mit der Welt. Wicherns Zeitansage ist radikal, insofern er menschliche Geschichte vom Reich Gottes her und auf das Reich Gottes hin liest. Seine theologischen Deutungen und seine moralisierenden Urteile verstellen freilich auch den Blick für die realen gesellschaftlichen Akteure und deren Handlungsmotive. Die Predigten stehen unter der Maßgabe, den Armen das Evangelium zu bringen und die Angelegenheiten der Gefangenen und des Proletariats auf den Kanzeln zu kommunizieren. Die Lebenswelt der Armen kommt in den Predigten allerdings kaum oder gar nicht vor. Wichern predigt wohl vor Gefangenen, die Situation der Gefangenen scheint aber in der Predigt kaum durch. Die Predigt vor Arbeitern belegt, wie fremd Wichern die Angelegenheiten der Proletarier im Grunde geblieben sind. Er sieht es zwar dezidiert nicht als originäre Aufgabe der Predigt an, zu politischen, ökonomischen und sozialen Aspekten der Sozialen Frage Stellung zu beziehen. Predigt bezieht sich für Wichern stattdessen auf die religiöse Dimension der Situation der Proletarier und hat eben damit ihre eigene Sprache zu sprechen und ihre spezifische Kompetenz zur Geltung zu bringen. Die theologischen, auch für das Predigtgeschehen maßgeblichen Leitbegriffe des „gan-

[146] Predigt am 10.11.1868, 318f.

zen" Christus und des Reiches Gottes lassen indes sowohl die theoretische Beschränkung auf die „religiöse" Dimension der Armut und der Sozialen Frage wie die praktische Aussparung der Lebenswelten der Armen und Proletarier in den Predigten fragwürdig erscheinen. Zudem macht Wichern die Verstrickung der Besitzenden in die Lage der Proletarier nicht wirklich zum Thema und konturiert die Verantwortung der Angehörigen des Bürgertums unter seinen Hörern entgegen seinen programmatischen Äußerungen in den Predigten kaum.

Warum zum Beispiel drückt Wichern seinen Gottesdienstbesuchern, die ja von den „jedesmaligen Ämtern" in Staat und Kirche noch erreicht werden, die also auf die Anliegen der inneren Mission ansprechbar sind und die dazu wirtschaftlich wohl auch über entsprechende Mittel verfügen, nicht anhaltend das Elend derer auf Herz und Gewissen, die in der Heimatstadt Hamburg den Mitarbeitern der inneren Mission als „armer Lazarus" vor den Füßen liegen? Die Vermutung, Wichern setze bei rechter Predigt des Glaubens, der in der Liebe tätig ist, die Wirkungen als selbstverständlich voraus, erscheint als Gedankenbrücke wenig tragfähig,[147] auch wenn dabei besonders an die als Träger gedacht ist, die als „wahre Gemeinde" nicht nur dem Namen nach Christen sind.[148]

Fragen lässt sich, ob nicht gerade am Beispiel Wicherns die Grenzen der gemeindlichen Lehrpredigt in dieser Zeit der sozialen Umbrüche zutage treten. Wird da nicht angesichts einer Verelendung von Massen in der Großstadt Hamburg die vorwiegend bürgerlich geprägte gottesdienstliche Kirchenwelt wie von selbst zur Binnenwelt, in der das Elend „der anderen" einfach nicht bis auf die Kanzel vordringen kann? Um diesen Armen das Evangelium zu bringen, müsste man „hingehen" und sie in ihrer Lebenswelt aufsuchen. Denn in der St. Michaelskirche und in der St. Katharinenkirche in Hamburg wird man sie wohl vergebens suchen.

Bliebe dem Prediger der Zeit also, wollte er Arme und Armut überhaupt in der gottesdienstlichen Predigt thematisieren, nur die eine Möglichkeit: für einen Augenblick aus seiner bürgerlichen Kirchenwelt herauszutreten und hinzugehen zu den Zielgruppen der Arbeit der Vereine der inneren Mission und deren Agenten mit dem dort Erfahrenen seinen Hörern gegenüberzutreten – in der Rolle des durch das Evangelium von der Kondeszendenz des Christus ermächtigten Anwalts.

---

[147] Das vorausgesetzte Vertrauen, dass „das göttliche Wort und seine Verkündigung" zu „Werke(n) der Barmherzigkeit zur Rettung der zutiefst Entfremdeten und Verlorenen" führt, ist sicher auch von Wichern nicht im Sinne eines Automatismus verstanden. Wichern, Die Aufgabe der evangelischen Kirche, in: SW III/2, 152.

[148] Vgl. Predigt am 12.06.1832, 117f.

Die aufgeworfenen Fragen müssen freilich zurückgebunden bleiben an das Selbstverständnis des Predigers Wicherns. Wichern sieht sich mittten „in einem Gemenge sogenannter Christen".[149] Darin die „wahre Gemeinde", die „Gnadenstiftung Gottes", die „rettende Liebe und Gemeinschaft, die in der wahren Gemeinde wohnt", zu identifizieren, zu erwecken, zu stärken und ihre Entwicklung mit der Predigt des „ganzen Christus" zu begleiten und so „innere Mission" zu treiben – darin dokumentiert sich die heilsgeschichtlich-ekklesiologische Perspektive seines Predigens. In der Rechenschaft, die er in der politisch wie heilsgeschichtlich und emotional aufgeladenen Situation der Mitte des Jahres 1848 über das Predigen gibt, verdichtet sich die Aufgabenstellung, die Wichern für alle seine Predigten sieht: Wenn er das Wort des Christus predigt in einem permixtum compositum, in und unter dem die „wahre Gemeinde" verborgen ist, und wenn er damit im Namen der Kirche „ein Zeugnis ablegt vor aller Welt, zu allen Zeiten in allen Geschlechtern", so ist für ihn das Wichtigste die Gewissheit, „dass *wir Gerechtigkeit haben vor Gott durch den Glauben an Christum Jesum.*"[150] Die Orientierung an dieser Mitte, aus der aller Glaube, alle Hoffnung und alle Liebe ihre Kraft schöpfen, stellt die bleibende Dominante seiner Predigtaufgabe dar: „Aber von allem, was die Kirche verkünden kann, ist das Größte, das Beste, das Tröstlichste: das Heil, das von ihr in Christo der Welt geboten wird, mitten unter allem Unheil, das uns unser Geschlecht bedroht".[151]

Diese Grundlagenarbeit innerer Mission ist für Wichern in dieser Krisenzeit notwendig, damit der Funke der Liebe Christi möglichst viele so erfasst, dass sie zu Priestern im Sinne eines allgemeinen Priestertums, zu Trägern der „wahren Gemeinde" Christi in dieser Welt der wankenden Ordnungen werden können. Nur in diesem Kontext kann das Charisma der Liebe die Kraft gewinnen, die dem ganzen Volk aus der Krise heraushilft und es zu Gottes Ordnungen zurückführt. So soll jede „unsrer Predigten [...] mit darauf hinwirken, bis der Funke des Lebens Leben und weitherzige Liebe entzündet."[152] Das sind die ebenso notwendigen wie demütigen Schritte innerer Mission, die Predigt an dieser Station der Heilsgeschichte leisten muss – in der Hoffnung, dass Gott selbst das menschliche Tun in den Dienst nimmt für den Bau seines Reiches.

---

[149] Predigt am 11.08.1833, 144.

[150] Predigt vom 23. Juli 1848, 225.

[151] A.a.O., 223.

[152] A.a.O., 223.

Johann Hinrich Wichern

Predigt: 23. Juli 1826 über Lukas 16,1-9[1]
(9. Sonntag nach Trinitatis – Hamm)

[1:] Herr Gott, sende uns allen deinen heiligen Geist, den Tröster und Erquicker von oben, durch den wir erleuchtet werden, deine Liebe zu erkennen, und der uns Kraft gibt, nur dir zu leben und dir zu sterben, ohne den wir nicht schauen werden deine Herrlichkeit, die Herrlichkeit Gottes, mit dem wir versöhnet sind allein durch das Blut deines eingebornen Sohnes, unseres Herrn und Heilands Jesu Christi. Stärke unsern Glauben, denn du sprichst: wer da glaubet und getauft ist, soll selig werden! und gib uns allen auch hinführo [weiterhin] den Frieden, der über alle Vernunft geht und nicht ist wie ihn die Welt gibt, den Frieden in Christo Jesu, unserm Erlöser von der Sünde Banden.

Stärke aber, o höchster, heiliger Gott, auch mich zu diesem neuen Geschäfte, an das ich mich heute zum ersten Mal unter deinem Beistande anschicke, stärke mich mit deinem Geiste der Kraft und des Reichtums, dass ich dich finde auf meinem Wege in deiner Herrlichkeit und Gnade. Ich bete in Jesu Namen und blicke getrost und freudig hinauf zu dir im festen Vertrauen deiner überschwenglichen Barmherzigkeit und Güte, die uns mehr gibt, als wir beten und wir uns gönnen können. Um Jesu willen bitte ich dich. In Jesu Christi Namen spreche ich: Amen.

Ja, das Gebet im Glauben
Lässt sich kein Amen rauben.
Es wird in allen Sachen
Uns alles möglich machen. Amen!

---

[1] Vorlage: Erste Predigt Johann Hinrich Wicherns über das Evangelium vom ungerechten Haushalter, Luk. 16,1-9, gehalten in seinem 18. Lebensjahre am 9. Sonntag nach Trinitatis (23.7.1826) auf der Kanzel der Dreifaltigkeits-Kirche zu Hamm bei Hamburg, Hamburg o.J. [1897]. Der Druck enthält auf der Titelseite folgende Widmung: Den Mitgliedern des 29. Kongresses für innere Mission in Bremen gewidmet. – Wieder abgedruckt in: Henry Schwieger, (Hg.), Das Gleichnis vom ungerechten Haushalter. Zwölf Predigten von Geistlichen der evangelisch-lutherischen Kirche im Hamburgischen Staat, Hamburg 1898, 17-36. – Vgl. Gerhardt, Wichern I, 50-51. – Liedangaben nach dem handschriftlichen Original (35): Vor der Predigt 285, zwischen 231,4.5. Nach der Predigt 132, Schluss 276, V.9.

Evang.[elium nach] Lukas 16,1-9[2]

[1] Er sprach aber auch zu seinen Jüngern: Es war ein reicher Mann, der hatte einen Haushalter; der ward vor ihm berüchtiget, als hätte er ihm seine Güter umgebracht [verschwendet]. [2] Und er forderte ihn und sprach zu ihm: Wie höre ich das von dir? Tue Rechnung von deinem Haushalten; denn du kannst hinfort nicht mehr Haushalter sein. [3] Der Haushalter sprach bei sich selbst: Was soll ich tun? Mein Herr nimmt das Amt von mir; graben mag ich nicht, so schäme ich mich zu betteln. [4] Ich weiß wohl, was ich tun will, wenn ich nun von dem Amt gesetzt werde, dass sie mich in ihre Häuser nehmen. [5] Und er rief zu sich alle Schuldner seines Herrn und sprach zu dem Ersten: Wie viel bist du meinem Herrn schuldig? [2:] [6] Er sprach: Hundert Tonnen [Eimer] Öls. Und er sprach zu ihm: Nimm deinen Brief, setze dich und schreib flugs fünfzig. [7] Darnach sprach er zu dem andern: Du aber, wie viel bist du schuldig? Er sprach: Hundert Malter [Sack] Weizen. Und er sprach zu ihm: Nimm deinen Brief und schreib achtzig. [8] Und der Herr lobte den ungerechten Haushalter, dass er klüglich getan hätte. Denn die Kinder dieser Welt sind klüger denn die Kinder des Lichts in ihrem Geschlecht. [9] Und ich sage euch auch: Macht euch Freunde mit dem ungerechten Mammon, auf dass, wenn ihr nun darbet, sie euch aufnehmen in die ewigen Hütten.

Zwei Ziele gibt es, von denen eines der Mensch immer erreichen muss: Leben und Tod.

Weil das Leben unter allen zeitlichen Gütern das höchste und vortrefflichste ist, in das alle andern eingeschlossen sind, so verstehet die heilige Schrift unter Leben jenes höchste, himmlische Gut, die ewige Seligkeit und Freude, die Gabe Gottes in Christo Jesu. Diesem Zustande und Ziele des menschlichen Strebens steht, wie im fleischlichen und irdischen Sinne, so auch im himmlischen der Tod entgegen, das äußerste Verderben, die ewige Strafe für die Sünde, von dem uns Christus befreiet hat, der vom Tode zum Leben durchgedrungen ist.

Der Gang aller Menschen ist nach einem von diesen beiden Zielen gerichtet; einen Mittelweg gibt es nicht; denn der gewöhnlich dafür gehalten wird, ist auch der breite, den die Vielen wandeln. [vgl. Mt 7,13]

Wohl sehr viele meinen, den Weg des Lichtes (zum Lichte) zu gehen, und sperren sich gegen den, der ihnen den rechten Weg zeigen kann und will; diese haben aber nicht den Mut, mit Paulus (I Kor 9,26) zu sagen: „Ich laufe aber also, nicht als aufs Ungewisse." Sie kennen das Gewisse nicht oder wollen es nicht kennen; denn es stehet ganz in ihrem Willen; sie dürfen sich nur nach dem Gewissen umsehen, ihn suchen, und sie werden ihn finden; sie dürfen nur ihm die Kraft zutrauen, dass er retten könne und wolle

---

[2] Es folgt die Bibelübersetzung aus der Druckvorlage. In der aktuellen Luther-Übersetzung heißt es „unehrlicher Verwalter", nicht mehr „ungetreuer Haushalter".

von dem peinlichen Schmerze der Ungewissheit und dem Verderben; – sie dürfen nur mit dem Aussätzigen (Mt 8,2-3) sprechen: Herr! so du willst, so kannst du mich wohl reinigen: – so tritt Jesus ihnen mit Freudigkeit entgegen und strecket gegen sie seine Arme und spricht: „Ich will es tun" (ebenda). Doch, andächtige Zuhörer, bleibt es bei dem Gott, bei welchem das Wollen und Vollbringen ist, nicht beim Versprechen; denn sogleich fügt er hinzu: „Sei gereinigt." Kann es etwas Trostreicheres, Freudigeres geben als diesen leichten Weg zur [3:] Seligkeit, zu den ewigen Hütten, in denen wir nie darben. Und doch wenden sich so viele von diesem Retter aus dem Verderben, unserm Erlöser weg, und hören nicht, wenn er sie so freundlich ladet und spricht: „Wendet euch zu mir alle Ende der Welt, so wird euch geholfen" (Jes 45,22). Sie habens denn auch dahin, sie müssen in ihrer Sündhaftigkeit zu Grunde gehen und haben keine Entschuldigung. In eigner Kraft können sie *viel* versprechen, aber *nichts* halten; ihre Sündhaftigkeit wird immer größer, sie verirren immer weiter vom Wege und sind zu stolz, das Wort des Trostes und Friedens zu hören: Dir sind deine Sünden vergeben. Darum lasset uns zu Gott beten, dass dieses Wort auch ihnen ein Trost werde und Frieden sende in ein betrübtes und gebeugtes Herz, dass es im himmlischen Frieden baue auf Gott, und nur in *ihm* lebe, zu dem wir kommen durch Jesum Christum, der dastehet mit offnen Armen, und dem demütigen Sünder zuruft: „Kommt her zu mir." [Mt 11,28] Seht, da ist Gewissheit, da ist Seligkeit und ein Anhalt, nicht etwa für dieses Erdenleben, sondern für die Ewigkeit, von welcher der Apostel Paulus uns zusichert: (I Petr 1,8) „Ihr werdet euch freuen mit unaussprechlicher Freude, nämlich in dem heiligen Geist über die Herrlichkeit des Herrn."

Mögen sie, mögen wir alle dahin gelangen und, um die Seligkeit zu erreichen, immer unsern Blick gewendet haben auf Jesum. Das bedarf wohl eines inständigen Gebetes, denn die Welt ist voll der Lockungsmittel des Teufels und seiner Kinder, wenn wir sie nicht mit Glaubensaugen ansehen. Den Unterschied merkt ihr wohl, andächtige Zuhörer, der ist zwischen denen, die dem Rufe der Welt, und denen, die dem Rufe Christi: Kommt her zu mir! folgen; suchet ihn recht scharf aufzufassen; denn es stärkt unsere Zuversicht und Liebe und unsern Glauben zu unserm Erlöser gewisslich, wenn wir auch recht oft hinblicken auf die Welt und die Kinder derselben. So wie der Glanz der Sonne uns erst recht glanzvoll und blendend erscheint, wenn wir vorher eine Finsternis gesehen haben, so erkennen wir auch immer mehr die Liebe und Treue und Wahrhaftigkeit des wahren Gottes, wenn wir zuvor gesehen die Falschheit, Lüge, Untreue und Tücke der unzuverlässigen Welt. Wir sollen hineinsehen und daraus abnehmen, wie weit wir denn fortgeschritten sind in der Liebe zum Herrn. Christus selbst lehrt uns das und lässt uns an solchen Beispielen der Ungerechten das Wesen der Gerechten lernen, wie z.B. in unserm heutigen Evangelium vom ungerechten Haushalter. Lasset uns heute in diesem Sinne einmal unser Evangelium betrachten und von ihm Gelegenheit nehmen, [4:] den Zustand und das Wesen derjenigen zu betrachten, welche sich Christen nennen, und sie nach dem 8. Kap. unseres Evangeliums einteilen:

1. in Kinder der Welt,
2. in Kinder des Lichts und
3. sehen, was diese von jenen zu lernen haben.

Dass Gott uns in dieser Stunde mit seinem Geist zur Andacht unterstütze, darum bitten wir in einem stillen Gebet, nachdem wir uns zuvor gesammelt haben im gemeinschaftlichen Gesang des 231. Liedes [Christ, aus deinem Herzen banne Sorg' und Schmerzen!, ([8]1816)], wovon wir singen den 4. und 5. Vers: Du führest Christi Namen: Christo nachzuahmen etc.

(Stilles Gebet.)

Unser heutiges Evangelium lesen wir Lukas 16,1-9.

Der Herr hat, wie wir aus dem vorigen Kapitel sehen, geredet zu den Zöllnern und Sündern und zu den murrenden Pharisäern. Darauf erzählt er seinen Jüngern ein Gleichnis vom ungerechten Haushalter. Alle Anwesende straft er hart, denn sie mochten wohl alle nicht gar gerechte Haushalter seien, sowohl in weltlichen als geistlichen Dingen. Nach erzähltem Gleichnis fügt er hinzu: „und der Herr lobete den ungerechten Haushalter, dass er klüglich getan hätte", denn „die Kinder der Welt sind klüger denn die Kinder des Lichtes in ihrem Geschlecht." Da soll man nur nicht meinen, dass die Ungerechtigkeit des Haushalters gelobt werde, sondern nur seine Klugheit und Gewandtheit, dass er flugs sich zu helfen weiß, um sich selbst einen Gefallen zu tun. Er zeigt dem Ungerechten damit, dass er recht bewandert sei im Lügen und Betrügen, und dass er recht geläufig, ohne viele Mühe Lug auf Trug zu häufen wisse. Ein schreckliches Wort, das schneidend und scharf einem durchs Herz gehet. Und darum fügt er gleich hinzu: „denn die Kinder der Welt sind klüger etc." Lasst nur das „in ihrem Geschlechte" nicht unbeachtet. Es ist sehr wichtig. Besehen wir jeden in seinem Reich, die Kinder der Welt im Reiche der Finsternis, die Kinder des Lichts im Reiche des Lichtes, so finden wir, dass das Weltkind eher sich zu raten und zu helfen und seinem Herrn zu dienen weiß und sucht, als das Kind des Lichtes, das von seinem Herrn erst dazu gezwungen werden muss. Also: nur jedes „in seinem Geschlecht"; einander dürfen sie sich ins [in den] Bereich nicht kommen; da werden sie alle beide einfältig. Das ist der Sinn der Stelle, auf die wir im 3. Teil noch einmal zurückkommen müssen, und hiervon wollen wir Gelegenheit nehmen, „einen Hinblick zu tun auf die, so sich Christen nennen".

[5:] Dazu, Herr Jesus! gib du deinen Segen, dass wir recht tief erkennen die Finsternis der Welt, auf dass wir uns immer mehr von ihr wenden und unsere Freude und Seligkeit nur in dir finden. Blicke du auf uns auch in dieser Stunde, Herr Christus, Sonne der Gerechtigkeit (Mal 3,20), dass unser Glaubensauge immer gestärkter und heller werde, dass wir nicht wie Petrus kleingläubig in die Zweifel fallen, wenn wir von dir wegsehen (Mt 14,31). Herr Gott, erhöre uns um deiner Gnade willen! Amen.

I.

Die Bibel nennt, wie auch wir es tun, den ganzen Inbegriff alles Geschaffenen: *Welt*, wozu also auch die Menschen und alle ihre Güter gehören, wie 4. Mos. 14,21 sagt: „Alle Welt soll der Herrlichkeit des Herrn voll werden".

In dieser Beziehung gehören wir mit all unserm Denken und Trachten zu der Welt, und wir können und sollen uns nicht von ihr ausschließen wollen, welches Ausschließen aber unsre erste und größte Sorge sein muss immerdar, wenn die Bibel von der Welt *als einem abgesonderten Teil der Menschen* spricht. In diesen Stellen ist es immer derjenige Teil aller Menschen, welcher im Unglauben und Aberglauben, entfernt von Christo und ohne den Beistand des heiligen Geistes, dahinlebt, dessen Blick, abgewendet von dem Himmlischen und Ewigen, *nur* dem Irdischen und Vergänglichen zugekehrt ist, und, vergraben in Sündhaftigkeit und irdischem Sinn in weitestem Verstande, seinen Lüsten und Begierden dient und ergeben ist. So die Stelle Joh 16,33: „In der Welt (d.i. unter den sündhaften und bösen Menschen) habt ihr Angst" (I Kor 11,32).

Kinder der Welt sind demnach *teils* diejenigen, welche ohne den Beistand und die Kraft des heiligen Geistes im toten Glauben dahinleben und den höchsten Zweck des Lebens suchen in Befriedigung ihrer irdischen und fleischlichen Begierden und Wünsche, – *teils* diejenigen, welche durch Scheinheiligkeit und äußerliche Frömmigkeit die Pflicht des Christen zu erfüllen meinen, ohne Gott ihr Herz zu übergeben – *teils* diejenigen, welche im Eigendünkel über Gottes heiliges Wort hergehen wie über Menschenwerk, die sich die Ehre geben, und, in dem Wahne, im Besitze des höchsten Gutes und Glückes zu sein, im tiefsten Unglück dahinleben; die durch Geringschätzung und Verwerfung der uns durch Christum verheißenen und zuteil gewordenen [6:] Gnade Gottes sich nicht allein Gott gleich, sondern sogar über ihn stellen; die in diesem Unglauben nicht Gott gehorchen, sondern Gott unter ihren Gehorsam bringen wollen; die also das Verhältnis, in welchem Gott zu den Menschen steht, gänzlich umkehren und verdrehen.

Lasset uns alle diese genauer betrachten.

Die ausgebreitetste Art der Weltkinder ist die, von welcher die Schrift sagt, dass sie im toten Glauben leben (Jak 2,17; 2,26; 3,10.) Diese nehmen das Evangelium für wahr an, wissen aber das aus diesem Buche Gelernte und ihnen Gegebene nicht für ihr Leben zu verbrauchen, weil sie ohne Wachen und Gebet alles jenes annehmen, aber eben deswegen so leicht wieder vergessen. Der Glaube und das Herz sind bei solchen zwei scharf getrennte Dinge und deshalb ist jener auch Unglaube, denn der wahre Glaube ist mit dem Herzen so innig verbunden und verkettet, dass eine Lösung völlig unmöglich ist. Christus sollte mit ihnen ganz und gar eins sein; er soll nicht nur im Kopfe, sondern auch im Herzen wohnen und von da aus alle Angelegenheiten des Menschen, alle seine Gedanken, Begierden, Wünsche zuwege bringen und lenken; und was ihm Feind ist, wird er dann, wenn der Eigner der Wohnung ihm nur Raum lässet, unterdrücken. Tut der Mensch das aber nicht, und lässet er den Glauben nicht in sich schalten und walten, wie dieser will, sondern will er (der Mensch) noch Herr sein und soll jener zum Knechte sich beugen: dann muss der Glaube ja schwach werden und zuletzt ganz ersterben, da ihm alle Herrschaft genommen wird. Dann wohnet der, welcher der Lenker des Hauses sein sollte, wieder außerhalb des Hauses, klopft an und ihm wird nicht aufgetan [vgl. Lk 11,9f.], obgleich man seine guten Dienste erkennt. Der Inwohner des Hauses kämpft im Selbstvertrauen allein fort und muss so unterliegen.

So gehet es dem Menschen mit dem toten Glauben.

Wir *müssen* einen Mitarbeiter haben, und der ist Christus, der nicht Lohn von uns nimmt, sondern uns noch reichlich belohnet mit den schönsten Gaben, wenn wir ihn nur annehmen. Mit dem gegen die Sünde zu Felde gezogen – und wir sind Sieger! – und freie Knechte Gottes! –; aber ohne ihn, und wir sind Besiegte und geschmiedet in den Ketten des Fürsten der Welt. Lassen wir Christum ein, so ist unser Blick immer aufs Himmlische und Ewige gerichtet, denn er lenket ihn; schließen wir ihn aus und hören seinem Rufe nicht, so entziehen wir uns selbst jene Wonne und blicken immer auf das Irdische und Vergängliche. So sind nun *die* Kinder der Welt, welche Christum und [7:] das, was von einem Leben, Lehren und Sterben das Evangelium erzählt, für wahr halten; aber gerade dies unkräftige und unfruchtbare „für wahr halten" ist der tote Glaube, von dem Jak 2,17 sagt: Also auch der Glaube, wenn er nicht Werke hat, ist er tot in ihm selber, und Mk 3,10: Gleichwie der Leib ohne Geist tot ist, also auch der Glaube ohne Werke. Also an ihren Werken sollen wir sie erkennen. [vgl. Mt 7,16] Sie tun nichts um Gottes willen, sondern alles um ihrer selbst willen, sie sorgen nicht für das himmlische Brot, das sie ewig nähren soll; sondern den ganzen Tag allein für das leibliche Brot, damit sie und die ihrigen nicht hungern und umkommen. Sie fühlen sich zufrieden und glücklich im Kreise der ihrigen, weil sie die Zufriedenheit und Glückseligkeit, in Christo sich zu freuen, nicht kennen; in Leiden finden sie Trost entweder gar nicht oder suchen ihn hinlänglich in sich selbst. So getrennt von Gott leben sie, ohne den Beistand Gottes, äußerlich ruhig und glücklich dahin, haben Freunde und Wohlwollende um sich, weil sie gegen jedermann zuvorkommend und artig sind, auch gegen das äußere Christentum nicht verstoßen, keine *steinernen* Götzen anbeten, nicht totschlagen mit dem Beil, nicht bei Nacht in fremde Häuser einbrechen, nicht Unzucht treiben, nicht stehlen, keinen Meineid vor Gerichten schwören, sonntäglich ohne Ausnahme in die Kirche gehen. Das sind aber keineswegs Merkmale des wahren Christen, denn man kann alles dieses im Herzen, wo der eigentliche Mensch lebet, der gerichtet wird, aufs schändlichste gegen Gott treiben, ohne dass Menschen es merken, - und das sind die ärgsten Widersacher des göttlichen Reiches.

Und sehr oft bleibt es nicht *dabei*, dass einer mit solcher Gleichgültigkeit das Himmlische betrachtet; diese Gleichgültigkeit kann die Ursache der größten Laster aller Art werden; denn wer so sicher dahin lebet und den Gedanken an den Ewigen in sich so schnell wieder zu unterdrücken weiß, der kennet auch nur *den* Genuss, welchen uns der äußere Sinn und die Erde gewähret, und sucht und sinnt auf Mittel, diesen sich zu verschaffen. Die Arbeit des Tages wird dann, wie man sagt, vergessen gemacht in lustiger und froher Gesellschaft; in ihnen sucht er Trost für Leiden (in welchen man den wahren Christen erkennen kann), er sucht ihn dort, findet ihn, jedoch nur für einen Augenblick (Hiob 20,5); die Unruhe steigt immer wieder auf; das Gewissen beginnt sein Quälen von neuem; der Mensch fällt in Verzweiflung, und das ist die größte Sünde, ist zu allem fähig, und der grobe Sünder, der Übertreter des göttlichen und menschlichen Gebotes steht vor uns; ihm ist nicht mehr fremd niedriger Geiz, Eigennutz, alles [8:] vernichtende Habsucht, Sinnlichkeit, Hoffart [Hochmut], Dünkel, Lästerung, Meineid, Totschlag und Selbstmord, alles Dinge, die aus *dem* Herzen kommen, das nicht von Gottes Geist durchdrungen ist.

Mit all diesem tritt dann leider noch in einen Bund die Heuchelei, scheinheilige Frömmelei; sie *scheint* die lichte Sonne und ist die tiefste Finsternis. Ihr Licht kann einladen, zieht in sich hinein und vernichtet alles, was in seine Gewalt kommt. Für solche gehalten werden viele (weil derjenige, welcher heilig zu werden strebt, schon gleich heilig sein soll), aber in diesem Sinne grobe Heuchler in Absicht auf Religion finden sich Gott sei Dank! nur wenige; dazu ist die Sünde zu groß. Die aber wirklich so stehen, gebrauchen das Heiligste zum Deckmantel für das Unheiligste und Schändlichste; aus ihrem Munde geht Loben und Fluchen (Jak 3,10); und dass es mit ihnen so stehe, wissen sie wohl, denn sie berechnen jegliches ihrer Werke so, dass es auf sie ein gutes Licht werfen soll; jeder ihrer Münzen aus

Kupfer und Blei diese schöne, glänzende Farbe aufzulegen, ist ihre Arbeit ihr lebelang, nur damit sie preiswürdig erscheinen.

Zu dieser Art der Kinder der Welt kommt noch eine andere: die Verspotter des göttlichen Wortes, die entweder das Ganze verwerfen oder verachten oder aus demselben nur das, was ihnen (den Menschen mit dem fleischlichen Verstande) gerade gut und passlich, ihnen grade richtig und begreiflich dünkt, herausnehmen, die aus eignem Gutdünken weglassen, hinzusetzen, ändern und, wie sie sagen, verbessern, wo und wie oft es ihnen gefällt.

Der Mensch macht das, was ihm das Liebste ist, zu seinem Gott; und den wahren, uns in Christo geoffenbarten, Gott lieben, ist Religion. Aber leider ist dieses Liebste bei den Menschen oft von so verschiedener Art; dem ist es das Gold und Silber, der ungerechte Mammon; jenem Ehre und Ansehen; diesem Macht und Größe; jenem Ruhm und Prahlerei, und diesem gar sein eigenes Ich. Sie wandeln alle im Schattentale der Welt und sehen so ihren eigenen Schatten nicht und erscheinen sich fleckenlos; letztere jedoch sitzen ganz vorzüglich tief im Sündenreich, weil sie sich alle Ehre, allen Ruhm geben, da doch nur Gott allein die Ehre gebühret und unser Verdienst ganz und gar wegfallen muss, wenn wir den Namen Christi in seiner hohen Bedeutung tragen wollen. Sie wollen nicht Gott, der Mensch geworden, sondern bilden sich selbst einen Götzen aus ihrem Verstande mit ihrer Vernunft, sie predigen ihres Herzens Trügerei, sagt Jeremias [Jer 14,14]. Unser Text sagt uns [9:] heute, wir seien Haushalter. Das heißt doch wohl nichts andres als: wir haben alle Gaben und Güter, zeitliche und geistliche, von Gott erhalten. Oder wollt ihr von jenem Gott, von dem David Ps.[alm] 139 sagt: „Deine Augen sahen mich, da ich noch unbereitet war, und waren alle Tage auf dein Buch geschrieben, die noch werden sollten und derselben noch keiner da war", – wollt ihr von diesem Gott (von dem ihr behauptet, dass er alles – bedenkt, was es heißt: alles! – schaffen kann), wollt ihr von ihm nur die leiblichen, irdischen Güter annehmen, nur das Vergängliche und Niedrige? O, ihr, die ihr so sprechet und wähnet, ihr hättet das Göttliche und Himmlische schon, sehet euch vor, ihr habt es noch nicht, weil ihr zu stolz seid, es anzunehmen. Und grade, weil ihr euch eurer Armut nicht schämet, eure Sündhaftigkeit nicht erkannt habt, oder mit Jeremias (66,15) gesprochen, „wollt ungeschändet sein, und glaubt, eigen, d.h. Menschenkraft vermöge an euch zu eurer Seligkeit mehr als Gotteskraft" – deswegen werdet ihr jener göttlichen Kraft, des heiligen Geistes, nicht teilhaftig. Das will freilich dem Stolzen nicht zu Sinne, und das ist gerade auch der Feind, der sich uns am heftigsten widersetzet; liegt der erst unter unsern Füßen, dann liegt der ärgste Feind darnieder. – Oder scheint es dir nicht wahrscheinlich, dass Gott diese Kraft senden könne? Bedenke zuerst, dass er schaffen kann, was er will (Ps 115,3). Dann aber, dass solche Rede gegen alle Schrift und Vernunft streitet, die ohnedies dem Glauben Gehorsam leisten muss; denn sollte Gott, der der sichtbaren Natur Kraft zu sein von oben sendet, nicht auch die geistige Natur, die Ihm viel wichtiger ist, von oben her mit derjenigen Kraft stärken können und wollen, welche die heilige Schrift den heiligen Geist und in Bezug auf das Bedürfnis der Menschen den Tröster nennt?

Und darin, andächtige Zuhörer, liegt gerade ein großer Teil des Unglücks der Menschen, dass sie jenen Mangel nicht fühlen, dass ihnen Kraft von oben nicht notwendig erscheint, um welche doch der Christ jeden Augenblick zu Gott beten möchte, im Bewusstsein, dass er ohne jene zu nichts tauglich und nicht des geringsten, Gott wohlgefälligen Werkes fähig sei. Jene meinen, alle Kraft in sich schon zu finden, diese suchen und beten um sie ihr lebelang zu dem, der sie senden kann. Erstere kennet ihr, andächtige Zuhörer, und letztere, die „Kinder des Lichtes", lasst uns jetzt betrachten. [10:]

II.

In der sichtbaren Natur ist das Licht das Schönste und Reinste, das uns alle Gegenstände heiter und schöner vor die Augen stellet; ohne dieses sind wir blind und würden in Finsternis dahinleben. Deswegen ist das Licht in der heiligen Schrift Bild und Gleichnis des reinsten und vollkommensten Wesens selbst, Gottes des Vaters und (I Joh 1,5; Joh 8,12; Ps 104,2) des in Christo uns geoffenbarten Gottes, weil da, wo er erscheint, alles im schönsten Glanze sich uns darstellet, und von ihm Hilfe, Trost, Freude und Seligkeit ausgehet. Glaubet an das Licht, sagt (Joh 12,36) Christus, dieweil ihr es habet, auf dass ihr des Lichtes Kinder seid. Dann nennt auch die heilige Schrift das Wort Gottes, Apost.[elgeschichte] 26,23 ein Licht („und ich sage: Christus sollte der Erste sein aus der Auferstehung von den Toten und verkündigen ein Licht dem Volke und den Heiden"), ein Licht heißt es da, als die Fackel auf unserm Lebenswege, wenn wir Christum als Begleiter annehmen wollen, der uns bessert und beglückt. Endlich dient das Licht zur Bezeichnung der wahren Glückseligkeit, der Freude, der Wonne und des Lebens in Christo und der Freundlichkeit, Güte, Liebe und Treue des Herrn.

Kinder des Lichtes sind demnach diejenigen, die unter göttlichem Beistande in diesem Leben dahingehen und darnach streben, das Licht, die wahre Glückseligkeit zu erreichen; deren Blick immer auf das Ewige und auf Christum, den Tilger unserer Schuld, gerichtet ist und die sich im Glauben, Leben, Leiden und Sterben als echte Nachfolger Christi bewähren.

Das „Kind des Lichtes" zeigt schon durch den Namen „Kind", in welchem Verhältnis es zu Gott stehe. Er deutet auf eine höhere, übernatürliche innere Abstammung von Gott, eine gänzliche Veränderung des inwendigen Menschen, hervorgebracht durch den heiligen Geist. Das Kind des Lichtes, der weise, erleuchtete Christ, ergibt sich Christo ganz, der in seinem Herzen wohnet; er folgt in Gesinnung, Wollen, Wünschen, Begierden und Hoffnungen dem Treiben des heiligen Geistes, der in ihm waltet (Gal 8,14). Er umfasst Jesum stets im Geiste, lässt nicht von ihm ab, eignet sich alles zu, das Jesu ist: wenn er nur ihn hat, fragt er nichts nach Himmel und Erde (Ps 73,25f.) „und wenn mir gleich Leib und Seele verschmachtet, so bist du, Gott! doch meines Herzens Trost, Gut (Ps 5) und Teil“ (Ps 73), spricht seine [11:] Seele mit David (Jerem.[ias] Klag[e]l.[ieder] 3,24), und seine Freude und Seligkeit bestehet darin, dass er sich zu Gott hält und seine Zuversicht auf ihn setzet, dass er durch all sein Tun in seinem Leben Gottes Lob und Ehre verkündet (Ps 73,28).

Und das ist auch sein Wahlspruch (I Kor 10,11): „Tut alles zu Gottes Ehren, dass durch sein Verhalten andre lernen Gott verehren; sein Ziel ist, die Größe und Herrlichkeit Gottes verkündigen und die Niedrigkeit und Sündhaftigkeit des Menschen zeigen“; das „Gott allein die Ehre geben“ entspringt aus der Demut und Erkenntnis des menschlichen Elends, welche auf den dreien Stufen zur Seligkeit die erste ist, auf die das Gesetz und das Evangelium und Gnade des heiligen Geistes uns hinaufhilft. So entstehet auch die Nächstenliebe, welche der Christ am kräftigsten nicht durch die Liebe zu seinen Freunden und zu denen beweiset, welche auch der Heide von selbst, von Natur- und Pflichtgefühl gedrungen, liebet; sondern am schönsten durch die Liebe zu denen, die seine und seines Gottes Widersacher sind, durch sein Verhalten gegen die Kinder der Welt, von denen geschrieben stehet (Jer 6,15): „Sie werden mit Schanden bestehen, weil sie solche Greuel treiben, wiewohl sie wollen ungeschändet sein und wollen sich nicht schämen. Darum müssen sie fallen über einen Haufen, und wenn ich sie heimsuche, sollen sie fallen, spricht der Herr [...].“

Hier hört Menschenurteil auf. Gott hat gesprochen.

„Aber der Tag des Herrn ist nahe (Lk 21,34) und wird wie ein Fallstrick über sie kommen.“ „Darum (Lk 21,36) seid wacker allezeit und betet, dass ihr mündig werden möget, zu entfliehen diesem allen, das geschehen soll, und zu stehen vor des Menschen Sohn.“

Seht! so redet die Schrift zu ihnen, oder besser: das ist Gottes Stimme.

Wir Menschen müssen es *ihm* überlassen, und wir können nicht rechten, denn es stehet geschrieben Lk 6,36: Richtet nicht, so werdet ihr nicht gerichtet, verdammet nicht, so werdet ihr nicht verdammet. Auch würde Überredungskunst nichts helfen, was überdies anmaßend und töricht wäre; denn (Röm 3,23) heißt es: wir sind allzumal Sünder und mangeln des Ruhmes, den wir an Gott haben sollen. Darum befehlen wir sie in Gottes Hände, und der heilige Geist wird ihnen schon helfen, wenn sie nur wollen. Und scheint es denn wirklich so unmöglich, dass Christus auch einst ihnen nach dieser langen Prüfungszeit, worin sie ihn hasseten und verstießen, wenn sie in Angst und Not geraten, mit [12:] dem Zuruf entgegen eilt: Kommt in meine Arme, ich bin Joseph, euer Bruder?! [vgl. Gen 45,4] - Aber wie?! - sollten denn wir so ruhig zusehen, und jene Unglücklichen mit gleichgültigem Herzen in der Finsternis fortwandeln lassen? Nein. Die heilige Schrift antwortet: Vergebet, so wird euch vergeben, und ermahnet uns (I Tim 2,1), dass wir vor allen Dingen zuerst tun Bitte, Gebet und Fürbitte für alle Menschen. Ja, Brüder, das tun wir, wenn wir mit Andacht unsere Herzen zu Gott erheben und sprechen:

Lass sie bald die Gnade finden,
Die allein von allen Sünden
Unsern Geist erlösen kann.
Sprich zum Herzen: Du sollst leben,
Dir ist Deine Schuld vergeben,
Bete mich mit Freuden an.

Und so sollen die Kinder des Lichtes täglich beten; so gebietet es uns der Herr Christus, der nicht gekommen ist für die Heiligen und Gerechten, sondern für die Sünder und Ungerechten. [vgl. Mt 9,13]

Wer sich so seiner Feinde, die ihm ganz entgegen sind und ihn verführen wollen, annimmt, kann unmöglich in eignen Leiden verlassen werden. Wenn die Außenwelt auch meint, es sei der Fall: der Leidende ist des Gegenteils gewiss, denn er höret des Herrn Stimme sich zurufen: „Den Sohn, den der Herr lieb hat, stäupet [züchtigt] er“, und kann mit Paulus zu seinen Brüdern sagen (II Tim 3,11): „Nun freue ich mich in meinem Leide“. Bald stehet dann derselbe heilige Mann ihm nochmals vor Augen, der (ebend.) mit Geduld alles ertrug und freudig nachher schrieb: „Aus allem hat mich der Herr erlöset“. Wer so Leiden trägt, dem sind sie Stärkungs- und Reinigungsmittel gegen seine Krankheit; mit neuer Liebe und Dankbarkeit gegen seinen Gott, und in der festen Zuversicht, dass dieser ihn in seiner Angst nicht verlässet um Jesu Christi willen; und mit Gebet zum Erlöser, dass er ihn stärke durch seinen Geist, damit er noch kräftiger von neuem ihm anhänge: also mit Liebe und Dankbarkeit, in Zuversicht und mit Gebet stärkt, bewährt und befestigt der wahre Christ in Leiden seinen Glauben, der ihm immer hilft, ihn nie verlässt und ihm am Schlusse seines Lebens die Krone [vgl. Jak 1,12; Apk 2,10] aufsetzet zum Zeichen, dass er eingehen solle in die Herrlichkeit des Herrn. Die Krone heißet: Freudigkeit. - Deshalb stirbt der Gläubige auch so freudigen Mutes, denn er weiß, er wird nichts verlieren; er wird nur gewinnen, „was er jetzt nur schauet durch einen Spiegel im dunkeln Wort“ (I Kor 13,12), d.h. Gott, den er hier in dem, was [13:] uns die Bibel lehret, nur aus der Ferne, undeutlich und unbestimmt schauet - soll er da sehen von Angesicht zu Angesicht in dem hellsten Lichte und der schönsten Klarheit. Sein

Jesus trägt ihn zu dem hinüber, und wer an dessen Busen ruhet, wer könnte zittern? Darum stirbt er freudig. – Und mit Gottes Beistand mutig glauben, christlich leben, geduldig leiden und freudig sterben – das ist das Merkmal und auf dieser Erde der Lohn des Christen, des Kindes des Lichtes. –

Ihr Weg, der zwar enge ist, führet diese in die weite, himmlische Wohnung, in das geistliche Reich, das Reich Gottes, des Lichtes, das menschliche Vernunft nicht begreifen und verstehen kann, in welchem aller Menschen Herzen versammelt sind zu einem schönen Bunde, die Gott vertrauen, auf ihn ihre Hoffnung gesetzt und ihn zum Troste genommen haben, die Gott gefürchtet, ihm gehuldigt und gehalten haben, was sie in der Taufe geschworen, dass sie Christum zum Herrn und Gott haben wollen. So wir das schwören, sagen wir uns los von dem Reiche des Teufels, verabscheuen seine Werke und werden gläubig; wir schwören, nur auf Gott den Vater, Sohn und heiligen Geist zu bauen, diesem Dreieinigen allein zu dienen und ihm in diesem Glauben Früchte zu bringen, worin man uns erkenne.

Aber wie gelangen wir, fragt vielleicht einer, in dieses Reich? Denn dass es Mühe kosten wird und dass das Ziel nicht mit eigner Kraft erreicht werden kann, ist offenbar, weil wir ohne göttlichen Beistand es nicht einmal erkennen können. Den Weg und das Ziel, beides lehrt uns Christus (Joh 14,6): „Ich bin der Weg, die Wahrheit und das Leben. Niemand kommet zum Vater, denn durch mich". Aber wie gelange ich auf diesen Weg? wird man wieder fragen, und die Antwort ist: durch ein gedemütigtes Herz, das der heilige Geist schaffet, so du ihn einlässest, gebeugt durch die Erkenntnis deiner Sündhaftigkeit. Diese muss dich so demütigen, dass du einsiehest, du könntest dir nicht selber helfen; dein Herz sucht mit Ungestüm einen Anker, der es halte, damit es nicht in Verzweiflung gerate; das Gesetz wird dir dann recht zeigen, wie du gegen dasselbe gefehlet und wie in dir das Ebenbild Gottes verunstaltet ist; das Kreuz Christi wird dich mit Reue und Schmerz erfüllen; du erscheinst dir arm, überzeugt, dass du nicht imstande seiest, einen Heller von deiner Schuld zu bezahlen. Du erkennst in dir die Macht deines Fleisches, welches immer das Gute, das du gewollt, unterdrückt [vgl. Röm 7,19f.], und dich als einen Blinden, von der Sonne der Weisheit nicht Erleuchteten, erhalten hat. [14:]

So entsteht die Traurigkeit [vgl. II Kor 7,10], die da wirket die Seligkeit; und diese führt dich, über deine Sünde Gekränkten, zu Jesu, denn so erkrankt, verlangst du nach einem Arzte, so, gedrückt von der Sündenlast, nach einem Erlöser, und er nimmt die Sünder an, wenn sie zu ihm kommen und wollen aus Gnaden selig werden (Lk 15,2; Joh 3,36). Wie viele ihn aber annahmen, hat er Macht gegeben (Joh 1,12), Gottes Kinder zu heißen. O, Gläubiger, du stehest also in dem glücklichen Verhältnis eines liebenden Kindes zu ihm durch Jesum Christum nach dem Wohlgefallen seines Willens

(Eph 1,5) und rufest mit Johannes (I Joh 3,1): Sehet solch eine Liebe hat uns der Vater erzeiget, dass wir Gottes Kinder heißen sollen.

Welch ein Trost und welche Demut dringet dann nicht in das Herz des sündigen Menschen, der sein Elend erkennet, wenn er hört vom Herrn selbst sprechen (Jer 30,12): „Dein Schaden ist verzweifelt böse" und weiter unten (Jer 33,8): „Und will sie reinigen von aller Missetat, damit sie wider mich gesündigt und übertreten haben." O, welch Gefühl durchdringet den Menschen, der sich ihm hingegeben hat und höret, dass durch seinen Namen alle, die an ihn glauben, Vergebung der Sünde empfangen sollen (Act 10,43). Fest und gläubig spricht es dann in seinem Herzen:

Dein Wort, Immanuel, hat eine Gotteskraft,
Lass es durch Deinen Geist in meine Seele dringen,
So wird mein Heil geschafft,
So soll mein Glaube Dir noch tausend Früchte bringen.

So ruft der Gläubige „Immanuel", d.h. Gott mit uns, Gott also und Mensch zugleich; das stärket ihn und zeuget ihm von dem unendlichen Verdienste Jesu um seine Seligkeit.

Doch nicht allein so sein soll der Christ, der „Kind des Lichtes" heißen will; er soll auch so bleiben und tief eingewurzelt in Christo, in ihm durch den Glauben ein herrlicher Baum werden, aus dem die Tugenden, welche aus der Gottseligkeit alle entspringen wie Äste aus einem fetten Ölbaum hervorschlagen, wie Jeremias sagt [Jer 11,16]. Das kleine Häuflein schreiet auch darum, dass sein Glaube stärker werde, und hat den Trost in Christi Worten, „dass wer da glaubet und getauft ist, soll selig werden" [Mk 16,16]. Eine Mauer ist Jesus um ihn, so dass er erbauet und tief eingewurzelt in ihm und fest im Glauben dastehet; in seinem Herzen wohnet dann der Friede Gottes, der höher ist, wie alle Vernunft (Phil 4,7) und nicht wie ihn die Welt gibt (Joh 14,27), der unser [15:] Herz einschließet in Jesum Christum und uns nicht erschrecken und fürchten lässet. Alles ist dann (Kol 3,14) umzogen mit der Liebe, dem Bande der Vollkommenheit, damit auch die Menschen erkennen unsern schönen Bund, dass wir seine Jünger sind, so wir Liebe untereinander haben. Nehmet ihn doch an, o ihr Ungewissen, reißt ihn doch an euch, o ihr Zaghaften, und sehet, wie euer ganzes Sein hier und dort sich anders gestaltet (Joh 13,35). Frei und offen, mit mutiger Stirn, vor welcher der Glaubensschild [vgl. Eph 6,16] jeden Angriff zurückhält, trotzt ihr dann jeder Gefahr der Welt; kein Menschensinn vermag euch zu beugen, denn Christus wohnet und schaltet in euch, und „ist Gott für uns, wer vermag wider uns zu sein" (Röm 8,31). „Lasset das Wort Gottes unter euch wohnen in aller Weisheit und singet dem Herrn in euren Herzen." „Und alles, das ihr tut, das tut alles in dem Namen Jesu Christi; und danket Gott und dem Vater durch ihn.“ [Kol 3,16f.] – Kannst du das, o Bruder, kannst du so dein Herz und Leben einrichten und umkehren, dann wirst du das Ziel erreichen und gehörest zu denen, die des Tages sind (I Thess 5,8), angetan mit dem Krebs (Panier) des Glaubens und der Liebe und dem Helm der Hoffnung zur Seligkeit. [vgl. Eph 6,16f.] Doch verliere auch nie auf dem Wege zum Leben den Schein der göttlichen Sonne, die dir dahin leuchtet aus dem Gesicht, damit du auch immer erblickest das Dunkelbild deiner Seele und du also *während* dieses Erdenlebens immer mehr sterben kannst den Tod, der ein Leben erzeuget, und zu dem edlen, glanzvollen Leben gelangest, das aus dem Tode entspringet. Dann könnt ihr freudig laut mit Paulus jubeln (Röm 14,8): Leben wir, so leben wir dem Herrn, sterben wir, so sterben wir dem Herrn. Darum, wir leben oder sterben, so sind wir des Herrn!

Soweit, a[ndächtige]. Z[uhörer]., haben wir beide Teile abgesondert betrachtet. Jetzt lasset sie uns beide umfassen und sehen, wie sie gegenseitig einander nützen. Was die Bösen von den Guten zu lernen haben, wird überhaupt nicht notwendig sein zu erörtern, aber besonders nicht, wenn man das Wesen der Guten kennet; was aber die Guten von den Bösen zu lernen haben, möchte auf den ersten Blick nicht so einleuchtend sein. Darum lasset uns in der Kürze zum Schlusse betrachten, was die Kinder des Lichtes von den Kindern der Welt zu lernen haben. [16:]

III.

Auf die Frage, was die Kinder des Lichtes von den Kindern der Welt zu lernen haben, kann die Antwort nach dem 8. Vers unsers Evangelii kurz sein: Klugheit, die nach unserm Texte zuerst darin besteht, dass wir immer vorbereitet und gefasst sein, die Rechenschaft abzulegen, welche Gott von uns verlangen wird [vgl. Röm 14,12].

Jener ungerechte Haushalter machte bei der ersten Erinnerung an seine Rechenschaft sogleich seine Einrichtung und wusste auf klugem Wege sich für die Zukunft zu sichern, und deswegen wird er den Kindern des Lichtes als Muster der Klugheit aufgestellt, und es ist ihnen damit gesagt, dass sie, weil jede Stunde an die Rechenschaft mahnt, auf dieselbe stets bedacht seien und so der Zukunft gedenken sollen, auf dass sie nicht darben und verlassen dastehen, wenn jener Tag erscheint und der Herr spricht: „Tue Rechenschaft“. Gedächte der Mensch immer des Augenblicks, worin die Herrlichkeit Gottes den Menschen aufs herrlichste offenbar wird, dann würde nicht nur manche Sünde nicht getan, sondern auch der Gedanke an jenen Augenblick immer weniger Furcht erregen, weil der Friede Gottes denjenigen, die in Christo leben, nicht zittern lässet.

Und tritt in jener Stunde dann keiner hervor, den wir uns mit ungerechtem Mammon (Vers 9) zum Freunde gemacht haben, und haben wir ungerecht hausgehalten mit leiblichen und geistlichen Gütern, dann spricht der Herr: Was höre ich von dir? Tue Rechenschaft. Du kannst hinfort nicht mehr Haushalter sein. Du hast meinem Namen gemissbraucht; dich Christi genannt, folgtest du seinen Fußstapfen? Hast du deine Pflicht kennen lernen und sie erfüllt dein lebelang? Da wird dann keine Entschuldigung gelten, was andere gemeint oder getan, nur von jedem allein wird Rechenschaft gefordert werden, und mit Recht, denn jeder musste wissen, was er zu tun hatte und wonach er gerichtet würde, nicht etwa nach eignen oder anderer Menschen Gedanken und Meinungen, sondern nach der heiligen Schrift und seinen Werken, sagt Joh.[annes in der] Off.[enbarung] 20,12.

Darum wollen wir uns prüfen, ob wir gehören zu den gerechten oder ungerechten Haushaltern – wir wollen uns prüfen, ob wir all unsere Glieder und Kräfte Gott zur Ehre und dem Nächsten zu Nutze angewendet haben oder ob zur Unehre oder zum Schaden – wir wollen uns prüfen, ob das Gesetz und Evangelium uns stets vor Augen und eine Richtschnur gewesen oder ob wir statt jener unserer eigenen [17:] Bequemlichkeit und Hoffart [Hochmut] zur Liebe gelebt – oder ob wir von jenem, das uns die Schrift gebietet, nur dasjenige angenommen haben, das uns gerade passend und bequem dünkte, – o sehet doch auch alle zu, ob ihr das Zeichen der Herde an euch findet, deren Hirte heißet Christus, und ob ihr der Stimme des treuen Hirten gefolget, welcher, nachdem ihr ihn verloren habt, euch auf seinen Schultern wieder in seine Wohnung zurückträgt unter seine und eure Freunde [vgl. Lk 15,4ff.], oder ob ihr wohl gar Hirte und Lamm, Richter und Beklagter selbst habt sein wollen – sehet zu, ihr Sicheren, und kehret um von eurem Wege, noch ist es Zeit, sonst wird euch bangen am Tage des Gerichtes, und ihr werdet für Furcht und Warten der Dinge verschmachten (Lk 21,25), während diejenigen, welche das Licht der göttlichen Sonne für sich gebrauchten und sich aneigneten, aufsehen und ihre Häupter aufheben, darum dass ihnen die Erlösung nahet (Lk 21,28). Sie lobsingen dann mit den Kindern Korah (Psalm 46,2.3): Gott ist unsere Zuversicht und Stärke, eine Hilfe in den großen Nöten. Darum fürchten wir uns nicht, wenn gleich die Welt untergeht und die Berge mitten ins Meer sinken.

Auf jenen Tag, Kinder des Lichtes, sollen wir gerüstet sein in dem Maße, in welchem es jene nicht sind, – und zum zweiten von den Kindern der Welt lernen, *also* unserm Gott und Seinem Reiche entgegen zu eilen, als jene dem Teufel nachjagen und nachkeuchen – das ist die zweite große Klugheitslehre, die wir in unserm heutigen Evangelium finden. Sie bestehet darin, dass der Herr uns zeiget, wie wir in dem Dienste Christi ebenso rasch und munter und ausdauernd sein sollen, wie jene im Dienste des Teufels. Wie wahr dies

Wort sei und wie tiefgehend, das wird jeder erkennen, wenn er in seinen Busen greift, seinen Glauben herausnimmt und ihn, die heilige Schrift zur Seite, mit Gottes Geboten vergleichet und prüfet.

Dann erkennet der Mensch recht, wie tief er noch darnieder liegt und wie lass [schlaff] und matt er ist im Dienst des Herrn; – wie wenig gut er seine Gliedmaßen angewendet, als dass sie ein *Tempel des Herrn* genannt werden könnten – wie gering sein Vertrauen auf Gott sich bewähret in solchen Augenblicken, wo Stürme des Lebens auf uns eindringen und äußere Verhältnisse zu leiden scheinen – wie oft er noch Knecht seiner Lüste und Begierden gewesen, wie häufig ihn noch Zorn und Eitelkeit und Stolz beherrscht. – Lasst uns doch recht oft die Kinder der Welt betrachten, wie sie so eifrig ihrem Herrn dienen. – Mit welcher Wut und Selbstverachtung reißt doch der Habsüchtige das Gold in die Geldlade, wie fest verschließet nicht der Geizhals seinen [18:] Mammon? Warum, Gerechte, macht ihr es nicht auch so mit eurem Schatze, den ihr vom Himmel herabreißen und, wie der Geizhals fest, fest in eure Herzen einschließen sollt. – Wie der Mammon den Geizhals, so regiere euch Christus. – Oder sehet den Wucherer, welcher von seinem Kapital Zinsen über Zinsen einziehet und so sein Vermögen vergrößern will, und lernet von ihm, auch ein Kapital auf Erden zu erwerben, das euch im Himmel unnennbare Zinsen tragen wird, Zinsen, welche das Kapital weit, unabsehbar weit übersteigen. Sehet, wie der Wucherer auf Erden alles verlieren kann und alles verliert, was für einen sicheren Schatz aber ihr im Himmel habt, der ja euer ewig bleiben muss und soll. – Sehet die Eitelkeit der Welt, welche strebet nach dem kostbarsten Schmucke der Kleider, wie alles auswendig strahlet von Diamanten und Perlen, um anderen und sich selbst zu gefallen, und suchet euch auch ein solch Kleid himmlischer Art zu verschaffen, dass ihr Christo gefallen möget, wenn euch die Welt gleich hasset.

Wie der Freund der weltlichen Lust und Vergnügungen nach diesen nur trachtet und sinnet und nur in ihnen Ruhe zu finden glaubet, also mache du es mit der Lust an Gott und glaube nur in ihm, mit ihm und durch Ihn Ruhe, Erquickung und Trost zu finden. Wie jener um Reichtum und Ehre sich quälet, so flehe du im Gebet zu deinem Gott um Demut und Erkenntnis deiner Armut: schließe aber auch jene immer mit in dein Gebet ein, dass auch sie sich vom heiligen Geist die Augen öffnen lassen und, gedemütigt im ernsten, das ganze Leben durchwebenden Gebet, in wahrer Gottesfurcht gelangen zu können in jenes Haus, wo am Eingange uns der Ruf erschallet und zur himmlischen Versammlung ladet: Kommet, es ist alles bereit! [vgl. Lk 14,17] Ja, beten wir so, dann fühlen wir recht, wie überschwenglich gut unser Gott ist, dass er uns dazu gestärkt hat und uns stets also mit seliger Freude erfüllen kann.

Mögen auch Juden, Heiden und Namenschristen den Zuruf des großen Gottes hören aus der Höhe, der da ist das Licht, welches helle scheinet, wo man es einlässt. Arme und Verlassene, die ihr nicht Ruhe und Trost finden könnt für eure Seelen, wendet euch zu ihm, er sendet euch beide in reichlicher Fülle. Kinder der Welt, erkennet doch euren Wandel als einen schrecklichen Weg in Finsternis und zur Finsternis und lasset dem Gotte in euch Raum, welcher euch abbringen kann vom Wege der Sünde und ihrem Herrn. Alles, was Mensch heißt, möge zu Gott kommen und mit eingeschlossen sein in unser Gebet, wenn wir beten: [19:]

Herr Gott, Vater, Sohn und heiliger Geist komme über uns, gib uns Erkenntnis der Sündhaftigkeit und alles Fleisches, lass es uns immer klarer werden, dass wir von dem Leibe dieses Todes errettet werden allein durch deinen eingebornen Sohn, Jesus Christus, welcher unsere Schuld hat getilget nicht durch eitel Gold und Silber, sondern durch sein Blut, in welchem wir uns rein waschen sollen. Lass, Herr, dein Licht eindringen in die finstern und verstockten Seelen der Weltkinder, dass sie nicht kommen zu dir ins Gericht, sondern mit dir einziehen in die Herrlichkeit, so dass auch sie sehen, was kein Auge gesehen hat, und hören, was kein Ohr gehöret hat, und was in keines Menschen Gedanken gekommen ist, das Gott bereitet hat denen, die ihn lieben. [vgl. I Kor 2,9] Stärke auch unsern Glauben in dieser Welt, dass wir dein Licht zum Wegweiser auf dieser Erde, zur Fackel in dieser Finsternis haben und ohne dich nichts unternehmen. Für unsere Feinde und unsern Glauben lass uns stets beten unter deinem Beistand, o heiliger, dreieiniger Gott! Erhöre uns, o Herr! Amen.

Johann Hinrich Wichern

Predigt: 26. Dezember 1829 über Johannes 1,1-18[1]
(2. Weihnachtstag – Niedernjesa bei Göttingen)

[3:] Preis und Ehre Dir, o Vater der Liebe, dass Du Deinen eingeborenen Sohn gegeben [vgl. Joh 3,16], auf dass alle, die glauben, durch Ihn empfangen mögen Frieden und Trost und große Freudigkeit! Amen.

Selig sind die Augen, die nicht sehen und doch glauben (Joh 20,29), so spricht der Herr der Herrlichkeit, dessen Geburt wir heute feiern, um uns auf den Glauben und dessen hohe Bedeutung hinzuweisen, durch welchen wir kindlich verstehen, was dem bloß irdischen Sinne unverständlich bleibt; und wir vernehmen in unserm Herzen, dass sein Wort Wahrheit ist [vgl. Joh 14,6; 18,37]. Die ganze Gemeinde des Herrn erneuert in diesen Tagen das Andenken an eine Tat Gottes, die mit leiblichen Augen nur wenige sahen, die aber, von Engeln gepriesen, der einzige Grund geworden ist zur Erneuerung, Versöhnung, Erlösung und Heiligung so der ganzen Menschheit, als auch des einzelnen Wanderers auf Erden [vgl. Lk 2,1ff.]. In einer einsamen Stadt wird ein Knabe geboren, unbeachtet von der Menge, die unwissend an der stillen Hütte der Hirten vorüberzieht. Das Kind, die Erfüllung einer seligen Verheißung, die der Mutter geschehen [vgl. Lk 1,26ff.], liegt in der Krippe, und heißet Immanuel [vgl. Mt 1,23]. Nicht irdische Stimme sollte in der Welt seine Ankunft verkünden. Von jeher hatte *Gottes* Geist die Väter und Propheten getrieben, von ihm zu reden; und so erscheint auch nun die Menge der himmlischen Heerscharen den Hirten des Feldes, und diese umleuchtet die Klarheit des Herrn, und sie vernehmen den Ruf: Freuet euch, euch ist heute der Heiland geboren, welcher ist Christus der Herr, der König über das

---

[1] Vorlage: Archiv des Rauhen Hauses, Hamburg, Bestand 61 H a, Nr. 2.– Es handelt sich um die überarbeitete Abschrift einer Predigt, die Wichern als Theologiestudent in Göttingen ausgearbeitet hat. Wichern hat sie zweimal niedergeschrieben. Die erste Niederschrift hat er an der Universität vorgelegt, sie trägt den Vermerk: „Vidi, Seidel, Göttingen, 21. Dc. 29“. Die hier zugrundegelegte zweite Niederschrift enthält folgende Widmung: „Meiner lieben Mutter und den teuren Geschwistern, gehalten am 2. Weihnachtstage in Niedernjesa 1829“ (1) – Vgl. Gerhardt, Wichern I, 71-72. – Keine Liedangaben.

Haus Jakobs, dessen Thron währet ewiglich. Auf dass aber alles himmlisch sei und lehre, dass ein Großes über den Menschen geschehen, was nur vom Herrn des Himmels seinen Ursprung haben könne, zeigt ein Stern des Himmels den freudig Eilenden den Weg zur Krippe, wo der Knabe in Windeln liegt, um deswillen solche Wunder geschehen. – Und wollten wir noch zweifeln, wenn wir hören, wer dieser Neugeborene, Hochgefeierte ist? Das Licht der Welt [vgl. Joh 8,12] und das Leben [vgl. Joh 11,25] und die Gerechtigkeit und Versöhnung der Welt, der Herzog unsrer Seligkeit, der König der Wahrheit [vgl. Joh 18,37] und Erstgeborene vom Vater, der in des Vaters Schoße ist, der Abglanz der Herrlichkeit – das mächtige Wort, das bei Gott war und durch das die Welt gemacht – vor dem aller Knie sich beugen im Himmel und auf Erden [vgl. Phil 2,10] – der ist erschienen, unser Heiland und Erlöser ist geboren, und sollte da nicht Großes geschehen? *Das Wort ward Fleisch* – so heißet die ewige Botschaft des Evangeliums, das ist die geistige Sonne, die auch heute uns einen Tag der Freude gesendet, der uns hier leuchten möge. Auch uns ist der Stern aufgegangen in unsern Herzen und weiset mit seinem Glanze und Lichte auf jene Tage, wo die Herrlichkeit des Eingeborenen offenbar wurde und Jubelchöre vom Himmel stiegen, und derselbe Trost, dieselbe Freude, die in jenen Tagen die Himmlischen reizten, uns zu nahen, beseelt auch uns durch den Geist, der uns ist gegeben worden, dass er uns zur Herrlichkeit führe. *Das Wort ward Fleisch* – das ist die selige Botschaft, die uns den Weg zeiget zum Vater und die uns die Macht bringet, [4:] Gottes Kinder zu heißen und Miterben Christi [vgl. Röm 8,16f.], so wir glauben. Und wo das Größte geschieht, was je die Erde gesehen, sollten da nicht Himmel und Erde preisen und die Ehre des Höchsten laut verkünden? *Das Wort ward Fleisch* – das ist das heilige Losungswort der Menschheit, und alle! erhebet die Herzen und Hände zum Preise des Vaters, der so Großes an uns getan.

Lasset uns beten zum Herrn, dass er uns beistehe mit seinem Geiste, solche Gnade in dieser Stunde der Erbauung zu erwägen u.s.w.

Text Joh 1,1-18

[1 Im Anfang war das Wort, und das Wort war bei Gott, und Gott war das Wort. 2 Dasselbe war im Anfang bei Gott. 3 Alle Dinge sind durch dasselbe gemacht, und ohne dasselbe ist nichts gemacht, was gemacht ist. 4 In ihm war das Leben, und das Leben war das Licht der Menschen. 5 Und das Licht scheint in der Finsternis, und die Finsternis hat's nicht ergriffen. 6 Es war ein Mensch, von Gott gesandt, der hieß Johannes. 7 Der kam zum Zeugnis, um von dem Licht zu zeugen, damit sie alle durch ihn glaubten. 8 Er war nicht das Licht, sondern er sollte zeugen von dem Licht. 9 Das war das wahre Licht, das alle Menschen erleuchtet, die in diese Welt kommen. 10 Er war in der Welt, und die Welt ist durch ihn gemacht; aber die Welt erkannte ihn nicht. 11 Er kam in sein Eigentum; und die Seinen nahmen ihn nicht auf. 12 Wie viele ihn aber aufnahmen, denen gab er Macht, Gottes Kinder zu werden, denen, die an seinen Namen glaubten, [13] die nicht aus dem Blut noch aus dem Willen des Fleisches noch aus dem Willen eines Mannes, sondern von Gott geboren sind. [14] Und das Wort ward Fleisch und wohnte unter uns, und wir sahen seine Herrlichkeit, eine Herrlichkeit als des eingeborenen Sohnes vom Vater, voller Gnade und Wahrheit. [15] Johannes gibt Zeugnis von ihm und ruft: Dieser war es, von dem ich gesagt habe: Nach mir wird kommen, der vor mir gewesen ist; denn er war eher als ich. [16] Und von seiner Fülle haben wir alle genommen Gnade um Gnade. [17] Denn das Gesetz ist durch Mose gegeben; die Gnade und Wahrheit ist durch Jesus Christus geworden. [18] Niemand hat Gott je gesehen; der Eingeborene, der Gott ist und in des Vaters Schoß ist, der hat ihn uns verkündigt.]

Die vorgelesenen Worte des Textes sind vom heiligen Apostel geschrieben, auf dass wir glauben, wie der Apostel selber sagt (Joh 20,31), dass Jesus sei der Christ, der Sohn Gottes, und dass wir durch den Glauben das ewige Leben haben in seinem Namen, und wer Glauben hat an diesen, der versteht sie in ihrem Grunde. Der Apostel spricht von dem ewigen Worte, das im Anfang bei Gott war und vielfach den Menschen kund geworden durch die *Väter* und *Propheten*, und die Menschen bereitet hat auf die angenehme Zeit, die Tage des Heils und der Erlösung, welche Könige und Weise vergeblich [er]hofften. Es hat geleuchtet in der Finsternis und ist von dieser nicht begriffen. Die Sehnsucht war rege gemacht durch das Gesetz und die Hoffnung gestärkt durch die Propheten, und es harrten die Frommen wie Simeon und Nathanael [vgl. Joh 1,40ff.], dass das volle Licht erscheine, vom Vater gesendet. Johannes predigte Buße [vgl. Mk 1,15] und strafte die Ungerechtigkeit, dass Jerusalem seine Sünde erkennte – aber die volle Genüge und das Leben konnte er nicht erteilen. Er zeugte aber von dem Licht, das nach ihm kommen werde, und der Schmerz und die Trauer beherrschte die gedrückten Seelen. Die Sünde wurde immer lauter vom Gewissen gestraft, wer wälzte die Schuld von ihrer Brust? Noch nicht konnte Simeon in vollem Frieden fahren [vgl. Lk 2,29], da brach der Tag der Weihnacht an: *das Wort ward Fleisch!* Nun strömte die Fülle der Gnade, ein neues Leben und ein neuer Geist ergoss sich durch die Herzen, er war erschienen, aus dem sie Gnade nehmen konnten um Gnade. *Freuet euch,* so spricht jetzt die Stimme, denn euch ist heute der Heiland geboren [vgl. Lk 2,10]. – Und ward bloß ihnen dieses Heil, das Trost und Freude brachte, galt nur ihnen der himmlische Ruf*: das Wort ward Fleisch!* Gottes Ratschluss der Offenbarung in seinem Sohne zur Erlösung und Versöhnung war in der Ewigkeit geschlossen und kann nur in der Ewigkeit vollendet werden, auf dass alle selig würden: auch uns kommt dieses Evangelium entgegen, und solange Menschen hier harren auf Gott, begegnet es ihnen, damit alle teilhaben an der ewigen Seligkeit. *Und das Wort ward Fleisch!* Das ist die Flammenschrift an den Himmel geschrieben, auf dass *alle* sie sähen und ihre Kraft im Inneren vernehmen könnten, wenn sie glauben wollen, auf dass *alle* Freude haben und unnennbaren Trost und Frieden, und heute ist der Tag, wo sie zuerst erschallte: darum lasset auch uns dieses Wort auch heute erwägen: [5:]

Und das Wort ward Fleisch

wir wollen uns vergegenwärtigen, dass es ist 1. ein Wort des Trostes und Friedens und 2. ein Wort der Freude und des ewigen Lebens.

Dazu helfe uns der Geist des Herrn!

1. *Ein Wort des Trostes und des Friedens.* – Wohin wir blicken mögen, geliebte Brüder, tritt uns die Sünde entgegen. Dies gilt für das Kind sowohl als für den Mann, als für den Greis, für reich und arm, für Hohe und Niedere, für diesen Tag und alle Jahrhunderte, die gewesen sind und noch kommen werden in diesem Weltlauf. Sehen wir um uns in unsrer nächsten Umgebung, wo fänden sich nicht Hochmut und Eifersucht und Zank und Laster aller Art. Kinder ehren nicht die Eltern und verfolgen sie mit Lästerung und drohen gar Böses; kann es solchen wohlergehen auf Erden? Der Bruder kränket den Bruder auch! Der Herr spricht (Mt 5,22): Wer mit seinem Bruder zürnet, der ist des Gerichtes schuldig. Der Unglaube herrschet gewaltig, denn da ist Ungehorsam gegen Gott und die Obrigkeit und eitel Trachten nach irdischem Gut. Bei wie vielen mangelt die demütige Liebe und herrschet vielmehr Missgunst und Neid, weil sie die Gemeinschaft fliehen mit Christo. Ihr Fleisch hält den Geist gefangen, und das Gesetz in den Gliedern widerstrebet dem Gesetz im Gemüt (Röm 7). Ihre irdische Lust macht sie zu Knechten der Sünde: und der Sünde Sold ist der Tod [vgl. Röm 6,23]. Und mag der sich überheben, der Christum als seinen Herrn bekennt vor der Gemeinde? Ist nicht auch in uns noch die Sünde, und versucht sie nicht mit noch klügerer Gewalt uns abzuwenden vom Herrn und uns in ihren Dienst zu ziehen? Wer aber sagt, er habe keine Sünde, der betrüget sich selbst, und die Wahrheit ist nicht in ihm (I Joh 1[,8]). Wo bleibet nun unser Ruhm, dass wir besser sind als jene vor dem Gerichte Gottes, das stets über uns ergehet und einst wird offenbar werden? Ist es nicht, als wollte der Trost uns schwinden, wenn wir die Macht der Sünde bedenken? Denn die Sünde straft der Zorn des Allmächtigen. Wo wollen wir Ruhe finden, wo Labsal für die Betrübnis unsrer Seele, denn unsere Kraft allein ist schwach: dieweil sie alle gesündigt haben, ist der Tod durchgedrungen zu allen, und durch die Sünde Adams ist die Verdammnis gekommen über alle! Röm 5,12ff. Was wollen wir nun sagen: Sollen wir verzweifeln, Mitgenossen dieser Traurigkeit? – Lasset uns vielmehr den Weihnachtsgruß hören: *das Wort ward Fleisch.* Wie durch eines Sünde viele verloren gehen, so werden durch eines Gehorsam viele Gerechte [vgl.

Röm 5,18]. Die ewige Liebe selbst erscheinet unter uns mit lebendiger Kraft von innen heraus. Christus ist hier in unserem Fleisch und Blut, zum Zeichen der Versöhnung mit Gott, die Christus selber wirket, auf dass wir Frieden hätten und großen Trost, so wir glauben an ihn. Aller Kummer, den die Welt oder deine eigenen Sünden dir bringen, ist entflohen mit dem Geiste, den der Sohn vom Vater sendet, uns zu trösten (Joh 15), und kommen dennoch wieder Sorgen und Angst und Not, sei getrost, dein Herz wird wieder fest, denn in alle Ewigkeit gilt das Wort des Friedens: *das Wort ward Fleisch:* Deine Sünden sind dir vergeben, ihr Joch ist dir abgenommen, und statt ihrer tragen wir das sanfte Joch des sanftmütigen Heilandes [vgl. Mt 11,29], [6:] das Joch der Liebe, in der keine Furcht mehr ist [vgl. I Joh 4,18]. Diese Liebe aber ist die Frucht des Glaubens an den Heiland der Welt, und seine Kraft ist mächtig in uns, denn wir sind von Gott geboren als Kinder Gottes (Joh 1,13). Wollten wir uns nun noch vor der Welt fürchten und vor der Sünde, die in ihr wirket, so lasset uns hören die heiligen Worte: der in uns ist, ist größer, denn der in der Welt ist (I Joh 4,4). Wer ist aber, der die Welt überwindet, ohne der da glaubet, dass Jesus Gottes Sohn ist (I Joh 5,5). Auf ihn also müssen wir immer wieder zurückkehren, wenn wir wollen wahren Frieden haben und dauernden Trost, und beide wären nicht unser ohne das fleischgewordene Wort, das in jener Christnacht zu uns herabkam und nun thronet zur Rechten Gottes.

2. Solchem Troste aber und Frieden, geliebte Brüder, folgt ein noch anderes, nämlich die Freude im heiligen Geist, die uns ein Vorgefühl der ewigen Seligkeit ist. Des Trostes können wir nie entbehren, aber er erinnert uns stets an den Kampf mit Welt und Sünde, so wie der Friede uns wird, wenn wir diese Feinde überwunden haben. Ein neues aber steigt dann auf in unser Herz, das nur nach oben weiset, wenn wir gleich noch in der Welt sind, die Freude im heiligen Geist. Diese Freude ist stets mit der Liebe gegen Christus beisammen und die Schwester derselben. Sie ist die Frucht, die wir selber im allerinnersten vom Baume der Liebe nehmen, und darum bleibt die heilige Freude, die Freude im heiligen Geist, im inwendigen Menschen verborgen. Die heiligen Männer Gottes nennen sie deswegen öfter als das Schönste und Höchste, so wie der Herr, wie mehrmal[s] zu seinen Jüngern (vgl. Joh 15 und 16), auch von ihr zu dem getreuen Knechte spricht: Gehe ein zu deines Herren Freude (Mt 25,21). Den Kern dieser Freude kennet allein Gott. Paulus, der sie bis zur Entzückung erfahren, spricht von sich, indem er sie den Korinthern zu schildern sucht: er wisse nicht, ob er damals im Leibe gewesen, oder außer demselben; aber, setzt er hinzu, Gott weiß es (II Kor 12,2.3). Er nennet sich einen Gehilfen der Freude (II Kor 1,24) und spricht von einem Gebet mit Freuden (Phil 1,4) und einer Freude des Glaubens (V. 25) und be-

zeichnet das Reich Gottes als Friede und *Freude* im heiligen Geist (Röm 14, 17).

Wir brauchen nicht lange zu suchen, was für eine Freude gemeint sei. Lasset uns den Blick wenden in unsere Herzen, und was uns entgegen ruft, ist die Freude, mit der wir uns freuen ob der Botschaft: *und das Wort ward Fleisch.* Darum *beginnt* alle Verkündigung des Heils, wie die Engel, mit jenem: Freuet euch, denn euch u.s.w. [ist heute der Heiland geboren, welcher ist Christus, der Herr, in der Stadt Davids, Lk 2,11], was noch heute jedem Gläubigen gilt. Wie das Kind sich freuet um Weihnacht über die Gabe der Eltern, weil sie ihn beglückt und seine Wünsche und Hoffnung erfüllt, so freut sich der Jünger des Herrn über die Gabe, die heute ihm geworden, durch die all seines Herzens Sehnen und Wunsch Befriedigung gefunden. Die Kinder sind uns ein Vorbild geworden. Und fühlst du heute diese Freude, geliebter Bruder, so bist du auch gewiss, dass sie nicht vergänglich ist, denn sie ist hervorgegangen aus der [7:] Liebe zu Christo, unserm Heiland: Er hat das Heil gebracht, das solche Freudigkeit bringet, die still im verborgenen Herzen wohnet. Und der Heiland lebt und sitzet zur Rechten des Vaters, ausgerüstet mit Macht, die Seinen zu schützen und ihnen sein Heil zu bewahren, aus welchem solche Seligkeit strömet. Er schirmet sein Evangelium, dass es nicht fallen kann und verloren gehe, vielmehr, dass immer mehr vernehmen den beseligenden Ruf: Das Wort ward Fleisch. – So großes tut der Herr, und worin besteht unser Dank? Dass wir an ihn glauben und solchen Glauben durch die Liebe beweisen; dass wir die Eigenliebe und den Hochmut fliehen und unsere Schwachheit nie vergessen; dann bleiben wir in ihm, und so wird uns auch vergeben, wenn wir straucheln, und seine Kraft wird in den Schwachen mächtig sein [vgl. II Kor 12,8]. Das Gebot der Liebe wird dann nicht schwer erfüllt, denn die Liebe schaffet von sich selbst das Gute, und auf dass sie stark bleibe, kehrt immer aufs Neue wieder jenes Wort der Kraft und Weltüberwindung, am herrlichsten aber am Feste der Weihnachten, und immer vor neuem verjüngt sich die Freude, bis wir zum letzten Mal auf dieser Welt die Christnacht feiern und der letzte Freund der Erde uns in die ewigen Hütten führt [Lk 16,9], wo stete Weihnachtsfreude unser wartet, wo wir *den* schauen werden, an den wir hier in Rechtschaffenheit geglaubt, den wir hier liebhaben, obwohl wir ihn nicht sehen, um dann uns zu freuen mit unaussprechlicher Freude und das Ende unseres Glaubens zu sehen, der Seelen Seligkeit, I Petr 1,8.9. –

So bringet uns also der Weihnachtsruf: das Wort ward Fleisch! Frieden und Freude, denn es kündigt uns an die Erlösung durch Christum, an welcher wir teilhaben durch den Glauben. Lasset uns Gott danken für solche Gnade und nicht nur in Worten, sondern auch mit Werken offenbaren, dass wir Erlöste sind von den Banden der Sünde zur Ehre Gottes. Lasset uns lieben und hoffen, denn unsre Hoffnung ist fest geworden durch Jesum Christum: denn was Gott begonnen hat, wird er auch hinausführen, auf dass wir volle Seligkeit haben, sintemal [da, weil] seiner Macht keine andere widersteht. Sein Reich ist durch Christum gegründet, und die Zeit wird kommen, wo es durch denselben wird vollendet werden, wo Gott wird alles in allem sein [vgl. I Kor 15,28]: das Reich Gottes aber ist Friede und Freude im heiligen Geist [vgl. Röm 14,17].

O, du Heiland der Welt, sei uns nahe mit deiner Kraft des Geistes und erfülle unsere Herzen mit Deiner Liebe! Gib, dass wir immer mehr erlöset werden durch die Gnade von der Macht des Todes, damit wir immer vollkommener werden in der Heiligung, und teilhaben an deinem Frieden und deiner Freude, und die unverwesliche Krone des Lebens [vgl. Jak 1,12; Apk 2,10] davontragen, die du uns schenkest und ewig bewahrest. Erhöre uns o Gott, um Jesu Christi willen. Amen! –

Johann Hinrich Wichern

Predigt: 25. Dezember 1830 über 2. Korinther 5,17[1] (1. Weihnachtstag - Spandau)

[1:] Preis und Ruhm dem, der da kommt im Namen des Herrn! Es loben ihn alle Völker und Zungen, denn der Herr hat Großes an uns getan! Dich rühmet das Kind und der Mann, o Gott! Denn deine Wege sind Wahrheit und Treue, und deine Güte ist ohne Maß! Wir singen dir, Herr, ein neues Lied, denn du hast alles neu gemacht, wir bringen dir Opfer des Dankes, und unsere Herzen sind dir angenehm in deinem Sohn! Nimm freundlich an, o Vater, unseren Dank, wir rühmen deine Treue, o wahrhaftiger Gott, und sind selig, denn du hast uns selig gemacht durch deine Liebe. Höre auch heute unser Flehen und Gebet, mein Heiland, mein Gott! mein Vater! Amen.

Also, Geliebte, zu bekennen und dem Herrn zu nahen - dränget uns heute die Liebe im Herzen, und wir wissen nicht, ob wir mehr danken und loben sollen oder mehr bitten und begehren von unsrem lieben Vater im Himmel! Aber eines wissen wir und können es nicht lassen, dass wir uns freuen und abermals freuen, sei es in Dank oder Bitte; sehen wir auf das, so da war oder was da kommen wird nun und immerdar. Denn was wir hofften, wonach wir uns sehnten, das ist gewiss geworden, und die Verheißungen Gottes sind nun erfüllet und geschlossen im Sohne, der im Anfang bei Gott war, und in dem wir sind erwählet worden zur Seligkeit und ewigem Leben. Denn uns ist heute eine große Freude widerfahren, die alle Völker beseligen soll. Uns ist heute [2:] der Heiland geboren, welcher ist Christus, der Herr, aus Davids Stadt! [vgl. Lk 2,10f.]

Bei diesem Christus und seinem Wirken für uns verweilen heute alle Herzen, die den Sinn dieses Festes verstehen und selber erfahren haben. Was durch ihn uns genommen - aber auch was durch ihn uns geschenket ist, das wirket in uns solche Liebe, solche Freude, das treibet uns zu Werken und Gaben der Liebe, und was wir vermögen, geben wir hin, um Freude und Liebe zu erwecken - aber wie viel es auch sei, das wir anderen bieten, wir

[1] Vorlage: Archiv des Rauhen Hauses, Hamburg, Bestand 61 H a, Nr. 5. - Auf dem Titelblatt ist auch eine Uhrzeit vermerkt: „2 Uhr" [nachmittags] - Vgl. insgesamt Gerhardt, Wichern I, 89-90. - Keine Liedangaben.

verlieren nichts. Je mehr wir geben an irdischen Gaben, umso reicher werden wir an himmlischen Gütern, und jegliche von *unsern* Gaben öffnet im Herzen nur noch weiter das Tor, worin einziehen kann der König der Ehren [vgl. Ps 24,7], dass er uns kröne mit Ehren und Gerechtigkeit und friedlicher Freude. Umso mehr wollen wir zu Gott uns wenden, in dessen Reiche gleiche Ordnung waltet. Gott will nichts als unser Herz, ein kindlich Herz voll Vertrauen und Liebe, die uns sein Sohn gegeben; je mehr wir ihm dieses zum Opfer bringen, desto reicher strömt uns die Quelle seiner Gnade und Liebe, desto größer wächst der Baum herzlicher *Freude* in unserm Gemüte.

Aber dies alles nicht ohne *Christus*, durch den heute die Gnade und Wahrheit gekommen. Er, der lebte, litt und starb für uns, ist der alleinige Quell, aus dem uns solche Fülle strömt, aus dem allein uns [3:] Freude kommen kann. Wer als sein wahrer Jünger Freude der Weihnachten erfahren will, muss seine Liebe ganz in seinem Herzen erfahren haben; darum sieht er auch heute nicht bloß außer sich, sondern in sein eigen Leben, im Aufblick zu dem, dem allein er es dankt. Darum wollen auch wir jetzt auf unsere eigenen Herzen zurücksehen, um die Freude des Festes in uns noch fester zu begründen und nach Gottes Wort aufs Neue lernen, was da sei:

Der Grund und die Ursache der christlichen Weihnachtsfreude.

Die Antwort wird uns heute geben II Kor 5,17:

„Darum ist jemand in Christo, so ist er eine
neue Kreatur; das Alte ist vergangen,
siehe, es ist alles neu geworden."

Die christliche Weihnachtsfreude hat nämlich ihren Grund in diesen beiden Stücken, dass wir wissen,

1) *was das Alte sei, das vergangen ist.*
2) *Es ist alles neu geworden.*

Diese beiden Stücke, geliebte Brüder, hängen eng zusammen, und keines erkennen wir hier im Fleische ganz ohne das andere. So lange wir auf Erden wallen [wandeln] und noch nicht schauen [vgl. II Kor 5,7], sondern glauben, erkennen wir das *Neue* nicht, ohne zugleich vom *Alten* zu wissen. Zwar gilt dies nicht in dem Sinne, als habe es auch um Christi willen der Sünde bedurft, damit er vor Gott die Herrlichkeit erlange. Denn er selber bezeu- [4:] get uns, dass er die Herrlichkeit hatte beim Vater, ehe denn der Welt Grund geleget war [vgl. Joh 17,24], ehe also die Sünde war durch den Willen der Menschen. Aber für uns bedürfte und bedarf es keines Christus, wenn nicht Sünde da wäre, von der er uns erlöset hat. Er ist unser ewiger Heiland und

Hoherpriester und wir seine Erlöseten und Versöhnten, und kennen darum wir ihn nicht ohne unsere Sünde und Schuld, die durch ihn vernichtet und abgetan sind; aber gerade diese meint der Apostel, wenn er spricht vom Alten.

[1.]

Das Alte ist vergangen. Lasset uns näher sehen, was dieses Alte war und ist, das nun der Vergangenheit angehören soll, weshalb wir auch heute Weihnachtsfreude haben können. Was Paulus hier das *Alte* nennt, bezeichnet er anderswo bestimmter als *den alten Menschen mit seinen Werken* und meinet damit die Werke, die aus dem Fleische kommen und somit Sünde sind (Eph 4,22; Kol 3,9; Gal 5). Die herrschet in dem Herzen des natürlichen Menschen, das böse ist von Jugend auf [vgl. Gen 8,21], ein schlechter Baum, der nur schlechte Früchte bringt [vgl. Mt 7,17], ein unfruchtbarer Acker, den keine Früchte der Gerechtigkeit schmücken. Nur der ein Menschenleben auszählen kann (und wir Menschen können es nie), nur der vermag *alle* die bösen Werke zu nennen. Jedoch damit man wisse, was wir meinen, nennen wir mit dem Apostel derselben einige, die alle Welt siehet und denen wir in der Welt nicht entfliehen können. Die Werke des Fleisches sind offenbar, verkündet uns Paulus [5:] (Gal 5), als Ehebruch, Unzucht, Abgötterei, Feindschaft, Hader, Neid, Zorn, Zank, Zwietracht, Hass und Mord und dergleichen. Und zur Warnung für die, welche solches üben, spricht Paulus weiter: Ich habe euch zuvor gesagt und sage noch zuvor, dass, die solches tun, werden das Reich Gottes nicht ererben. [Gal 5,21b] Ihr letzter Grund ist die *Eitelkeit des Sinnes* (Eph 4,17), der entfremdet ist dem Leben, das aus Gott ist. Und dieser Same, dieser Keim im alten Menschen *bleibt nicht tot und klein*, er erwacht und wird durch unsre Schuld emporgetrieben zu einem weit schattenden Baum, der unser ganzes Leben, so wir nicht umkehren, ganz überschattet. Damit wir aber einen Schatten sehen, müssen wir auch ein Licht in uns haben, sprechen wohl einige. Und gewiss ist es also, denn sind wir je eines Schattens gewahr worden, ohne den Schein der Sonne; das ist so göttliche Ordnung, und deswegen allenthalben und auch in unserm Herzen, das auch noch nicht Christum erkannt hat. Aber ist das eine Sonne, ein wahres Licht, das nur erleuchtet, nicht erwärmt und keine Früchte *aus ihm selber* erzeugt? Und so in dem alten Menschen, der Sünde tut und empfindet. Er rühmt sich wohl einer Offenbarung, die allen geworden; aber haben sie auch alle *bewahrt* und *erkannt*? Und sind sie nicht unselig geworden durch diese Erkenntnis, wenn sie sie hatten? Das *Gesetz* ist allen offenbar [vgl. Röm 1-2]; auch den Heiden ist es offenbaret und in die Herzen verzeichnet, spricht Paulus [vgl. Röm 2,15], der wohl Heiden kannte. Aber es steht außer dir und wohnt nicht im Grunde und Quell deines Herzens. Es ist ein Buchstabe, geschrieben, aber du kennest, als *alter* Mensch, nicht den, der es erfüllete, so dass es aus dem Buchstaben ein Geist und ein *Leben* würde [vgl. II Kor 3,6]. Es scheinet in dir, aber sein Strahl fällt auf ein schlechtes Land, denn du hast Fleisch gesäet, und wolltest andres ernten denn Fleisch [vgl. Gal 6,8]? Darum, das Gesetz, das von Gott ist und heilig und gut (Röm 7[,12]), ist die *Kraft der Sünde* (Röm 5[,20]) und gibt nur noch helleres Licht, dass wir die Finsternis nur umso schreckender erkennen.

Und so viel wir auch mit diesem Lichte kämpfen und streben und ringen in heißem Kampf – die Sünde, unsere eigene Tat und ihre Früchte, sind uns zu mächtig geworden durch das Gesetz. *Unsere* eignen Werke, die wir nicht mehr *wollen* und dennoch tun [vgl. Röm 7,16], stehen vor uns, um uns, in uns, weil vor uns, um uns, in uns das Gesetz sich offenbart, türmen sich hoch und immer höher wie eine todesschwangere Welle, stehen wie eine überschwere Last, die wir über unserm Haupte halten wollen, dass sie nicht niederbreche und uns bedecke mit ihrer vernichtenden Gewalt – Lassen wir das Bild fahren, Geliebte, und wir wissen, dass diese [6:] sich türmende Welle und drückende Last nichts ist denn unsere Schuld, die uns mit Furcht und Angst erfüllet. Wir suchen ihr wohl zu entfliehen – aber zu unserem Schaden, wenn wir nur zu Menschen eilen; *denn hier ist kein Unterschied,* sie sind allzumal Sünder und mangeln des Ruhmes vor Gott, [Röm 3,22b-23] ihre Werke sind gleich den unsern und ihr natürlich Herz ein Bild des eignen, das vor Angst keine Ruhe findet. Ein für Menschenhände unauflöslich Gewebe verstrickt die Sünder, die, wie Paulus spricht, durch Lüste im Irrtum sich *verderben* (Eph 4[,22]). Denn Verderben ist das Ende solches Lebens, ein Verderben, das schon im Keime der ersten Sünde liegt, des Ziel ist *der Tod,* der Sündensold [vgl. 6,23]. Nicht nur Tod des Leibes, sondern der geistliche Tod. Zu allen, in denen die Sünde Adams herrschet, ist dieser Tod durchgedrungen, *dieweil* sie alle gesündigt haben (Röm 5[,12]). Und Paulus schließt sich nicht aus, wenn er den Ephesern hierzu schreibt und spricht: *wir alle waren tot* durch Übertretung in Sünden, in welchen wir weiland [vormals] gewandelt haben, ehe wir samt Christo sind lebendig worden (Eph 2,1.5). Seht, das ist *das Alte,* wovon wir gehört haben. Und in solchem Elend bleibt nur eines, dass wir zu Gott uns wenden in der Angst und Betrübnis des Herzens, das so verfinstert ist, dass wir flehen und ringen nach seiner großen Barmherzigkeit, und ihn wohl fragen: wer wird uns erlösen vom Leibe dieses Todes [Röm 7,24], wer will aufheben und abwenden die gewaltige Last, wo ist Trost, wo Hilfe, wo – im Himmel oder auf Erden – der [7:] uns Leben wiederbringe, das wir verloren haben, wo finde ich den Frieden, der keinen Hass mehr duldet, wo Linderung und Balsam für den Schmerz, der meine Seele verwundet, wo den Zugang zu Gott, den ich nicht habe, wo Versöhnung mit ihm, wo Heil und Licht?

Aber vernehmet! Also sprach Gott: *Es werde Licht!* und es ward Licht. [Gen 1,3] Der Herr gebeut [gebietet], so stehet es da: Du rufest, und er höret, du bittest, so wird dir gegeben [vgl. Mt 7,7]. Ja, wir vernehmen heute, heute den Weihnachtsgruß: Fürchtet euch nicht, ich verkündige euch große Freude, die allem Volk widerfahren ist: denn euch ist heute der Heiland geboren, welcher *ist Christus der Herr* [Lk 2,10f.]. Das Alte ist vergangen, siehe

2.

Es ist alles neu geworden.

Und dies ist der wahre, ewige Grund unseres Heiles und unserer Freude in dieser festlichen Zeit, es ist eine Freude am Herrn, der uns nahe ist und der sein heilsam Wirken von uns nicht ferne gehalten hat. *Alles ist neu geworden*, spricht der Apostel und meinet den ganzen, vollen Menschen, der teil hat an dem, was *allem* Volk widerfahren wird (Lk 2). Wir alle sind ein neuer Mensch geworden, der nach Gott geschaffen ist in rechtschaffener Gerechtigkeit und Heiligkeit (Eph 4,24) – der da verneuert wird zu der Erkenntnis, nach dem Ebenbilde des, der ihn geschaffen hat (Kol 3,10). Wir sind aber von Gott geschaffen in Christo Jesu zu guten Werken (Eph 2[,10]). [8:] Aber dies alles nur, so jemand in Christo ist, spricht Paulus vorher; d.h. nur und allein, wenn wir mit Christo gestorben sind und begraben in den Tod (Röm 6) und in uns den alten Menschen ertöten, wenn wir Reue empfinden über den bösen Wandel und von Herzen Buße tun und im gläubigen Ergreifen Christi von der Sünde uns abkehren: denn sie ist Feindschaft wider Gott (Röm 8). Und so spricht der Herr: *Ich sehe an den Elenden* und der zerbrochenen Geistes ist und der sich fürchtet vor meinem Wort (Jes 66,2). Nur wenn uns Weihnacht so betrifft, können wir mit froher Lippe bekennen: Siehe, es ist alles neu geworden. *Denn Sünde und Schuld und Tod* ist dahin, und hier ist der Mann, der Sünden vergibt und unsere Schuld auf sich nimmt und den Tod vernichtet und den, der des Todes Gewalt hatte: Hier steht der Mann, in dem die Fülle des Geistes wohnet ohne Maß, *Christus*, in dem Gott selber war und versöhnete die Welt mit ihm selber [vgl. II Kor 5,19], der das Verlorene sucht [vgl. Lk 19,10] und wiederbringt; der selig macht und heilig und unsträflich vor Gott durch sich selber, der deine Bande löset und Freiheit gibt in seiner Gerechtigkeit, die unser worden; der den Geist und das Leben hat in sich selber und zu uns kommen ist, auf dass wir hätten das Leben in ihm und eins seien mit ihm, wie er eins ist mit dem Vater [vgl. Joh 17,11.21]; in dem wir nun die wahre Kindschaft haben ewiglich und statt des Todes den Sieg und ewiges Leben bei Gott!

1. Denn wir wissen und bekennen und rühmen den Herrn, der unsere Gerechtigkeit ist und unsere Erlösung. Dieweil er ins Fleisch kam, ist dem Fleische die Macht genommen, *und Gott sandte seinen Sohn* wegen der Sünde in der Gestalt des sündlichen Fleisches und verdammte die Sünde im Fleisch (Röm 8,3). Wie will nun uns schaden, was verdammet ist, was will uns scheiden von der Liebe Gottes? Christus ist hie[r], der uns gerecht macht und vertritt uns [vgl. Röm 8,34f.]! Und unser ist das feste prophetische Wort, das heute mit uns preiset: denn uns [9:] *ist ein Kind geboren, ein Sohn* ist uns gegeben, welches Herrschaft ist auf seiner Schulter; und er heißt Wunderbar, Rat, Kraft, Held, Ewig-Vater, Friedefürst, auf dass seine Herrschaft groß werde und des Friedens kein Ende auf dem Stuhl Davids und seinem Königreich, dass er es zurichte und stärke mit Gericht und Gerechtigkeit von nun an bis in Ewigkeit [Jes 9]! – Ja, in Ewigkeit, geliebte Brüder, währet sein Königreich, und in Ewigkeit bleiben die himmlischen Güter, die der Sohn uns heute bietet. Darum nehmen wir ihn auch willig auf und machen die Tore des Herzens weit, auf dass er einziehen möge mit seinem sanften Joch und seiner leichten Last [vgl. Mt 11,30]; Angst und Schmerz und zertrümmernde Last der Sünde und Schuld hat er ja getragen und übernommen für uns und ist versucht wie wir [vgl. Hebr 4,15]; so wunderbar hat er sich uns zum Eigentum erworben und Macht erhalten, über und in den Erlöseten und Versöhneten zu walten und will nun selber in uns wohnen und uns bereiten zur einstigen vollendeten Herrlichkeit. Friede und Freude in Gott ist heute unser Teil geworden, Seligkeit und sichere Zuversicht auf Gott bleibt nun unser unveräußerliches Gut durch ihn und in ihm, unserm Heiland und Herzog unserer Seligkeit. Denn dieweil er Gehorsam übte im Leiden und nichts heiligeres hatte, das er Gott zum Opfer brächte denn sich selbst, hat er sich selber Gott dargebracht und ist ein Hoherpriester worden nach der Ordnung Melchisedeks [vgl. Hebr 6,20] und hat eine ewige Versöhnung gestiftet mit Gott im Geist. Trost hat er uns gebracht vom Vater des Trostes und Barmherzigkeit vom Vater der Barmherzigkeit (II Kor 1). In die Nacht der Sünde ist nun kommen der [10:] Aufgang aus der Höhe [Lk 1,78], das Licht der Welt [Joh 8,12].

2. Aber nicht nur freut sich so unser einsames Herz, und nicht bloß *unser* Mund ist voll des Rühmens, wenn wir der Erscheinung des Herrn gedenken. *Alles ist neu geworden in Christo,* das ist der Grund unserer Freude, *alles,* nicht nur du, einzelnes Herz, sondern auch das, worin du dich findest. Die Verheißung Gottes ist in Christo erfüllet, wo er sprach durch seinen Propheten: *Siehe, ich will einen neuen Himmel und eine neue Erde* schaffen, dass man der vorigen nicht mehr gedenken wird noch sie zu Herzen nehmen (Jes 65,17). Zu dieses Reiches Genossenschaft, darinnen Christus König

heißt, und er allein, hat er, der König allein, uns versetzet; denn aus Gnaden sind wir selig geworden durch den Glauben. Mit diesem Glauben, der allein uns rechtfertigt vor Gott, hört die Feindschaft auf, die von Gott uns trennte; der Geist der Furcht und Knechtschaft verschwindet mit dem Gesetze des Sinai; sehet und freuet euch, denn *alles ist neu* geworden. In Christo ist die Decke Mosis aufgehoben für uns (II Kor 3) so wir uns bekehren, und nun spiegelt sich in uns allen des Herrn Klarheit mit aufgedecktem Angesicht, Mosis Gesetz auf steinernen Tafeln ist zerbrochen, und ein neues Gebot ist uns *ins Herz* geschrieben. „Ich bin in dem Gesetze Christi," spricht Paulus (I Kor 9), denn unser Meister verkündet den Seinen: Ein *neues* Gebot gebe ich euch, dass ihr euch *untereinander* liebet, gleichwie ich euch geliebet habe (Joh 13,35; 15). Uns treibt [11:] nicht mehr ein knechtischer Geist, dass wir uns fürchten. Ein *neuer* Geist ist ausgegossen in unsere Herzen, der Geist der wahren Freiheit, der *kindliche* Geist, in dem wir rufen: Abba! lieber Vater! (Röm 8) Und das alles ist heute geschehen, heute, wo wir rufen und bekennen: Freuet euch allewege, und abermals freuet euch (Phil 4[,4]). Heute ist uns die Macht gegeben, Kinder Gottes zu heißen (Joh 1,13), so wir den *in uns* aufnehmen, der *für uns* gegeben ist. Das ist der *neue* Himmel und die *neue* Erde, wo *solche Kinder Gottes* leben, die durch den Glauben an Jesum Christum es geworden sind (Gal 3,26). O, kommt alle herbei, die ihr seinen Namen führet, lasset uns Kinder werden, die nehmen, was der Vater gibt und sich lieben mit herzlicher Liebe und Geduld. Wir wollen uns freuen und Frieden halten in Sanftmut und Barmherzigkeit und Vertrauen haben untereinander und zu dem, der uns zuerst geliebt [1.Joh 4,19]. Denn wohl dürfen wir trauen auf den, der wahrhaftig ist und, was er zusagt, gewisslich hält [vgl. Ps 33,4], auch uns, wie einst den Vätern, die den Heiland hier nicht sahen, auf den sie hoffeten. Denn den Erlöseten und Versöhnten mit Gott, die durch ihn sind Gottes Kinder worden, ist,

3. auf dass alles neu werde durch den *Herrn* der Herrlichkeit (I Kor 2), *auch die Hoffnung versiegelt*, und sie sind selig geworden auf Hoffnung (Röm 8). O, danket und bittet um den Geist, der das Pfand ist usw. [unsres Erbes, zu unsrer Erlösung, dass wir sein Eigentum würden zum Lob seiner Herrlichkeit] (Eph 1,14). Des freuet ihr euch auch am Feste der Erscheinung des Herrn, der in allen Stücken der Grund und die Ursach unsrer seligen Freude sein will. Der uns heute geboren in [12:] Davids Stadt, ist nicht ein Herr der Toten, sondern der Lebendigen fest gebaute Burg und Wehr. Der Tod, der unserer wartete, als wir noch im alten Menschen lebten, ist nun verschlungen in den Sieg [vgl. 1.Kor 15,55]!, und [als] ein gewaltiger Held thronet nun des Menschen Sohn zur Rechten des Vaters. Dahin ist er gegangen, um uns die Stätte zu bereiten [vgl. Joh 14,2] und Hütten des Friedens zu bauen. Er regieret seine Gemeinde, die heute sein Gedächtnis mit Lobgesängen feiert,

mit sanftem Zepter, dem alle Kreatur sich beugen muss im Himmel und auf Erden [vgl. Phil 2,10]. Von dannen wird einst er selbst wiederkommen, sein Reich zu vollenden und die Sieger in seinem Namen, die redlich gekämpft, zu empfangen und zu krönen mit dem Kranze der Ehren und Herrlichkeit. Ja, er hat es verheißen und wird es auch tun: Ich werde kommen am letzten Tage, zu richten die Lebendigen und die Toten [vgl. Apg 10,42]. Und die Toten werden auferstehen, und die sein Wort gehöret haben und haben geglaubt an seinen herrlichen Namen, die werden eine Auferstehung feiern zum ewigen Leben, wo wir mit ihm sein werden und sein wie er. Wir wissen noch nicht, was wir sein werden, aber dann werden wir erkannt werden, gleichwie er erkannt ist [vgl. 1.Kor 13,12]. Des freuen wir uns, unsere Freude ist gewiss und in Gott begründet, denn heute ist Christus geboren, und wir haben seine Herrlichkeit gesehen vom Vater, voller Gnade und Wahrheit. [vgl. Joh 1,14]

Er allein bleibt darum Grund und Ursach unsrer Weihnachtsfreude, und wir bekennen, dass alle es vernehmen und sich mit uns freuen, dass jenes sei die neue Hoffnung, die uns heute der Herr gebracht, dass jenes bleibe die Kindschaft, die da alle haben, so an ihn glauben, und auch wir die Erlösung und Versöhnung haben, die gestiftet ist und vollführet durch des Menschen Sohn. – Darum ist jemand in Christo, so ist er eine neue Kreatur, das Alte ist vergangen, siehe, es ist alles [13:] neu geworden.

O bleibe bei uns, o Herr! *alleiniger* Meister! Schaffe uns neu in dir, da wir Glauben haben, gib ein reiches Herz, das reich sei an Liebe, herzlicher brüderlicher Liebe und Geduld; auch in diesen Tagen der heiligen Feier gib uns Kraft, an dir zu bleiben, du alleiniger Grund unserer Freude. Wir haben dich nicht gesehen und haben dich doch lieb und glauben an dich, wiewohl wir dich nicht sehen. Aber eine Zeit wird kommen, die niemand kennet, ein neuer Tag der Offenbarung, da werden wir uns freuen mit unaussprechlicher, herrlicher Freude und ein himmlisch Weihnachtsfest feiern, dass auch dann wir seien unter den Scharen deiner Gläubigen und das Ende unseres Glaubens davonbringen, nämlich der Seelen Seligkeit, dazu hilf uns, himmlischer Vater, durch deinen Sohn und unseren Heiland Jesum Christum. Amen.

Johann Hinrich Wichern

Predigt aus dem Jahr 1832 über Galater 2,20[1] (Examenspredigt – Hamburg)

[1:] Geliebte in Christo!
Wer da lebet und glaubt an mich, der wird nimmermehr sterben (Joh 11,26). Allen, die da leben und sterben werden, hält der Herr in diesen Worten die eine Seligkeit vor. Sie werden nimmermehr sterben, sondern leben in seinem Leben; – aber auch nur durch dieses Eine, den *Glauben an ihn*, der da ist die Auferstehung und das Leben [vgl. Joh 11,25] und der gute Hirte, in dem alle die Genüge haben und der sein Leben lässt für die Schafe [vgl. Joh 10,11]. Sehet da, meine Freunde! wie hat uns der Vater geliebet! Er siehet unser Elend; höret unsere Klage und kennet unser heißes Verlangen nach einer geistigen Wiedergeburt und einem bleibenden Gute. Darum gibt er nach seiner Barmherzigkeit uns seinen Sohn. Der lehret uns, dass wir glauben sollen, wenn wir das verlorene Leben, die durch Sünde lang entbehrte Gemeinschaft mit Gott, wollen wiedererlangen. Er lehret seine Apostel durch seinen Geist, dass sie mit freudigem Munde die Botschaft verkünden aller Welt: Glaubet und ihr werdet leben, ob ihr gleich stürbet [vgl. Joh 11,25]. Dieser Ruf schallet bis an unser [2:] Ohr; trifft er auch unser Herz, dass es sich seiner freuet und in gleichem Bekenntnis die Ehre Gottes rühmen will, so sind wir geschickt, den Apostel zu vernehmen, wie er seiner geliebten Gemeinde diese Gnade des Lebens im Glauben anbietet. Lasset uns seine Worte hören:

„Ich lebe (aber); doch nun nicht ich, sondern Christus lebet in mir. Denn was ich jetzt lebe im Fleisch, das lebe ich in dem Glauben des Sohnes Gottes, der mich geliebet hat, und sich selbst für mich dargegeben“ – (Gal 2,20).

---

[1] Vorlage: Archiv des Rauhen Hauses, Hamburg, Bestand 61 H a, Nr. 22. – Da Wichern seine theologische Prüfung am 6. April 1832 bestand, muss diese Predigt vorher entstanden sein, vgl. Gerhardt, Wichern I, 104-106.

Nach Anleitung dieser Worte lasst uns erwägen:

die Wahrheit, dass der Glaube das Leben hat, indem wir sehen

1) *was für ein Glaube* das Leben hat;

2) *was für ein Leben* dieser Glaube hat.

I. *Was für ein Glaube das Leben hat* – sagt der Apostel deutlich in unserm Text; es ist der *Glaube an den versöhnenden Gottes Sohn*; diesen rühmt er als den, in welchem er das Leben gefunden, in welchem auch sie es annehmen sollten.

Seit die Predigt vom Kreuz durch die Welt ihren Lauf [3:] genommen, ist sie von den einen mit Freuden empfangen und behalten, von den andern nicht verstanden und darum verschmähet. Schon der Apostel musste erfahren, dass diese Predigt von dem gekreuzigten Christo den Juden ein Ärgernis, den Griechen eine Torheit wäre [vgl. I Kor 1,18ff.]. Ein Ärgernis wurde sie jenen, weil sie sich gerecht dünkten aus des Gesetzes Werken; eine Torheit diesen, weil sie weise waren nach der Weise der Welt. So leuchtet die Weisheit aus Gott in die Welt, scheint helle gegen der Menschen selbstgerechtes Tun und eitles Wissen und muss sich richten lassen vom Unglauben, den sie selber längst gerichtet; denn wer nicht glaubet, ist schon gerichtet (Joh 3,18). Suchen wir aber in denen, welche, nicht Juden noch Griechen, nicht das Reich der Welt erbauen, sondern Gottes Reich erflehen (Mt 6,10) – was anderes unterscheidet sie von der Welt, als dasjenige, wodurch sie des Segens vom Kreuze teilhaftig werden, und das ist eben der *Glaube an den versöhnenden Gottes Sohn*. Wer aus Glauben vor Gott gerecht werden will, und durch Glauben werden wir gerecht und Gottes Kinder (Gal 3,26), rühmt sich nicht seiner Werke, sondern allein des Herrn, der ihn gerecht gemacht; so ist für ihn das Kreuz kein Ärgernis mehr; er dünket sich auch nicht weise nach Art der Welt, sondern redet von der heimlichen, verborgenen (verborgen gewesenen) Weisheit *Gottes*, welche Gott verordnet hat vor der Welt zu unserer Herrlichkeit (I Kor 1,7). Wie sollte also dem Glauben das Wort vom Kreuz noch eine Torheit sein? Denn Christus ist uns gemacht von Gott zur [4:] Weisheit wie zur Gerechtigkeit [vgl. I Kor 1,30]. Mit diesem Bekenntnis scheidet sich der Glaube von der Welt, die zwar auch einer Gerechtigkeit und Weisheit sich rühmet, aber als aus sich selbst und nicht als vom Herrn. Der Unglaube wirft weg die Gnade ([Gal 2,]21); weil der das Kreuz nicht liebt, während der Glaube an dasselbe aus ihm das Leben nimmt. Dieser Glaube aber näher betrachtet ist zunächst

ein Glaube, der die Demut wirket. Lasset uns nicht suchen, Geliebte, wo dieser Glaube *um uns* sich finde. Ein jeglicher frage sich selbst, ob er in ihm befunden werde. Der Herr hat eben zu uns geredet durch den Mund seines Zeugen, der wusste, wie nahe ihm der Herr gekommen, an den er glaubete.

„Der Sohn Gottes, der *mich* geliebet und sich selbst für *mich* dargegeben," bekennet Paulus. Wer spricht mit ihm: *für mich?* außer der mit Paulus und wie er durch diesen Glauben die ganze Demut gelernet. Denn Paulus saget so freudig: für *mich!*, weil er erkennet, dass auch er ein Sünder ist, weil die Schwere der Schuld ihn selber gedrückt und gebeuget hat. Es ist ja nicht genug, meine Teuren, dass wir reden von dem Glauben an den Heiland *der Welt*; wir selber, so wir wahrhaft glauben, müssen innewerden, dass auch wir noch in der Welt sind; dann werden auch wir erfahren, dass wir selber an ihm einen Heiland haben und *alle Zeit bedürfen*; denn wir leben dieses Glaubens im Fleische, wie Paulus schreibet. Wenn aber schon die Stimme des Gesetzes durch Drohen und Verheißen unseres Herzens Gelüsten uns hat kund gemacht [5:] und uns den Schmerz der Sünde hat kräftig fühlen lassen, wieviel mehr muss nicht die unverdiente Liebe und Gnade Gottes, die wir im Glauben haben, uns das Verderben, das Elend und die Tiefe des Abfalls von Gott offenbaren? Sie hat doch, wer glaubt, das Lamm Gottes für sich geopfert, muss er doch bekennen von dem Sohn Gottes: Er ist es, der auch mich geliebet, sich selbst für mich hat dargegeben; der in Gethsemane gebetet und Angst getragen auf seinem Herzen um meinetwillen [vgl. Lk 22,39ff.], der auf Golgatha Vergebung erflehet [vgl. Lk 23,34] und den der Vater erhöret hat auch für mich – der ist es, der mich selig machen will. Der Glaube, der uns die Gnade Gottes annehmen und erfahren lässt, lässt umso tiefer uns das Unrecht und den Undank unsers Herzen fühlen und lehrt uns mit der Vergebung der Sünden um so tiefer unsere Schuld erkennen und empfinden. Wie er das volle Licht uns zeiget, so auch die ganze Finsternis und ihre Schrecken; wie er die Wahrheit erkennen lehret, so auch den ganzen Greuel der Lüge und ihre Feindschaft wider den heiligen Gott. Er gewahret die Größe der Gnade in Christo, wie viel mehr muss er unsern Unwert uns vor Augen stellen und im Gemüt bereuen lassen, was wir gesündigt haben. Im Glauben sehen wir den guten Hirten, der uns gesuchet sorgfältig, bis er uns gefunden hat. Sammeln wir nicht feurige Kohlen auf unser Haupt [vgl. Prov 25,22], dass wir uns schämen und erröten müssen, so oft uns solche Liebe wieder begegnet? Wie oft [sind] wir ihr ausgewichen durch die Schlauheit und Kunst der geschmeidigen Lust, welche reich an falschen [6:] Gütern [und] der falschen Wege gleichviel kennt, welche Finsternis in Licht, Lüge in Wahrheit entstellet, um uns zu jagen, zu gewinnen und zum Eigentum zu erwerben – wer siehet und erkennet das nicht umso deutlicher und gründlicher, je heller er die Fackel des Glaubens lodern lässt und mit ihr die Schlupfwinkel durchspähet, in die kaum ein Schein des Lichtes dringt. Was wir früher nicht gewusst von der Falschheit des Herzens, das lehrt uns dieser Glaube, der das Licht in die Finsternis scheinen lässt und in der Liebe zum Erlöser uns umso demütiger bekennen macht: wir sind's nicht wert, was du an uns getan! wir werden ohne Verdienst gerecht aus seiner Gnade, auf dass kein Fleisch sich rühme vor dem Herrn! [vgl. I Kor 1,29]

Aber dieser Glaube, meine Freunde, welcher uns im Fleische das Fleisch erkennen lehrt, der sollte das Leben haben? Es möchte wohl einer zweifeln, ob dieser Glaube, welcher uns zugleich mit Trauer erfüllet und Ursach von Schmerzen wird, die wir lieber entbehren möchten, – ob dieser Glaube mit der Gemeinschaft der Freude an dem Herrn bestehen könne. –

Jedoch solcher Zweifel bestehet nicht, wo das Evangelium gilt. Er ist zugleich ein Zweifel an dem *alleinigen* Heile in Christo Jesu. Wer diesen Schmerz nicht kennet oder nicht kennenlernen will und im Glauben an den Sohn Gottes von seinem ganzen Stachel sich nicht treffen lassen, der hat den Abfall von Gott und das Elend der Sünde nicht erkannt, der hat noch die Welt der Verführung [7:] lieb, dem gefällt es noch mehr, in Blindheit oder Stumpfsinn des Fleisches Gelüsten zu dienen, als ihm zu entsagen und durch Glauben in die Gemeinschaft mit Gotte zurückzukehren, die er durch Unglauben verloren (Gen 3,4-6). Ein solcher stehet zwar als Sünder vor Gott; wie keiner anders *kann*; aber nicht als demütiger, gebeugter Sünder, wie jeder *muss*, so er das Leben aus Gnaden erlangen will (Lk 15,17ff.). Viel weniger hat er die Sünde und ihre Pein im Glauben an den Versöhner der Welt (I Joh 2,2), der auch sein Versöhner ist, erkannt, von welcher Erkenntnis wir hier vornehmlich gesprochen, und kann so auch nicht fassen, wie dieser Glaube die Demut in sich trägt und erhält. – Gerade aber dieses, geliebte Freunde, könnte euch anstößig scheinen, dass wir die Erkenntnis der Sünde und die daraus entspringende Demut hier aus dem Glauben hergeleitet haben. Daraus entsteht ein Schein des Widerspruchs mit der Heiligen Schrift, als der wir doch gehorsam sein müssen in allen Stücken, weil sie nicht Menschen- sondern Gottes-Wort und Offenbarung uns bietet. Sie aber spricht: Durch das Gesetz kommt Erkenntnis der Sünde (Röm 3,20). – Ist nun aber doch diese Wirkung des Gesetzes nicht möglich, ohne dass wir glauben an den Herrn, dass er es geoffenbaret und gegeben hat, so wird seine Kraft nur umso mehr uns treffen, wenn wir glauben an den, zu dem es führen will (Gal 3,24) und der so wenig das Gesetz hat umgestoßen, dass er es vielmehr ganz erfüllet (Mt 5-7) und ihm vollkommen Gehorsam geleistet hat. So ist er selber des Gesetzes Ende [vgl. Röm 10,4] und [8:] Teilhaber des vollen Segens, welcher allen verheißen ist, die es halten. Christus ist nicht wider Moses; aber Moses ist in ihm und durch ihn verkläret und die Decke nun aufgehoben von seinem Angesichte [vgl. II Kor 3,13]. So wir nun reden von dem Glauben an ihn und sagen, dass dieser Glaube uns Demut lehret, weil er erst recht uns unsere Sünde offenbaret, so lösen wir die Schrift nicht auf, sondern bezeugen vielmehr zugleich, dass wir glauben, Moses habe zu ihm (Gal 3,24) und von ihm geschrieben (Joh 5,39.46).

Jedoch, meine Freunde, vermöchte der Glaube nur dieses, dass er uns beugte vor Gott, ohne uns aufzurichten mit Frieden und Freude im Gewissen, so hätte er wahrlich das Leben *nicht*, so hätten wir in ihm doch einen knechtlichen Geist empfangen, dass wir uns abermal fürchten müssen [vgl. Röm 8,15], so richtete er uns noch schärfer als das Gesetz auf Mosis Tafeln. Darum lasst uns jetzt weiter sehen, was für eine herrliche Gabe

dieser Glaube annimmt, nämlich die Vergebung der Sünden. Der Apostel bekennt den Galatern seinen Glauben an den Sohn Gottes, setzt aber ausdrücklich hinzu: „der mich geliebet hat und sich selber für mich dargegeben." Er spricht nämlich von der Gerechtigkeit, die vor Gott gilt, und will die Galater unterweisen nach der Offenbarung, die er vom Herrn empfangen (Gal 1; Act 9), dass diese Gerechtigkeit nicht aus des Gesetzes Werken komme – denn sonst wäre Christus vergeblich gestorben (Gal 3,21) –; sondern dem Glauben aus Gnaden geschenket worden [ist]. Durch jenen Beisatz weiset er uns hin auf den Mittelpunkt [9:] aller barmherzigen Erweisungen Gottes an uns, wovon er den Galatern nachher schreibet: „Christus hat uns erlöset von dem Fluch des Gesetzes, da er ward ein Fluch für uns" ([Gal] 3,13). Allen Gemeinden verkündet der Apostel dies eine, dies seligmachende Wort der Versöhnung. Im weltbeherrschenden Rom (Röm 3,25; 4,5), im geschäftigen, goldsüchtigen Korinth (II Kor 5,17ff.) und abgöttischen Ephesus ([Eph] 1,7; 2,8.9) lehret, tröstet, ermahnet er durch diese Verkündigung die Gemeinde des Herrn, und von da an geht der Ruf durch alle Lande, auf dass alle Völker in ihm das Licht der Freude erblicken und der reichen Begnadigung teilhaftig werden, wenn sie im Glauben diese Gabe wollen annehmen und bewahren. Wollen nun nicht auch wir unsere Herzen aufrichten und hinneigen zu dem Worte des Friedens und der Barmherzigkeit, die uns widerfahren ist? Der Sohn verlässt die Herrlichkeit, die er vom Anfang beim Vater hatte (Joh 1,1; 17,5; Phil 2,6.7) aus unaussprechlicher Liebe zu seinem gefallenen Geschlecht, zu uns – und wir sind keiner Liebe wert (Röm 3,22.28). Er kommt zu uns aus Gnaden und wird, auf dass er uns erlöse, gehorsam bis zum Tode, ja zum Tode am Kreuz [vgl. Phil 2,8], und legt freiwillig, dem Willen der Erbarmung des Vaters gegen uns gehorchend, sein Leben ab (Joh 10). Gott hat den, der von keiner Sünde wusste, für uns zur Sünde (Sündopfer) gemacht (II Kor 5,21), *der* ward ein Fluch für uns (Gal 3,13) und hat selber unsere Sünde geopfert an seinem Leibe auf dem Holz (I Petr 2,24). Den Inhalt dieser Worte, meine Freunde, achten wir für unser Licht und unser Leben, für unsere Weisheit und Gerechtigkeit vor Gott. O, dass sie dieses allen wären! auf dass Gott von allen gepriesen und der Sohn geehret würde, wie der Vater. Aber nur wer [10:] glaubet an die Kraft seines versöhnenden Todes (Röm 3,25), lobet ihn gerne und laut; es glaubet aber nur, der nicht aus sich selber Gerechtigkeit erlangen will, der die Ungnade und den Zorn, die Angst und die Trübsal der Seele selber erfahren hat, sooft er nicht im Glauben stand. Wenn der Boden der Sicherheit bricht und die alten Säulen stürzen, auf denen wir bisher gestanden, dann öffnet sich ein Blick in das erschütterte, wankende Gemüt und nehmen wir wahr die Angst und das Zittern in der Trennung und Entfernung aus der Gemeinschaft mit Gott; ihm sollte unsere Seele leben, an ihm hangen, in seiner Gemeinschaft, seiner Liebe selig sein; aber fern von ihm im Schlaf des Todes und ohne Bitte gegen den Vater stehet der Mensch, der nicht glaubet, und bleibet unter dem Zorne, den er nicht kennt, und in der Ungnade, die er nicht fürchtet. Denn wer nicht glaubet, über dem bleibet der Zorn (Joh 3,36; Röm 2,5); er wird also abgenommen von dem Herzen dessen, der da glaubet und dankbar annehmen will durch Glauben die Vergebung der Sünden in Christo, die Erlösung durch *sein* Blut (Eph 1). Und das eben ist unsere Freude und das Lob unseres Glaubens an ihn; wir wissen nun, dass wir nicht mehr sind Kinder des Zornes (Eph 2,3), sondern er hat uns allen die Macht gegeben, die ihn aufnehmen, Kinder Gottes zu werden, die an seinen Namen glauben [vgl. Joh 1,12]. Wir rühmen nun den Vater, der nach dem Reichtum seiner unerforschlichen Weisheit einen hellen Tag der herrlichen Gnade hat anbrechen lassen, in dem auch wir das Leben finden sollen. Aus Gnaden will er annehmen alle, die glauben an den, der die Gottlosen gerecht gemacht, [11:] nicht in uns, sondern in seiner Barmherzigkeit sollen wir fortan, damit wir feste Zuversicht haben können, den Grund unserer Rechtfertigung und Begnadigung erkennen; die Sünde ist uns vergeben, die Schuld und Strafe uns erlassen. Er rechnete uns unsere Sünde nicht zu, da er in Christo die Welt versöhnete mit sich (II Kor 5,19). So stehet unser Heil nun nicht mehr auf vergänglichem Boden, sondern ist gegründet in der Gnade, die von Ewigkeit währet zu Ewigkeit. In dem Sohne sind wir nun dem Vater angenehm, er schauet uns nun in Christo als Gerechte, und wir haben das Leben hier und dort, wenn wir im Glauben an den Sohn vom Vater es nehmen, wir sind seine Kinder in Wahrheit, wenn wir glauben, dass er uns in Christo aufs höchste geliebt. Darum lasset uns im Glauben nehmen, was er uns bietet, lasset uns herzutreten, denn wir haben einen freudigen Zugang zum Vater voller Zuversicht durch den Glauben; die Mauer ist gefallen, die bis hierher von ihm uns trennte, die Nacht ist dahin und die Sonne der Gerechtigkeit [vgl. Mal 3,20] stehet über uns voll Licht und Erquickung, die unser sind, so wir sie nur *umsonst* haben wollen: Nichts bringen und doch alles nehmen, in Armut die Schätze des Reichtums empfangen – gefällt wohl in leiblichen Dingen der Welt; wie viel mehr soll es denen, die der Welt nicht angehören wollen, gefallen in geistlichen Gütern. Die preiset unser Meister selig, die nach solcher Ordnung eingehen wollen in das Himmelreich (Mt 5,3). Und sind wir nicht schon selig in Hoffnung durch Glauben der Vergebung der Sünden durch Jesum Christum? Nun haben [12:] wir ja den Vater erkannt, einen Vater, der hilft, einen Allmächtigen, der erhöret, einen Vertrauten, dem wir alles klagen, einen Reichen, der tröstet mit unaussprechlichem Troste. Eine Liebe ist nun unser, die unsers Herzens geheimste Regung sich schon zu eigen gemacht, die der Sehnsucht zuvorkommt, mit der wir nach himmlischen Gütern uns sehnen. Wir haben nun im Glauben eine starke Hand in Gefahr und Ungemach zu unserer Rechten und freuen uns eines Gottes, der wahrhaftig lebet, durch den wir Geduld in Leiden erbitten, durch dessen Beistand wir Trübsal gerne, *mit Freuden* ertragen, mit dem wir voll Zuversicht einziehen können in die Hütte des Grabes, denn wir gehen zu Christo, unserm König und Freund, der uns solch Heil erworben und zur rechten Stunde uns zu sich nimmt.

Siehe da – wir glauben an Gottes Sohn, den Versöhner der Welt, auch *unsern* Heiland, und Himmel und Erde müssen uns zeugen von seiner Gnade, die uns nicht lässet, solange wir sie im Glauben nehmen und bewahren wollen. Wer siehet aber nicht, dass dieser Glaube das Leben hat? Lasst uns jetzt genauer erwägen:

II. *Was für ein Leben dieser Glaube hat.*

Was der Apostel in unserer Stelle spricht: „Ich bin mit Christo gekreuzigt ([Gal 2,]19), ich lebe aber, doch nun nicht ich, sondern Christus lebet in mir", das wiederholt er den Kolossern: „Ihr seid gestorben, aber euer Leben ist verborgen mit Christo in Gott; wenn aber *Christus euer Leben* sich offenbaren wird, dann werdet auch ihr offenbar werden mit ihm in seiner Herrlichkeit" (Kol 3,3.4). [13:] Ist nun *Christus in uns* unser Leben, so ist dies

Leben ein verborgenes Leben, und zwar zunächst *für die Augen der Welt*, gleichwie auch Christus und der Glaube, der an ihn sich hält, für sie ein Verborgenes ist. Die Welt kann nur richten und urteilen über das, was sie siehet. Sie siehet das Leben der Gläubigen zwar in der Welt (wie sie denn noch im Fleische leben), aber merket nicht, dass die echten Jünger Christi nicht mit der Welt, sondern Gotte leben, wie Paulus spricht, d.h. Christus in ihnen und sie in ihm. In der Welt haben sie Angst, aber in Gott haben sie Freude; vor der Welt bleiben sie arm und niedrig, in Gott aber sind sie reich und einst verordnete Richter der Welt (I Kor 6,2); sie tragen in der Welt das Kreuz ihres Meisters, aber in Gott die verborgene Herrlichkeit; verlieren sie ihr Leben in der Welt, so haben sie das Leben in Gott gewonnen; Trübsal in der Welt ist ihr Ruhm vor Gott, Leiden sind ihnen zu Freuden verwandelt, sie sterben und leben doch – „denn der da glaubet, der wird leben, ob er gleich stürbe" [Joh 11,25], spricht der Herr, der ihr Leben ist, der in ihnen lebet; durch ihn, der das Himmelreich in das Reich der Welt verpflanzet hat, strömt der Trost vom Vater des Trostes (II Kor 1,6) in die gebeugten, zerschlagenen Herzen, durch ihn macht der Geist des Friedens Wohnung in uns, während um uns Streit und Eifer die Welt ermüdet; wir sind wohl schwach in der Welt, aber stark durch den, der uns mächtig macht, dass wir in allem weit den Sieg behalten – dies alles, geliebte Brüder, verstehet die Welt nicht, denn sie kennet den Herrn nicht, der da lebet; darum ist ihr solch Leben verborgen, aber *auch uns selber* ist es noch nicht ganz offenbar; wir wissen noch nicht, was wir sein werden in jener Vollendung [vgl. I Joh 3,2] [14:] noch in allen und jeglichem Stück dieses Lebens[, doch] bleibet uns eine große, aber auch gewisse Hoffnung, die einst erfüllt werden soll, wenn Christus offenbar werden wird in seiner Herrlichkeit. Dann sollen wir es aber erkennen, wenn das Stückwerk aufhört [vgl. I Kor 13,10.12] und wir nicht mehr im Fleisch leben, wenn wir frei von dem Gerüste der Sünde, das uns immer wieder zur Erde zieht, in voller Erlösung von Übel, Leiden und Tod der Verherrlichung mit Christo teilhaftig geworden sind. Was wir hier geglaubet, sollen wir dann schauen. Nicht nur die verborgenen Wege des Herrn mit uns allen, die er mit Gnade und Weisheit uns führet, damit wir wachsen in Ergebung an ihn und seines Wortes Wahrheit und Rat in Leiden und Scheiden erfahren – nicht nur dieses alles wird dann im hellen Lichte vor uns stehen; sondern sie selber, die inwendige Gemeinschaft der Liebe mit Gott, die mit Freude an ihm sich nähret, in Gehorsam gegen ihn ihre Freude findet, die in Hoffnung auf ihn sich tröstet und hoffend der einstigen Herrlichkeit wartet, auch sie soll eine Seligkeit schauen, die wir jetzt noch nicht zu nennen wissen. Wir wissen noch nicht, mit welchen Weisen wir den Reichtum der Gabe und Gnade, so uns geschenket ist, einst in der Offenbarung des Herrn sollen würdiger, inniger preisen können; aber wir werden ihn preisen, wenn wir nicht mehr nach dem Ziele ringen, sondern es werden errungen haben. Solch Leben haben wir gewisslich und fest in dem Glauben an den, der es verheißen, der aller Verheißung Ende und Quelle und sichere Gewähr und Stütze ist. Auf den aber müssen wir stehen und bauen, wenn die Kraft seines Lebens in uns nicht wieder erstickt werden soll durch das Fleisch, in welchem wir leben, und wenn wir sicher und fest bleiben wollen, da wo alles, auch das Leben in [15:] uns zu wanken beginnt. Denn, wie ist es, meine Lieben, wenn die Sünde, die vor der Türe ruht, uns abermals ergreift, wenn das Auge des Geistes sich schließt, womit wir, was droben ist, wo Christus wohnt, erkennen können, damit wir diesem Ziele nachzujagen [vgl. Phil 3,14] fertig seien? Die Adlersflügel, mit denen uns Gottes Liebesarm bis dahin getragen [vgl. Ex 19,4], scheinen gelähmt – aber scheinen es nur, weil wir uns von ihnen nicht mehr wollen tragen lassen. Die Kraft aus Gott ist dahin, die brünstige Liebe zu ihm erkaltet, die Freude schweigt, wir leben von neuem in der Nacht. Das ist die Zeit der Versuchung, der wir erlegen sind. Wer hilft uns aber nun noch zu der *Gewissheit des verborgenen Lebens*, dass wir uns nicht selber täuschen noch denen Glauben schenken, die – so oft in wohlgemeintem Zureden – durch solche Erfahrungen uns überführen wollen, dass solch verborgenes Leben, solcher Umgang mit dem Herrn eine Selbsttäuschung, dass das Teuerste, das wir in uns tragen und für ein ewiges Gut achten, kein selbsterzeugtes Gebilde, kein eitles Trugbild des Wahnes sei? Wer soll hier die Entscheidung sprechen, damit wir nicht auf dem Meere der Welt an den Klippen des Zweifels zerschellen?

Der, geliebte Freunde, ist hier Richter, der von sich zeuget: Ich bin der Weg, die Wahrheit und das Leben [Joh 14,6], der in allem versuchet ist, wie wir, *doch ohne Sünde* [vgl. Hebr 4,15], auf dass wir in der Versuchung überwinden können; der uns täglich von neuem die Vergebung schenket, wenn wir mit bußfertigem, gläubigen Herzen ihn darum bitten. Ja, Christus, der uns geliebet [16:] hat und sich selbst hat dargegeben, der ist unser Fels, auf dem wir stehen, der bleibt unsere Zuversicht. „Gesegnet ist der Mann, der sich auf den Herrn verlässt und *der Herr* seine Zuversicht ist." [Jer 17,7] Denn das Bekenntnis, das Gefühl und der Glaube, dass Christus in uns lebe, ist eitel und alles Irrwahns unversiegliche Quelle, ist Hochmut und Selbstgerechtigkeit, wenngleich noch so verdeckt, ist die furchtbarste Saat des Verderbens ins Fleisch – wenn sie nicht verbunden sind mit dem Bekenntnis und Glauben an den Mann in Gethsemane und Golgatha, der in seinem Fleische die Sünde (Röm 8,3) und den Fürsten der Welt gerichtet hat (Joh 12,31; 14,30). Glauben wir nicht, dass Christus für uns gestorben, so sind wir nicht sein und er ist nicht unser und kann nicht in uns sein. Auf diesem Herrn, der für uns gelitten, stehet unser Leben, des Grund der Glaube ist, der unbeweglich mit unverbrüchlicher Kraft mit dem verbunden bleibt, der das Leben hat in sich selber und Leben aus der Fülle seiner Gnade *dem* gibt, der im Glauben es nehmen will. Das Opfer Christi, dieses größte Wunder der barmherzigen, heiligen Liebe Gottes, die Herrlichkeit des eingeborenen Sohnes vom Vater, die wir gesehen und mit Händen gefühlet (I Joh 1), ist zum gewissen Zeugnis vom lebendigen Gott selbst in das Buch der Geschichte hineingezeichnet. Der wahrhaftig gelebet und gelitten und wahrhaftig gestorben und auferstanden ist und nun herrschet und regieret, ein Haupt seiner Gemeinde, die er sich erwählet, derselbe hat auch verheißen in seinem letzten Worte: Ich bin bei euch alle Tage, bis an der Welt Ende (Mt 28,20). [17:] Ich und der Vater werden zu euch kommen und Wohnung bei euch machen, bei euch, die ihr mich liebet [vgl. Joh 14,23]. So haben wir festen Grund in *seinem Wort* und seiner Verheißung, dass er in uns wohnen will. Wie seine Herrlichkeit der Welt, die ihn nicht kennet, verborgen ist, wie sie ihn in seinem Tode nicht verkläret siehet, wie sie den Geist nicht kennet noch begreifet, den er verheißen (Joh 15,26) und gegeben hat; denn der natürliche Mensch vernimmt nichts vom Geiste Gottes: – so fasset sie auch nicht das verborgene Leben, das wir haben mit ihm in Gott. Wir haben aber den Segen und die Erfüllung seiner teuren Worte, so wir glauben; so wohnet er denn auch durch den Glauben, der durch das Wort kommt, in unsern Herzen, wie Paulus spricht (Eph 3,17), und macht uns durch sein Wort gewiss, dass wir das Leben haben in ihm, so gewiss wir die Erlösung und Vergebung der Sünden durch sein Blut erlanget haben (Eph 1,7). Darum spricht auch der Apostel beides zusammen in unserm Text: Christus lebet in mir. [Denn was ich jetzt lebe im Fleisch, das lebe ich in dem Glauben des Sohnes Gottes,] der mich geliebet und sich selber für mich dargegeben.

Haben wir nun solch ein *verborgenes,* aber zugleich auch *gewisses* Leben des Herrn in unserm Herzen, sind wir so eins mit ihm durch den Glauben, wie sollte dieser Glaube nicht auch wirken, dass solches Leben sich weiter in der Gemeinde offenbare, wie sollte

dieses Leben mit Christo, dieser Same aus Gott nicht auch Früchte bringen, daran man den Baum erkennen kann? [vgl. Mt 7,16ff.] Dies lasst uns noch kürzlich miteinander betrachten.

Der Apostel redet in unserer Stelle zu den Galatern zwar nicht ausdrücklich von dem, wie sich ihr Leben in Christo in Werken offenbaren solle; aber *er selber* redet doch, wie [18:] hat der Herr *in diesem Bekenntnis des Apostels* eine Gestalt gewonnen?

Paulus spricht: *Ich lebe, aber doch nun nicht ich,* [sondern Christus lebet in mir. Denn was ich jetzt lebe im Fleisch, das lebe ich in dem Glauben des Sohnes Gottes, der mich geliebet hat, und sich selbst für mich dargegeben]. Welch ein Bekenntnis, Geliebte! Also sollen auch wir mit dem Apostel in Tat und Wahrheit bekennen; nur wer diesen Willen Gottes tut, wird ihn für keine Torheit achten. Leben und Sterben zugleich ist unser Wandel im Fleisch, so wir im Glauben laufen zum herrlichen Ziel. Durch den Glauben tragen wir die Liebe Christi in uns, die Liebe, die sich ganz ihm ergibt und nicht sich selber lebet, die sich selber verleugnet und ihr Leben verlieret um seinetwillen, die das Fleisch kreuzigt samt Lüsten und Begierden, die mit Christo stirbt und die Sünde begräbt, um mit Christo aufzuerstehen (Röm 6,1ff., siehe dieselbe Gedankenverbindung Christi bei Mt 16,21-26). Wir bringen gern der Welt, was ihr eigen ist, damit wir nichts haben aus ihrer Hand, auf dass wir nicht ihren Lohn empfangen; denn des Lohn wir nehmen, des Knechte sind wir; wir sollen aber Knechte Gottes sein, nämlich Freie in seiner Gnade, und arm am Geist, denn solche sind selig und ihrer ist das Himmelreich [vgl. Lk 6,20], ihrer ist auch der König desselben, der in dem neuen Leben des neuen Gehorsams sie allein regieren will. Nur dass wir es nicht bloß in unserm Bekenntnis haben! Nicht demütige Worte, sondern ein demütig Herz ist das Erste. Nicht das Reden vom Opfer, das wir dem Herrn gebracht oder bringen wollen, sondern das Opfer selbst, das wir ihm bringen, ist das Schwere und dasjenige, das er gerne siehet und annehmen will. Das Leben lasset zeugen von eurem Bekenntnis; das Leben lasset den ersten, deutlichsten Dolmetscher werden von unsern Worten. Dann werden wir in unserm Bekenntnis [19:] selbst zugleich unser Leben darbieten können vor der ganzen Gemeinde, wie Paulus hier freudig in seinem Bekenntnis den Galatern sein Leben vor Augen hält, ein Leben, darin er sich nicht seiner Werke *rühmet*, sondern dem Herrn allein die Ehre gibt, der auch ihn geliebet. Ein solches Bekenntnis ist schon selber eine Frucht des verborgenen Lebens in Gott.

Aber dennoch dürften wir es nicht für eine Frucht des göttlichen Samens erkennen, wenn es nicht *das* Merkmal an sich und in sich trüge, welches der Meister selber gegeben, dass man daran seine Jünger erkenne. „Daran soll man erkennen, dass ihr meine Jünger seid, so ihr Liebe habet *untereinander*!" [Joh 13,35] Wo ist diese Liebe Pauli in diesen seinen Worten? Wären sie gesprochen mit einer Engelszunge ohne die Liebe, so wären sie nichts (I Kor 13). Aber die Liebe spricht aus ihnen, die Liebe zu den Brüdern, die ihm vom Herrn geschenket sind, die er in ihm behalten und erhalten will ([Gal] 4,11-16). Zu einer von Irrlehrern zerstörten und verführten Gemeinde redet er solche Worte; die den Weg der Freiheit in Christo verlassen haben, ermahnet er als Bruder und nicht als Feind ([Gal] 4,16); er rühmet nicht sich selber, sondern gibt dem Herrn die Ehre, als der sich selbst für ihn und alle hat dargegeben. An diesen lebendigen Quell des ewigen Lebenswassers will er sie wiederum führen, dass auch in ihnen Christus wiederum eine Gestalt gewinne, den sie durch Unglauben in ihrer Selbstgerechtigkeit verlassen haben ([Gal] 4,19). Das Brot vom Himmel [vgl. Joh 6,33] bietet er ihnen zur Speise und zeiget in der Freudigkeit und in dem Mute, *in* welchem er zu ihnen redet, welche Gnade ihm zuteil [20:] geworden, auf dass auch sie dieselbe von neuem ergreifen möchten. Zurück will er sie führen zu der ewigen, einen seligmachenden Wahrheit des Glaubens und Vertrauens auf den Verdienst des Herrn, zu dem himmlischen Leben aus Gott, wo Friede und Freude die Herzen durchdringet, worin wir Brüder sind, die einen Vater haben in Christo Jesu. Das Wort von der Versöhnung [vgl. II Kor 5,18] bringet er ihnen, und in ihm den Gott der Liebe und des Friedens. So trägt er die Schwachen, die er in ihrer Schwachheit so herzlich lieb hat, weil er, da er glaubet, wohl weiß, dass er selber auch nur seiner Schwachheit sich rühmen darf (Gal 4,14). Um ihretwillen erscheinet, *dienet* er unter ihnen, kämpfend mit dem Schwerte des Geistes, dem Worte des Herrn, *nicht seinem Worte* ([Gal] 1,12), auf dass sich scheide Fleisch und Geist und die Gemeinde Gottes sei und seines Christ. Dazu hat er dies Wort geredet mit [der] Kraft des Geistes, dazu bietet er sein Leben dar, darum kämpft er mit geistlichen Waffen in Demut und Sanftmut, in Geduld und Freundlichkeit, die er ihnen selbst empfiehlt als Früchte des Geistes ([Gal] 5,22).

So erscheinet das der Welt verborgene Leben, das auch für uns eine Hoffnung hat, das gewiss ist und unerschütterlich voll Kraft des Heiligen Geistes und tüchtig im Kampfe zur Förderung des herrlichen Reiches – so erscheinet es im Apostel des Herrn und ist offenbar geblieben bis unter uns – so hat sich der Herr an Paulo in seiner Wahrheit bezeuget – haben wir das auch an uns geschehen lassen, sind auch wir seinem Gebote gehorsam zu *seiner Ehre, zum Bau der Gemeinde* und zu unserm Heile? [21:]

Auch unter uns gibt es so manchen Abweg aus dem geraden Geleise des Evangeliums von Gott; auch in unserer Mitte ist Kampf um des ewigen Wortes willen, das allein die Wahrheit ist, das da predigt die Gerechtigkeit aus dem Glauben an den versöhnenden Gottes Sohn. Können auch wir unser Leben darbieten zum Zeugnis der Gnade des Herrn, zum Zeugnis, dass wir in der ewigen Liebe gewurzelt sind, zum Zeugnis, dass Gottes Wort die Wahrheit ist? Ja Streit gibt es, Geliebte! Und Kampf – immer und aller Orten – nämlich gegen die Sünde und ihr Reich, in uns zuerst und dann auch um uns; aber nur – dass es mit geistlichen Waffen gefochten werde, im Vertrauen auf das heilige Wort der Verheißung; dass wir nicht selber zerstören und vernichten und Saaten erdrücken, die schon in besseren Boden gefallen sind! Dem Herrn müssen wir die Ehre des Sieges überlassen. Geht es mit ihm in den Kampf, so geschieht es wohl mit Kraft, aber auch mit heiligem Sinn; wohl mit Eifer, aber nur um das Gute (Gal 4,18); wohl mit Mut, aber mit Demut und Sanftmut; unumwunden frei und offen, aber im Aufsehen und Dienst des alleinigen Herrn, der sein Reich im Verborgenen bauet. In solchem [22:] Gehorsam gegen ihn, im Dienst der Brüder und im ernsten Fleiß der Heiligung lasst uns dieses und alles stets beginnen und vollenden, nie müde werden, eigene Lust und Sünde zu bestreiten, um, nachdem wir Gehorsam täglich gelernt, wir andere täglich zu gleichem Gehorsam führen mögen. Dann wird viel Vergebung sein und große Liebe, bei heiligem Ernst und unsträflichem Sinn; dann kommt sein Reich; das Reich ist unser, die Macht ist des Herrn, und wir sind sein! Darum lasst es unsere Freude sein, sein Reich zu bauen, auf dass ein jeglicher fester gegründet werde in der Gnade, durch die wir es vermögen, und in der Liebe, die da bleibet (I Kor 13); damit immer mehr sich sammeln, die da glauben und wandeln nach seinem Willen, damit die Erde voll werde des Dankes, dass der Herr dem Glauben solch ein Leben geschenkt, dem dorten die Krone beigelegt ist [vgl. Jak 1,12; Apk 2,10].

Dass so sein Reich gebauet werde von uns – das helfe Gott euch! *Gott helfe auch mir!* Ihm aber sei die Ehre in Ewigkeit! Amen.

Johann Hinrich Wichern

Predigt: 24. April 1832 über Lukas 24,36-47[1] (3. Ostertag – St. Georg Hamburg)

[1:] Herr, ich habe dich gebeten, und du hast gehöret, Herr, ich danke dir; die ganze Seele betet, du wollest ferner gnädig sein! Hilf uns noch einmal Ostern feiern, Jesu Christe, du Siegesheld, mach' uns deiner Nähe und deines Bleibens gewiss und bereite deinem herrlichen Namen eine bleibende Stätte in unseren Herzen. Amen!

Ein Fest beschließen, meine Geliebten, ist für den Christen keine Trauer; denn es ist kein Abschied von dem alleinigen Freunde und dem Herrn des Festes, sondern nur von einem Tage, der uns gesegnet sein soll, weil der Herr in demselben uns umso näher gekommen, damit wir in inniger Vereinigung forthin mit ihm werden leben. Also behalten auch wir, wenn wir in seinem Namen Ostern gefeiert, den Auferstandenen in unseren Herzen, womit wir ihn gepriesen; er bleibet bei uns bis an das Ende der Tage [vgl. Mt 28,20]; ja, er bietet uns heute besonders kräftig die Gewissheit, dass er lebet und bleibet; er bietet uns dieses, weil wir nach diesen Tagen des Festes gewiss nach solcher Gabe Sehnsucht und Verlangen tragen. Wir meinen nämlich *die* lebendige Gewissheit, welche uns gegeben ist in dem alles wahre Leben richtenden, das ganze Herz lenkenden Glauben an Jesum Christum, die Gewissheit, welche die Stärke, der Fels des Glaubens selber ist, durch die wir tiefe Wurzel gefasst in Christo, so dass wir nicht zittern noch zagen in Leidens- und Sterbenszeiten, sondern, durchdrungen von des Erlösers Nähe und seiner Auferstehungskraft, in allem ihn haben als alleinigen Trost, die unbedingte Zuversicht auf seine Leben wirkende Gnade, ohne die wir nicht geduldig tragen, nicht siegreich kämpfen und keine Hoffnung haben können, einst im rechten Vaterland das vorgesteckte Kleinod, das uns nun schon entgegenstrahlet, zu schauen. Diese Gewissheit seines Lebens ist eine bleibende Ostergabe aus seiner Gnadenfülle. Das wissen wir in dem Glauben an den lebendigen Gottessohn. So lasset uns denn diese *Gewissheit, dass er lebet und bleibet bei uns,* wenngleich die *Tage* des Festes vergehen, lasset uns

[1] Vorlage: Archiv des Rauhen Hauses, Hamburg, Bestand 61 H a, Nr. 10. – Vgl. Gerhardt, Wichern I, 116-117. – Keine Liedangaben.

dieselbe in dieser Stunde nach einigen Beziehungen, [2:] welche unser Text uns bietet, im Auge behalten, auf dass wir gewarnet, getrost und mit Freude von Ostern scheiden mögen, zuvor aber beten und singen wir noch einmal das Osterlied Nr. 117 Wohlzutun und mitzuteilen.

Text: Lukas 24,36-47
[[36] Als sie aber davon redeten, trat er selbst, Jesus, mitten unter sie und sprach zu ihnen: Friede sei mit euch! [37] Sie erschraken aber und fürchteten sich und meinten, sie sähen einen Geist. [38] Und er sprach zu ihnen: Was seid ihr so erschrocken, und warum kommen solche Gedanken in euer Herz? [39] Seht meine Hände und meine Füße, ich bin's selber. Fasst mich an und seht; denn ein Geist hat nicht Fleisch und Knochen, wie ihr seht, dass ich sie habe. [40] Und als er das gesagt hatte, zeigte er ihnen Hände und Füße. [41] Als sie aber noch nicht glaubten vor Freude und sich verwunderten, sprach er zu ihnen: Habt ihr hier etwas zu essen? [42] Und sie legten ihm ein Stück gebratenen Fisch vor. [43] Und er nahm's und aß vor ihnen. [44] Er sprach aber zu ihnen: Das sind meine Worte, die ich zu euch gesagt habe, als ich noch bei euch war: Es muss alles erfüllt werden, was von mir geschrieben steht im Gesetz des Mose, in den Propheten und in den Psalmen. [45] Da öffnete er ihnen das Verständnis, so dass sie die Schrift verstanden, [46] und sprach zu ihnen: So steht's geschrieben, dass Jesus leiden wird und auferstehen von den Toten am dritten Tage; [47] und dass gepredigt wird in seinem Namen Buße zur Vergebung der Sünden unter allen Völkern. Fangt an in Jerusalem.]

Was der Auferstandene in der vorgelesenen Geschichte tut, tut er alles, um *die Seinen* von seinem Leben und Bleiben gewiss zu machen. Dazu wollen wir gleichermaßen die Worte anwenden und erwägen

die Gewissheit, dass der Auferstandene bei den Seinen lebet und bleibet, und sehen,

1. *wem* er diese Gabe der Gewissheit schenket?
2. *wie* er sie schenket?
3. *wozu* er sie schenket?

Du aber, o auferstandener Held und Fürst unseres Lebens, wollest uns Mund und Herzen öffnen, dass wir dich und uns auch in dieser Stunde recht erkennen und schon durch Erhörung dieses Gebetes uns zu der Gewissheit führen, dass du unter uns bist und bleiben willst!

1.

Diejenigen, in dem Herrn Geliebte, welche dort in Gemeinschaft der Liebe beisammen waren und redeten von den Geschichten, die sie gesehen und gehört, die der Auferstandene von einer Stufe der Gewissheit zur anderen führet, bis sie von ganzer Seele glauben, können wir wohl mit Recht als ein Vorbild der Jünger betrachten, denen er noch heute diese Gewissheit schenken will. Denn es bleibet von Anbeginn die alte Jüngerschar. Wie dort fehlet es auch unter uns nicht an *Marien*, die mit stillem, sanftem Sinn, des Meisters Füße umfangend, voll inniger Liebe und Freude im Herzen, ihn zum Vater hinaufweisen sehen [vgl. Joh 12,1ff.]. Auch in unserer Mitte gibt es *Emmaus*jünger, denen die Augen verhalten waren, bis der Herr ihnen das Herz geöffnet und die Schrift gelehret [vgl. Lk 24,13ff.]; wie unter jenen stehet noch heute mancher *Petrus*, der mit glühendem Herzen den Herrn gesuchet, gefunden, schon gesehen hat und danach verlanget und bedarf, dass er abermal ihn sehe und höre auf [3:] sein Wort: Ich bin es selber. Ihnen allen gibt der Meister sich kund, und zuletzt noch dem zweifelnden *Thomas*, den er also im Herzen trifft, dass er ihn im Staub betend rufen hört: Mein Herr und mein Gott! [Joh 20,28]

So mannigfaltig diese untereinander vor unseren Augen erscheinen, in dem einen sind sie alle gleich, dass sie den auferstandenen Herrn und somit auch seine Gabe vermissen und nach der gewissen Überzeugung von seinem verklärten Leben Verlangen tragen. Und, siehe! dessen Ohr kein Bitten überhöret, dessen Auge keine verborgene Sehnsucht der Liebe zu ihm verborgen bleibet (weil er in den *Seinen* sie selbst entzündet), der tritt unter sie hin, die stille Flamme zum starken, glühenden Feuer, die zagenden Herzen gewiss zu machen. Welch eine Liebe in dem treuen Hirten. Wir folgen ihm mit Sehnsucht in den Kreis der Seinen, zu sehen, ob er auch uns seiner Liebe und seines Lebens gewiss machen könne, zu sehen, ob wir in ihres Herzens Stimmung und Grund auch unser Herz, in dem Gegenstand ihrer alleinigen Liebe auch unsere Liebe, ob wir also die wahre Beschaffenheit derer erkennen mögen, denen er so liebereich und gnadenvoll die Gewissheit von seinem Leben und Bleiben als Gabe verheißen hat.

Was für ein Trieb, meine Teuren, hatte jene Freunde des Herrn zusammengeführt? Sein Tod bringt bange Schmerzen in ihr Herz, und eben in seinem Tode ruht ihre Liebe zu ihm. Mit ihm sind auch sie gestorben. Die Feindschaft der Welt, welche ihn, der ihr Leben gewesen, ans schmachvolle Kreuz gebracht, ist nun auch ihre Feindschaft geworden, dass sie bei verschlossenen Türen von dem verlorenen Geliebten reden müssen. Sein Sterben hat sie der Welt entzogen, dass sie jetzt nur ihn suchen, nur nach ihm Verlangen tragen; sein Sterben hat sie vereinigt zu Leidensgenossen, hat ein *Feuer* der Liebe *in ihren Herzen* entzündet, welches sie verbindet und verschwistert zu einem Herzen und zu einer Seele. In ihrer Seele lebet das Kreuz des Herrn Meisters, der sie also geliebet, dass er sein Leben für sie freiwillig gelassen. Es wird Morgen, Mittag und Abend, und so treibet der Schmerz des Herzens um den getreuen Hirten die kleine Herde, dass sie in Traurigkeit und Angst [4:] den Garten, die Felder nahe und ferne durcheilen und am Abend reden von diesen Dingen, da kommt die Osterfreude, der Erstandene tritt ein – wir wollen mit ihm und ihnen uns freuen. Er wandelt den Chor der Klage in Lob- und Freudenpsalmen, mit der Klage weichet die

Träne der Ungewissheit, in der Freude werden sie seines Lebens gewiss. Sie hören den Gruß des Friedens aus seinem Munde und je länger er weilet, desto gewisser wird das Herz durch ihn.

Die *lebendige, freudenvolle* Gewissheit, dass der Auferstandene bei uns bleibet, mit und in uns lebet, muss für uns eins sein mit der Gewissheit, dass wir bei ihm bleiben und in ihm leben. Wer lebet mit ihm, ohne der mit ihm gestorben ist, wer freuet sich seiner, ohne der mit ihm gelitten hat, wer liebet ihn, ohne der die Welt hasset und ihrer Lust und ihr von Herzen entsaget? Mit ihm sterben, mit ihm leiden, in ihm der Welt entsagen – (in ihm, der das alles für uns getan) in göttlicher Traurigkeit stehen –, das sind die Bedingungen, unter denen er uns die freudige, weltüberwindende Gewissheit seiner herrlichen Auferstehung in reichem und unverdientem Maße zu schenken verheißen hat.

Der Welt und der Sünde absterben um des gekreuzigten Königs willen – das ist die Predigt der Buße, die auch in Ostern nicht schweiget, zu der uns am *Schlusse* des Festes der Auferstandene selber ermahnet mit ausdrücklichen Worten, auf dass wir des Tages der Ostern und seiner Auferstehung [..., zwei Wörter ul], denen wir folgen. Aber mit Osterglauben ist sie ein Werk, zu dem wir greifen mit doppelter Freude. Wir lernen da zwar, dass es keine Freude gibt ohne Schmerz, aber auch keinen Schmerz ohne Freude, keine Krankheit ohne den himmlischen Arzt, keinen Tod, den wir sterben müssen, ohne das Leben, das wir im Sterben gewinnen. Denn im Reiche Christi gilt kein Leben, das nicht ein Auferstehen wäre. Zum [5:] Auferstehen aber ruft uns die Stimme des Erstlings unter der Schar der Erstandenen, die mit Kronen gezieret ist, die er auch uns verheißet, wenn wir ihm nachfolgen wollen zum Leben. Ja, lasset uns alle ihm folgen, bereit sein, das Leben der Sünden durch ihn zu verlieren, um das der Gerechten mit ihm zu ererben. Wenn wir das dunkle Grab der Sünde verlassen, Selbstsucht meiden und aller Herrschaft der Welt und ihrer Herrlichkeit uns entschlagen, wenn wir seinem Dienst uns ergeben und mit ihm die jetzt *verborgene* Herrlichkeit unter Leiden von Herzen teilen wollen, dann wird er auch zu *uns* kommen, wird er auch uns mit dem Osterfrieden grüßen und einführen in seine Ruhe, dass wir ihn sehen und von Herzen glauben können, dass er lebe und bleibe bei uns. Schon im Aufstehen aus dem Grab der Sünde und dem Schlafe des Todes werden wir ihn als den Lebendigen gewahren, denn er ist es, der uns wecket, er ist es, der uns Kräfte gibt, dass wir uns erheben und das Schweißtuch der Mühe und Sorgen beiseite legen. Er ist der Mächtige, der alle Mühe und Last, die schwer ist, auf sich nimmt. Willst du sie ihm geben, so wirst du merken, dass er sie nimmt und bei dir lebet, wie du bei ihm.

Aber wie viele, Geliebte, wollen in Ostern von dem Herrn dieser Feier nichts hören und haben von ihm auch nichts gehöret! Himmel und Erde verkünden die Ehre des auferstandenen Herrn, aber ihr Ohr ist taub, weil sie die eigene Ehre suchen. Der barmherzige Herr suchet sie allewege, ob er sie finde – aber sie fühlen so große Liebe nicht in ihren engen Herzen, sie begreifen das Licht nicht in ihrer Finsternis, sie glauben nicht und bleiben unter dem Zorn und irren auf verderblichem Pfade schwankend mit dem Taumelbecher[2] der Sünde dem Abgrund des Todes entgegen. Mit trotzigem und verzagtem Herzen enteilen sie wie Kain in das Land der Verlassenheit, wo wohl Erdenkunst und Wissenschaft blühet und des Lebens Hantierung trotzig von statten geht, wie unter Kains Söhnen und Enkeln [vgl. Gen 4], aber des Herrn Furcht [6:] und Gnade wird ihnen zum Spottlied und Hohn, wo nicht in Worten, [so] doch in ihren Werken, wie oft in beiden zugleich! Die haben keine Ostern, denn sie haben keinen Fürsten des Lebens [vgl. Act 3,15], haben die erste Osterpredigt der Engel nicht geglaubt, denn sie haben des Herrn letztes Osterwort nicht vernommen, wo er spricht: „Also musste Christus leiden und auferstehen am dritten Tage – und predigen lassen Buße unter allen Völkern." [Lk 24,46-47] Die Augen, welche die Sünde sehen, weiset er hin auf sein Leiden, auf dass die Herzen den Dorn der Missetaten empfinden, und auf seine Auferstehung, die geschehen ist für uns arme Menschen, dass wir die Gerechtigkeit, den Reichtum des Himmels erlangen sollten (Röm 4). Dies Wort hat auch Petrus mit gehöret, der mit unter den Jüngern war an jenem Tage, und hat wohl seiner Tränen gedacht, die er geweint, als er den Herrn verleugnet hatte; denn „er ging hinaus und weinete bitterlich" (Lk 22,62). Und ihn und seinesgleichen macht heute der Herr seiner Auferstehung und seines Lebens, somit auch den Petrus, der eigenen Gerechtigkeit gewiss. Darum schämen wir uns solcher Tränen der Buße nicht; denn sie sind ein Wasser, das da die wilde Glut des Fleisches löschet, ein Tau, der den harten Boden des kalten Herzens erweichet und urbar [nutzbar] macht für den Samen des Geistes, der da gedeihet unter den Strahlen der Sonne der Gerechtigkeit [vgl. Mal 3,20], die heute aufgegangen ist, um nie wieder unterzugehen. – Ja, lasset uns werden wie die Jünger in jenen Tagen, seines Todes gedenken in unseren Herzen, so wird sein Leben unser werden, lasset uns ihn suchen an jedem Morgen und jedem Abend. Er lebt im Reiche, wo keine Tage sind, und wird uns stündlich finden, dass er sich als der Auferstandene zeiget, der durch seiner Auferstehung Kraft uns täglich zum geistlichen Auferstehen erwecket. Lasset uns scheiden von der Welt, so nimmt er uns in sein Reich der Auferstandenen auf, lasset uns arm sein am Geiste, so sind wir selig, denn solchen ist das Himmelreich [vgl. Mt 5,3] und der siegreiche König desselben, der in unserem Herzen thront und der inwendig Menschen zu Glanz und seiner gewissen Freude führt, wenn

---

[2] Taumelbecher: Becher, den Gott im Zorn des Gerichts zu trinken gibt, auf dass die Betroffenen taumeln wie Betrunkene (vgl. Jes 51,17.22; Jer 25,15-17; Sach 12,2.).

der auswendige Mensch verweset und in dem Lande, wo wir nicht zu Heimat sind, ins Grab geht. [7:]

2.

Will er nun solchen die Gewissheit, dass er lebet, schenken – wohlan denn, so könnet *ihr*, die ihr mühselig seid und beladen [vgl. Mt 11,28] und euer Fleisch kreuziget samt Lüsten und Begierden [vgl. Gal 5,24], *bleiben* in der Freude der Ostern, könnet ihr bleiben in dem Garten, wo die Trauer die erste Ostersonne voll Freud' und Wonne [vgl. das Lied: Die güldne Sonne] gesehen. Euch will er erquicken und mit der Gabe der Gewissheit speisen, auf seine Weise gewiss machen, dass er lebet, auf dass auch ihr lebet und eure Freude vollkommen werde [vgl. Joh 15,11]. *Wie er das tut?* Nach unseres Textes Geschichte zunächst durch ein Zeugnis an unserem Herzen, indem wir aus seinem Worte, mit dem er uns grüßet, den *Himmelsfrieden* empfangen. Kennst du, Herz, *seinen* Osterfrieden?

Er ist nur da, wo Christus, der Auferstandene, ihn den aufgerichteten Seelen hat zugesprochen, wo im Tode das Leben errungen ist durch seiner Auferstehung Kraft, wo des Herzens Gebete erhöret sind und die selige Herrschaft Christi dem Herzen sich eingepräget hat. Es ist der lebendige Friede der Seele, erfüllet mit Freude des heiligen Geistes, durchdrungen von der Liebe des siegreichen Herrn. Mag abermal, wie einst geschehen, die Erde erbeben, und mögen die Felsen zerreißen und die Gräber sich auftun und aufstehen viele Leiber der Heiligen, die da schlafen (Mt 27,52) – und die Hauptleute der Welt erschrecken –, wir erzittern, wenn wir den Auferstandenen haben, nicht, denn wir stehen auf festerem Grund als Erden und alle Himmel, wir sind in dem gegründet, welcher der Welt Grund geleget und der sie einst abermal bewegen wird, auf dass wir erkennen, dass er herrschet und bleibet und wir und unser Friede mit ihm. Ja, wir haben die Ruhe des Herrn, die nicht ruhet, in die wir nun eingekommen sind, um mit ihr durch die Unruhe des Pilgerlebens zur einstigen *ganzen* Vollendung zu ziehen. Denn in der stillen, ewigen Feier dieses neuen verklärten Osterlebens bei ihm verschließet sich nicht das Auge und das Herz gegen Leiden und Schmerzen, sondern in siegreicher Kraft durchziehen wir nun mit dem ewigen Arzte und König der Seelen den Kampfplatz der Welt und heilen Wunden und verkünden Frieden in seinem Namen und empfangen ihn selber im eigenen heißen Kampf. Die Angst des Herzens schweiget, die Stimme des Klägers, der gegen uns zeuget, verstummt, wenn er den Friedenssegen über uns spricht, die Finsternis der Trübsal und Traurigkeit ist erleuchtet mit seinem Licht der Gnade. Jenen verblendet der Staub oder Rauch der eitlen Ehre die Augen, und sie gewinnen nimmer Frieden; wir kämpfen gegen Fleisch und Welt und haben den Sieg und den Frieden im Glauben in Christo, schon eh' es der Feind noch siehet. Darum steiget unser [8:] Mut auch stets himmelwärts, wenngleich alles zur Erde ziehen will. Ein wilder Sturm treibet die Wellen des Todes vor uns vorbei in entsetzlicher Flucht, wir hören ihr Rauschen und fühlen wohl am eigenen Herzen den kalten, düsteren Wellenschlag ihrer Brandung, aber in Israels Häusern bleibt es stille und licht, unser Schifflein fährt sicher, wenn Gottes Geist es treibet, gegen Wind und Strom dem sicheren, himmlischen Hafen zu. Und wenn er uns so in finsterer Nacht sein freundliches Angesicht zeiget, wenn wir so seine Stimme des ewigen Friedens vernehmen und er uns so seine Gabe gibt – sollten wir da noch zweifeln können, ob eine solche Gabe ohne lebendigen Geber, ohne einen Freund im Himmel, der uns liebet, zu uns herabgekommen sei?

Und dennoch, meine Lieben – wir werden dessen nicht wirklich gewiss, ob er droben lebe, wenn wir ihn allein erkennen wollten aus diesem Zeugnis, das wir in uns tragen, das so oft weichet und in Anfechtung und Versuchung nicht zu finden ist. Wer schützet uns gegen den Wahn, es sei ein Geist, der solchen Frieden uns zuflüstere, wie dorten die Jünger selbst meineten es, oder es sei ein Gebilde unseres Herzens, von dem wir glauben, es sei wahrhaftig, und ist [es] doch nicht? Der Herr machet darum seine Jünger noch auf eine andere Weise gewiss und stellet um uns eine Mauer, unter deren Schutz wir alle Versuchungen des Zweifels an ihm überwinden sollen und können.

„Sehet meine Hände und Füße; ich bin es selber", spricht er zu den Seinen; und weiset sie auf die Nägelmale, die Todeszeichen. Durch dieses Zeugnis seines Todes will er in den Jüngern eine unerschütterliche Gewissheit begründen, dadurch will er den letzten Zweifel der Jünger, ob er, der sie also geliebt, es auch wirklich sei, zu Boden schlagen. Sein Tod erst ist der Tod all unseres Zweifels, denn in diesem ist alles Unglaubens Frucht begraben. Wer an dem Wert und der Gültigkeit seines Todes zweifelt, der zweifelt auch an seiner Auferstehung und muss den Frieden, den er in seinem verklärten Leben uns bietet, für eine Torheit achten. Wie denn der Unglaube auch beides leugnet und darum gar keinen Christus, d.h. durchaus keinen Heiland, hat und will. [9:] Haben wir aber den Glauben an sein Blut, den Glauben, dass er in seinem Tode sich selbst als Opfer für uns hat dargebracht, dass der Eine für uns alle gestorben, dass um seines Todes willen uns alle Sünden vergeben sind, uns alle Schuld und Strafe und aller Tod vom Herzen genommen ist, merken wir in diesem Glauben, dass er in seinem Leiden und Sterben den Dorn der Sünde aus unserem Herzen gezogen und sich ins Herz gedrücket hat, auf dass wir freie würden und Frieden hätten in seiner Gnade – glauben wir dies, dann haben wir ja in seinem Tode die ewige Ursache, den Felsengrund unseres Friedens, unseres Lebens, unserer Freude und unserer Gerechtigkeit vor Gott, die hier gepflanzet und in seiner Auferstehung zur vollen Blüte und Reife gelanget sind. Dann fassen wir es, warum es heißet: Christus musste leiden und am dritten Tage auferstehen. Er musste

leiden, sonst müssten wir ja ewig umkommen, dann treibet uns aber auch derselbe Glaube etc., dass wir uns halten an sein eigen Wort und Verheißung, auch ferner *seiner Verheißung* zu trauen, worin er nicht *allein* den Tod zuvorgesagt, sondern dabei stets wiederholt, er werde am dritten Tage wieder auferstehen von den Toten. Ja, diese seine Auferstehung ist die alleinige Bürgschaft für den Wert und die tiefe Bedeutung seines Todes für uns, sie ist die Bürgschaft dafür, dass er eine ewige Versöhnung am Kreuze erfunden, sie ist das helle Licht in das Geheimnis seines Leidens und Sterbens, und die *verborgene* Herrlichkeit und Majestät im Kreuze unseres Herrn bricht in vollem, ewig strahlenden (alle Himmel und Zeit durchstrahlenden) Glanze hervor in seiner Auferstehung und Verklärung beim Vater. Wäre Christus nicht auferstanden, könnte er wohl Priester sein, so hätten wir [aber] keinen ewigen Hohenpriester, der uns sündige, hilflose Menschen noch heute beim Vater vertritt [vgl. Hebr 2,17; 4,14f.]. Ist er nicht auferstanden von den Toten, so hat er den Lohn seines Gehorsams nicht empfangen – wo bliebe dann der gerechte Gott, der den Gerechten nicht mit dem Gottlosen verdammet (Gen [18,23]), wie schon Abraham wusste; ist er nicht auferstanden, so ist er nicht Gottes Sohn gewesen, was schon der Heiden-Hauptmann am Kreuze erkannt [vgl. Mt 27,54]. Sein Zeugnis ist nicht wahr – und Jerusalems Frevel war Gerechtigkeit, alle Zeugnisse des Vaters für ihn von Anfang an wären nur ein Gespinst unseres Wahnes. Die Schrift wäre gelöset, meine Freunde! Wir hätten keinen Heiland – keinen Seligmacher – keinen Gott – unser Glaube wäre ganz *eitel*. [10:] Aber das ist er nicht! *Die Wahrheit* hat heute zu uns gesprochen: „Also ist es geschrieben; und also musste Christus leiden und auferstehen von den Toten am dritten Tage und predigen lassen in seinem Namen Buße und *Vergebung* der Sünden unter allen Völkern." Sein Wort ist die Wahrheit! Noch heute öffnen sich vor dieser Freudenbotschaft der Gnade und Vergebung der Sünde durch das Opfer Christi die Gräber der Völker und Heiden; alle Steine vor den Gräbern derer, die da sitzen in Todesschatten, tun sich auf vor seinem allmächtigen Ruf, und die in der Erde wohnen, fallen nieder vor dem gekreuzigten und auferstandenen Heiland der Welt. Die Welt wird seiner Ehre voll. Die Verheißungen, so Abraham und seinen Söhnen und durch alle Propheten geschehen, führt unser König des Lebens nun herrlich hinaus. Schon sehen wir die Morgenröte des ewigen Ostermorgens und der Morgenstern geht auf in unseren Herzen. Schon bricht der *ewige* Ostermorgen an! Welcher sprüht die Freude des Glaubens aus. Wir könnten wohl über *die* Freude den Glauben vergessen, wie es den Jüngern geschah: „Da der Herr ihnen zeigte Hände und Füße und sprach *Ich bin es selber*. Da glaubten sie nicht vor Freude und verwunderten sich." [Lk 24] V. 39-41.

Nun, da er das siehet, sollen sie, und wir mit ihnen, noch ganz gewiss werden, nicht durch seinen Friedensgruß, nicht durch Zeigen der Hände und Füße, sondern er fraget: *Habet ihr hier etwas zu essen – und er aß vor ihnen.* Wunderbarer Mann! Wer fasset dich in deiner Weisheit und Liebe, damit du uns gewiss machen willst von deinem Bleiben bei uns, in dieser Welt der Armut und Verlassenheit. Doch sollen wir diese Liebe und Herablassung des Auferstandenen wohl erwägen und können sie hinlänglich, d.h. zu unserem Heile, verstehen. Isset er nicht noch täglich mit dir, und teilest du nicht mit ihm dein täglich Brot, o, glaube nur, du kennst ihn noch nicht recht, noch nicht ganz, und die Gewissheit seines Lebens, die er dir geschenkt, hat noch nicht dein ganzes Leben durchdrungen. Aber wohl dem Hause, wo er Genosse alles Treibens ist und in allem mit sorget und denket, was täglich Brot nach alter, rechter Lehre[3] genannt werden muss. [11:] Denn sein Leben mit uns und in uns bestehet nicht allein in der einzelnen Erfahrung des Herzens, dass sein teuerwertes Leiden und Sterben uns die Sündenvergebung erworben und uns versöhnet hat mit Gott [vgl. II Kor 5,19]; das ist freilich der Kern und der Nerv, aber davon soll das ganze Leben erklingen, das soll ein Sauerteig werden, der alles durchsäuert. Unser Tagewerk ist, in dieser dankbaren Kindesliebe denselben Frieden und die Versöhnung unter den Brüdern zu üben und zu bauen und Gerechtigkeit aufzurichten unter den Menschen. An dieser Erfahrung unseres Herzens soll sich eine dankbare, kindliche Liebe gegen den himmlischen Vater entzünden, und die Versöhnung, die Liebe und Freundlichkeit, die wir erfahren und bekennen, sollen wir nun auch anderen bringen. Wo solche Liebe erscheinet, da ist auch der Herr und sein Segen, dass du ihn sehen kannst. Den Eltern wird er Freund und Lehrer für die Kinder, welche sie in seinen Bund geführet, den Kindern weiset er den Weg des treuen Gehorsams und der Liebe zu den Eltern, wie er sie geübt, und Geschwister werden so durch seine Liebesführung, was sie von Natur gewesen in höherer Ordnung, Kinder Gottes und Brüder untereinander in ihm. Das tägliche Brot und alles Leibes Notdurft und Nahrung wird mit Danksagung empfangen, und er fordert und genießet von allem, sei es Tränenbrot oder Freudenbrot, die Bitte und den Dank der ergebenen und freudigen Herzen, die ihm zum Opfer gebracht werden sollen. So wohnet Frieden unter allen, und die Kraft und Wirkung seines versöhnenden Todes reinigt die Gewissen von allen toten Werken, tötet die Lüste des Fleisches; und seine Hirtentreue wacht, dass kein Hader und keine Zwietracht, kein Neid und kein Eigensinn, sei es offenbar oder in den Herzen verborgen, den

---

[3] Vgl. Martin Luthers Auslegung der vierten Bitte des Vaterunsers im Großen Katechismus, in: Die Bekenntnisschriften der evangelisch-lutherischen Kirche, Göttingen [12]1998, 543-733: 679-682.

Frieden des Hauses, die Liebe der Herzen zertrennet. [12:] Denn er ist in allem erster und steter Berater, der immer zuerst gefragt sein will, und sein heiliges Wort, darin von ihm geschrieben steht, ein Wort voll Trostes, Kraft und Seligkeit, das auch gebrauchet wird, sein Wort ist in den Herzen lebendig geworden, dass sein Geist der Versöhnung alle treibet, er drückt da tief seine Verheißungen und seine Wahrheit in das Herz, dass wir zuerst trachten nach dem Reich Gottes und seiner Gerechtigkeit [vgl. Mt 6,33], und siehe, kein Mangel *drückt*, keine Entbehrung *schmerzt*, wo er Genügsamkeit und Entsagung gelehrt, keine Sorge *quält*, wo er sie für uns trägt (Sakrament).

Und, meine Teuren, wird das nicht auch, wo das Leben so erscheinet oder erschienen, ein Zeugnis vom Leben des Auferstandenen unter uns, lebten wir dann nicht mit ihm in einem bleibenden Ostern, und sollten ihn nicht auch, wie dort die Jünger, daran erkennen, dass er mit uns isset und seinen Segen gibt, dass er, der Friede- und der Lebensfürst, unter uns wandelt und stillen Frieden schenket? Ach, dass viele ihm für solche Erkenntnis *danken* könnten; wenn es nicht ist, so wirst du heute um sie bitten, dass er sich dir also zu erkennen gebe und seines wahrhaftigen Lebens gewiss machen wolle!

3.

Wir merken aber wohl schon, meine Freunde, *wozu* er alle diese Zeugnisse seines Lebens und Bleibens uns vor Augen stellete, *in welcher Absicht* er das Siegel seiner Auferstehung uns über alles fest ins Herz drücken will. Das alles schenkt er ja solchen, die gebeugten Herzens, in göttlicher Traurigkeit, arm und verlassen sich fühlten und sich sehnen nach ihm, als nach einem gewissen, bleibenden ewigen Gut; die sich fürchteten und erschreckten und keinen Stab und Stecken befassten zur freudigen, sicheren Wallfahrt nach jener himmlischen Gottesstadt, wo [13:] der ewige Jubel seines Lobes erschallet. Er stellet sich also dar als der lebendige, bei uns bleibende Herr und schenkt uns die Gewissheit davon, *auf dass* wir in ihm eine Liebe haben, die über alles die Sehnsucht des Herzens nach Erlösung und Versöhnung mit Gott befriedigt, die nicht altert, sondern je älter, desto verjüngter in unsrer Seele strahlt, eine Liebe, die uns Kraft bietet und Kraft zu gleicher Liebe unter den Brüdern in uns wirkt, – *auf* dass wir an ihm einen Trost und einen Anker der Hoffnung haben, den keine Wellen des Leides und des Todes aus seinem ewigen Grunde reißen können.

Wer ihn, den Auferstandenen, nicht suchet noch hat, der schauet über sich gen Himmel und unter sich auf die Erde und findet nichts denn Trübsal und Finsternis, denn er ist müde in Angst und irret im Finstern, wie der Geist des Herrn durch den Propheten uns lehret (Jes 8,22). Wer aber ihn gefunden hat und geglaubet und erkannt, dass er ist Christus, der Sohn des lebendigen Gottes [vgl. Mt 16,16], dessen Ausgang ist von Ewigkeit, der siehet nicht *gen* Himmel, sondern in den Himmel hinein, denn wir haben nun einen freudigen Zugang zum Vater, zu dessen Rechten der Sohn ist gesessen, wir haben in diesem Hirten die ganze Genüge und in dem König aus Zion eine feste Burg der Rettung aus dem Elend und Verderben der Sünde gefunden. Die Welt vergehet mit ihrer Lust [I Joh 2,17], die Sünde hat die Verdammnis, wir aber bleiben und leben in ihm und haben durch den Auferstandenen die Gerechtigkeit und die Krone des ewigen Lebens [vgl. Apk 2,10] als Erbteil und Beilage im Himmel verwahret. Darum geht himmelwärts unser Sinnen, wo unsere alleinige Liebe ist; wir trachten mit *verborgenem* Sehnen nach droben, wo Christus wohnet, und meiden um seinetwillen das unheilige Wesen. Wir heben nur zu ihm Auge und Herz, um Gnade und Leben zu empfangen, weil er allein sie geben kann. Nur zu ihm recken wir die Hände in der Wüste der Erde, denn er allein hat Brot und Wasser der ewigen Erquickung. Zu ihm allein steigt das Opfer des Gebetes und Dankes, denn er allein gibt und erhöret und tröstet mit überschwenglichem Troste. Er ist in uns und wir in ihm [vgl. Joh 14,20], er hat uns erkaufet mit seinem teuren Blute zu seinem Eigentum, und er ist unser Eigentum, um das wir *alles* geben. Er hat sich seiner Herrlichkeit entäussert um unseretwillen, hat Knechtsgestalt angenommen und ist gehorsam worden bis zum Kreuz [vgl. Phil 2,6ff.]. Darum entäussern wir uns gerne unserer großen Niedrigkeit und Unwürdigkeit um seinetwillen, legen das Knechtsgewand der Sünde ab und wollen mit ihm gehorsam sein bis zum Tode, durch seines Kreuzes Kraft. Er hat überwunden [vgl. Joh 16,33], wir überwinden durch ihn [vgl. Röm 8,37]. Sein Gehorsam ist der Tod unseres Eigenwillens und eure Hilfe, sein Kampf unser Sieg, sein Sieg ist unser Ruhm und unsere Kraft in den Versuchungsstunden. Durch ihn gestärket der Versuchung warten wir mit Geduld und Zuversicht, bis er uns einst ganz in die bereiteten [14:] Hütten des Friedens berufet. Bleibe bei uns, o Herr, denn es will Abend werden [vgl. Lk 24,29], so bitten wir oft, wenn er uns aus seinen heiligen Worten belehret und getröstet, wenn die Nacht uns im Herzen nahet und die alte Natur uns einen baldigen Sturm verkündet. Und siehe – bitten wir mit brennendem Herzen, so *bleibet* er. Darum lassen wir ihn nicht, denn er ist ein Freund, wie ihn unsere Seelen suchte und bedarf, in ihm *allein* wohnet *die* Liebe, die sich uns ganz und ungeteilet selber schenket, die uns zu sich ziehet um unseretwillen, damit wir ihn mehr und mehr gewinnen und haben möchten, damit wir ihn ganz und *allein* erwählen möchten zu unserem Vertrauten in den geheimen und offenbaren Leiden und Bitten des Lebens, damit wir in ihm ein unsichtbares, aber gewisses Brot des Lebens in dieser Welt der Sterblichkeit besäßen, und an dieser Quelle der Freude ruhen mögen, welche mit unerschöpflicher Fülle in die Welt der Traurigkeit sich ergießet. Von Menschen unsrer Art trennet uns Fleisch und Blut, er hat auch unser Fleisch, auch dein und mein Fleisch der Schwachheit, an sich genommen, auf dass, wie er ganz unser, so wir ganz sein eigen seien. Siehe, zu solcher Liebe gegen sich will er uns reizen, zu solcher ganzen Übergabe des Herzens an sich will er uns laden, wenn er uns die Gewissheit seines Lebens gibt. Wer kann, Geliebte, sein Herz der Liebe ermessen, das er uns zum ewigen Erbteil geschenket, welche Zunge will die Einzigkeit seiner Gnade, die er an uns getan und mit der er unsere Herzen erfüllet, genugsam beschreiben? Wir können nur in Schwachheit und mit Beschämung danken und bitten, und der Herr der Brüder, der, was wir bitten wollen, wohl verstehet, wird uns geben und helfen. Darum:

Auf, o Seele, von der Erden – schwinge dich in Jesu Herz,
lasse dir nichts lieber werden – denn du hast sonst eitel Schmerz.
Einem sei dein Herz ergeben – Jesum liebe nur allein.
Nur zu ihm hin musst du streben – also kannst du ruhig sein.
(Porst[sches Gesangbuch] Nr. 387 [Meine Seel', komm in die Wunden Christi ein zur süßen Ruh], V. 2) [15:]

Aber diese Gewissheit, dass er für uns lebet, diese Gewissheit, die uns mit allen Kräften zu ihm treibet, dränget uns zurück und hinein in das Leben und die Verhältnisse, die uns in dieser Welt umgeben. Siehe, die Tage der Ostern sind bald dahin, in denen er uns solche Gewissheit geschenket – ließ er uns aus ihnen keine neue Aufgabe für die weitere Pilgerfahrt zurück? Wenn die neue, gewisse Gemeinschaft, die in fester, noch enger gewordenen Verwandtschaft mit ihm, in uns zu einer Feuerkraft geworden ist, die all unsere Adern durchrieselt, dann suchet die Fülle solcher aus ihm geborenen Liebe sich neue Bahnen in dem Pilgerlande. Wir sind ja Freunde des himmlischen Gärtners, der seines unsichtbaren hellen Ostergartens nicht vergisst, der viele Blumen darin gepflanzet, aus deren reinen Färbungen seine sorgende Liebe uns entgegen strahlet. Das sind die in seiner Gnade blühenden, prangenden Herzen. Und sollten wir die Stimme unseres Freundes nicht hören? Er hat uns gebeten, dass wir uns untereinander lieben sollen [vgl. Joh 13,34]. Das ist kein Widerspruch, meine Geliebten, dass wir nur ihn ganz lieben sollen und bei dieser Liebe noch eine andere, zu den Brüdern, im Herzen tragen [vgl. I Joh 4,21]. Denn die sich Brüder nennen in Christo und diesen er, Gottes Kinder zu heißen, die Macht gegeben, die an seinen Namen glauben [vgl. I Joh 3,1], die bekennen mit Paulo: „Ich lebe, doch nun nicht ich, sondern Christus lebet in mir" (Gal 2,20). Die sind ein Abbild seiner Auferstehung; Christus selber, der ihre alleinige Gerechtigkeit ist, hat in ihnen eine Gestalt des Lebens gewonnen. So lieben wir Christum in einander; denn alle Liebe dieses neuen Gebots wurzelt, stehet und endet in ihm. – Ach, wie müsste diese Liebe in vollen Farben blühen unter Gottes segnender Hut, wenn die Gewissheit seines Lebens, Erbarmens und Liebens alle Herzen so innig durchdränge! Denn wie sollte diese Gewissheit, von einem Tische, von einem Mahle der Gnade allein zu leben, die Gewissheit, einen König und himmlischen Hirten zu besitzen, der ein *stündliches* [16:] Aufsehen auf uns hat, die Gewissheit, dass allen nur ein Erlöser, nur ein Versöhner und Mittler mit Gott gegeben ist, dass wir nur durch diesen Einen wahre Freude, wahres Leben und wahre Gemeinschaft haben können, die Gewissheit *eines Freundes*, der allen gleich nahe ist – wie sollte diese lebendige Gewissheit und freudenvolle Zuversicht nicht alle, die sie hätten, zu einem Leibe verbinden, den nur eine Seele regieret? Aber die Eitelkeit so vieler, die den Herrn oft so laut in Worten bekennen, das Trachten, *unter Menschen* Freunde zu gewinnen, der Dienst um Menschen willen, wobei der Herr vergessen wird, unsere Eigenliebe und Behaltenwollen der eignen Ehre, unser Mangel an der ganzen Demut, in der wir einander nicht beschämen wollen als vor Menschen, sondern Gott allein die Ehre geben – das ist so oft der Damm, an dem sich der Strom der Bruderliebe, die in der Kraft der Auferstehung leben möchte, zerbricht. Dadurch wird so oft ganz gehindert oder aufgelöset die freie, ungetrübte, offene und *wahre* Gemeinschaft der Herzen, die von Sehnsucht brennen, aus der gegenseitigen Liebe die Kraft zum gemeinsamen Werke der Heiligung, zum geduldigen, freudigen Lauf nach dem einzigen Ziel der echten Vollendung in Christo zu schöpfen. Wir wissen wohl die Schrift, nach der wir nicht hier die *volle* Seligkeit mit und in der *ganzen* Gemeinschaft der Freunde in Christo zu erwarten haben, aber *erstreben* sollen wir sie nach eben der Schrift. Sie weiset uns auf das Beispiel der Jünger, wie sie um Ostern beisammen waren und in kleiner und großer Zahl des Herrn sich freueten, sie spricht wiederholt von solchen, die sich *einander* ermahnen, *einander* trösten [vgl. I Thess 4,18; 5,11] und ihren Glauben nicht als eine fremde Sache und nicht allein in Bezug auf andere, sondern auch gegeneinander bekennen sollen. Von unseren Leiden zu einander reden, ist noch nicht immer das höchste Zeichen des brüderlichen Vertrauens, darin ist dem andern auch noch nicht das Mittel, Gelegenheit und Aussicht zur *sichersten Hilfe* geboten; diese können wir erst bieten, wenn wir auch den bewussten oder unbewussten Grund, Veranlassung aller Leiden einander bekennen, das ist die Sünde; aber *dann* zeigt sich die rechte Kraft des Trostes, die Kraft der Liebe zum Herrn, die Kraft zum gemeinsamen Gebet, dann wurzeln die Herzen in Christo und ineinander und sind lebendige Reben in dem himmlischen Weinstock [vgl. Joh 15,5].

O, welch ein Grab, welch ein Stein vor einem gemeinsamen Grab zeiget sich hier vor unseren Blicken, wenn wir von hier aus unser Leben sehen! Es ist nicht die Macht der Verhältnisse, nicht der Mangel an Kraft, diesen Stein hinwegzuwälzen, es sind nicht Leiden und schwere Geschäfte des Lebens schuld daran, dass solche Liebe noch so ferne ist – unsere *Sünde* ist schuld, dass alle jene Hindernisse sich türmen, dass die Grabessteine noch nicht beweget sind, darum sehen wir heute den Überwinder der Sünde, den Tilger aller Schuld, den Schöpfer unserer Gerechtigkeit! Lasst uns auf die Jünger sehen, wodurch mit Christum verbunden die Heilige Schrift. Lasst uns mit ihm auferstehen und dem Herrn dieser Tage in unserem Herzen ein bleibendes Fest bereiten. So gewiss er lebet und bleibet, er wird kommen zu diesem Fest, wenn unser Herz nur ein Tempel ist, zu seiner Wohnung bereit [vgl. I Kor 3,16; Eph 3,17]. Darum treiben wir den alten Sauerteig aus [vgl. I Kor 5,8], er siehets mit Freuden und hilft uns [17:] in diesem Geschäfte; der uns einander zugesellet, wird uns immer enger verbinden, dass die Arbeit gelinge durch seine Gnade. Immer näher werden wir kommen dem Ziele, immer mehr Steine und Kräfte werden sich einfügen in den heiligen Bau, der Schmuck und die Zierde am Hause sind, viel Vergebung, viel Geduld, unerbittlicher Ernst und Hass gegen alle Sünde und alle Ungerechtigkeit, das Tragen der Schwachen, das Beharren im treuen Kampf, Demut, Sanftmut, Freundlichkeit – und alle Früchte des Geistes, die in der Liebe sich beweisen; sie sind auch die Zeichen, dass der Herr in dem Tempel seiner Gemeinde seinen Einzug gehalten mit seinem Leben und seiner herrlichen Gnade. O, dass *der* Tempel mehr und mehr erbauet würde! Aber getrost, meine Lieben. Scheinet der Bau auch manchmal ganz zerbrochen, es ist kein Bau [wie] einst zu Babel, wo der Herr im Sturm herniedergefahren, da wollten sich die Leute selber einen großen Namen machen [vgl. Gen 11,1ff.]. Das aber wollen, das sollen wir nicht, sondern die Ehre und der Name des Herrn ist unserer Arbeit Zweck und Ziel, wir vertrauen ihm, darum will er fördern das Werk unsrer Hände [vgl. Ps 90,17]. Scheinet dann auch manchmal noch die Sonne trübe über unseren Häusern, wird auch noch manchmal und oft das Ziel unseren Augen entrückt, indem die Lust und das Fleisch uns die Augen verdunkeln, wird's gar manchmal Nacht und scheint Licht und Leben verschwunden: Auch dennoch nicht den Mut verloren. Wir beugen uns mit Schmerzen vor dem Herrn, und er vergibt, und wir eilen mit frischer Kraft dem herrlichen Ziele entgegen.

Der rechte Baumeister sind nicht wir, er wohnet droben. [18:] Er ist der Herr unseres Festes und wir haben ja Gewissheit, dass er lebe, auch unter uns lebt, freilich aber noch auf dieser *fremden* Erde. Und hier ist des Auferstandenen Art, dass er kommet und wieder verschwindet; dass wir ihn *jetzt* nicht bei uns haben, *dann* aber ist er plötzlich wieder mitten [unter] uns und bleibet eine Zeit lang und erleuchtet, kräftigt, erfüllet die Herzen mit Kraft und Feuer und Dank und stiller Freude an ihm. Sein Weg ist gleichsam über Tal und Hügel – der Weg unseres Herzens ist noch nicht geebnet. Dies Kommen und Gehen ist wie der Wechsel des Sonnenlichtes, bald sehen wir es helle, bald trübe. Aber die Sonne selbst stehet dennoch hoch über allen Wolken. Der eine Strahl, der uns trifft, ist es nicht, der sie feste hält. So bleibet die Ostersonne am Himmel stehen unter gleichem Wechsel von Leiden und Freuden, im inwendigen wie auswendigen Leben der Christen, im Einzelnen wie in der ganzen Gemeinde des Herrn, an einzelnen Tagen wie in der ganzen Entwicklung seines königlichen Reiches. Christus lebet und bleibet, denn wir haben ein Ostern gefeiert. Er gehet mit uns wie der lebendige Fels in der Wüsten, wo der Staub uns oft die Augen blendet. Doch glauben wir von keinem anderen Heil. Wir wandeln vom Glauben [19:] zum einstigen Schauen [vgl. II Kor 5,7]. Der Weg des Glaubens ist der Weg des Kampfes, der Geduld, der Mühen und schweren Arbeit; es ist die Zeit, wo wir die Dornenkrone mit unserm Heiland tragen; des Weges Ende ist das Grab. Haben wir aber schon im ganzen Leben das Sterben gelernt, ist unser ganzer Weg ein Verlassen der Welt gewesen in Demut und Gehorsam – so ist das letzte Sterben und Verlassen uns Gewinn; *denn Christus ist mein Leben* [Phil 1,21]. Unsere Gräber stehen in dem Ostergarten, in dem der Auferstandene wandelt und uns im Bilde der Frauen weiset zu seinem Vater und unserem Vater, zu seinem Gott und unserem Gott, zu welchem er nun ist aufgefahren [vgl. Joh 20,17]. Wir sehen ihm jetzt nach, wohl mit Verlangen, aber Engel weisen uns zurück nach Jerusalem, wo wir arbeiten sollen im Schweiß unseres Angesichts. Was aber den Schweiß auf die Stirne bringt, das nimmt unser Heiland von unseren Herzen und führet uns an seiner Hand durch das dürre Land [20:] der Wüste. Und am Ende stehen wir wie Mose betend auf dem Berge unseres Heiles und schauen bittend und dankend nach jenem rechten Kanaan [vgl. Dtn 34]. Von da scheinet uns helle ein herrlich Licht, von da hören wir schon den unaussprechlichen Lobgesang der Gerechten, die bei Jesu sind, unserm Herrn. Hier treu gekämpfet und Glauben gehalten, den Herrn über alles geliebet, der uns selig gemacht, dann werden wir einst ein ewiges Ostern feiern, im Siege und im Schauen und in der Liebe des Herrn, der uns ohne Maß je und je geliebet hat, mit dem nun aber unser Leben verborgen ist in Gott: Wenn aber er, unser Leben, sich offenbaren wird, dann werden wir auch offenbar werden mit ihm in der Herrlichkeit [vgl. Kol 3,3f.]. Das helfe Gott. Amen.

Johann Hinrich Wichern

Predigt: 12. Juni 1832 über Johannes 10,1-11[1] (3. Pfingsttag – Spinnhauskirche Hamburg)

[Joh. 10, 1-11] [[1] Wahrlich, wahrlich, ich sage euch: Wer nicht zur Tür hineingeht, in den Schafstall, sondern steigt anderswo hinein, der ist ein Dieb und ein Räuber. [2] Der aber zur Tür hineingeht, der ist der Hirte der Schafe. [3] Dem macht der Türhüter auf, und die Schafe hören seine Stimme; und er ruft seine Schafe mit Namen und führt sie hinaus. [4] Und wenn er alle seine Schafe hinausgelassen hat, geht er vor ihnen her, und die Schafe folgen ihm nach; denn sie kennen seine Stimme. [5] Einem Fremden aber folgen sie nicht nach, sondern fliehen vor ihm; denn sie kennen die Stimme der Fremden nicht. [6] Dies Gleichnis sagte Jesus zu ihnen; sie verstanden aber nicht, was er ihnen damit sagte. [7] Da sprach Jesus wieder: Wahrlich, wahrlich, ich sage euch: Ich bin die Tür zu den Schafen. [8] Alle, die vor mir gekommen sind, die sind Diebe und Räuber; aber die Schafe haben ihnen nicht gehorcht. [9] Ich bin die Tür; wenn jemand durch mich hineingeht, wird er selig werden und wird ein- und ausgehen und Weide finden. [10] Ein Dieb kommt nur, um zu stehlen, zu schlachten und umzubringen. Ich bin gekommen, damit sie das Leben und volle Genüge haben sollen. [11] Ich bin der gute Hirte. Der gute Hirte lässt sein Leben für die Schafe.] [1:]

Du, Gott, hast dein Reich aufgerichtet; dasselbe wollest du, Gott, uns stärken, denn es ist dein Werk. Du bist wundersam in deinem Heiligtum, du bist unser Gott und wirst uns Macht und Kraft geben. Gelobt sei Gott! Amen.

Indem wir heute auf der äußersten Grenze dieses heiligen Festes und überhaupt am Ende der großen Feste dieses Jahres stehen, tritt der Herr in dem heutigen Texte besonders *warnend* vor unsere Augen. Wir feiern die Grundsteinlegung des heiligen Tempels Gottes, der Gemeinde des Herrn. Seit der Bau gebauet ist, ist mancher unbrauchbare Stein und Balken hineingekommen. Der Herr siehet deswegen nach und erinnert uns, ob wir etwa auch zu diesen unnützen Steinen gehören. Er stellet uns deswegen noch einmal das

---

[1] Vorlage: Archiv des Rauhen Hauses, Hamburg, Bestand 61 H a, Nr. 11. – Vermerk auf dem Titelblatt: „Infolgedessen die Sonntagsschullehrer sich an mich wendeten wegen der Oberlehrerstelle. Wichern." – Vgl. Gerhardt, Wichern I, 116-117.– Liedangaben: Vor der Predigt 130. Zwischen der Predigt 185. Nach der Predigt 261,4-5.

Rechte in seinem Lichte und in seiner ganzen Herrlichkeit vor Augen, dass wir uns darnach prüfen und fragen, wie es mit uns stehe, ob wir auch zu der Gemeinde gehören, die da königlich und priesterlich und also bei ihm in hohen Ehren ist; oder ob wir zu denen gehören, die seine Ehre mit Füßen treten, sich nicht um ihn kümmern, wider ihn sich auflehnen und murren, wie jenes Geschlecht Israels in der Wüste, das darum auch sterben musste und nicht nach Kanaan eingegangen ist, weil es immer von neuem Ägypten liebte und darnach sich sehnte [vgl. Ex 16-17]. Erkennen wir nur seine Liebe in seiner Vorsicht, seiner Warnung und seiner Obhut. Er will, dass wir nicht verloren werden. Darum nennt er in diesem Text seine Gemeinde einen Schafstall, durch welchen Namen er uns teils das äußerlich Unscheinbare und Unansehnliche seiner Gemeinde vor Augen stellen will, aber uns auch erinnern und warnen will vor [2:] den vielen Gefahren, denen wegen des rechten Tors diejenigen unter den Schafen ausgesetzt sind, die sich nicht nahe und innig genug an den Herrn angeschlossen haben. Aufforderung genug für uns, dass wir uns fragen:

welche es sind, die zu der wahren Gemeinde des Herrn gehören?

1. Die eingehen zur rechten Tür.
2. Die in Liebe wirken für das Reich des Herrn.

[1.]

Von der wahren Gemeinde des Herrn saget Paulus (Eph 5,25-27), dass Christus sie geliebet hat und hat sie gereinigt durch das Wasserbad im Wort, auf dass ihm selbst darstellete eine Gemeinde, die herrlich sei, die nicht habe einen Flecken oder Runzel oder dessen etwas, sondern dass sie heilig sei und unsträflich. So sehr, in dem Herrn Geliebte, diese Beschreibung der wahren Gemeinde [zeigt], dass aller Ruhm und alle Ehre der Gemeinde dem Herrn allein gebühret, als der allein sie heilig und unsträflich machen und erhalten kann, so deutlich ist auch in denselben Worten ausgesprochen, dass ihr diejenigen allein angehören, die vom Geiste wiedergeboren und geheiliget sind. Beides aber hänget genau und innig zusammen. Denn allein von dem Herrn, der für uns gestorben ist, auf dass wir leben, der in die große Herrlichkeit vorangegangen ist, auf dass auch wir sie erlangen – allein von diesem Heiligen Gottes kann der Geist kommen, der uns heiligt, der uns mit Herrlichkeit krönet, – allein von ihm, der überkommen hat alles, was im Himmel ist und auf Erden, kann der Geist ausgehen, der uns zusammenbringt und sammelt zu einem Leibe mit vielen Gliedern, dazu Christus das Haupt ist [vgl. I Kor 12,12ff; Eph 1,22f.] – allein von ihm, der die Fülle des Geistes ohne Maß gehabt, kann in die geistesleere Welt der Geist gesendet werden, der uns reich macht an himmlischen Gütern und [3:] mannigfaltigen Gaben, die er an viele austeilet nach seinem Rat, auf dass vieler Herzen in eins verflochten werden und einer lebe in dem andern, alle aber in Christo.

Darum aber, weil die Gemeinde in Christo lebet, ist ihr Leben unsichtbar, wie ihr Haupt und ihre Gaben und Güter im heiligen Geist. Wir können diese unsichtbare, wahre Gemeinde des Herrn nur glauben, wie den heiligen Geist, der sie zusammenführet und leitet; wie wir solches auch im dritten Artikel unseres Glaubens bekennen. So erst können wir es verstehen, wenn der Apostel (Hebr 12,22) seiner Gemeinde schreibet: Ihr seid gekommen zu dem Berge Zion und zu der Stadt des lebendigen Gottes, zu dem himmlischen Jerusalem, und zu der Menge vieler tausend Engel, und zu der Gemeinde der Erstgebornen, die im Himmel angeschrieben sind, und zu Gott, dem Richter über alle, und zu den Geistern der vollkommenen Gerechten, und zu dem Mittler des Neuen Testamentes, Jesu, und zu dem Blut der Besprengung, d.h. der Versöhnung. Der Apostel zeiget uns also, wie wir Christum anzusehen haben, wenn er sich die Tür nennt zu den Schafen, nämlich als unseren ewigen, himmlischen Hohenpriester vor Gott, unseren Versöhner mit ihm. Insofern er die Mauer umgestürzet hat, die uns das Angesicht Gottes verbauete, die große Schuld uns vom Herzen genommen und die Sünde uns vergeben hat, ist er die Tür sowohl in den Himmel als zu denen, die des himmlischen Wesens durch ihn sind teilhaftig geworden; wie denn geschrieben [4:] stehet: Eph 2,14: Ihr, die ihr in Christo Jesu seid und weiland [vormals] ferne gewesen, seid nun nahe geworden durch das Blut Christi; denn er ist unser Friede, der aus beiden eins hat gemacht und hat abgebrochen den Zaun, der dazwischen war, indem, dass er durch sein Fleisch wegnahm die Feindschaft – auf dass er aus zwei einen neuen Menschen in ihm selber schaffte und Frieden machte und beide versöhnte mit Gott in einem Leibe durch das Kreuz. Hier im Kreuz wurzelt unsere Versöhnung mit Gott und untereinander, und diese Gabe des Friedens ist unser Eigentum geworden durch den heiligen Geist. Durch den heiligen Geist aus dem Wort hat der Herr das Zerstreuete berufen und gesammelt und durch denselben, seit er durch Petri Wort dreitausend bekehrte [vgl. Act 2,38-41], schon unzählige Herzen zu einem Herz und einer Seele [vgl. Act 4,32] verbunden zu Brüdern und Schwestern durch das heilige Band und die heilige Gabe des Friedens, der Freude und des Gebetes. Und wer unter uns eingetreten ist durch diese Tür in den Himmelssaal und mit seinem Herzen wohnet in dieser heiligen Gottesstadt, der siehet von dem hohen Berge herab wohl noch die Schätze der Erde und wie Hunderte arbeiten, um Gold und Silber und Ehre, aber ihn vermögen diese Schätze [5:] nicht zu locken, sondern unverrückt im Geist und still sieht er die Krone des Lebens [vgl. Jak 1,12] vor Augen. Euer Sinn, die ihr dem Herrn wirklich gehöret, schweifet nicht mehr unstet umher und *suchet* eine bleibende Stätte [vgl. Hebr 13,14], ihr *habet* eine ewige Stätte der Ruhe schon gefunden in Gott und seiner Gnadennähe;

die Sorge der Welt, die euch gefangen nahm und das Herz bisher erfüllete, leget ihr nun ab und leget eure Sorgen und Angst auf seine Schultern; wir wollen nicht herrschen auf Erden und trachten nicht nach Hohem, sondern herrschen mit Christo, in dem wir dienen im Gehorsam der Liebe und in der Stille des Friedens, aus dem und in dem, der der Fürst des Friedens, unser Friede selber ist. In ihm ruht unsere Seele und hat an ihm eine herrliche *Freude*; denn die Gott lieben und sich selber verleugnen, die in Christo leben und mit ihm der Welt Absterben gelernet haben [vgl. Mt 16,24ff.], die nachjagen dem Kleinod droben und über dessen himmlischem Glanz den Glanz der nichtigen Welt vergessen gelernt, die arm sind am Geist [vgl. Mt 5,3] und sich niedrig halten und verborgen, die ziehet der Herr zu sich, nähret sie mit seiner Liebe und zeiget ihnen die Freuden, die er den Seinen zuvorbereitet und macht ihre Hoffnung lebendig nach völliger Erlösung – so können sie sich durch seinen Geist nun seiner freuen und keine Freude mehr haben an der Lust der Welt und dem vergänglichen Wesen, das nur Schmerzen macht und Leid. [6:] So wird er ihr Freund, mit dem sie umgehen im Gespräch des Herzens, auf den sie sehen, wenn alle ihn verlassen, den sie fragen und der antwortet, rät und hilft durch seines Geistes Kraft, Rat, Trost und Liebe.

Sehet da die inwendige Gestalt der Gläubigen, die verborgene Herrlichkeit ihres Lebens mit Christo in Gott, die sie im Glauben genießen! Das ist die wahre Gemeinde des Herrn, die kleine Herde [vgl. Lk 12,32], wie er selber sie nennet, die Auserwählten, die er so freundlich liebt, die eingegangen sind in die Tür und geglaubet haben und erkannt, dass er ist die Tür zu den Schafen, und dass, wer darin eingehet, wird selig werden.

Erkennen wir nun nicht, dass es eine Fabel ist, wenn uns andere wollen eine andere Türe weisen, ist es nicht Torheit und Raub an der Ehre Gottes, wenn so viele zu einer andern Tür hineinsteigen? In der christlichen Kirche in dem anderen Sinne, wie alle dazu sich zählen, die getaufet sind auf seinen Namen [vgl. Act 2,38] und nach seinem Namen sich Christen *nennen*, ist [es] voll von solchen, die anderswo hineinsteigen durch selbstgemachte Türen und die Tür umgehen, die Gott selber gemacht hat, gleichwie die Schriftgelehrten und Pharisäer zum Volke Gottes sich zählten und die Juden selbst mit ihrem Kreuzige! Kreuzige! [vgl. Lk 23,21] das Herz der Gläubigen mit bitterem Schmerz erfüllten. Zur fremden Tür steiget ein, wer den eignen Willen nicht bricht, wer auch sein Herz und Willen nicht zu opfern gesonnen ist, wer nicht vom Herrn ein neues Herz und einen gewissen Geist [vgl. Ps 51,12] erbittet und also die Sünde, das Erbgut seines fleischlichen [7:] Lebens [vgl. Röm 5,12ff.], lieb behält und darum weder eines Christus zu seiner Versöhnung noch des heiligen Geistes zu seiner Heiligung zu bedürfen wähnt, so dass er der Eitelkeit frönet, der Lust der Sinnen nicht widersteht und zu der Menschen Knecht sich macht. Der Herr warnet alle solchen heute ernstlich: Wahrlich, wahrlich, ich sage euch, wer nicht zur Tür eingeht in den Schafstall, sondern steigt anderswo hinein, der ist *ein Dieb und ein Mörder.* Das heißt aber hier: der raubet dem *Herrn* die Ehre und sein Eigentum, das sind die Seelen, die er teuer erkauft hat mit seinem Blut.

Wollten wir zu denen gehören? Gehören wir etwa zu solchen? Es könnte sein, auch wenngleich die Welt uns lobet und rühmt und nichts an uns zu tadeln hätte. Es ist ein schrecklicher Ernst! Prüfe dich selber nach des Herren Wort. Du kannst es leicht erfahren, ob es auch dich treffet, denn einem solchen tut *der Türhüter nicht auf.* Der Türhüter ist der heilige Geist. Der tut das Herz auf, der erleuchtet, heiliget, durchdringet die Sinnen mit heiligen Gedanken, der kämpfet gegen die böse Begierde, die er dich kennen lehret aus dem Wort, der gibt Geduld in Trübsal [vgl. II Thess 1,4], hat selbst dem Apostel die echte Freiheit in Gott geschenket, da er in Banden lag [vgl. Phil 1,12ff.], hat dem Jakob die Gewissheit der Begnadigung gegeben, da er dem Bruder das Beste gestohlen [vgl. Gen 27.], und Mose zum Manne Gottes gemacht, obgleich er den Ägypter erschlagen [vgl. Ex 2,11f.], und eine Rahab bereitet, Davids Mutter zu werden [vgl. Mt 1,5]. Denn er dringet uns, anzuklopfen an die Tür, d. h. treibet uns zum Gebet. Wie nun, mein Freund, ist dir schon aufgetan von diesem Türhüter? Das musst du doch wissen, ob er dich hat bitten gelehrt um Vergebung der Sünde, ob er dich hat danken gelehrt für die erhaltene Vergebung. Sieh, er lasset dich nicht, da er an deine Seele [8:] dringet mit dem Wort und lieget dir an mit Fragen und Bitten, dass du antwortest vor Gott. O, wehre ihm nicht! Tue ihm auf, dass er dir auftue; siehe, er zeiget dir den, der dich bis in den Tod geliebet, der auch über dich geweinet, auch *für dich* hat Schmerzen gelitten, der nun im Himmel herrlich thronet in unaussprechlicher Freude, und dem nur eines fehlet, das bist *du*, der du ihn verachtest, verschmähest. Auch dich will er versammeln unter seine Flügel, dich tragen auf Adlersflügeln durch die Wüste [vgl. Ex 19,4], dich taufen mit Feuer [vgl. Mt 3,11] und deine Seele mit heiliger Liebe und Seligkeit durchdringen und zu *der* Gemeinde versammeln, über die er wachet und sorget, die er traget in seiner Hand auch – die Gemeinde, die eingegangen ist durch die rechte Tür und die wird selig werden.

2.

Der Herr spricht aber nicht bloß, dass sie sollen selig werden, sondern redet auch von einem Ein- und Ausgehen. Das ist das *geschäftige Wirken im Reiche der Gnade für dasselbe Reich,* und das ist das andere Merkmal, daran die wahre Gemeinde des Herrn erkannt werden kann. Gottlob, meine Geliebten, dass wir ein Pfingstfest haben, ein Fest, das da zeuget von einer Tat Gottes, die uns verbunden hat zum gemeinsamen Wirken für einen heiligen, gewissen Zweck aller Menschen, die allen eine gemeinsame Aufgabe gegeben, die wir lösen sollen – aber auch lösen können, [9:] zwar nicht durch unsere Kraft von Natur, durch die wir nichts vermögen für Gottes Sache, aber durch den heiligen Geist, den wir empfangen haben und der da ist ein Geist der Kraft, der Liebe und der Zucht (II Tim 1,7). Ist dir der gegeben, so ist dir deine Arbeit deutlich angewiesen! Siehe auf und um dich, ist dir viel Gnade gegeben, bis an die Enden der Erde und unter die fernen Heiden, die kannst du in deinem Herzen tragen und im Gebet erreichen, ist dir weniger gegeben, so bleib in deinem Kreise. Hier sollst du wirken, so lange es Tag ist [vgl. Joh 9,4], nicht für dich und deine Ehre, sondern für deinen Herrn, der dich erlöset hat, und mithelfen, die Liebe zu ihm zu begründen, zu behüten, zu mehren und zu erbauen. Den Eltern sind die Kinder, den Vorgesetzten die Untergebenen, den Lehrern die Schüler, den Älteren die Jüngeren, der Freund ist dem Freunde und einer dem andern befohlen, einander zum Heilande zu führen und so dessen Reich des Friedens, der Freude und des Geistes zu mehren durch den Geist aus Gott, denn dazu eben und zu nichts anderem sind wir miteinander verbunden und einander zugesellet worden.

Solches Wirken der Liebe stellet uns der Herr gar lieblich vor Augen, wenn er uns deswegen *Hirten* nennet und unser Tagewerk als das Tagewerk der Hirten so beschreibet: Er rufet *die Seinen mit Namen und führet sie hinaus und gehet ihnen voran.* Er nennt sich nachher selbst [10:] den Guten Hirten [vgl. Joh 10,14] und will also als unser Vorbild betrachtet sein, so dass er uns hier aufruft zu einem Wandel der Heiligung und Reinigung der Herzen und zu seiner Nachfolge, darinnen wir ihm immer ähnlicher werden sollen.

So lasset uns denn aufmerken, wie er uns *alle mit Namen rufet,* d. h. jeden Einzelnen unter uns, dich und dich und mich liebet, und für ihn sorget, wie wenn er allein um seinetwillen lebte und im Himmel wohnte. So siehet er jedem Einzelnen ins Herz und siehet die Flecken und bösen Begierden und bietet seinen Geist uns an, dass er uns reinige und mache zu einem Tempel und einer Behausung Gottes im Geist [vgl. I Kor 6,19]. Kein heiliges Verlangen unserer Seele ist, das er nicht gestillet, keine Not, die er nicht tragen hilft, kein Begehren nach Erlösung, dem er nicht zuvorgekommen, kein Mangel und kein Hunger und Durst des Leibes und der Seele, den er nicht stillet – das alles, um uns seines Heiles teilhaftig zu machen.

So soll auch jeder als ein treuer Hirte die Seinen mit Namen rufen, soll sie ansehen mit Liebe im Herzen und nicht bloß geben, was er begehret, sondern zu nehmen jeden vor ihm, dem Ehrenfreund [..., ein Wort ul] ihn warnen vor der Gefahr und schützen vor der Sünde, vor allem aber ihn hinweisen auf die Gnade und Barmherzigkeit, damit er uns erlöset, geheiliget und gerecht gemacht hat und herrlich und unsträflich hat dargestellet vor Gott, [wir] sollen jeden mit Namen rufen und ihm sagen: Siehe, das hat er auch für dich getan und gelitten und ausgestanden; sollen bringen den Toten in Sünden das Wort des Lebens, den Trägen das Wort der Ermahnung und

Züchtigung, den unfriedfertigen und geängsteten Herzen das Wort des [11:] Friedens, den Reuevollen das Wort der Gnade, den Traurigen das Wort der Freude, um sie zu ermuntern, den Gebeugten und Leidenden das Wort des Trostes, um sie zu erheben und ihr Leiden ihnen in Segen zu verwandeln, und wie der Erzhirte sie [..., zwei Wörter ul], der bittet *für uns*.

Also hat er getan und tut es noch heute und vollführet, was er uns in seiner Nachfolge gebietet. *Er führet uns hinaus auf die Weide*, aus der Dürre und dem unfruchtbaren Boden der Welt, wo nichts Göttliches gedeiht, in ein neues Land, wo der Baum des Lebens grünet und Bäche des ewigen Lebens fließen, aus der Nacht in das helle Licht seiner heilsamen Erkenntnis, aus dem Irrtum in die volle, ewige Wahrheit, aus der Lust der Sünde in das Freudenreich seiner unaussprechlichen Gnade. Dazu sollen auch wir einander helfen, sollen uns zeigen das Reich der Herrlichkeit, das uns beschieden ist in dieser Welt der Ärgernisse, sollen einander retten aus diesem Lande der Verwirrung zu der Gemeinschaft Gottes, unsres Heilandes, auf dass die Freude am ungöttlichen Wesen und die Knechtschaft der Sünde ein Ende nehme und immer herrlicher hervorbreche der Glanz seiner Gerechtigkeit durch das Gewölk der Sünden und Leiden; dass Friede werde auf Erden und ein Wohlgefallen an den Menschen [vgl. Lk 2,14] und die Feuerflamme der Pfingsten, die Liebe zum Herrn, immer kräftiger entbrenne und ein verzehrend Feuer werde für die Glut des Fleisches, die wider den Herrn und sein Gebot sich auflehnen will, ein Licht für die Blindheit, die nicht unterscheidet, was Gottes und was des Menschen ist, was fleischlich und was geistlich ist. [12:]

Freilich, meine Teuren, will es oft nicht gelingen, will es scheinen, als ob unsere Arbeit vergeblich sei. Viel Klagen und Seufzen dringen so wohl zu des Herren Ohr, dass Ungerechtigkeit und Lüge, dass Sucht und Eigennutz und Eigensinn nicht weichen wollen, trotz unserer Ermahnung und Zucht. Wie nun? Sollen wir verzagen? Das dürfen wir nicht. Aber der Herr gibt eine Antwort, die uns sowohl auffordert zur Geduld, als sie uns tief beschämt und bekennen macht: Herr, gehe von uns, wir sind sündige Knechte: Er spricht und bleibet dabei: *Der Hirte gehet vor seinen Schafen hin.* Wer das tut, wer nicht bloß für Gott wirket, sondern auch *mit* ihm und *durch* ihn und selber Fleiß tut in der Heiligung, sich selbst strafen lässt vom Geiste des Herrn und züchtigen zur Gerechtigkeit, der ist auch seines Segens gewiss, *dem folgen die Schafe* nach, wie er spricht. Ihm sein Herz überlassen und so den Sinn des Glaubens durch Christus Jesus fassen [..., drei Wörter ul]. Sich selbst zum Herrn führen lassen, ist der sicherste Weg, auch andere dahin zu führen. Die Stunde, die Tür aufzutun denen, weiß der Herr; er verzeiht, auf dass wir Vertrauen und Geduld lernen und ihm es überlassen sollen, das Herz zu öffnen unter vielen, unter nah und fern, durch seinen Geist. Dass sein Werk es ist, auf solche Weise selber, auf dass ihm die Ehre bleibe, das Menschenleben zu vereinigen zu seinem Lob und Ruhm, das hat er ja gezeigt durch das Wunder der Pfingsten; und was er dorten in Jerusalems Tempel gewirket [vgl. Act 2,1 ff.], wirket er [13:] noch heute an jeglichem Sünder, der sich bekehret. Er hat an diesem Feste, wo sein Name gepriesen wird, nicht mehr in einer Stadt Jerusalem, sondern am Nordpol und im tiefen Süden, auf den Inseln unter den Heiden und in unzählbar mehren Zungen als die dorten am ersten Pfingstfest beisammen waren – hat vielleicht an diesem Feste mehr denn dreitausend das Herz geöffnet und seinen Engeln Freude bereitet über viele Sünder, die Buße getan [vgl. Lk 15,10].

Dass aber, Geliebte, diese Liebe, aus Gott geboren, noch so wenig unter uns wohnet, dass gemeinsames Gebet, gemeinsame Erbauung und Ermahnung und Zucht in dem Herrn sich noch so spärlich finden, dass noch so wenige (im Verhältnis zur Welt) sich regen, Hand anzulegen und rastlos zu wirken für Gottes Zwecke, während an allen Orten man sich verbindet, um eigenen Vorteil, Gewinn oder eigene Freude zu befördern, dienet uns freilich zur großen Demütigung und beweiset, wie arm wir alle noch sind an Gaben des Geistes [vgl. I Kor 12,1 ff.] – ist uns aber auch ein Zeichen, wie gnädig, geduldig und barmherzig unser Hoherpriester ist. Lasset uns denn solche Gnade nicht vergessen, lasset uns anziehen den Geist des neuen Menschen [vgl. Eph 4,23f; Kol 3,8ff], lasset uns kämpfen gegen das ungerechte Wesen in uns zuerst, dann um uns her und fürder [= künftig] Mut haben und festes Vertrauen auf den Herrn, der seinen Bau vollenden wird! Seine Gemeinde ist noch [14:] nicht zerfallen. Sie lebet; wir glauben es, denn er hat verheißen, sie zu bewahren, sie zu halten, wenn wir sie auch wirklich nicht sähen. Sie wächset auch, aber wie der Baum, des Wachstum man nicht siehet, aber glaubet, dass er wächst. So ist seine Verheißung unser Trost; verachtet und vergisst ihn die Welt, desto herrlicher wird er, desto größer der Preis, den ihm seine Gemeinde im Herzen singet: Einst wird die Welt nicht mehr sein. Aber er wird herrschen in Ewigkeit und die Seinen mit ihm in gleicher Seligkeit, die dann offenbar worden ist [vgl. Jes 51,6; Mt 24,35]. Möchten auch wir dann unter denen stehen, die ihn anbeten und niederfallen und selig geworden sind. Amen.

Johann Hinrich Wichern

Predigt: 16. September 1832 über Lukas 10,23-37[1] (13. So. nach Trinitatis – St. Michaelis Hamburg)

[1:] Gebet: Psalm 5. Herr, frühe wollest du unsere Stimme hören, frühe wollen wir uns zu dir schicken und merken auf dein Wort des Lebens etc. Nimm unsere Herzen an als dein Eigentum.

In unserem Gesange[2] haben wir eben den Herrn gebeten, dass er uns gnädig annehmen wolle und uns Anteil verschaffe zu der Seligkeit, die er uns durch sein Kreuz erworben hat. Das, meine Lieben, ist das rechte Gebet, wie es der Vater will anhören und erhören. Denn darin bekennen wir, dass wir nichts sind aus uns selber, aber dass wir eines Erlösers und Seligmachers bedürfen, weil wir uns selbst nicht erlösen und selig machen können. Und darin wird zugleich die Liebe des Vaters gepriesen, die er uns umsonst schenken will um seines Sohnes willen. Dieser Sohn ist nicht ferne von uns, sondern ganz nahe an jeder Seele und siehet sie hier an, ob sie sich will unsträflich und selig machen lassen aus Gnaden durch den Glauben, und wo er ein williges Ohr findet, kehret er ein und baut sich eine Behausung im Geist. Unser heutiges Evangelium stellet uns so den Herrn vor Augen, wie er mitten unter dem Geschlechte dieser Welt stehet und suchet selig zu machen, was verloren ist [vgl. Lk 19,10]. Manche hat er dort schon gefunden und bauet sie in seiner Gnade, und andere suchet er, ob sie sich wollen finden lassen. Und solche Dinge hat er aufzeichnen lassen in seinem Wort und Evangelium, das wir heute hören, um seine Geschäfte des Seligmachens unter uns fortzusetzen oder anzuheben, wo es der Herzen Härtigkeit [vgl. Mk 16,14] noch nicht hat zugelassen. Seine Augen sehen auf den Glauben, durch den

---

[1] Vorlage: Archiv des Rauhen Hauses, Hamburg, Bestand 61 H a, Nr. 18. – Auf dem Titelblatt ist vermerkt: „Frühpredigt in St. Michaelis [Hamburg], d. XIII Trinit. (für Herrn Pastor v. Ahsen) über Ev. Luk c[a]p. 10, v. 23-37“ sowie „(Infolge dieser Predigt besuchte mich m. Theodor Libor denselben Morgen) Hbg, den 16. Septbr [1832] J. H. Wichern“ – Vgl. Gerhardt, Wichern I, 122 (dort fälschlich 16.12. statt 16.9.).

[2] Lieder ([8]1816): Vor der Predigt 181: Ich komme, Friedensfürst. Zwischen der Predigt: 183 [Herr, Allerhöchster! Gott, von dem wir] V. 6-7 Mein Heiland, der du [einst für deine Jünger batest]. Nach der Predigt: 185 Nun bitten wir dich, heil’ger Geist.

wir sollen selig werden, aber seine Gnade weichet von denen, die ihn zurückweisen und wollen durch Werk und eigenes Wort sich rechtfertigen vor Gott. So lasset uns nun heute solches nach unserem Evangelium, Gott geb, zu unserer Seelen Seligkeit bedenken. Amen. [2:]

[Predigttext] Lk 10,23-37
[23 Und er wandte sich zu seinen Jüngern und sprach zu ihnen allein: Selig sind die
Augen, die sehen, was ihr seht. 24 Denn ich sage euch: Viele Propheten und Könige
wollten sehen, was ihr seht, und haben's nicht gesehen, und hören, was ihr hört, und
haben's nicht gehört. 25 Und siehe, da stand ein Schriftgelehrter auf, versuchte ihn
und sprach: Meister, was muss ich tun, dass ich das ewige Leben ererbe? 26 Er aber
sprach zu ihm: Was steht im Gesetz geschrieben? Was liest du? 27 Er antwortete und
sprach: Du sollst den Herrn, deinen Gott, lieben von ganzem Herzen, von ganzer Seele, von allen Kräften und von ganzem Gemüt, und deinen Nächsten wie dich selbst. 28
Er aber sprach zu ihm: Du hast recht geantwortet; tu das, so wirst du leben. 29 Er aber
wollte sich selbst rechtfertigen und sprach zu Jesus: Wer ist den mein Nächster? 30 Da
antwortete Jesus und sprach: Es war ein Mensch, der ging von Jerusalem hinab nach
Jericho und fiel unter die Räuber; die zogen ihn aus und schlugen ihn und machten
sich davon und ließen ihn halb tot liegen. 31 Es traf sich aber, dass ein Priester dieselbe Straße hinab zog; und als er ihn sah, ging er vorüber. 32 Desgleichen auch ein
Levit: als er zu der Stelle kam und ihn sah, ging er vorüber. 33 Ein Samariter aber, der
auf der Reise war, kam dahin; und als er ihn sah, jammerte er ihn; 34 und er ging zu
ihm, goss Öl und Wein auf seine Wunden und verband sie ihm, hob ihn auf sein Tier
und brachte ihn in eine Herberge und pflegte ihn. 35 Am nächsten Tag zog er zwei
Silbergroschen heraus, gab sie dem Wirt und sprach: Pflege ihn; und wenn du mehr
ausgibst, will ich dir's bezahlen, wenn ich wiederkomme. 36 Wer von diesen dreien,
meinst du, ist der Nächste gewesen dem, der unter die Räuber gefallen war? 37 Er
sprach: Der die Barmherzigkeit an ihm tat. Da sprach Jesus zu ihm: So geh hin und tu desgleichen!]

Die große Gnade Gottes in Christo Jesu. Unser Text gibt uns dazu drei Fingerzeige in den drei Personen, die uns vorgestellet werden,

1. von den Jüngern lernen wir, dass die Gnade allein dem Glauben zuteil wird,

2. von den Schriftgelehrten, dass wir die Gnade nicht durch die Werke verdienen können,

3. von dem Exempel des barmherzigen Samariters aber, dass durch die Gnade die Werke uns geschenkt werden.

Gebet.

1. Wollen wir lernen, wie die Gnade und Seligkeit allein dem Glauben zuteil wird, so lehret uns das unser Text sehr deutlich. – Lasset uns nur zunächst auf die Leute sehen, unter denen und zu denen der Herr seinen Mund auftut.

Er stand unter den 70 Jüngern, die zurückgekehrt waren zu ihm, nachdem er sie ausgeschickt und unter den zwölf Aposteln, die stets bei ihm waren und blieben, und unter diese hatten sich auch Pharisäer und Schriftgelehrte gemischt und höreten und sahen, was er redete und tat. – Und unter diesen hebt er seine Hände auf zu dem himmlischen Vater und freuete sich im Geist und sprach: Ich preise dich, Vater [des] Himmels und der Erde, dass du solches verborgen hast den Weisen und Klugen und hast es geoffenbaret den Unmündigen. Ja Vater, also war es wohlgefällig von dir. Es ist mir alles übergeben von meinem Vater. Und niemand weiß, wer der Sohn sei, denn nur der Vater, noch wer der Vater sei, denn nur der Sohn und welchem es der Sohn will offenbaren. [Lk 10,21f.] – Da werden wohl aller Augen auf ihn gesehen haben, auf ihn, den Mann, der also betete – aber er wendet sich ab von allen anderen und redet zu seinen Jüngern in Sonderheit: Selig sind die Augen, die da sehen, das ihr sehet! und was [im Predigttext] folgt.

Warum redet der Herr zu seinen Jüngern in Sonderheit? Gewiss aus keiner anderen Ursach, als weil sie eben diejenigen waren, für die er dem Vater gedankt, der sie ihm zu Eigentum gegeben, als sie diejenigen, die sich nicht weise dünkten und klug, als wären und wüßten sie etwas aus sich selber – sondern die sich als Unmündige erkennen, als Arme und Schwache, die allein von ihrem Meister [3:] das Leben und die Hoffnung haben. – Nun diesen spricht der Herr die Seligkeit zu und die Gnade und rühmet die Herrlichkeit derselben als eine ewige Gnade, darum spricht er: „Viele Propheten und Könige wollten sehen, das ihr sehet, und haben es nicht gesehen, und hören, das ihr höret, und haben es nicht gehöret." Wen sahen sie denn? Was höreten sie denn? „Wir sahen seine Herrlichkeit, als die Herrlichkeit des eingeborenen Sohnes vom Vater voller Gnade und Wahrheit" [Joh 1,14], spricht Johannes. Sie sahen den Erlöser und Heiland der ganzen Welt und sollten ihn noch sehen in seinem Leiden und seiner tiefsten Erniedrigung am Kreuz, wie er litte und stürbe für die Sünden der Welt und auch ihre Sünde, sollten ihn noch sehen auferstehen, gen Himmel fahren und erfahren und hören das Brausen, das am Pfingsten das ganze Haus erfüllete, und empfangen den Heiligen Geist, die Verheißung des Vaters. Und dieses, spricht der Herr, war die Sehnsucht vieler Propheten und Könige. Ja, meine Lieben, von Abel an, bei Noah, Abraham, David, von Jesajas bis Maleachi. Darnach brannte ihr Herz, den Sohn Gottes zu sehen, und die Offenbarung des Vaters in dem Geliebten zu erkennen und den Seligmacher und Fürsten des Lebens zu empfangen in ihrer Mitte und in ihrem Herzen.

Und da die Jünger das höreten, schwiegen sie stille – denn der Herr hatte zu ihnen in Sonderheit geredet, hatte sie angesehen und auserwählet vor allen, hatte ihretwegen dem Vater im Himmel gedankt vor vielen Ohren, und da sie solche Liebe ihres Heilandes sehen und vernehmen – was sollten sie sagen? Es fehlen oft Worte, wo die Empfindung des Herzens uns ganz beherrscht; wie hier die Jünger, denn sie sind, wo nicht in demselben Augenblick, gewisslich nachher inne geworden ihrer gänzlichen Unwürdigkeit, ihrer Sünde und Verdammlichkeit, ihrer Schwachheit und ihres Todes – und daneben der Gnade Gottes und seiner Barmherzigkeit, die ihnen so reichlich widerfahren, und der Vergebung der Sünden in dem Heiland, der sie also geliebt. – Das aber, meine Teuren, ist eben das Zeichen des Glaubens im Herzen, um deswillen der Herr sie in Sonderheit ansiehet, weil sie nichts haben und alles von ihm erwarten, preist er [3a:] sie selig und stellet sie über Könige und Propheten – und das alles um ihres Glaubens willen.

Geliebte Brüder und Schwestern, auch uns stellet der Herr also, wenn wir Glauben haben wie jene. Haben wir Glauben, so haben wir gleich Seligkeit, haben wir nicht den Glauben, so sind wir unselig und bleiben es. Was der Glaube ist und dies Wort bedeutet? Siehe, lerne es von den Aposteln: Wie sie alles aufgeben um Christi willen und alles von neuem aus seiner Hand nehmen, das ist Glauben. Lass in deiner Seele alles vor dir hintreten, was dir geschenkt ist durch Geburt, durch Erwerb, durch Freunde, durch Fleiß und Arbeit, alle Habe und alles Gut, alles Liebe, sei es tot oder sei es lebendig, was dich bis hierher besessen hat und was du besessen hast, dein ganzes Herz mit Sinnen und Gedanken, mit Hoffnungen und Bestrebungen, mit Planen und Erwartungen – und stehet das vor dir alles in dichten Scharen – dann lass es los und sprich: Herr Jesu! ich lasse alles um deinetwillen, ich verlasse alles und verlass mich nur auf dich, im Leben, im Sterben, in Zeit und Ewigkeit, denn nichts kann mich retten von meiner Sünde und Schuld und großen Strafe, nichts kann mir Vergebung und Leben erwerben, denn allein du, mein Heiland und mein Gott, nichts und keiner kann mich heiligen und läutern, kann mich reinigen und freimachen von der Sünde, die mich träge macht, denn *allein du*, Barmherziger! „Ich lieg und bet dich an“ und siehe: du bist unmündig geworden und hast die Weisheit der Welt abgelegt und ihre Klugheit verleugnet und hast *glauben* gelernt, durch den dem Sünder Gnade widerfähret. Dann siehet auch deine Seele der Heiland gnädig an und spricht in einer Sonderheit zu dir: Selig ist dein Auge, das da sehet, was du siehest [vgl. Mt 13,16]: denn in Jesu hast du alles wiedergewonnen und ererbet, was du um seinetwillen verlassen hast, statt der vergänglichen Güter und *in* den vergänglichen Gütern die ewigen [4:] Güter des Lebens, statt der Sünde die Vergebung der Sünde und ewiges Leben. Siehe, nun zeiget er dem Armen, der da glaubet, seine eigene Armut, durch die wir reich geworden. Er zeiget den Verlassenen sein Gebet am Kreuz, auf dass keiner mehr verlassen sei, den Traurigen seine Verheißung des Trostes in dem Heiligen Geist, den Schwachen seine Stärke, den viel Geprüften seine Versuchung, durch die wir überwinden, den Leidenden seine Geduld, den heilsbegierigen Seelen sein Wort, den trostbedürftigen Sündern sein Kreuz, den Sterbenden sein Leben und seine Auferstehung, den Fröhlichen seine vollkommene Freude und das Öl *seiner* Freude – und redet zu jedem in Sonderheit, der im Glauben zu ihm kommt und vor ihn tritt. Welche Gnade, welche Hoffnung, welch Erbarmen, die der Herr uns Armen schenkt, d.h. denen, die sie annehmen wollen und fühlen, dass sie ihrer bedürftig sind. Solche waren nun auch die Jünger im Evangelium, von ganz anderer Art der Schriftgelehrte, von dem wir

2. lernen sollen, dass solche Gnade nicht zu denen kommen kann, die sie durch Werke erwerben wollen und verdienen. Der Schriftgelehrte will durch sein Werk vor Gott gerecht werden. So werden wir denn wohl seine Werke betrachten müssen, die ihm die Gerechtigkeit und Seligkeit erwerben sollen nach seinem Wahn. Viel ist uns von ihm nicht erzählet, aber genug um zu sehen, dass ihn seine Werke verdammen und er sich selbst verdammt, wo er sich rechtfertigen will.

Das ist sein erstes Werk – dass er *aufstehet*. Bedeutet das nichts? Warum tat er das? Was trieb ihn in seinem Herz dazu? War es wohl die Liebe zum Heiland, und nicht vielmehr der Hass gegen denselben? Er wünschte, dass Jesus [5:] nicht möchte geredet, nicht möchte gebetet, nicht möchte die Unmündigen, die Jünger, selig gepriesen haben, und mag überhaupt Jesum nicht und stehet auf, von solch bösem Herz getrieben, um Jesum aus dem Felde zu schlagen. Und dazu öffnet er seinen Mund – und spricht die Lüge: Meister, was muss ich tun, dass ich das ewige Leben ererbe? Er meinete es schon zu haben durch das Verdienst seiner Werke, darum fragte er nicht aus aufrichtigem und einfältigem Herzen, sondern heuchlerisch und voll Falschheit. „Er versuchete Jesum", sagt der Evangelist. Aber Jesus ist sanftmütig und von Herzen demütig [Mt 11,29] und will, dass alle lernen von ihm, und fragt: Wie stehet im Gesetz geschrieben, wie liesest du, nämlich in der Bibel alten Testaments? Da weiß er die rechte Antwort; den Kern des Alten Testamentes, wohl zu finden und spricht: Du sollst Gott deinen Herrn lieben von ganzem Herzen, [von ganzer Seele, von allen Kräften und von ganzem Gemüt,] und den Nächsten als dich selbst. Jesus aber spricht zu ihm: Du hast recht geantwortet: tue das, so wirst du leben.

Der Herr spricht zu ihm, wie Mose zu ihm gesprochen: aber um ihn, wie Mose es gewollt, zu sich zu führen; der Herr lässet es auf einen Versuch ankommen und fordert ihn auf, das Gesetz zu erfüllen, so werde er leben, wohl wissend, dass kein Mensch es erfüllen kann, der nicht von neuem geboren ist, wie er selbst zu Nikodemus gesprochen [vgl. Joh 3,5] – aber er will ihn dadurch zur Erkenntnis der Sünde führen und in ihm anzünden das Verlangen nach der Erlösung und Versöhnung und ihn dahin bringen, dass auch er ein Unmündiger sei und sich ohne Jesum als verwaist und ohne Hoffnung erkenne. „Denn das Gesetz wirket Erkenntnis der Sünde." [Röm 3,20] Meine Lieben, lasset uns doch sehen, wie der Herr die Sünder sucht, auch diesen

Sünder suchte, und wie sein Geist ihn strafen wollte [6:] wegen seiner Sünde, aber er sich nicht wollte strafen lassen. Der Pharisäer wurde verlegen über sich selbst und über seine Gerechtigkeit (er hat wohl ein Empfinden des Verderbens bekommen), denn das konnte er dem [..., ein Wort ul] nicht ins Angesicht läugnen, dass er das Gesetz gehalten und Werke der Liebe, aus Gott geboren, getan habe.

Er fühlte wohl, dass er gerechtfertigt werden müsse wegen seiner Schuld (Sündenbekenntnis), aber wollte sich nicht rechtfertigen und gerecht machen lassen von Christo, sondern wollte sich selbst rechtfertigen (und gräbt sich selbst das Grab) – er lässt sich abermal verführen von seinem durch den Argen [den Teufel] verführten Herzen und spricht eine Lüge, die abermal beweiset seinen Hass gegen die Brüder, wie sein Aufstehen und seine erste Frage den Hass gegen den, der eins ist mit dem Vater [vgl. Joh 10,30]. „Wer ist denn mein Nächster?“ ist seine Frage.

Und wozu, meine Geliebten, hat uns die Heilige Schrift von diesem Manne erzählt? Wenn auch in mancher anderen Absicht, gewiss auch in der, dass wir daraus sollen kennenlernen das Dichten und Trachten des menschlichen Herzens, das eigene Herz und Leben, wie es böse ist von Jugend auf [vgl. Gen 8,21] und wir darum die Seligkeit nicht erlangen können durch die Werke, sondern allein aus Gnaden durch den Glauben. Wir sollen sehen, wie auch *unser* Herz von Natur ist wie das des Schriftgelehrten, nämlich Fleisch und Sünde und selbstgerecht, und erschrecken vor der Sünde und *verlegen* werden ob unserer Missetaten. Wir sollen sehen, dass unser Herz so verzagt und trotzig ist und widerspenstig und sollen es erkennen in diesem und jenem Fall, im Kleinen und im Großen, sollen sehen, wie so oft auch wir uns selbst rechtfertigen und unsere Sünden beschönigen, öffentlich oder im Stillen – oder ihrer gar nicht gedenken und inne werden und um die Vergebung so wenig bitten, weil wir uns *selbst* so viel vergeben, also es machen wie jener Schriftgelehrte, statt ihm unsere Übertretungen zu bekennen ohne Falsch, auf dass er sie uns vergebe. – Wer stehet noch und zögert und zaudert auf solch Bekenntnis, dass unser Leben nicht bloß voll Sünde und Flecken ist, sondern im Herzensgrunde das Verderben und die Schande wohnet, womit wir Gott verunehren und nimmermehr ihn lieben [7:] können von ganzem Herzen, auch nicht mit halbem Herzen, denn das ist gar keine Liebe? O, sähe doch, der da so ist und hingehet ohne lebendigen Seelenhunger, den Herrn, dem alles übergeben ist vom Vater, dass er erschräke vor dessen gerechtem Gericht, vor dem ein jeder erstehen und hingestellt werden soll nach der Gnadenzeit, möchten doch die *trägen* Herzen sehen, wie seine Seele gearbeitet hat und Flehen und Seufzer geopfert im Tode, um Seelen zum ewigen Leben zu erwecken, möchte doch jede Seele allhier sich finden und treffen und bewegen lassen von seiner Liebe und Gnade und inne werden und fühlen, wie er so bei uns ist allezeit und ansiehet die Sünde jedes Tages, jeder Stunde und darüber weinet, dass wir nicht mit Ernst gedenken, was zu unserem Frieden dienet [vgl. Lk 19,41 f.] - dann würde das Bekenntnis *laut* werden: Vater, ich habe gesündigt in dem Himmel und vor dir und bin hinfort nicht mehr wert, dass ich dein Sohn heiße (Lk 15,21). Herr, gehe aus von mir, ich bin ein sündiger Knecht. Meine Sünde ist immer vor mir (Ps 51[,5]). Wir sind's nicht wert, wir sind's nicht wert! Und seine Gnade kehrte bei allen ein und würde groß gerühmet und gefeiert aus Herzensgrund. Darum fühlest du, dass all deine Werke dich nicht bringen können in das Reich seiner Gnade, und merkest du, dass du furchtsam wirst ob deiner Seligkeit, und wirst du verlegen über die Sünde - so weiche nicht aus, wie jener Schriftgelehrte, sondern gib der Stimme des Gewissens nach und verdamme dich selbst, warte und lass dich ziehen, fliehe zum Gebet und bleibe darin und rufe, schreie, bis er dich höret, und wenn die Nacht des Herzens dir am finstersten wird und der Odem des Lebens dir immer mehr entzogen wird und deine Seele ihn scheint gar nicht vernehmen zu können - so lasse ihn nur nicht und sei gelassen, er wird dir geben zu seiner Zeit in ungenannter und unaussprechlicher Fülle den Heiligen Geist, den er ausgießen will, nach seiner Verheißung, über alles Fleisch (Joel 3,1), über Jünglinge und Mägde, über Kinder und Alte - über alle, die ihn darum bitten, und der du durch Werke nicht konntest gerecht werden, wirst es werden durch den Glauben - und bedarfst der Werke nicht, sondern hast die Gnade und Seligkeit schon vor den Werken in diesem Glauben, [8:] so dass [du] sie gar nicht mehr verdienen kannst, was du aber auch nicht mehr willst nach Gottes Willen. Das Verdienst ist allein des Mittlers, der ist um unserer Sünde willen dahingegeben und um unserer Gerechtigkeit willen erwecket (Röm 4,25), ist zu einem Fluch geworden für uns [vgl. Gal 3,13], und unsere Strafe liegt auf ihm, auf dass wir Frieden hätten [vgl. Jes 53,5] und Freude im Heiligen Geist. Das ist der Glaube, dem der Herr alles schenket, die Gnade und deren Gaben, denen er die Kraft verleihet zu einem neuen Leben, durch die er ein Licht anzündet in dem Herz, das vordem Finsternis war, und die Liebe, wo bisher nur der Hass, wenn auch versteckt, gewallet. [9:]

Das ist die Gnade, welche in uns wirket und hervorbringet die Liebe des ganzen Herzens zu Gott und die heilige Liebe zu dem Nächsten, welche der Herr von dem Schriftgelehrten fordert, von welcher seine Jünger aber wohl wussten, dass sie nur sein könne in einem wiedergeborenen Herzen. Wie Johannes schreibet: (I Joh 5,1) Wer da glaubt, dass Jesus sei der Christus, der ist von Gott geboren, und wer da liebet den, der ihn geboren hat, der liebt auch den, der von ihm geboren ist, das ist sein Bruder. So folgen die Werke auf die Wiedergeburt und werden durch die Gnade, die uns treibet, in uns gewirket, was wir eben

3. noch kurz erwägen wollen. Ein Exempel hält uns der Herr in dem barmherzigen Samariter vor Augen, und wir sehen an demselben aufs deutlichste, was es mit der geforderten Liebe zu bedeuten habe. Sie soll ein Abbild und Abdruck der Segen und Frieden bringenden Liebe Gottes zu uns sein, dass, so wie wir von Gott geliebet sind in Christo, so auch die, die er uns nahe gebracht, von uns geliebt werden sollen, nicht bloß mit Empfindungen und Betrachtungen, nein, so schreibet der Apostel, und zwar ausdrücklich (I Joh 5) denen, die glauben an den Namen des Sohnes Gottes, denn die allein vermögen [es]: *„Lasset uns nicht lieben mit Worten, noch mit der Zunge; sondern mit der Tat und mit der Wahrheit“* (I Joh 3,18); so wie es von dem Samariter nicht bloß heißet: Er *sahe* den Elenden *an*, es jammerte sein der leidende Mann. Das Ansehen, meine Lieben, tun viele, die das Zusehen lieben, auch haben manche Jammer und Mitleid im Herzen, – aber dass der Christ hinzugehe und anfasse und die Wunden verbinde und gebe, was er hat über der Notdurft hinaus, das fordert der Herr in unserem Gleichnis. Nicht dass wir dadurch uns die [10:] Seligkeit verdienen könnten – sondern weil es der Wille Gottes ist und dass sich dadurch erweise die Liebe, die wir zu Gott haben, und dass wir dadurch, ohne anders zu können, an den Tag legen, dass auch uns wahrhaftig Barmherzigkeit widerfahren ist. Und wie der Herr unser Elend nicht bloß angesehen hat vom Himmel aus, sondern herabgestiegen ist, um uns zu retten, und wir ihn nicht bloß jammerten, sondern er uns anfasset und mit uns eingeht in unser Elend und in unsere Not und über unsere Wunden nicht bloß geklaget, sondern sie auch verbunden und geheilet und uns gesund gemacht hat, also sollen auch wir das tun und Barmherzigkeit üben an unseren Brüdern, so folgen wir seiner Güte und gehen mit Jesum. Und wenn wir alles getan haben, was uns befohlen ist, so sollen wir sprechen; nicht bloß mit dem Mund, sondern von Herzen und für uns: *Wir sind unnütze Knechte; wir haben getan, was wir zu tun schuldig waren* (Lk 17,10). Vermagst du das über dein Fleisch, dass du dich aller eigenen Ehre, alles eigenen Rühmens, aller eigenen Liebe dabei begibst, dass du allein auf ihn es ankommen lässest, dass es offenbar werde oder verborgen bleibe – so vermagst nicht du es, sondern der Herr Christus, und sein ist die Ehre und die Kraft und der Ruhm, es ist ein Werk seiner Gnade, dass du Liebe und Erbarmen übest, und wir sind so gar nichts, sondern bleiben an uns selber arm, elend und bloß.

Aber noch ein weiteres zeiget uns der Herr in der Erzählung von dem barmherzigen Mann. Der Herr will uns diesmal nicht zuerst ans Herz legen, dass der Leidende unser Nächster ist, den wir lieben sollen, sondern vielmehr, dass der barmherzige Samariter es ist, mit dem wir uns verbinden sollen zu gleicher Liebe und gleichem Werke. Der Barmherzige, den der Herr rühmt, kann immerdar nur ein solcher sein, der von ihm [11:] die Barmherzigkeit erlanget und angenommen hat. Als einen solchen sieht er den Samariter an, mit dem sollen wir in Gemeinschaft treten, ihn als unseren Bruder in Christo begrüßen vor aller Welt, erkennen, ihn für unseren Nächsten halten. Sträubet dich hier noch dein Fleisch, wenn du daneben hörest, dass dieser Samariter der Verachtete war, dass es der ist, den dein natürlicher Mensch bis dahin noch in seines Herzens Hochmut übersehen – so bist du wie jener selbstgerechte Schriftgelehrte und möchtest wohl fragen wie er, um dich selbst zu rechtfertigen: Wer ist denn mein Nächster? Antwort: Der, den die Welt nicht kennet, den *sie* nicht ehret, sondern hasset, den sie mit Spott und Widerwillen nennet und höhnt, der sich zu Christo bekennet und in ihm das Heil allein suchet und gefunden hat, der die Barmherzigkeit Gottes an seinem Herzen preiset und sich selbst einen sündigen Menschen weiß und Erbarmen erflehet von seinem Heiland und Gott und darum sie wieder erweiset, um Seelen zu seinem Gott und Welt versöhnet zu führen.

Zu solchen sollst du treten, mit ihnen es halten, denn sie halten es mit Gott und seinem Wort, mit dem, der sich uns zum Eigentum erkaufet hat durch sein Blut. Hier ist ein ewiger Grund und ein heiliges Band der Verbindung, die Gnade Gottes in Christo und die Liebe, die entzündet ist an solcher Gnade; hier finden sich die Herzen zusammen in dem Glauben an den eingeborenen Gottessohn und beugen sich die Knie des Herzens vor dem Thron seiner Gnade und erbitten nicht bloß, sondern empfangen auch die Gabe des Heiligen Geistes, der ausgegossen wird durch Jesus Christus, unsern Heiland.

Prüfe dich, wer bisher dein Nächster gewesen. Wie, wenn jener Samariter wär plötzlich an Jesu Seite erschienen, was hätten wohl die Jünger getan? Hätten sie ihn nicht aufgenommen? Und du willst ein Jünger Christi doch heißen! Wohlan, so verlasse die Welt und diene dem Herrn, und verbinde dich mit denen, die Gott lieben, so wie wir uns auch untereinander lieben, und dass so auch wir seiner Vollendung entgegengreifen.

O, säumet nicht, verlasset die Welt in eurem Herzen, da sie vergehet mit ihrer Lust, betet mit in stetem Anliegen, dass der Herr seinen Heiligen Geist ergieße über seine Gemeinde und sich ein Haus baue, das da wächset bis in den Himmel. – Sehet, das ist die Gnade Gottes in Jesu Christo, in welchem allein ist Heil und Friede und Seligkeit und Gemeinschaft der Liebe und des Gebetes und Freudigkeit auf den Tag des Gerichtes. Selig sind die Augen, die da sehen, das ihr sehet, und die Ohren, die da hören, das ihr höret. Wer Ohren hat zu hören, der höre [Mt 11,15] und lerne selig werden durch Glauben. Amen.

Johann Hinrich Wichern

Predigt: 4. April 1833 über 1. Korinther 11,23-32[1] (Gründonnerstag – Hamburg)

[179:] „Ich komme einst gewiss zu dir" – Mit solch' einer herrlichen Hoffnung schließt unser Lied.[2] Wer, in dem Herrn Geliebte, wollte von dieser Hoffnung lassen? Wer darf sich ihrer getrösten? Kein anderer als der sie gebauet auf den rechten Grund, Jesum Christum selbst, auf den sie zielt, und da, da ist die Versöhnung für unsere Sünden. Auf dass dieses Gut auch *unser* Eigentum werde, dazu hat uns der Herr nicht nur den Glauben befohlen, sondern auch geschenkt; auf dass wir mit diesem Besitztum wuchern, dazu hat er uns in die Gemeinschaft der Liebe versetzt, in welcher wir uns erweisen sollen als die Reichen, welche teilhaben an solcher Verheißung in dieser armen Welt. So bleiben denn Glaube, Liebe und Hoffnung [vgl. I Kor 13,13] die Güter der Gnade, um die wir zu beten haben, über die wir zu wachen haben, damit wir getrost, versöhnlich und getreu bleiben können in den Anfechtungen und Versuchungen, welche uns in der Welt alltäglich begegnen. Und doch, gel.[iebte] Fr.[eunde], wie oft, wie oft müssen wir klagen, dass sie sich in dem Sinn, wie der Herr sie von uns haben will, nicht bei uns finden; wie oft müssen wir nicht erfahren, der Geist sei willig, das Fleisch aber schwach! [vgl. Mt 26,41] Danken wir daher dem Herrn, der uns allezeit den Weg zu solcher Gnade geöffnet hat, der vornehmlich in diesen Tagen uns den köstlichsten Weg zu seiner Gnade weiset, den Weg zu seinem heiligen Sakrament des Altars. – Schon unser [180:] Gesang hat unsere Gedanken auf das heilige Abendmahl gerichtet, der heutige Tag ist zum Gedächtnis seiner Ein-

---

[1] Vorlage: Zwölf Predigten gehalten von einigen Candidaten E.E. Hamb. Minist., Lehrern an den Hamburgischen Sonntagschulen, hg. zum Besten der Sonntagsschulen und der Rettungs-Anstalt für sittlich verwahrlosete Kinder in Hamburg. Mit einem Vorwort von L.[udwig] C.[hristian] G.[ottlieb] Strauch, Altona 1834, 177-195. – Wicherns Predigt wurde als zwölfte Predigt abgedruckt, mit folgender Bemerkung: „Diese Predigt hätte der Reihe nach die dritte sein sollen; sie konnte aber erst später eingeliefert werden und erhielt daher diesen Platz." (177)

[2] Lieder ([8]1816): Vor der Predigt: 152. Gelobet seist du großer Gott. Zwischen d. Predigt: 105, 1. O Lamm Gottes, unschuldig. Nach der Predigt: 107. Ich danke dir für deinen Tod [und die gehäuften Plagen].

setzung verordnet, und Hunderte von Gläubigen, Väter und Mütter mit ihren neu eingesegneten Kindern sehen wir herbeiziehen, um den Tod des Herrn vor der Gemeinde zu verkündigen. In diesem Mahl liegt für alle der ganze Schatz der Gnade unsers Herrn Jesu Christi offenbar und aufgetan; ein unerschöpfbarer Born seiner Huld ist hier allen Hungernden und Durstenden geöffnet, dass sie nehmen sollen im Glauben die Vergebung ihrer Sünden, dass sie nähren sollen die Gemeinschaft ihrer Liebe und fester begründen und besiegeln lassen sollen die Hoffnung der Herrlichkeit, zu der die Gottes-Kinder berufen sind. Demnach liegt es uns nahe, das heilige Abendmahl selbst zum Gegenstande unserer andächtigen Betrachtung zu machen. Das, worauf es uns heute dabei besonders ankommen soll, ist die heilige und heiligende Gegenwart des Herrn im Sakrament, denn von ihr ist, wie aller Segen des würdigen Genusses zu erwarten, so aller Fluch des unwürdigen Genusses zu fürchten. Darum lasst uns seine Gegenwart im Sakrament in Beziehung auf unsern Glauben, unsere Liebe und unsere Hoffnung erwägen!

Epistel: I Kor 11, 23-32.

„[23] Ich habe es von dem Herrn empfangen, was ich euch gegeben habe. Denn der Herr Jesus in der Nacht, da er verraten ward, nahm er das Brot, [24] dankete und brach's und sprach: nehmet, esset, das ist mein Leib, der für euch gebrochen wird, solches tut zu meinem Gedächtnis. [25] Desselbigen gleichen auch den Kelch nach dem Abendmahl und sprach: dieser Kelch ist das neue Testament in meinem Blut; solches tut, sooft ihr's trinket, zu meinem Gedächtnis. [26] Denn sooft ihr von diesem Brot esset und von dem Kelch des Herrn trinket, sollt ihr des Herrn Tod verkündigen, bis dass er kommt. [27] Welcher nun unwürdig von diesem Brot isset, oder von dem Kelch des Herrn trinket, der ist schuldig an dem Leib und Blut des Herrn. [28] Der Mensch prüfe aber sich selbst, und also esse er von diesem Brot und trinke von diesem Kelch. [29] Denn welcher unwürdig isset und trinket, der isset und trinket ihm selber das Gerichte, damit, dass er nicht unterscheidet den Leib des Herrn. [30] Darum sind auch so viele Schwache und Kranke unter euch und ein gut Teil schlafen. [31] Denn so [181:] wir uns selber richteten, so würden wir nicht gerichtet. [32] Wenn wir aber gerichtet werden, so werden wir von dem Herrn gezüchtigt, auf dass wir nicht samt der Welt verdammet werden."

Wir erwägen:

die Gegenwart des Herrn im Sakrament des Altars

in der dreifachen Beziehung, sofern dieselbe

1) Glauben fordert,

2) die Liebe nährt,

3) die Hoffnung fest begründet.

Du, Herr des Lebens, wollest uns auch jetzt Deine Gegenwart verspüren lassen, damit wir es recht erkennen und durch die Erkenntnis Deiner wachsen in deiner Gemeinschaft zu deiner Ehre und unserer Seelen Seligkeit! Amen.

1.

In dem Herrn Geliebte! Zwar stehet es mit allen Stücken des Evangeliums also, – dass, wer ihrer teilhaftig werden will, den Glauben haben muss, den Glauben an ihn, der allein der Weg, die Wahrheit und das Leben [vgl. Joh 14,6] ist. Aber in keinem Stück erscheint es deutlicher, dass ohne den Glauben nichts zu erlangen sei, als im Sakrament des Altars. Hier ist in einem unerforschlichen Geheimnis der große Schatz der Gnadengüter in Christo zusammengehäuft, hier ist der Inhalt des ganzen Evangeliums auf einen Punkt zusammengedrängt, hier stehet das Wort Gottes in der ganzen Fülle seiner Herrlichkeit, Kraft, Höhe, Tiefe, Weite und Breite; der Herr selbst ist hier gegenwärtig in seinem Leibe und seinem Blute; es fehlte allein, dass die letzte Hülle genommen würde, und wir sähen ihn, wie er ist. Und gerade darum ist hier die größte Besinnung nötig für jeden, der diesem heiligen Tische nahet; denn hier ruft der Herr sein: Ich bin's! und wer glaubt, wird selig, wer nicht glaubt, stürzt ins Gericht [vgl. Mk 16,16]. Aus dieser Rücksicht fordert das Sakrament, damit sein Genuss uns zur Seligkeit gereiche, den Glauben, [182:] und zwar den Glauben in seiner höchsten Tiefe und dem unbeschränktesten Umfang, d.h. die *Einfalt* im Glauben, welche nur das Wort ansiehet und sich damit zufrieden gibt.

Nicht beispielsweise, sondern weil es das Vorbild ist zu diesem Sakrament, gedenket der Gläubige hier an das Passamahl, das Gott, der Herr, im Alten Bunde einzusetzen ein Wohlgefallen hatte, um seines auserwählten Volkes willen [vgl. Ex 12]. Was fasst davon ein Menschenverstand, wenn er es vernimmt! Nachdem Finsternis, Heuschrecken, Hagel und Wetter den heiligen Zorn des Herrn über das in Sünden widerstrebende Ägypten offenbart haben [vgl. Ex 7ff.], soll der Verheißung nach in ganz Ägyptenland die Erstgeburt erschlagen werden in einer Nacht [vgl. Ex 11]. Nur nicht in den Häusern der Kinder Israel; für die verordnet der Herr, dass jeder Hausvater ein Lamm schlachte ohne Fehl; mit dessen Blut die Pfosten der Türe bestreiche, es nehme und esse. So soll bei ihren Häusern die tötende Hand vorübergehen. Und die Glauben hatten an solche Vaterliebe, taten also, und siehe! alle Erstgeburt der Ägypter wird erschlagen, vom Hause Pharaos herab bis auf die Erstgeburt der Magd; aber die Erstgebornen in Israel bleiben im Lande der Lebendigen! Hätten die Hausväter in Israel dies Wunder-Gnadenmittel erst begreifen und dann gebrauchen wollen, nicht einer wäre gerettet, sie wären alle umgekommen, gleich wie jene. Und nun stehet geschrieben: *Wir haben auch ein Osterlamm, das ist Christus, für uns geopfert* (I Kor 5,7);

siehe, das ist Gottes Lamm, welches trägt die Sünden der Welt (Joh 1,30). Am Tische des Herrn wird von diesem Osterlamm nicht etwa bloß geredet, als wäre es gleichsam zugegen, sondern so lautet das Wort: Das ist mein Leib, der für euch gebrochen wird, das ist mein Blut, welches vergossen wird für viele zur Vergebung der Sünden (Mt 26,25). Darin ist beschrieben und ausgesprochen die Gegenwart Jesu im Sakrament des Altars, und zwar eine besondere Gegenwart, so eigentümlicher Art, wie sie nirgends anderswo gefunden wird. Jesus ist gegenwärtig, anwesend unter Brot und Wein in seinem Leib und Blut [183:] wahrhaftig, und bietet sich uns selbst an und spricht: Nehmet hin und esset! Davor verstummet der eine vor Bewunderung und Anbetung, der andere aber vor Ärgernis, denn es dünket ihm Torheit zu sein und kann es nicht begreifen, denn ihm fehlt die Einfalt des Glaubens. Aber sprich, du Mensch, lebest, siehst und speisest du nicht täglich von gleichen Wundern, die du glauben musst? Willst du erst das Wesen des Lichtes ergründen und dann deine Augen öffnen, um dich erleuchten zu lassen? Willst du zuvor wissen, was Leben ist, woher es stammt, und erst darnach anfangen zu leben? Willst du zuvor erforschen, was deine Gedanken sind, aus welcher verborgenen Tiefe sie kommen, und hernach erst anfangen, mit ihnen zu denken? Soll dir zuvor klar werden, wie aus einem Keime eine Ähre und aus dieser dein täglich Brot bereitet wird, bevor du davon issest und dich sättigest? Tue nur also in allen Dingen, wie du tun willst mit dem Leibe und Blute des Herrn, und du wirst dem Fleische nach erblinden, ersterben, verdursten und verhungern vor Verstandeslust. Weg, meine Lieben, mit einer solchen Lust nach einer Weisheit, die über Gottes Wort und Offenbarung hinausgeht; stellen wir uns *unter* Christi Wort, so stehen wir unter Christi *Gnade* und haben in ihr helle Augen und offne Ohren und gewinnen für das Opfer des Gehorsams begierige Herzen nach dem ewigen Heil.

Hier, meine Lieben, muss geglaubt sein mit aller Kraft und Macht des heiligen Geistes, der in uns wirket. Nehmet! Esset! das ist mein Leib, der für euch gebrochen wird. Dieser Kelch ist das neue Testament in meinem Blut! *für euch vergossen zur Vergebung der Sünden.* Das ist das rechte Wörtlein, woran der Glaube sich hält, über das und bei dem hinaus er nicht will. Siehe doch! der Herr Jesus speiset uns nicht bloß mit irgend einer geistlichen Gabe, sondern er speiset unsere hungernden Seelen mit sich selbst. Er ist nicht bloß unser Arzt, sondern selber die Arzenei für unser zerschlagenes Herz; er ist nicht bloß unser Hirt, sondern auch die Weide für die ermatteten Schafe; für gebrochene [184:] Herzen gibt er seinen gebrochenen Leib, für vergossene Tränen aufrichtiger Buße sein vergossenes Blut. Was wollen nun die, welche uns lehren, es sei hier nichts als eine Erinnerung, ein Gedächtnis an seinen Tod? [Huldrych Zwingli, 1484-1531] Gläubige Seelen, lasst euch nicht irren! Habt ihr nicht in der Schrift sein Wort? Habt ihr nicht in euch das Zeugnis seines heiligen Geistes? Macht euch der nicht hungrig, macht euch der nicht durstig nach diesem heiligen Mahle? Was ist es denn, was uns so herzlich verlangen und uns sehnen macht gerade nach dieser und nach keiner andern Speise, was uns zwingt und drängt, herzuzutreten an seinen Tisch? Er selber zieht uns inwendig und lässt uns unsere Leere fühlen, um uns zu seinem Mahle zu locken. Selig, die da hungert und durstet nach der Gerechtigkeit, denn sie sollen satt werden [Mt 5,6]: Nehmet hin und esset in meinem Leib und in meinem Blut die Vergebung der Sünden. Und glaubst du, so empfängest du. Und haben wir geglaubet und genommen, was er beuet [bedeutet], so wissen wir wohl, es ist der Leib und das Blut, das verklärte Leben des Sohnes Gottes, der das Leben hat in ihm selber, das uns hier gereicht wird in dem gesegneten Brot und in dem gesegneten Kelch; der Herr in all seiner Gnaden-Majestät und Herrlichkeit ist nahe, ganz nahe, ja, machet Wohnung bei uns, kehret bei uns ein, er selber mit seinem heiligen Geist und seinen Gnadengaben, und schüttet sie aus mit aller Fülle und macht unsere Seelen zu einer Schatzkammer der himmlischen Güter, dass wir sie schmecken und kosten, wie sonst an keinem Tische. – Darum gilt, wenn irgendwo, hier der Glaube, vor dem das Auge der Vernunft vergeht, vor dem die Gelüste des Fleisches sich beugen und ersterben, vor dem das Ohr der Welt sich schließt. Das weiß auch der Feind, der nicht ruhet und darum mit vielen Anfechtungen und lästernden Gedanken das Gemüt erfüllen und das Gewissen verwirren will. Aber da heißet es: Seid Gott untertänig, widerstehet dem Teufel, so fliehet er von euch. Nahet euch zu Gott, so nahet er sich zu euch! (Jak 4,7)

Darum selig seid ihr, die ihr glaubet und betet und vernommen habt die Stimme des heiligen Geistes und seinen [185:] Zug und das inwendige Wort Gottes, das euch ladet an diesen Tisch des Friedens, wo Christus selber unser Friede und seine Versöhnung unsere Speise ist. Ihr wisset auch, er hat euch den Glauben gegeben, sonst hätte er ihn nicht von euch gefordert. Hier ist der Weinstock, wir werden die Reben [vgl. Joh 15,5]; hier ist unser Haupt, das erfüllet unser Herz mit seinen Gedanken des Heiles; hier ist das Osterlamm, das sie ans Kreuz geheftet und geschlagen haben, dessen Blut zu unserer Versöhnung vergossen ist; wer ihn genießt, wird selig (Joh 6,51-53).

Aber die haben zu fürchten, die ohne den heiligen Geist oder mit Widerstreben desselben, ohne bußfertigen und gläubigen Sinn, zu solchem Heiligtum sich nahen. Der Herr Jesus ist gegenwärtig und fordert Glauben, damit er zu den Sündern kommen und sie selig machen könne [vgl. I Tim 1,15], aber in dem gesegneten Brot und Kelch kommt er auch zu denen, die da *nicht* glauben und unwürdig essen und trinken; diese aber essen und trinken sich selber das Gericht (V. 29). Es liegt ein schweres, ein erschreckendes

Geheimnis hier verborgen, denn also spricht der heilige Geist: Darum sind so viele Schwache und Kranke unter euch, und ein gut Teil schlafen (V. 30). Das erschrecke den Sicheren und mache die Erschrockenen verlegen, mache alle von neuem umsehen nach dem einfältigen Herzen-Glauben, den der Herr zwar fordert, aber auch gibt, um unserntwillen, auf dass wir in diesem Glauben durch seine Gegenwart im heiligen Abendmahl nicht gerichtet und verdammet, sondern beseligt und begnadigt werden.

2.

Wer aber solche Liebe Gottes empfängt, soll sie auch in *der Liebe* wiedererweisen, und er vermag solches, da durch die Gegenwart Jesu im Abendmahl die heiligste Art der Liebe genähret wird.

Solche Erwägung liegt unserm Texte nicht fern, sondern ganz nahe, denn eben deswegen hat der Apostel die [186:] gelesenen Worte geschrieben, um die Korinthische Gemeinde zur *Liebe* zu reizen, die sie vergessen hatte. Solches Gedenken der Liebe aus Gott, die wir untereinander haben und darlegen sollen, liegt auch der Einsetzung des Abendmahls nicht fern, denn in der Nacht, da er verraten ward, unmittelbar nach der Einsetzung des Abendmahls und nicht eher, gibt der Herr das neue Gebot, dass wir uns untereinander lieben sollen (Joh 13,35). Und daran, sagt er, wird jedermann erkennen, dass ihr meine Jünger seid, dass ihr Liebe untereinander habet. Solche Ermahnung tut hoch Not, denn was sehen wir an den Aposteln? Noch an dem Abendmahlstische geschah es, was Lukas schreibt Kap. 22,24, es erhub sich ein Zank unter den *Jüngern*, welcher der größte sei unter ihnen; und von der Gemeinde zu Korinth schreibt der Apostel: (I Kor 11,22) Ihr verachtet die Gnade Gottes und beschämet die, so nichts haben, die Armen. Was soll ich euch sagen? – schreibt der Apostel weiter: soll ich euch loben? hierinnen lobe ich euch nicht. Nun folgt unser Text: Ich habe es von dem Herrn empfangen, das ich euch gegeben habe. Denn der Herr Jesus in der Nacht, da er verraten ward, nahm er das Brot, dankete und brach es – und fähret dann fort von der Liebe zu reden – die da bleibet, wenn gleich Glauben und Hoffnung aufhören werden. (I Kor 13) Die Gegenwart Jesu im Sakrament soll ihnen aufhelfen zu der Liebe. – Und somit ergeht das Wort Gottes auch heute an uns. Tut nun solche Ermahnung uns etwa nicht Not – sind wir andere, sind wir heiliger als die ersten Jünger des Herrn – als die Gemeinde zu Korinth? Bringet der Genuss des heiligen Abendmahls und der Glaube, dass Jesus darinnen gegenwärtig sei und sich uns selber mitgeteilt habe in seinem Leib und seinem Blute – andere, bessere, Gott wohlgefälligere Früchte? wird dadurch in uns die Liebe gewirkt oder genährt? –

Verstehet, gel.[iebte] Fr.[eunde], das Wort Gottes nur recht. Wir reden mit demselben nicht von der Liebe gegen die Widersacher und Feinde, – obschon es hoch Not täte, und [187:] auch diese Liebe durch Jesus im Sakrament genährt werden soll; wir reden auch nicht von der Liebe, welche uns gegen unsern Nächsten geboten worden ist, gegen alle die, mit welchen uns unsere Geschäfte und das Arbeiten für das tägliche Leibesbrot oder der *notwendige* Umgang zusammenführen, auch noch nicht einmal von der Liebe, welche die Genossen eines Hauses, Ehegatten, Kinder, Geschwister gegeneinander haben sollen, nicht von der Liebe, welche schon um der natürlichen Verbindung willen heilig gehalten werden muss – obschon auch über die Lauheit und das Vergessen und Versäumen dieser Liebe eine laute Bußpredigt sich erheben müßte, und der Genuss des heiligen Abendmahls sie heiligen und in ganz besonderem Maße fördern will; – es gibt noch eine andere Liebe, eine Liebe, die über alles dies hinausgeht, eine Liebe, aus welcher alle die andern Liebeserweisungen in Wort und Geschäften des Lebens wie von selber fließen. Was für eine Liebe denn die wohl sein mag? Es ist eine solche, ohne welche alle die andern, so wie Gott der Herr sie fordert, gar nicht vorhanden sind und nur in einen matten Schein von Liebe sich verwandelt. – Es ist die *brüderliche* Liebe – von der Art, dass der Herr sie vor den Ohren der Welt *nie* genannt hat, wiewohl er von der andern viel und oft redet; – von der Art, dass seine Jünger erst in der letzten Nacht ihres Meisters von ihr zu hören gewürdigt wurden; – von der Art, dass erst nach, aber gleich nach der Darreichung seines Leibes und Blutes unser Herr Jesus sie den seinen als ein *neu* Gebot offenbarte (Joh 13,35; 15,12; vergl. II Petr 1,7; I Thess 3,12; Eph 5,2).

Willst du sie erkennen, so tritt an den Tisch des Altars, wo sie zuerst entstanden ist; in der Nacht, da der Herr gestorben, ist sie geboren worden. Meine Lieben, wären wir unter den ersten Abendmahlsgenossen gewesen, hätten gesessen zwischen Petrus, Jakobus und Johannes, und der Herr hätte uns, hätte mir, dir dargereicht das Brot und hätte gesagt: *das ist mein Leib, für dich gebrochen*! [188:] – hätte das nicht dein Herz brechen müssen? – und: *das ist mein Blut, für dich vergossen*! – hätte das dich nicht Tränen vergießen machen? Wo wäre da wohl unser Herz geblieben – als allein bei Jesu – der uns in seiner Leidensschwachheit ansieht als ein zerschlagner Freund und spricht: Siehe, das hab' ich für dich getan, o Mensch! Siehe, deine Schuld trage ich! Mein Herz ist in Liebe gegen dich, der du mir wehe tust und mich schlägst, entbrannt; dass du dich wolltest mir ergeben! Was, g.[eliebte] Fr.[eunde], wollen wir da zueinander reden, als rufen: lasset uns ihn lieben, und lasset uns einander lieben, denn er hat uns zuerst geliebt! [vgl. I Joh 4,19] – O, hätte dann in seiner heiligen Gegenwart nicht einer den andern gehütet, gewarnt, gebeten: Sündige nicht, tue unserm Herrn nicht wehe damit. Da wäre dem einen noch mehr als dem andern das Herz aufgegangen, und einer hätte den andern erkannt, gesegnet, getröstet, erquickt in Christo Jesu, in welchem wir eins sind geworden [vgl. Joh 17,21]. Wie hier ein Kampf gegen die Sünde gekämpft wird, so wird hier eine Hilfe wider die Sünde unser Teil und ein Lob und ein Dank und Preis über die Gnade in Christo erfüllet alle Herzen; siehest du da nicht den Trost der Liebe, die Ermahnung in Christo, die Gemeinschaft des Geistes, die eine herzliche Liebe und Barmherzigkeit, die unter Brüdern Christi wohnet, wo Friede und Freude weilen und Herz und Hände sich zusammentun in einem Namen, zu einem himmlischen Beruf? (Phil 2,1)

Aber wo sind die Jünger des Herrn, die wie die ersten Jünger um den Herrn sich versammeln, die zusammenkommen und gegeneinander sich seiner nicht schämen, die nach dem Tage der Auferstehung beieinander sitzen und so harren, bis er sie gesegnet mit seinem: Friede sei mit euch [Lk 24,36; Joh 20,19.21]! die einmütig im Gebet untereinander der Ausgießung des heiligen Geistes warten, die, ein Herz und eine Seele, frei von der Welt, der Verlassenen und Armen in der Fürbitte gedenken und sich so ihrer Notdurft erbarmen [vgl. Act 2,1ff.; 4,32ff.]? Ist diese brüderliche Liebe etwa ein Traum, ein Hirngespinst? [189:] Gilt sie etwa nicht für unsere Zeit? Stehet uns das etwa nicht gut an? Sprechen wir: was würde die Welt dazu sagen? Sie würde uns ja schelten und verachten, verspotten und den Kopf schütteln und uns Brüder und Schwestern nennen! Aber siehe, das sollen wir doch sein in diesem Sinne. Wo seid ihr, die ihr solche Gemeinschaft *habet* und haltet!

Da sehet durch unsere Christenheit, durch unsere Stadt – eine weite Wüstenei, voll Dornen und Disteln [vgl. Jes 5,6] und voll hoher Gewächse der Eigenliebe, des Geizes, des Neides, Haders, Streites, Christi Verachtung, Sakramentsverachtung! – Aber näher gerückt. Wo ist unter denen, die Christi Namen führen, die ihn bekennen, sein sein und heißen wollen, diese Liebe? wo diese Gemeinschaft? Öde, leer und wüste ist das Reich, kaum eine Ahnung davon wird laut, keine Lust daran wird verspürt, Menschenfurcht, Menschendienst, Augendienst, sind auch hier am Regiment. Gott, unser Herr, erbarme Dich! Zwar Hunderte, ja Tausende von Kommunikanten erscheinen in diesen Tagen; aber wo ist die Liebe, die ihr am Tische des Herrn sollt gespeiset haben, welche der hier gegenwärtige Herr euch dargereicht hat? Es fehlet unter uns, im Lichte des göttlichen Wortes besehen, an dem lebendigen, Freude und Friede wirkenden Bewusstsein von der persönlichen Gegenwart des Herrn, der uns ganz nahe ist, und als ein ganz Naher, alles Verbindender, alles Segnender, von uns in unserer Gemeinschaft geliebt, von uns geehrt und in allem gefragt sein will. Weil dieses fehlt, fehlt auch die heiligste Liebe, die wir in ihm untereinander haben sollen, darum wagen, auch die ihn lieb haben, nicht, sich in ihm inniger zu verbinden zur Förderung seiner Ehre und ihrer Heiligung. Aber dennoch, der Herr ist nahe [Phil

4,5] und entzündet in unsern Tagen wieder in Vielen das Verlangen nach solcher Gemeinschaft. Nur getrost. Ihr sehnsüchtigen Herzen, ihr Begierigen und darnach Aussehenden – ihr, die ihr vergehen wollt vor Hunger und Durst, die ihr fühlet, quälend fühlet die Leere dieses Lebens ohne diese brüderliche Liebe – ihr Unbekannte [190:] und doch Bekannte in dem Herrn, – sehet, der Herr kennet euer Sehnen, kennet eure stillen Tränen, ihm ist bekannt euer Suchen, eure Arbeit darnach; ihr dürft vielleicht vor eurer nächsten Umgebung eure Seufzer nur verhalten, vor dem Herrn sind sie laut; diese eure Tränen, vor euren Nächsten vielleicht nur verborgen, siehe, der Herr hat sie gezählt [vgl. Ps 56,9]; – ihr zaget, verzaget nicht; – ihr darbet, verderbet nicht; – ihr durstet und hungert: – siehe, der heilige Geist hat euch fühlen lassen die Leere, Einöde dieser sündigen Welt, wo man den Herrn verlässt – und will euch satt machen an seinem Tisch! Herbei, hier ist *Kommunion*, d.h. Gemeinschaft der Gläubigen in Christo. Der Herr will euch volle *Genüge* sein [vgl. Joh 10,10], will euch durch sich selbst einander nahe bringen, wenn ihr auch dem Fleisch nach noch ferne seid. Weil ein Brot es ist, so sind wir zumal ein Leib, dieweil wir alle eines Brotes teilhaftig sind (I Kor 10,17). Hier sollt ihr lernen glauben an die Gemeinde der Heiligen im Licht, die eine Gemeinde ist von seinem Fleisch und Bein, (Eph 5,30) unsichtbar, herrlich, gewaltig, König der Welt durch Jesum Christum. Hier ist dasselbe Brot, von dem die Apostel gegessen, das die heidnischen Brüder genießen. Darum herbei zum Tisch des Herrn, und empfangt auch dafür hier das Siegel, weinet hier eure Herzen aus, und lasst euch trösten durch ihn selber, den Gegenwärtigen, lasst euch kräftig aber auch nähren, dass ihr durchdrungen werdet von dem Geist der Gnade und des Gebets und der Liebe, die selbst des Eingeborenen nicht verschont hat [vgl. Röm 8,32]; so werdet ihr auch gestärkt werden in dem Glauben an die Gemeinde, die wahrhaftig ist, aber auch unsichtbar wie ihr Haupt und ihr Fürst, aber einst offenbar werden soll. Dann aber haltet an am Gebet [vgl. Röm 12,12], dass der Herr seinen Geist ausschütte in vollem Maße auch über unsere Stadt und unser Land, damit eine Gemeinde sich zeige, die wieder wird ein Herz und eine Seele wie zur Apostelzeit [vgl. Act 4,32]. Das Apostelwort ist ja noch hier, und das ist Gottes Wort, welches die Welt überwindet [vgl. Joh 6,68]. Dann werden sich auch wieder Scharen finden am Tische des Herrn, aber bestehend [191:] aus neuen Kreaturen. Brüder, Schwestern, die ihr das Abendmahl genossen habt oder bald genießen wollt, habt ihr euch besonnen?! Ihr sollt des Herren Tod verkündigen, Genossen des Todes sein, der uns wieder mit Gott und untereinander verbunden hat. Selig ihr, in deren Herzen eine Sehnsucht brennt nach solcher Vereinigung! euch und uns allen wird der Herr helfen, dass durch die Feier seines Abendmahls solche Gemeinschaft der Liebe unter uns rege, wach, lebendig, kräftig, weltbesiegend wird. –

3.

Aber, andächtige Freunde, von dem Ziel, wo es offenbar werden wird, sind wir noch fern und sündigen viel. Darum sei es uns ein reicher Trost, dass wir im Sakramente eine *Stärkung unserer Hoffnung haben,* dass uns hier unsere Sünden vergeben und wir zum Erbteil der Seligkeit berufen sind, welche besteht in der vollendeten und offenbaren Gemeinschaft mit ihm und seinen Erlöseten.

Selig sind, die zum Abendmahl des Lammes berufen sind (Apk 19,9), spricht der Herr, und verweiset auf das, was wir einstens bei ihm zu erwarten haben. An seinem Tische spricht er zu seinen Jüngern: Ich will euch das Reich bescheiden, wie mir's mein Vater beschieden hat, dass ihr essen und trinken sollt über meinem Tisch, in meinem Reich, und sitzen auf Stühlen und richten die zwölf Geschlechter Israels (Lk 22,29.30). Wer mein Fleisch isset und trinket mein Blut, der hat das ewige Leben, und ich werde ihn am jüngsten Tage auferwecken (Joh 6,54). Unser Text warnt uns vor unwürdigem Genuss, auf dass wir nicht gerichtet und mit der Welt verdammet würden (V. 32), und verweiset uns auf die Zeit, wo er wird kommen (V. 26), verweiset also die Gläubigen auf das Seligste, das sie zu hoffen haben. Da stehen wir also wiederum auf festem Grunde des Wortes, das beim Sakrament uns [192:] auf die Hoffnung der Seligkeit verweiset. Wer es würdig genießet, *soll in solcher Hoffnung gestärkt und fester begründet werden.*

Lasset uns, Gel.[iebte], diese Hoffnung näher ins Auge fassen, da doch gewiss keiner unter uns sein wird, der sich ihrer nicht freuen wollte. Denn wo ist der, der nicht hoffte, selig zu werden? wo der, der nicht durch den Genuss des heiligen Abendmahls diese Hoffnung vor der Gemeinde bekennte? Fraget nur alle und jeden: wirst du selig werden? Und ich hoffe, es spricht jedermann: Ich hoffe es zu Gott! Aber lässt sich auch jeder die Frage etwas anders gestellt gefallen, wenn sie nämlich lautet: weißt du es *gewiss, gewiss,* sonder [ohne] allen Zweifel, dergestalt, dass dich keine Einrede bange macht im verborgensten Grund deines Herzens? Wäre es nicht *möglich,* dass du unselig würdest? Sprich doch einmal noch: Ich weiß es, so gewiss Himmel und Erde noch nicht vergangen sind! Du schwankst? – Du zagst? – Oder sprichst du es freudig und getrost? Woher der Unterschied? Merk' auf! Die Hoffnung ist wohl gewissermaßen dieselbe, aber der *Grund* der Hoffnung ist verschieden. Und auf den Grund der Hoffnung kommt es an. Ist der Grund der Hoffnung Sand, so ist die Hoffnung selber Sand; ist der Grund eitel, so ist auch die Hoffnung eitel; ist der Grund fest, so ist und bleibt auch die Hoffnung fest. Was ist nun der Grund deiner Hoffnung? Verlässt du dich auf deine Tugenden, deine guten Werke, auf deine Rechtschaffenheit, – oder auf deine Demut, deine Treue, dein Beten, dein Wachen, dein Sorgen für deine Seele?

Hast du keinen andern Grund deiner Hoffnung, so wird deine Hoffnung zusammenfallen müssen. Und genießt du mit diesem Grunde der Hoffnung das Sakrament, so issest du es unwürdig, dir selbst zum Gericht. Nein, Geliebte! es ist kein anderer Grund gelegt, denn Jesus Christus allein [vgl. I Kor 3,11], der ewige Eckstein [vgl. Eph 2,20], sein bitter, unschuldig Leiden, seine Tränen des Schmerzes und der Liebe, sein Kreuz, seine Dornenkrone, sein Tod auf Golgatha. Ist dies der Grund, von dem du singen kannst: [193:]

Ich habe nun den Grund gefunden,
Der meinen Anker ewig hält;
Wo anders, als in Jesu Wunden? u.s.w.

Ist dies der Grund, auf dem du stehen willst, und entsetzest du dich vor der Sünde, die ihn so geschlagen – o so magst du wohl über dich weinen – aber du sollst dich auch freuen, ja, freuen mit unaussprechlicher Freude; sei getrost, sei stark und mächtig, lasse deine Hoffnung nicht – oder hast du keine, so nimm deine ewige Hoffnung hier! Er spricht: das ist mein Leib, für dich gebrochen, mein Blut, für dich vergossen zur Vergebung der Sünden. Nun hoffe, was du willst, was du kannst, was du jetzt entbehrst; – alles, alles ist dein, wenn du des Herrn in der Wahrheit bist. Wer mich genießet, derselbe wird auch leben um meinetwillen; wer dies Brot isset, der lebet in Ewigkeit, spricht der Herr (Joh 6,57.58).

Darum, o Seele, himmelwärts den Sinn am heiligen Tische des Herrn! Er selber ist hier und öffnet deine Augen; er tritt mit dir in die seligmachende Verbindung, tränket und speiset dich schon hier, auf dass du wissest, er werde dich einst ewig also sättigen, werde dich einst setzen an den ewigen Tisch seiner Gnaden, dich tränken aus den Bächen des ewigen Lebens, dass du nimmer wieder Durst empfinden wirst. Hier bei seinem Mahle tröstet er die Seele mit der beseligenden Hoffnung auf die Stunde der vollendeten Erlösung, wo er kommt, und wir mit verklärten Augen ihn sehen und erkennen werden, wie er ist. Ja, er wird kommen, wer weiß wie bald! in den lichten Wolken des Himmels, mit allen seinen Engeln und Heiligen, auf dem Stuhle seiner Herrlichkeit (Act 1,11; Lk 21,27), und wir sollen, o der Freude! bei ihm sein allezeit (I Thess 4,17). Dort wird der treue, in Geduld bewährte Glaube sich verwandeln in seliges Schauen; ja, was wir geglaubet haben und gesehen durch einen Spiegel in einem dunklen Wort [vgl. I Kor 13,12]: das ist mein Leib, das ist mein Blut – das wird da aufgehen und ohne Dunkelheit erscheinen vor unsern [194:] Augen, so herrlich und unaussprechlich selig machend; in seinem verklärten Leibe wird er kommen, dass er uns ihm selber ähnlich mache nach der Wirkung, damit er kann alle Dinge ihm untertänig machen. (Phil 3,21) Dazu empfangen wir Siegel und Pfand durch die

Mitteilung seiner selbst im heiligen Sakrament. O, freuet euch, allewege freuet euch [vgl. Phil 4,4], die ihr den Herrn lieb habt und die ihr hier verlanget nach der Gemeinschaft untereinander, die ein Ersatz sein soll für unsere Geschiedenheit von ihm; dann sollen auch alle, die hier dem Fleische nach sich fern gestanden und nur im Glauben Glieder des einen Leibes gewesen, sie alle sollen erkennen, erfahren und ewig lobpreisen, dass dann die Liebe vollendet ist, die er an seinem heiligen Tische genähret hat;

O, da, da wird es viel besser hergehen,
Da wird vor dem Bruder die Brüderschaft stehen
Im reinesten Feuer, in seligster Brunst,
Die ziehet zusammen des Königes Gunst.

Dem also entgegen, ihr Abendmahlsgenossen! Lasset uns nahen dem geheiligten Tische, also glaubend, hoffend, liebend, ein Volk Gottes, ein geistlich Israel. Wie das irdische Israel am Tische des Passalammes, so treten wir an den Tisch unsers Osterlammes und sind getrost; der Tod geht auch an uns, wie an jenen, vorüber. Jene aßen in Reisekleidern, mit einem Stabe in der Hand, zum Zeichen des Aufbruchs nach Kanaan, und sollten das Mahl also begehen, bis dass sie sehen und haben würden das Land, wo Milch und Honig fließt [vgl. Ex 3,8]. Also auch wir! Wir sollen, und unter seiner Gnade wollen wir erscheinen bei seinem Mahl als Pilgrime [Wallfahrer], bekleidet mit dem Rocke der Gerechtigkeit, mit den Kleidern des Heils [vgl. Jes 61,10], als Wanderer nach einem himmlischen, seligen Kanaan droben; der gekreuzigte und auferstandene Fürst des Lebens sei unser Stecken und Stab [vgl. Ps 23,4], bis wir das gehoffte Ziel erreicht. Was wollte uns schaden, so wir mit ihm wandern? Wir haben ja den Herrn, der uns nahe gekommen ist, der will unser Trost, unsere Kraft und der Grund unsrer gewissen Hoffnung sein; [195:] darum geduldig und treu! Das seien die Früchte der lebendigen Hoffnung, die sich auf Jesum gründet, die im Sakrament ihn selber als Grund ihrer Gewissheit empfängt.

Mag nun die Welt ihn verlassen, ihn missbrauchen und in ihrer Torheit aus dem heiligen Sakrament ein Geschäfte machen; unser Geschäft und unsere Sorge sei unserer Seelen Seligkeit, um welchen Preis wir himmelan und vorwärts wollen unter dem Beistand seiner Gnade, nie rückwärts, nie seitwärts, bis das große Abendmahl des Menschensohnes beginnt und auch unsere erlöseten Seelen ihn lieben können und loben ohne Sünde in dem Halleluja, das ewig währet.

O, Lamm Gottes, unschuldig, – Für uns am Kreuze geschlachtet;
Und doch erfunden geduldig, – Wie sehr du wurdest verachtet!
Die Schuld hast du getragen, – Sonst müssten wir verzagen;
Dein Friede sei mit uns, o Jesu! Amen.

Johann Hinrich Wichern

Predigt: 11. August 1833 über 1. Korinther 12,1-11[1] (10. So. nach Trinitatis – St. Katharinen Hamburg)

[1:] *Die Verbindung mit Christo durch den heiligen Geist*

[2:] Text: 1 Kor 12,1-11.

[[1] Über die Gaben des Geistes aber will ich euch, liebe Brüder, nicht in Unwissenheit lassen. [2] Ihr wisst: als ihr Heiden wart, zog es euch mit Macht zu den stummen Götzen. [3] Darum tue ich euch kund, dass niemand Jesus verflucht, der durch den Geist Gottes redet; und niemand kann Jesus den Herrn nennen außer durch den heiligen Geist. [4] Es sind verschiedene Gaben; aber es ist ein Geist. [5] Und es sind verschieden Ämter; aber es ist ein Herr. [6] Und es sind verschiedene Kräfte; aber es ist ein Gott, der da wirkt alles in allen. [7] In einem jeden offenbart sich der Geist zum Nutzen aller; [8] dem einen wird durch den Geist gegeben, von der Weisheit zu reden; dem andern wird gegeben, von der Erkenntnis zu reden, nach demselben Geist; [9] einem andern Glaube, in demselben Geist; einem andern die Gabe, gesund zu machen, in dem einen Geist; [10] einem andern die Kraft, Wunder zu tun; einem andern prophetische Rede; einem andern die Gabe, die Geister zu unterscheiden; einem andern mancherlei Zungenrede; einem andern die Gabe, sie auszulegen. [11] Dies alles aber wirkt derselbe eine Geist und teilt einem jeden das Seine zu, wie er will.]

Unsere Verbindung mit Christo durch den heiligen Geist

1. Was dieser Verbindung vorangeht
2. Was aus dieser Verbindung hervorgeht

[1.]

Der Apostel schreibt diesen Brief an die Gemeinde zu Korinth, welche zu der Zeit durch viele innere Spaltungen und Streitigkeiten über Gegenstände der Lehre und des christlichen Lebens zerrissen war. Er will den Gang dieser inneren Zerrüttung zum Stillstand bringen und leitet deswegen ihre Sinne

---

[1] Vorlage: Archiv des Rauhen Hauses, Hamburg, Bestand 61 H a, Nr. 28. – Vermerk: „Nachmittags-Predigt am Sonntag Dom. Trin. X, (zu St. Kathar[inen] für Pastor [Otto] Wolters), über Epistel a[n] d[ie] Korinther Kapitel 12,1-11." – Lieder (⁸1816): Vor der Predigt: 125 Komm, heiliger Geist[, Herre Gott!]; 221 Von Herzen lieb' [ich dich, o Herr!]. Zwischen: 281, V. 1, 2 Liebster Jesu, wir [sind hier]. Nach der Predigt: 129 [Der du uns als Vater liebest, treuer Gott], 6-9 Geist des Friedens und der Liebe.

und Gedanken auf den hin, der droben ist, auf ihre Verbindung durch den Heiligen Geist mit dem, der ihnen wie uns von Gott gemacht ist zur Weisheit, zur Gerechtigkeit, zur Heiligung und zur Erlösung [vgl. I Kor 1,30]. Da sie uneinig geworden waren über den Gebrauch der Gaben des über sie ausgegossenen Heiligen Geistes, und die vermeintlich Starken sich über die Schwächeren erhoben, und die Schwächeren in sündlicher Empfindlichkeit und Gereiztheit um *ihretwillen* das Tun der Stärkeren nicht ertragen wollten [vgl. I Kor 8] – verweiset er sie auf die Quelle dieser Gaben, dass die nicht in ihnen selber, sondern in eben diesem Heilande sei, den sie ihren Herrn nennten durch den Heiligen Geist. Da es fehlt an der Heiligung, verweiset er nicht so sehr auf die Gaben als den Heiligen Geist, durch welchen sie gesetzt werden. In ihm sei der Frieden und die Liebe und die Einigkeit im Geiste wiederzufinden, in ihm, der sie versöhnt und durch seinen Geist habe wiedergeboren und zurückgeführt zu der Gemeinschaft mit Gott. Um ihnen die größte der Ursachen, in der Demut und Liebe zu beharren, zu Gemüte zu führen, und ihnen zu verhelfen, dass sie die Verbindung mit Christo durch den Heiligen Geist nicht verscherzten, hält er ihnen mit derben Worten vor ihre Seele, von was für Art sie vor dieser Verbindung gewesen seien:

„Ihr wisset, dass ihr Heiden seid gewesen und hingegangen zu den stummen Götzen, wie ihr geführt wurdet. Darum tue ich euch kund, dass niemand Jesum verfluchet, der durch den Geist Gottes redet. Wer aber über ihn redet ohne den Heiligen Geist, der verflucht ihn, verrät ihn, schändet ihn usw.“. So beschreibet er ihnen ihre Blindheit und den Gang in den Lüsten des Irrtums nach dem vorigen Wandel, ihre Knechtschaft und Dienstbarkeit unter dem Gängelband der Sünde, in welche [3:] sie waren verstrickt gewesen, ohne Licht, ohne Hoffnung, ohne Glauben – ohne Gott.

Geliebte Freunde, wird es uns schwer, uns hineinzuversetzen in den angedeuteten Zustand jener Gemeinde zu Korinth, uns, die wir nicht in Korinth, sondern in Hamburg leben? Schwer wird's nicht sein für den, der weiß, was eine *Gemeinde* des Herrn ist. Wer das weiß, wer gelernt habe [zu] *glauben*, dass unser verklärter Herr sich ein Volk gesammelt hat, welches er unter seinem Haupte vereinigt, dass er sich einen geistlichen Tempel gebauet hat [vgl. I Kor 6,19f.], wozu er der Eckstein [vgl. Eph 2,20; vgl. Mt 21,42] und das Leben ist [vgl. Joh 14,6] – das aber ist seine Gemeinde – der schaue umher unter uns und sehe zu, ob er mehr findet unter uns als losgerissene Gliedmaßen vom Leibe Christi, ob mehr als Bruchsteine dieses geheiligten Tempels – wir leben in einem Gemenge sogenannter Christen, nicht in einer Gemeinde Christi – die ist unter uns auf wieviel mehr noch als einst zu Korinth gespalten, zerrissen, zergliedert, verstümmelt, und die Einzelnen seufzen nach einer Verbindung und Versammlung unter sein Haupt, dass das Seufzen gar herzzerschneidend klinget. Und so können wir den Gesichtspunkt, von dem aus und in welchem der Apostel die Gemeinde Korinths anredet, leider nur zu deutlich aus unserem Zustande verstehen. Noch mehr aber, wenn wir hinzunehmen, wie auch unter uns die Starken sich überheben über die Schwächeren, wo das himmlische Gewächs einer Gemeinde des Herrn sich wieder anfängt zu gestalten und sich wieder sammeln will um den einigen guten Hirten. Siehe, da erinnert auch uns der Apostel an die Gabe des Heiligen Geistes, dass wir, die wir glauben, von oben stammen und nichts aus uns selber haben, erinnert uns an unsere Verbindung mit Christo durch den Heiligen Geist, dass derselbige Geist, der durch selbstverleugnende Liebe uns auch untereinander wieder verbinden soll, und führt er uns zu Gemüte wie jenen, was wir vor dieser Verbindung mit Christo gewesen sind.

Aber wie? Können, dürfen, sollen wir auf uns beziehen und auch uns gesagt sein lassen, was er zu jenen redet: Ihr wisset, dass ihr hingegangen seid vordem zu den stummen Götzen, zu denen ihr geführet wurdet stumm wider euren Willen in der Knechtschaft und Dienstbarkeit der Sünde? –

Statt der Antwort eine andere Frage! Was antwortet ihr, die ihr mit Christo durch den Heiligen Geist verbunden seid? [4:] Wie, wenn wir damals mit zur korinthischen Gemeinde gehört, hätten wir dann wohl auch uns solches müssen gesagt sein lassen – oder wären dann wir heraus getreten mit dem Ausruf: aber *ich* bin ausgenommen?

Oder wiederum? Wenn jetzt vormalige Heiden im eigentlichsten Sinn, wenn etliche, wie jene Korinther waren, jetzt unter uns sich einmal befänden (wer weiß, wie bald solche Zeit kommt, dass Brüder aus den Heiden sich in unseren Tempeln mit zeigen?), und es würde am 10. Trinitatissonntag gepredigt über dieses Wort – und jene ärgerten sich zu – wärens etliche – wer würde unter uns heraustreten (wenigstens in seines Herzens Sinn) und reden oder meinen: So arg bin ich doch früher nicht gewesen, so weit bin ich doch noch nicht gesunken gewesen, und *ich* verlange, ausgenommen zu sein! Ich weiß *nicht*, dass ich zu stummen Götzen hingegangen bin, wie ich so sei blindlings geführet worden? Wer ist der Vortreffliche, der also reden oder meinen wollte in seinem vermeintlich bekehrten Wesen?

Lasset uns doch einmal hören, was Paulus selber dazu saget, wie *ihn* der Heilige Geist es gelehret hat, ihn, der da sonst wandelte im Gesetz unsträflich [vgl. Phil 3,6]? An die Epheser, die auch einst Heiden waren wie die zu Korinth, schreibt er (Kap. 2[,1-2]) ähnliches wie hier an die Korinther, dass sie auch einst tot seien gewesen in Übertretung und Sünden und haben gewandelt nach dem Lauf dieser Welt und nach dem Fürsten, der in der Luft herrschet, nach dem Geist dieser Zeit nur [an den Kindern des Unglaubens], und nimmt sich dann selbst *nicht* aus (V. 3), unter welchen wir auch alle weiland [vormals] unseren Wandel gehabt haben in den Lüsten unseres Fleisches und taten den Willen des Fleisches und der Vernunft und waren auch Kinder des Zorns von Natur, gleichwie die anderen. Also Paulus! [5:]

Und wer wollte sich nun noch weigern? Wohl nur, der dem Worte Gottes noch nicht glaubet und der seine Kraft in der lebendigen Verbindung mit Christo, seinem Heilande, noch nicht erfahren hat – wohl nur ein solcher leugnet, dass wir tot und finster sind, sobald wir sind ohne Christum, was der weiß, der sich gewähnt hat im Lichte Christi als des Heiligen und Gerechten, das Herz und den Wandel des Menschen, wie sie von Natur und vom Fleische her sind anzuschauen.

Aber, meine Lieben, wir brauchen nicht einmal zurückzugehen auf den ersten Augenblick unserer Bekehrung; zumal viele solchen Augenblick gar nicht aufweisen können und keine Rechenschaft von ihm zu geben im Stande sind. Doch der Wind blaset, wo er will, und du hörst sein Sausen wohl, aber du weißt nicht, von wannen [woher] er kommt und wohin er fährt. Joh 3,8. Wogegen nicht streitet, dass mancher sich mit klarem Bewusstsein zurückversetzen kann in *die Zeit* der ersten Liebe zum Herrn, die ihm aufgegangen ist durch einen vielleicht nicht gesuchten Umgang und das scheinbar zufällige Zusammentreffen mit Freunden des Herrn, oder durch ein plötzliches Ergriffenwerden vom *Geist* des Gebetes bei einer großen Freude oder großen Not, oder durch die plötzlich leuchtende Klarheit irgendeines Wortes Gottes oder der Wunder über ein Gebet, das ihn schon eine fromme Mutter über der Wiege gelehret, oder dass ein tiefer Fall in die Sünde ihn zur Besinnung brachte oder ein großer irdischer Verlust Veranlassung wurde, das Ewige und Unsichtbare in *Christo* zu suchen – oder was es sonst mag gewesen sein, das ihn sagen machte: Es muss anders mit mir werden – ich sage, es bedarf nicht gerade, dass wir uns nur in den Zustand *vor einer solchen* Zeit zurückversetzen, um es zu erkennen – es wird uns das Verständnis schon aufgehen, wenn wir nur gedenken an dasjenige, was der immer sich erneuernden Verbindung unseres Herzens mit Christo durch den heiligen Geist vorangeht. Wir erinnern uns an die uns so oft [6:] wieder überschleichende Sicherheit des Herzens, an den geistlichen Schlaf, an die noch so oft siegreichen Lüste und Begierden des Neides, des Geizes, der Rachsucht, an die immer von neuem sich aufdrängenden Sorgen für das irdische Durchkommen, an den beschämenden Triumph des Feindes über uns, dem es gelingt, dass wir hängen und nicht lassen wollen vom eigenen Ich, unter solcher Verblendung, dass wir es oft lange nicht erkennen, auf welchem Wege wir uns befinden, bis die Züchtigungen, Demütigungen oder Gnaden und stillen Liebeserweisungen des lebendigen Herrn in uns uns wieder erwecken zu neuer Liebe, zu neuem Eifer, zu neuem Lauf nach dem vorgesteckten Ziel. Was ist es, meine Lieben, was wir in diesen Zuständen erkennen? Nimmst du das Licht zu diesem Erkennen aus Christo durch den Heiligen Geist, so wirst du nimmer leugnen, dass wir wiederum geführt werden, wohin wir nicht wollen, dass wir uns fürchten, wo nicht zu fürchten ist, dass wir stummen Götzen des Herzens, der Gedanken und der Gefühle dienen, die uns keine Antwort geben, sondern nur zu antworten scheinen, um uns immer tiefer, wenn Gottes Gnade es zuließe, in ihre Stricke wieder hineinzuziehen. Und sind es nun auch nicht stumme Götzenbilder und goldene Kälber [vgl. Ex 32], wie jene sie anbeteten, so ist es doch dieselbe Sünde und Lust in uns, die jene verführte, und der Unterschied zwischen jenen und uns ist nur im Äußeren, im Inneren ist nicht bloß ein geringer, sondern vielmehr gar keiner.

Daran will uns der Apostel erinnern, damit wir die Gnade nicht wegwerfen [vgl. Gal 2,21], und das Wort Gottes ermahnet uns zuzusehen, ob es nicht also sei und sich befinde, auf dass, wenn wir es sehen und erkennen, wir erschrecken vor der Gefahr und von [6a:] neuem die Hände erheben zu dem Kreuz, an welchem uns alle Sünde vergeben wird, und unsere Hände erheben zu dem Erhöheten, dass er uns täglich erneuere im Geist des Gemütes und sende den Geist aus Gott, der uns mit ihm verbinde, auf dass wir reich werden an Früchten der Gerechtigkeit, die aus Jesu Christo kommen [vgl. Phil 1,11]. Und was aus solcher Verbindung hervorgeht, ist das, woran wir zum zweiten erinnert werden in unserem Text. [7:]

2.

Ist es aber dieses, was Christus bei uns vorfindet, ehe wir durch den Heiligen Geist mit ihm in eine Gemeinschaft treten – was ist es denn, was er in uns finden will, nachdem er sich mit uns aus Gnade vereinigt hat durch den Heiligen Geist? Was geht aus dieser Verbindung mit ihm hervor?

Was anders aber sollte aus solcher Verbindung mit ihm hervorgehen, als was er selbst ist? Nämlich die Fülle des göttlichen Lebens und seiner Freuden und seines Friedens nach außen und nach innen. Weit gefehlt aber, dass wir gedächten, diesen Gegenstand [..., ein Wort ul] zu können, wollen wir uns nur hinleiten lassen auf das, worauf der Apostel in unserem Text hinweist. Allemal aber ist es das Leben aus Gott, welches in ein solches Herz hervorscheinen und sich hervordrängen muss, das aus Gott geboren ist und seinem Heiligen Geist. Denn die Verbindung mit Christo durch den Heiligen Geist ist eine ganz andere als die äußere Verbindung mit ihm durch den bloßen Namen, ohne das lebendige, fruchtbringende Wesen. Die Wassertaufe ist ein anderes als die Geistes- und Feuertaufe [vgl. Mt 3,11.13-17]! Der Lippen- und Munddienst ist ein anderer als der Dienst mit und von Herzen [vgl. Mt 23,3ff.]; von denen, die das Wesen nicht haben und sagen dennoch Herr! Herr! bleibt es immerhin wahr, dass sie können in seinem Namen (aber nach ihrem Sinn) weissagen, Teufel austreiben und viele Taten tun [vgl. Mt 7,21f.]. Es geschiehet immerhin zu seines Namens Ehre und sofern auch durch seinen Geist, aber nicht zu ihrer Seligkeit, denn lebet auch der Geist in solchen, so leben sie doch nicht im Geist (das ist ein Unterschied!), und zu denen will er einst sagen und ihnen bekennen: Ich habe euch noch nie erkannt, weichet alle von mir, ihr Übeltäter. [Mt 7,23] Denn, so jemand seinen Geist nicht hat, kann er Jesum dem Herzen nach nur einen Fluch nennen, und bildete er sich auch ein, dass er in seinem [8:] Namen sich und andere segnete. Wer hat schon Gott gebeten, dass er uns vor solchem Übel bewahre! Behüte du uns, Herr! Darum saget der Apostel: Niemand kann Jesum einen Herrn nennen ohne durch den Heiligen Geist! Das heißt soviel als, wer Jesum einen Herrn nennt, der hat noch nicht den Heiligen Geist, aber wer den Heiligen Geist hat, der nennet ihn gewiss einen Herrn, zuerst mit dem Herzen und dann auch mit den Lippen, und dolmetschet sein Wort und seine Tat und seine Gesinnung mit der Tat und Wahrheit, es kommt von innen, das heißt von Gott, wenn es vom Heiligen Geist kommt [vgl. Mt 23,25ff.], kommt aus einem unwiderstehlichen Liebesdrang, den er uns einflößt, und das ist das erste und wichtigste, was aus der Verbindung mit Christo durch den Heiligen Geist hervorgeht.

Denn was lehret uns der Heilige Geist im Wort öffentlich – und was sollen wir von ihm erfahren im Stillen und in der Kammer? – dass wir ohne Christum nichts sind vor Gott als verlorene und verdammte Sünder. – Er straft uns und überführt uns von unserer Sünde. Seine Gerechtigkeit und sein Gericht über den Fürsten dieser Welt, der uns verführet hat durch Lüste in den großen Irrtum und in die Sicherheit des Todes [und] der Sünde! – [Joh 16] – Aber er, der freudige, gute heilige Gottes Geist, der uns für Christum gewonnen hat trotz unseres Widerstrebens, lehret uns auch – dass wir mit Christo wieder alles gewonnen haben, so wir von diesem Geist uns treiben lassen, im vollsten Sinne dem Herrn Christo die Herrschaft über uns und was unser ist und was wir haben – zugestehen. Er erst lehret uns, wie der Sohn Gottes sich an uns hat volle Rechte eines Herrn erworben, indem er sein Leben hat zu einem Lösegeld für uns eingelegt, dass wir errettet und selig würden [vgl. Mk 10,45] – alle ohne Unterschied, so wir mit bußfertigem Herzen glauben wollen an sein Verdienst. So schreibt der Apostel namentlich den Ungerechten, Dieben, den Geizigen, den Trunkenbolden, den Lästerern, den Räubern, die da haben Buße getan und sich als Sünder haben in seine Gnade geworfen, um durch seine Gnade [9:] nicht wieder zu sündigen. Er schreibt denen und allen, die wie sie zu Christo gekommen sind: Ihr seid abgewaschen, ihr seid geheiligt, ihr seid gerecht geworden durch den Namen des Herrn Jesu und durch den Geist unseres Gottes! [I Kor 6,11]

Und wenn ich also durch diesen Heiligen Geist, der mich meiner Errettung gewiss macht, in der Liebe gefangen geben muss dem Erretter, wenn der mir aus Liebe abnötigt mein ganzes Leben, Sein und Wesen und alles, was ich habe und bin – wie soll ich den, um mein Herzens- und sonstiges Leben zu offenbaren, nennen, als meinen Herrn! O, dass Gott einem jeglichen unter uns schenkte seinen Heiligen Geist und diese Empfindung seiner Liebe, dass wir bekennten aus Herzensgrund: Du bist mein Herr, und kann ich dich nicht so nennen ohne den Heiligen Geist der Gnade und des Gebetes! – das ist es, was aus der Verbindung mit ihm allimmer von neuem sich erzeuget durch den Heiligen Geist – dass wir nichts Seligeres wissen, nichts eifriger zu tun und zu beweisen uns bestreben – als in seinem heiligen Dienst zu stehen und zu gehen, wo wir gehen und wo wir stehen, dass wir diesem Herrn danken, errettet auch zu sein von dem Geiste dieser Zeit, der uns führete, wir wussten weder wohin?, noch woher?, noch wozu? und nun teilhaftig geworden zu sein des Geistes, der uns geöffnete, helle Augen gibt, den Herrn des Himmels im Glauben zu sehen und nun ein klares, unverrückbares Ziel vor unserem Auge, dass wir mit ihm, durch ihn, in ihm, für ihn, zu ihm wandeln durch diese Zeit, Sünde, Not und Leid zu den Stätten, die er uns bereitet hat [vgl. Joh 14,2].

Aber, meine Lieben, es ist nicht ein bloßes Gefühl, es ist nicht ein bloß Innerliches, Verborgenes, der Trieb des Geistes soll sich offenbaren und wird sich offenbaren, wenn wir erkannt haben den [10:] Herrn, der für uns gearbeitet bis zu seinem Tod und in seinem Tod für uns.

Der Herr hat ein Haus, darin sollen wir auch arbeiten, hat einen Acker, den sollen wir bestellen, hat einen Tempel und Bau vor, dazu sollen wir die Steine herbeitragen, sollen wachen, beten, sorgen für ihn und die Leute bitten, hereinzukommen – wie wir gebeten sind, denn siehe, es ist ja alles bereit für alle! [vgl. Lk 14,17]

Aus der Verbindung mit Christo durch den Heiligen Geist geht auch dieses Leben für ihn hervor. Das Haus, der Tempel ist seine Gemeinde, der Acker die Welt. Auf den Hausdienst verweist uns hier der Apostel [I Kor 12] V. 4-11. Er deutet uns auf die weiteren Gegenstände und Geheimnisse, die da vorgehen in diesem Reich.

Der Apostel redet von Gaben, von Ämtern, von Kräften. Und wahrlich, wo der Geist ist, da sind auch seine Gaben, wo der Herr ist, da weiset er auch Dienstarbeit an seinen Knecht und seine Magd, da sind Ämter, wo aber der Herr in dir ist durch den Heiligen Geist, wo das Herz weiß, der Herr lebet – da ist Gott in uns und wir in Gott – und von diesem Gott, der da wirkt alles in allem, kommen die Kräfte, die Gaben des Geistes zum Dienst des Herrn zu verbrauchen.

Davon spricht hier der Apostel. Da sollen wir nun zuhören seinem Wort und dann zusehen, was wir [an] *Gaben* empfangen haben. Er redet von mancherlei Gabe, welche nur in jener Apostelzeit zum Erstbau und fester Grundsteinlegung der Behausung Gottes im Geist an der Menschen Seelen ausgeteilt war, von besonderen Gaben der Sprache, der Auslegung der Sprache und etliche andere, die uns jetzt entzogen sind. Die Gaben hat keiner mehr. Aber er redet auch von Gaben der Weisheit, der Erkenntnis, des Vertrauens, der Gabe, gesund zu machen, usw. [11:] Und wir können nach dem Geiste der Schrift hinzusetzen: Gabe des Trostes, der Hoffnung, der Ermahnung, des Gebetes und noch andere.

Da siehe zu, von welcher Gabe du hast. Die Gabe hast du aus dem Heiligen Geist für den Dienst des Herrn, und die Kraft von Gott. Hast doch bis dahin dein Pfund nicht vergraben. [vgl. Mt 25, 14ff.] Der Herr fordert einst den Zins und hat es dir auf Wucher geliehen und will, dass jeder seine Gaben gebrauchen soll zu jenem Nutzen [I Kor 12] (V.7). Hast du die Gabe der *Weisheit*, so kennst du wohl einen Bruder, eine Schwester, eine Familie, die des Rates bedarf, du kennst sie, weil sie dich darum gebeten. So gehe hin und wuchere mit deinem Pfund, und dein Pfund selbst wird wachsen. Oder du hast die Gabe der *Erkenntnis*, der besonders klaren, deutlichen Erkenntnis des Herrn, dass du von ihr *reden* kannst, denn das können nicht alle – siehe, so stehen oder wohnen oder kommen dir wohl etliche sehr nahe, die da viel irren und, aus Mangel an Erkenntnis mit Irren, sich selbst oder anderen schaden – so zünde da das Licht Gottes an, und dein eigenes wird heller leuchten und die Kraft deines Zeugnisses Gott die Ehre geben.

Oder du hast von der Gabe, gesund zu machen, noch ein Teil empfangen, Kranke und Arme zu pflegen, zu trösten, zu pflegen, zu heben, zu tragen. Dass du die *Kraft* hast neben der Gabe, hat dir vielleicht der letzte Kranke in dem eigenen Hause bewiesen. Der Herr, der dich in den Dienst genommen, will, dass du das Pfund nicht vergrabest zu unserer Zeit.

Oder du hast die Gabe der Lehre und Zeit zu Lehren – siehe, so lehre, tröste, erquicke mit Gottes Wort und wuchere usw.

Was wollen wir dessen noch mehr reden! [12:] Aber gingest du wirklich hin und arbeitetest so im Hause des Herrn – wäre das genug? Siehe, der Apostel setzet eines ausdrücklich hinzu, dass die Gabe kommt vom Heiligen Geist und will uns unterweisen, dass wir, was wir also tun, tun sollen in der *Verbindung mit Christo durch den Heiligen Geist*, nicht bloß in Verbindung mit Christo dem Schein oder dem Namen nach. Darum hüten wir uns, dass wir über den Gaben nicht den Geber, über dem Dienst nicht den Herrn, über den Kräften nicht den, der sie wirkt, vergessen.

„Die Gaben", hat einer gesagt (Burkett[2] in seiner Auslegung zu dieser Stelle) „sind das Gold, welches den Tempel zieret, die Gnade ist der Altar, welcher das Gold heiliget." Hüten wir uns also, dass wir über die Gabe nicht die Gnade vergessen [Eph 2,8], und also nicht wieder heraustreten aus der

---

[2] Es ließ sich in Wicherns Bibliothek leider kein Hinweis finden: Vgl. Leonhard Deppe, Wichern-Bibliothek. Bücher aus dem Besitz von Johann Hinrich und Johannes Wichern in der Bibliothek des Diakonischen Werkes der EKD – Bestand Berlin. Katalog, hg. und mit Anmerkungen versehen von Leonhard Deppe (Veröffentlichungen der Arbeitsgemeinschaft der Archive und Bibliotheken in der evangelischen Kirche 20), Neustadt a.d.Aisch 1995.

Verbindung mit Christo durch den Heiligen Geist, und zurücktreten in das, was vor ihr gewesen ist, nicht zurücktreten, um desto tiefer zu fallen. Denn siehe, Gabe, Dienst und Kraft sind eins mit dir und machen dann deine Person; fängst du nun an, diese zu lieben, so liebst du dich selbst und bist dein eigener Gott, Sünder gegen das erste Gebot [vgl. Ex 20,3] – ein Götzendiener, und kämest du wieder zur Besinnung, würdest du dann freilich um so besser verstehen, was wir im Anfang gehört: dass wir vor dem Leben aus Gott den stummen Götzen nachgehen und von ihnen geführet werden.

Aber wie oft streifen wir nicht an dieser gefährlichen Grenze vorbei? Meine Lieben! Wie oft fallen wir nicht und würden von neuem verlorengehen, so der Herr uns nicht weckte und ermahnte durch sein Wort und aufrichtete durch seinen Geist.

Darum ist das ein Wort, das noch hervorgeht aus der Verbindung mit Christo durch den Heiligen Geist. Dass wir in Kraft und Vertretung dieses Geistes [..., zwei Wörter ul] sind und vorsichtig wandeln, wachen und beten und den listigen Versuchungen, die immer versteckter werden, je mehr wir ihnen ausweichen wollen, zu entrinnen [13:] suchen, dass wir demütig bleiben und uns immer vorhalten, dass wir nur durch den Heiligen Geist können Christum einen Herrn nennen.

Wollen wir wissen, was uns davor bewahrt? Siehe, das Wort, das wir zu Anfang gehört: dass wir gedenken unsrer Sünde und Übertretung in täglicher Reue und Buße und Fleiß tun in Ertötung des Fleisches, dass wir gedenken und nicht vergessen unseres[3] Streites und Kampfes gegen die Welt um uns, nein, in uns! Dass wir wissen, wir sollen siegreiche Helden sein in Christo Jesu. Und noch eines: dass wir nicht vergessen unsere *Schuld*. Dann wird der Herr uns erhalten im Aufblick auf sein Kreuz – dass wir zuletzt erfahren, wie die Verbindung mit ihm durch den Heiligen Geist endet in der Auflösung aller der Bande, die uns noch halten in dieser Welt, aber mit einem seligen Ende zerrissen sein sollen, damit wir zu unserem Heilande gehen, der uns vorangegangen ist und zu sich nehmen will in seinen Himmel zu seiner Zeit. Da werden wir schmecken die Seligkeit, auf die wir jetzt harren, die volle Erlösung, nach der wir uns sehnen, und den Preis der Geduld, die ausharret bis ans Ende [vgl. Mt 10,22] – nämlich, unseren Herrn selbst, über dessen Liebe nichts geht, der darum hochgelobet sei von nun an bis in Ewigkeit. Amen!

---

3 Wichern hat den nachfolgenden Text gestrichen und am Rand „ungefähr" vermerkt.

Johann Hinrich Wichern

Predigt: 2. Juli 1834 über Lukas 1,39-56[1] (Mariä Heimsuchung – St. Georg Hamburg)

[1:] Das Lob Gottes in einer gläubigen Seele [1a:]
Schon unser Gesang[2] konnte uns darauf führen, dass der Tag der Mariä Heimsuchung für uns werden soll ein Tag der Heimsuchung Gottes, und wiewohl er ein Marientag heißet, doch durch das Lob des Herrn gemacht wird zu einem Tage des Herrn.

[2:] Evangel.[ium nach] Luc.[as] 1,39–56
[39 Maria aber machte sich auf in diesen Tagen und ging eilends in das Gebirge zu einer Stadt in Juda 40 und kam in das Haus des Zacharias und begrüßte Elisabeth. 41 Und es begab sich, als Elisabeth den Gruß Marias hörte, hüpfte das Kind in ihrem Leibe. Und Elisabeth wurde vom heiligen Geist erfüllt 42 und rief laut und sprach: Gepriesen bist du unter den Frauen, und gepriesen ist die Frucht deines Leibes! 43 Und wie geschieht mir das, dass die Mutter meines Herrn zu mir kommt? 44 Denn siehe, als ich die Stimme deines Grußes hörte, hüpfte das Kind vor Freude in meinem Leibe. 45 Und selig bist du, die du geglaubt hast! Denn es wird vollendet werden, was dir gesagt ist von dem Herrn. 46 Und Maria sprach: Meine Seele erhebt den Herrn, 47 und mein Geist freut sich Gottes, meines Heilandes; 48 denn er hat die Niedrigkeit seiner Magd angesehen. Siehe, von nun an werden mich selig preisen alle Kindeskinder. 49 Denn er hat große Dinge an mir getan, der da mächtig ist und dessen Name heilig ist. 50 Und seine Barmherzigkeit währt von Geschlecht zu Geschlecht bei denen, die ihn fürchten. 51 Er übt Gewalt mit seinem Arm und zerstreut, die hoffärtig sind in ihres Herzens Sinn. 52 Er stößt die Gewaltigen vom Thron und erhebt die Niedrigen. 53 Die Hungrigen füllt er mit Gütern und lässt die Reichen leer ausgehen. 54 Er gedenkt der Barmherzigkeit und hilft seinem Diener Israel auf, 55 wie er geredet hat zu unsern Vätern, Abraham und seinen Kindern in Ewigkeit. 56 Und Maria blieb bei ihr etwa drei Monate; danach kehrte sie wieder heim.]

---

[1] Vorlage: Archiv des Rauhen Hauses, Hamburg, Bestand 61 H a, Nr. 32.

[2] Lieder ([8]1816): Vor der Predigt: 79 Vom Grab[, an dem wir wallen]. Zwischen der Predigt: 279 Herr Jesu [send' uns deinen Geist]. Nach der Predigt: 261 [Auf, meine Seele, singe,] Gott der Gnad' (V. 4-5).

Das Lob Gottes in der gläubigen Seele

1. Sie lobt Gott um seiner Barmherzigkeit willen.
2. Sie lobt Gott um seiner heiligen Macht willen.
3. Sie lobt Gott um seiner Wahrhaftigkeit willen.

1. Wie die gläubige Seele Gott lobet um seiner Barmherzigkeit willen, das ist, meine Lieben, gar deutlich im Exempel der Maria zu erkennen. Denn, wenn sie singt: „Meine Seele erhebet [den Herrn, und mein Geist freuet sich Gottes, meines Heilandes; denn er hat die Niedrigkeit seiner Magd angesehen. Siehe, von nun an werden mich selig preisen alle] Kindeskinder, denn er [hat große] Dinge [an mir] getan, [der da mächtig ist und dessen Name heilig ist]", wenn sie so singt, was rühmt sie da anders als seine Barmherzigkeit, und zwar mit aller vollen, seligen, überfließenden Freude, wie diese aus dem Glauben quillt, und zeiget in diesen Worten zugleich, was Not tut, um eine, und auch nur die kleinste Erfahrung zu machen von Gottes Barmherzigkeit. Lasset uns nur ansehen, um weswillen sie dieselbe preiset, und weil der Herr ihre Niedrigkeit angesehen und sie sich dadurch weiß selig gepriesen von allen Kindeskindern. – Ihre Niedrigkeit ist das erste, dessen sie gedenkt, wie das das erste ist, was sie gefunden hat, und in Bezug auf das Seligwerden immer das erste ist, was der Sünder in sich finden muss, um der Gnade teilhaftig werden zu können. Denn, meine Lieben, alles Seligwerden ist gewissermaßen ein Erhöhet- und ein Erhobenwerden, ein Hervorgezogenwerden aus einer schwindelnden Tiefe, in die wir bis zur größten Lebensgefahr hinabgesunken sind durch die Sünde des eigenen Wesens. Das menschliche Herz gibt darum im Ernste von Natur so wenig oder nichts um das Seligwerden, teils weil es manchem einredet, schon von Natur sehr hoch und erhaben zu sein, teils weil es wegen seiner angeborenen Undankbarkeit zu träge und zu verschlossen ist, eine solche Höhe, wie die des ewigen Lebens zu erfassen und zu erkennen, teils aber auch, weil es seine wirkliche Niedrigkeit gar nicht erkennt, in welcher es sich befindet. [2a:]

Meine Lieben, der natürliche Mensch wehret sich dagegen und weiß der Ausreden und Beweise viele, seine vermeintliche Würde und Würdigkeit auch vor Gott zu behaupten. Ist's nicht also; sehen wir uns um in der Welt: Wer will gern geringer sein, wer bleibet es gern, wenn er es ist. Ich meine aber die Niedrigkeit im Herzen, die auch im König sein kann, wie im Bettler, wodurch nicht allein Bettler und Könige, sondern sogar Bettler mit dem Sohn Gottes Brüder werden, da er unsre Niedrigkeit auf sich genommen, damit wir an Jesu die Tiefe unseres Fallens erkennen sollten. Aber sehen wir nicht *andere* darauf an, nicht um uns her, sondern *in uns selbst* hinein. Meinet doch wohl keiner in dieser Gemeinde, dass er ausgenommen sei aus der Zahl der Sünder, weil er kein Frevler, kein Dieb, kein Räuber und kein Unhold der Menschen ist. O, da lasst uns Maria ansehen, die Holdselige, die Gebenedeiete, die Seliggepriesene, weil sie *den* Sohn gebar. Sollte ihr Wandel nicht den Menschen angenehm und Gott wohlgefällig gewesen sein, vielmehr als der Wandel dessen, der niemand nichts schuldig ist und allen gerecht zu werden trachtet. Und doch redet sie von der Niedrigkeit als der ihren, ob welcher sie sich wundert und es nicht begreift, dass der Herr sie angesehen.

Was meint sie denn? Sie meint, meine Lieben, einen inwendigen Schmerz, ein unsichtbares, darum doppelt fühlbares Elend, einen geistlichen Jammer, das Gefühl einer eigenen Schuld, ein Paradies verloren zu haben, das große Wehe, das auf unserem Herzen ruht, drückt und so schwer lastet. Das Wort des Apostels „Ich elender Mensch, wer wird mich erlösen [von dem Leibe dieses] Todes“ [Röm 7,24], ist auch das ihre und Petri Wort gleichfalls: Herr, gehe von mir hinaus, ich bin ein sündiger Mensch! [Lk 5,8] – Aber indem sie das inne geworden, kehrt der Gott der Gnaden bei ihr [ein], wie ein Blitz aus dunkler Nacht ein ganzes Land unserem Auge enthüllt und uns, wenn wir meinten, fern, verirrt und verloren zu sein, entdeckt, dass wir mitten in der Heimat uns befinden, so ist ihr ums Herz, da der Strahl der göttlichen Gnade und Barmherzigkeit ihr leuchtet und aufhellt das Geheimnis der Barmherzigkeit Gottes. [3:]

Ach, dass alle diese Barmherzigkeit erkennen und ihr Herz öffnen wollten gegen sie! Wer erkennt sie denn nicht? O, freilich, sie ist uns oft verborgen wegen unserer Blindheit und unsers tiefen Falls, aber eben um deswillen ist sie auch wiederum um so viel größer, dass sie sich unseres Jammers annimmt und in herzlicher Liebe uns zur Anrufung seines heiligen Namens wieder erwecket und uns wieder annimmt aus Gnaden.[3]

Geliebte, wir haben einen *Vater der Barmherzigkeit*, der sich seiner Kinder erbarmet, der uns alle unsere Übertretungen vergibt, der uns also geliebet, dass er seinen eingeborenen Sohn der Liebe hat (o der unbegreiflichen Liebe!) für uns in den Tod gehen lassen [vgl. Joh 3,16], und ihn hat sterben lassen und unter Geschrei und Klagen, Gebet und Flehen, Zittern und Zagen – um unsertwillen, dass der Gottlose nun nicht mehr umkomme, sondern gerettet werden könne, trotz des Undanks, der Trägheit, der Verzagtheit und Kälte seines Herzens. Wie sich ein Vater über seine Kinder erbarmet, so

---

[3] Wichern gibt am Rand drei Bibelstellen an: Sehet, welch eine Liebe hat uns [der Vater erwiesen, dass wir Gottes Kinder heißen sollen – und wir sind es auch!], I Joh 3[,1]. Also hat Gott die Welt geliebt [, dass er seinen eingeborenen Sohn gab, damit alle, die an ihn glauben, nicht verloren werden, sondern das ewige Leben haben], Joh 3[,16]. Allen, die ihn aufnehmen, hat er Macht gegeben[, Gottes Kinder zu werden, denen, die an seinen Namen glauben, die nicht aus dem Blut noch aus dem Willen des Fleisches noch aus dem Willen eines Mannes, sondern von Gott geboren sind], Joh 1 [,12f.].

erbarmet sich der Herr über die, so ihn fürchten (Ps 103, 13). Er, der uns all unsre Sünden vergibt und heilet alle unsre Gebrechen ([Ps] 103, 3). Ja, er gehet uns nach und suchet das Verlorene und bringt uns heim in das väterliche Haus und rufet: Dieser mein Sohn war verloren und ist wieder funden. Er war tot und ist wieder lebendig worden. (Lk 15). [3a:] Fürchte dich nicht, in meine Hände habe ich dich gezeichnet, niemand soll dich aus meiner Hand reißen (Jes 49,16). Und der Glaube lobet und singet: Meine Seele erhebet den Herrn – und siehe, nun ist alles von uns genommen, was uns drückte, alles bedecket, was uns entehrte, alles wiedergewonnen, alles wiedergefunden, der Trost des ewigen Lebens ist nun unser bestes Teil und der Friede mit Gott das köstliche Geschenk seiner Hand. O, darum rufet Maria: Er hat große Dinge [an mir getan]. Siehe, von nun an werden mich selig preisen alle Kindeskinder, denn sie hat, und wir mit ihr, wieder, ja mehr noch gefunden als die unaussprechliche Herrlichkeit, aus einem Kind der Sünde ist sie geworden ein Kind der Gnade. Aus Kindern des Zornes [vgl. Eph 2,3] wiedergeboren zu Kindern [der Gnade], – das Alte ist vergangen, siehe, es ist [alles neu geworden! [II Kor 5,17] Darum loben wir die Barmherzigkeit des Herrn, [4:] ihres und auch unseres Heilandes.

O, dass alle diese Barmherzigkeit erkennten und ein Herz hätten für diese Liebe, höret ein Gleichnis. Ich sehe einen Vater, der einen Sohn liebet. Das, was der Vater hat, muss der Sohn auch haben, der Sohn ist die Liebe des Vaters. Aber der Vater hat noch viele Leute versammelt um sich, hat ihnen Gutes getan, von seinen Gütern gegeben, kennt ihren Wünsche und Hoffnungen zuvor, eilt stets zu helfen, zu retten, zu trösten. Aber die Leute vergessen sein in ihren Geschäften, in ihren Genüssen, sie spotten dessen, der ihr Glück und ihre Freude begründet, und wenden sich undankbar von ihm hinweg, da bricht Elend über sie herein, und große Not also, dass sie nur begehren, mit den Tieren des Feldes die Treber [= Rückstände beim Keltern und Bierbrauen] zu essen [vgl. Lk 15,16]. Da spricht der Vater zum Sohn: Siehe, wenn sie nicht wiederkehren zu mir, sind sie alle verloren. Ich sende dich unter sie, sie zu bitten: Kommt zurück, euch ist vergeben! Aber sie werden dich verspotten, schmähen, werden dich erwürgen und schrecklich töten. Aber dennoch eile, auf dass ich sie wiedergewinne. Und der Sohn spricht: Ich will gehen und mich opfern für sie, auf dass sie deine Gnade und Barmherzigkeit erkennen. – Meine Lieben, er ist gekommen, und wir haben ihn gekreuzigt. – Ja, ja, wir sind die Verlorenen, die Elenden, die Unseligen, die tief Erniedrigten. – Aber auch die Geretteten durch den Tod des Sohnes, in welchem ist erschienen die Barmherzigkeit des einigen Gottes. Preisest du nicht den Namen des Herrn, der auch große Dinge an dir getan, dass auch dich müssen selig preisen alle Kinder des Allerhöchsten, die es werden durch den Glauben an ihn, denn aus Kindern der Sünde hat er sich wieder geschaffen Kinder der Gerechtigkeit, aus Genossen dieser Welt, Bürger des himmlischen Vaterlands, aus Fleischlichen hat er Geistliche gemacht, die Irdischgesinnten verklärt zum Abbild seines Sohnes, ohne unser Verdienst, ohne unsere Würdigkeit, aus reiner, unbegrenzter Barmherzigkeit. Welch ein Trost des Gewissens, welch ein Friede des Herzens vorquillt dort, und das Lob der Barmherzigkeit. Ach, du kennst nur dein Elend nicht – so glaube, sieh zu – und ergreife die Hand des Herrn, der nahe ist.

Gedenke, o Mensch, ob auch du dich hast retten lassen, oder stehest du noch in deinen Sünden und fühlst dein Elend und deine Niedrigkeit noch heute nicht, so flehe zum Herrn, dass er dich umwandle, und schäme dich seiner Barmherzigkeit nicht. Willst du nicht, so bist du verloren und wirst es bleiben. Lässt du dich aber bewegen durch seine Gnade, so stimmst du ein in das Lob derer, die gerettet sind. Du kennst sie nicht, du kannst sie nicht unterscheiden? Siehe, es sind die, welche wie Maria sind, die, welche du bis hierher vielleicht verachtet hast, weil sie dich und deine Freunde verlassen haben und nun hingehen, dem Herrn zu dienen und trachten nach dem ewigen Leben. [5:] Du Häuflein Christi aber, das da glaubet, lobe den barmherzigen Gott, deinen Heiland. Siehe, die Tore des Himmels sind uns geöffnet, und Jesus Christus bittet für uns, und erlöset uns immerdar, bis wir in seliger Gemeinschaft seine Füße umfangen und ihn ewig loben, der sein Leben für uns aus Liebe gelassen. Darum, meine Seele erhebet den Herrn, und mein Geist freut sich Gottes, meines Heilandes, denn er hat unsere Niedrigkeit angesehen, dass uns selig preisen Kindeskinder [Lk 1,48], denn er hat große Dinge an uns getan, der da mächtig ist und dessen Name heilig ist, und seine Barmherzigkeit währet für [und] für über denen, die ihn fürchten.

2. Er hat große Dinge an mir getan, der *da mächtig* ist und dessen Name heilig ist – so beginnt Maria ihr weiteres Lob. Sie singt einen Triumphgesang des Glaubens, wie derselbe hervorbricht, wenn der Mensch in seliger Erfahrung der Gemeinschaft mit Gott die unsichtbare Kraft und Macht des Herrn an ihm selber und an den Genossen des Glaubens offenbar werden sieht und im Gefühl seiner Schwachheit gewahr wird, dass der Herr allein die Macht und Stärke ist, die einem jeglichen Dinge innewohnt. Die Worte ihres Gesanges, in welchem sie dieses verkündet, haben wir schon vernommen. [Lk 1,51-53:]

Er übet Gewalt mit seinem Arm und zerstreuet, die hoffärtig sind in ihres Herzens Sinn. Er stößet die Gewaltigen vom Stuhl und erhebet die Niedrigen, die Hungrigen füllet er mit Gütern, und die Reichen lässt er leer.

Wenn wir hier vernehmen, wie die gläubige Seele *die heilige Macht Gottes* preisend erhebt, so lasst uns nicht vergessen und wohl darauf achten, wie sie Segen und Fluch, Erhöhung und Sturz, Reichsein und Armsein im Reiche Gottes knüpft an die Geburt und Erscheinung ihres und unseres Heilandes Jesu Christi. Es ist daher hier von einem Regimente und von einem Walten und einer Macht die Rede, die wiederum nur der Glaube, wie erkennen, so loben kann.

Und nun, du gläubig gewordene Seele, was findest du mit Maria zu rühmen an der heiligen Macht des Herrn? Die Predigt könnte uns führen unter die großen, leider aber gewöhnlich so unbekannten Taten, mit denen der Herr sein Reich hindurchgeführt hat im Siege durch das V[olk] des a[lten] B[undes], durch alle Völker, bis heute zu den fernsten Heiden am äußersten Meer. Es sei aber genug, zu erinnern an die Macht, [6:] sofern wir wissen, dass sie in den Schwachen mächtig ist [vgl. II Kor 12,9], in Rücksicht auf die Paulus spricht: (II Kor [12,10]) Wenn ich schwach bin, bin ich *stark*. Ich vermag alles durch den, der mich mächtig macht (Phil 2 [4,13]), an die Macht, von der geschrieben steht (Eph 1[,19-22]): *dessen sie sei die überschwängliche Größe seiner Kraft an uns, die wir glauben, nach der Wirkung seiner mächtigen Stärke, welche er gewirkt hat in Christo, da er ihn von den Toten auferweckt hat und gesetzt zu seiner Rechten im Himmel über alle Fürstentümer, Gewalt, Macht, Herrschaft, was genannt werden mag, nicht allein in dieser Welt, sondern auch in der zukünftigen. Und hat alle Dinge unter seine Füße getan und hat ihn gesetzt zum Haupt der Gemeinde über alles.* Daraus deutlich ist, dass keine andere Macht und Kraft außer der in Christo vorhanden und zu rühmen, als gäbe es noch eine andere.

Solche Macht der Gnade im Sohne Gottes hatte auch Maria erfahren, und gerade diese Erfahrung öffnet ihren Mund zu dem großen, unbeschränkten Lob, das wir gehört. Und die Erkenntnis ihrer Größe und ihrer beseligenden Wirksamkeit soll auch uns zum Lobe stimmen.

Und so mitloben muss ein jeglicher können, der da glaubet, denn ohne die Kraft Christi ist keiner zum Glauben gelangt. Und gestehe du selber, der du jetzt glaubest, was für eine Macht gehört nicht dazu, eines *Menschen Herz* zu *überwinden*. Unser Herz ist von Natur so hart gegen Gottes zarte Liebe, so verstockt gegen seine freundliche Einladung, unsere Begierden sind so sehr auf das Irdische gerichtet, unser Geist so weit abgelenkt von dem Geiste des Herrn, unser Wille so eisern fest und tief verschlungen in der Weisheit und dem Wesen dieser Welt – dass ein Wunder der Gnade und die Offenbarung der höchsten, die ganze Welt überwindenden Macht in Christo nötig ist, um eine Menschenseele für das Himmelreich zu gewinnen. Meinest du nicht? Nun siehe, so will ich töricht reden um deiner Schwachheit willen. Versuche mit mir, ob *du* meinen Willen kannst brechen, versuche mit jedem, ob die Macht aller mich kann bewegen, zu wollen, [7:] was ich nicht will, wenn ich nicht will, ob du kannst mein Leben im innersten Grund umkehren und es auf das Himmlische führen [..., Einfügung von sieben Wörtern ul] – so ich nicht will. Himmel und Erde müssen da schweigen und Zeuge sein, dass alles ohnmächtig ist, eines Menschen Natur zu brechen, sind zugleich dann aber auch Zeugen über uns, dass der Fluch über uns liegt, der unsere sündliche Natur so unbeugsam macht. Aber wo ist denn der allein mächtig, der Menschen Hoffart [Hochmut] zu brechen und sichere Sünder aus dieser Fülle sündlichen Gemüts zu wecken, imstande ist? Siehe, da kommt einer daher, der übt Gewalt mit dem Arm seiner Liebe, mächtig und groß, herrlich und selig! – Da führet einer daher in Sanftmut, Demut und göttlicher Geduld – und er zerstreuet die Hoffart des Herzens, dass die Hoffart nicht mehr zu finden ist; da sitzet einer auf dem Thron des Allerhöchsten in Demut, erhaben, weil er uns, die undankbare Kinder sind, bis in den Tod geliebt, und die Gewaltigen fallen von ihrem Stuhl und beten an. Es ist, der sich selbst erniedrigt hat bis zum Tode, ja zum Tode am Kreuz [Phil 2,8], es ist die Liebesgestalt unseres Jesu, voll Huld den Armen, voll Erbarmen an seinem Kreuz, siehe, er stirbt: und siehe, ein weltüberflutender Strom, ein Sturm der Liebe und des ewigen Lebens bricht mit Macht hervor, und weltüberwindend geht die Predigt vom Kreuz [vgl. I Kor 1,18], mit Allgewalt, aber auch mit einem heiligen Gericht. Immer weiter ziehet sein Siegeswagen, und je inniger wir ihm uns ergeben, desto weiter wird der Blick in die Herrlichkeit seiner Macht. [7a:]

Dann gesetzt, meine Lieben, das verkündete Gut unsere Herzen erquickt. Wir hörten von seiner Barmherzigkeit und seiner weltüberwindenden Macht, aber wie kam ein heimlicher Zweifel an unsere Herz – sollte es auch wohl also sein, und also kommen? Und je sehnlicher wir wünschen, dass es wär, desto lauter wird der Widersacher in uns und will uns die Freudigkeit des Glaubens entreißen und unser Lob verstummen machen. Denn ihm ist nichts widerwärtiger als das Lob des Herrn, weil es sein Verderben und Untergang verkündigt. Was, ihr Christen, würfet ihr ihm da entgegen? Dass der Versucher uns verkehret und ihr wieder Feind und Freund habt? Was anders als die Verheißung und das Wort des Herrn, das uns darum gewiss sein muss durch die Wahrhaftigkeit des Herrn, die wir zu glauben haben, und sie steht fest und unbeweglich, denn dann diese stehen in fest unbeweglichem Grund und Boden. Und mit ihm steht und fällt auch alles andere, was wir von ihm *besitzen* und hoffen. [8:]

Denn je mehr wir unser Herz ihm geben und je treuer unsere Glieder seinem Dienste weihen, desto mehr wirket er in uns mit seiner Stärke und dienet er uns, dass wir sollen sehen, wie groß und mächtig er ist. In uns dämpfet er Fleisch und Blut und vertreibet die Finsternis und Verblendung der Augen des Herzens, dass wir, erleuchtet und geheiligt, ihn auch um uns und über uns immer deutlicher regieren und die Alleinherrschaft führen sehen. In uns richtet er unsre Sünde und gibt uns Vertrauen aus seiner Gnade, Macht und Hilfe, dass wir ihn nun auch sehen um uns und unter uns walten, wie er richtet in aller Welt, wohl unerforschlich, aber doch als eine gewisse Zuflucht aller derer, die auf ihn hoffen. In uns ist er mächtig, dass der neue Mensch aus seiner Gnade verborgen aufersteht aus dem Tode der Sünde und die Erquickung und Seligkeit der Erlöseten spüret, die er sättiget mit seiner Gerechtigkeit und zum Frieden bringet, den die Welt nicht kennet, aber einst vermissen wird und darum flehen, wenn sein Tag erscheint und er als der Allmächtige und mit ihm die verborgene Herrlichkeit der Seinen offenbar wird und die Toten auferstehen usw.

O, wehe dem Mann, der solche Macht nicht fürchtet – dir wird der Heiland ein Richter sein! – Aber selig du, wenn du glaubest, erhebe seinen Namen und seinen Ruhm und fürchte dich nicht – weder wegen deiner Sünden noch wegen deiner Schwachheit, in der du klagst. Ach, solltest du mich überwinden, o Jesu, mit deiner völligen Liebe, dass mein Blick frei wäre von allem, was mir sein Angesicht verhüllt. Siehe, auch dein Glaube lobet den Herrn, und wie groß du wünschest, dass dein Glaube möchte sein, so groß sieht er ihn an, und ist er vor Gott. Traue nur seiner Kraft und seinem Wirken, aber auch seinem Wort, so wirst du einst im vollsten seligen Chor seine heilige Macht mit rühmen können. [8a:]

Denn es ist ein Tag, wo er erscheint, als der Allmächtige offenbar, wo er die Toten wird rufen, die da schlafen, und die da noch leben wird verwandeln, wo die Sterne werden vom Himmel fallen und alle Geschlechter sich werden heulend um seinen Thron versammeln, wo aber auf seinen Befehl seine Engel werden ausfahren in alle Winde vom Thron dessen aus, der die Worfschaufel träget in seiner Hand, die einen zu worfeln [= zu trennen] ins Feuer [vgl. Jes 27,12], die andern zu führen ins ewige Leben. O, du Majestät des Herrn Jesu, dich beten wir an, dich loben wir, wer ist außer dir noch würdig zu nehmen Lob, Preis und Ehre [vgl. Apk 5,17]! Du, des allmächtigen Gottes allmächtiger Sohn, der du Gewalt übest mit deinem Arm und lässt leer, die da reich sind: – Erbarm dich über uns, du Herr der Macht und Kraft und gedenke an uns.

3. Aber der Lobgesang Mariens, meine Lieben, gibt uns noch eines zu erwägen. Was den Vätern des alten Bundes verheißen war, diese Verheißungen bezieht Maria alle auf sich und sieht sie erfüllet in dem Sohne, dessen sie wartet. Am Schlusse ihres Lobgesanges bezieht sie sich gradezu auf die Verheißung des Herrn: dass er zu den Vätern geredet habe: [9:] „dem Abraham und seinem Samen ewiglich" nämlich solle das verheißene Heil widerfahren, so wird ihr Lobgesang zu einer Antwort auf den Zuspruch der Elisabeth: Selig bist du, die du geglaubet hast, denn es wird vollendet werden, was dir gesagt ist von dem Herrn! – Ihr ganzes Lob wird demnach eine Bestätigung von der Wahrhaftigkeit des Herrn, als eines solchen, der sein Wort gewisslich hält. Und wer durch den Glauben daran sich selig weiß, hätte der von solcher Wahrhaftigkeit nichts zu rufen, zu loben? Gerade darum, weil er der Wahrhaftige ist, dass sein Wort gewiss ist und ewig nicht gebrochen wird

und er seine Verheißung nicht ändert, darum können wir ein getrostes und fröhliches Herz fassen zu seiner Barmherzigkeit und Macht und wie in diesem, so findet der Glaube in der Wahrhaftigkeit *noch einen ganz besonderen Grund zum Preise des Herrn.* O, wer nur weiß, was es heißt, eine gewisse und unwandelbare Zusage besitzen und nicht mehr zweifeln an seiner Treue und Wahrheit und der Erfüllung alles dessen, was er verheißen, der wird das Lob und die Seligpreisung darüber verstehen.

Darum lasset uns ansehen, den Grund der Verheißung und Zusage des Herrn! Wer anders ist der Grund als Gott selber und Jesus Christus, unser ewiger Heiland, in welchem alle Gottesverheißungen sind Ja und Amen in ihm, Gott zu Lobe, (II Kor 1,20) durch uns! – Hast du das in deinem Herzen, was fürchtest du den noch bei irgend einer [..., ein Wort ul], was kann dich noch bangen, was zitterst du noch bei dem Gegenwärtigen oder Zukünftigen, was du Jesus Christus doch kannst überlassen? O, gewiss, hier ist keiner unter uns, in dessen Seele nicht Hoffnungen lebten und Wünsche sich bewegten, solche, die er verbirgt oder solche, die er laut bekennet. Aber ebenso auch keiner, der nicht grade in dieser Beziehung gelernet hätte oder noch täglich lernte: was es heißt, fürchten, bange sein und nicht immer *glauben* können. Prüfe dich nur nach dem einen, was der heilige Geist durch Elisabeth zu Maria gesprochen: Ist das, was du hoffest, dir *gesagt von dem Herrn,* hat die Hoffnung ihren Ursprung [10:] und ihr Ziel in Gott, ist der Wunsch in der Gemeinschaft mit ihm geboren, geprüft, geheiligt und gepflegt und wünschest und hoffest du, auf dass durch die Erfüllung sein Reich und seine Ehre und seine Gnade gemehrt werde, in vollkommener Selbstverleugnung, wohlan, so ist es eine Verheißung vom Herrn; so bleibe bei dem Wörtlein: Selig bist du, die du geglaubt hast, denn wird vollendet werden, was dir gesagt ist von dem Herrn! Und trotze damit allen Zweiflern, dem Teufel, der Welt und dem eigenen Herzen! Mag dann dein Herz dreinreden, was es will, mögen die Freunde oder nicht Freunde zweifeln und dich bedenklich machen, mögen Berge sich legen, die scheinen alle Hoffnungen zu zertrümmern, – was gilt's, es ist nichts, der Herr hat es gesagt, *Getreu ist, der uns ruft, der wird's auch tun* [I Thess 5,24]. Nur eines: werde immer mehr vertraut wie Maria mit der Verheißung des Herrn, und lass deine Seele sich einig vermählen mit dem Worte Gottes, dass das in dir rede und in Begleitung des Heiligen Geistes dich gewiss mache, dass er sein Wort nicht bricht. Dann wirst du aber auch lernen, die Wahrheit des Herrn zu preisen und zu rühmen; denn was für ein köstlich Ding ist es, dass das Herz fest werde [vgl. Hebr 13,9], wenn aller Unglaube und Missglaube an den Verheißungen Gottes weicht, wenn zweifellos, in heiliger Einfalt das Herz nur den Herrn ansieht und keine Stimme ihn schrecken und zweifeln machen kann. Dann ist ja Christus unser Eigentum, das Himmelreich unser Vaterhaus und die ewige Herrlichkeit und Gemeinschaft unser versiegeltes Erbe durch ein gewisses Testament.

Darum aber auch weg mit den törichten Hoffnungen, die nur sind von dieser Welt und nur für dieselbe, die lass fahren, es sind keine Verheißungen des Herrn, und unselig ist, wer solchen Eingebungen das Herz schenkt. [11:] Je eher du sie lässest (o tue es!), desto eher wirst du die Seligkeit schmecken, welche aus dem Glauben an den Wahrhaftigen quillt, und in das Lob einstimmen derer, die mit ruhigem, versöhntem Gewissen allein dem Heiland sich ergeben.

O, lasset uns nur alle sammeln um seine eine Verheißung, die uns allen gesagt ist und die ewig ist: Siehe, er wohnt im Himmel, unser Heiland und Meister, der Freund unsrer Seele, und hat uns schon die Hütte des Friedens gebaut, wo wir ruhen sollen von unsrer Arbeit. Wache auf, o Herz, und schaue an das große Wort! Siehe, der Wahrhaftige hat geschworen, uns solches Erbe zu geben, der Barmherzige hat uns erlöset, dass die Schuld uns nicht den Eingang verschließe, und der mächtige Herr ziehet uns zu sich, dass uns die Sünde nicht, keine feindliche Macht auf dem Wege verderben kann. Darum lasset uns schon jetzt beginnen das Lob des alleinigen Herrn, damit wir einstens in seinem Reich im himmlischen Chor vollenden können, was hier begonnen, und auch unsere Seele, wenn sie einziehen will zur Ewigkeit, schließe mit Marias Lob: Meine Seele erhebt den Herrn, und mein Geist freuet sich Gottes, meines Heilandes und sie verstehe, was es heißt: Selig bist du, die du geglaubt hast, denn es wird vollendet werden, was dir gesagt ist von dem Herrn. Amen.

Johann Hinrich Wichern

Predigt: 23. Juli 1837 über Lukas 16,1[-9][1] (9. So. nach Trinitatis – St. Georg Hamburg)

[1:] Über das ungerechte Haushalten Lk 16

Die Ungerechtigkeit der Welt als Wegweiser zur Gerechtigkeit.

1. Die Verlegenheit der Ungerechten mahnt uns an die Verlegenheit, in die wir durch die Sünde geraten.

2. Der Hilfsversuch des Ungerechten wird uns ein Fingerzeig zu der wahrhaftigen ewigen Hilfe des Sünders.

3. Die Klugheit der Welt aufs irdische Wohl, eine Aufforderung nach dem ewigen Heile zu jagen. [1a:]

Einleitung

Dieser trostreiche Gesang,[2] meine Lieben, ist sicherlich das Gebet eines Herzens, das die Welt überwunden hat, und das für die Höhen des Glaubens und der seligmachenden Erfahrungen der Liebe Christi frei geworden ist nach der Herrlichkeit der Freiheit der Kinder Gottes. Der Apostel beschreibt eine so hehre Gesinnung, wenn er zu den Gläubigen spricht: Es ist alles euer. Es sei Paulus oder Apollo, es sei Kephas oder die Welt, es sei das Leben oder der Tod, es sei das Gegenwärtige oder das Zukünftige; alles ist euer; ihr aber seid Christi, Christus aber ist Gottes (I Kor 3,21-23). Des Apostels Ausspruch mag uns heute vorzüglich bedeutsam sein, indem er auch von der Welt spricht: *Sie ist euer.* Sie ist es gewiss in mehr als einem Sinn, aber *auch* in dem Sinne, in welchem heute der Heiland in unserem evangelischen Text vom ungerechten Haushalter uns mitten in die Welt und ihr ungeschlachtes [plumpes/grobschlächtiges] Treiben hineinführt, dass wir daraus für unser Christenwesen allerlei Weisheit und Belehrung schöpfen sollen. Es scheint ein Widerspruch zu sein, aber es ist in diesem Sinn doch die Wahrheit, wenn

---

[1] Vorlage: Archiv des Rauhen Hauses, Hamburg, Bestand 61 H a, Nr. 41.

[2] Lieder ([8]1816): Vor der Predigt: 181 Ich komme, Friedensfürst, zu dir. Zwischen der Predigt: 286,1 O Jesu, Gottes ew'ger Sohn. Nach der Predigt: 286,5-7 Noch hat kein Aug' es je gesehn.

wir sagen, dass die Welt uns den Weg weisen kann ins Himmelreich, dass die Ungerechtigkeit uns immer wieder ein Wegweiser werden kann zur Gerechtigkeit. Nicht freilich also, dass die Weisheit der Welt und der Weg der Ungerechtigkeit aus sich selber uns zum ewigen Leben verhelfen könnte. Das sei ferne, solch ungöttlicher Gedanke. Sondern in dem Sinn, dass wir zuvor wissen: wir sind Christi; dann, in *seinem Licht* in die Welt hineingesehen, ihre Wege betrachtet, unter Erleuchtung und Weisung des heiligen Geistes. Dann werden wir vielerlei entdecken, was uns als Wegweiser dienen kann, ja dienen muss. So ist die Welt unser! Eine Schule für uns, eine Kreuz- und Demuts-, Prüfungs- und Bewährungsschule, ja selbst auch, nämlich durch ihr Widerspiel, eine Meisterin zum Himmelreich. Wäre es nicht erbaulich, uns vom Herrn selbst heute also unterweisen zu lassen und in der Ungerechtigkeit der Welt seinen Fingerzeig zur wahrhaften göttlichen Gerechtigkeit aufzusuchen –? Dann werden wir wohl merken, dass wir frei sind von der Welt, wenn sie selbst in ihrer Ungerechtigkeit uns zur Gerechtigkeit dienen muss, und wir werden mitten in der Gottlosigkeit der Welt die Lockung des Herrn verstehen, dass er ruft und wir von neuem singen: Ich komme, Friedensfürst zu dir, erbarmend rufst du ja auch mir, den Frieden zu empfangen etc. [Lied] Nr. 181. – Zu solcher Betrachtung unseres evangelischen Textes rüsten wir uns aber zuvor noch durch stilles Gebet, nach Gesang 286, V. 1. [O Jesu, Gottes ew'ger Sohn] [2:]

[Predigt-]Text Lk 16,1ff.[3]

[[1] Er sprach aber auch zu seinen Jüngern: Es war ein reicher Mann, der hatte einen Haushalter; der ward vor ihm berüchtiget, als hätte er ihm seine Güter umgebracht [verschwendet]. [2] Und er forderte ihn und sprach zu ihm: Wie höre ich das von dir? Tue Rechnung von deinem Haushalten; denn du kannst hinfort nicht mehr Haushalter sein. [3] Der Haushalter sprach bei sich selbst: Was soll ich tun? Mein Herr nimmt das Amt von mir; graben mag ich nicht, so schäme ich mich zu betteln. [4] Ich weiß wohl, was ich tun will, wenn ich nun von dem Amt gesetzt werde, dass sie mich in ihre Häuser nehmen. [5] Und er rief zu sich alle Schuldner seines Herrn und sprach zu dem Ersten: Wie viel bist du meinem Herrn schuldig? [6] Er sprach: Hundert Tonnen [Eimer] Öls. Und er sprach zu ihm: Nimm deinen Brief, setze dich und schreib flugs fünfzig. [7] Darnach sprach er zu dem andern: Du aber, wie viel bist du schuldig? Er sprach: Hundert Malter [= altes Hohlmaß] Weizen. Und er sprach zu ihm: Nimm deinen Brief und schreib achtzig. [8] Und der Herr lobte den ungerechten Haushalter, dass er klüglich getan hätte. Denn die Kinder dieser Welt sind klüger denn die Kinder des Lichts in ihrem Geschlecht. [9] Und ich sage euch auch: Macht euch Freunde mit dem ungerechten Mammon, auf dass, wenn ihr nun darbet, sie euch aufnehmen in die ewigen Hütten.]

---

[3] Dieser Text ist der Predigt vom 23. Juli 1826 entnommen, siehe S. 56.

Dieser Text soll uns in seiner Art lehren: Wie die Ungerechtigkeit uns ein Wegweiser zur Gerechtigkeit werden kann. Wir erwägen dreierlei: 1. 2. 3.

I.

Die Verlegenheit des ungerechten Haushalters erinnert uns an die Verlegenheit, in die wir durch unsre Sünde uns gebracht.

Wäre das möglich? Lasst uns sehen! – Die Sünde und Ungerechtigkeit des Haushalters beruhte im letzten Grunde darauf, dass er die Güter seines Herrn wie seine *eigenen* angesehen und ohne das Bewusstsein der Rechenschaft verwaltet hatte. Dieser Selbstbetrug und diese Selbsttäuschung war die Quelle und die Wurzel aller seiner Taten und Untaten geworden. Es war nicht bloß das Durchbringen seiner Güter, es waren noch nicht zu zählende andere Äußerungen des Fleisches, die in diesem Boden der Selbstsucht den unglücklich in immer tieferes Verderben stürzten; er war ein Diener und wollte doch ein Herr sein, er hatte für sich nichts, wollte nun aber als reich erscheinen; Übermut, Hartherzigkeit, Stolz, Ungerechtigkeit und Unbill [Unrecht] aller Art, Verstellung gegen seinen Herrn, Lüge und Betrug, und was sonst zu nennen wäre, deckten den Verlorenen unter ihre nächtlichen Schatten. Schuld häufte sich auf Schuld, von Tag zu Tag, von Jahr zu Jahr, bis die schrecklichste, vielleicht längst gefürchtete Stunde in seinem Leben schlug, wo er die Forderung des Herrn vernahm und er erscheinen musste, und der Herr sprach: *Was höre ich von dir? Tue Rechnung von deinem Haushalten: du kannst hinfort nicht mehr Haushalter bleiben.* In dem Sinn wie diesmal hatte er noch nie bei sich gesprochen: *Was soll ich tun?* Der entlarvte Sünder verstummt vor Schrecken und Angst. Haus und Hof, Vermögen und Ehre, der gute Name, alle Freunde – samt allen Freuden, sind dahin. Alles verloren! Nichts wiederzugewinnen. Das gewisse Gericht, die Stimme seines Herrn, die er bis dahin vielleicht längst gefürchtet, die Angst des Gewissens, sind ihm bis dahin vielleicht nur wie ein Fünkchen erschienen, nun ist das Wort seines Herrn zu einer verzehrenden Flamme geworden, und alle Habe und alles Gut, alle bis dahin aufrecht erhaltene Herrlichkeit ist wie ein zu Staub und Asche gewordenes Gebäude um ihn zusammengestürzt, und er steht auf dem Ruin seines bisherigen Glücks, auf dem Felde eines in Krieg und Schwert verwandelten Friedens, der arme, mit Schande und Gericht belastete Mann! Der Mann, der die Gnade nicht kennt, in welcher allein noch Hilfe für ihn zu finden.

Und wer wirft den ersten Stein auf ihn! [vgl. Joh 8,7] – Keiner von denen, die sich selbst erkannt und die da wissen, dass nur eine Sünde unser aller Verderben gewesen. Mag unsere Sünde sich äußerlich hundertmal anders gestaltet haben; im Grunde sind alle Sünder, und wir mit ihnen, dem natürlichen Menschen nach vollkommen gleich; denn [3:] es ist hier kein Unterschied, wir sind allzumal Sünder und mangeln des Ruhms, den wir an

Gott haben sollten! (Röm 3). Sie sind allesamt abgewichen, und ist keiner, der nach Gott frage, auch nicht einer! Als jener zu Gericht gerufen wurde, rief ihn im letzten Grunde nicht sein irdischer, der ihn über seine Güter gesetzt, sondern durch diesen Herrn der, dem alles Gericht übergeben ist, nämlich des Menschen Sohn, der Reiche aller Reiche, der auch unser Wesen und Wandel dereinst angesehen hat und noch ansieht, dass wir uns prüfen, von wann her [von woher] es gewesen, dass wir ihm als gerechte Haushalter gedient.

O dass uns allen die Augen darüber wären aufgegangen oder bald aufgehen möchten, uns Ungetreuen und Ungerechten nach dem Gesetz! Was anderes ist denn unsre Sünde, als dass auch wir als natürliche Menschen vergaßen und leider noch so oft vergessen, dass wir nur Haushalter des reichen Gottes sein dürfen; dass wir uns als Eigner gebärden, die doch alles nur zu Lehen empfangen; dass auch wir wie der verlorene Sohn, unser Abbild, unser Erbteil genommen und haben es durchgebracht mit Prassen, ja mit *Prassen* (Lk 15). Weigern wir uns nicht, einzuwilligen; denn wir, vom Fleisch geboren, sind Fleisch, und fleischlich gesinnt sein ist der *Tod*. Und *tot* waren wir in Sünden, übermütig, unbarmherzig, verschwenderisch trotz alles Geizes, geizig trotz aller Vergeudung, ohne Gott, darum ohne Leben, ohne Wahrheit, ohne Liebe, und unsere Werke stehen über den Werken jenes Ungerechten keineswegs wie leuchtende Sterne. Eine offene Hand Gottes, und alles vermeinte Licht ist verlöscht, und es ist *Nacht* über uns, um uns, in uns, unter uns geworden; Hilfe, erbarmt der Herr sich nicht: ewige Nacht! Wehe uns! Und wann wären wir dessen inne, lebendig, kräftig, mit voller Überzeugung, in seiner ganzen Tiefe und alles Ernstes inne geworden? Nicht früher und nicht später, als bis wir inne würden, dass auch unsertwegen das Geheimnis und ahndungsschwere Gerücht durchgedrungen bis zu dem Herrn der Welt, der nach seinem Gesetz uns gesetzt hatte ins Leben, zum Leben, damit auch wir Rechenschaft geben sollen von unserem Haushalten, von unserm Inneren und Äußeren, unsern Gedanken und Werken, unsern Begierden und Lüsten.

Die Stunde, in welcher der Herr die Ungerechten zu sich fordert, schlägt für jeden einmal; schlug sie für dich noch nicht, so wisse, sie schlägt nun! Hast du sie schon kennengelernt, so weißt du, dass in solcher Stunde der arme Mensch nicht anders kann wie jener, fragen, meine ich: *Was* soll ich tun? Dreitausend fragten also zu Jerusalem nach Petri Predigt von Christo [vgl. Act 2,14-36], der Kerkermeister z. B. in Philippi fragte so in der Nacht, da die Erde erbebet war [vgl. Act 16,23ff.]. Nie verstummen kann die Seele über das, was da geschieht, und die große Frage: Was soll ich tun? ist nichts als der Ausdruck der nicht abzuwehrenden Herzensangst und das gewichtige Bekenntnis, dass alles [4:] verloren ist, wenn nicht der Herr, der gerufen hat, was tut, das wir bis dahin nicht verstanden oder nicht geglaubt, vielleicht verschmäht oder eifrig bekämpft oder überhört und für Afterglauben [Aberglauben] und Torheit geachtet. In solcher Stunde stürzt das bisher mit eigenen Händen und auf den Sand des eigenen Ich aufgerichtete *Gebäude des Lebens* in Trümmer zusammen, niedergerissen von dem Gericht und Zorn des allmächtigen Gottes. Wie das *Gefäß des Töpfers* in Scherben zersplittert [Jer 19,11], liegt da unser Lebenswerk, ohne Wert und ohne Verbindung zu unseren Füßen. Wir eilen vielleicht, um *was* zu tun zu der früher mühsam erworbenen oder für hoch gehaltenen *Weisheit*, aber sie ist vor dem Licht dieser ewigen Wahrheit zu einem Schatten geworden; oder wir suchen uns noch einmal in das frühere *Traumleben* zurück zu versetzen, aber wir *wachen* und müssen wachen, denn das Angesicht Gottes steht weckend über uns; oder wir suchen das alte *Vertrauen* in die früher so wohl bewährte Kraft wieder hervor, aber sie sind wie rostige Waffen, und der Boden ist unter unseren Füßen gewichen, und ein jäher Abgrund hat sich aufgetan; frühere *Freunde* sind unsere Feinde geworden oder mindestens *leidige Tröster* in gleichem Elend mit uns, und wie in einer Sprachenverwirrung; die *Zerstreuung der Welt* [vgl. Gen 11,7f.] und ihre Genüsse sind wie ein Brot ohne Salz, ein Wein ohne Geist, ihr Rausch ist Todesrauschen, ihr Locken das einer gleisnerischen [heuchlerischen] Schlange. Noch einmal greifen wir zur *Verantwortung* – aber jeder Grund zu unserer Rechtfertigung wird durch Gottes Wort der [..., ein Wort ul] nur ein neuer Verkläger; wir könnten meinen, *der Tod* wäre eine Erlösung – aber die Stimme der Wahrheit spricht: Der Tod ist der Sünde Sold! [Röm 6,23] Wir suchen das *Leben in uns*, aber da ist alles leer, das Leben außer uns, aber alles treibt uns *in uns zurück*. Was früher *Licht* war, ist jetzt Finsternis geworden, und was ein Trost schien, *nun* ein zerbrochener Stab, der unsre Hand durchbohrt. Wir sind in der Lage des *ungerechten Haushalters*, vom Herrn gefordert, weil wir bis dahin seine Güter durchgebracht, und können in dieser Stunde nicht anders als fragen mit jenem: *Was sollen wir tun?* (Es schreckt uns der Tod, es schreckt uns das Leben!)

Treten wir mit solch Gefühl hinein in die Welt der Ungerechtigkeit, wie schlägt sie den selbstgerechten Geist des Richtens und Verdammens darnieder und weiset uns vielmehr auf uns, dass wir uns selber immer von neuem richten und uns nicht überheben, wie leider so viele tun. Die Sünde in ihr ist auch die Sünde in uns; in uns sollen wir das Richten beginnen, durch die Welt an unsere Sünde, namentlich unser Eigenwesen und Willen und unsere vielfache Untreue, uns mahnen lassen, so werden wir durch die ungerechte Welt immer aufs Neue auf den Weg der Gerechtigkeit geführt, der allezeit mit der eignen Demütigung vor dem Herrn beginnt und in der bleibenden Erneuerung vor seinem Gnadenangesicht sich vollendet. [5:]

II.

Was soll ich tun? sprach der von seiner Höhe heruntergeworfene Mann. Geschehen musste was, und er blieb nicht müßig. Lasst uns kraft der Aufforderung unseres Herrn achten auf *den Hilfsversuch des Ungerechten in seiner Verlegenheit und darin auf den Fingerzeig zu der wahrhaftigen ewigen Hilfe für den verlorenen Sünder merken.*

Zunächst finden wir bei ihm auch nicht die geringste Spur, dass er vor seinem Herrn seine Schuld verleugnen, verkürzen oder zudecken und selbst hätte ausgleichen wollen. Vielmehr erkennt er dieselbe vollkommen an mit dem Bewusstsein, ihr nicht durch neuen Betrug begegnen, nichts an ihr ändern zu können, sowie mit dem Gefühl, dass kein Graben, auch wenn er dazu die Kraft in sich fühlen sollte, kein Mühen, kein Arbeiten, kein Quälen, kein Sorgen, kein Sinnen sowie keine *Demütigung*, und wäre es auch die des Bettelns, die Forderung des Herrn wird erfüllen können. In diesem Nichttun und Geschehenlassen liegt das Zugeständnis aller Schuld an seinem Elend. Auf der Seite der Ungerechtigkeit ist das genügend, auf der Seite der Gerechtigkeit aber muss uns das nur als der wichtigste Anfang der wahrhaftigen Hilfe gelten. Was der Ungerechte stillschweigend tut, nämlich dass er seine Schuld zugesteht, das sollen wir in der Verlegenheit ob unsrer Sünden mit lautem Munde und vollem Herzen tun. Und fragt dein Herz: Was soll ich tun? So sei das erste: Weigere [leugne] deine Schuld nicht, verleugne, verkürze sie nicht – lass am wenigsten dir in den Sinn kommen, als könnte dir der Versuch nützen, sie selbst zu decken oder zu versöhnen. Das Zudecken, Versöhnen der Schuld ist Gottes Sache; dazu hat er seinen *eingeborenen Sohn in die Welt gesandt, dass alle, die an ihn glauben, nicht verloren werden, sondern das ewige Leben haben.* [Joh 3,16] Er ist die *Versöhnung für unsere Sünden*, und aller Versuch, unsere Schuld durch eigenes Wirken, sei es des Grabens oder des Bettelns, der strengsten Opfer und der tiefsten Demütigung, vor denen der ungerechte Haushalter mit Recht sich weigerte, zu kürzen, mehren dieselbe nur, dass sie immer höher steigt. So lassen wir uns von dem ungerechten Haushalter zur *Buße* weisen und treten im Gefühl unserer Unwürdigkeit und Schuld zu dem, der auf dem Gnadenstuhl thront, ja selbst uns als Gnadenstuhl dargestellt ist, und hören seine tröstliche Stimme, die der Ungerechte freilich nicht vernahm: Kommet her zu mir, die ihr mühselig und beladen seid: ich will euch erquicken! [Mt 11,28] Für die Fluchbeladenen ist er ein Fluch geworden [vgl. Gal 3,13], den Gottlosen eine ewige Gerechtigkeit, den Untreuen der ewig Treue, in welchem alle Erbarmungen und Verheißungen Gottes Ja und Amen sind [vgl. II Kor 1,20]. [6:] Schämen wir uns vor jenem ungerechten Haushalter, der in seiner Art klüger ist als viele Kinder des Lichtes, die bei Verschuldungen in dieser Welt nur daran denken, sich selbst zu rechtfertigen, statt als arme Sünder von ihm die Rechtfertigung des Lebens anzunehmen! Da ist die Buße nicht, und mit der Buße fehlt auch der Glaube, mit dem Glauben die Gerechtigkeit, zu welcher ein Ungerechter hier uns führen muss. – Aber freilich, noch klarer und bestimmter sind andere Züge in dem Hilfsversuch des gefallenen Haushalters hervorgehoben, auf die wir merken wollen. Nachdem er inne geworden, dass an einer Versöhnung des Herrn seinerseits nicht zu denken, wendet er sich zu allen denen, die zwar auch zu seinem ursprünglichen Herrn als Schuldner, aber nicht als *ungerechte* Schuldner stehen. Er ruft sie alle zu sich, gleichviel ob ihre Schulden oder ihr Vermögen groß oder klein sein möge. Jene Schuldner, die nichts zu fürchten haben von ihrem Herrn, die die Ruhe des Herzens genießen, während der andere in der Angst seines Gewissens hin und her geworfen wird, sind ein Bild und Gleichnis der gerechtfertigten Gemeinde des Herrn Jesu. Wie der verschämte Haushalter nimmer ohne große Demütigung, mit zerschlagenem Herzen jene aufsucht, so weiset er uns damit darauf hin, in unserer Art dasselbe zu tun in dem Gefühl unserer Sünden und zu wissen, dass es nicht genug ist, für sich allein der Schuld geständig und bußfertig zu sein, sondern auch die Glieder am Leibe Jesu aufzusuchen. Jener wusste in seinem Fall, dass bei *allen,* sie seien wer sie seien, wo nicht die Erstattung der Schuld, doch bei jedem ein neuer Ausweg in der Not zu finden war. Solches Bewusstsein soll auch uns durchdringen! Es ist kein Jünger des Herrn so niedrig oder so hoch, es offenbart sich an ihm die Kraft des allgemeinen Hauptes, es ist kein Herz, das durch Jesu Gnade Frieden erlangt hat, so gering und einfältig, dass der Herr nicht den Balsam des Trostes uns zuführen könnte und wollte; es gibt keinen gerechtfertigten, begnadigten, erlösten Menschen, den der Herr nicht als ein Werkzeug seiner Barmherzigkeit uns wollte dienen lassen. Wie jene Mitschuldner zu dem ungerechten Mann kamen, um so viel mehr liebten die Gläubigen die, welche an den Heiland sind gläubig geworden, und zwar umso mehr, je kräftiger die Früchte der Buße und des Glaubens sich zu erkennen geben. Wie leicht wird jenem Mann geworden sein, als er die Gerufenen willig sah, sich mit ihm einzulassen, da wuchs ihm der Mut, da wuchs ihm die Hoffnung. Und wie selig wird dem, der da fragt oder [7:] hat fragen gelernt: Was soll ich tun, dass ich selig werde – wenn er sich fühlen lernt als ein Glied an dem heiligen Leib der Gemeinde, wie wächst da der Glaube, wie weichen da die Sorgen, wie hell bricht in solche Gemeinschaft das Licht der Gnade herein, wie erhebt sich da die Hoffnung und die fröhliche Zuversicht: Alle Sünden sind vergeben, hier ist Leben und Seligkeit.

Tut es uns etwa nicht not, uns so von dem Ungerechten den Weg der Gerechtigkeit, des Friedens und der Freude weisen zu lassen? So lange der Leib Christi noch so zerrissen ist wie in unseren Tagen, so lange die bittere Wurzel der Feindschaft selbst derer, die dem Herrn dienen, untereinander ihre Früchte trägt, so lange bleibt die Welt der Ungerechtigkeit, in dem Fall, wo sie sich zur gegenseitigen Hilfsleistung vereinigt, uns noch eine Schule der Gerechtigkeit, aus der wir großes lernen können, so wir darauf merken!

Und lasst uns noch ein neues von dem ungerechten Mann lernen, dass wir es uns merken für unsere Art und unser Geschlecht! Nachdem er in jene Gemeinschaft eingegangen, bleibt er nicht müßig unter ihnen. Die neue Hoffnung und der neue Mut, den er unter ihnen gewonnen, verbunden mit der Klugheit, die ihn leitet, lässt den früher ungerechten Verschwender auf einmal mildtätig, liebevoll, schuldenerlassend erscheinen. Dem, der hundert Tonnen Öl schuldig war, stellt er die Rechnung flugs auf fünfzig, und den lässt er achtzig Malter [Getreidemaß] Weizen schreiben, der für hundert hätte schreiben sollen ([Lk 16,] 5-7), ein umso wunderlicheres Verfahren, da er dadurch seine eigene Schuld nur noch gehäuft hat. Man hätte vielmehr erwarten sollen, dass er jene Leute gerufen, um zu versuchen, ob er nicht mit ihrer Hilfe seine eigenen Schulden wenigstens teilweise decken könnte. Allein also lässt unser Herr es nicht geschehen, um uns daraus neues für unser Geschlecht zu lehren. Das neue Leben, das uns durch Buße und Glauben bei Christo und in der Gemeinschaft der Gläubigen zuteil geworden, soll sich fortan in der Liebe, und zwar in der barmherzigen Liebe, erweisen. Seid barmherzig, gleichwie euer Vater im Himmel barmherzig ist [Lk 6,36]; barmherzig, gleichwie uns selbst ist Barmherzigkeit widerfahren. Wie der Haushalter nichts hatte und doch den anderen noch geben konnte, so sind auch wir vor Christo die Armen, aber die in ihm doch viele können reich machen [vgl. II Kor 6,10]. Wie der Haushalter diese Liebe und Hilfsleistung seinesgleichen geübt, wohl wissend, dass er dadurch in seiner eigenen Schuld gegen seinen Herrn nichts ändern und mindern konnte, so sollen auch wir wissen, dass barmherzige Werke und überhaupt Werke der Liebe uns mit Gott nicht versöhnen können, das kann nur Christus, dass wir in ihnen keinen Ablass für unsre Sünden finden, wie die Pharisäer wähnen, – aber sie müssen geschehen als selbstwachsende Früchte aus der geheiligten Lebenswurzel. Was jener wucherte in Bezug auf das Irdische, hatte im Inneren seinen Grund, und er hätte auch wohl Geistiges und Unsichtbares getan, wäre dazu eine Aufforderung vorhanden gewesen, so sollen auch wir tun, sei es Leibliches oder Geistiges, betreffe es das sichtbare oder unsichtbare Heil der Brüder – gleichviel! *Diese* Liebe kann alles, tut alles, opfert alles, trägt und duldet alles [vgl. I Kor 13,7]; auch die Schulden anderer, denn sie weiß, was wir einst ohne Christum gesündigt und verschuldet haben, ist so groß, dass es durch die Übernahme keiner Schuld wesentlich vergrößert werden kann; und das Bewusstsein unserer vergebenen Schuld vor dem Herrn ist so mächtig und hat das Herz [8:] so wunderlich selig gemacht, dass es alles tut, um die Freunde des Herrn zu Freunden zu behalten oder zu erwerben. Was das Reich der Sünde zerstören kann, das ist unsere Schuldigkeit, um das Reich der Gnade und der Liebe zu bauen, denn dieses Bauen können wir nicht lassen, wir müssen also tun. Wozu sonst noch hätten wir ein Leben! Ohne Schuldübernahme kein Leben in der Gemeinschaft der Gläubigen.

Es ist nun begreiflich, wie der Heiland jenen Herrn des ungerechten Haushalters den Haushalter loben lassen kann; denn in dem Herrn meint er sich selbst, der solches uns zur Mahnung geredet, um selbst in der Welt noch eine abgeleitete Quelle der Weisheit zum ewigen Leben zu entdecken.

III.

Aber bleiben wir noch einmal in unserer Textgeschichte. Wenn der Heiland darin den ungerechten Haushalter loben lässt, dass er klüglich getan, so geschieht es vornehmlich auch darum: weil derselbe so trefflich für sein irdisches Wohl gesorgt, und knüpft daran einen Tadel und eine Aufforderung an die Kinder des Lichtes: Die Kinder der Welt sind klüger als die Kinder des Lichtes in ihrem Geschlecht. Und ich sage euch auch: Machet euch Freunde mit dem ungerechten Mammon, auf dass, wenn ihr nun darbet, sie euch aufnehmen in die ewigen Hütten ([Lk 16,] 8-9).

Lasst uns auch hierauf noch schließlich miteinander achten!

Wahrlich, meine Lieben, indem der Herr, wie er es hier tut, das irdische und diesseitige Heil gelten lässt als Abbild des ewigen und jenseitigen, zukünftigen Heiles – so hat er wohl nur zu sehr recht, wenn er die Kinder der Welt in ihrer Art klüger nennt als die Kinder des Lichtes in ihrem Geschlecht. Dasselbe ist uns schon bei der Betrachtung des Vorhergehenden öfter in den Sinn gekommen.

Blicken wir nur auf die *Gemeinde des Herrn* einer- und den *Markt der Welt* andererseits, um uns zu unserer Beschämung davon vollständig zu überzeugen. In beiden Kreisen heißt das eine Ziel: Glück, Heil und Wohlergehen! Dort das ewige, göttliche, selige bei Gott – hier das zeitliche, irdische, fleischliche in der Welt. Wie emsig, unablässig, klug und vorsichtig weiß die Welt, gleich dem ungerechten Haushalter, alle Mühen zu überwinden, alle Gefahren zu umgehen, alle Hindernisse in Fördernisse zu verwandeln – wo es ihrem Reich, ihrer Lust, ihrer Freude, ihrem Glück gilt; und da, wo der ewige Sohn, der Überwinder der Welt, als König seines Reiches wird angebetet, wo sein Wohlgefallen der Seelen Lust, seine Gegenwart ihre Freude und seine Verheißung für das wahre Glück erkannt wird, – wie ist da der Mut für sein Reich so gering, die Arbeit in seinem Dienst so lässig, das Verfahren oft so töricht und jede Prüfung vom Herrn ein Anlass zur Verzagtheit! – Wie tun die Schätze der Welt sich auf, die Tempel der Lust zu bauen, zu mehren, und mit wie gewaltigem Strom reißt sie Hunderte und Tausende ohne Mühe bloß durch die Darstellung ihrer selbst mit sich in den Dienst des vergänglichen Wesens [vgl. Röm 8,21]; wo aber der Herr gesagt hat, ich bin euer, die Erde ist mein und der Himmel euer Erbe! und wo dieses Wort geglaubt wird, wie lässig sind da die Hände, zu seines Namens Ehre Werke des Glaubens zu tun und das Himmelreich einmal wieder mit Gewalt an [9:] sich zu reißen [vgl. Mt 11,12] und Seelen für den Herrn zu gewinnen. Sehet den Geizigen, wie er aus allen Verhältnissen des Lebens seinen Gewinn und Vorteil lauernd zu ziehen weiß um seinetwillen – aber wir: wie, wenn auch wir also nichts uns entkommen ließen, uns daraus Schätze des ewigen Lebens zu sammeln, die keine Motten verzehren [vgl. Mt 6,19], um Christi willen? Sehet den Verschwender und Vergeuder der irdischen Güter, der nichts spart und kein Opfer scheuet, um seine fleischliche Begierde zu befriedigen – wie, wenn auch wir also die Fülle der Reichtümer und Gnaden unseres Herrn ausschenkten in der Welt, um dem Verlangen der Seele zu genügen, die gerne alles demjenigen wiedergeben will, von dem sie alles empfangen? Seht die Eitelkeit und Ruhmsucht des Selbstsüchtigen, wie er so geschmeidig sich in alles zu fügen weiß, um den Durst nach Ehre zu sättigen, wie, wenn auch wir so hungrig wären nach der Gerechtigkeit *Christi* und *seiner* Ehre und wir auch gern alles erduldeten und trügen und in alles uns schickten, damit nur sein Name gepriesen werde! Siehe da! die Kinder dieser Welt sind klüger denn die Kinder des Lichtes in ihrem Geschlecht.

Wollen wir das erdulden? Können wir das ertragen? Meine Lieben! Es gilt nicht unsere Ehre, nicht unser Name – es ist die Ehre des Herrn, sein hochgelobter Name ist es, der uns ruft und fordert, jetzt von der Welt uns beschämen, von ihm aber uns erheben zu lassen, die Welt auch in diesem zu überwinden und seinem Wort als Losungswort zu folgen, und kostete es unser Fleisch auch Blut und Leben, wohlan, es soll sterben, damit er lebe in uns und wir in ihm [vgl. Gal 2,20]. *Machet euch* Freunde, ruft er, mit dem ungerechten Mammon, auf dass, wenn ihr nun darbet, sie euch aufnehmen in die ewigen Hütten.

Mit dem Wort hat er uns von neuem alles in die Hand gegeben. Der Mammon ist zunächst zwar irdisch Geld und Gut, aber auch sonst alles, was in der Welt Wert und Namen hat, und vornehmlich das, womit Geld und Gut erworben: Ehre, Macht, Ansehen, Amt und Würde, allerlei Einsicht, Weisheit, Klugheit und Geschick – alles, was die Welt zur Ungerechtigkeit gebraucht, was wir aber in Christo in Gerechtigkeit verwandeln und dem Herrn heilig und dienstbar machen sollen. [10:]

Der goldene Mammon ist recht eigentlich der Gott der Welt, und auch alle ihre Klugheit, Sinnen und Gedanken sind diesem Gotte dienstbar geworden. Die Aufforderung des Herrn verweist uns demnach in den Kern und Mittelpunkt des Lebens, der Welt, dahin, wo die Welt ihre Seligkeit und besten Güter sieht, dahin, von wo ihr das Leben golden und aller Opfer wert erscheint, dahin, von wo aus sie Freude, Heil, Genüge, Schutz erwartet. – Wohlan, werden wir uns als Mitsünder unsrer menschlichen Gebrechlichkeit, unsres fleischlichen Trachtens, unsres weltverstrickten Herzens bewusst und demütigen uns und verwundern uns über das rastlose Streben und Jagen, die unermüdliche Tätigkeit und unvertilgliche Sehnsucht der Welt nach diesen Schätzen. – Aber dann dringe in unser Ohr das Wort von Gott – Alles ist euer [I Kor 3,22]! und wir erheben uns in der Kraft des Herrn, und fern unter uns verschwindet in der Herrlichkeit unsres Herrn das Niedrige und Ungerechte, wir heben, haben und tragen den wahren Schatz des Goldes, um was die Welt an Gold und Schätzen, Klugheit und Kräften missbraucht und entheiligt, nun für ihn daranzugeben, um diese Schätze selbst, und uns mit ihnen, dem Herrn zu weihen; womit die Welt das Irdische baut, damit sollen wir das Himmlische bauen, womit die Welt versteht, ihre Ungerechtigkeit zu fördern, damit sollen wir verstehen, seine Gerechtigkeit zu erheben. So hat er uns zu Herren der Welt eingesetzt und uns gerufen in seinen Dienst, und seine Vollmacht, in Kraft unsres königlichen, priesterlichen und göttlichen Christenberufes, alles, was wir haben und sind, im vollen Überfluss und ohne Rückhalt zu verschwenden zu unseres Gottes und Heilandes Ehre und Reich.

Dass wir uns aber mit solchem Dienst Freunde machen können und sollen, die uns einst aufnehmen in die ewigen Hütten – meine Lieben, wer hätte das gedacht. O, der barmherzige Herr! Es wäre nicht möglich, dass wir durch den Dienst an seinem ewigen Hause, durch unsere Haushalterschaft sollten Freunde machen, wenn er selber uns nicht zu Werkzeugen seiner Gnade gewürdigt hätte und durch seine Gnade die einen lockte zu den andern, und unsere Gemeinschaft nicht zuvor geweihet hätte durch seinen Segen, da er gesprochen: Ihr seid meine Freunde; ihr habt mich nicht erwählet, ich habe euch erwählet [Joh 14,14.16]. – Und die uns [11:] dann einst aufnehmen sollen in die ewigen Hütten, vermöchten *sie* das, wenn er nicht wäre vorhin [voraus] gegangen, uns die Stätte, die ewige Hütte im Lande des Friedens und aller Seligkeit zu bauen [vgl. Joh 14,2]! Ewig sind dort unsere Hütten durch ihn, den ewigen Gottessohn selbst, ewig durch seine ewige Gabe der Liebe, Gnade und herzliche Erbarmung mit uns Sündern, ewig durch Bewahrung und den Schwur dessen, der sitzt zur Rechten des allmächtigen Vaters, der uns dem Gericht und Verderben entnommen hat. Und in diesen ewigen Hütten, die fest gegründet sind in dem Lande des ewigen Friedens, erleuchtet von seinem Licht, umstrahlt von seiner Herrlichkeit, an den Bächen des ewigen Lebens gebaut, unter dem Schatten seiner Erquickung, wo der Seele Seligkeit unsrer wartet – sollen die Seelen uns aufnehmen, die unsre Freunde geworden sind durch die hier bewährte Treue an den Gütern des Herrn? Wer wären diese Freunde andere, als die nach gleicher Treue dort bereits eingegangen sind zu ihres Herrn Freude [vgl. Mt 25,21] oder uns noch vorangehen werden, die heiligen Väter und Patriarchen, die Könige nach dem Herzen Gottes und die wahrhaftigen Propheten, die Apostel und alle heiligen Märtyrer, alle Gläubigen und Knechte Gottes aller Zeiten bis zu dem armen Bruder in Christo, zu dem uns vielleicht an des reichen Lazarus Tür [vgl. Lk

16,19ff.] in Not und Elend, Spott und Verachtung der Herr mit seiner Gnade geführt. Ein Leben, ein Licht, eine Herrlichkeit, eine Liebe, eine Freude, ein Triumphgesang und eine Überwinderkrone strahlt um aller Haupt, durchdringt ihr himmlisches, verklärtes Wesen, und dieser eine ist wieder kein anderer als der, der alles in allem erfüllt, der in ihm unser wartete, auch uns in die Gemeinde der vollkommenen Gerechten im himmlischen Jerusalem aufzunehmen.

O Welt – wie versinkt dagegen deine Herrlichkeit und Sicherheit in nichts, in Eitelkeit! Wie trostlos zerfällt die Hütte, die eigene Klugheit hier für sich wie auf immer gebaut! Wir gehen aus von ihr und trachten nach dieser Freundschaft der Kinder Gottes, und unter ihnen nach dem ewigen Leben, wo auch unsere Hütten bereits gebaut sind durch die durchbohrte Hand des hochgeliebten und hochgelobten Mittlers, dass auch wir einst Preis und Ehre singen können mit allen Heiligen in der Gemeinde, die in Christo Jesu ist zu aller Zeit von Ewigkeit zu Ewigkeit! Amen. (Eph 3,21)

Johann Hinrich Wichern

Predigt: 29. August 1841 über Markus 7,31-37[1] (12. So. nach Trinitatis – Christuskirche Altona)

[1:] Der Gesang[2] schon, meine Geliebten, hat unsere Gedanken auf den Gegenstand hingeführt, auf den Predigt heute gehen soll – auf den *Glauben*, auf unseren Glauben an unseren Heiland Jesus Christus. Dieser Glaube ist ein großes und mächtiges Ding, durch das Herzen wiedergeboren werden zum ewigen Leben, eine mutige, freudenvolle, friedenvolle Macht in unserer Seele, ein helles Licht in unsrer Erkenntnis. Aber gerade weil er ein so Großes, so Umfangreiches, so Hohes und so Tiefes ist – deswegen ist er auch nicht so leicht zu fassen und zu verstehen, wie er es dann wäre, wenn er mindere Bedeutung hätte, wenn er eine Nebensache wäre für unser Heute. Der Glaube, als von Gott gepflanzt, umschließt das *vielseitigste* und unergründlichste Geheimnis des Herzens, nach dem die Weisen forschen, und wiederum ist er so *einfach*, dass ein Kind kann fassen, was er ist. Wir wollen es in einem Gleichnis sagen: Der Glaube ist wie ein Baum. Jetzt steht er prächtig da, mit vielen Früchten geziert, jetzt unansehnlich, dass jeder, der vorübergeht, und selbst der, der ihn hat, ihn kaum gewahren kann. Oft ist er kahl wie der Baum zur Winterzeit, mit dem Kleide des Frostes, der Kälte überkleidet, dann hat er nur Keime, aber aus ihnen wachsen Blätter, hernach auch Blüten, viele Blüten fallen ab, aber etliche oder viele verwandeln sich in Früchte, kleine oder große, minder gute oder vortreffliche. Dann ist wieder alle Herrlichkeit dahin! Und es scheint, als müsse er sein Leben und Wachsen und die Entwicklung seiner Herrlichkeit wieder von vorn beginnen.[3]

Was damit gesagt sein soll? Der Glaube, seine Natur und sein Leben, umschließt eine ganze Welt mit all ihren Wechselfällen, mit all ihren Freu-

---

[1] Vorlage: Archiv des Rauhen Hauses, Hamburg, Bestand 61 H a, Nr. 47.

[2] Gesang: 458, V. 1-6. Schluss: 458, V. 7. – Keine Zuordnung zu einem Gesangbuch zweifelfrei möglich, da keine Liedanfänge genannt. [8]1816 enthält nur 441 Lieder.

[3] Am unteren Rand der Seite ist als Fußnote hierzu vermerkt: „Besser: Der Baum – er steht in der Erstarrung des Winters, keimt, treibt Blätter, Blüten, Früchte etc. – und versinkt wieder in das Bild des Todes, nicht um darin zu verharren, sondern wieder aufzuerstehen, und so mit jedem Kreislauf des Jahres. So auch der Glaube, um deswillen die Gerechten heißen: Bäume der Gerechtigkeit."

den und Leiden. Aber eine ganz *neue* Welt; wer den Glauben in sich hat, hat eine neue Welt in sich, und ist selbst in einer neuen Welt. Wer glaubt, der jubelt heute; trauert morgen, heute im Himmel, morgen auf Erden, jetzt getrost, dann verzagt etc. – jetzt wird ihm alles leicht, morgen schwer. [2:]

Sein Leben und was wir in ihm erleben.

Auf diesen Glauben wollen wir heute zur Erbauung seiner selbst, zur Warnung, zum Trost und zur Unterweisung unsere Aufmerksamkeit richten, soweit unser Evangelium uns dazu Anleitung gibt, das Übrige weiterer Verkündigung überlassen.

Evangelium Markus 7,31-37.

[31 Und als er wieder fortging aus dem Gebiet von Tyrus, kam er durch Sidon an das Galliläische Meer, mitten in das Gebiet der Zehn Städte. 32 Und sie brachten zu ihm einen, der taub und stumm war, und baten ihn, dass er die Hand auf ihn lege. 33 Und er nahm ihn aus der Menge beiseite und legte ihm die Finger in die Ohren und berührte seine Zunge mit Speichel und 34 sah auf zum Himmel und seufzte und sprach zu ihm: Hefata!, das heißt: Tu dich auf! 35 Und sogleich taten sich seine Ohren auf, und die Fessel seiner Zunge löste sich, und er redete richtig. 36 Und er gebot ihnen, sie sollten's niemandem sagen. Je mehr er's aber verbot, desto mehr breiteten sie es aus. 37 Und sie wunderten sich über die Maßen und sprachen: Er hat alles wohl gemacht; die Tauben macht er hörend und die Sprachlosen redend.]

Wir werden aus dieser Geschichte unsere Erkenntnis erleuchten lassen über

die wachsenden Erfahrungen des Glaubens an Jesus Christus.

Wir merken für uns nach der vorgelesenen Geschichte der Erfahrungen vier:

1. Die erste und immer wieder erste Erfahrung ist die, dass der Herr uns zu sich zieht und ein Herz zum beten gibt, V. 32.
2. Die andere: wie der Herr gibt, was wir bitten, tut, was wir begehren, V. 33–35.
3. Die dritte: dass er den geförderten und erneuerten Glauben in seine Pflege nimmt (V. 36).
4. Die vierte: dass er das Herz mit Gottes Lob und Preis erfüllt, V. 36–37.

1.

Die erste und immer wieder erste Erfahrung des Glaubens soll die sein, dass der Herr uns zu sich zieht und ein Herz zum beten gibt, V. 32.

Sehen wir unseren Text an: Sie brachten zu ihm einen Taubstummen, und sie baten ihn, dass er die Hand auf ihn legte.

Es ist zwar von einem Leiblich-Elenden nur die Rede, aber schärfer ins Auge gefasst und namentlich das Folgende genauer betrachtet, ist klar: es war in ihm ein Zug zum Heiland wirksam, der nur in dem Herzen sich kräftig erweiset, das Glauben hat zu ihm, Vertrauen gewonnen hat zu seiner Erbarmung. Zwar steht nicht da, dass er den Herrn bat, aber das konnte er auch nicht nach seinem besonderen Leiden, darum baten seine Begleiter den Herrn, dass er die Hand auf den Elenden legte. Und so erweitert [3:] sich für den geistlichen Blinden die Geschichte: wir sehen nicht bloß einen Bittenden, sondern eine Gesellschaft von Bittenden, die zu Jesu tritt mit Gebet und Fürbitte, dass er seine mit Gnade und Hilfe gefüllte Heilandshand öffne und Gnade und Hilfe einem bittenden Bruder gebe.

Denken wir uns diese bittenden, betenden Freunde des armen, unglücklichen Bruders, taub und stumm, einen Augenblick in unsrer Mitte, oder noch besser, setzen wir uns für jetzt an seine Stelle – sollten wir dann nicht unser eigenes Leben, unsere eigenen Erfahrungen in ihm wiederfinden?

Wie oft sind nicht auch wir, die wir doch Glauben haben, taub und stumm. *Taub* gegen sein so eindringliches Wort, taub gegen die so herzliche, innige Mahnung seines Geistes, der uns doch nicht von der Seite weicht – *stumm*, zu bekennen seinen Namen, stumm, unseren Mund zu öffnen im Gebet, stumm, ihn an[zu]rufen als unseren Retter aus Sünden, stumm, uns vor ihm in der Buße zu verklagen. Wer will – wer kann dies leugnen? Leugnen kann's nur der, der überhaupt nicht weiß, was es heißt: Jesu Stimme hören!, das Gespräch des Herzens mit ihm führen! Aber ist *darum* schon der Glaube dahin? Gewiss so wenig als der fruchtbare Saft von dem Baume in der Kälte des Winters gewichen ist. Es bedarf nur, dass die Frühlingssonne wieder ihre milden, wärmenden Strahlen auf die erstorbenen Äste sende, dass sie wieder das Eis zerschmelze, und die lebendige Labe des Baumes bricht aufs Neue hervor. Die Sonne weckt die schlafenden Triebe des inneren Lebens im Baume wieder. So auch ist's mit dem *Glauben*. Er liegt oft wie unter Eis und Nacht begraben, darin erfroren, erstarrt, ohne Regung und Bewegung, wenigstens ist keine Spur davon in uns zu finden, und wie in jenem Stummen und Tauben die äußeren Sinne, so fühlen und wissen wir dieser solcher Zeiten vielleicht wohl unsere Taubheit und Stummheit im inneren Sinne in gleicher Weise, aber wir wissen uns nicht zu helfen und möchten doch [4:] gerne, dass uns geholfen würde. Eine schwere, harte Prüfung des Glaubens, wenn der Herr sich also entzieht!

Aber siehe, was geschieht? Wie dort „der Herr wieder ausging von den Grenzen Tyrus' und Sidons und kam an das Galiläische Meer, an die Stätte, wo der Taubstumme war" (V. 31), so naht er nach solcher Zeit der Dürre und des Schlafes und der Ermattung auch uns abermals. Wie eine Sonne scheint er wieder in unsere Herzen hinein, bringt zur rechten Stunde uns wieder das Evangelium von der Liebe Gottes, das die Stummen redend und die Tauben hörend macht, nahe, und der erstorbene Baum des Glaubens, er keimt aufs Neue; mächtig ersteht im Herzen wieder der Zug zu ihm; das Auge der Gnade blickt wieder erbarmungsvoll an das Herz des Glaubens, und der, der aufs Neue verirrt war, macht sich aufs Neue wieder auf, den Hirten und Bischof der Seelen [vgl. I Petr 2,25] zu finden.

Der Herr, der weggegangen war, kehrt wieder.

Wer ist unter uns heute der Taube und Stumme, der seine Taubheit und Stummheit mit Schmerzen fühlt? Siehe, heute erscheint auch dir wieder der, der das Ohr öffnen, die Zunge dir lösen kann und will. Oder welcher unter uns weiß den Tauben und Stummen, den seine Sündenlast mächtig drückt? Seid ihr seine Freunde, seine Freunde in dem Herrn, durch Bande des leiblichen oder geistlichen Blutes an ihn gebunden, nehmt den Bruder, nehmt die Schwester wie jene den Tiefgebeugten, und tragt ihn auf Armen der Liebe, in der Kraft der fürbittenden Liebe dem Heiland entgegen, der helfen und heilen kann! Wer Glauben an Jesum in sich hat, der säumet nicht, der kann nicht säumen. Denn der Vater nimmt dem Glauben die Fesseln vom Fuß und zieht zum Sohne, dass wir zu ihm gehen, gibt uns dem Sohne wieder, dass wir mit unserem Glauben das Leben wiederfinden, und der Sohn spricht: Alles, was mir mein Vater gibt, das kommt zu mir, und wer zu mir kommt, den will ich nicht hinausstoßen, Joh 6,37. [5:]

2.

Nicht hinausstoßen! – meine Lieben, ein Wort, das mit seligem Trost das Herz erfüllt. Eine neue Erfahrung, die der Glaube, der den Zug zum Sohne nicht von sich weiset, in voller Fülle machen solle. Es ist darin gewiss die

andere Erfahrung des Glaubens ausgesprochen: dass der Herr dem Glauben gibt, was derselbe bittet, tut, was er begehrt. Er stößt uns nicht zur Tür hinaus, er schließt sie uns auf: bittet, so wird gegeben etc. etc. [suchet, so werdet ihr finden; klopfet an, so wird euch aufgetan, Lk 11,9]. Welch eine köstliche Erfahrung der Art machte doch jener Taubstumme. Denn nachdem der Elende den Herrn gebeten, *„nahm derselbe ihn von dem Volk besonders und legte ihm die Finger in die Ohren und spitzete und rührete seine Zunge und sahe auf gen Himmel, seufzete und sprach zu ihm: ‚Hephata!' Das ist: ‚Tue dich auf!' Und alsobald taten sich seine Ohren auf, und das Band seiner Zunge ward los, und er redete recht."*

Hier verkündet jede, auch die geringste Wendung in dem Tun des Herrn, wie liebreich sein Herz sich bewegt zu dem, der seiner begehrt. Er bezeichnet den Bittenden durch das Besondersnehmen, durch das Legen des Fingers ins Ohr, durch das Berühren der Zunge als den Gegenstand seiner besondersten Heilandspflege, als einen Liebling, dem er die Fülle seiner Gnade zuzuwenden sich bereitet. Aber das Innerste des Heilandsherzens und der Heilandsliebe besteht in Jesu darin, dass er nicht bloß auf unser Elend *herab*sieht, sondern *in* dasselbe sich hineinversetzt: *Er sah auf gen Himmel, seufzte.* Was ist das für ein Seufzen? Um seiner selbst willen konnte der Gottessohn nicht seufzen; denn wenn er gleich aufblickte gen Himmel, war er doch der, welcher ein andermal von sich zeugen könnte: Niemand fährt gen

Himmel, denn der vom Himmel herniedergekommen ist, nämlich des *Menschen Sohn, der im Himmel ist* (Joh 3,13), der eins war mit dem Vater [vgl. Joh 10,30] und gleiche Seligkeit mit ihm teilte. – Und warum brauchte er zu *seufzen* über unseren taubstummen Bruder, der vor ihm stand, wenn er doch wusste, dass er ihm helfen wollte, wenn für ihn doch schon die Heilung vollzogen war, deren Preis bald aller Herzen erfüllen sollte. *Warum seufzte er denn?* Meine Geliebten, sein Seufzen, seine Tränen und aller Jammer, der ihn erfüllte, *hier* in seinem Fleische wie dort am Kreuze, wo er in seinem Blute hing, verkünden, dass er unser Leid, unser Seufzen, unsere Tränen, unser Weh zu dem seinigen gemacht, dass der, den drob die Engel preisen, der das Wort war und Gott war [vgl. Joh 1,1], dass der ist Mensch, dass der ist unser *Bruder* worden, auf dass wir Gottes Kinder werden. [6:]

Das erfährt der Glaube, die Gnade seiner Gott-Menschheit, der zu ihm kommt.

Und darin liegt auch für den Glauben der gewisseste Grund, dass er hört, wenn wir bitten, dass er es vernimmt, wenn wir seufzen und mit dem zu ihm kommen, was uns quält. Wenn er dieser menschgewordene Geliebte Gottes ist, dann kann er nicht anders, er muss erhören, was wir bitten im Glauben. Der Glaube *muss* erfahren, dass er in Christo einen Heiland hat, zu dem alle Gebete dringen. Er *muss* das erfahren, sonst wäre Christus unser Heiland nicht. Er muss. Warum? Darum, weil Christus alle unsere Sünde und Schuld an seinem Leibe geopfert hat auf dem Holz (*I Petr 2,24*), weil er, der von keiner Sünde wusste, für uns vor Gott zur Sünde geworden ist (*II Kor 5*[,21]), weil er uns von Gott gemacht ist zur Weisheit, zur Gerechtigkeit, zur Heiligung und Erlösung (*I Kor 1*[,30]). Ist nun einer gestorben, so sind sie alle gestorben [vgl. II Kor 5,14], ist er statt unserer gestorben, so ist unsere Schuld vertilgt und die Sünde vergeben. Dem Glauben dringt darum das Seufzen Christi tief ins Herz, als ein Seufzen für uns, für mich und dich – aber damit ist auch die Scheidewand wieder aufgehoben zwischen uns und zwischen Gott, durch seine Wunden sind wir nun heil geworden [vgl. I Petr 2,24], heil auf ewig, und Gottes Kinder. Sollte uns nun der, der uns den Sohn geschenkt, mit ihm nicht *alles* schenken? *Röm 8*[,32].

Denn der Glaube ist eins mit Gott geworden.

O, zweifle nicht, der du seufzest in deinem Herzen, sondern glaube: Bitte, und du wirst es erfahren: Glaube, dass Gott dich also wahrhaftig liebt, tritt zu dem Seufzenden hin, tritt an sein Kreuz, wo die Tiefe aller Klage an ihm sich erschöpft, und glaube, wie dieser Taubstumme, dass Jesus für ihn seufzte, also glaube auch, dass er für dich geseufzt, und du wirst alsbald in ihm nicht nur den mit dir Schwachen, für dich leidenden Erlöser, sondern auch den Starken, den auch für dich Lebendigen erkennen und sein allmächtiges *Hephata!* Tue dich auf, vernehmen. Er nimmt auch uns besonders, sieht nicht bloß das kranke Ohr und Zunge, sondern *Herz* und alles Seufzen: Glaub es immer. Wie es von jenem heißt, wird es auch von dir heißen: *Alsbald taten sich seine Ohren auf, und das Band seiner Zunge ward los* (V. 35), oder was sonst an dir gebunden sein mag, du wirst sehen, dass alle Bande in Christo zersprengt sind. Ja, der Glaube erfährt dies immer sich erneuernde Wunder der Wiedergeburt. Die Fesseln, die uns bis dahin gebunden, fallen ab. Die Knechtschaft hat ein Ende, der Tag der Freiheit bricht nach aller Nacht wieder hervor. Das blind gewordene *Auge*, das nur noch in der Ferne den einst geliebten Heiland sah, sieht ihn wieder gegenwärtig, nahe, in seiner ganz himmlischen Gestalt, mit aller seiner Gnadenfülle überströmend, das verschlossene *Ohr* wird wieder geöffnet, das vielleicht nur noch wie aus der Ferne die liebliche Stimme des guten Hirten hörte, wird wieder geöffnet, und vernimmt abermals das Tröstende: Weine nicht, mein Sohn, dir sind deine Sünden vergeben, ich habe dich je und je geliebt; [vgl. Jer 31,3] die stumm gewordene *Zunge* wagt es wieder, ihn den Ihrigen zu nennen und aufs Neue fröhlich, im Kämmerlein wie in der Gemeinde, still oder laut zu singen: Meinen Jesum lass ich nicht [Nr. 285 (^{8}1816)]. Kurz, der ganze inwendige Mensch [7:] des Glaubens, mag er auch einmal wieder wie im Grab und wieder in alter Furcht gewesen sein, er steht wieder auf aus dem Tod mit neuem Sinn und Beginn, ein Gottes-Mensch, ein Gottes-Kind: *mächtig* und stark über Fleisch und Sünde und Tod, *fröhlich* über Christi Sieg und Gnade, getröstet durch die nicht müde werdende Liebe des Menschensohnes, die nichts will und nichts kann, als das Verirrte suchen und das Verirrte wiederbringen [vgl. Lk 19,10] und dem nach Gnade durstigen und hungrigen Herzen die Gnade und mit ihr *alles* geben.

3.

Aber gehen wir zur dritten Erfahrung des also geführten und wiederbelebten Glaubens über. Markus fährt fort: (V. 36) *„Und er verbot ihnen, sie sollten es niemand sagen.“* Sonderbares Gebot. Vielmehr hätten sie erwarten können, wie er dem Geheilten und alle die, die es gesehen, *geboten*, die Tat der göttlichen Gnade allen zu verkündigen. Aber gerade das Gegenteil. Und umgekehrt finden wir es an vielen anderen Stellen und Geschichten. Nicht bloß, dass er da die Verkündigung der widerfahrenen Gnade nicht bloß nicht verbietet, anderswo, z.B. bei jenem *Gadarener* [Gerasener], finden wir vielmehr, dass er ihnen *gebietet*: Gehe hin in dein Haus und zu den Deinen, und verkündige ihnen, wie große Wohltat dir der Herr getan und sich deiner erbarmt hat (Mk 5,19).

Warum ein so durchaus verschiedenes Gebot bei denen, welche durchaus dieselbe Gnade erfahren haben?

Meine Geliebten, die Beantwortung dieser Frage führt uns auf die Tiefe der Weisheit und der Liebe des Herrn. Und führt uns zur *Beachtung der dritten* Erfahrung, die der Glaube, welcher den Herrn erkannt hat, an sich machen muss. Ich meine *die* Erfahrung, dass der Herr Jesus den *erneuerten und geförderten Glauben jedesmal in seine besondere Pflege nimmt.* Es ist ihm nicht genug, dass er uns wieder erweckt und wieder erneuert, er führt uns auch nach der Wiedererweckung und Wiedererneuerung auf seine Weise weiter. Wir alle sind wohl darin einander vollkommen gleich und darin ist *kein Unterschied, wir sind allzumal Sünder und mangeln des Ruhmes, den wir vor Gott haben sollen* (Röm 3[,23]). Aber in dieser allgemeinen Gleichheit des natürlichen Menschen ist wieder ein großer Unterschied der natürlichen Menschen nach den Schwächen ihrer Anlagen, Gemütsrichtungen, Neigungen und Begierden. Die einen sind überwiegend nach außen, die andern überwiegend nach innen, in sich hinein gekehrt. In den einen brennt eine natürliche Begierde, ihr Innerstes aufzudecken, in den andern eine natürliche Schüchternheit, eine Neigung, sich abzusondern und zu verschließen. Je nach dieser Verschiedenheit haben wir ja verschiedene Ver- [8:] suchungen zu bestehen, verschiedene Aufgaben in der Kraft und Gnade des Heiligen Geistes zu lösen, die an sich gleichen Verhältnisse und Lagen des Lebens bringen den Verschiedenen ganz verschiedene Gefahren. Und je nach dieser Verschiedenheit richtet der Herr, wie es nicht anders sein kann, verschiedene Forderungen an uns, führt er verschiedene Übungen des Glaubens an uns heran. Daraus ist auch jene sonderbare Erscheinung, die wir in der Verschiedenheit seines Gebots, von der Gnade zu schweigen oder zu reden, aufgewiesen haben, zu verstehen.

Achten wir heute besonders auf das Gebot des Schweigens von der widerfahrenen Gnade, auf das unser Text uns führt.

Jener geheilte, begnadigte Mann und seine Umgebung, dem die Verkündigung verboten wird, mochte zu den Menschen gehören, deren es viele gewiss auch in unserer Versammlung gibt, welche von einer gewissen, höchst sündlichen Selbstgefälligkeit gereizt zu werden pflegen, das was Gott an ihnen getan, aus dem Herzen heraus auf die Zunge zu bringen, in Worte zu schließen, um es anderen mitzuteilen. Nicht geschieht das bei solchen, um dadurch den Herrn zu verherrlichen, wenn sie sich das auch einbilden möchten, sondern um sich, ihre eigene Person, hervorzudrängen, bemerklich zu machen, zu Ehren zu bringen, auf sie die Aufmerksamkeit anderer zu lenken. Da bemächtigt sich dann der geistliche Hochmut der himmlischen Gnadengüter, derselbe verwandelt dieselben in einen Schmuck der eigenen Eitelkeit. Statt dass die Gnade ihnen dazu dienen sollte, sie zu sich selbst und zu Gott zu bringen und sie zu bekehren, wird sie für ihre Sünde ein neuer Anlass, nur noch feiner zu sündigen. Nein, meine Geliebten, das Reden *von* der Gnade von dem Herrn macht es nicht, sondern der Besitz derselben und das Reden und Handeln *in* der Gnade und *in* dem Herrn. Die also gemissbrauchte Gnade bleibt freilich immerhin Gnade, aber sie wirkt dann durch der Menschen *Ver*kehrung nicht die Menschen*be*kehrung, zu der sie gegeben war. Darum, wo solche Gefahr für dich vorhanden ist, da *ver*bietet dir der Herr das Reden und *ge*bietet dir das Schweigen wie dort dem Taubstummen und seinen Freunden. Er will, dass du die Gnade in deinem Herzen bewahrest, damit sie dir nicht verloren gehe, dass du mit ihr prangest nicht vor den Menschen, sondern vor Gott; sie soll in dir verborgen bleiben, bis der Herr sie offenbar werden lässt; sie soll in dir wirken wie die Frühlingswärme in der Pflanze, die du auch nicht siehest, und die doch da ist und wirket frisches Grün, lebendige, Hoffnung gebende Blüten, Freude schenkende Früchte. Sie soll wie ein verborgener Sauerteig in der Stille dein Wesen durchdringen von innen heraus dein Leben durchleuchten, verklären, für die Gläubigen [9:] genussreich, für die Unbekehrten bekehrungskräftig machen auch ohne Wort, wie der Herr solchen Rat z.B. etlichen Weibern durch den Apostel Petrus, I Petr 3,1, geben lässt.

Von denen, denen der Herr das Gegenteil gebieten wird, wollen wir heute nicht reden, weil der Text nicht davon spricht.

Aber das wollen wir uns hier vor die Augen stellen: Es ist dem Gläubigen ein Gebot gestellt nach dem er wirken solle mit Mut, Herz und heiligen Sinnen, die Aufgabe gestellt, dass er im Glauben sich selbst erkenne, die Sünden des Fleisches, des Hochmutes, die Versuchung zu denselben, die in ihm sind, die Versuchung der Menschenfurcht, die ihn gefährden wird können, dies muss er zu erkennen sich bemühen, um das Gebot des Herrn an ihn zu verstehen und die Hand des Herrn zu finden, wie die gerade ihn also, und anders als einen andern führen will. Folgen wir aber darin seiner Stimme und seiner Hand, die uns immer nur nach und bei unsrer Bußübung und Selbsterkenntnis und Selbstbekämpfung unzweifelhaft offenbar werden wollen und können – dann werden wir es anbetungswürdig gewahren, wie treu, wie zärtlich, wie geduldig, wie sorgsam er eingeht auf unsere Herzens- und höheren geistlichen Lebensbedürfnisse, wie sehr er mit der Erweckung des Glaubens sein Gnadentun nicht abschließt, wie vielmehr darin nur der Beginn seiner erneuernden Liebe sich kundgegeben, die als ewiger Freund unsrer Person uns sich gänzlich zu eigen gibt und zum Führer erbietet und als solcher bewährt, dass wir nach der Erkenntnis des Herrn nicht können wandeln wie wir wollen, sondern wie *er* will.

Unser Text bringt uns aus jenem Ereignis noch einen Zug, und den wollen wir im

4. Teil

der Predigt näher betrachten. Markus spricht nämlich von denen, die das Wunder der Heilung gesehen: *Sie verwunderten sich über die Maßen und sprachen, er hat alles wohl gemacht: die Tauben macht er hörend, die Sprachlosen redend* (V. 37). Es war gegen den Willen des Meisters, dass sie es ausbreiteten, denn *„je mehr er es verbot, desto mehr sie es ausbreiteten"*. Man siehet, sie konnten ihm nicht gehorsam sein, denn der Eindruck von seiner Tat hatte sie übernommen, sie waren ihrer selbst nicht mehr mächtig, sie *mussten* seinen Namen verherrlichen. Daraus, meine Lieben, dass er es ihnen verbot, ist nicht [10:] zu folgern, dass er überhaupt die Verherrlichung seines Namens *nicht* gewollt; denn er wusste wohl und verkündete selbst, dass sie alle den Sohn ehren sollen, wie sie den Vater ehren (Joh 5[,23]); auch ist daraus nicht zu folgern, dass sie überhaupt seinen Namen, auch zu dieser Verherrlichung nichts tun sollten, vielmehr wollte er die Verherrlichung seines Namens von ihnen nur auf andere Weise, in der Stille, oder *diese* Verherrlichung durch die Verkündigung seiner Gnade, nur nicht schon jetzt, sondern erst zu einer Stunde, die er sich vorbehalten. Aber die Verherrlichung des in ihm erschienenen göttlichen Namens, in der von ihm gewollten Weise, ist am Ende der letzte Zweck all seines Tuns, und das muss zuletzt die *Erfahrung jedes Gläubigen bleiben, dass die dem Glauben widerfahrene Gnade ihn treibt zu bekennen und zu verkündigen: der Herr hat alles wohl gemacht.*

Die Gnade ist von Gott, darum treibt sie auch wieder zu Gott, und das ist ihr Ziel: alles, was Gott nicht preiset in uns, in uns zu vernichten; alles aber, was ihn preisen kann, zu seinem Lobe zu stimmen, zur Verkündigung seiner Herrlichkeit zu bereiten.

Das eigene Ich, meine Geliebten, ist unser ärgster Feind; nicht bloß, weil es uns von unserem Gott zuerst getrennt hat, auch nicht bloß, weil es uns hindert, im Glauben an den Heiland in das Vaterhaus Gottes zurückzukehren, sondern insbesondere auch deswegen, weil es uns dann, wenn wir durch Gottes Gnade den Glauben gefunden haben, wenn wir die Segnungen desselben und sein Heil erkannt haben, weil es uns auch dann noch den Glauben wieder zu entziehen, die dem Glauben gegebene Gnade in unseren Herzen wieder zu verkehren sucht. Nicht stärker erscheint die Macht dieses unseres Fleisches als in dem Triebe, sich einen Teil der Ehre, die dem Herrn allein gebührt, zu eigen zu machen, als in der trügerischen List, uns immer wieder, vielleicht gegen unsere Vorsätze und Entschlüsse, geneigt zu machen, uns statt des Herrn zu nennen, oder uns zu meinen, wo wir seinen Namen im Munde führen. Ihr Glaube ist die Vermischung ihrer eigenen Ehre und der Aufrichtung der Ehre Christi. *Der echte,* reine, lebendige und lebendig machende, wahrhafte Glaube an Jesum Christum aber, der zerbricht alles Fleisch in uns, vernichtet alle Selb[st]gerechtigkeit, nimmt uns alles Gefallen an uns selber, ist der Tod, der Würger unseres Fleisches, vor ihm und durch ihn bricht alle Zuversicht auf uns selbst, und wir finden in ihm so wenig an uns, was wir lieben, nennen, geltend machen und ehren können, dass wir vielmehr vor uns selber schämen, von uns schweigen lernen, ja dass wir, wie der Herr es hat möglich gemacht, unser eigenes Leben hassen lernen, in der Tat und in der Wahrheit [vgl. I Joh 3,18]. Der Glaube ist die Vernichtung unserer eigenen Ehre und die Aufrichtung der Ehre Christi. Dagegen hat der Glauben ein anderes Ich gefunden, das er liebt, das er ehrt, dessen er sich nicht schämt, sondern allein nur freuet, das ihn treibt, bewegt, das [11:] Herz durchdringt, das ist das Ich, das spricht: *Ich bin der Weg und die Wahrheit und das Leben* [Joh 14,6]. *Ich bin nicht gekommen, dass ich mir dienen lasse, sondern dass ich diene und gebe mein Leben zu einer Bezahlung für viele* [Mk 10,45]. *Kommt her zu mir, die ihr mühselig und beladen seid, ich will euch erquicken* [Mt 11,28]. Je *inniger* sich der Glaube diesem Sohne ergibt, desto *gründlicher* stirbt das Herz dem Fleische und der eigenen Ehre ab; desto *klarer und sicherer* erkennt es den höllischen Betrug der Selbstgerechtigkeit und Eitelkeit an uns selbst, desto *kühner* tritt es dem Satan und der Welt im eigenen Inneren entgegen, desto *überzeugender, gründlicher* macht es die Erfahrung, dass wir alle tot und krank, elend und bloß sind von Natur, aber dass wir ein Leben haben allein in dem, der vom Tode erstanden ist, dass wir eine Errettung vom Elend haben in dem, der für uns am Kreuze gestorben ist, dass wir eine Gesundheit haben in dem Arzt, der nicht gekommen ist zu den Gerechten, [sondern] zu den Sündern [vgl. Lk 5,31f.], dass wir ein Ohr haben: denn er habe uns es denn geöffnet, eine Zunge, er habe sie uns denn gelöset, ein Bekenntnis für ihn, er habe uns denn das Herz mit seiner Gnade gefüllt. Wer verdient denn anders die Ehre, als allein nur dieser eine? Und dem Glauben, der so in sich hineinsieht und um sich hersieht in das Reich der Wunder, die noch heute durch sein Wort an den Herzen und in der Wiedergeburt geschehen, dem geht die himmlische Sonne auf Erden auf, in deren wunderbarem Gnadenglanz und Herrlichkeit was irdisch ist, verschwindet. Er kann es nun nicht mehr lassen, Zeugnis zu geben von der Herrlichkeit Gottes, der uns also geliebt hat, dass er seinen eingeborenen Sohn für uns gab [vgl. Joh 3,16], denn das Leben Christi ist sein eigenes Leben, Christi Kraft seine Kraft, Christi Wahrheit seine Wahrheit, Christi Freude und Frieden seine Freude und sein Frieden geworden. So preiset er den Herrn durch Tun oder Lassen, durch Reden oder Schweigen, durch Lieben oder Hassen, durch Leben oder Sterben, geistlich und leiblich, zeitlich und ewig, und wenn er heimgeht aus dieser argen Welt, verkündet sein letzter Odem: Er hat alles wohlgemacht [Mk 7,37], und wenn er ankommt in der Heimat wird ihm die Fülle der Verheißung entgegenströmen, dass er nur wird bekennen können: Er hat alles wohlgemacht. Gott helfe uns zu solchem Glauben!

Dann wird jeder, der glaubt, ein Verkünder seiner Herrlichkeit. Dann füllt sich die Erde mit dem Glanze der Gnade, die von den Gläubigen ausströmt; dann naht sich die Vollendung, auf die wir hoffen, wo Himmel und Erde werden voll werden von seiner Ehre, und alle Knie derer, die im Himmel und auf Erden und unter der Erde sind, sich werden beugen vor ihm, dessen Namen über allen Namen ist, und alle Herzen erkennen und alle Zungen bekennen werden, dass Jesus Christus der Herr ist [vgl. Phil 2,10f.]. Amen.

Johann Hinrich Wichern

Predigt: 31. Oktober 1841 über Epheser 6,10-17[1] (Reformationsfest – St. Katharinen Hamburg)

[1:] Heilig, heilig, heilig ist Gott, der Herr, der Allmächtige, der da war und der da ist und der da kommt. Herr, du bist würdig zu nehmen Preis und Ehre und Ruhm. Amen (Apk 4,8.11).

Wir feiern heute das Reformationsfest, – und da mag sich's wohl ziemen, dass die Gemeinde den Herrn preist als den, der der Erste und Letzte ist, der Anfang und das Ende [Apk 22,13]. Denn die großen Taten, die wir heute feiern, sind sein Werk, sind Gottes Werk. Aber auch auf unsre gegenwärtigen Zustände und Bedürfnisse und auf die Zukunft gesehen, meine Geliebten, wird unser Blick auf keinen anderen gehen können als auf diesen Heiland. Unsere Kirche ist unleugbar verfallen, liegt tief darnieder, leidend an innerer Zerrüttung. An den Mauern des Tempels ist in den drei Jahrtausenden gewaltig gerüttelt. Vieles ist gefallen, noch mehreres wankt und droht zu stürzen. Ein Feuer hat das heilige Gebäude, an das die Reformation die Hand gelegt, ergriffen, und wir stehen in einem Zeitpunkt, in welchem manche warten des, was da kommen wird. *Es sind davon etliche,* die sehen mit Freude und Erwarten auf den Zeitpunkt hin, wo der Bau zusammenbrechen, wo es, wie sie wähnen, keine Kirche mehr geben wird. Denen ist Christus eine Fabel oder ein Ärgernis, und der Geist ärgert sie, denn sie lieben das Fleisch.

Es sind davon andere, die wollen eine Kirche behalten, aber sie wollen sie bauen auf einen anderen Grund, als der gelegt ist [I Kor 3,11], und sie untergraben den Grund, und es ist ihre Lust, je mehr mit dem Sturz der Mauern das Fundament selbst zu schwanken scheint. *Noch andere* sehen mit Schrecken das Beginnen der Bauleute am Babylonischen Turm [vgl. Gen 11,1ff.] und fürchten, wo sie nichts zu fürchten haben. Und so ließe sich noch manches nennen. *Wie stehen wir, meine Geliebten, die Gottes Wort in*

[1] Vorlage: Archiv des Rauhen Hauses, Hamburg, Bestand 61 H a, Nr. 49. – Vermerk: „Nachmittags (für Pastor [Otto] Wolters)".

Händen und, Gott gebe, im Herzen tragen? Haben wir unsern Gesang[2] von Herzen und im Glauben gesungen, so sollen wir nicht zittern und zagen, sondern wissen, was geschrieben steht: dass einen anderen Grund als der gelegt ist, niemand legen kann, nämlich Jesus Christus [vgl. I Kor 3,11], dass aber die Zeit bewähren wird, was Holz und Heu und Stoppeln darauf gebaut, aber auch: das Gebäude, das von Gold und Silber und Edelstein darauf aufgeführt worden [vgl. I Kor 3,12]. Das, meine Geliebten, wird bleiben, und an diesem liegt es allein, denn der Grund schwankt nicht, denn Jesus Christus ist gestern und heute und derselbe in Ewigkeit [vgl. Hebr 13,8]. Freilich, *müßige Zuschauer dürfen wir nicht sein* in der Zeit, wo die einen den Himmel stürmen und die andern ihre Harfen an die Weiden hängen [vgl. Ps 137,2], in Tagen, wo mit riesenhaften Kräften die einen an der Vernichtung Zions geschäftig sind, die andern in Glaubenskraft gewaltig das Himmelreich wieder an sich reißen [vgl. Mt 11,12], in Tagen, die offenbar machen, dass das Werk der Reformation nicht abgeschlossen, sondern die Aufgabe vorhanden bleibt. Es gilt, meine Teuren, heiße Arbeit des Glaubens, der Liebe, der Hoffnung und der Geduld, und zu dieser soll uns das heutige Fest wieder stärken. Wir wollen dabei Gottes Wort zur Richtschnur machen, das uns die Kirche Christi im Harnisch Gottes zeigen wird. Gebet – Gesang [vgl. Anm. 2] [2:]

Eph 6,10-17

[10 Zuletzt: Seid stark in dem Herrn und in der Macht seiner Stärke. 11 Zieht an die Waffenrüstung Gottes, damit ihr bestehen könnt gegen die listigen Anschläge des Teufels. 12 Denn wir haben nicht mit Fleisch und Blut zu kämpfen, sondern mit Mächtigen und Gewaltigen, nämlich mit den Herren der Welt, die in dieser Finsternis herrschen, mit den bösen Geistern unter dem Himmel. 13 Deshalb ergreift die Waffenrüstung Gottes, damit ihr an dem bösen Tag Widerstand leisten und alles überwinden und das Feld behalten könnt. 14 So steht nun fest, umgürtet an euren Lenden mit Wahrheit und angetan mit dem Panzer der Gerechtigkeit, 15 und an den Beinen gestiefelt, bereit, einzutreten für das Evangelium des Friedens. 16 Vor allen Dingen aber ergreift den Schild des Glaubens, mit dem ihr auslöschen könnt alle feurige Pfeile des Bösen, 17 und nehmt den Helm des Heils und das Schwert des Geistes, welches ist das Wort Gottes.]

Die Kirche Christi im Harnisch Gottes

1. ist sich bewusst, dass sie *ihren Harnisch* von Gott empfangen hat,
2. sie führt darum ihre Gotteswaffen auch nur geistlich,

---

[2] Lieder ([8]1816): 1. 80: Wie herrlich strahlt [der Morgenstern], 2. 130, V. 1 u. 2: Höchster Tröster [komm hernieder! Geist des Herrn!], 3. 261 [Auf, meine Seele, singe; es singe Gott'], V. 4 u. 5: Gott, deine Gnad' [alleine steht fest].

3. und freut sich im Kampfe des Sieges, der ihr vom Harnisch selbst verbürgt wird.

1.

1. *Die Kirche Christi* ist sich bewusst, dass sie *ihren Harnisch* von Gott empfangen. Versetzen wir uns, meine Geliebten, in die Stellung, die Paulus im Text einnimmt, so breitet sich vor uns ein Schlachtfeld aus: *des Lebens nämlich*, auf dem zwei Heerlager gegeneinander gelagert sind.

Dort die *Welt*, in großer Zahl in finsterer Macht, tief bewegt von den Geistern der Bosheit, Fürsten, Herren und Gewaltige als die Obersten der Feldschlacht auf dieser Seite. An der Spitze der *Fürst* dieser Welt, der König der Finsternis; alles mit Bogen und feurigen Pfeilen des Todes bewaffnet. Wie der Prophet es schon gesehen Psalm 2: Es toben die Heiden und die Könige im Lande lehnen sich auf, und diese Herren ratschlagen miteinander wider den Herrn und seinen Gesalbten: Lasst uns zerreißen ihre Bande und von uns werfen ihre Seile! List und listige Anschläge werden ersonnen, den Gegner zu überwinden. Die Fahnen in diesem Lager sind bezeichnet mit der Farbe und dem Wort des Unglaubens und der Verachtung des Menschensohnes.

Hier aber ein anderes Kriegeslager: Es ist ein Heer nicht von großer Zahl, es fehlt der äußere Glanz, Arme sind's und Verachtete in jener Augen, aber alle stehen wie ein Mann. Sie suchen in sich nach Kraft und finden keine, nach Worten und haben keine. Aber aller Herzen sind auf den Führer gerichtet in ihrer Mitte, einen Herzog mit durchstochenen Händen, mit Dornen einst gekrönt, aber, wir sehen's: die Seele des ganzen Heeres, in dem seine Fahne glänzet, der Name des gekreuzigten und auferstandenen Jesus Christus. [3:]

Wir treten auch in die Reihen des zweiten Heerlagers ein. Da treffen wir unseren Apostel: Meine Brüder, ruft er mit gewaltiger Stimme, die durch die Jahrhunderte herübertönt an unser Herz, hinweisend auf jene Kriegsmacht der Welt: Meine *Brüder, seid stark in dem Herrn* und *in der Macht seiner Stärke. Ziehet an den Harnisch Gottes, dass ihr bestehen könnt gegen die listigen Anläufe des Teufels; denn wir haben nicht mit Fleisch und Blut zu kämpfen, sondern mit den Fürsten und Gewaltigen, nämlich mit den Herren der Welt.* – Und siehe da, der Apostel zeigt geöffnet die himmlische Rüstkammer, und aus derselben bietet die Hand des Allmächtigen dem kleinen Häuflein der Bedrängten, der Geängsteten, der *Unbewaffneten* die göttlichen Waffen. Den kostbaren *Gurt* nennt der Apostel, den *Panzer, Feldstiefel, Schild, Helm* und *Schwert.* – Und die schwach waren, werden stark, die verachtet waren, werden gewaltig und furchtbar dem Feind, die zitterten, glühen vom Mut. *Auf diesen Harnisch also kam es an.*

Erwägen wir, besinnen wir uns, m[eine] A[ndächigen], was wir eben gehört und gesehen.

Es ist der schon lange gekämpfte, unerbittliche, noch nicht vollendete Kampf, der Kampf der Welt mit dem Reich Christi, der Kampf der Finsternis mit dem Licht des Evangelii, der Kampf des Unglaubens mit dem Glauben an unseren Heiland, der Kampf aller Sünde mit aller Gnade. Auf den *Harnisch von Gott* weiset der *Apostel* die Krieger [der] Kirche Christi, ihre Waffen sollen sie nehmen von Gott, von ihm sollen sie sich anziehen lassen Stärke und Macht. Und das wollen wir ins Auge fassen nach seiner Mahnung, um so mehr, da der Kampf kein vergangener und vereinzelter ist, da wir, was wir mit erleuchteten Augen sehen, mitten in dieser Welt und Gotteskriege stehen und standhalten sollen. Es ist kein Frieden *mit der Welt*, wenn sie auch Frieden predigt. [4:]

Welches sind denn die Waffen unsrer Ritterschaft. Der Apostel weiset sie uns: *Wahrheit*, die innere Wahrheit unseres ganzen Wesens, die *Gerechtigkeit*, die sich erweist in einem heiligen, Gott wohlgefälligen Wandel, die stetige Rüstigkeit, Beweglichkeit und Fertigkeit, die das Evangelium des Friedens in uns wirkt, also die *Freiheit* von der Sünde, die ungehinderte Gemeinschaft mit Gott, zu der uns Christus erlöst hat, der *Glaube* an den Sohn Gottes, seine Liebe und Erbarmung, die herzliche, getroste Zuversicht zu ihm, die *Hoffnung* des Heils und die aus dem *heiligen Geist* geborene neue Gesinnung, das erneuerte Herz, erfüllt mit der Liebe Christi, die in dem *Worte Gottes* sich bewahrt vor Rost und Verderben, wie das Schwert in der Scheide. – Kurz, das *neue*, wahre, ungeheuchelte, heilige, freie, fröhliche, getroste, hoffnungsvolle, in Gottes Wort gegründete Leben, das aus Gott geboren ist mit aller Weisheit, aller Kraft, aller weltüberwindenden Macht, die darin ihrer Natur nach beschlossen sind. – *Das ist das geistliche Rüstzeug der Gottes Kinder* in dem Kampf gegen den listigen oder falschen, feindseligen, lieblosen, boshaften, unseligen Unglauben der Welt. Dieses Leben aus Gott, und diesen Gott, aus dem dieses Leben stammt, nennt der heilige Apostel unsere Kraft, die wir nehmen sollen, – da sie uns aus Gnaden dargeboten werden.

Meine Geliebten: gibt es denn noch *andere* Waffen in der Kirche Christi? In der Tat *Nein!* Aber hat die Kirche eine Versuchung zu überwinden, andere Waffen zu gebrauchen? *In der Tat: Ja!* Und wir wollen sie uns nicht verhehlen; vor anderen Waffen will der Apostel uns warnen, sie abzulegen für immer will er die Gemeinde, die Gläubigen, die sein Wort hören, *bewegen*. Denn er weiß wohl, dass seine Gemeinde die Welt noch selbst in sich hat. Und ist die Welt zwar auch für die Gläubigen eine überwundene Welt [vgl. Joh 16,33], so fehlt es ihr dennoch nicht an Lust und Kraft gegen das versuchliche Herz, das in seiner Angst und Sorge des Kampfes wohl auch zu anderen vermeintlichen Waffen, Netzen, Bollwerken greift. Die gefährlichste von allen ist die eigene menschliche Klugheit, Berechnung, wo der Mensch das Zepter antastet, das Gott allein gebührt, das Vertrauen zu sich selbst, das Hoffen auf eigenes Vermögen, die fleischliche Weisheit, die recht eigentlich das Gegenteil der geistlichen Rüstung ist, die nur aus dem heiligen *Geiste* geboren wird. Wer aber zu so trügerischen Mitteln greift und vor ihnen sich nicht hütet, wird gar bald weiter geleitet werden und wähnen, die heilige Kirche des Herrn habe ihren Schutz im Fleisch, in äußeren Gesetzen, Satzungen, Rechten, die diktiert sind mit der Feder oder von dem Gebrauch und der Gewohnheit, und wird deswegen fliehen und seine Hoffnung setzen zu der Macht und den Mächtigen in der Welt und ihre Gunst zu diesem Zweck meinen nicht mehr [5:] entbehren zu können. *Das wirkt zurück auf den persönlichen Glauben* und das Glaubensleben, der Blick ist von Christo entrückt, das Fleisch wird mächtiger, Unmut, Zorn, Unzufriedenheit, *Verzagtheit* und *Kleinglaube* zum Kampf dringen ins *Herz (man hält gar die Kriege Christi für verloren),* und von diesem aus breiten sich die Zweige und Äste und Wurzeln ins ganze Leben hinein, die Gemeinschaft unter den Gläubigen ist zerrissen oder gelockert, die Gefahr des Scheinlebens ist da, und wie leicht erliegt nicht das menschliche Herz und fällt von Stufe zu Stufe, sowohl das Leben des Einzelnen als auch das Leben der Gesamtheit der Gläubigen. Hochmut, Selbsterhebung können nicht ausbleiben bei fleischlicher Zuversicht.

Geraten wir also auf diesen Weg, so erfahren wir, dass die Waffen des Fleisches nicht mächtig sind gegen die Macht der Welt; ja, der Gebrauch der Waffen des Fleisches ist selbst *schon ein Verrat in* Christi Heerlager, denn wir lassen das Fleisch da herrschen und mächtig werden, wo doch nur der Geist Christi unsre Macht und Stärke sein und bleiben will. – Das weiß der heilige Apostel, und darum ruft er uns auch heute zu: Seid stark in dem *Herrn* und in der Macht *seiner Stärke.* [..., vier Wörter ul] die Schwachheit eueres Fleisches, und damit rückt er uns zugleich unsre Schwachheit vor. Das sollen, wollen wir nicht vergessen, damit Christus geehrt werde auch durch den Kampf seiner Kirche, denn ihm allein gebührt aller Ruhm und Herrlichkeit. *Denn er nimmt sich der Elenden an, er will in den Schwachen mächtig sein* [vgl. II Kor 12,9]. *Selig sind die geistlich Armen, denn [das] Himmelreich [ist ihrer]* [Mt 5,3]. Mein Reich ist nicht von dieser Welt [Joh 18,36].

Bleibt die Kirche in diesem Bewusstsein der menschlichen Schwäche, Sünde und Ohnmacht und flieht allezeit wieder zu dem allmächtigen Heiland: dann wird er nach seiner Verheißung allezeit sich an ihr wieder erweisen als der: *dem alle Gewalt gegeben ist im Himmel und auf Erden und der allezeit bei den Seinen* wohnt [vgl. Mt 28,18.20], dann wird er sich an ihnen erweisen als der ewige *Priesterkönig,* der auf *seinem Thron sitzt* und *die Seinen* zusammenhält, dass sie mit ihm *w a r t e n,* bis seine Feinde alle gelegt sind zum Schemel seiner Füße [vgl. Ps 110,1], dann werden sie ihn erkennen als *den Herrn zur Rechten der Majestät*; der da von Zion aus herrscht unter seinen Feinden, und dem sein Volk williglich folgt in *heiligem Schmuck* [Ps 110,3]. – Das verkündet uns ja der *lebendige Heiland*, der König seiner Kirche selber, so verkündet es in seinem Geist die Schar seiner *Propheten und Apostel*, davon zeugt bis heute unter uns die große *Gottestat der Reformation samt ihren Helden*, das ist der *Ruhm* der *Reformation*, dass die in ihr erstehende Kirche den Menschenruhm zunichte macht, daraus erwuchs ihre *Kraft*, dass sie alle Menschenkraft als nichts *erwies* und ihre Hoffnung nur setzte auf Gottes Wort, das ist ihr *Geist*, vor dem aller Menschengeist und Weisheit zergeht, das ist ihr Psalm, der bis heute gewaltig wiedertönt: *Mit unsrer Macht ist nichts getan, wir sind gar bald verloren, es streit für uns der rechte Mann, den Gott selbst hat erkoren. Weißt du, wer der ist? Er heißt Jesus Christ, der Herr Zebaoth, und ist kein andrer Gott, das Feld muss er behalten.* [2. Strophe des Liedes: Ein feste Burg ist unser Gott]. [6:]

2.

Hat uns aber der Herr die Waffen gegeben, dass wir sie gebrauchen sollen, so lasst uns erwägen

2.) *dass die Kirche Christi im Harnisch Gottes ihr Gotteswort nur geistlich zu führen hat.*

Kriegführung überhaupt ist Wissenschaft und Kunst, die nur wenige Auserwählte berufen und besitzen; die geistliche Kriegführung für das Reich Gottes ist die geistliche Wissenschaft und Kunst derer, von denen auch Christus sagt: *Ich habe euch erwählt* (Joh 15[,16]), und von denen derselbe sagt Mt 7[,14], dass ihrer nur *wenige* sind.

Das Erlernen dieser Kunst und Weisheit ist nämlich in unseren Tagen nötig, wo der Fürst der Welt in seinem Feldlager seine listigen Anläufe, das heißt seine Täuschereien, seine Schalkheit und Bosheit auf verborgenen Wegen in ungewöhnlicher Stärke und List wieder begonnen hat, wo *einmal* die fleischliche Weisheit sich stürmischer und frecher als vielleicht je zuvor zum Thron Gottes drängt und wo *andererseits* der Geist dieser Welt die Gläubigen schonungslos, mit Wehetun, Kränkung, ja Verfolgung, blind und grausam antastet, so klug als frech, so heimlich und verdeckt als offenbar und unumwunden.

Darum, meine Geliebten, wenn ja, so passt es auch jetzt *zu diesen Worten*; aber das ist's, was wir lernen wollen: mit heiligen Händen, mit erleuchteten Augen, als die Nachfolger Christi, als die Kinder Gottes, dass wir nicht mit jenen in die gleiche Sünde fallen und das Heilige entheiligen; denn *ob wir wohl,* sagt Paulus, *im Fleisch wallen* [wandeln], *so streiten wir doch nicht fleischlicherweise, denn die Waffen unsrer Ritterschaft sind nicht fleischlich* II Kor 10,3.4.

Wenn *wir also nur unsre Waffen ansehen*, so können wir an ihnen erkennen den Geist, in welchem wir *sie zu führen haben*.

Stellen wir uns dieselben noch einmal vor Augen, wie Paulus sie nennt: *Wahrheit, Gerechtigkeit, göttliche Freiheit* in Kraft der Erlösung, *Glauben* an Christum, *Hoffnung* und *heilige Gesinnung*, die im *Worte Gottes* wurzelt und sich übt, zum *Worte Gottes* passt wie das *Schwert zur Scheide*. Fürwahr, meine Geliebten, die *Waffen unsrer Ritterschaft sind geistlich*, herrlich, göttlich. Sie sind, das ist klar, sämtlich aus dem göttlichen Metall des Geistes gearbeitet, ja, jede dieser Waffen ist nur ein anderes Erzeugnis dieses Geistes, ein anderer, gleich herrlicher Spross aus der einen heiligen Lebenswurzel. Sie sind nur verschiedene Ausstrahlungen der einen Gottesliebe in den wiedergeborenen Herzen, der einen heiligen Liebe, die nur für Christum erblüht, aber eben so heftig und unauslöschlich im Hassen gegen alles, was Sünde und Böses ist, es sei was es sei, entbrennt. Ist aber das der Fall, so ist klar, wie das Christenleben so wesentlich mit dieser Waffentragung und Waffenübung verwachsen ist, dass ein Ablegen derselben ein Ablegen des heiligen Geistes, ein Ausziehen der Liebe selber ist, dass man nur dieses ins Auge zu fassen braucht, um zu sehen, wie eine andere Führung derselben als die geistliche, *unmöglich* ist, ja dass der sie fleischlich führt, *wähnt*, nur noch die Waffen selbst zu haben, er hat sie gar nicht mehr, sie sind ihm vom Fleische bereits entwunden.

Um so wichtiger muss es uns werden zu sehen, wie wir die Waffen geistlich zu führen haben, wie und wogegen wir mit dieser Gesinnung zu streiten haben.

Die geistliche Führung wird zuerst und immer wieder zuerst darin bestehen, dass wir sie richten, als eine Gotteskraft gebrauchen, gegen unser eigenes Fleisch, gegen unsere eigene Selbstsucht, gegen die Finsternis, die in uns noch ist. Denn jenes Heerlager der Welt hat immer noch seine Vorposten und seine letzten Posten, also noch Verbündete in unserem eigenen Heere selbst. [7:] Unstreitig, meine Lieben, sieht Paulus den Kampf gegen die außer und vorhandene Welt, wie der Zusammenhang unseres Abschnittes beweist, nur an *als die Fortsetzung des Kampfes*, den wir gegen die Welt in unserem Inneren, unsre eigene Sünde und die Macht des Unglaubens, wie derselbe sich noch an uns selbst beweiset, führen. Er hat kurz vorher namentlich die nächsten Verhältnisse der Gläubigen selbst genannt und auf das Unlautere und Unheilige hingewiesen, was noch in den Häusern, Familien und Verhältnissen der Gläubigen untereinander zu finden ist, in der Hausgemeinde, der Hauskirche, zwischen Mann und Weib, zwischen Eltern und Kindern, zwischen Herrschaft und Dienstleuten aller Art [vgl. Eph

5,21ff.]. Wenn demnach vom geistlichen Krieg die Rede ist, hat jeder von uns zuerst in seinen eigenen Busen zu greifen, da seine Sünde anzusehen, wie sie die Verbindung der durch Gott verordneten Liebe trübt, befleckt, als den Harnisch, als die Gottesmacht und Stärke, die in unseren eigenen Herzen und Häusern geübt und siegreich erwiesen werden soll, nennt er jene Mächte des heiligen Geistes.

In diesem Geist, in welchem wir unser eigenes Fleisch zuerst bekämpfen, von uns selbst immer zuerst und vornehmlich wieder beginnen, weiset er uns dann gegen die noch nicht gebrochene Welt außer uns, die unter deren Haupt und Fürsten, dem Teufel, der Kirche des Herrn keine Ruhe lässt. Und die auf solche Weise im Kampf gegen sich selbst Geübten, Geheiligten, Geweihten, werden alsbald auch im Kampf gegen die Welt als solche zu erkennen und zu unterscheiden sein von denen, die fleischlich wähnen, die Welt bezwingen zu können. Ersichtlich ist die Meinung des Apostels, wenn er spricht: *„Ergreifet den Harnisch Gottes“* V. 17, zunächst die: dass wir zuerst nur *zur Verteidigung alle Zeit* gefasst sein sollen: denn nicht zum Angriff, sondern zum *S c h u t z* sind die meisten Waffen, die er nennt: *der Gurt, der Panzer, die Feldstiefel, der Schild, der Helm.* Die Kirche im Harnisch Gottes, meine Geliebten, ist zum Aushalten, Leiden berufen, „dazu sind *wir berufen, dass wir um der Wohltat willen leiden, sintemal* [= weil] *auch Christus gelitten hat“* [vgl. I Petr 2,21]. Und dazu sollen wir auch zunächst auch ergreifen den *Gottesharnisch.* Mit ihm bekleidet ging *auch der Herr der Kirche* durch die Welt in den Tagen seines Fleisches, und er ließ sich schmähen, ließ sich verfolgen, [8:] ließ sich speien, ließ sich – gar *kreuzigen* und starb für die Welt. *Er schalt nicht wieder, wenn er gescholten ward, drohte nicht, wenn er litt, stellte es aber dem heim, der da recht richtet* [I Petr 2,23]. In den genannten *Schutz*waffen kann auch seine ihm nachfolgende Kirche nichts anderes. Ja, wenn sie das kann, wird sie beweisen, dass die Waffen ihrer Ritterschaft geistlich sind. Darin liegt eine *Tiefe der Weisheit und ein Reichtum der Liebe Gottes* verborgen, dass wir erfassen, dass die Waffen, mit denen wir gerüstet sind von ihm, solche Waffen zum Schutze sind. Sehet her: damit erreicht Gott jedenfalls zweierlei.

Einmal: dass wir uns üben in der Geduld bei der Trübsal, dass wir kleiner werden und niedrig bleiben, dass der Angriff der Welt gegen uns, uns immer wieder eine Veranlassung wird, unsre eigene Sünde anzusehen, dass wir im Gedächtnis der eigenen Sünde nicht wieder schmähen und fleischlich [..., ein Wort ul], das schließt uns aneinander und an Christum, dass wir also dem gekreuzigten Heiland ähnlich werden und in seine Gemeinschaft eingehen. Wir lernen, wir erfahren es auf diesem Wege in Helm und Panzer, im Gurt und mit dem Schilde, dass wir hier nur warten, dass wir hier zu hoffen haben, dass wir Fremdlinge und Pilgrime [Wallfahrer] sind [vgl. I Petr 2,11], dass unser Vaterland droben ist. Das übt im Gebet und in der stillen, demütigen Hingabe an den und in der Gemeinschaft mit dem, den die Welt auch nicht kannte und auch nicht liebte. Dies das eine.

Das Andermal erreicht der Herr damit aber auch ein anderes, oder will es, und zwar durch uns, erreichen. Die Welt, die doch seinen Namen führt, soll sich schämen lernen, sie soll überwunden werden durch die Geduld, mit der wir uns peinigen, ängsten, schelten, drohen, wehetun lassen. Durch die Kirche leuchtet das große Licht: *Also hat Gott die Welt geliebt,* dass er *seinen eingeborenen Sohn gab, auf dass alle, die an ihn glauben, nicht verloren werden, sondern das ewige Leben haben* [Joh 3,16]. Und die Welt soll die Gläubigen als solche erkennen, [die] diesem Gott der Liebe angehören, die dieser Gottesliebe teilhaftig geworden sind; ja *diese Liebe* wird unter dieser Kreuzeszucht des Geistes in uns *reifen,* und wir werden es nicht vergessen, dass wir gegen die Ungläubigen zwar kämpfen um ihren Unglauben wie unseren Unglauben, aber um die Ungläubigen, ihre Person, ihre Seele zu erwerben, um sie zu gewinnen, zumal wir nicht wissen können, wie mancher künftige Paulus in dem gegenwärtigen Saulus schlummert und nach Erlösung ringt. Die Liebe, die in die [..., ein Wort ul] Waffen, wird siegreich glänzend und an ihrem Glanze kann sich die Liebe der anderen entzünden, wird also unter Leiden groß, aber sie entzündet sich auch an ihnen, wenn sie in Christo, in seiner Geduld und Sanftmut und Erbarmung ertragen werden. Und führen wir so die Waffen unsrer Ritterschaft, so führen wir sie nicht fleischlich, sondern geistlich.

Aber freilich, wir haben auch eine andere Waffe empfangen, die nicht bloß zum Schutz, sondern auch zum Trutze dient, und die nennt Paulus zuletzt: *das Schwert des* [9:] *Geistes, das Wort Gottes.* Wir sollen, wenn wir wahrhaftig geistlich gerüstet sind, auf der Warte stehen in Geduld; das ist aber rechte Weisheit, die wir beim Warten und Dulden in den Schutzwaffen gewinnen, wenn wir wissen, wann wir nicht bloß leiden und stille stehen und aushalten sollen, sondern mit diesem zugleich auch selbst auf den *Kampfplatz* zum Angriff treten. Das bleibt allezeit ein unköniglicher, wenn auch sonst noch so tapferer Krieger, der aus eigener Macht, ohne ausdrücklichen Königsbefehl, zum Angriff schreitet. Das gilt auch im geistlichen Kampf, für Gottes Reich zumal. Und darum wird so manche Schlacht für Gottes Sache verloren, nicht weil die Sache nicht wäre gut gewesen, für die gestritten wird, auch nicht, weil nicht die Angriffswaffen wären gut gewesen, sondern weil ohne Gottes Willen und Befehl, ohne die wahre Zuversicht, dass Gott die Krieger in dem Kampf ruft, kein Angriff geschieht. Das ist ungeistliches Führen der göttlichen Waffen. Ruft dich aber der Herr zum Kampf [..., ein Wort ul], du dich ohne Seine Zeit [..., ein Wort ul] ohne den Willen in diese Verwicklung – denn Kain war von der Welt persönlich nicht gefordert – denn das Wort [..., ein Wort ul] und nichts andres [..., ein Wort ul] dann kämpfe bis aufs Blut mit Gottes Geist und Gottes Wort. Gewiss ruft er uns dann, wenn der Feind uns zu Verantwortung fordert und Rechenschaft, mit Glauben zu bekennen: Ich schäme mich des Evangeliums von Christo nicht [vgl. Röm 1,16].

Die geistliche Waffenrüstung, die Kirche Christi im geistlichen Gebrauch des göttlichen Harnisches, tritt in hoher Herrlichkeit uns in der Tatsache der *Reformation* hervor, die wir heute als Gottes Tat feiern. Wer kennt nicht die Helden, die gewiss die Väter der protestantischen Kirche sind, wie sie sich haben schlagen lassen, wie sie zuerst in sich, mit sich gekämpft, wie sie zuerst in sich die Schlacht geübt [und] gewonnen, die sie hernach von den Ungläubigen zur Verantwortung gerufen, außer sich kämpfen und gewinnen sollten, wie sie ohne ihren Willen, ohne ihre Beratung und Überlegung von Gott selbst auf den Kampfplatz gestellt worden sind, wie sie kämpfen mussten und kämpften, nicht weil sie es wollten, also nicht fleischlicher Weise, sondern weil sie von Gott geführt, von Gottes Posaune das Zeichen zum heiligen Krieg empfingen, in denen er seine Helden rief, denen er sein lebendiges, richtendes Wort [vgl. Hebr 4,12], Mark und Bein schneidendes Wort in die Hände legte, dass sie damit erheben mussten ein geistliches Schwert, vom Himmel ihnen gereicht, das sie erhoben gegen die Mächte der Welt, das noch heute blinkt und glänzt im Siege Gottes und seiner Herrlichkeit.

Von da haben wir zu lernen, was geistlich kämpfen heißt.

3.

Aber freilich, die Kirche Christi im Harnisch Gottes, wie Paulus sie uns vorstellt, trägt noch einen Schatz und eine Bürgschaft in sich, die wir lebendig ins Auge fassen müssen, um die Herrlichkeit der Rüstung [..., zwei Wörter ul] zu erkennen. Das ist die *Gewissheit und Zuversicht des Sieges, die Siegesfreude*, mit welchem sie den Kampfplatz betritt, in welchem sie kämpft und mit deren Erfüllung sie die Wallstatt dieser Welt verlassen wird. [10:]

Gewaltig zwar sind die Feinde. Jede Menschengemeinschaft, jedes Jahrhundert in der Kirche erfährt jene *„bösen Tage“* der Versuchung, wo die Welt den Herrn zu stürzen, in seinem Regiment zu stören und uns in ihr Netz wieder zu fangen bemüht ist, wo der *„feurige Pfeil des Bösewichts“* tiefe Wunden schlägt, die Todeswunden werden könnten, wenn der Herr nicht zum voraus durch seinen Harnisch für uns gesorgt.

Sollten wir uns da nicht fürchten? Ja, meine Geliebten, wir haben uns gewaltig zu fürchten, wenn wir unser Fleisch ansehen und mit diesem Widerstand leisten wollen, aber alle Furcht ist dahin, wenn wir den Harnisch Gottes als unsre Waffenrüstung anschauen. Auf dem Haupt weht der Helmbusch der Hoffnung, im Herzen ruht die Siegesgewissheit, die keine Welt, kein Tod, kein Teufel uns nehmen soll, die wir in Christo sind.

Bedenken wir, meine Geliebten, was die Kirche Christi an ihrem Harnisch, die in der [..., ein Wort ul], dem Glauben hat. – Er selbst ist die Bürgschaft, dass bereits *die Welt überwunden* [vgl. Joh 16,33], der *Fürst dieser Welt gerichtet* ist [vgl. Joh 16,11], dass im Himmel der Sohn Gottes thront, zur Rechten des allmächtigen Vaters, als der durch seine Auferstehung bestätigte Sieger über Sünde, Welt und Verderben. Auf diesem ewigen Felsengrund, auf ihm, dem Sohn des lebendigen Gottes, steht in *ihrem heiligen Glauben* die heilige Gemeinde des Herrn, und tun sich auch auf *die Pforten der Hölle* [vgl. Mt 16,18], führt sie auch gegen seinen ewigen Tempel, der auf Apostel- und Prophetenwort feste ruhet, all ihre Höllengewalt hervor, den Tempel Gottes erschüttern sie nicht. Die an ihn glauben, sind durch diesen Glauben in Christo untereinander ein Mann, groß und stark, mächtig durch das Haupt, das im Himmel ist, Christum, den mit Preis und Ehre gekrönten Heiland der Welt. Und der ist es, der selbst unüberwindlich, uns in dem *Glauben den Sieg* gegeben hat, an welchem Glauben alle feurigen Pfeile verlöschen müssen. Denn in dem Glauben haben wir den *Sieger*, der bereits überwunden hat für uns, ist unser Fels, unsre Mauer, die feste Burg, *ein gute Wehr und Waffen, der hilft uns frei aus aller Not, die uns je hat betroffen.* [aus der 1. Strophe des Liedes: Ein feste Burg ist unser Gott.]

Und, meine Lieben, haben wir erst gesagt, dass die geistliche Führung der Waffen beruht auf der stets erhaltenen Lebensgemeinschaft mit Christo, auf der Bekämpfung der Sünde in uns selbst, so ergibt sich hier daraus, dass ein solches geistliches Kämpfen in uns selbst uns allein gewiss machen kann von allem Siege, der unser sein soll. Wollen wir in Siegeshoffnung gegen alle Feinde im eigenen Herzen und im ganzen Leben bleiben, so müssen wir erfahren, es erleben, dass wir aus denjenigen sind, die Jesus Christus selbst überwunden hat, und als die von Christo Überwundenen, als die durch ihn Versöhnten, werden wir wissen, dass alles Fleisch, aller Tod, und alle Welt ihm untertänig ist. [11:]

Dann schwindet durch seine Gnade alles Zagen, alle Furcht, auch in der schwersten, besonderen oder allgemeinen Not. Dann leiden wir stille [.., ein Wort ul], und hoffen und warten in aller Trübsal, aller Anfechtung, aller Angst, aller Kümmernis, welche uns die Welt und ihr Fürst ohne Aufhören bereitet. Dann achten wir es für Gnade, um Wohltat willen Kränkung zu ertragen (I Petr [2,19]) und achten die Schmach Christi für einen Ruhm; denn alle Feindschaft, alle Not, alles Weh, aller Angriff, die uns von der Welt her entgegenwirken, sind uns *nur Bürgen, dass wir in Christo sind; sind wir aber in ihm, so sind wir in dem Sieger, in dem Leben des Siegers, in der Gemeinschaft mit dem, der im Himmel sitzt und lachet ihrer* [vgl. Ps 2,4]; wir lassen uns fluchen [..., ein Wort ul] und segnen sie, wir lassen uns verfolgen und tun ihnen wohl, wir lassen unser spotten und bitten für sie [vgl. Lk

6,27f.], sie tun uns weh, und wir achten es für Seligkeit, um Christi willen zu leiden, sie töten uns, und siehe, der Tod wird unser Leben. Und das alles können wir nur, weil wir mit Paulus rufen können: *Gott aber sei Dank, der uns den Sieg gegeben hat in Jesu Christo unserm Herrn* [I Kor 15,57]. [12+13:]

Man nennt uns schwach, und siehe, wir sind doch stark, stark in der Liebe und der Weltverleugnung, man achtet uns für traurig, und siehe, wir sind selig in unserm Heiland; man glaubt uns überwunden, und siehe, in der scheinbaren Niederlage sind die Kränze der Freude, des siegreichen Lebens von uns gewunden. Das Christenvolk, meine Geliebten, ist das Siegesvolk. Sie stehen und bleiben stehen, sie leben, und wer will ihnen das Leben nehmen, sie lassen wider sich kämpfen, und ehe sie den Kampf begonnen, haben sie die Siegeskrone in ihrer Hand, schwingen sie die Palmen des Friedens, die die Geister der Bosheit mit ihrer aller Vater ihnen nicht gönnen, denn sie kennen den *Sohn* nicht, der der Sieger und der Herr ist über Leben und Tod. Die aber die Liebe des Vaters auch solchen bereiten will, die seinem Sohn die Ehre geben.

Aber aus dieser Siegeszuversicht und Freude quillt gerade der unversiegbare Lebens- und Liebesstrom der Gemeinde des Herrn, um ihretwillen ist sie die Unverwüstliche, die Fröhliche, die Hoffnungsreiche, ist sie das Salz der Erde [vgl. Mt 5,13] und Erbe des ewigen Reiches. Wie *Meereswogen* gehen über sie her die Wogen der Welt, ihre Arche bleibt; Sodom geht unter [vgl. Gen 19,1-29], aber der gerechte Lot ist errettet [vgl. Gen 19,30-38]. Babel kommt um [vgl. Gen 11], aber Israel kehrt nach Kanaan zurück [vgl. Gen 12]. Mit *Sturmesbrausen* fährt Zerstörung über die Erdenstadt, aber der Gottessturm, der die Stadt der Feinde vernichtet, war für die Bürger Jerusalems nur die Macht, die Herrlichkeit des Auferstandenen ihnen sich zu offenbaren. Aber die scheinbar zerstörte Gottesstadt erhebt sich herrlicher wieder. Man stürzt sie ins Feuer, in die Hitze der Trübsal und Verfolgung, aber siehe, der Welt verzehrendes Feuer, verderbendes Feuer wird durch Christi Wunder- und Gnadenhand an der Kirche Gottes ein Feuer der Verklärung, aus welcher sie wie siebenmal geläutertes Gold wieder ersteht in aller Majestät, Erhabenheit und innerer Reinheit Gottes. *Die Geschichte der Kirche Christi ist die Geschichte Christi selbst*, man schlägt ihn ans Kreuz und begräbt ihn in den Tod, aber er ersteht durch die Herrlichkeit des Vaters in der Bälde. Sie wähnen, sein Licht verlöscht zu haben, aber siehe, da geht es auf als die ewige Morgenröte, als die einzige Sonne der Gerechtigkeit [vgl. Mal 3,20]. Aber wie sie die Herrlichkeit Christi, des Auferstandenen, nicht sehen, so sehen sie auch die Herrlichkeit der in seiner Kraft wiedererstandenen Kirche nicht.

In diesem Sinne, m[eine] A[ndächtigen], ist auch das *Reformationsfest ein Siegesfest* der Kirche Christi. Sie unterliegt auch heute noch nicht, und wird nicht unterliegen. Die Vorboten dieser Gottestat, die Herolde Gottes, hörten sie nicht, oder verbrannten sie, wie jenen hundert Jahre vor Luther. Das Feuer von [Jan] Hussens Scheiterhaufen [am 6. Juli 1415 in Konstanz] verwandelte sich in einen Strahl der Morgenröte für den kommenden Tag. Unter unzähligen Trümmern lag die Gottesstadt, man suchte sie und fand sie nicht, das Gedächtnis des heiligen Tages weiset uns, dass die freie [Stadt] Jerusalem durch Gottes Wort dennoch lebt und dass ihre Mauern und Gründe schon längst wieder gebaut waren. Die Wut der Feinde fährt im grimmen Zorn [..., vier Wörter ul] daher, aber demütig bleibt die Kirche in dem Feld der Versuchung in Christo und verkündet das Evangelium des Friedens den Feinden, deren keiner sie antasten kann. Der Kampf, meine Geliebten, geht fort bis heute, die Leugner des Kreuzes Christi gehen mit erhobenen Häuptern einher, die Wahrheit Gottes muss sich schmähen lassen, Jerusalem soll nicht mehr sein, der Sohn Gottes ein Menschenwahn, das Evangelium eine Fabel heißen, seinen Tod zur Vergebung der Sünden leugnet der Menschenwitz, die Auferstehung und Himmelfahrt nennt er Aberglauben, die Gerechtigkeit der Welt leugnet die Rechtfertigung durch den Glauben an Gottes Sohn, die Gläubigen sind ein kleines Häuflein worden, gedrückt, geängstet, ja selbst in Verfolgung und verachtet. – Wollen wir uns fürchten? Das sei ferne. Wir bleiben stehen im Harnisch Gottes. Wir wollen uns freuen, wir wollen den Gottesharnisch nehmen. Wir wollen jubeln und jauchzen und frei unsre Psalmen singen und fröhlich sein, denn unser ist der Sieg, weil Christus unser ist. Wir wollen dulden und harren, kämpfen und lieben, bis auch wir wie unsere Väter erfahren, dass ein neuer Tag des Heiles anbricht in Gottes Herrlichkeit, wollen in der Finsternis uns halten an Gottes Wort als die Leuchte auf dem finsteren Weg [vgl. Ps 119,105], bis die Morgenröte anbricht und die Sonne aufs neue ersteht, die uns aufs neue klärlich beweisen soll, dass Gottes Kirche, Gottes Stadt auf einem Berge ruht [vgl. Mt 5,14], der nicht fällt, wenn Himmel und Erde fallen [Apk21,1], dass sie dennoch Hallelujah singt und die Gewissheit der Auferstehung in sich trägt. Amen.

Johann Hinrich Wichern

Predigt: 26. November 1843 über 2. Timotheus 4,1-8[1] (24. So. nach Trinitatis – St. Nicolai Hamburg)

[1:] [Lied 241: Ach bleib mit deiner Gnade (1843)]
Wir stehen am Schluss des Kirchenjahres, diese Predigt ist die letzte in demselben. Von selbst erweitert sich der *Blick*. Er schaut über den engen Kreis der [..., ein Wort gestrichen, ein Wort ul] Gemeinde hinaus, er sieht rückwärts auf das, was uns Gottes Wort gebracht und an uns gewirkt, er sieht vorwärts auf das, was es uns bringen und an uns wirken wird. Aber von selbst erweitet sich auch das *Herz* – zum umso innigeren Dank, zu umso inbrünstigerem Flehen; denn hat der Herr uns auch Lasten abgenommen, so liegen doch auch noch so viele andere auf uns. Was können wir da besseres tun, als uns aufs Neue sammeln in dem Worte Gottes, denn nur in diesem findet der Geist das rechte Licht und das Herz die nötige Erquickung, das Geist und Leben, Kraft und Hoffnungsfülle in sich birgt ohne Maßen. Darum haben wir auch so in unserem Gesange[2] gesungen, wie wir gesungen, gedankt und gebetet haben, und auf diesen Gesange sind wir gebracht durch den heutigen Episteltext, der uns das echte, fr[eudige] *Gotteswort* so sehr ans Herz legt. Das Wort, das lebendige Wort unseres Gottes ist die weltüberwindende, wiedergebärende Macht, durch die der Herr die aus der Welt sich gewinnt und zur Seligkeit führt und aus der Welt sich gewinnt, die nach ihm seufzen, durch die er alle ausscheidet, die nicht zu ihm *wollen*. Darum richtet er es auch hoch auf als das Banner auf dem Berge, um das sich die Gläubigen scharen, darum öffnet er es als einen Brunnen, aus dem Gnade und Heil strömet für seine ganze Gemeinde, er leuchtet in demselben als das Fackeln, das die Finsternis erleuchtet, und Freude und Seligkeit spendet an alle, die von seiner Fülle wollen Gnade nehmen um Gnade [vgl. Joh 1,16]. Darum tritt er uns auch heute in unserem Text wieder entgegen mit dem

[1] Vorlage: Archiv des Rauhen Hauses, Hamburg, Bestand 61 H a, Nr. 53. – Vermerk: „Nachmittag. Schluss des Kirchenjahres".

[2] Lieder (1843): Gesang zu Anfang: 264 Dein Wort, o Herr, ist milder Tau. Zwischen: 491, V.1 u. 2 Zeige dich uns ohne Hülle! Nach: 241 Ach bleib mit deiner Gnade.

großen Gebot: *Predige das Wort*, dass wir nicht anders können, wir müssen es anschauen und von hinnen gehen und mit Freuden tun. [2:]

Gesang 491,1.2 [Zeige dich uns ohne Hülle!]

Text: II Tim 4, 1-8
[1 So ermahne ich dich inständig vor Gott und Christus Jesus, der da kommen wird zu richten die Lebenden und die Toten, und bei seiner Erscheinung und seinen Reich: 2 Predige das Wort, steh dazu, es sei zur Zeit oder zur Unzeit; weise zurecht, drohe, ermahne mit aller Geduld und Lehre. 3 Denn es wird eine Zeit kommen, da sie die heilsame Lehre nicht ertragen werden; sondern nach ihren eigenen Gelüsten werden sie sich selbst Lehrer aufladen, nach denen ihnen die Ohren jucken, 4 und werden die Ohren von der Wahrheit abwenden und sich den Fabeln zukehren. 5 Du aber sei nüchtern in allen Dingen, leide willig, tu das Werk eines Predigers des Evangeliums {in der Übersetzung zu Wicherns Zeiten: das Werk eines evangelischen Predigers}, richte dein Amt redlich aus. 6 Denn ich werde schon geopfert, und die Zeit meines Hinscheidens ist gekommen. 7 Ich habe den guten Kampf gekämpft, ich habe den Lauf vollendet, ich habe Glauben gehalten; 8 hinfort liegt für mich bereit die Krone der Gerechtigkeit, die mir der Herr, der gerechte Richter, an jenem Tage geben wird, nicht aber mir allein, sondern auch allen, die seine Erscheinung liebhaben.]

Das apostolische Gebot: *Predige das Wort.*
Wir erwägen

1. des Gebotes *Sinn*	V. 2.5.
2. des Gebotes *Herrn*	V. 1.
3. des Gebotes *Ursache*	V. 3.4.
4. des Gebotes *Verheißung*	V. 6.-8.

Wir fragen nach 1. *des Gebotes Sinn*?

Wir bleiben beim Text V. 2.5. *Predige das Wort, halte an, es sei zur rechten Zeit oder zur Unzeit; strafe, drohe, ermahne mit aller Geduld und Lehre;* wir nehmen gleich Vers 5 hinzu: *sei nüchtern allenthalben, leide dich, tue das Werk eines evangelischen Predigers, richte dein Amt redlich aus.* Siehe da des Gebotes Sinn. Es soll aber ein Einwand vorab beseitigt werden. Es spräche etwa in seinem Herzen jemand: Es ist ein Gebot für die *evangelischen Prediger*! Wohlan, es ist zuerst zu einem solchen wirklich gesprochen, aber wenn wir das Wort Gottes für uns lesen und nicht für andere und in Bezug auf andere lesen, so ist's für *alle* gesprochen, für alle die, welche glauben, was jeder ernste Prediger predigt: dass wir alle *Glieder* eines Leibes sind, als denen allen Paulus anderswo sagt Phil 2[,1], dass er von ihnen erwartet: *dass unter ihnen sei Ermahnung in Christo, Trost der Liebe und Gemeinschaft des Geistes* – und wiederum Kol 3[,16]: *Lasset das Wort Christi reichlich unter euch wohnen; lehrt und vermahnet euch selbst*, und abermals *Petrus* I [Petr]

2,9 vom heiligen Gottesvolk: *dass es berufen ist zu verkünden die Tugenden dessen, der uns berufen hat zu seinem wunderbaren Licht.* So ist also wohl diesem Timotheus für seinen Stand gesagt: Predige das Wort, nämlich in der Gemeinde und [im] Gottesdienst; es ist aber auch uns *allen* gesagt: Predige das Wort in deinem Stand und darin denen, mit denen du Gemeinschaft hast: die Eltern den Kindern, die Brüder den Schwestern, die Lehrer den Schülern, die Herrschaft den Dienstboten, Hausherren und Hausfrauen ihrem Gesinde, und jeder seinen Freunden und Leuten. Und damit *das* geschehe, dazu hat Gott die Predigt der Prediger geordnet, dass durch sie alle Leute zu Predigern werden, damit sein Wort gehe und getragen werde durch die Gemeinde als das Licht, das Herzen und Häuser, hohe und niedere, Paläste und Hütten durchleuchte, damit er mit seinem Wort anheben könne durch deinen Mund zu den Herzen der Deinen zu kommen. So will er erst recht adeln und zieren die Ämter in der Gemeinde: das Elternamt, das Herrschaftsamt, das Lehreramt, das Amt und den Dienst der [3:] Geschwister, Freunde, Gesellen und Nachbarn untereinander, denn er stellt darunter, dahinter, ja selbst hinein in diese Ämter alle und macht sie zu Predigtämtern, zu lauter Leuchtern und Lampen, in denen er anzünden will seine Herrlichkeit voller Gnade und Wahrheit, als Brunnen, der sein Lebenswasser spendet, damit *alle* innen werden erfahren und danach versiegeln, dass Gott treu und wahrhaftig ist und die Sünder selig macht. – So sehen wir also noch einmal in das Gebot: *Predige das Wort* und gehen weiter: *Halte an*, sagt der Apostel, *es sei zur rechten Zeit oder zur Unzeit*. Das Wort Gottes kennt uns! Das sehen wir abermals hier. Von denen wollen wir heute nicht reden, die es *gar nicht* tun, weil sie es nicht wissen, und die, obgleich sie es wissen, doch nicht tun. Solche mögen sich nach dem Wort Gottes richten! Aber wie steht es bei denen, *die es tun*? Die sollen ansehen das: *Haltet an*. Das Wort Gottes, sage ich, kennt uns! Oder ist dem nicht so, dass wir [uns] so oft wieder damit aufhalten und lass [= matt, schlaff] und müde daran werden? Fürwahr, ich meine doch. Wie oft geschieht es doch, dass uns *Menschenfurcht* das Wort auf den *Lippen*, dass uns *Unglaube* das Wort schon im *Herzen* ersterben lässt! Darum sagt der Apostel: *Haltet an* – d.h. überwinde die Menschenfurcht oder: treibe den Unglauben aus. Oder wie oft ist es uns aus anderen Ursachen *ungelegen*, dass wir dieses Gebot erfüllen sollen. Wir lieben die Welt und die Eitelkeit [..., zwei Wörter ul] über das Reich Gottes. Es fehlt uns die Freudigkeit oder der Mut, wo wir doch erkennen, dass es Not täte, oder es stellt sich uns entgegen das Joch falscher Scham über uns selbst, dass wir schweigen, wo wir reden und Zeugnis geben sollten: darum sagt der Apostel: *Halte an, es sei* dir gelegen oder ungelegen, *rechte Zeit oder Unzeit, strafe, drohe, ermahne* und *predige das Wort* und zeigt damit an, wie viel inneres Bekenntnis und heiliges Eifern dazugehört. Denn das ist freilich notwendig, meine Geliebten, dass wir das Wort immer zuerst uns selber predigen, dass wir allezeit zuerst uns selber *strafen* und in der Buße üben, uns selber *drohen* und Gottes Gericht über uns selber nicht vergessen, uns selber *ermahnen* und wohl behalten, dass wir allzeit uns selber ermahnen lassen von dem sanftmütigen Heiland. Wenn aber das geschieht, dieses werden wir auch erfahren, dass der Herr uns allzeit ein freudiges Auftun des Mundes verleiht. Darauf will uns auch der Apostel verweisen, wenn er hinzusetzt, dass dieses Verkünden des Wortes allezeit geschehen soll mit *aller Geduld* und *Lehre* und mit *nüchternem* Sinn (V. 5) allenthalben. Das sind wie drei Denksteine, die dem, der das Gotteswort, das uns gegeben ist, nicht verschweigen [4:] will, bei jedem Schritt seines gläubigen Wandels vor Augen stehen, und deren Kraft und Wahrheit sich an ihm beweisen muss: *Geduld, Lehre* und Wachsamkeit. Wer die *Geduld* zu Herzen nimmt und übt, wird, wenn er andere ermahnt und straft, nicht vergessen können, dass die Sünde des anderen auch seine Sünde ist, und Zorn meiden und Scheltworte, und vielmehr Mitleid und Sanftmut wird der Träger seines Wortes werden. Wer die *Lehre* im Aug und im Herz behält, wird nicht bloß reden in den Wallungen seines Gefühles und nach der Eingebung seiner Stimmungen, sondern wissen, wie er mit Weisheit und in der Liebe zu reden hat, die auch den andern zur Wiedergeburt hinführen will und kann, und wer da *nüchtern* ist allenthalben und wacht, der redet das Wort mit derjenigen selbigen Vorsicht, die weiß, dass die Versuchung, der der Bruder erlag, auch ihm selbst nahe ist und ihn fällen wird, wenn er den Geist des Gebotes aus dem Herzen lässet. Und so wird es uns immer klarer und gewisser, wie, in welchem Sinn der Apostel es gemeint, wenn er spricht: *Predige das Wort*: Der Grund und die Gestalt des Lebens soll geheiligt sein, und eine Frucht und Gestalt dieser Heiligung soll des Wortes Predigt sein, dass wir nicht bloß reden *von* der Liebe, sondern auch *in* der Liebe, nicht bloß von dem Heiland, sondern auch in ihm und in seiner Gemeinschaft. Wer das tut, der hat und findet je mehr den Sinn des apostolischen Gebotes: *Predige das Wort*.

Aber noch tiefer wird sich uns die Bedeutung dieses Gebotes erschließen, wenn wir erwägen

2. *Wer der Herr und Geber des Gebotes ist*

Paulus spricht V. 1: *So bezeuge ich nun vor Gott und dem Herrn Jesu Christo, der da zukünftig ist, zu richten die Lebendigen und die Toten, mit seiner Erscheinung und seinem Reich. Predige das Wort.* [5:]

Der also das Gebot uns stellt, ist Gott der Vater und der Herr Jesus Christus, der gegenwärtige und zukünftige Heiland und Richter aller Menschenkinder. Den Himmel öffnet der Apostel, um diesen Herrn den Gläubigen zu zeigen, dass sie ihn ansehen und in ihm *den Willen* erkennen sollen, der uns bestimmen und treiben will, das *Wort* zu verkünden, anzubieten, lieb zu machen als dein Wort, denn das Wort, das der Apostel meint, ist nichts anderes als das *Wort von ihm,* von seiner heiligen Liebe, das Evangelium, das Wort von Christo und seiner Versöhnung und Errettung, die uns in ihm schon jetzt geworden und für alle Zukunft so sicher verbürgt ist. Schauen wir ihn denn aufs Neue an, wer er ist! Kann doch kein Auge an ihm sich satt sehen. Der Apostel nennt ihn darum als den *Herrn Jesus Christus,* er will uns wissen lassen, dass derselbe *unser Herr* ist und dass wir demnach sein Eigentum sind; denn er hat uns sich erworben, da er ward Mensch für uns, ein Mensch wie wir, elend und arm, denn er erniedrigte sich selbst [vgl. Phil 2,8]. Er hat sich uns erworben, da er sein teures Leben für uns dahingegeben, indem in seinem Leben nur eine Liebe war, eine Dahingabe an uns, bis er am Kreuz sich opferte für unsre Sünden und vom Tode herrlich auferstand, der da zukünftig ist und als Richter erscheinen wird, und erinnert uns damit, dass derselbe also jetzt schon in der Welt ist, wirkt, verborgen, der sein Gericht begehe [..., Rest ul]. [6:]

Er ist unser Herr, weil er noch heute uns liebet und segnet, indem er uns durch seine Gnade – erleuchtet, beruft, zur Wiedergeburt führt und heiligt, und Wort lehrt auf seine Zukunft – errettet hat und ferner erretten will aus der Macht und Schuld der Sünde und uns gibt den neuen Geist des Lebens, in welchem wir Frieden und Seligkeit haben. Er ist unser Herr, sofern er dereinst, wenn er wird zu Gericht kommen als der König aller Könige, als Herr aller Herren, als der, in dessen Hand die Entscheidung liegt über ewiges Leben und Tod, sofern er dann auch von uns wird Rechenschaft fordern über die Treue, mit der wir nicht bloß die leiblichen und geistigen Güter, sondern namentlich die geistlichen Güter, die Schätze des Evangeliums, die er uns anvertraut, verwaltet haben [vgl. Mt 25,14ff.]; der nachfragen wird, ob wir unser Pfund ver- [mehrt] und unseren Schatz in ein Schössling gemehrt.

Und nun, meine Geliebten, wenn dieser Herr uns gebietet, dass wir walten, schaffen und wirken sollen mit seinem Wort, jeder an seinem Teil, wird uns da nicht das Gebot zwiefach heilig und groß?! Unser Beruf herrlich und bewundernswert! Merken wir es denn da nicht, was es heißt, des Herren Wort verkünden, dass es heißt, den Herrn selbst, seine Liebe, seine Gnade, seine Barmherzigkeit verkünden, bis dass er kommt? Die Menschen zu ihm weisen? Und was für eine Liebe! Die die *Sünder* liebt! Die vom Himmel gekommen, dass sie sich aller erbarme –, die unsre Schuld getilgt und Gottes Kinder aus uns gemacht. – Ei, wie wächst uns doch der Mut schon so hoch dem Krieger, wenn sein Hauptmann ein weltberühmter Sieger ist, wie sollte nicht unser Glaube wachsen und unsre Seele im Eifer der Liebe und des Gehorsams entbrennen, wenn wir es sehen, dass unser Herzog der ist, auf dessen Haupt der himmlische Vater bereits die ewig blühende Siegeskrone gesetzt, weil er die Dornenkrone für uns trug, dessen Haupt Gottes eigene

Majestät umglänzt, weil er sich hernieder ließ zu uns in unsre Armut und unseren Jammer dieses Erdenlebens? [7:] Indem er uns gebietet: Prediget mein Wort, macht er uns zu Mitarbeitern an seinem großen Wirken. Ja, seine Liebe zu den Gefallenen, den Brüdern, zu den Verlorenen und Verirrten, allen, die ihn noch nicht gefunden haben, die er aber alle retten will, diese seine Liebe ist der mächtige Antrieb seines Herzens, dass er das Gebot uns stellt, der auch unsre Herzen treiben und lebendig machen will, seine Liebe und sein Erbarmen der Welt bekannt zu machen, die ihn nicht kennt, und das ist nach unserem Text die eigentliche

3. *Ursache des Gebotes,*

auf die wir jetzt unsre Andacht lenken wollen. *Predige das Wort - denn es wird eine Zeit sein, da sie die heilsame Lehre nicht leiden werden, sondern nach ihren eigenen Lüsten werden sie ihnen selbst Lehrer aufladen, nach denen ihnen die Ohren jucken, und werden die Ohren von der Wahrheit wenden und sich zu den Fabeln kehren* V. 3.4. Darin beschreibt der heilige Geist das Elend und Verderben, das in seiner Kirche eingebrochen ist, das ihm zum Herzen geht und uns zu Herzen gehen soll, weil es die Seelen so vieler zum Verderben abführt, und das uns bewegen soll, zu helfen mit der Hilfe, die vom Himmel gekommen ist. Oder wüssten wir wirklich *nicht* von dem Irrtum und dem durch alles hin wirkenden Abfall, von dem der Apostel damals nur weissagend redete, der jetzt aber bereits wirklich geschehen ist? Es hilft nichts, sich den Schaden verdecken und sagen: Friede, Friede, wo kein Friede ist [vgl. Jer 6,14]. Wehe denen, die also predigen. Denn sie lügen. Ist es doch gerade in unseren Tagen mehr denn je zuvor geschehen, dass Menschen [z.B. David Friedrich Strauss, 1808-1874] versucht haben, das Evangelium all seiner Wahrheit zu entkleiden und in eine Fabel zu verwandeln. Was hat man doch jetzt alles eine Fabel genannt? Dass Jesus, unser Heiland, von der Jungfrau Maria geboren, ist Fleisch geworden - das nennt man eine Fabel und ein Hirngespinst. Dass er Gottes Herrlichkeit offenbart in den Werken seiner Liebe und in dem Gottesglanz seiner Wunder, das nennt man jetzt *eine* Fabel. Dass er Kranke gesund gemacht, Tote erweckt - ist gleichfalls eine Fabel. Dass er statt unser gestorben und er durch seinen Tod das ewige Opfer für uns gebracht - soll sein eine fabelhafte Ausgeburt des Aberglaubens. Dass er auferstanden ist von den Toten mit Leib und Leben wahrhaftig, dass er aufgefahren ist gen Himmel, dass er sich gesetzt zur Rechten der Majestät, dass er seinen Geist hat ausgegossen, dass er durch ihn seine Apostel erleuchtet, [8:] dass er wird wiederkommen in den Wolken des Himmels, dass er persönlich Gericht wird halten - das als Fabeln zu denken, ist die Weisheit unserer Tage geworden. Darum soll und muss es auch eine Fabel sein, dass er noch heute die blinden Gewissen wahrhaft hasst und die

Sünder bekehrt. (Man macht keinen Hehl mehr daraus, und wo man's noch macht, wo man die eigentliche Meinung verschweigt, da achtet man das Aufdecken der Unwahrheit für Verrat am armen, verwaisten Christenvolk.) Die *Irrlehre* ist mächtig geworden und darum auch die Verirrung des *Lebens* und seine Verkehrung und sein Verfallen. Wir sehen die Erfüllung der Weissagung unseres Textes: die Zeit ist da, wo sie die *heilsame Lehre* nicht *leiden werden*, wo man *nach eigenen* menschlichen *Gelüsten diese Lehren häuft* und deren Haufen mehrt, *die Lehre, wonach den Leuten die Ohren* jucken, so *dass sie die Ohren*, und nicht bloß die Ohren, sondern auch die Herzen und das Leben *von der Wahrheit wenden*. Und wonach jucken die Ohren? Was hören sie gern? Dass wir keine Sünder sind, dass Wiedergeburt töricht ist, dass der Heiland sei menschlich wie wir, dass wir nicht aus Gnade gerecht werden. Daher der ungeheure Notstand im öffentlichen und häuslichen Leben *aller* Orten, die Ratlosigkeit wegen der zu lässlichen Hilfe, die Verachtung oder Geringschätzung oder Gleichgültigkeit gegen die Bibel, die Gebote und das Gotteswort, Gottes Drohung, Strafe und Vermahnung darin. Tausend und Zehntausend kümmern sich nicht mehr um das Heil ihrer Seelen, die Gotteshäuser bleiben leer, und die Häuser der Lust füllen sich. In den Familien so wenig Gottesfurcht, die Frechheit erhebt ihr Haupt und nennt sich Freiheit, die Demut gilt für Schande, Stolz für Ehre, die Throne schwanken, die Ämter verlieren ihr Ansehen, das Alter ist trostlos, kraftlos, die Jugend scheut sich vor niemand, die Obrigkeit straft, und es wird nur noch mehr gesündigt, oder sie ist gütig, und man dankt es ihr nicht. Es ist wahr und wirklich geworden, was *Paulus* schreibt [I Tim]3,1 von solchen Tagen: die *gräulichen* Zeiten sind gekommen, es sind Menschen da, die von *sich selbst halten, geizig, ruhmrätig* [= prahlerisch], *hoffärtig* [= hochmütig], *Lästerer, den Eltern ungehorsam, undankbar, ungastlich, störrig, unversöhnlich, Schänder, unkeusch, wild, ungütig, Verräter, Frevler, aufgeblasen*, die *mehr lieben Wollust* und die *Lüste des sündlichen Lebens, als Gott*. Das stellet der heilige Geist der Gemeinde Gottes vor Augen – und berechtigt uns nicht, alle zu verdammen und im pharisäischen Hochmut zu richten, sondern will uns erfüllen mit dem Geiste der Barmherzigkeit und des Mitleids, dass wir entbrennen sollen im Geist der erlösenden und von Sünden befreienden Liebe und gegen die Macht der Hölle die Macht der Wahrheit stellen. Und [er] fasst das alles zusammen in dem einen Gebot: *Predige das Wort*. Ein heilender, barmherziger *Samariterfreund* [vgl. Lk 10,30ff.] soll die Gemeinde des Herrn für die Welt dastehen, als die das heilende Öl gießt in die Wunden des abgefallenen, vom Gift der Sünde bis zum Tod verletzten Geschlechts, ein barmherziger Samariter, der den neuen, jungen [9:] Wein des Lebens darreicht zur Erquickung für die, die müde und matt geworden sind in dem Wirbel der Welt, eine *segnende Priesterin*, die, selbst versöhnt mit Gott durch ihres Hohenpriesters

Blut, zu dieser Versöhnung und diesem Frieden auch all denen helfen will, die ihn nicht haben und nach ihm sich sehnen, – aber auch ein im *Harnisch Gottes* [vgl. Eph 6,11.13] gekleideter und gewappneter Held, der mächtig und gewiss weiß, dass der Glaube die Welt überwunden hat [vgl. I Joh 5,4], und sich deswegen nicht fürchtet vor Welt und Teufel und Tod und Hölle und deren Mächten. Ist dem so? O, der Herr sei hoch gepriesen, dass er das *nächtliche Bild* dieser Zeit bereits hie und da wieder erhellt hat mit dem milden und gewaltigen Licht des Evangeliums und dass bereits in unzählbaren Herzen wieder aufgebrochen ist der Quell des ewigen Lebens, der in den Hunderten von Bächen, in denen das göttliche Wort in Haus und Kirche sich wieder ergossen, gleich einem fruchtbaren Wasser das dürre Gefilde der erstorbenen Christenheit wieder zu durchrieseln beginnt, und die wüste Heide wieder in eine lachende Au zu wandeln anfängt! Das kommt daher, weil die Gemeinde das Gebot: Predige das Wort! sich nicht vergebens [hat] sagen lassen, und Heil widerfährt abermals der Menschheit. – Und so bleibt uns nur noch übrig zu fragen: was für [ein] Ende derer wartet, die so den Willen Gottes tun und nicht bloß beten, dein Reich komme [vgl. Mt 6,10], sondern auch dazu *tun* in der Kraft des Wortes

4. *die Verheißung, mit der das Gebot geschmückt ist,* zu betrachten.

Freilich! Das Wort des Apostels in unserem Text: *Ich werde schon geopfert* – lautet nicht wie eine Verheißung, umso weniger: wenn wir bedenken, dass das Leid des Herrn und die Trübsal, die ihm zuteil geworden, das Ende eines Lebens für Christum ist, das er in den Worten beschreibt: *Ich habe einen guten Kampf gekämpft, ich habe den Lauf vollendet, ich habe Glaube gehalten.* Aber das ist ja gerade das Vorrecht des Christenlebens, dass es in die *Kreuzesgestalt Christi* hineingebildet werden soll, dass wir ähnlich werden dürfen der Gestalt dessen, der für uns hat Flehen und Geschrei geopfert. Wer sich des Wortes Christi nicht schämt, wie P[aulus] es nicht tat, wer in der Kraft dieses Wortes wirkend redete und redend wirkte, der wird es wie der Apostel erfahren, wie viel Herzeleid der Begleiter treuer, aufopfernder Liebe und nicht verleugnenden Glaubens ist. Das kann uns nicht irren, so wenig wie der Apostel sich dadurch irren ließ. Da er durch das Wort Gottes bewahrt und den Glauben gehalten und als lebendiger Zeuge von [10:] Barmherzigkeit Gottes geglaubt, geliebt und gezeugt, erwächst ihm auch mitten in seiner Trübsal die selige Hoffnung, von der er redet: V. 8 *Hinfort ist mir beigelegt die Krone der Gerechtigkeit, welche mir der Herr an jenem Tage, der gerechte Richter, geben wird; nicht mir aber allein, sondern auch allen, die seine Erscheinung lieb haben.* Und das ist die köstliche Verheißung, mit der alle *die* ihre Herzen schmücken dürfen, die sich nicht schämen, das Evangelium zu bekennen mit ihrem Munde [vgl. Röm 10,10], das sie im Herzen glauben.

Bedenken wir recht, was die Verheißung sagt. Die Gläubigen, die ihr Leben in der Liebe und zur Verherrlichung des Erlösers haben vergehen lassen, sie ernten von der Welt entweder einen Dank, dass sie sich schämen, oder einen Undank, der ihnen vollends das Herz bricht; untereinander aber tragen sie alle das gleiche Joch und Leid und die gleiche geistliche Armut und schauen auf, schauen weg von dieser Welt in jene Welt hinein. Da thront der dem Schauer jetzt noch verhüllte gerechte Richter, und um ihn her strahlt die Krone und unverwelkliche Kränze in Blüten und Blumen des Himmels, [die] für die bewahrt werden, die hier an ihn geglaubt und diesen Glauben nicht verleugnet haben. Wer weiß, was diese Krone und Kränze voll Blüten und Blumen sind? Es ist die für jedes gläubige Herz besonders geordnete Fülle und Vollendung der Heiligkeit und Herrlichkeit, in der alle Sünde und aller Tod bis auf die letzte Spur erstorben sind, mit der wir erfüllt werden sollen durch die letzte Barmherzigkeit des gerechten Richters, der so in uns sein eigenes Gnadenwerk herrlich vollenden und krönen will. – *Darauf verweist Paulus*, und das ist so belegt, seinen Timotheus und nicht bloß den, sondern alle, die seine Erscheinung lieb haben, die also von allem andern, was erscheint, sich abwenden, um Jesu ganz und ungeteilt ihr Herz zu geben, die treu seinem Willen und Gebot als priesterliches Geschlecht verkünden die Tugenden dessen, der uns gerettet und selig gemacht. Meine Geliebten, glauben wir auch an solche Verheißung, an solche auch uns beigelegte Krone, hoffen auch wir sie einst aus seiner Hand zu empfangen, wohlan, so lasst uns fest werden durch seine Gnade in dem Entschluss, hinzugehen mit seinem Wort und Evangelium der Liebe und es leuchten und scheinen zu lassen aus unserm Herzen heraus, durch Wort und Tat hindurch, auf dass alle, die nicht glauben, den Glauben gewinnen, die nicht lieben, ihrer Selbstsucht sich schämen lernen und von ihm die Liebe nehmen, und wir selbst befestigt werden in der Treue und in dem Eifer, der denen [11:] geziemt, die seines Wortes Liebhaber und Verkünder mit sein dürfen. Bis wir endlich von ihm die Krone empfangen, in der dann alle, in vollem Schmuck der Gotteserben und Miterben Christi, zwar nicht mehr predigen werden das Wort denen, die die Sünde lieben, aber doch von Ewigkeit zu Ewigkeit einer es dem andern, und alle es dem einen sagen und singen werden: wie er uns und alle geliebt und selig gemacht durch seine Worte des ewigen Lebens.

Wohlan, so schließen wir das Kirchenjahr, wohl neu gebeugt, dass wir's nicht besser genützt, aber auch in neuer Hoffnung, dass im neuen Kirchenjahr der sogleich wieder entgegenkommt, der ein König des Lebens ist, barmherzig und gnädig und würdig, zu nehmen Preis, Ehre [vgl. Apk 4,11; 5,12], Anbetung und Majestät von Ewigkeit zu Ewigkeit! Amen.

Johann Hinrich Wichern

Predigt: 19. Juli 1846 über Römer 6,3-11[1] (6. So. nach Trinitatis – St. Nicolai Hamburg)

[1:] Mein ganzes Christentum besteht darin, dass ich meines Herrn Jesu Christi Eigentum bin, und dass ich dieses für meinen einzigen Ruhm und für alle meine Seligkeit halte. [Johann Albrecht] Bengel [1687-1752]

[1a:] (Lasset uns ihn lieben, denn er hat uns zuerst geliebt [I Joh 4,19] – so spricht der, dem Christus ist das Leben geworden, denn sein Leben ist ganz Liebe, so soll auch unser Leben in ihm auch wieder zur Liebe verklärt und vollendet werden. Das Geheimnis des Bösen ist so groß als das des Guten, das Geheimnis des Unglaubens so tief und unerforschlich als das des Glaubens.)[2]

Worin steht die Liebe Christi? Dass er uns unsere Sündenvergebung erwarb, dass durch ihn die Gnade Gottes *unser* ist, dass wir nun nicht mehr zweifeln dürfen: Sünde, Welt, Tod und Hölle seien zerbrochen und zerschmettert durch sein Gnadenszepter. Dies die große Wahrheit. Aber jede Wahrheit hat ihren Schatten und eben die größte den größten! So auch hier. Die Sünde austoben lassen? Mutwillen redet so, Missverstand und Gewissenlosigkeit fürchten keine, die Gnade ist nur dazu mächtig, die Sünde zu

---

1 Vorlage: Archiv des Rauhen Hauses, Hamburg, Bestand 61 H a, Nr. 54. – Lieder (1843): Vor der Predigt: 453 Ich will dich lieben[, meine Stärke], Zwischen: 241,1-3 Ach bleib [mit deiner Gnade bei uns], Nach: 460, 1-2 Ja, ja, mein Herz [will dich umfassen].

2 Die drei Absätze vor diesem Absatz hatte Wichern gestrichen: „Heiligt den Herrn in euren Herzen, 1. Petr. 3,15. Schlusswort der Schrifttexte am vorigen Sonntag. – Die Notwendigkeit der *Heiligung*, welche die Bewährung geben soll, dass unser Glaube ein heiliger ist." „Der Missverstand der Lehre von der Rechtfertigung durch den Glauben – der absichtslose und der absichtliche – [ist] völlig widerlegt durch die volle Verkündigung Christi, in welcher der eine Christus es ist, der uns rechtfertigt und heiligt, von dem Sündenpfuhl und der Sündenmacht erlöst. Darum ist es unmöglich, dass der wahrhaft gläubige Mensch der Sünde noch diene und mit ihr noch anders als wider seinen Willen zu tun habe. [..., zwei Wörter ul]" „Neben jeder Wahrheit ihr Schatten, und neben der größesten [Wahrheit] der größeste [Schatten]." [François] Fénélon [1651-1715]

besiegen, und es ist wichtig, dass wir uns über diese Tat unseres Glaubens immer klarer werden. [2:]

Text: Röm. VI, 3-11
[3 Oder wisst ihr nicht, dass alle, die wir auf Christus Jesus getauft sind, die sind in seinen Tod getauft? 4 So sind wir ja mit ihm begraben durch die Taufe in den Tod, damit, wie Christus auferweckt ist, von den Toten durch die Herrlichkeit des Vaters, auch wir in einem neuen Leben wandeln. 5 Denn wenn wir mit ihm verbunden und ihm gleichgeworden sind in seinem Tod, so werden wir ihm auch in der Auferstehung gleich sein. 6 Wir wissen ja, dass unser alter Mensch mit ihm gekreuzigt ist, damit der Leib der Sünde vernichtet werde, so dass wir hinfort der Sünde nicht dienen. 7 Denn wer gestorben ist, der ist frei geworden von der Sünde. 8 Sind wir aber mit Christus gestorben, so glauben wir, dass wir auch mit ihm leben werden, 9 und wissen, dass Christus, von den Toten erweckt, hinfort nicht stirbt; der Tod kann hinfort über ihn nicht herrschen. 10 Denn was er gestorben ist, das ist er der Sünde gestorben ein für allemal; was er aber lebt, das lebt er Gott. 11 So auch ihr, haltet dafür, dass ihr der Sünde gestorben seid und lebt Gott in Christus Jesus.]

So viele Gedanken in diesem vorgelesenen Abschnitt, so viele Themata zur Predigt, durch alle hindurch aber redet zu uns das eine Wort

Christus unser Leben [vgl. Phil 1,21].

An der Hand dieser Wörter wollen wir den Reichtum des apostolischen Textes durchwandeln, ohne zu zerschneiden und zu scheiden mit oder ohne Kunst.

V. 3. So beginnt Paulus: *Wisset ihr nicht [dass alle, die wir auf Christus Jesus getauft sind, die sind in seinen] Tod getauft.* Er *führt* uns an das heilige *Sakrament* der Taufe und stellt sie uns dar als eine Taufe in Jesus als den Christ, d.h. in den Gottmenschen, welcher unser und aller Heiland ist, uns zu zeigen, dass sie nicht ist eine Taufe mit schlichtem Wasser, ein Vorsatz in ein nur irdisches vergängliches Leben, sondern das Hineinversetzen des vergänglichen Lebens in ein neues Leben, ein Verpflanzen der Verlorenen in das Haus der ewigen Erbarmung und Errettung und Beseligung, dass an ihr das Wesentliche nicht ist ein Vorsatz unsrerseits, sondern die Offenbarung ist göttlichen Vorsatzes, Ratschlusses, der uns versetzen will in neues Leben, nicht die Forderung eines Gebotes, sondern die Darreichung, ja Gottesgaben, die uns das ganze Leben Christi aufschließt. Es wissen zu wenige, was ihnen in der Taufe geschieht und welch eine Gnadentat der Herr an uns tut, wie im Sakrament des heiligen Abendmahles so im Sakrament der heiligen Taufe. Es ist nichts Geringeres, als dass der lebendige Gott, unser Heiland persönlich uns selbst in sein Leben aufnimmt, dass sein Leben und damit seine Seligkeit und seine Herrlichkeit soll unser Leben, unsre Seligkeit und unsre Herrlichkeit werden. Darum ist die Taufe unsre zweite Geburt, die Geburt von oben, der Anfang unseres neuen Lebens mit Jesus Christus, der uns die Taufe *gewährt*, noch ehe wir sie *begehrt*, selbst der Anfänger dieses unseres eigentlichen, ewigen Lebens.

Aber warum erinnert Paulus besonders daran, dass wir in Christi T o d getauft sind? Er will damit *nicht* sagen, als wären wir nicht auch auf seine Auferstehung, seine Himmelfahrt wie auf seine Menschwerdung und sein ganzes Leben und Sein getauft. Christus ist einer und kann nie zerteilt werden, Christus ist *ganz* unser, und *was* alles sein ist, gleichwie auch von uns nicht bloß ein *Teil* Christo zugehört, oder wie wir es nicht bloß in [..., zwei Wörter ul] Stunden, Augenblicken mit Christus zu tun haben, sondern ganz und gar, von der Geburt bis zum Sterben und darüber hinaus. Dessen sollen auch wir uns freuen; wenn er aber seinen Tod so vorzugsweise hervorhebt, so hat er dabei diesmal freilich eine *besondere* Absicht, weil er diejenigen zurückzuweisen hat, welche die Gnade schmähen und lästern, indem sie sagen, dass das Vertrauen auf die Gnade Gottes, dass die Predigt, nach welcher Gott uns rechtfertigt, allein durch den Glauben sichere Sünder macht, die nachher umso mehr der Sünde leben! Den Gläubigen will Paulus zeigen, dass und warum das unmöglich ist, weil sie, indem sie auf den ganzen Christus getauft sind, sie jeder auch und wesentlich auf dessen *Tod* getauft sind, denn *sein Tod* ist nicht wie unser Tod: der *Sünde* Sold [vgl. Röm 6,23], sondern der Tod des Heiligen, des Gerechten, der für uns statt unser starb, ein ewiges heiliges Opfer, in welchem die Schuld der Welt getilgt ist, [3:] um deswillen alle Sünde vergeben ist. Das höchste, wunderbarste, was die göttliche Liebe tun konnte, hat sie getan, als Christus starb, die Sünden derer vergeben, durch deren Sünde und Schuld er gestorben ist. Darum, wer in seinen *Tod* getauft ist, der hat in Christus denjenigen einzig, Geliebte, der ihm das Leben gerettet, welcher die Schuld ihm vom Herzen und aus dem Herzen genommen und darum zugleich denjenigen, in welchem sich wie aller Welt Sünde, so auch die Sünde jedes Einzelnen, auch meine eigene Sünde sich erschöpft hat und ausgeboren ist, um in ihm begraben zu werden. Denn die alte bleibende Schuld ist die bleibende Wurzel stets sich neuernder Sünde und sich erneuernden Unrechtes. Darum sind wir in den Tod Christi getauft, so sind wir damit unsrer Sünde gestorben, sie ist durch seinen Tod uns abgestorben, und wir sind ihr abgestorben, eine ewige Scheidung liegt zwischen ihr und uns, so gewiss wir mit einem Sterbenden und Toten nicht mehr wandeln können, so gewiss können wir mit ihr und kann sie mit uns nicht mehr fort; wir haben keinen *Willen* mehr für sie.

Paulus drückt das so stark aus, dass er fortfährt: V. 4 *so sind wir ja mit ihm begraben durch die Taufe in den Tod* – nämlich in diesen *Tod Christi*. Der Tod Christi hat wie für ihn, so meint er, so auch für uns das Begräbnis zur notwendigen Folge. Das Begräbnis ist das gewisse Anzeichen des vollkommenen Todes, und nur den, den wir gewiss für tot achten, *begraben* wir.

Darum, weil die Jünger gewiss wussten und sahen, dass ihr Meister tot sei, begruben sie ihn. So gewiss Christus tot gewesen und darum begraben ist, so zuversichtlich sollen wir auch den Tod aller, all unsrer Sündenmacht in Christo glauben und unsre Sünde in ihm begraben wissen und begraben halten, dass sie verwesen und vergehen müsse. Eine ewige Scheidung ist eingetreten zwischen dem Glauben und der Sünde durch die Taufe in den Tod des Herrn!

Aber was tritt an die Stelle des Alten, der Sündigkeit unseres Wesens, die in uns war, ehe wir Christus hatten, und ehe er unser war? Antwort, die Neuheit eines heiligen und gerechten Wesens, das ein Abbild des Lebens Christi selbst ist, wie Paulus fortfährt,

V. 4. *dass gleich wie Christus ist auferweckt von den Toten durch die Herrlichkeit des Vaters, also sollen (*oder eigentlich *wollen) auch wir in einem neuen* (oder in der Neuheit des) *Leben wandeln.*

V. 5. *So wir nämlich samt ihm gepflanzet werden*, das heißt, so wir wirklich mit ihm in eins zusammen gewachsen, eins geworden sind, so ist das, meint P[aulus], nicht bloß geschehen *zu gleichem Tode, sondern so werden wir auch* (seiner) *Auferstehung gleich sein.*

Unterscheiden wir in dieser, wie in jeder lebendigen Verkündigung des Evangeliums zweierlei: die Taten Gottes in Christo außer uns, die Taten Gottes in Christo in uns.

Der Apostel führt uns im Geiste zurück auf jene heiligen Geschichten, die geschehen sind, als der Mensch gewordene Gottessohn wandelte, litt, starb in den Tagen seines sterblichen Fleisches. Nachdem es geschehen war, dass der ewig geliebte Sohn war gestorben auf Golgatha, damit wir selig würden, nachdem *die* ihn begraben, die ihn geliebt, weil er ihr Leben gewesen – wandelten bange umher, die bis dahin an ihn den geglaubt, aber den noch nicht erfahren, welcher den Tod überwinden [4:] *kann.* Die Stunden, welche von den bangen Jüngern gezählt wurden, von dem Augenblick, wo er rief, es ist vollbracht [Joh 19,30], und dann verschied, bis zu dem Augenblick, wo sie ihn wieder lebendig in ihrer Mitte sahen, Trost und Frieden gebend, sind die denkwürdigsten in der Geschichte der auf die Wiedergeburt und Erscheinung des Reichs Gottes wartende Menschheit; in ihnen ist ein innerer Kampf des Hoffens und Verzweifelns, des Wartens und des Verzagens, der seligen Erinnerung und der mit Schrecken erfüllenden Zukunft gekämpft und ein Leiden erlitten, das seinesgleichen nicht haben kann, weil es einzig ist und bleiben wird. Da öffnete sich der Himmel und die Herrlichkeit des Vaters sandte die himmlischen Boten zur Erweckung des Gottmenschen aus den Toten, und der Tod war gewesen, [Christus] erstand von den Toten, um für ewig die Schlüssel des Todes und der Hölle [Apk 1,18] in seiner hochgelobten, allmächtigen Hand zu tragen. Es ward Ostern, und Ostern wurde die Stunde der vollendeten Wiedergeburt der Menschheit in dem Menschen aller Menschen, in Christo, dem einzigen, ewigen Herrn.

Das hat Gott in Christo getan *außer uns* und hat damit ein Denkmal des Lebens unter dem sündigen Geschlecht aufgerichtet, zu dem alle wandern müssten, als zur lebendigen Lebensquelle. Die aber von dem Wasser des ewigen Lebens [vgl. Apk 22,17] trinken und nehmen, die wissen und erfahren, dass diese Geschichte Christi nicht eine tote Geschichte ist, wie andere Geschichten, sondern eine lebendige Geschichte, die gleichermassen noch heute geschieht. Wer selig werden *will*, der muss diese Geschichte erkennen als eine solche, die noch fort und fort, soweit die Verkündigung des Evangeliums geht, noch in uns geschieht – und davon redet *Paulus hier* und weiset uns in unser eigenes Leben, in unser eigenes Leben zurück, ob wir desgleichen in uns wiederfinden. Derselbe Christus ist nicht wieder gestorben, sondern lebet unter uns in den lebendigen Worten Gottes, ja, *er ist wesentlich selbst* dies Wort, und wer dies Wort aufnimmt in einfältigem Glauben, der nimmt Christus in sich auf, und in ihm erneut sich diese Geschichte des Herrn und verwandelt Christi Geschichte in die Geschichte des im Glauben stehenden Menschen.

Und ist jene Geschichte nicht die Geschichte unseres eigenen inneren Lebens, das der Herr durch sein Evangelium in uns schaffte – ist nicht sein Wirken der Gnade in uns ein Abbild der wirksamen Gnade, welche er einst in Christo in vollkommenem Maß zur Rettung und auch zum Trost offenbarte?

Wir alle, die wir sind in seinen Tod getauft und mit allem Ernst uns in Christo halten, haben erlebt oder werden erleben, dass (wenngleich in verschiedenem Maß und in verschiedener Weise und zu verschiedenen Zeiten, oft allen Menschen verborgen, nur Gott bekannt) eine Zeit kommt und öfter *wieder*kommt, wo der ganze Ernst der Ewigkeit tritt an unser noch nicht völlig wiedergeborenes, noch so unbewährtestes, noch so unerfahrenes armes Herz! Zwar wissen wir und glauben wir, dass wir in seinen Tod getauft sind, dass uns unsere Sünden vergeben sind, dass er unsere Schuld getragen, dass er unser Heiland ist, aber es liegt noch der Stein vor der Grabestür [vgl. Mk 15,46] des Herzens. Das sind jene Stunden, wo auch uns sich die [..., ein Wort ul] Gnade verbirgt, wo auch für uns [..., zwei Wörter ul] trat Christus in die uns verborgene Gemeinschaft mit seinem Vater, wo der uns fern scheint, dessen Nähe uns doch allein selig macht, und wo der tot scheint, dessen Leben allein unser Leben ist. Wer kennt nicht, der in Christo ist, dieses Bangen und Fasten, dieses angstvolle Wandern eines Petrus und eines Johannes nach dem heiligen Grab in der Nacht, dieses Weinen der Magdalena vor des Grabes Tür? [vgl. Mk 16,1ff.; Joh 20,11] Und wer es noch nicht kennt, der wird, der muss es erfahren, nicht um dort zu bleiben, sondern damit die

Geschichte Christi, die unser aller Geschichte ist, sich auch in ihm erfülle. Und er wird es erfahren, *das Leben in seiner Fülle* [Joh 10,10]! Das bricht dann erst und dann wieder in uns an, wenn sich die Kraft seiner Auferstehung auch *in uns* erfüllt und die Herrlichkeit des auferweckenden Vaters in Christo sich auch *in uns* offenbart, wenn die Herrlichkeit des Vaters uns umleuchtet und die Hand des Evangelisten uns ergreift, sein Mund uns mit *Namen* nennt. Dann wissen wir gewiss und freuen [5:] uns mit unaussprechlicher Freude, dass es auch für uns ein Auferstanden gibt, weil er in uns und wir in ihm *auferstanden* sind. Die Herrlichkeit des Vaters – nicht unsere eigene Vernunft und Kraft! – offenbart uns die Gerechtigkeit und das Leben Christi als unsere eigene Gerechtigkeit und unser eigenes Leben und in der vollendeten Wiedergeburt des Herzens, in der überschwenglichen Erkenntnis Jesu Christi lernen wir aufs Neue, alles andere für Schaden achten, um nur ihn zu erkennen [vgl. Phil 3,7f.] und die Kraft seiner Auferstehung, in der wir selbst die Auferstandenen im Geiste [..., ein Wort ul]-geworden sind!

Aber wie geschieht das? Wann und wodurch ist unser Herz so beschaffen, dass Gottes Herrlichkeit solche Wunder des neuen Lebens in der Kraft des Leidens und der Auferstehung Christi in uns wirken kann? Es lässt sich die Frage in verschiedener Weise beantworten, aber Paulus gibt darauf [in] Vers 6 eine wichtige Antwort, in der das Wesentliche aller anderen enthalten ist.

V. 6. *Indem wir wissen, dass unser alter Mensch samt ihm gekreuzigt ist, auf dass der sündliche Leib aufhöre, auf dass wir hinfort der Sünde nicht dienen, denn wer gestorben ist, der ist gerechtfertigt von der Sünde.* Wir können dies Wort in der Kürze auch so übersetzen: indem wir in derjenigen Stelle des Herzens bleiben, in der wir, weil wir in Christi Tod getauft sind geistlich dafür halten, nicht zweifeln, zuversichtlich sind und darauf stehen, dass die Sünde in uns gerichtet, verdammt, verurteilt ist, dass wir von der Sünde losgesprochen, ganz und gar ihrer Knechtschaft und Botmäßigkeit [Untertänigkeit] entnommen, von ihr frei geworden sind, so dass sie *uns* nicht mehr verdammen kann, nicht darf, vielmehr wir nun ein göttliches Recht haben, *sie* zu verdammen. [6:]

Darin bringen wir alles eigenmächtige Treiben des Herzens zu völliger Ruhe, darin erstirbt aller, auch der letzte Hochmut des Herzens, zuletzt werden wir, was *uns* unmöglich wird, ihm zuschreiben und seiner Gnade lassen, das dem Fleisch Unmögliche getan haben. Der Apostel beschreibt damit den Zustand der gläubigen Seele, die, hungrig und durstig nach der Gerechtigkeit, absieht von *aller* eigenen Ungerechtigkeit, Ohnmacht, Unfähigkeit und, sich ganz selbstverleugnend, hinsieht auf die Gerechtigkeit Christi, welcher die Gerechtigkeit [..., ein Wort ul], dieselbe zu ihrem Eigentum macht und dadurch das Herz zu einem Boden bereitet, auf welchem die Herrlichkeit des

Vaters, wie das Ersterben des alten, so die Auferstehung des neuen Menschen in Gerechtigkeit und Heiligkeit stets aufs Neue schaffen kann!

Aber, meine Geliebten, *widerspricht* dem nicht das andere Wort des Herrn: der eine ganz andere Bedingung zu nennen scheint, unter welcher wir ein neues Leben empfangen sollen, wenn er z.B. fordert, *dass wir sollen das Auge* (der Lust) *ausreißen und die Hand und [den] Fuß* (der Lust) *abhauen* [vgl. Mt 5, 29f.]? oder wenn Paulus fordert: dass wir sollen mit *Furcht und Zittern unsere* Seligkeit schaffen [vgl. Phil 2,12], damit Christus ganz unser Leben werde?

Hier ist mitnichten ein Widerspruch! Denn diese letzten Worte des Herrn und seines Apostels reden von dem heiligen Ernst, welcher notwendig mit der Gesinnung und der Seelenverfassung verbunden ist, in welcher wir fröhlich an die Kreuzigung des alten Menschen durch das Kreuz Christi glauben. Diese letzte Zuversicht ist der *heilige Grund*, aus welchem dieser Ernst erwächst, mit welchem wir alle gewiss noch vorkommenden und immer wieder hervorbrechenden Regungen des Fleisches allein siegreich bekämpfen. Darum kommen so manche nimmer zum Frieden, sondern bleiben in stetem Unfrieden und in steter Sorge und Traurigkeit, weil sie nicht von dem ausgehen, was der Apostel sagt: dass unser Glaube der Sieg ist, der die Welt überwunden hat [Joh 5,4]. Sie stehen auf dem Schlachtfelde des Lebens, noch ungewiss, ob sie den Feind zur Flucht bringen werden, darum siegt der Feind auch über sie und hat ein Recht daran, setzt sie immer aufs Neue in Schrecken und macht sie dadurch innerlich schwach; es hilft ihnen kein Ringen, kein Kämpfen, kein Gebet und kein Eifer der Heiligung, weil sie nicht von der uns *geschenkten* Gerechtigkeit ausgehen, sondern weil sie durch ihr geistliches Tun sich selbst verschaffen und erwerben wollen. Dagegen, wer des Glaubens ist, den hier der Apostel verkündigt – der steht auch auf dem Schlachtfelde und mitten im Kampfe aber einem Feind gegenüber, der bereits *überwunden ist*, der auf der Flucht sich *befindet*, gegen den der Sieg durch Christum längst entschieden. Darum in einem solchen der fröhliche Mut und der gewaltige Ernst, die volle Zuversicht der Kindschaft, in ihr die Kraft des unbesiegbaren Helden, der dem siegreichen Herzog der Seligkeit sicheren Schrittes nachfolgt, der Sünde nicht mehr dienstbar, sondern frei von ihr in Christo, und darum ein Mensch Gottes, in welchem dieser wie den Tod des alten Menschen, so die Auferstehung und Ausgeburt des neuen Menschen um so gewisser und herrlicher wirken wird. [7:]

Freilich setzt dieses Leben in vollendeter Seligkeit erst in Hoffnung, schon, wenn auch nicht *allein*, um deswillen, weil die Sünde, wenngleich als überwundene und überwindbare, noch fortwährt und die züchtigende Hand nicht fassen darf. Aber auf dem gewonnenen Lebensgrunde, in dieser Gemeinschaft mit Christo, leuchtet die Hoffnung der vollendeten Erlösung, des vollendeten Lebens hell wie ein von irdischer Hand nicht zu erreichender, nicht zu verdunkelnder, unverlöschbarer *Stern* im himmlischen Vaterland. Wir wissen, dass dieses Leben der Auferstehung, dessen wir [uns] in Christo inwendig freuen, die Überwindung des Todes, der wir uns in Christo rühmen dürfen, auch äußerlich noch hervorbrechen, und Leib und Seele und Geist vollkommen erlöst sein [werden], wird. Davon muss der siegreiche Glaube, dem Christus das Leben geworden, Zeugnis geben, wie Paulus fortfährt.

V. 8-10. *Sind wir aber mit Christo gestorben, so g l a u b e n wir auch, dass wir mit ihm leben werden, und wissen, dass Christus, von den Toten erweckt, hinfort nicht stirbt, der Tod wird hinfort nicht über ihn herrschen, denn sofern er gestorben ist, ist er der Sünde gestorben, das er aber lebet, das lebet er Gott.*

Abermals führt Paulus dem Glauben zuerst wieder *Christus* vor die Augen, der nicht bloß der *Anfänger* des im Glauben geborenen Lebens, sondern auch der *Vollender* [vgl. Hebr 12,2] desselbigen ist.

Christus, so predigt er, ist gestorben, aber nur *einmal*, denn er hat in diesem einen Sterben genug getan, uns zu versöhnen, unsre Schuld und Sünde zu tilgen, es gibt nun *keine* Sünde, keine Macht, keinen Stachel der Sünde, keinen Tod und keine Furcht und Macht des Todes mehr, die nicht in ihm für ewig und immer überwunden sind und überwunden bleiben werden. Der Fürst der Welt, unser Versucher, und alle Versuchung hat damit in Christo ihre Endschaft erreicht. Das war der erste Auftrag und das erste Gebot Gottes, das er verkündet hat. Was er nun lebet, das lebet er Gott, nicht als wenn er nicht zuvor auch schon Gott gelebt, sondern das lebet er, um das andere Gebot seines Vaters zu vollführen, das darin besteht, die Gerechtigkeit, die Herrlichkeit, die Seligkeit, das Leben und *die* Unsterblichkeit, die er selbst als Preis seines Gehorsams erlangt, uns, die wir an ihn glauben, das heißt, die wir sie von ihm nehmen wollen, mitzuteilen. Und darum sagt Paulus, dass wir *glauben* und ganz gewiss wissen trotz aller Not und Anfechtung, dass wir leben *werden* und nicht bloß jetzt [8:] leben; dies ewige Leben, das wir schon jetzt haben, die Gerechtigkeit, die wir schon jetzt haben, ist nur das Handgeld für *die* Vollendung der Gerechtigkeit, der wir in Christo nachjagen als dem himmlischen Kleinod, das uns seine Berufung vorhält [vgl. Phil 3,12.14], denn was er jetzt lebt, das lebt er uns, um die Gerechtigkeit, die Unschuld, Reinheit und Seligkeit und Herrlichkeit, die er mit dem Vater teilt, auch in uns zustande zu bringen. [8a:]

Denn, meine Geliebten, wir sind wohl Gottes Kinder, aber es ist noch nicht erschienen, was wir sein werden. Wir wissen aber, wenn es erscheinen wird, dass wir ihm gleich sein werden, denn wir werden ihn sehen, wie er ist. I Joh 3, 2.

Wir selbst sind noch immer in der Sünde verstrickt, wenn wir auch ihrer Herr geworden in Christo, und die Welt liegt im Argen. Das Gefängnis der

Bosheit [..., ein Wort ul] und das Reich unsres Gottes ist verdeckt. Der Glaube kämpft, die Waffen der Ungerechtigkeit stehen gegen die Waffen der Gerechtigkeit. Unsere eigene Sünde ist unsre größte Not, und immer wieder folgt ein Abend auf den Morgen und eine Nacht auf den Tag und eine Angst auf die Freude und Tränen auf das Lachen. *Oder ist dem nicht so*? Oder ist dergleichen nimmer zuende? Ja, es gibt ein Ende der *Welt*! [..., zwei Wörter ul] Aber es wird ein Tag kommen, wo der Himmel unseren Meister wird wieder offenbar werden lassen, und was jetzt verborgen ist wird offenbar, was nur im Inneren geschah, wird auch im Außen sichtbar werden. Das *Geheimnis der Sakramente und des Wortes* wird vollkommen enthüllet werden, und der verborgene Heiland wird leuchten wie des Himmels Sonne; die wir jetzt mit ihm geistlich sind auferstanden, wir werden ihm entgegenkommen in der ersten Auferstehung, die selig gerichtet oder verwandelt werden in das Leben und den Leib seiner Herrlichkeit. Er wird die Welt taufen mit Feuer, und aller Tod und alle Ungerechtigkeit wird für uns vergehen in Ewigkeit, er wird das offene Abendmahl halten, wo er selbst wird alle speisen in seinem ewigen Abendmahl mit sich, dass ihn schauen, die im Himmel und auf Erden sind und unter der Erde sind und alle Zungen ihn bekennen [vgl. Phil 2,10f.]. – Das ist unsre Hoffnung, das wissen wir, das glauben wir, das rühmen wir und diese Hoffnung verkünden wir. Es liegt aber in dem einen Wort:

Christus ist unser Leben! [vgl. Phil 1,21] [9:]

Wenn dem nun so ist, meine Geliebten, – was wollen wir schließlich sagen?

Wir können nichts anders, als das Wort uns zu eigen machen, mit welchem der Apostel sein heiliges Wort an uns schließt:

V. 11. *Also ihr, meine Geliebten, haltet euch dafür, dass ihr der Sünde gestorben seid und lebet Gott in Christo Jesu, unserm Herrn*!

Das lasst uns tun, so werden wir das selige Ende und die Erfüllung dieser unsrer Hoffnung sehen:

nämlich der Seele Seligkeit [vgl. I Petr 1,9]!

[Amen.]

Johann Hinrich Wichern

Predigt: 25. Juni 1848 über Jesaja 40,1-8[1] (Johannistag - Hamm)

[1:] *Einleitung.* Johannistag ist nicht [nur] ein Tag Johannis, sondern auch ein Tag Christi, dessen Herold heute wieder in unsere Mitte tritt. Der Herr ist König. Wir sind sein Volk. In seiner Gemeinde ist er gegenwärtig, „ist mitten unter ihnen" [Mt 18,20], die Gemeinde ist sein um ihn versammeltes Volk.

Welch ein Trost dies in aller, auch der gegenwärtigen Trübsal, Angst, Not, wo Krieg und Kriegsgeschrei, Aufruhr die Völker schreckt und Leid und Sorge der mannigfachsten Art den Einzelnen und das Ganze treffen, wo Tausende einander fragen und Menschenhilfe rein am Ende ist!

Aber es wird eine Zeit sein - ähnlich allen früheren dieser Art, in der viele werden lernen nach Gott fragen!

Wohl denen, die diesen Gott schon haben, in denen die Ruhe und der Frieden des Herzens schon eingekehrt ist, dass sie Gottes Stimme schon jetzt hören. Was redet er auch heute unter uns? Das lasst uns vernehmen, die heutige Stimme Gottes an sein Volk in der gegenwärtigen Trübsal - zuvor aber singen:

Text am Johannistag, Jesaja 40, 1-8
[1 Tröstet, tröstet mein Volk! Spricht euer Gott. 2 Redet mit Jerusalem freundlich und prediget ihr, dass ihre Knechtschaft[2] ein Ende hat, dass ihre Schuld vergeben ist; denn sie hat doppelte Strafe empfangen von der Hand des Herrn für alle ihre Sünden.
3 Es ruft eine Stimme: In der Wüste bereitet dem Herrn den Weg, macht in der Steppe eine ebene Bahn unserm Gott! 4 Alle Täler sollen erhöht werden und alle Berge und Hügel sollen erniedrigt werden, und was uneben ist, soll gerade, und was hügelig ist, soll eben werden; 5 denn die Herrlichkeit des Herrn soll offenbart werden, und alles Fleisch miteinander wird es sehen; denn des Herrn Mund hat's geredet. 6 Es spricht eine Stimme: Predige!, und ich sprach: Was soll ich predigen? Alles Fleisch ist Gras,

---

1 Vorlage: Archiv des Rauhen Hauses, Hamburg, Bestand 61 H a, Nr. 55.- Vgl. Gerhardt, Wichern II, 79-80. - Lieder: Vor der Predigt: 463 Zwischen: 491,1.2 Nach: 581,4.

2 In der von Wichern benutzten Bibelübersetzung heißt es an dieser Stelle „Ritterschaft", vgl. Teil I der Predigt.

und alle seine Güte ist wie eine Blume auf dem Felde. [7] Das Gras verdorrt, die Blume verwelkt; denn des Herrn Odem bläst darein. Ja, Gras ist das Volk! [8] Das Gras verdorrt, die Blume verwelkt, aber das Wort unseres Gottes bleibt ewiglich.]

Die Stimme Gottes an sein Volk in der Trübsal
Wir hören

ihren Trost	Vers 1-2,
ihre Forderung	Vers 3-4,
ihre Verheißung	Vers 5-8. [2:]

I

Die Stimme Gottes ist eine Stimme des Trostes. Tröstet daher, und noch einmal tröstet mein Volk!

Aber freilich sie ist nicht die Stimme des *falschen* Trösters – der Güter und Gaben verheißt und sie nicht gibt, oder solche gibt, die nicht imstande sind, nicht mächtig und stark genug sind, das Leid zu tilgen. Er heiligt auch nicht die Sünde und das Unrecht, sondern nennt Finsternis Finsternis, und nur Licht nennt er Licht [vgl. Jes 5,20].

Darum ist sein Trost auch nur ein Trost an *sein Volk*. Und wer nicht Bürger in seinem Volk ist, der hat nicht Trost, es sei denn, dass er umkehre und eingehe in die Stadt seines Volkes nach *Jerusalem* – das heißt in die Seele und Geistesgemeinschaft derer, welche sich um Jesus gelagert und gescharet haben und wissen, dass er ist für uns gestorben und auferstanden. Für diese Gemeinde ist seine trostreiche Rede eine *freundliche* (V. 2), das heißt eine Rede, die aus Gottes Herz an und in ihr Herz geht und ihr ein Genüge, eine Labsal, eine Erquickung und Aufrichtung, eine Verbindung und Heilung aller Wunden, ein Quell der Kraft und Neubelebung wird. Denn wer Gott hat, wer hat mit ihm nicht alles?

Er kennt ihre Trübsal – nicht wir, aber sie erkennen ihn auch in ihrer Trübsal, auch der gegenwärtigen. Denn was die Gottesstimme in unserem Text hier nennt, das ist für sie eine *„Ritterschaft"*. Die uns auferlegte Last sollen wir nehmen, nicht als eine Last von Menschen, sondern als eine Last, einen Dienst, einen Kriegsdienst und Ritterschaft, [3:] einen Felddienst, der uns auferlegt ist vom Herrn, in welchem er uns voranzieht. Zu ihrer Erlangung gehört ein ritterlicher, ein Feldmut. In ihm ergeht es wie in jeder Kreuz- und Kriegszeit – die schwersten Verluste, die größte Entbehrung, Angst und Sorge, Not und Furcht stehen mit uns auf und gehen mit uns zu Bett. Aber wie leicht ist die Last, weil so reich der Trost ist des Herrn bei uns im Lager, er ist unser Herzog und Führer und duldet und trägt und *siegt* mit uns und hilft gewisslich überwinden! – Ja, das ist gerade der Trost, dass wir sollen wissen, dass diese Ritterschaft und schwere Trübsal, weil er bei uns ist, nicht endlos ist, sondern ein *Ende* hat (V. 2) – ein Ende nicht durch natürlichen Verlauf, sondern durch Gnade von ihm.

Auch darin unterscheidet sich die Welt von den Kindern Gottes: Während jene keinen anderen Grund zur Zuversicht hat, dass das Ende wird kommen als das natürliche Gesetz und Verlauf der Dinge, nach welchen auch der Untergang das Ende sein kann, sie also zweifeln und keinen Gott zum Trost oder Zuversicht haben – so weiß die Gemeinde des Herrn gewiss und klar, wozu ihr die Trübsal gegeben ist: nämlich nicht zu *Untergang und Verderben*, denn der, der der *geretteten Menschheit* denn ein Herr ist, heißt es, *ihr Sünde vergebe* und *sie hat* statt doppelter Strafe, Drohung und Gericht *wegen ihrer Sünden* doppelt *zwiefältiges* Heil und Gnade [..., ein Wort ul] Gericht *empfangen*. Darum ist ihr ein Untergang unmöglich, es müsste auch Gott selbst vergehen! Sie kann so wenig vergehen als ihr Gott, der lebt, und ihr Heiland, der auferstanden ist und regiert in *Ewigkeit* – er ist ihr Haupt, und sie ist sein Leib [vgl. Kol 1,18]. *Das ist ihr Trost*, und daran erinnert die Stimme des Herrn sie auch heute. Und wenn er *dennoch mit Trübsal sie heimsucht*, so weiß sie nicht bloß, dass sie ein Ende hat und die Gnade herrlich aus ihr hervorgehen wird, sondern auch, dass ihr die Trübsal gerade aus Vorsatz gesandt ist, damit sie in ihr von Sünden geläutert, gereinigt und wie Gold im Feuer verkläret werde [vgl. I Petr 1,7]. Und sie lernt nun, auch Trübsal vergeht [..., ein Wort ul] fragen nach ihrem Gott. [4:]

II

Aber was fordert denn von ihr ihr Gott? Gewiss zuerst, dass sie diesen Trost annehme und glaube – dann aber in der Kraft dieses Trostes aus Dankbarkeit für denselben nach seinem Willen tue:

Bereitet dem Herrn den Weg – macht Bahn unserem Gott – so lautet seine Forderung an sein getröstetes Volk, und können wir anders?

Er, dessen Herrlichkeit die Himmel füllt, die Quelle aller Liebe und allen Friedens, sucht er in der Trübsal den Weg zu *uns*, den Geschlagenen. Und sein Volk sollte ihm nicht entgegen gehen? Sollte sich nicht rüsten, ihm Raum [zu schaffen], dass er könne breite und weite Wohnung unter uns finden? Und ob wir ihm bis dahin *nicht* entgegen gegangen und bis dahin uns nicht gerüstet, hören wir heute seine Stimme, *bereitet dem Herrn den Weg*! Denn er will unser Leben und hat uns lieber, als wir uns selber haben.

Und worin besteht die Bereitung, die er fordert?

V. 4: *All Tal soll erhöht und all Berg und Hügel sollen erniedrigt werden, und was ungleich ist, soll eben, was höckrig ist, soll schlicht werden*. Sieh dich *um in dem Inwendigen*, darin eine ganze Welt der Berge und Täler verschlossen.

Die *Berge und Hügel*, die erniedrigt werden sollen, sind unsere Selbsterhebung, Stolz, Übermut, Trotz und Dünkel, die Sucht und das Gefallen an Ehre und Ruhm und das Trachten, einen Namen zu haben vor den Menschen. Und die *Täler*, die gefüllt werden sollen, sind [5:] die Gruben und Grübelein des Misstrauens, des Verzagens, des Missmuts und Verzweifelns, der Schwäche und der Ohnmacht des Glaubens. – Das *Höckrigte* sind die zahlreichen anderen Ärgernisse und Hindernisse des göttlichen Lebens, die jeder auf seinem Wege findet – der Geiz und das Kleben am Mammon, die Menschenfurcht und all diese hervorgehende Unwahrheit des Wesens.

Das alles und was sonst in uns ihm widersteht, siehet an der Herr und fordert, dass wir es unsere Arbeit sein lassen, diese Hügel abzutragen etc. etc. und unser Herz schauen. Denn Demut und Glaube mit Wahrheit und Freudigkeit des Herzens zu ihm – das ist der gerade, gerechte, ihm gefällige Weg, so machen wir ihm Bahn *zu uns*. Aber so gewinnen wir auch Macht und Recht und Mut und Weisheit, ihm Bahn zu machen unter *anderen*! Wenn je, so ist es von heute an der Beruf des Volkes Gottes geworden, seinem König und Herrn auch Bahn zu machen unter denen, die aufgehört haben, sein Volk zu sein. Aufmachen soll sich seine Gemeinde (und die Zeit wird kommen, wo sie es tun wird), jene Berge zu niedrigen, die sich gleich babylonischen Türmen in der Menschenwelt gegen ihn erhoben haben – jene Klüfte auszufüllen, die furchtbar klaffend zwischen ihm und einer so großen Menge der dennoch erlösten Sünder aufgetan. Der Tag ist ja bereits da, wo Menschen sich an Gottes statt gesetzt und ihm zu trotzen wagen – wo in Hallen, in Märkten und auf Gassen und unter grünen Bäumen sein Name geführt wird und andere das selbst nicht wagen und [..., ein Wort ul], im tiefsten Unglauben versunken, den Ort verloren haben, auf dem alles, der Einzelne und das Ganze, stehen kann. Noch ruht und schläft sanfthin das Volk des [6:] Herrn. Mit neuer Frische und Widerschall und immer näherkommender Posaune erschallt der Ruf: Bereitet dem Herrn den Weg und macht Bahn unserem Gott. Und das Volk Gottes wird und muss erwachen, weil es wissen muss, in ihm liegt die Rettung, weil [er] der Retter der Welt.

Aber freilich, um dies zu können, muss sie ausgehen aus dem Gefühl der eigenen Kraft, die nichts ist, und eingehen in die Kraft und Stärke Christi; so wir in ihm und seiner Gnade uns erniedrigen und in ihm und seiner Gnade uns erhöhen lassen, dann sind wir teilhaftig des Geistes und Glaubens, in welchem vermögen sie *Herolde* zu sein, mit seinem Geist und Wort die Welt zu überwinden und den Tausenden von Verlorenen zu *dem* Leben zu helfen, in welchem der Herr auch zu ihnen kommen kann und sie mit seiner Gnade in immer weiteren Kreisen Bahn zu machen unserem Gott und ihm den Weg zu bereiten. Dazu hat er uns jenen Trost gegeben und so freundlich uns ins Herz geredet, dass wir getragen von der Fülle der Liebe, wie der Schwimmer getragen von den Wellen des frischen, lebendigen Wasserstroms – uns aufmachen und nicht ruhen, bis die Zeit gekommen ist, wo er als Sieger und König erscheint, ein Richter über Lebendige und Tote und ein Seligmacher aller, die ihn nicht verworfen haben! Denn solche Verheißung ruft uns heute Gottes Stimme mitten in die Not unserer Tage hinein.

[7:] III Verheißung

Welches ist die Verheißung? *Die Herrlichkeit des Herrn soll offenbart werden.* Aber das ist nur die eine Hälfte: das andere Wort: „*Alles Fleisch ist Heu, und all seine Güte ist wie eine Blume auf dem Felde. Das Heu verdorrt, die Blume verwelket, denn des Herrn Geist bläset darein. Ja, das Volk ist das Heu*" umschließt auch eine Verheißung, der ersten entgegen, in kurzen Worten: *Die Herrlichkeit, in der der Mensch sich dünkt – soll zu Grunde gehen*!

Schau um dich her – Gemeinde des Herrn! Was noch nie ein Aug gesehen [vgl. I Kor 2,9] und kein Geschlecht der Menschheit *seit Jahrtausenden* erfahren, es ist geschehen: Was herrlich *war* noch vor wenig Tagen – seine Herrlichkeit ist vergangen! Die Sterne im Heer der Völker sind verblichen wie ein Licht verlöscht, und die prangenden Blumen auf dem Gefilde der Menschheit, die Jahrhunderte geblüht, sie sind verwelkt. – Es ist offenbar geworden: Alles Fleisch ist wie Heu!

Aber ist nicht ein anderer Glanz aufgegangen? Und sind nicht andere Sterne erschienen? Dringt nicht aus jedem Winkel der Erde der Ruf, die Herrlichkeit des Volkes ist erschienen? Die Majestät des Volkes und sein Wille ist in leuchtendem Strahl aufgegangen? Fürwahr, so verkündet die Welt, und der Ruf geht vom Aufgang bis zum Niedergang und findet sein Echo an allen Mauern! Aber vom Himmel kommt eine Stimme Gottes, älter denn alle Menschenstimmen, und ruft. *Das Volk ist das Heu*, seine Blume *verwelket* und bleibt nicht – und des Herren Geist wird auch diese vermeinte, selbstgenommene Herrlichkeit verlöschen und dies Blühende verdorren machen! Die Herrlichkeit des Menschen, die war und sein wird, wird untergehen! [8:]

Was für eine Hoffnung bleibt uns da? Mitten in diesem Untergang, mitten in diesem Zusammensturz, mitten in diesem Wogen und Tosen? Ich meine dies: *dass der Herr das alles tut*, dass der Herr es ist, der sein Wort erfüllt, der Berge stürzt ins Meer und Täler füllt nach seiner Art und in der Weise seines Regiments – damit die Menschen erfahren und ihre Blindheit geheilt werde und sie erkennen: *dass Fleisch das Heu ist*! Dass aber die ewig frische, verjüngende Kraft des Lebendigen nicht wohnt im Menschen, sondern wohnt im *Schöpfer und Erlöser und Retter der Menschheit*!

So wird sich sammeln um ihn, den Verborgenen, sein Volk im Verborgenen, *ohne Herrlichkeit vor Menschen*, entkleidet auch der Ehre, die es bis daher noch gehabt – um zu erfahren, dass auch ihm unter Menschen keine

Ehre zukommt. Aber es wird sich versenken in die Hoffnung, die er uns gegeben. Denn mitten in dem menschlichen Untergang bereitet sich der Aufgang des Himmlischen, mitten im Sterben des Fleisches wird gegeben das ewige Leben, mitten in der Angst der Welt bricht an der Morgenstern [vgl. I Petr 1,19] zur ewigen Freude des Reiches Gottes. Aber unser Leben und Hoffen bleibt noch verborgen mit Christo in Gott [vgl. Kol 3,3] wie sein Reich. Dennoch aber wird heranbrechen der Glanz des Herrn vom Aufgang bis zum Niedergang, und wir werden *sehen,* was wir geglaubt: *Die Herrlichkeit des Herrn wird offenbar werden, und alles Fleisch wird sehen, dass der Mund des Herrn solches geredet.* Alles Fleisch: Ungerechte und Gerechte! Die einen zum Schrecken, die andern aber die Erfüllung ihrer selig gewissen Hoffnung! Was im Himmel und auf Erden ihm geglaubt und ihn geliebt, wird vereinigt werden zu einem seligen Chor, und nach allem Leid und Geschrei wird er abwischen alle Tränen [vgl. Apk 21,4] und uns abnehmen alle Angst. Und alle Zungen, die im Himmel, auf Erden und unter der Erde sind, werden bekennen, dass Jesus Christus der Herr sei zur Ehre Gottes, des Vaters [vgl. Phil 2,11].

Wann das geschehen wird? Der Vater hat *das* seiner Macht vorbehalten. [Amen.]

Johann Hinrich Wichern

Predigt: 23. Juli 1848 über Galater 2,16-21[1] (5. So. nach Trinitatis – St. Katharinen Hamburg)

[1:] Vorigen Sonntag [16. Juli] feierte die Kirche ein Vaterlandsfest mit der Vaterstadt. Gut. Der Christ soll der beste Vaterlandsfreund sein. Heute kehrt die Kirche wieder zu sich selber zurück und soll bleiben bei dem himmlischen Vaterland – der rechten Heimat, die ewig ist – mit einem sieggekrönten, ewigen König, der durch die Wunder seiner Liebe dies Vaterland erworben und alles aufgeschlossen hat. Aber auch da treibt die Macht der Ereignisse, die letzt geschehen, uns wieder auf das irdische Vaterland zurück, denn wir haben nun einmal das himmlische Vaterland nur in dem irdischen.

Der ungeheure Umschwung der Geschehen in den Angelegenheiten des irdischen Vaterlandes und des noch nicht wieder zur Ruhe gekommenen hat alles erschüttert. Das Ganze schwankt, was darin und daran ist, so auch die vaterländische Kirche. Wie könnte es auch anders sein, da die Kirche bis dahin vom Bauwerk des Staates vollkommen umschlossen war. Das Neue, das sich in der Kirche anbahnt und anbahnen muss, ist ebenso neu als was auf dem Gebiet des Staatslebens geschieht. Der Weg, den die Kirche bis heute gegangen, ist in dieser Gestalt 1.500 Jahre alt, sie hat sich an diesen Gang so gewöhnt, dass eine Bewegung außerhalb desselben fast unmöglich scheinen will. Und doch muss die Kirche den Gang wagen und auf das Neue sich rüsten.

Auch uns wird und muss das treffen.

Zu verwundern ist nur, dass wir diese Stöße unter uns, in Grenzen, so wenig, ja eigentlich gar nicht empfinden. Es ist dies minder erfreulich, als weit mehr besorglich. *Denn wenn ein Glied leidet*, leiden alle mit, oder wenn eines sich freut, freuen sich alle mit [vgl. I Kor 12,26]. Unsere *Unempfindlichkeit* ist also wohl ein Zeichen, dass wir nicht mehr *gliedlich* mit dem Ganzen verbunden sind und deswegen weder die Regungen der Sorge noch das Rauschen der Schwingen des neuen Lebens in der Kirche mitempfinden. Überall Versammlungen von Kirchenfreunden zu Kirchenbündnissen, es

---

[1] Vorlage: Archiv des Rauhen Hauses, Hamburg, Bestand 61 H a, Nr. 56. – Vermerk: „9-10 Uhr Pastor [Otto] Wolters“. – Vgl. Gerhardt, Wichern II, 79-80.

wird viel geratschlagt [und] gehofft. Das muss anders, besser werden! Auch unter uns muss der Geist der Gemeinschaft, welcher in der Kirche uns verbindet, der nun auch außen das Recht bekam (das ihm freilich ohnehin zugestanden), die politischen Grenzen zu überschreiten in dem einen teuren Vaterland – wieder eine Kraft des Lebens werden und wieder Empfindungen für kirchliche Zuversicht und Hoffnung geben! Jede unsrer Predigten sollte mit darauf hinwirken, bis der Funke des Lebens Leben und weitherzige Liebe entzündet.

So ist der Stoff unerschöpflich. Aber von allem, was die Kirche verkünden kann, ist das Größte, das Beste, das Tröstlichste: das Heil, das von ihr in Christo der Welt geboten wird, mitten unter allem Unheil, das uns unser Geschlecht bedroht (lassen wir uns nicht täuschen). Soweit der heutige Text uns dazu Anlass gibt, soll auch heute unter uns die *Kirche als Heilsverkündigerin* gepredigt werden.

Gesang[2] Nr. [484] V. [5-6] [2:]

Text Gal 2,16-21

[[16] Doch weil wir wissen , dass der Mensch durch Werke des Gesetzes nicht gerecht wird, sondern durch den Glauben an Jesus Christus, sind auch wir zum Glauben an Christus Jesus gekommen, damit wir gerecht werden durch den Glauben an Christus und nicht durch Werke des Gesetzes; denn durch Werke des Gesetzes wird kein Mensch gerecht. [17] Sollten wir aber, die wir durch Christus gerecht zu werden suchen, auch selbst als Sünder befunden werden – ist dann Christus ein Diener der Sünde? Das sei ferne! [18] Denn wenn ich das, was ich abgebrochen habe, wieder aufbaue, dann mache ich mich selbst zu einem Übertreter. [19] Denn ich bin durchs Gesetz dem Gesetz gestorben, damit ich lebe. Ich bin mit Christus gekreuzigt. [20] Ich lebe, doch nun nicht ich, sondern Christus lebt in mir. Denn was ich jetzt lebe im Fleisch, das lebe ich im Glauben an den Sohn Gottes, der mich geliebt hat und sich selbst für mich dahingegeben. [21] Ich werfe nicht weg die Gnade Gottes; denn wenn die Gerechtigkeit durch das Gesetz kommt, so ist Christus vergeblich gestorben.]

Wir nehmen das Wort als Wort der Kirche, und so ist es klar:

Die Kirche ist Heilsverkündigerin.

1. Sie bietet in Christo die Gerechtigkeit vor Gott (V. 16).
2. Sie bietet in Christo das Leben zum Heil der Welt (V. 17-21).

---

[2] Lieder (1843): Vor der Predigt: 334 Ich schäme mich [des Heilands nicht]. Zwischen: 484 [Dich beten, Gott, die Himmel an], 5.6: Nimm hin [mein Herz, und wohn' in mir]. Nach der Predigt: 460: Ja, ja, mein Herz [will dich umfassen].

1. Die Kirche bietet in Christo die Gerechtigkeit vor Gott.

So sagt Paulus V.16: „*Wir wissen, dass der Mensch durch des Gesetzes Werk nicht gerecht wird, sondern durch den Glauben an Christum: So glauben wir auch an Christum Jesum, auf dass wir gerecht werden durch den Glauben an ihn.*“

Aber wie? Sagt das nicht bloß *Paulus*? Der Einzelne, als *seine* Lehre? Wie haben wir sagen können, dass die *Kirche* es sei, die in diesem Wort der Welt das Heil anbietet? Dass es die Lebensverkündigung aller derer sein, unter denen Gott seine Wohnung aufgerichtet?

Sehen wir unseren Text im Zusammenhang darauf an und das Bedenken wird sich lösen!

Nachdem Paulus in Galatien das Wort Gottes vom Glauben zum ersten Mal [vgl. Act 14] und zweiten Mal [vgl. Act 16] gepredigt und um dasselbe die Schar der Gläubigen gesammelt hatte und dann seinen Weg weiter fortgesetzt hatte, trafen *falsche Brüder* [vgl. Gal 2,4], Emissäre, nicht Missionäre, Juden aus Jerusalem ein; diese wollten die Gemeinde wieder abwendig machen vom Glauben; es waren Juden und Judengenossen, die eine Partei gegen das Evangelium zu bilden begannen und wirklich bildeten, so dass die Genossen der Gemeinde in innere Verwirrung gerieten. Um deswillen schrieb Paulus diesen Brief an die Galater, zu zeigen, dass dieses Wort nicht sein Wort, sondern das Wort des Herrn [vgl. Gal 1,11f.] und seiner ganzen Gemeinde oder Kirche sei.

Er verweist sie zu dem Zweck an die große, von keinem bestrittene Tatsache, wie *Christus* selbst ihn zum Apostel berufen und mit der Verkündigung dieses allein wahren Evangeliums betraut (dass er hinzusetzt: So wir oder ein Engel vom Himmel euch werden Evangelium predigen, anders denn als wir euch gepredigt haben, der sei verflucht (Gal 1,8)). Er zeigt ihnen dann, wie die von den anderen Aposteln gegründeten Gemeinden in Judäa seine Predigt vom Glauben vernommen und darin ihren Glauben wieder [3:] erkannt und darüber Gott gepriesen ([Gal] 1,23-24); wie er dann in Jerusalem in der Versammlung aller anderen Apostel erschien, und von der Gemeinde und den Ältesten und Aposteln die Einheit aller in der Predigt dieses Evangelii freudig bekannt ward [vgl. Gal 2,1ff.]. Und alle sich demgemäß geeinigt erfunden in dem ewigen Haupt, das umstrahlt ist von der Sonne der Wahrheit, das ist der Gerechtigkeit, die wir haben vor Gott durch den Gauben an Christum. So war also dieses Wort nicht Pauli Wort, sondern Gottes Wort und dieses Gottes Wort das Wort der Kirche Christi.

Und *von da an ist* diese Verkündigung durch die Jahrhunderte und Geschlechter der Welt gegangen, alles, was nach Gott begehrte, Frieden suchte, nach Heil dürstig war, um sich sammelnd, wie ein *lebendiger Quell*, auf dem wohl der Bau, den Menschen rundum aufführen, zusammenfallen kann, dass sein klares Wasser zwischen Trümmern und im Schatten eine Zeitlang dahinrinnt, der aber selbst unversieglich sprudelt und nicht geringer an Wasser wird, durch die Hunderte, die davon trinken. Bis einst vor drei Jahrhunderten Luther und alle Reformatoren diese Wahrheit aufs neue in voller Herrlichkeit gesehen, und die Kirche sie gleich leuchtender *Flamme auf den Bergen* hat leuchten lassen hinab in die dunklen Täler des Völkerlebens. Dieses Wort von der Gerechtigkeit durch den Glauben ist recht eigentlich das heilige Feuer auf dem Herde der *evangelischen Kirche* geworden, ist das Schwert und die Posaune, mit welcher einst von Wittenberg und Genf aus, wie anfänglich von Jerusalem aus, die menschlichen Bollwerke gestürzt sind, welche zwischen dem Herrn und den Menschen waren wieder erbaut gewesen. Die Fahne unsrer Kirche trägt als Zeichen das Bild des Herrn, der unsre Gerechtigkeit ist.

Und dass die *Kirche* diese Verkünderin ist, das kann freilich nur denjenigen gleichgültig erscheinen, die nicht wissen, was die Kirche des Herrn ist, dieselbe halten für eine willkürliche Vereinigung von den Menschen untereinander, für eine Gesellschaft zufällig Gleichgesinnter oder gar für eine Einrichtung und Anhängsel der Landesregierungen, durch welche sie allein zu Recht bestehe, denen sie nicht eine *freie Gnadenstiftung Gottes* mit seinen Erlösten und den Menschen ist, die ihn wiederlieben, weil er sie zuerst geliebt [vgl. I Joh 4,19]. Denn das ist die Kirche: Der verwirklichte Bund nicht der Menschen mit Gott, sondern Gottes mit den Menschen, und zwar der in dem Gottmenschen aufgerichtete Bund; daher er sie nennt seine Herde, die [4:] er weidet, ernährt [vgl. I Petr 5,2.4], sein *Volk* [vgl. I Petr 2,9], in welchem er mit Gottes Herrlichkeit, dem Glauben offenbar, der Vernunft verborgen, thront, seine *Braut* [vgl. Apk 21,2.9 ff.], hochgeschmückt, königlich geziert mit dem Abglanz seiner ewigen Herrlichkeit, Unschuld, Seligkeit! Sie ist die *Gemeinschaft* der Gerechten im Himmel und auf Erden, die *Königsstadt* der Bürger Gottes im freien Gottesland und Kanaan, weit ausgebreitet durch alle Reiche der Welt, in welcher sich die aus Gott geborenen, aus Hoffnung und Erfahrung gegründeten Treuen sammeln, in der seine Liebe, seine Verheißung wirkt wie das *belebende Sonnenlicht*, wie der *fruchtbare Strom* der jugendlichen Frühlingsluft – der Bund der Treue und Wahrhaftigkeit, in dem und durch den er selber lebt, wirkt, sprießt.

Und so angesehen erscheint es freilich nicht als gleichgültig, sondern als das Wichtigste, was vernommen werden kann, wenn sie ein Zeugnis ablegt vor aller Welt, zu allen Zeiten, in allen Geschlechtern, von ihr gewiss wissen, dass *wir Gerechtigkeit haben vor Gott durch den Glauben an Christum Jesum.*

Oder wäre jemand unter uns, der nicht wüsste und nicht verstünde, was es heißt, *Gerechtigkeit erlangen aus Gottes Gnade durch den Glauben an Christum?*

Nun – einen solchen stößt die Kirche nicht aus ihrer Mitte! Sie nimmt ihn und führt ihn zu Christo, zu dem wir alle einen freien Zugang haben. Und wer sich so zu ihm führen lässt, den erleuchtet der Herr mit seinem Geist und öffnet ihm das Auge. *Und was zeigt uns dieser Geist des Herrn?*

Zuerst nichts anderes als den Herrn selbst! Jesus, den Christ, den Gottmenschen, den Anfänger und Vollender des Glaubens [vgl. Hebr 12,2], in welchem die Fülle der Gottesliebe und die Fülle der Menschenliebe sich auf ewig geeinigt, der Grundstein einer *neuen* Menschenschöpfung, in welchem von Gott wiederhergestellt ist, was durch des Menschen Sünde zertrümmert war [vgl. Röm 5,18]. Und er ist der, der im *Fleisch und in der Verklärung* nichts anderes anstrahlt und ausstrahlt und atmet als die reine, die heilige, die unschuldige, fleckenlose, vollendete Liebe, dessen innerster Sinn und Gedanke, dessen weltdurchdringende Taten nichts sind als die Offenbarung einer durch alles hindurch dringenden, alles durchleuchtenden ewigen Gerechtigkeit des Lebens und Seins, der hoch über uns sitzt in Gottes Thron, und doch uns [5:] so nahe ist, dass er selbst uns reicht mit seinem Mund und seiner Hand die süßen Himmelsfrüchte seines Todes und seiner Auferstehung, Gnade, Trost, Erbarmen, Vergebung, Erlassung aller Schuld spendend – dass wir, durch solche Liebe bewegt, kommen sollen, sein Gut zu nehmen und wieder Gotteskinder zu werden.

So zeigt uns der Geist des Herrn den Meister und Herrn aller Gerechtigkeit! Und wer kann ihm gegenüber bestehen? Wer beugt sich nicht, vergeht nicht vor ihm im Gefühl der eigenen Schwachheit? Und wenn uns die Stimme des Geistes und göttlichen Wortes gewiss macht, dass vor dem unschuldigen, reinen, gerechten Gott – doch nur der *Unschuldige, Reine, Gerechte* bestehen und bleiben kann: Wer bricht da nicht zusammen in Erkenntnis und Schrecken über die eigene Sünde? Wer lernt da nicht beten um Vergebung? Wer nicht sich umschauen nach der Wiedergeburt des Lebens? Wer nicht fragen nach dem Weg, auf welchem der *Gottlose* und Gottentfremdete wieder *gerecht*, der *Unwürdige* wieder *würdig*, der *Befleckte* wieder *rein* werden kann? Auf welchem das Geschehene vor Gott kann wieder ungeschehen gemacht werden?

Und das nicht etwa *dereinst*, sondern schon *jetzt*, nicht etwa erst *jenseits des Todes*, sondern schon *hier*, damit schon jetzt, schon hier das Herz Frieden genug und Leben habe? Das heißt mit anderen Worten: Wie gelangt der Mensch zur Gerechtigkeit, die vor Gott gilt – als das erste und Grundbedingen alles wahrhaftigen Heils?

Und da ist es, wo die Kirche als Heilsverkündigerin an uns hinantritt und Christus, den *Inhaber* ewiger Gerechtigkeit, Unschuld und Seligkeit darbietet – der dies, unser Herzensgebet, erhört und unser [..., ein Wort ul] stillt und Unruhe in Ruhe verwandelt, nachdem er sein Leben zum Opfer für uns dargebracht – der in diesem Sinn zu uns spricht: *Kommt her zu mir alle, die ihr mühselig und beladen seid* etc. [ich will euch erquicken] (Mt 11[,28]). *Also hat Gott die Welt geliebt* ... [dass er seinen eingeborenen Sohn gab, damit alle, die an ihn glauben, nicht verloren werden, sondern] *das ewige Leben haben* (Joh 3[,16]). Und all das Heil, dieser Friede, dieser Trost, diese Genüge und dieses Leben steht in dem einen – dass der Vater nach dem Recht und nach der Macht des Schöpfers, der alles vollkommen schaffen kann, uns die Gerechtigkeit seines Sohnes schenkt, sie aus Gnade uns zuspricht, mit ihr uns schmückt und ziert. So wird Christi Gerechtigkeit nun unser, und sein Leben und Wesen das Licht, in welchem wir vor Gott bestehen sollen. – Aber alles unter der einen Bedingung, dass wir uns diese Liebe Gottes gefallen, dass wir uns auf dem von Gott verordneten Weg gerecht sprechen lassen wollen – mit einem Wort, dass wir wollen das Größte und Einzige tun, was ein Mensch, von Gottes Kraft dazu erweckt und getragen, gehoben und gehalten und ermächtigt, solcher Gnade gegenüber vermag – nämlich *glauben an ihn.*

[6:] O, wie wird das Menschenherz durch solches Eingehen auf die Liebe Gottes so wahrhaft leicht *und frei* von aller Last und Lust der Sünde, von aller Sorge und Not dieser Welt, so *frei* von aller Schwachheit des Fleisches und *stark* in der Freiheit, die aus Gottes Sohn stammt. Wie stellt dessen Wort von der wiedererlangten Gerechtigkeit vor Gott uns wie durch eine Wundertat in *eine neue himmlische Welt: Das Alte ist vergangen, siehe, es ist alles neu geworden* [II Kor 5,17]. Es wird die Seele so froh wie dem Wanderer beim Morgenglanz nach sturmbewegter Nacht, wie dem geretteten Schiffer am sicheren Ufer nach schrecklichem Schiffbruch. Und die Seele kann nicht anders, als mit dem Psalmisten sprechen: *„Wenn ich nur dich habe, frage ich nichts nach Himmel und nach Erde, denn du, Gott, bist meines Herzens Trost und mein Teil.“* [Ps. 73,25-26]

Nicht wahr, meine Geliebten, wie ist die Kirche eine so sanfte, selige Trösterin der Menschenkinder, die so viel Heil und Frieden verkündet, aus der der Herr über alle Welt spricht zu aller Welt, damit allen geholfen werde: In der Welt habt ihr Angst: aber seid getrost, ich habe die Welt überwunden! [Joh 16,33] „Ihr seid nun rein um des Wortes willen, *das ich zu euch* geredet habe.“ [Joh 15,3] – Ich bin der Herr, der eure Gerechtigkeit ist [vgl. Jer 23,6].

2. (Aber in einem noch volleren Sinn bietet die Kirche in Christo der Welt das Leben zum Heil der Welt).

Wir wollen die Widersprüche heute nicht wieder berühren, welche der Unglaube und Unverstand gegen das Wort erhebt: dass die Gerechtigkeit des Menschen aus dem Glauben komme. Schon Paulus hat den Widerspruch ertragen müssen und weiß ihn in unserem [..., ein Wort ul] in seiner Grundlage [..., ein Wort ul] Kirche [..., ein Wort ul] ([Gal 2,] V. 17-19). Wir wollen heute einen weiten Blick tun auf *das so entstandene Leben aus dem Glauben,* welches sich aus der Kirche wie aus einem vollen, göttlichen Gefäß über die Menschheit zu ergießen bestimmt ist. (Denn der Glaube an Christum, der gerecht macht, wirkt wie der heilbringende Trunk aus einer Lebensquelle – wirkt wie die entscheidende Berufung zu einem hohen und seligen Amt. Das neue Leben ist nichts anderes und kann nichts anderes sein als das lebendig werden, sich offenbaren, hervorbrechen der uns gewordenen göttlichen Gerechtigkeit. Man höre Paulus, wie der von diesem neuen Leben zeugt:) [Gal 2,]21

Ich lebe, doch nicht ich, sondern Christus lebt in mir, denn was ich jetzt lebe im Fleisch, das lebe ich im Glauben des Sohnes Gottes, der mich geliebt hat und sich selbst für mich dargegeben.

Dieses Wort und seine Ergründung führt uns wohl in die geheimnisvolle und doch erschlossene Tiefe des persönlichen Lebens des Apostels, in welchem Christus wahrhaftig wohnhaft geworden, wie derselbe in Christus wohnt, das unter der einzigen Kraft der unvergleichbaren Liebe [7:] des Sohnes Gottes in die Herrlichkeit des Gottmenschen hineingebildet wird, den inneren Menschen verklärend in der Liebe Christi, aus dem Glauben als aus der fruchtbaren Wurzel dieser in der Auferstehung sich vollendenden Wiedergeburt.

Aber heute soll der Apostel selbst *in anderer Weise uns dolmetschen,* was das heißt: im *Glauben ein Leben besitzen,* in welchem Christus lebt, an ihm mögen wir sehen, was für ein Leben über die Welt ausgegossen durch die Fülle des Glaubens derer, welche die Gerechtigkeit vor Gott sich schenken lassen in ein aufrichtig Herz.

Wer kennte nicht den apostolischen Gottesmann und sein Priestertum? Wie er, Gerechtigkeit im Gesetz und Gesetzeswerken suchend, darüber erstirbt im Zorn gegen Christus – bis auf dem Weg nach Damaskus – in Gnade, vergebend, ihm Christus erscheint, ihm das Auge geöffnet wird, und er, wie vom Blitz getroffen und erleuchtet, sieht *die gesuchte und ersehnte Gerechtigkeit* als die Gabe Gottes aus Gnade, und nun das Opfer seines Lebens dem gilt, der ihn also mit Vergebung und Begabung mit göttlichem Leben geliebt [vgl. Gal 1,11ff.; Act 9,1ff.]. Was ist es, was ihn treibt von Damaskus nach Arabien, von Arabien nach Cilicien, von Cilicien nach Antiochia, von da in die wilden Gebirge Asiens, über Troas Gefilde, durch die reichen Handelsstädte Griechenlands und in den Sitz hellenischer Weisheit, wieder nach Jerusalem und dann nach Rom, in Freiheit und in Ketten, predigend in den Synagogen und auf den Märkten, kämpfend mit Menschen und wilden Tieren, leidend und betend, verklagt und gerechtfertigt, geflucht und gesegnet. Aber wohin er kommt, eine reine Welt in den Herzen der Menschen begründend, die Finsternis der Gott entfremdeten Welt besteht, eine Welt voller Hoffnungslosigkeit, Hass, Trauer, Neid und Ungenüge; verwandelnd in eine Welt voll Liebe, Friede, Trost und Treue und Hoffnung!

Was ihn treibt? Es ist nichts anderes als die Liebe, die, einer Sonne gleich, entzündet ist an dem Besitz der ihm geschenkten Gerechtigkeit aus Gottes Gnade – das Erbarmen, wieder zu lieben, *nachdem er sich als in dem Maße geliebt* erkannt – zu suchen und zu retten, was verloren ist [vgl. Lk 19,10], *nachdem er selbst sich gefunden und gerettet* sieht aus dem schwindelnden Abgrund, an dessen Rand ihn Christi Gnadenhand gerettet. Da hat die Welt zum ersten Mal sehen sollen und erfahren, was es heißt: *ich lebe, doch nicht ich, sondern Christus lebt in mir.*

Und solche Liebe ist nicht etwa in ihm erstorben! Es ist der laute oder stille Pulsschlag des Lebens in der Gemeinschaft der Kirche Gottes geblieben, durch alle Jahrhunderte, in allen Tagen und Nächten der Kirche hindurch, im kleinen und im großen Kreise. Die Liebe hört nimmer auf, sagt Paulus [I Kor 13,8] selbst. Die Kirche ist die *Werkstatt* dieser Liebe, und von ihr ist sie ausgegangen, alles zur ewigen Heimat zu rufen und selig zu machen in Gott, bis an die Enden der Erde. Sie hat auch (um in diese neuen Tage zu weisen) nicht bloß die Tore der Finsternis in die heidnische Welt ohne Schwertschlag geöffnet durch die stille Macht des in ihr wohnenden Geistes – sie ist's auch gewesen, die so in einem Vinzenz von Paul [1581-1660] Tausenden [8:] von Elenden Trost und Licht des Evangeliums gebracht – die in einem [John] Howard [1726-1790] und einer Elisabeth Fry [1780-1845] die Finsternis der Gefängnisse erleuchtet und dort die Ketten gelöst, die durch einen [William] Wilberforce [1759-1833] die Fesseln der Sklaverei gebrochen, und ein ganzes Volk zu ungeheuren Opfern um dieses Preises willen [zu bringen] vermocht.

Und sie *ruht noch heute* wie ein aufs Neue zu *hebender Schatz* im Schoße der Kirche, mit gleicher Kraft und gleicher Verheißung und großer Zukunft begabt.

Ja, meine Geliebten, die heutigen Tage sind es, in welchen aufs Neue der Beruf an die Kirche ergeht, diese Herrlichkeit dieser im Glauben wurzelnden Liebe, dieses an der geschenkten Gerechtigkeit entzündete, rettende, Lebendige mit neuer *apostolischer* Kraft in unserm Vaterland zu erwecken und zu offenbaren.

Dieser Beruf der Kirche als Heilsverkünderin muss aufs Neue zum Bewusstsein kommen. Nicht umsonst ist zweierlei erschienen: die *Freiheit der Kirche*, die wir preisen und jubelnd begrüßen – und die *Offenbarung des ungeheuren* leiblichen, geistlichen und sittlichen *Notstandes* in der ganzen Christenheit, in der man sich so sicher wähnte, unter den Armen und am Ende in allen Volksklassen. Die Freiheit soll der Kirche zu einer *Tugend*, einer Gottestat werden, zu einer Kraft, die neues Leben wirkt, werden. Diese

Freiheit soll in ihr der Beruf zu Taten werden, an deren Vollziehung keine Macht der Welt sie hindern kann. Es gibt *keine Not* und keinen Tod, der diese Liebe ermatten oder ertöten mag, jede Not ist ihr neuer Anlass zur Offenbarung ihrer Herrlichkeit; jeder *Widerstand* ein Anstoß zum vorwärts Schreiten ihres gewissen Sieges in ihrer Wahrheit; *jedes Elend* ein neuer Ruf zur Selbstverleugnung und Aufopferung, des Erbarmens. Es werden die nicht fehlen, *die ihrer spotten und fluchen und wehe tun*, und sie sind schon da! Aber die Kirche, die freie, die wahre, segnet dafür und tut wohl [vgl. Lk 6,27f.], lässt sich töten und liebt so viel mehr und wird dadurch neu um so mehr ein Abbild dessen, der in der Welt umherging und die *Zöllner und Sünder* [vgl. Mt 9,11; 11,19] zum Leben suchte.

Du sprichst wohl: *Dem aber ist nicht so*: Aber siehe da: Der Tag des Heils ist da, wenn es kann und muss wieder besser, lebendiger, kräftiger, gläubiger, wahrer, treuer werden! Und schon regen sich davon in der Kirche unseres Vaterlandes die Keime. Und wenn der Feigenbaum Knospen treibt, trotz Wind und Sturm, so ist der Frühling im Anbruch und der Sommer vor der Tür. Möge dieser Sommer auch einkehren unter uns. Unser aller ist, darauf zu hoffen, darum zu beten, dafür zu wirken, jeder an seinem Teil und wo der Anlass der Gemeinschaft ist. Dann wird ein Tag hervorbrechen wie die Morgenröte, wo die Kirche, Heil und Leben spendend, in solcher weltumfassenden Liebe auch in unserm Vaterland wieder erscheint, und sie in Wahrheit mit ihren apostolischen Herolden nicht bloß der Gerechtigkeit im Glauben predigen, sondern durch die Tat bewähren wird, als auch wahr geworden an ihr. Ich lebe, doch nicht ich, sondern Christus lebet in mir, denn was ich lebe im Fleisch, das lebe ich im Glauben des Sohnes Gottes, der mich geliebt hat und sich für mich dargegeben. Das helfe Gott! Amen.

Johann Hinrich Wichern

Predigt: 16. Mai 1853 über Johannes 3,16-21[1] (2. Pfingsttag – Gr.[oße] Mich.[aelis-Kirche] Hamburg)

[1:] Meine Geliebten, der apostolische Glaube, den wir mit der ganzen christlichen Kirche öffentlich bekennen und durch dessen Bekenntnis wir uns als Glieder der christlichen Kirche, die die Welt umfasst, beweisen, lautet in seinem dritten Artikel daselbst: Ich *glaube* an den heiligen Geist, eine heilige christliche Kirche, die Gemeinde der Heiligen, Vergebung der Sünden, Auferstehung des Fleisches und ein ewiges Leben. Amen. Und das ist auch der Text in jeder Pfingstpredigt. Denn der heilige Geist, dessen Offenbarung wir am Pfingstfest feiern, schuf auf dem Grund des Erlösungswerkes Christi die neue Welt, baute das Himmelreich in die alte Menschheit hinein, und alles aus Christo nehmend [vgl. Joh 16,14] verkündet er fortan durchs Wort in Christo die Vergebung der Sünden und das ewige Leben samt aller Hoffnung einer seligen Auferstehung. Das gestrige Evangelium hat uns den Umfang dieses Reiches, das der glaubenden und hoffenden Gemeinde angehört, gezeigt, wie die Erstlinge der Jünger in feurigen Zungen den versammelten Nationen das Heil in Christo predigten [vgl. Act 2,1ff.]. Der heutige Text führt uns mehr noch hinein in den inneren Gehalt dieser Predigt, in die Tiefe der Liebe Gottes, und legt uns die Schätze aufs Neue vor Augen, die sich in der Kirche im Worte Gottes für jeden Menschen erschließen. Auf diese Schätze und diesen Reichtum der Gemeinde, die von der Art sind, dass um sie uns keine Welt beneidet, wenn auch bemitleidet, lasst uns heute unseren Blick heften. Wir bitten dazu den Herrn um seinen Segen in Gesang und stillem Gebet.

Nr. 255, 3[2] [Geist der Gnaden]

---

[1] Vorlage: Archiv des Rauhen Hauses, Hamburg, Bestand 61 H a, Nr. 64.

[2] Lieder (1843): Vor der Predigt: 222 [O heilger Geist, kehr' bei uns ein]. Zwischen: 255 [Theures Wort aus Gottes Munde], 3 [Geist der Gnaden]. Nach: 392 [Warum sollt' ich mich denn grämen?], 11.12. [Herr, mein Hirt, Brunn aller Freuden!].

Text Joh 3,16-21
[[16] Denn also hat Gott die Welt geliebt, dass er seinen eingeborenen Sohn gab, damit alle, die an ihn glauben, nicht verloren werden, sondern das ewige Leben haben. [17] Denn Gott hat seinen Sohn nicht in die Welt gesandt, dass er die Welt richte, sondern dass die Welt durch ihn gerettet werde. [18] Wer an ihn glaubt, der wird nicht gerichtet; wer aber nicht glaubt, der ist schon gerichtet, denn er glaubt nicht an den Namen des eingeborenen Sohnes Gottes. [19] Das ist aber das Gericht, dass das Licht in die Welt gekommen ist, und die Menschen liebten die Finsternis mehr als das Licht, denn ihre Werke waren böse. [20] Wer Böses tut, der hasst das Licht und kommt nicht zu dem Licht, damit seine Werke nicht aufgedeckt werden. [21] Wer aber die Wahrheit tut, der kommt zu dem Licht, damit offenbar wird, dass seine Werke in Gott getan sind.]

In diesen Worten breitet der Herr vor uns aus

die ewig himmlischen Schätze seiner Gemeinde.

Es ist nicht möglich, in kurzer Stunde den Inhalt dieser Worte auszupredigen. Wir wollen deswegen nur an einigen Stellen, nach Anleitung dieser Worte gleichsam Halt machen, um von da aus einen Blick in die neue, reiche Welt des Lebens zu gewinnen, die für uns im Pfingstfest erschlossen. Wir treten an drei Stellen, die uns hereinführen

1. in die Fülle der *Liebe* Gottes, die in Christo offenbar wird,
2. in den *Glauben*, der diese Liebe Gottes in sich aufnimmt,
3. in die *Verheißung*, mit der die Liebe Gottes diesen Glauben segnet. [2:]

I.

Die erste Stelle, von der uns dieser Text hineinschauen lässt in die Schätze der christlichen Kirche, ist

die Fülle der Liebe Gottes, die in Christo erschienen ist. Also, spricht der Herr, *hat Gott die Welt geliebt, dass er seinen eingeborenen Sohn gab.* Mit diesen Worten weist der Herr die Andacht zunächst in Gott selbst hinein, wie er in seinem ganzen Wesen die *Liebe* und das *Leben* ist. Gott weiß von sich selbst, schaut sich selbst, denkt sich selbst in seinem Wort. Im Anfang war das Wort [Joh 1,1]. Aber in diesem Wort freut er sich auch seiner Gottheit. Das Wort ist sein Ebenbild, der Abglanz seiner Herrlichkeit, es ist der Sohn Gottes, der vom Vater in Ewigkeit geboren, selbst Gott, [der] die Liebe des Vaters in sich aufgenommen und sein Leben dem Vater wieder gibt in derselben Liebe. Das ist die Herrlichkeit, die er bei ihm hatte, ehe der Welt Grund gelegt war. Diese ewige Gemeinschaft von Vater und Sohn in Gottes Wesen, und diese Liebe, die ohne Gemeinschaft ein Unding ist, und ohne die Gott ein toter, stummer Götze wäre, ist das Leben Gottes selbst, das er von keinem anderen hat, sondern nur aus sich selbst, wodurch er alles anderen Lebens Grund und Quell und Urbild ist.

Von diesem eingeborenen Sohn, der in des Vaters Schoß ist, und der er selbst ist, redet der Herr in unserem Text. Denselben, dieser Sohn ist Eigentum Gottes, hat Gott *uns gegeben.* Denn das *Wort ward Fleisch* [Joh 1,14], ward Mensch; es war das nicht von Ewigkeit, sondern ward es in der Zeit, da dieselbe erfüllt war [vgl. Gal 4,4]. Er kam den Menschen nicht bloß *nahe,* wie etwa ein Engel, so dass er dem Wesen des Menschen doch noch fremd und ferne geblieben wäre, sondern er einte sich mit dem Wesen des Menschen und kleidete sich in unsere Natur, offenbarte sich als der Erlöser in unserem Geist, unserer Seele, unserem sterblichen Leibe und ward so unser Bruder, doch ohne Sünde [vgl. Hebr 4,15]. So haben wir in diesem *Gottmenschen* wie die Fülle der Menschheit so auch die Fülle der Gottheit [vgl. Kol 2,9]. Der Mensch erscheint in ihm wieder in seiner ursprünglichen Herrlichkeit; aber die Herrlichkeit erscheint uns in der Gestalt des Leides: Er duldet unsere Schmerzen [vgl. Jes 53,4] und trägt den ganzen Fluch [vgl. Gal 3,13], den die verwilderte Menschenart auf ihn häuft, die unfähig ist, ihn, der die Liebe ist, zu erkennen, [3:] die statt ihn, der die Sünder annimmt und mit ihnen isst [vgl. Lk 15,2], dafür zu lieben, als Gesellen der Sünder schilt, die seine Werke der Barmherzigkeit und Treue für Werke des Teufels *erklärt* [vgl. Mt 9,34; 12,24] und im Hass gegen ihn nicht ruhte, bis sie ihn hatte zum Tode gebracht. Aber er duldete und ward gehorsam bis zum Kreuz [vgl. Phil 2,8] und duldete für die Sünde der Welt den Tod; die Welt glaubt das nicht und will ihn, den Toten, vergessen; aber er ist auferstanden am dritten Tag und hat sich gesetzt zur Rechten und die Menschheit in sich selbst erhöht zu einer überschwänglichen, unfassbaren Herrlichkeit, die alle Gedanken der Vernunft übersteigt; siehe, da gießt er zu Pfingsten aus vom Vater seinen Geist aus der Höhe, um durch die Mitteilung seines Geistes auch jeden einzelnen, wie alle, die seine Liebe wollen, durch die Gestalt seines Lebens und die Herrlichkeit seiner Liebe durch Dulden und Leiden in Trübsal zu verklären. *Also hat Gott die Welt geliebt, dass er seinen eingeborenen Sohn gab.* So wird heute gepredigt und der Schatz des Lebens und der Liebe, die uns selig machen kann und selig macht, in seiner Gemeinde enthüllt.

Aber gedenken wir einen Augenblick daran, an welcher Stelle und zu welcher Person der Herr diese Worte von seiner Liebe zum ersten Mal ausgesprochen. Es war in jener Stunde des Nachts, wo Nikodemus, der Ratsherr in Jerusalem, allein zu ihm kam, um mit heilsbegieriger Seele von ihm zu vernehmen, wie jemand in das Reich Gottes hineinkomme und es sehen könne [vgl. Joh 3,1ff.]. Diesem Nikodemus spricht er dies Geheimnis einer Liebe Gottes ins Ohr und ins Herz.

Dieser teure Mann, meine Geliebten, ist ein Bild der *Wenigen* in unseren Tagen, die persönlich zu Jesu kommen, die nicht um anderer willen glauben, sondern selbst sehen und erfahren wollen, womit ihnen alles daran liegt, in der Welt voll Unfrieden eine Welt des Friedens, ein Reich Gottes zu finden. In seinem Geiste ist er bis heute *allen,* die ihn so ernstlich suchen nahe und spricht er noch heute dieses Wort von der Liebe Gottes, mit der alle geliebt sind, dass niemand verloren gehe.

Aber derselbe Nikodemus, sofern er noch nicht erleuchtet ist von Christo, ist zugleich ein Bild der unendlich *vielen* in unseren und allen Tagen, die das Wort von der Liebe Gottes in Christo hören und nicht verstehen, die nicht fassen, dass der Mensch aus Wasser und *Geist geboren* sein muss, wenn er das Reich Gottes und seine Ordnungen *sehen* will. [vgl. Joh 3,5] [4:]

Nikodemus brachte nämlich folgende Meinung und falsche Vorstellung von Christo und seinem Reiche mit: Er kannte nicht die Tiefe und den Umfang der Sünde in sich und im menschlichen Geschlecht und wähnt deswegen, der Heiland sei nur zu den Gerechten gekommen, aber für die Ungerechten, die Sünder, wie er sie nannte, sei gar kein Heiland da. Über diese, wie über die Heiden, so wähnt er, wird der Heiland ein schrecklicher, verdammender Richter sein und sie verwerfen, während er die Gerechten, zu denen Nikodemus sich selbst zählt, wird annehmen und in einen gar herrlichen Himmel führen wird.

Und diese Vorstellung vom Heiland haben von jenem Tag bis heute unzählig viele, unzählig viel mehr, als wir es glauben. Aber doch ist in diesem Haufen ein großer, tiefgehender Unterschied. Die einen, die dem Nikodemus gleichen, fühlen in all ihrer Verkehrtheit, wie sie ohne Heiland nicht leben, nicht gerettet und nur verloren gehen können, und fragen weiter nach wie Nikodemus, bis ihnen von Christo selbst die Augen und das Herz weit geöffnet werden. Die anderen, dem Nikodemus ungleich, wollen nichts von einem Heiland wissen, sie glauben wie die Sadduzäer gar kein Gericht und keine Auferstehung [vgl. Mk 12,18par.], tausendfach überhaupt gar keinen lebendigen Gott, der über ihnen waltet, aber sie nehmen jene falsche Satzung bis heute für das Evangelium, für das Christentum, und verurteilen durch dasselbe, das sie mit ihren Streichen [= Schlägen] gar nicht treffen in ihrem sadduzäischen Übermut. Dagegen, meine Geliebten, verkündet das Wort Gottes, dass dies gar nicht das Evangelium der Gemeinde Gottes ist, die im Pfingstfeste ihren Geburts-Tag feiert und in der Gemeinschaft des heiligen Geistes steht. Gegen solchen pharisäischen Irrtum und sadduzäischen Lügengeist spricht der Heiland, dass das Gegenteil seine Wahrheit sei: *Gott hat seinen Sohn nicht in die Welt gesandt, dass er die Welt richte, sondern dass die Welt durch ihn selig werde,* V.17. Nicht für einen, nicht bloß für diesen Nikodemus und desgleichen oder wer du seist, nicht für ein Volk wie Israel, auch nicht bloß für Pharisäer, sondern für alle, auch mit Einschluss der Sadduzäer, nicht für ein Geschlecht und Zeitalter der Menschheit, sondern für dieses und alle Geschlechter, auch unser Geschlecht und all die Nachfahren, für unser Volk und alle Völker, auch der fernsten Heiden, [5:] für die Nächsten und Fernsten, für die Gerechten und Ungerechten – für die *ganze Welt* ist

Gottes Herz in der Liebe Christi entbrannt, er will allen ein Retter sein, und ist es auch, er stößt keinen hinaus, auch gewiss die nicht, die ihm widerstreben, die ihn verfolgen und ihn töten, er hat seinen eingeborenen Sohn daran gegeben, dass eine Tat der Liebe geschehe, die alle Sünde überragt und so helle Strahlen wirft, dass auch die finsterste Finsternis der Menschen davon erleuchtet werden kann, wenn sie diese Liebe glauben und durch Christum selig werden wollen.

Freilich, meine Geliebten, [das ist] eine große *Demütigung* für uns alle, da sehen wir nun, es ist kein Unterschied, sie sind *allzumal Sünder* [Röm 3,22f.], was vom Fleisch geboren ward, ist Fleisch; freilich eine große Demütigung, dass wir alle so tief gefallen sind, dass nur der Sohn Gottes uns noch retten kann, dass das Äußerste, was möglich ist, geschehen muss. Aber auch welch ein *Trost*, dass er alles daran setzt, uns zu retten. Da wird ja offenbar, dass Gott sich unser nicht schämt und dass unser Heil felsenfest steht und ewig gewiss sein muss, wenn der Sohn Gottes selbst uns der Bürge ist, wenn *er selbst* mit der Liebe Gottes zu uns kommt und sie der Welt darbietet, damit sie Leben finde in ihrem Tod und nicht verloren werde.

II.

Freilich knüpft der Herr die segenbringende Teilnahme an seinem Heil an eine Bedingung, das ist der *Glaube an diese Liebe*. Und das ist die zweite Stelle, von der aus wir heute einen Blick gewinnen wollen in die Schätze, die der Herr seiner Gemeinde erschlossen und vertraut hat.

Der *Glaube* an eine uneigennützige, von selbstischen Zwecken freie Liebe gehört schon im *Bereich des bloß menschlichen Lebens* zu den allerseltensten Erscheinungen. Dieser Glaube ist so selten und so schwer und so hoch und wert, als diese Liebe selbst selten, schwer, hoch und herrlich ist. Der Glaube ist das Auge, das diese lichte, reine, heilige Liebe sieht, erkennt, würdigt, ist der Wille, der allein sie verstehen kann. Für das Nichtglauben an diese Liebe verwandelt sich auch die Offenbarung dieser Liebe in die Gestalt einer schändlichen Selbstsucht; dem Unglauben wird die Liebe zum Gegenstand des Hasses. Denn die Geister müssen innerlich erwärmt sein, die sich erkennen und lieben sollen. In welchem Maße wird das an den Predigten und Geschichten Christi selbst klar! Den Pharisäern, die keinen uneigennützigen, selbstsuchtslosen Gott kennen und haben wollen, der ohne ihm dargebrachte Werke, umsonst, aus Gnade selig machen kann, wird der Herr, weil er nur diesen *Gnadengott* offenbart in Wort und Tat, und der der Sohn Gottes ist und sich als solcher verkündet, zu einem Lügner und Kind und Werkzeug des Satans! [6:]

Aber darum dringt der Herr auch immer, wenn er die *Tiefe der Liebe* Gottes enthüllt, zugleich bis in die *Tiefe des Menschenherzens* und fordert das tiefste und höchste Gut, was aus einem Menschenleben hervorgehen kann, was er im tiefsten Lebensgrund selbst wecken will und weckt und schafft – nämlich den *Glauben an ihn*, das ist an die Fülle der geoffenbarten Liebe Gottes.

Er geht an unserer Stelle dem Glauben auf einen so tiefen Grund, wie das nur selten in seinem Worte der Fall ist. Er weist dem Nikodemus nach, dass der Unterschied der Gläubigen und Ungläubigen beruhe auf einem Unterschied, der schon stattfinde unter den Menschen, noch *ehe* sie Christum kennen und erfahren haben. Schon da, sagt er von den einen: *sie tun das Arge*, und von den andern: *sie tun die Wahrheit* (V.20[f]). Er geht nämlich davon aus, dass alle das Gesetz Gottes kennen, das in die Tafel des Gewissens so gut wie in die Tafel des Sinai geschrieben ist [vgl. Röm 2,14f.]. Denn unter denen, welche nur das Gesetz kennen und von Christo fern geblieben oder gehalten sind (und wie viel Leute sind das unter uns!), ist doch allzeit der Unterschied, dass die einen sich *unter* das Gesetz, die andern sich *über* das Gesetz stellen, dass die einen sich darunter *demütigen*, die andern es *verachten*, die einen nach seiner *Erfüllung* trachten, die anderen die *Übertretung* ihre Lust sein lassen. Beide sind in der Sünde und ihrer Macht, aber die einen lassen die Sünde und Untugend und die Verachtung des Heiligen ihre Lust sein, die andern aber beklagen die Sünde als ihre Not, sie ist ihr Schmerz. Den einen ist die feine oder grobe Sünde das Lebenselement, wo sie sich wälzen, die anderen bezeugen und erfahren, dass die Sünde wohl *im* Wesen des Menschen, aber nicht *das* Wesen des Menschen ist, dass sie das Unnatürliche, Widernatürliche des Menschen ist; willigend in Gottes Wort und Wille, können sie doch der Sünde nicht mächtig werden und die Liebe, nach der sie trachten, nicht ins Leben bringen und erfüllen. So sind die Menschen in doppelter Weise krank in der Sünde. Die einen wollen einen Arzt, die andern keinen.

Diese zwiefache Krankheitsform der Sünde muss zur Reife kommen; auch in dieser Sündenkrankheit der Welt wie des einzelnen Menschen muss eine Krisis, eine Entscheidung auftreten. Und diese Krisis führt Gott in seinem Sohn herbei, sowohl für das Ganze als für den Einzelnen im Ganzen. Im großen Völkerleben kommen Zeiten, wo es in der Tiefe der Menschenherzen gärt und braust, man weiß nicht, wie es enden soll, woher und wohin das Toben und [..., ein Wort ul). So war es zur Zeit der Erscheinung Christi, und in seinem Reiche zur Zeit der Reformation, auch jetzt ist solche Zeit. Da tritt Christus selbst mit seinem Wort und mit seiner Tat wieder unter die Völker; ebenso ist es im einzelnen Menschenleben. Und die Entscheidung für das Ganze und für den Einzelnen liegt darin, ob er, wenn das Licht der Welt [Joh 8,12] (Christus) in der Welt aufgeht, zu Christo kommt, ob nicht. [7:]

Die das Arge tun und sich über das Gesetz stellen, die Sünde lieb haben, hassen dann das Licht, *kommen nicht an das Licht*, weil sie nicht wollen, dass *ihre Werke gestraft* werden von dem Licht, weil sie nicht Buße tun wollen; *die aber die Wahrheit tun*, denen die Sünde ihres Herzens ein Gräuel ist, die sich nach Frieden und Versöhnung sehnen, die lieben das Licht, die jauchzen dem Licht entgegen und kommen an das Licht und opfern sich selbst mit allem, was sie haben und sind, um aus Gnade das Leben zu empfangen. Und dieses Fliehen des Lichtes und Hassen desselben ist *der Unglaube* an Christus, es ist darum die Feindschaft wider Gott. Aber dies Jauchzen dem Herrn entgegen, dies Erfassen seines Heils, das Kommen an das Licht, das ist der *Glaube*; darum legt der Herr mit seinen Aposteln und die ganze christliche Kirche mit ihnen *alles* Gewicht auf den *Glauben*; darum liegt im Glauben oder Unglauben die Entscheidung über das Heil oder Unheil der Völker und des Menschenlebens. Wer nicht glaubt, ist schon gerichtet, denn er glaubt nicht etc., wer glaubt, wird nicht gerichtet etc. Der Glaube an Jesum ist also nicht ein Gedanke, eine Meinung, eine Vorstellung, ein Begriff im Kopf, im Verstand oder der Vernunft des Menschen, auch nicht eine bloß vorübergehende einzelne Rührung im Herzen, auch kein einzelner Entschluss neben anderen Entschließungen, sondern ist eine durchgeführte Tat und die Entscheidung des *ganzen* Menschen für den eingeborenen Sohn Gottes, die Dahingabe und Opferung an die Liebe Gottes in ihrer höchsten Fülle, die Aufnahme dieser überreichen, seligmachenden Liebe in das eigene Leben, sie ist das Auferstehen aus dem Grab der alten Ungerechtigkeit, Sünde und Schande, ist die Einkleidung in die Herrlichkeit und Würde, die Christus den Menschen wiedergebracht, ist die Grundlage zu einer totalen Umwandlung und Wiedergeburt des Menschen von innen heraus, in all seinem Wollen, Hoffen, Denken, Wirken und Walten, dass alles nun neu, rein, himmlisch und dem Ewigen zugerichtet wird. Diesen Glauben im Menschenherzen zu wirken ist darum auch das Ziel der Offenbarung aller Liebe Gottes, der die Welt also geliebt, dass er seinen eingeborenen Sohn gab, auf dass alle an ihn glauben und damit die an ihn glauben, spricht Christus, das ewige Leben haben. Das führt uns auf

die III. Stelle unsrer Predigt,

von der aus wir den letzten Blick tun wollen in die reichen Güter der Gemeinde des Herrn, in dem wir herantreten an die *Verheißung*, mit der *der Herr diesen Glauben an seine Liebe segnet*. Diese Verheißung des Glaubens ist, wie unser Text und die ganze heilige Schrift bezeugt, das *ewige Leben*. Sein Gegenteil ist das Verlorenwerden. Die Welt glaubt weder an das Verlorenwerden noch an das ewige Leben. Aber die an [8:] Christum glauben, wissen aus seinem Wort und aus eigener Erfahrung, dass sie durch den Glauben aus dem Verlorensein zum ewigen Leben gerettet sind. Und wie könnte das anders sein, wenn der Glaube wirklich das Kommen zu Jesu ist, wenn der Glaube wirklich die *Besitzergreifung* der Fülle göttlicher Liebe im Sohn Gottes ist. Dann haben wir ja im Glauben die *Liebe Gottes in Christo Jesu* und damit die Gemeinschaft mit Gott, aber damit auch die Gemeinschaft und Liebe derer, die die Miterlöseten sind. Und diese Gemeinschaft der Liebe und diese Liebe der Gemeinschaft mit Christus und seinen Erlösten ist *das ewige Leben*. Dies Leben hat sein ewiges Urbild in der Gemeinschaft des Vaters und des Sohnes und ist durch den heiligen Geist ausgegossen in unsere Herzen [vgl. Röm 5,5].

Das ewige Leben ist auch nicht das Gegenteil des irdischen und vergänglichen Lebens, sondern des sündigen, ungerechten und fleischlichen Lebens, es zerstört nicht das irdische und vergängliche, sondern füllet dasselbe mit lebendigen und unvergänglichen Kräften der göttlichen Liebe und läutert es von allen Unreinigkeiten, und stattdessen verzieret es sich mit dem reichen Segen der Liebe, Wahrheit, Treue und Keuschheit und Dankbarkeit, um es zu vollenden in Gott, immer wieder hinweisend und aufzeigend von der Vergebung der Sünden, die uns in Christi Tod bereitet ist.

Das Pfingstfest ist eben die Feier dieser neuen, zweiten Schöpfung des Himmelreiches, das schon hienieden in der Gemeinde des Herrn mit dem ewigen Leben beginnt und von da an sich vollendet. Die gefallene Menschheit hatte die Krone des Lebens verloren und war eine entthronte Menschheit, die erlösete Menschheit empfängt um Christi willen diese Krone [vgl. Jak 1,12] in der Gabe des ewigen Lebens durch den heiligen Geist zurück, und wird aufs neue gemacht und eingesetzt zu einem prophetischen, priesterlichen, königlichen Geschlecht [vgl. I Petr 2,9], in welchem, als in seinem Leib, der Herr alle Zeiten, Geschlechter, Völker und Alter durchwandelt, um in alle Kreise und Verhältnisse des Lebens das ewige Leben und darin Frieden und Seligkeit auszuteilen.

Das *Ziel aller göttlichen Liebe* ist, denen, die *glauben*, der gläubigen Menschheit das *ewige Leben* zu geben: So kann das Ziel derer, die glauben, kein anderes sein, als diese himmlische Gabe anzunehmen, so viel sie sie nicht haben, und zu bewahren, so viel sie sie empfangen haben. Was nur geschieht in Gebet und Wachsamkeit, in Geduld und in der Nachfolge Christi, der das Kreuz für uns alle getragen. Das Ende aber ist unseres Glaubens Vollendung in der endgültigen Offenbarung des ewigen Lebens, nämlich der Seele Seligkeit [I Petr 1,9]. Diese Vollendung ist für den Glauben die unvergängliche Krone der Gerechtigkeit und Herrlichkeit [vgl. II Tim 4,8; I Petr 5,4].

Darum, meine Geliebten, wie allezeit, so auch zur Pfingstzeit, wo uns der Geist Gottes weist und treibt, lasst uns kein anderes Ziel verfolgen als Christum allein, in welchem die Fülle des ewigen Lebens wohnt. Denn dieser ist, sagt Johannes (I, 5,10), der *wahrhaftige Gott und das ewige Leben*. Lasst uns, da er uns so reich gemacht, mit Nikodemus in der Kammer, lasst uns mit der Gemeinde in dem Tempel, im Gebet und in der Arbeit, lasst uns im Frieden und im Streit, in Freud und Leid, in Jugend und im Alter, lasst uns im Leben und im Sterben nur auf das eine Banner sehen, das Christus uns voran trägt und das uns hineinführen wird in das ewige Fest und die ewige Sabbatfeier, wo dann alle Schätze und alle Herrlichkeit Gottes wird aufgedecket sein und ewig bleiben. Aber auch alsdann werden wir, freilich in noch viel anderer Weise, erkennen, dass alle Schätze der Erkenntnis [vgl. Kol 2,3] und des Heils zusammengetan sind in der einen Tat Gottes, die uns heute der Herr neu verkündet hat: Also hat Gott die Welt geliebt, dass er seinen eingeborenen Sohn gab, auf dass alle ... [die an ihn glauben, nicht verloren werden,] sondern das ewige Leben haben. Amen.

Johann Hinrich Wichern

Predigt: 23. April 1854 über 1. Johannes 2,1-6[1] (Quasimodogeniti – St. Katharinen Hamburg)

[2:] *Einleitung*
Mit Ostern ist der große Festkreis abgeschlossen. In Weihnachten, Fasten, Karfreitag, Ostern ist die Summe der großen Taten in Christo aufs Neue offenbart worden und hineingeleitet in die *Gemeinde Gottes*. Fragen wir nach der *Frucht*!

Weit um die Gemeinde ist geleget und gestellt diejenige Menge der getauften Christen, für die all diese Ereignisse, Freude, Lob, Dank etc. vergeblich, töricht oder ein toter Rest veralteter Meinung sind. Kaum ein Strahl dieses Lichtes, das in Christo aufgegangen, erreicht sie, und was sie von Christo wissen und hören, lässt sie unbewegt und unberührt.

Aber anders soll's in der Gemeinde des Herrn, in der Versammlung derer, die um ihn und sein Wort sich sammeln, sein. Ist es da wirklich so ganz anders? Wirklich *lebendige Erkenntnis*? und Frucht derselben? Es tut sehr Not, dass wir uns nach der lebendigen und heilsamen Erkenntnis Christi umsehen. In allem, was wir da aufs Neue erfahren, gehört, durchlebt haben, soll werden ein Licht, das unser Herz durchleuchtet und gewissmacht von göttlicher Gnade und wecke diejenige Erkenntnis, die selbst Liebe, Leben und Heil wirkt. Da tritt heute *Johannes* in unsre Mitte und fordert uns auf, uns zu prüfen, ob wir solche Erkenntnis haben und in ihr die Erfahrung, dass der Christus, der *für* uns erschienen, auch *in* uns Wohnung gemacht. Lasst uns darauf hören. [3:]

Text: I Joh 2,1-6
[1 Meine Kinder, dies schreibe ich euch, damit ihr nicht sündigt. Und wenn jemand sündigt, so haben wir einen Fürsprecher bei dem Vater, Jesus Christus, der gerecht ist. 2 Und er ist die Versöhnung für unsre Sünden, nicht allein aber für die unseren,

---

[1] Vorlage: Archiv des Rauhen Hauses, Hamburg, Bestand 61 H a, Nr. 66. – Lieder (1843): Vor der Predigt: 603 [Ist Gott für mich]. Zwischen der Predigt: 222,1 [O heilger Geist, kehr' bei uns ein]. Nach der Predigt: 366 [Hier ist mein Herz!],5.6. [Gieb, dass ich meinen Sinn].

sondern auch für die der ganzen Welt. [3] Und daran merken wir, dass wir ihn kennen, wenn wir seine Gebote halten. [4] Wer sagt: Ich kenne ihn, und hält seine Gebote nicht, der ist ein Lügner, und in dem ist die Wahrheit nicht. [5] Wer aber sein Wort hält, in dem ist wahrlich die Liebe Gottes vollkommen. Daran erkennen wir, dass wir in ihm sind. [6] Wer sagt, dass er in ihm bleibt, der soll auch leben, wie er gelebt hat.]

Der Text fordert uns auf zur

Betrachtung der heilsamen, lebendigen Erkenntnis Christi,

und nach diesem Text werden wir veranlasst zu beherzigen, wie solche Erkenntnis Christi

1. sich zu Herzen nimmt die Ermahnung: *Sündigt* nicht,
2. und ob wir doch sündigen, sich der vergebenden Gnade Christi getrösten darf,
3. an dem Halten seiner Gebote sich selber prüft und in dem göttlichen Wandel sich übt.

I.

Die lebendige Erkenntnis Christi nimmt die Ermahnung zu Herzen: Sündigt nicht.

Meine Kindlein, sagt Johannes, solches schreibe ich euch, dass ihr nicht sündigt.

Die herzliche Erkenntnis Christi und das Sündigen gehen nicht zusammen, schließen einander aus, vertreiben einer den anderen, sind zwei Kräfte im Menschen, die einander abstoßen und sich immer weiter von einander entfernen.

Christus ist der Sündenfeind, darum, wer ihn lieb hat, kann nicht der Sünde Freund sein und in ihr Tun willigen. Wo die Erkenntnis Christi erfolgt ist, da ist auch der Bruch mit der Sünde geschehen, vollständig, ganz, für immer, entschieden und damit ein Neues begonnen.

Wer sündigt, hat ihn nicht gesehen und erkannt [I Joh] 3,6.

Er erkennt ihn etwa mit dem [..., ein Wort ul] Verstand und bekennt ihn vor den Menschen mit dem Mund. Aber ein solcher, wenn er sündigt, verleugnet in der Tat ihn und die Gemeinschaft mit ihm und die Gemeinschaft mit den Seinen -, oder wozu wäre für solche Christus sonst Mensch geworden? Oder gestorben? Oder auferstanden? Oder in den Himmel eingegangen? Wozu hätte er ein neues Reich und Gemeinde gestiftet, die lebt und bleibt und die Verheißung hat? Doch gewiss nicht, dass wir werden sündigen? Da wäre *Christus ein Sündendiener.*

Wer ihn gesehen und erkannt, der sündigt nicht, wer in ihm bleibt, sündigt nicht [I Joh] 3,6.

Wer aus Gott geboren, der t u t nicht Sünde, - er k a n n nicht sündigen, denn er ist aus Gott geboren [I Joh] 3,9.

Warum nicht? Der *Wille, Herz* des *Menschen*, der *eigentliche* Mensch ist nicht gewissermaßen, sondern wahrhaftig und wirklich ein ganz anderer, *neu* geworden, neu *geboren*, nicht mehr im Fleisch und Selbstsucht, sondern im Geist Gottes, und in der Liebe Gottes wurzelt und wächst sein Leben. [4:] Das Wesen dieses erneuerten Willens, neuen Herzens, neuen Lebens, die Neuheit desselben besteht gerade in dem *Widerspruch gegen die Sünde*. Es ist von der Sünde abgetreten und in die Gerechtigkeit eingetreten – sein Ziel ist *umgewandt*. Wie wenn einer bis dahin nach Westen wanderte und er geht jetzt nach Osten, zum Untergang und geht jetzt dem Aufgang entgegen. Darum ist solchem Wesen und Leben alles möglich, nur *nicht* das Sündigen. Es müsste sich dann das Widersprechende überhaupt vereinigen lassen, ich müsste zugleich nach Westen und nach Osten wandeln, zugleich bergauf *und* bergab, was nicht möglich ist. Also kann auch, wer ihn recht als den Heiland und Retter aus Sünden erkannt hat und in ihm den Richter über sich selber glaubt und erkennt, nicht ferner sündigen, wie Johannes schreibt.

Aber wie stimmt mit dieser Versicherung Johannis: *ein solcher kann nicht sündigen*, die Vermahnung *Sündigt nicht* [überein]? Liegt darin nicht selbst ein Widerspruch. Brauche ich den, der *nicht sündigen kann*, noch zu ermahnen, dass er nicht sündige? Bedürfen also diejenigen, welche *Christum lebendig erkannt haben, solche Vermahnung noch*?

Dass Johannes gerade diese also vermahnt, ist kein Zweifel.

Er redet die zu Vermahnenden an: *Meine Kindlein*. Es ist

a. kein Zweifel, dass er dabei nicht die außerhalb der Gemeinschaft Christi Stehenden meint, sondern die lebendigen Glieder am Leib des Herrn.

Es ist ebenso gewiss, dass er in der Gemeinde *nicht etliche* meint,

b. die solcher Gefahr ausgesetzt seien, sondern *alle*, auch uns alle. Dass er also bei all denen, die nicht *sündigen können*, wie er sagt, die Gefahr des Sündigens voraussetzt, demnach auch uns alle diese Warnung ohne Zweifel angeht.

c. Nicht minder gewiss ist, dass er bei dieser Verwarnung nicht einzelne besondere Sünder und Sündentaten vor Augen hat, vor denen die um sein Wort Versammelten sich hüten sollen, sondern dass er *alle* Sünder und mit ihnen *alle Sünden* meint, wenn er so freundlich ernst zu seinen Kindern, die er durch das Wort des Lebens gezeugt hat, spricht: *Sündigt nicht*.

Der scheinbare Widerspruch, meine Geliebten, ist nicht schwer zu heben. Sehen wir nur weiter, was Johannes *geschrieben* (und auf das beruft er sich ja bei dieser Vermahnung), und sehen wir dann die Bestätigung in unserem eignen Herzen, so verschwindet auch aller Schein des Widerspruchs und stellt sich das *Recht und die Notwendigkeit dieser Vermahnung an die Gläubigen hell heraus*.

Der Apostel hatte eben davon geschrieben und verkündet, später ausdrücklich, dass, wer Christum gesehen und erkannt, nicht *sündigen kann* und nicht *sündigen will,* sofern er nämlich der neue, wiedergeborene Mensch ist und Gottes Kind verbleibt [vgl. I Joh 1,5ff.], [5:] aber er hat ernstlich daran erinnert, dass sie, und er schließt *alle, auch sich selbst* mit ein und sagt: dass, *so wir sagen wir h a b e n keine Sünde, so verführen wir uns selbst, und die Wahrheit ist nicht in uns* [I Joh 1,8; 3,6].

Auch in dem, der die lebensvolle Erkenntnis Christi gewann und das Leben der Wiedergeburt gefunden, bleibt noch der Rest der alten Sünde mit all ihrer verdoppelten Gefahr und Versuchung für den guten, neuen, heiligen Menschen.

Es ist wie mit einem wohl kultivierten Acker und Garten, der die schönsten Früchte und Blumen trägt – sprießt nicht aus ihm mit stets neuer Gewalt und Üppigkeit das Unkraut hervor? Und erfordert es nicht stets die erneute Kraft und Fleiß und Sorgfalt des Landmannes und Gärtners– oder muss nicht nach gewonnener Schlacht der Sieger sein Heer doppelt gerüstet halten und die Festungen des Landes vielleicht doppelt verstärken? Oder muss nicht der von schwerer Krankheit zum Tode Genesene sein Leben lang sich hüten, dass die alte Gefahr sich nicht erneuert?

So ist es auch mit dem siegreichen, genesenen neuen Menschen, in dem der Same des göttlichen Lebens edle Gottesfrüchte bringt, das *Unkraut* schießt immer wieder auf, der *Feind* ist stets an der Grenze, die Krankheit schleicht jährlich wieder an den Gliedern dahin – *und so wir sagen, wir haben keine Sünde,* so verführen wir uns selbst, und die Wahrheit ist nicht in uns.

Die Leugnung dieser Sünde in uns ist selbst wieder der schwere Anfang schwerer Sünde. Darum mahnt der Apostel zum stets erneuten Bekenntnis der Sünde, denn sie ist die stete neue Abkehr von der Sünde. Es ist also ein Zeichen, wie seiner herzlichen Liebe, so seiner tiefen Kenntnis unseres Herzens, wenn er uns, nachdem wir die Fülle der Liebe und Gnade Christi erkannt, ermahnt, an die Tücke des alten Feindes zu gedenken und in väterlicher Liebe alle, die Christum zum Leben erkannt haben, um der Liebe und Erbarmungen Christi, um seiner Ehre, um der Ehre seiner Gemeinde willen, um ihres eigenen Heiles willen, – wenn er also auch uns ermahnt: *Meine Kindlein, solches schreibe ich euch, auf dass ihr nicht sündigt.* Und wollten wir uns solche Mahnung nicht zu Herzen nehmen? [6:]

II.

Hören wir weiter den Apostel, was für einen *Trost* die haben, die Christum lebendig erkannt.

Der Apostel fährt fort: *Und ob jemand sündigt.* – Er sagt damit, dass er wohl weiß, wie oft der alte Feind, das alte Übel, die alte Krankheit wieder mächtig in uns wird, wenn wir ihn auch im tiefsten Seelengrund *nicht* wollen. Er spricht damit die Erfahrung aus, die wir in unserm Kinderkatechismus lernen: *dass wir leider täglich viel sündigen und eitel Strafe verdienen*[2] – warum beten wir sonst auch täglich: zu oft leider: *Vergib uns unsere Schuld* [Mt 6,12]?

Der Apostel meint hier nicht die *mutwilligen und leichtsinnigen und sicheren Sünder.* – Diese sind gar nicht unter denen, die er seine Kindlein nennt. Er meint diejenigen, die sündigen und, wenn sie sich besinnen, darob *erschrecken.* Von solchem Erschrecken wissen die sicheren Sünder nichts. Sie haben keine Sünde, keine Schuld, keinen Schmerz und Schrecken über sie.

Ganz anders die, die Christum erkennen als *ihren* Heiland. Oder wüsste unser Herz davon nichts, – gar nichts zu sagen, wie uns da bange werden kann? Wie es da kommt zu Zweifel und Zagen, zu Verzagen und Verzweiflung [..., ein Wort ul] noch viel mehr kommen würde, wenn wir uns allzeit recht besännen?

Wessen sollen wir uns da getrösten? O, wahrlich, nicht kann uns da helfen unsere Stimmung, nicht innere Erfahrung, Tröstung, Gefühle, Sorge, Mühe, Kasteiung, Andachtsübungen und allerlei gottselige Einrichtungen, wie viele wähnen. Auch nicht sogenannte gute Werke und eifrige Taten für Gottes Reich nicht. Wenn uns unsere Sündenkrankheit betrübt und belastet, dann weist uns der Apostel aus uns selbst heraus, von uns selbst weg, auch weg von allen Menschen und menschlichen Dingen und Werken, und führt uns in die göttliche Ordnung des Heils, die wir nicht kennten, hätte Gott selbst sie uns nicht offenbart.

Johannes sagt: *Dann haben wir einen Fürsprecher bei dem Vater, Jesum Christum, der da gerecht ist.*

Seht, da führt er den Glauben die Jakobsleiter [vgl. Gen 28,10ff.] hinauf in die Höhe des himmlischen Zion! bis an Gottes Thron, vor Gottes Angesicht, in des lebendigen Gottes Herz und Gedanken über uns, in die Geheimnisse der Liebe und Erbarmung des Vaters und des Sohnes. Christus ist auferstanden von dem Tode, eingegangen in das Allerheiligste, in die ewige Herrlichkeit und ist da und lebt bei dem Vater, und in dem Munde und in dem Herzen des ewigen Hohepriesters wird *mein* Name genannt, ist meine Person bekannt und all mein Tun, und womit ich den Vater betrübt, dessen Gedächtnis tilgt fürbittend der ewige Sohn. [vgl. Hebr 7f.] [7:]

---

[2] Vgl. Luthers Kleinen Katechismus, in: Die Bekenntnisschriften der evangelisch-lutherischen Kirche, Göttingen [12]1998, 501-542: 514.

Das verkündet er seinen Kindern und den Kindern Gottes zum Trost, die des Herrn sein wollen, aber klagen, dass sie oft in ihrer Schwachheit sündigen und in ihrem Kampf unterliegen. – Was versteht davon die Welt? Dieses Heiligtum des Trostes sieht und versteht sie nicht und ist allein denen vorbehalten, die dem Herrn die Ehre geben.

Und fragen wir nach einer Bürgschaft, nach einem Pfande für diese Liebe, die unseren Frieden schafft?

Siehe, das Pfand ist niedergelegt auf Golgatha, in seinem Tod am Kreuze für all diejenigen, die in seinem Leiden und Sterben haben die Versöhnung für ihre Sünden.

Er hat nicht der Opfertiere Blut für uns geopfert und nicht die Herrlichkeit der Welt zum Preise gegeben zu unsrer Errettung, sondern hat die ganze Welt und alle vergänglichen Opfer gelassen und *sich selbst am Kreuz geopfert* für uns und ist *so selbst die Versöhnung geworden.*

Und die dort ausgebreiteten Hände, das dort betende Herz, das dort Vergebung verheißende Wort, das dort willig und heilig dargebrachte Opfer umfasst nicht bloß Einzelne oder Auserwählte, sondern die ganze Welt mit all ihren Sünden und Missetaten. So groß, so allgemein, so gnadenreich ist diese Liebe, dass sie auch nicht einen ausgeschlossen, also auch dich nicht, wenn du zagen solltest. Du darfst es nicht. Zweifel an dieser Liebe ist neue, schwere Sünde. Und in dieser Liebe wirkt er weiter, der wieder auferstandene Heiland, und wirkt für uns und öffnet die Brunnen des Heiles, die uns Reinigung und Heilung, Trost und Frieden zufließen lassen, darum wir uns nur wollen unter diejenigen stellen, die sich solche himmlischen Gaben spenden lassen.

So stehen die, welche wahrhaftig, lebendig Christum zu ihrem Heil erkennen, anbetend vor dem Thron Gottes, an dem die ewige Quelle des Friedens für uns geöffnet ist. Wer wollte nicht kommen und von diesem Wasser des Lebens [vgl. Apk 22,17] und des Trostes Vergebung der Sünden nehmen, umsonst und aus Gnade!

Um aber solcher Gnade uns mit Zuversicht trösten zu können, ist freilich notwendig, dass wir an sicheren Merkmalen erkennen, ob unsere Erkenntnis des Herrn auch eine wahrhaftige ist, auf dass wir uns nicht täuschen und selbst betrügen. Darüber wollen wir im dritten Teil hören. [8:]

III.

Könnten wir auch noch andere Kennzeichen der wahrhaften Erkenntnis Christi ermitteln, so nennt Johannes für heute nur eines, in welchem er freilich alle anderen zusammenfasst:

V.3 *An dem merken wir, dass wir ihn erkannt haben, dass wir seine Gebote halten.*

Das Halten seiner Gebote soll also das Merkmal einer heilsamen Erkenntnis sein. Dieser Wahrheit liegt die andere zugrunde, dass nämlich *Erkenntnis und Leben* innig miteinander verbunden sind. Zweige aus einer Wurzel, aus einem Boden. Der Boden oder [die] Wurzel, daraus sie hervorwachsen, ist die *Gemeinschaft mit Christo* in der Wahrheit. Es ist ebenso bei der Erkenntnis menschlicher Personen. Wir verstehen und erkennen nur diejenigen recht, mit denen wir in Wahrheit zusammenleben, d. h. die wir lieben. Diejenigen, welche wir nicht lieben, verstehen wir nicht. Die Gemeinschaft der Liebe gibt das Verständnis. Die Liebe schafft das Licht im Leben und das Leben im Licht. Im vollkommensten Maß gilt dies von unserer Erkenntnis Christi. Wir erkennen ihn nur so weit, als wir sein Leben und Leiden und Sterben zu unserem eigenen in wesentliche Beziehung gesetzt haben; ich erkenne ihn nur so viel recht, als ich weiß und bekenne, dass er für mich in die Welt gekommen, auch für mich gestorben und auch für mich auferstanden ist.

Dahin zielt nun auch das Wort: Daran merken wir, dass wir ihn erkannt haben, so wir seine Gebote halten. Denn das *Halten seiner Gebote*, wie der Apostel es meint, ist die innerste Offenbarung unseres Lebens vor ihm, die aus der Gemeinschaft der Liebe mit ihm kommt.

Freilich dürfen wir unter seinen *Geboten* nicht eine Summe einzelner Vorschriften verstehen, von denen wir die eine auswählen könnten als wichtiger, vorzüglicher oder gar richtiger und wertvoller als die anderen. Sie sind viel mehr alle in eines verbunden zur großen, zusammenhängenden Offenbarung seines heiligen *Gnaden*willens, weshalb sie auch gleich [..., ein Wort ul] unter dem Namen seines *Wortes* zusammengefasst werden. *Sein Wort ist aber von seiner Person nicht zu trennen*, wir haben in seinem Wort und durch sein Wort ihn selbst.

Auch heißt sein Gebot oder sein Wort halten *keineswegs so viel, als seine Gebote in gewissem* [..., ein Wort ul] *äußerlichem oder innerlichem Werk befolgen*, wie ein Bürger die Gesetze seiner Obrigkeit, ein Diener die Anliegen seines Herrn befolgt. In diesem Sinne ist kein Christ imstande, sein Gebot zu halten, und sollten die Gläubigen an solchem Halten merken, ob sie erkannt haben, so würde ihn niemand erkannt haben. [9:] Das vom Apostel genannte *Halten* seiner Gebote und seines Wortes setzt voraus, dass wir uns haben von der *Gnadenhand Christi ergreifen, erfassen lassen*, dass wir seine Liebe lebendig erfahren haben als eine Liebe, die auch uns gilt und gemeint habe, da sie für uns in den Tod gegangen, um den Tod durch siegreiche Auferstehung zu überwinden auch für uns.

Infolgedessen lässt ein Mensch die Sünde und Welt los, und die Sünde und Welt lässt ihn los, und wir treten ein, wenn auch in Schwachheit und Kampf, in das Reich *der Freiheit* und des göttlichen Lebens, und von da an gibt es für uns nur einen Schatz, nur eine Herrlichkeit, nur ein Leben, nur eine Freude, nur eine Krone, nur eine Lust, nur eine Wahrheit, nur eine Hoffnung und alles in allem nur ein Heil für uns und alle – das ist *der Herr, der Herr Jesus,* der für uns gestorben und auferstanden, mit dem wir der Welt und die Welt uns gekreuzigt ist [vgl. Gal 6,14], und ihn und alle seine Schätze und Gnaden, die wir genannt, die haben wir in seinen Geboten oder in seinem *Wort.* Darum sagt Jesus: *Wer mich liebt, der wird mein Wort halten* (Joh 14[,15]). Darum setzen wir alles daran und können es nicht anders: dieses Wort in unserem Herzen *zu behalten, zu bewahren, zu behüten,* damit ist der Kampf aller Selbstsucht und ihren Versuchungen erklärt und ein entschiedener, unversöhnlicher Gegensatz gegen die Sünde, die Welt und ihren Anfang entstanden, aber auch eine unauflösliche Gemeinschaft mit Christo und all denen, die ihm angehören, geknüpft. Das alles ist unzertrennlich von dem *Halten* seines Wortes.

Dass wir so zu Christo und seinem Wort stehen, darüber *müssen, sollen, können, wollen* wir volle klare, ganze Gewissheit haben. Ein Zweifel darüber darf in unsrer Seele nicht bleiben, und wer uns kennt, soll nicht daran zweifeln, er mag sonst über uns denken, was er will, wir lassen ihm seine Meinung –. Aber wir müssen erkennen, und andere sollen erkennen, dass dieses Halten des Wortes Christi und dieses Stehen zu ihm und unter ihm und für ihn, unser Leben, unser Licht, unsere Kraft und unser Wesen geworden, das alles durchdringen soll. Mit Christo vereinigt und verwachsen, unter seinem Befehl und Regiment durch Leiden und Kampf zu Sieg und Freude – das ist geschrieben auf das Banner unseres Lebens und unserer Gemeinschaft – so sollen die Jünger des Herrn bekennen.

Und *an solchem Halten seiner Gebote und seines Wortes, an solchem Stand des inneren und äußeren Lebens* sollen wir merken und gewiss werden, dass wir ihn wahrhaftig erkannt haben und dass wir *in ihm sind* und dass in uns *Wahrheit ist* (V.3, V.4). [10:]

In solchen, sagt Johannes, *ist die Liebe Gottes vollkommen* V.5. Das heißt nicht, die haben eine vollkommene Liebe Gottes, vielmehr weiß niemand besser als sie, wie unvollkommen ihre Liebe ist, sie erheben sich nicht, sondern demütigen sich gern; sondern jenes Wort heißt: *An ihnen hat Gott den Zweck seines ganzen Gnadenwerkes wirklich erreicht.* Denn dazu sandte er seinen Sohn in die Welt, und starb der Gottmensch am Kreuz, und stand er auf von den Toten, und setzte er sich zur Rechten Gottes, und sandte er vom Vater seinen Geist in die Welt: Damit die Sünde in des Menschen Herz ersterbe durch Erkenntnis der Vergebung der Sünden und ein neuer Mensch durch die Macht und Gnade des göttlichen Wortes im Herzen wieder auferstehe zum göttlichen Leben.

Nur am Schluss seines Textes weist uns der heilige Apostel hin auf den heiligen Wandel, *dass, wer in ihm bleibt, auch wandeln soll, wie er gewandelt hat.* Die Frucht des erneuerten Menschenherzens, das Gottes Wort in sich bewahrt,

der Fürsprache Christi im Kampf mit seiner Sünde sich getröstet und sich vor Sünden mit Gebet und Wachsamkeit hütet.

Die Frucht eines solchen Herzens kann und *muss* keine andere sein als ein geheiligter Wandel, in welchem der Wandel Christi sich verklärt, sie kann keine andere sein als die brüderliche Liebe untereinander, auf die der Apostel hier zielt, wie das folgende zeigt, deren Verwirklichung der Herr selbst den Zweck all seiner Liebe gegen uns nennt [vgl. I Joh 2,7ff.].

Je weniger wir leider davon unter uns sehen, meine Geliebten, und *je ernster* der Herr solches von uns erwartet, *je unweigerlicher* wir ihm dazu verpflichtet sind, desto eifriger lasst uns uns hüten vor der Sünde, desto fester vertrauen auf seine Fürbitte und desto eifriger danach trachten, dass wir wachsen und zunehmen in der heiligen und heilsamen Erkenntnis seiner Liebe, deren Gnadenwunder und Segnung uns umgeben, um in uns ein Licht und eine Kraft des Lebens zu werden. [Amen.]

Johann Hinrich Wichern

Predigt: 27. Dezember 1857 über Galater 4,1-7[1] (Sonntag nach Weihnachten – Dom zu Berlin)

[1:] Gelobet sei Gott und der Vater unseres Herrn Jesu Christi ... [,der uns gesegnet hat mit allerlei geistlichem Segen in] himmlischen Gütern (Eph 1,3).

Text: Gal 4,1-7
[[1] Ich sage aber: So lange der Erbe unmündig ist, ist zwischen ihm und einem Knecht kein Unterschied, obwohl er Herr ist über alle Güter; [2] sondern er untersteht Vormündern und Pflegern bis zu der Zeit, die der Vater bestimmt hat. [3] So auch wir: Als wir unmündig waren, waren wir in der Knechtschaft der Mächte der Welt. [4] Als aber die Zeit erfüllt war, sandte Gott seinen Sohn, geboren von einer Frau und unter das Gesetz getan, [5] damit er die, die unter dem Gesetz waren, erlöste, damit wir die Kindschaft empfingen. [6] Weil ihr nun Kinder seid, hat Gott den Geist seines Sohnes gesandt in unsre Herzen, der da ruft: Abba, lieber Vater! [7] So bist du nun nicht mehr Knecht, sondern Kind; wenn aber Kind, dann auch Erbe durch Gott.]

Die verlesenen Worte sind Weihnachtsgedanken *nach* Weihnachten, aber nicht Gedanken aus dem Menschengeiste, sondern aus der Höhe des göttlichen Thrones, von wo sie der Apostel empfangen [vgl. Gal 1,11f.], sie auch uns zu verkündigen. Das, was Gott *zuvor* gedacht, sollen wir ihm *nach*denken, diese Gedanken sollen wir in uns und uns in sie versenken. Je mehr wir das tun, desto mehr werden sie uns als das, was sie uns heute sein wollen,

die stille heilige Nachfrage Gottes, wie wir und mit welchem Segen wir Weihnachten gefeiert?

Er hält uns drei göttliche Weihnachtsgaben vor, die uns aus Gottes Hand dargeboten waren, ob wir sie aufs Neue genommen und bewahrt haben,

1. *die Erlösung* aus den Banden des Gesetzes
2. *die Kindschaft* mit dem Zeugnis des heiligen Geistes
3. *die Hoffnung* des ewigen Lebens nach der Verheißung des Glaubens!

---

[1] Vorlage: Archiv des Rauhen Hauses, Hamburg, Bestand 61 H a, Nr. 76. – Lieder ([8]1853): 1. 110,1-4 [Wie herrlich strahlt der Morgenstern!]; 2. 112,1-7 [Also hat Gott geliebt]; 3. 881 [Auf, auf! ihr Reichsgenossen,],12 [Nun, Herr, du gibst uns reichlich].

1.

Meine Geliebten, die von Paulus mit Schmerz geborene apostolische Gemeinde in Galatien, in der Christus hätte eine Gestalt gewinnen sollen, war durch Hader und Bitterkeit, durch heftigen Streit und Abfall von der apostolischen Wahrheit entzweit. Wir finden die Gewissen der Christen dort verwirrt über der Antwort auf die Frage: wie der Mensch vor Gott gerecht werde, wie er vor ihm Gerechtigkeit [2:] erlangen und es anfangen soll, um vor Gott und seinem Gericht jetzt und dereinst bestehen zu können. Es ist also dieselbe alte und neue Frage, die bis heute auch unsere Gemeinde bewegt und die zuletzt von jedem Menschenherz einmal beantwortet werden muss, die Frage, was *muss ich tun, dass ich selig* werde? Auch unter uns ist niemand, auch nicht einer, der nicht darauf eine *gewisse* Antwort haben muss, eben um seiner ewigen Errettung und Seligkeit in Wahrheit gewiss sein und werden zu können.

Wie dort in Galatien, so hier, wie einst in jener Gemeinde, so jetzt verweisen uns die einen auf das *eigene Wirken* im Denken und Tun, nach dem höchsten Maßstab freilich, nämlich dem des *göttlichen Gesetzes*, und somit auf dieses Gesetz selbst und des *Gesetzes Werke*, während die andern vom eigenen menschlichen Werk zur Seligkeit nichts wissen und zu ruhen haben. Sie fordern stattdessen das Bekenntnis zu unsrer Unwürdigkeit und Verdienstlosigkeit und verweisen allein auf Gottes *Gnade* in den großen Taten seiner Barmherzigkeit, durch die er uns den verschlossenen Himmel wieder geöffnet. *Wer von diesen beiden hat Recht? Wo ist die Wahrheit, wo* und *wie finden wir* unzweifelhaft die Gerechtigkeit, die bei Gott gilt und besteht? Kann das *Gesetz* dem Menschen hierin wirklich die ersehnte Hilfe bieten? Kann uns, oder irgend jemand[en], aus dem Tode oder aus der Ungerechtigkeit retten, zum Leben helfen, dass Gottes Mund und Wille in dem Gesetz die höchste Gerechtigkeit, und das ist die *heilige Liebe*, uns vorhält und ihre Vorstellung und Erfüllung im Menschenleben *fordert*? Kann die Vorhaltung dieses im Gesetz beschlossenen Ideals mehr in uns bewirken als den *heiligen Schmerz*, ihm so *fern* zu sein und zu *bleiben*, da es ja als Buchstabe [vgl. Röm 7,6] nicht zugleich die Kraft zur Liebe und zum Leben verleiht und noch viel mehr imstande ist, zu *sühnen* und wieder gut zu machen, was wir gegen diese Liebe, sie versäumend oder verletzend, gesündigt haben? Wir erreichen mit all unserem aufrichtigen Dichten und Trachten, unser Werk und Wirken unter die Zucht und Regel des göttlichen Gesetzes zu stellen, nicht mehr als die Erfahrung des *vergeblichen* Ringens und Mühens, als die Erfahrung der Wahrheit des Bekenntnisses *ich bin fleischlich und unter die Sünde verkauft* [Röm 7,14]. Ich elender Mensch, wer wird mich erlösen *von dem Leibe dies Todes* [Röm 7,24]?! – Oder wie könnte es, da wir allzumal sündig und Sünder sind [vgl. Röm 3,23], anders sein? Lässt sich eine Liebe, eine wahre *gott*genügende Gesetzeserfüllung durch *Gebot* und *Befehl* oder mit Strafe und Drohung erzwingen? Ist sie nicht eine Tochter der Freiheit und die höchste Liebe [3:] die Tochter der höchsten, aus Gott geborenen Freiheit, einer Erlösung durch Gottes Hand? Oder könnten wir die heilige Liebe, das ist vollkommene Gerechtigkeit, selbst in uns schaffen mit eigener Anstrengung? Dann müsste der Mensch zum Selbstschöpfer, zum Schöpfer seines eigenen und vollendeten, eines neuen, heiligen Lebens gesetzt sein. Das *Wollen* fasst das nicht, denn Menschenmacht in die Stelle Gottes [ge]setzt, ein ebenso törichtes wie frevelvolles Unterfangen! Wie die Liebe im Menschenherz Tochter der göttlichen Freiheit sei, [..., zwei Wörter ul] so ist sie auch, gleichwie das Leben, nur *Gabe*, freies göttliches Gnadengeschenk, das Gottes Hand nach seiner heiligen Ordnung nicht der stolzen, selbstmächtigen Hand der Selbsterhebung, sondern dem Gehorchen der Selbstverleugnung und Demut, die die eigene Ohnmacht bekennt, in Gnade anvertraut. *In unserem Text* vergleicht der Apostel das *göttliche Gesetz*, das die Gerechtigkeit nicht erzeugen kann, um nun anzuzeigen, dass Gott es als *Zuchtmeister* [vgl. Gal 3,24] auf Christum, als den Erzieher zu ihm, will anerkannt wissen, mit den *Pflegern, Erziehern und Vormündern*, unter die der unmündige Mensch gestellt ist wider seinen Willen, damit er nach der göttlichen Freiheit und Liebe und Erbarmung, die der Vater in seinem Sohn offenbar macht, verlangen, auf sie hoffen kann. Dagegen versteht die stark nach Gerechtigkeit und Freiheit trachtende, ringende und sehnende Menschenwelt [..., ein Wort ul], ringend und sich erinnernd an das verlorene, aber noch nicht vergessene Gut des göttlichen Lebens der Gerechtigkeit, mit der Schar der griechischen Jünglinge, die freiheitsdurstig ausschauen nach der Befreiung von jenen Vormündern und Führern und Verwaltern, um die von dem Vater noch vorbehaltenen und zurückbehaltenen Güter in selbständigen Besitz zu nehmen. Aber wie jene Vormünder und Pfleger nicht vermögen und ihrer Natur nach nicht berechtigt sind, die Freiheit des Jünglings zu gewähren, sondern wie dieser abhängig ist von der freien *Bestimmung des Vaters*, der dazu seine Zeit gesetzt hat, sowohl um seines Kindes als auch um der Güter willen, die ihm sollen anvertraut werden, so wenig kann das bloße *Gesetz* dem Menschen zum Leben, zur Freiheit und Erlösung den Sinn geben, sondern bedarf es dazu einer neuen, höheren göttlichen Ordnung des Heils und der Hilfe. Und ebenso wenig das *Verlangen* nach Freiheit die Freiheit erzeugen oder ersetzen kann, ebenso wenig [kann] das Verlangen nach Gerechtigkeit oder Liebe die Gerechtigkeit und die Liebe selbst schaffen oder ersetzen. Sonst möchte auch der unter die Ordnung und das Gesetz der Natur gestellte Hunger und Durst nach Brot, das tiefste Gefühl seines Mangels, das Brot selbst ersetzen können, oder auch das Verlangen nach Genesung im Kranken die Gesundheit, das Verlangen und Hoffen eines Blinden nach Licht das Licht ersetzen.

Welche Täuschung, die dennoch im Gebiet des *sittlichen Lebens* und im Trachten nach Gerechtigkeit vor Gott leider Unzählige gefangen hält und alle die gefangen hält, die durch das Gesetz und des Gesetzes Werk so oder so gerecht werden wollen.

Aber *wo* und *wie* ist denn die Gerechtigkeit vor Gott zu finden, wenn das Gesetz sie nicht bietet und die eigene Kraft und Vernunft des Menschen sie nicht erzeugen kann wegen der Sünde, die in uns wohnt? [4:]

Die *gewisse*, die göttliche Antwort auf diese Frage ist die des *Evangeliums Gottes*, von Jesus, dem Heiland der Sünder und dem Retter aller, die zu *ihm* kommen und durch ihn wollen selig werden und Gerechtigkeit vor Gott erlangen. Ist das Evangelium, das ein Paulus samt allen Aposteln nach dem Befehl Christi nicht bloß den verwirrten und abgefallenen Galatern, nicht bloß den mächtigen Römern oder den wenigen und geistreichen Korinthern oder den gebildeten und vornehmen Ephesern, überhaupt nicht Einzelnen, sondern ohne Ausnahme aller Welt, allen Völkern, allen Geschlechtern, Hohen und Niedrigen, Reichen und Armen, Herrlichen und Geringen, Weisen und Unweisen verkündet hat und noch verkündet als den alleinigen Weg zur Seligkeit und zum ewigen Frieden. Heute führt uns Paulus zur Beantwortung dieser Frage mit diesem Evangelium nochmal an die Krippe in Bethlehems Stall, indem er denen, die vergeblich Hilfe bei dem Gesetz gesucht, verkündet: *Als die Zeit erfüllet war, sandte Gott seinen Sohn, von einem Weib geboren und unter das Gesetz getan, dass er die, so unter dem Gesetz waren, erlösete* (V.4).

Siehe da, er, Jesus selbst, *er* hat den Kerker, in dem das heilige Gesetz Gottes um unserer Sünde willen uns gefangen, verwahrt und verschlossen hielt bis auf die Zeit des Glaubens ([Gal] 3,22.23), zerbrochen und uns der Freiheit des herrlichen Endes der Kinder Gottes entgegengeführt. – Aber *wie* hat er das vollbracht? *Nicht also*, dass er ein neues Gesetz aufrichtete, das um so viel mehr uns hätte richten müssen, sondern dadurch, dass er das Ende alles Gesetzes [vgl. Röm 10,4] wurde, dass in ihm die heilige Liebe aufhörte, ein bloßer Wille über uns, außer uns, ein lockender Buchstabe gegen uns zu sein, [sondern] so, dass sie, diese erbarmende Liebe, vielmehr *persönlich* erschien. Er selbst, der ewige Sohn des lebendigen Gottes, das ewige Wort vom Vater in Ewigkeit, ward Mensch wie wir und unter das Gesetz getan, nahm unser eigenes Fleisch und Blut an, doch ohne Sünde und versühnte uns mit Gott. Das, was er in Bethlehem begann, vollendete er am Kreuz auf Golgatha und in seiner glorreichen Auferstehung von den Toten. Er selbst ward *unsere Gerechtigkeit* [vgl. I Kor 1,30]. Er heißet *Herr, der unsere Gerechtigkeit* ist [Jer 23,6]. Sein Werk, das er also vollendet, ist *nicht ein Werk für ihn* oder zum müßigen Anschauen, eine bloße Historie zum Wissen, sondern ist das Gnadenwerk *zum Leben*, das er allen im Worte anbietet, ist

Kraft und Ursache der Seligkeit aller geworden, sein Wort und Werk ist nicht Gesetz, sondern Geist und Leben [Joh 6,63], ist die selige, freie Gnadengabe Gottes, die alle nehmen sollen, die an ihn glauben und ihm die Ehre geben! Deswegen umgibt er sich auch mit dem nicht endenden Ruf der Liebe, dem Ruf des Evangeliums: *Kommt her zu mir* [Mt 11,28]. Denn nun er erhöht ist, will er alle an sich ziehen [vgl. Joh 12,32]. Unser Leben und unsere Seligkeit macht er zu der seinen, wir sind sein Eigentum und Gottes Eigentum in ihm. Kommt her zu mir, die ihr mühselig und beladen seid, ich will euch erquicken [Mt 11,28]. Wer an mich glaubt, der hat das ewige Leben [vgl. Joh 3,15]. Ich bin das Licht der Welt, wer zu [5:] mir kommt, der wird nicht wandeln in Finsternis, sondern wird das Licht des Lebens haben [vgl. Joh 8,12]. Ich bin das Brot des Lebens [Joh 6,35]! Ich bin der gute Hirte [Joh 10,11]. Wer zu mir kommt, den will ich nicht hinausstoßen [Joh 6,37]. Er ist der helle Morgenstern [Apk 22,16], in dem Himmel und Erde, die neue Welt verkündet ist, die in der Erlösung aufgegangen. Weil wir ihm angehören, weil er uns zu sich eingeladen, haben wir auch aufs Neue Weihnacht gefeiert. Aber sind wir in der Tat bei ihm gewesen, zu ihm gekommen, haben wir in ihm unseren Erlöser gesucht und aufs Neue gefunden Christum und anbetend gelernt? Ist er bei uns gewesen, ist er zu uns gekommen? Das sind heilige, ernste Fragen nach der vollendeten Feier, die zur Demütigung der einen, zur Erhebung der anderen, für uns alle aber zur heiligen Erinnerung an die herrliche Gabe Gottes dienen. Lasset uns weiter an der Führung des Apostels den Gaben nachsinnen, die seine Hand uns bietet, wenn sie sich gegen uns als die Hand des Erlösers erschließt?

2.

Als die nächste und erste Gabe Gottes in der Tat seiner Erlösung nennt uns der Apostel hier die *Kindschaft – er hat uns erlöset, dass wir die Kindschaft empfingen*, dass wir sie nehmen – und zwar *mit dem Zeugnis des heiligen Geistes in unseren Herzen.*

Meine Geliebten, die Gnadengabe, dass wir Gottes*kinder*, Söhne und Töchter des himmlischen Vaters werden, ist unmittelbar geknüpft an die Tat der Erlösung, die der *ewige Gottessohn im Fleisch* vollbracht, und an den Glauben an dieses Wunder der Erlösung. In ihm sind Gott und Mensch wieder eins geworden, die zertrennt waren durch unsre Sünde und Missetaten, durch unseren Abfall von der Liebe und Wahrheit. Der Richtspruch und Fluch des Gesetzes ist nun für uns verstummt, durch diese Gnade getilgt, und die Feindschaft ist nun aufgehoben, und die vollkommene Gemeinschaft zwischen Gott und Mensch wiederhergestellt, *zunächst in ihm*, der unser Bruder worden, dass er die Ursache unseres Heiles und der Herzog unsrer Seligkeit werde. Der Herr verlangt nicht unsere Werke zu unserer Versöhnung, sondern nur die *Übergabe des Herzens an ihn*, eine Gesinnung, die nichts anderes will, als dass wir uns seine Liebe zum Leben gefallen lassen, dass wir von uns selbst ausgehen, uns selbst aufgeben, um dann aber *ihn* alles an uns, in uns, für uns sein zu lassen – kurz, dass wir an ihn *glauben*, das heißt *zu ihm kommen*, um von ihm zu nehmen Gnade um Gnade [Joh 1,16]. Dann sollen wir in diesem Glauben aus Gnade *seiner göttlichen Natur teilhaftig werden*, indem er die zu ihm kommen *anhaucht mit dem heiligen Geist*, und [..., ein Wort ul] in der Erinnerung der ersten Schöpfung uns, dass wir aufs Neue sein Schöpfungswerk werden, geschaffen in Christo Jesu (Eph 2,10), neugeboren in ihm – wir sind nun aus Gnade *Gottes Verwandte, unmittelbarste* Verwandte, ja, wirklich und wahrhaftig Gottes *Kinder* worden: *Ihr seid alle Gottes Kinder durch den Glauben an Christo Jesu* ([Gal] 3,26)! Welch ein Name! Meine Geliebten! Welche Gabe! Welche Gnade und Barmherzigkeit! *Sehet, welch eine Liebe hat uns der Vater erzeigt, dass wir sollen Gottes Kinder heißen* [I Joh 3,1]! Nicht einfach liebelos und unwillig, [6:] sondern von Gott selbst als solche anerkannt und genannt werden! Diese Liebe führt uns hinein in die letzten Tiefen der *göttlichen Herzensgesinnung* gegen uns, erschließt uns erst völlig die neue Welt in Gott, die *über uns* aufging, führt uns aber ebenso auch in das *eigene Herz* und *sein* innerstes Leben und verborgenstes Erleben und in eine wahrhaftig neue Welt, die *in uns* anhebt mit diesem Glauben, der Himmel ist nun nicht bloß wieder geöffnet, sondern er ist es auch *für uns*, und wir gehen ein in das *Allerheiligste*, wo Gott selber ist und sein heiliger Sabbat, wo er für uns da ist, wo er uns ganz nah ist und wir bei ihm sind. Das *reichste innerste Zeugnis* des heiligen Geistes von dieser unsrer neuen Gottesverwandtschaft nennt der Apostel statt aller anderen: Das Leben des *Herzens*, das *Lebendigwerden* desselben, dass es aufhört, tot und stumm und blind vor Gott zu sein, vielmehr anfängt zu sehen, wer er ist und *vor* ihm anhebt, *von* ihm zu reden! Das Sprechen des Herzens, der innerste Mensch vor Gott, wo der Geist Gottes unseren Geist beten [und] rufen lehrt: Abba, lieber Vater! Und wo wir dann in Christo die Stimme aus dem Herzen Gottes vernehmen, der uns antwortet: Mein Sohn und meine Tochter! Dieser *Lebensverkehr* und dieses *Liebesgespräch* zwischen Gott und der in Christo erlösten Seele ist das verborgenste, heiligste Geheimnis des inwendigen Menschen, dessen Leben verborgen ist mit Christo in Gott. [vgl. Kol 3,3] Es schließt in sich ein herrliches Wissen und Erkennen unseres Gottes, unser selbst, unserer Errettung, unserer Beseligung, und sie erzeugt Lebenserneuerung und Hoffnung – von der keine Welt etwas ahnt und weiß! Da ist ein Ja- und Amensagen [vgl. Apk 1,7], dass wir die Engel Gottes im Himmel verstehen und vernehmen, von denen die Welt nichts weiß und wissen kann. O, der Welt voller Unruhe und Angst und Sorgen, o, des Herzens mit all seinen Anfechtungen und Versuchungen – die uns diese Ruhe und Sabbatstille, diese Sammlung und Nähe Gottes, die uns diesen Blick in die Tiefe, ins Heiligtum Gottes, das Schöpfen aus dieser Lebensquelle, aus der Freiheit in die Wahrheit der Dinge und der Eifer und Mut zum Glauben, der Quelle des Lebens immer wieder rauben und rauben wollen! O, des Menschenfeindes, der uns diesen Frieden Gottes nicht gönnt. Aber preiswürdig ist die Gnade des Vaters, Sohnes und heiligen Geistes, die die Welt außer uns und in uns immer wieder zu überwinden und uns immer wieder zurückzuführen weiß aus allem Irren und Wirren und auch schon würdig, auch voll sich genügen lassen will an dem von Gott anerkannten einen Wort und Bekenntnis: lieber Vater! Wie verschwindet vor dieser Ruhe der Seele die Wahrheit der Weisen, die Kunst der Schulgerechten, wie schwindet die Selbstquälerei der Selbstgerechten vor dieser *Einfalt*, die alles sagt, was die Liebe im Himmel und auf Erden sagen kann, wenn sie das lieber Vater! *in Wahrheit* spricht. In dieser Einfalt ist diese Stimme und dieses Rufen, der Ausdruck aller Liebe, allen Bittens, [7:] alles Dankens und Lobens, aller tiefsten Erkenntnis Gottes und des eigenen Herzens, es ist das volle Zeugnis der treuesten Geduld, das Bekenntnis aller Erfahrung über jede erneute Errettung aus Sünde und Tod, ist die heiligste Gestalt des Glaubens, der Freudenschein über die neu gewonnene Kraft und Stärke, über die erneute Hoffnung und den neuen Frieden gefunden. – Ja, die einfache und einfältige Nennung des Vaternamens in der Wahrheit bleibt der Ausdruck für den tiefsten Eindruck, den die Seele empfangen hat aus der Tiefe des seligen, himmlischen, heiligen, ewigen Lebens, das Eigentum eines *Kindes* Gottes geworden!

Aber noch mehr, der Apostel sagt nicht: Gott hat gesandt den Geist seines Sohnes in *dein* Herz, sondern in eure, in *unsre* Herzen! – das Gebet:: lieber Vater! ist nicht bloß die Stimme und das Gebet des einzelnen, sondern der vielen, die in Christo Gott als ihren Vater wiedergefunden! *Wer da liebt den, der ihn geboren hat* (den Vater), *der liebt auch den, der von ihm geboren ist = die Brüder* (I Joh 5,1). Darin, dass diejenigen, die da glauben an die Erlösung durch Christum Gottes *Kinder* sind, liegt auch das andere, dass sie *untereinander recht und wahrhaft verwandt* geworden sind, wie sie es ohne Christum nicht waren, dass sie *Brüder* und *Schwestern* in einem Hause, in dem Hause Gottes geworden. Ja, ihre Gemeinschaft der Liebe ist das Haus, die Familie Gottes auf Erden, alle versammelt in Christo um seinen Vater und ihren Vater, um seinen Gott und ihren Gott! Und Gott wohnt mitten unter ihnen als unter den Seinen, [die] ihr Gottes Kinder seid, Gottes Hausgenossen [Eph 2,19]! Die heilige Familie seiner Vaterschaft, in der dieses neue, wahrhaftige Israel seinen Anfang nahm, hat sich durch die Kraft der menschgewordenen Liebe, die für alle Fleisch und Blut angenommen, in der Predigt ausgebreitet und nicht bloß alsbald [durch] die Hirten [vgl. Lk 2,8ff.]

und die Weisen aus dem Morgenlande [vgl. Mt 2,1ff.], die Apostel und Märtyrer, sondern durch alle Zeiten und Geschlechter und Völker, die in sich aufgenommen, die Christum als ihren Heiland erkannt, ja vielmehr von ihm erkannt sind [vgl. Gal 4,2], und weit hinaus über diese Zeitlichkeit hat sich bis in die himmlischen Höhen und Welten dieses Haus Gottes zum heiligen, wunderbaren Tempel erbaut, in welchem er nun im Geist und in der Wahrheit alle Tage und Stunden angebetet wird [vgl. Joh 4,24] und alle in einem Chor vor ihm rufen, selig als Brüder und Kinder Gottes allzumal: Abba, lieber Vater!

Darum noch einmal, meine Lieben, welch ein *Name, der Name der Kinder Gottes*! Wie hebt er die Elenden aus dem Staub und setzt sie unter die Fürsten des Gottesvolkes! Wie demütigt dieser Name, aber wie erhebt er zugleich! Wie richtet er alle Traurigen auf und wie heiligt er alle Fröhlichen! Wie ruft er uns auf, zu forschen in den Geheimnissen Gottes und seiner Liebe, und wie macht er die Weisheit der Welt zunichte! [vgl. I Kor 1,19] Welche Stärke verleiht er in aller Schwachheit, wie siegreich führt er uns gegen alle Feinde – wie bindet er die Herzen zusammen und hebt uns hoch hinüber über alle Not der Welt, über allen Tod und alles Gericht hin in die Ewigkeit und in die himmlische [..., ein Wort ul] aller [..., ein Wort ul] Gerechten! Vor allen [8:] Dingen, wie führt er uns immer aufs Neue zurück zur Weihnachtskrippe und zu dem in ihr, dessen Mittlerschaft wir allein solche Gnade zu danken haben, wie bleibt über uns Klarheit, der Glanz der Weihnacht, wenn wir solche Weihnachtsgabe der Kindschaft in unserem Herzen bewahren und pflegen, dass wir immer wieder einstimmen müssen mit dem Apostel: Seht, welch eine Liebe hat uns der Vater erzeigt, dass wir *Gottes Kinder* heißen sollen – und nun setzt er sogar hinzu: es ist noch nicht erschienen, was wir sein *werden* [I Joh 3,2]. Daran gedenkt auch unser Apostel in unsrer Epistel. Lasst uns ihn schließlich auch noch darüber hören.

3.

Zum dritten, meine Lieben, es ist noch nicht erschienen, was wir sein *werden* – das ist das Wort der Hoffnung, das durch den Glauben, die neue Geburt und Kindschaft bei Gott in unserem Herzen wachgerufen wird.

Die Kindschaft bei Gott, die Verwandtschaft mit ihm steht in unmittelbarem Zusammenhang mit der Hoffnung, die die Kinder Gottes haben und haben sollen! *Sind wir nun Kinder,* sagt der Apostel, *so sind wir auch E r b e n, nämlich Erben Gottes durch Christum* (V.7). Das hat seinen Grund schon in der Natur der Liebe, die sich hier nie vollkommen genügen kann und sich vorwärts streckt nach dem Ziel, das uns vorhält die himmlische Berufung in Christo Jesu – aber seinen ersten Grund hat dieser Zusammenhang in der Gnade und Liebe Gottes, die das von ihm in der Menschenwelt begonnene Werk der Errettung *vollenden*, die das Werk an dem Hause Gottes krönen und [..., drei Wörter ul] herrlich hinausführen will. Das geschieht in der Erteilung des *Erbes*, das er dem Glauben, das er seinem Volk *verheißen* hat. Wie der *Vater* alles seinem Sohn gegeben, der die gefallene Menschheit erlöset hat, das soll allen dienen, die in dem Sohn und in dem Glauben des Sohnes Gottes stehen, [sie sollen] teilhaben an dem Leben Christi, sie sollen *Miterben Christi* [Röm 8,17] sein, es ist die Verheißung, die uns geworden.

Welches ist nun das Erbe, das Gott seinen Kindern verheißen, woran sich ihre Hoffnung hält, nach dem sie mit ihrer Hoffnung strecken sollen?

Der Apostel, indem er hier und anderswo davon redet, spricht seine Hoffnung zunächst der dreifachen Verheißung, die Abraham geschehen ist: das war das heilige Land, das große Volk und der eine gesegnete Leibessame Christus, in dem alle Völker auf Erden des Gottessegens teilhaftig werden sollen. [vgl. Gen 12,1ff,; Gal 3,8] Das alles zusammen bildet das Bild der neuen Gotteswelt, des göttlichen Reiches. Von Abraham an entfaltet sich dieses ein Jahrtausend lang unter der Führung und Fügung des Gottes, der sich in Wort und Geschichte offenbart, diese Hoffnung einer neuen Welt, bis der ewige, unsterbliche heilige Hohepriester Christus wirklich erscheint. Mit seinem Erscheinen geht ein Glanz der Verklärung in der Welt auf, als Verklärter geht er ein in die ewige Heimat. In seiner Person, seinem Leiden, Sterben, Auferstehen und Himmelfahrt wird in der Erlösung alles Fleisches der Mittelpunkt aller dieser Hoffnung zum ersten Mal erfüllt. Er ist das Haupt und der allein Gekrönte in dieser neuen Welt, in diesem Gottesreich. Ich bin, sagt er, ein König [Joh 18,17]! Aber sie ersteht in ihm aufs neue in verklärter Gestalt und verflicht sich mit dem Glauben und Leben und Lieben und Leiden und Sterben aller Gotteskinder in der ganzen Gottesfamilie seiner heiligen Gemeinde und jedes einzelnen Gliedes in der Kette dieser neuen Menschheit [9:] in unauflöslicher Weise. Christus ist der gesegnete Same Abrahams, in dem das neue Volk Gottes aus Glauben *zum* Glauben geboren wird. Dies neue Volk leuchtet wie die Sterne am nächtlichen Himmel der Menschenwelt, erleuchtet und durchleuchtet von ihm, der das Licht des Lebens selber geworden ist, unter allen Völkern geht aus und soll ausgehen dieses sein Wort und Evangelium. Wie der Tau aus der Morgenröte werden ihm seine Kinder geboren [vgl. Ps 110,3] in priesterlichem Schmuck, und in der weiten Christenheit selbst reift trotz allem Kampf und Hindernis das Reich Gottes seinem Ziel entgegen. So baut sich im verborgenen Leben des Glaubens, wie ein Geheimnis Gottes und seiner Gläubigen, die neue Welt, der neue Himmel und die neue Erde, in der Gerechtigkeit wohnt [vgl. II Petr 3,13] – nicht ein *schwärmerisches Ideal*, ein Traum der eitlen Menschenvernunft, sondern als das wahrhaftige Werk, das Schlusswerk des allmächtigen Schöpfers, des *lebendigen Gottes*, der die Verheißung gegeben, die noch erfüllt werden soll. Und ein Tag, eine Zeit in der Geschichte wird kommen, den Gottes Ratschluss sich vorbehalten, da soll diese Heimat des Glaubens als das rechte Kanaan nicht mehr verborgen bleiben, sondern allen offenbar werden und mit ihm die Gottesstadt, das Jerusalem, die freie [vgl. Gal 4,26], die schon jetzt unser aller Mutter im Glauben ist, die Hütte Gottes bei den Menschen [vgl. Apk 21,3], da Jesus selbst das Licht ist, wo um ihn im ewigen Lobgesang die Gerechten im Himmel und auf Erden sich versammeln werden, wo sie nun nicht mehr sehen werden durch einen Spiegel im dunklen Wort, sondern von Angesicht zu Angesicht werden schauen [I Kor 13,12] den, den ihre Seele liebt.

Meine Geliebten, wir können in dieser Predigt nur wie von Ferne zeigen auf den großen Hoffnungsgegenstand, den die Offenbarung Gottes uns vor das Glaubensauge gestellt; aber es ist gut, es ist nur wahr für die Gemeinde, wenn sie sich sagt, das ist das *Erbe unserer Verheißungen*, das ist unsere gewisse Hoffnung, die des Herrn allmächtiger Arm gewiss erfüllen wird.

O, meine Geliebten, es ist ein tiefer alter Schaden in der Christenheit, der schon dort in Galatien offenbar ward, dass diese ihre Hoffnung auf dieses Erbe und die Erkenntnis dieses Erbes so schwach und gering, so wenig in ihr eine *Kraft des Lebens* zu sein pflegt. Daher ist auch unsere *Geduld* so hinfällig in der Trübsal, unsere *Liebe* so kalt, der *Glaube* so matt, die *Opferwilligkeit* für Gottes Reich so arm, der *Wandel* so vielfach anstößig, die *Treue* so wandelbar, des *Haders* und *Streites* auch unter uns kein Ende; darum so selten *Siege* des Herrn im Kampf mit der Welt und ihrem Unglauben – so viel Eisigkeit und Sturm und kalter Wind inmitten der von Gottes Erbarmen so heiß geliebten Christenheit, in der er doch die Sonne des Lebens aufs neue hat aufgehen lassen! [10:]

Nun, meine Geliebten, der Weihnachtsruf des Apostels: *Sind wir aber Kinder, so sind wir auch Erben Gottes durch Christum*, soll nicht vergeblich an unser Herz und Ohr gedrungen sein! Er soll unsere Hoffnung und in der Hoffnung unsere Liebe verjüngen, unsere Treue befestigen, unseren Glauben anfeuern, unseren Eifer in Arbeit, Gebet und Wachen heiligen und mehren. Jede neue Offenbarung seiner Herrlichkeit, wie wir sie abermals an der Krippe des Christuskindes geschaut, wo die Klarheit des Herrn sich ergießt über die versammelte Schar der Gläubigen, erinnert uns, dass der Keim der neuen Welt bereits unter uns aufgegangen, aber auch, dass wir, so wir nur die Gnade Gottes treu benutzen, wir von Stufe zu Stufe weiter klimmen, dass wir uns dem Tor des ewigen Jerusalems nähern, dass wir einander helfen und tragen sollen, *bis* wir das Ziel erreicht und in jener ewigen Weihnachtsfeier die Wiedergeburt und Verklärung der erlöseten Welt mit Augen schauen – wo er, der Herr selbst, das Licht ist in seinem ewigen Thron der Herrlichkeit.

Zu solchem fröhlichen Laufen vorwärts stärke uns der Segen des Herrn. Er segne an uns sein Wort von der Erlösung, von der Kindschaft und der Hoffnung des Erbes, auf dass wir, die Gesegneten, selbst ein Segen werden. [vgl. Gen 12,2] Das walte Gott in Gnaden. Sein Friede wohne unter uns. Halleluja! Amen.

Johann Hinrich Wichern

Predigt: 21. März 1858 über 1. Johannes 4,8-11[1] (Judica – Dom zu Berlin)

[1:] Text: I Joh 4,8-11. Gott ist die Liebe. Daran ist erschienen die Liebe Gottes gegen uns, dass Gott seinen eingeborenen Sohn gesandt hat in die Welt, dass wir durch ihn leben sollten. Darin steht die Liebe: nicht, dass wir ihn geliebt haben, sondern dass er uns geliebt hat und gesandt seinen Sohn zur Versöhnung für unsere Sünden. Ihr Lieben, hat uns Gott also geliebt: so sollen wir uns auch untereinander lieben.

Meine Geliebten, wir stehen mit unserem Feiern mitten in der Zeit der heiligen Passion, wo die heilige Liebe am Kreuz für uns leidet und stirbt. Die vorgelegten Worte des Apostels richten unsere Blicke auf dasselbe Wunder der göttlichen Barmherzigkeit. Lasst uns nach ihrer Anleitung unsere Betrachtung und Andacht richten

1. auf die Liebe Gottes zu den Sündern
2. auf die Frucht dieser Liebe unter Gottes Kindern.

Gebet! –

1.

Gott ist die Liebe – das ist ein Wort, in dem für den Geist des Glaubens freilich die Aufforderung liegt, emporzuklimmen in das Reich, das jenseits des Wandelbaren und Vergänglichen besteht, und sich zu versenken in die wunderbaren Tiefen des lebendigen Gottes, der in dem ewigen Lichte seiner Herrlichkeit, in seinem ewig geliebten Sohne, sich selber hat und sich selber schaut und liebt und in diesem ewigen Leben den ewigen Sabbat der Liebe feiert, um deswillen uns verkündigt werden kann, dass Gott die Liebe sei.

Allein wie anderswo also auch in unserem Texte lässt der heilige Geist uns nur bis an die Pforte dieses Allerheiligsten gelangen, um uns an die Offenbarung dieser Liebe, die *in dieser Welt* geschehen, zu erinnern, und vor

---

[1] Vorlage: Archiv des Rauhen Hauses, Hamburg, Bestand 61 H a, Nr. 79. – Lieder ([8]1853): 1. 166 Du, der Menschen [Heil und Leben] 2. 169,1-4 Ein Lämmlein [geht] 3. 923,11 Liebe zieh' uns [in dein Sterben].

allen Dingen zu dieser eigenen Erfahrung, die *wir* von dieser Offenbarung der Liebe an uns selber gemacht haben, zurückzuführen, und uns bei *dieser* Erfahrung und der darauf gegründeten Erkenntnis festzuhalten. Wir müssen dieser Weisung des Wortes folgen. Und so ergeht an uns die Frage: wer weiß es, des [..., ein Wort ul] zugleich war, hat es erfahren, dass Gott die Liebe ist, dass Gott ihn lieb hat? [2+3:] Das wissen und glauben und bekennen keineswegs alle, die es vernehmen. Wie mancher *gerecht* gerät durch schwere Trübsal und Nöte, in Anfechtung, dass er spricht wie jener im Buch Hiob: *Warum leben denn die Gottlosen, werden alt und nehmen zu an Gütern* (Hiob 21,7) – geschweige die Gottlosen in unseren Tagen, die freventlich dessen spotten, dass Gott die Liebe sei, die uns Menschenkinder mit Erbarmen trägt. –

Und in der Tat, meine Geliebten, der volle und wahre Glaube, dass Gott die Liebe ist, hängt aufs innigste zusammen mit der ihm zugleich eingeborenen Erkenntnis, dass Gott im Lichte ist und selber nur Licht ist [vgl. I Joh 1,5], das ist der Reine und Heilige, der nicht liebt und lieben kann, was nicht er selbst oder was nicht aus ihm ist, ja, der alles hasst und richtet, was wider ihn ist, der also alle Sünde und alles Unrecht mit dem Zorn seines Gerichtes bedroht und Strafe und Sühne deshalb so lange verlangen muss, als er die reine, heilige Liebe ist. Zur wahren Erkenntnis und täuschungslosen Erfahrung der Wahrheit, dass Gott die Liebe ist, kommen darum auch wir nur dann, wenn wir uns von dem Geist Gottes überführen lassen, dass auch in uns die Sünde wohnt und Gott die Sünde auch in uns hasst, aber nicht, um uns Sünder zu verstoßen, sondern um sich unser zu erbarmen, wenn wir unsere Sünde von ihm an uns strafen und sühnen lassen. Gewiss, meine Geliebten, ist dieses Bekenntnis, dass wir Sünder seien, nicht *eine schwere* Demütigung, die uns neben anderen Demütigungen auferlegt wird, sondern wirklich die eigentlich *schwerste*, tiefste Demütigung, die in allen [4:] übrigen etwaigen Demütigungen [ist], weil sie uns zunächst aller Ehre und Herrlichkeit vor Gott vollständig verlustig macht. Aber das Bekenntnis unsrer Sündschaft ist eine der wesentlichsten Proben, ob überhaupt Wahrheit in uns ist. Das Leugnen unsrer Sünde, die gefährlichste aller Selbsttäuschungen, die uns zulast werden muss. *So wir sagen, wir haben keine Sünde,* verkündet Johannes, *so verführen wir uns selbst, und die Wahrheit ist nicht in uns* ([I Joh] 1,8). Und die liebste Erscheinung der *Sünde* fasst er in unserem Text mit dem einen Wort zusammen, *dass wir Gott nicht geliebet haben* (V.10), dass wir uns erstens ohne die Erbarmung seiner Hand im *Tode* befinden (V.9), also trotz alles Lebens, in dem wir leben, für das wir leben und wirken, in dem wir uns freuen oder trauern, *Tote, Erstorbene* sind. Denn die Liebe Gottes allein ist das Leben. Wo sie nicht ist, da waltet der Tod der Sünde in uns, da warten unser die Schrecken des Todes im Zeitlichen – und im Ewigen!

Und *der Tod*, dieser Tod in all seinen Gestalten, Stufen und Ausgeburten ist der *Sünde Sold* (Röm 6,23). O, dass der Geist Gottes in seinem Wort dem Lichte der Sonnen in unseren Herzen helle scheine, dass wir wie jener bei Hiob in Wahrheit bezeugen könnten: *Wie mag ein Mensch gerecht vor Gott sein? Und wie mag rein sein eines Weibes Kind? Siehe, der Mond scheint (vor ihm) nicht, und die Sterne sind noch nicht rein vor seinen Augen: wie viel weniger ein Mensch, die Made, und ein Menschenkind, der Wurm?* (Hiob 25,4-6)

Dann, meine Geliebten, im Lichte dieser *Selbst*erkenntnis, geht über uns auf das Licht der *Gottes*erkenntnis, dass Gott die Liebe ist, dass Gott, der die *Sünde* hasst, die *Sünder* nicht verstößt, sondern aufnimmt, so viel ihrer zu ihm kommen, und ihnen eine Errettung und ewige Erlösung bereitet hat. Dann erst fassen wir, was Johannes hier predigt: *Daran ist erschienen die Liebe Gottes gegen uns, dass Gott seinen eingeborenen Sohn gesandt hat in die Welt – zur Versöhnung für unsere Sünden, dass wir durch ihn leben sollen* (V.9-10). In diesem Worte, in dieser Tat, die es predigt, ist das ganze Geheimnis der göttlichen Liebe umschlossen. Bewegen wir das Wort in unseren Herzen, so führt es uns abermals aus der Welt und allem menschlichen Gesichtskreise zurück in das ewige Lieben und die Liebesgemeinschaft Gottes selbst, des Vaters, Sohnes und heiligen Geistes. Dort in dem innersten Heiligtum des göttlichen Herzens hat unsere Sünde, unsere Verschuldung und das Elend des Todes, dem wir nach Gottes Gericht verfallen, den Ratschluss der Erbarmung über alle, die sie nehmen wollen, bewirkt. [5+6:] Der Bann soll wieder gelöset werden, dem wir zu gerechter Strafe allzumal unterworfen sind. Gott selbst will unser Retter werden, der uns geschaffen, will umso gewisser Erlösung und Versöhnung bereiten und in denselben zum zweiten mal als der Schöpfer eines neugeborenen Lebens aus Gnade über uns erscheinen. Von Anbeginn bereitet er das Erlösungswerk vor, namentlich in Israel, wo die Anordnung seiner Hand im Hohenpriestertum und Opfer, innig verbunden mit den prophetischen Herolden, dem, der da kommen soll, dem ewigen Sohn, den Weg bereiten. Dieser Gottes- und Mariensohn, die Fülle der Gottheit geeinigt mit der Fülle der Menschheit, erscheint und das anbetungswürdige Geheimnis wird offenbar, das von Anbeginn der Tage an bis dahin verborgen war. Das Wunder aller Wunder vollendet sich auf Golgatha. Was die Propheten von ihm geweissagt haben, wird erfüllt, indem er das Ende des Gesetzes [vgl. Röm 10,4] wird, und sich selbst, nach dem Willen seines Vaters, ihm gehorsam bis zum Tode [Phil 2,8], als das eine Opfer darbringt, das ewig gilt, und um *Versöhnung für unsere Sünden* vollzieht, in der er für alles genug getan. Denn indem der Sohn des lebendigen Gottes, der von den Sündern ausgesondert war und keine Sünde gehabt und getan, dennoch stirbt, stirbt er *nicht für sich,* sondern *für uns*, das heißt *an unserer Statt,* und tilgt damit in seinem Blutvergießen all unsere sonst nicht und durch nichts zu tilgende Schuld und schafft uns damit die Vergebung der Sünden. Er bewirkt dadurch, dass unser Tod getötet, dass das uns drohende Gericht verstummt, und wir neu, wie Johannes sagt, durch ihn wieder leben und so aufs Neue lebendig geworden, die wir tot waren in Sünden [vgl. Eph 2,1; Kol 2,13], zur lebendigen Erkenntnis dessen kommen: dass Gott die Liebe ist, die nicht will den Tod des Sünders, Gott will, dass er lebe und sich bekehre [vgl. Ez 18,23]. Er hat uns in seinem Sohn den bereitet, von dem der Täufer predigen konnte: Dieses ist das Lamm Gottes, welches trägt die Sünde der Welt [vgl. Joh 1,29]. Welch eine Hilfe und Errettung für alle, auch für alle Spötter und Zweifler! Welch ein Trost für alle bekümmerten und angefochtenen leidenden Herzen! Was für ein mahnender, bittender Ruf ist das, dass wir *alle* mit *allem,* was unser Herz beschwert, rückhaltlos zu Jesum kommen! So darfst du nun nicht mehr sorgen und klagen, er möge wohl *allen* vergeben, nur *dir* nicht! Er könne dir wohl alle deine Sünde vergeben, nur die *eine* nicht, die niemand weiß, außer er und du. Es gibt keine Sünde, die er nicht gesühnt, es gibt keinen Sünder, für den er nicht gestorben. Denn so wir ihm unsere Sünden bekennen, ist er treu und gerecht, dass er uns die Sünden vergibt und reinigt uns von *aller* Untugend ([I Joh] 1,9). Das Blut Jesu Christi, seines [7:] Sohnes, macht uns rein von *aller* Sünde [I Joh 1,7] – verkündigt in seinem Namen sein heiliger Apostel Johannes. Kommt her zu mir *alle,* die ihr mühselig und beladen seid [Mt 11,28], bittet er selbst. Sehet da, meine Geliebten, ist Gott nicht die Liebe ohne Maß und Ziel, ist in ihm nicht das *ewige Erbarmen, das alles Denken übersteigt*? Ist das nicht seligmachende Wahrheit für alle Traurigen, Elenden, Bekümmerten, Heilsbegierigen, die in der Nacht der geistigen und leiblichen Trübsal irren: *die Finsternis ist vergangen, das wahre Licht scheint schon*? (I Joh 2,8) Was wollen wir mehr? Wer wollte nicht zu ihm kommen, wenn er uns zu sich einladet zu kommen, wenn er verheißt: er wolle niemand verstoßen? Wer will uns nun scheiden von der Liebe Gottes? Wer will uns verdammen, Christus ist hier! Der gestorben ist, ja, vielmehr, der auch auferweckt ist, welcher zur Rechten Gottes uns vertritt. Ist Gott für uns, wer will wider uns sein? (Röm 8[,31]) Nein, ist einer, dieser eine gestorben, so sind sie alle gestorben, und siehe, das Alte ist vergangen, und es ist alles neu geworden [vgl. II Kor 5,14.17]. Ja, das ist die Liebe Gottes, die sein Mund verkündet: Also hat Gott die Welt geliebt, dass er seinen eingeborenen Sohn gab, auf dass alle, die an ihn glauben, nicht verloren werden, sondern das ewige Leben haben [Joh 3,16]!

2.

Meine Geliebten, wenn aber Gott das für die getan, die sich seine Liebe gefallen lassen und die er von da an die Seinen nennt, welche Frucht dieser seiner Liebe sucht er dann bei ihnen?

Darauf antwortet Johannes: Ihr Lieben, hat uns Gott also geliebt, so sollen, müssen wir uns auch untereinander lieben (V.11). Lasst uns dem noch in der Kürze nachsinnen.

Durch die ganze Epistel des Johannes geht der Widerhall des einen Wortes Jesu, das er als sein Testament seinen elf Jüngern (Judas hatte sich schon entfernt) hinterlassen: Ich habe euch geliebt, damit ihr euch untereinander liebt. (Joh 13[,34]) Er nennt also als den Zweck seines ganzen Liebeswerkes das Eine, dass sie dazu kommen sollen, sich untereinander zu lieben, die Stiftung, die heißt brüderliche Liebe. Damit ist zunächst *nicht* genannt die Liebe, womit seine Jünger alle Welt umfangen sollen, welche die Apostel unter dem Namen der *allgemeinen* Liebe sorgfältig von der brüderlichen Liebe unterscheiden [vgl. v.a. I Petr 2,17; II Petr 1,7; I Thess 4,9ff.; 5,15], sondern mit dieser brüderlichen Liebe ist gemeint die Liebe, welche die Seinen, die ihn erkannt haben, unter sich, [8+9:] gegeneinander, mit Ausschluss derer, die ihn nicht kennen, wahren und pflegen und üben sollen. Daran, sagt Jesus, wird jedermann (alle Welt – auch die ungläubige) Jesu Jüngerschar erkennen [vgl. Joh 13,35], sie bleibt das Erkennungszeichen seiner Jünger. Aus diesen Worten des Herrn bei Johannes ist klar, dass diese Liebe, die die Seinen untereinander haben – unser Zeugnis sein soll, aber der Spiegel, der Widerschein, der Abglanz *der* Liebe, die in Gott selbst, die in der ewigen Liebesgemeinschaft des Vaters, Sohnes und heiligen Geistes lebt, also der Widerschein, der Abglanz des ewig himmlischen Liebeslebens in der auf Erden gestifteten Glaubensgemeinschaft derer, die aus Gott geboren, die Gottes Verwandte, und zwar Gottes Kinder, also Brüder und Geschwister untereinander geworden sind, durch die Aufnahme der Liebe Gottes, die an ihnen zu ihrer Erlösung und Errettung geoffenbart worden. Und das ist seine Meinung auch in unserem Text: Die lebendige Erfahrung, dass Gottes Liebe uns in Christo, und namentlich in seiner Hingabe bis in den Tod, widerfahre, soll so mächtig, gewaltig das ganze Herz und Leben nach allen Seiten erfassen und durchdringen, dass sie die alle, die diese Erfahrung gemacht, zu einem Leibe und zu einer Liebe, zu einem Herz und einer Seele zusammenschmelzt, und in der so gestifteten brüderlichen Gemeinschaft, die diese untereinander haben, weit hineinleuchtet in die Welt. Das innere, unlösliche Band von beiden, von der Liebe, mit der Gott liebt, und der brüderlichen Liebe, liegt *in der Versöhnung* mit Gott, die allen durch das Kreuz Christi zuteil geworden. Die Liebe, die er für uns am Kreuze erwiesen, ist die Geburtsstätte und Wiege dieser an Wundern reichen, mit keiner anderen vergleichbaren Liebe der Erlösten untereinander. [10:]

Aus diesem Kreuz fließt die Quelle dieser neuen himmlischen Liebe. Darum, meine Lieben, haben wir uns zu steter Verjüngung dieser Liebe aus Gott unter dem Kreuz Christi zu sammeln. Alles, was Jesus dort für uns gelitten und getan, verwandelt der Geist Gottes für die, die an ihn glauben, in lauter neue Gnadenquellen, die das Lebensgebiet der brüderlichen Liebe nach allen Richtungen hin befruchten. Nicht, dass wir könnten mit *unsrer* Liebe tun, was er für uns getan! Nicht, dass wir könnten uns oder andere durch unser Lieben und Leiden und Tun mit Gott versöhnen und Sünde tilgen. Das sei ferne! Solcher Wahn wäre Verderbung des Werkes Christi selbst. Das *Opfer der Versöhnung* ist lediglich Christi Werk, aber für solche ewige Wohltat erwartet, ja, fordert er den Lob und Dank und Bitte und Freundschaft der Versöhnten in ihrem Wort und Werk, und namentlich innerhalb der brüderlichen Liebesgemeinschaft, *von allen, die seinen Namen nicht bloß zum Schein führen*. Er fordert sie auch von uns in der Beweisung der brüderlichen Liebe, die wir von ihm zu lernen haben.

Wenn Jesus uns durch seinen Tod mit Gott *versöhnt* und aus *Feinden* [vgl. Röm 5,10] zu Gottes Kindern gemacht, wie sollten diese, ohne sich an demselben Jesus, ihrem Haupt, zu versündigen, sich untereinander kränken und verlästern, *einander* als Feinde bekämpfen dürfen in Zank und Hader, statt als Geschwister einander zu tragen? *Wenn* Jesus uns in seinem Blut die *Vergebung* der Sünden erkauft und uns von unseren Sünden an Haupt und Gliedern *gereinigt*, wie sollten seine Erlöseten sich nicht einander ihre Sünde *vergeben* und einander die Füße waschen zur Reinigung vom täglich wieder anfliegenden Sündenstaub? *Wenn* er *gehorsam* und demütig ward bis zum Tode [vgl. Phil 2,8], wie darf ein Bruder sich noch ehrsüchtig über den andern erheben und wie muss nicht, der der Größte ist, der Diener aller sein [vgl. Mk 10,43]? *Wenn* er für uns *Gebet und Flehen* und *Fürbitte* geopfert hat, wo ist unser *neues Herz*, wenn es von ihm nicht Gebet und Flehen und Fürbitte füreinander gelernt hat und lernen will. *Wenn* Jesus selbst sich des Übel*täters* erbarmte und ihn den ersten in seinem Paradies sein ließ [vgl. Lk 23,43], wenn er [11:] selbst seine *Feinde* und Verspotter nicht richtet, sondern *vor* ihnen und *für sie* starb und für sie betet [vgl. Lk 23,34], dass auch sie Gnade und Vergebung und damit neues Leben finden, wo wäre hier ein Mensch, über den sie richten dürften, dessen sie sich nicht erbarmen wollten, ihn doch herzuführen zu Jesu, zum Leben. In dieser *himmlischen Liebe untereinander* nur gäbe es Trost barmherziger Liebe, der nicht hier seine Stätte hätte und durch Gebet und Gebot gefordert wird, um zu suchen und zu retten, was verloren ist [vgl. Lk 19,10], bis es sich will finden lassen?

Sehet da, meine Geliebten, diese brüderliche Liebe ist die Stätte, wo Christus selbst auf Erden eine Heimat sich bewahrt, wo er zu finden sein will von allen, die ihn suchen, sie ist der Ausgangspunkt und zugleich die

Krone des neuen Lebens [vgl. Jak 1,12; Apk 2,10], zu dem uns Gottes Liebe aus dem alten Tod der Sünde erweckt, *dass wir darin als die Auferstandenen* [12:] wandeln und Gottes Herrlichkeit verkünden.

Je mehr in unseren Tagen dieses Testament Jesu als die beste irdische Frucht seiner aus dem Himmel offenbarten Liebe übersehen wird, und Zank, Zwietracht, selbst Hass und Ärgernis herrscht unter, wenn auch *nicht allen*, aber doch so *vielen*, die den Namen Christi bekennen – desto ernstlicher lasst uns in dieser Leidenszeit des Herrn dieses sein Wort von der Liebe des Gekreuzigten zu Herzen nehmen, damit wir dieser *Frucht* des Kreuzes nicht verlustig gehen, weder für uns noch für die, welche seine Liebe noch nicht erkannt haben. Denn wir sind in dieser Liebe freilich zu seinen Handlangern und Mitarbeitern berufen, dass die Tore weit geöffnet werden zu dem Garten, wo die Bäume des Lebens [vgl. Gen 2,9] gepflanzt sind für alle Hungrigen, und Quellen lebendigen Wassers [vgl. Joh 7,38] sprudeln für alle Durstigen. Gott selbst pflege und beseele dazu sein Wort in unser aller Herzen, aber auch unser aller Häuser und Familien und Hausgenossen. Und wenn wir Fleiß tun, alle Gelegenheit reichlich zu nutzen, sein Reich in diesem Sinn und Geist in uns und außer uns zu bauen in Tat und Wahrheit, so lasst uns auch die Gelegenheit, die uns noch heute empfohlen werden soll, als solche mit Freuden ergreifen, damit auch in dem engen Kreise unsrer teuren Evangelischen Landeskirche immer mehr, und wir mit ihnen, immer weiser werden in der Erkenntnis, dass Gott die Liebe ist und [seinen] eingeborenen Sohn gegeben hat zur Versöhnung für unsere Sünden, damit wir durch ihn in solcher Liebe leben und all der Verheißungen, mit der er sie krönen will, teilhaftig werden. Amen.

Johann Hinrich Wichern

Predigt: 9. April 1860 über Lukas 24,13-35[1]

(2. Ostertag – Zellengefängnis Moabit)

[1:] Text: Lk 24,13-35

[13 Und siehe, zwei von ihnen gingen an dem selben Tage in ein Dorf, das war von Jerusalem etwa zwei Wegstunden entfernt; dessen Name ist Emmaus. 14 Und sie redeten miteinander von allen diesen Geschichten. 15 Und es geschah, als sie so redeten und sich miteinander besprachen, da nahte sich Jesus selbst und ging mit ihnen. 16 Aber ihre Augen wurden gehalten, dass sie ihn nicht erkannten. 17 Er sprach aber zu ihnen: Was sind das für Dinge, die ihr miteinander verhandelt unterwegs? Da blieben sie traurig stehen. 18 Und der eine, mit Namen Kleopas, antwortete und sprach zu ihm: Bist du der einzige unter den Fremden in Jerusalem, der nicht weiß, was in diesen Tagen dort geschehen ist? 19 Und er sprach zu ihnen: Was denn? Sie aber sprachen zu ihm: Das mit Jesus von Nazareth, der ein Prophet war, mächtig in Taten und Worten vor Gott und allem Volk; 20 wie ihn unsre Hohenpriester und Oberen zur Todesstrafe überantwortet und gekreuzigt haben. 21 Wir aber hofften, er sei es, der Israel erlösen werde. Und über das alles ist heute der dritte Tag, dass dieses geschehen ist. 22 Auch haben uns erschreckt einige Frauen aus unserer Mitte, die sind früh bei dem Grab gewesen, 23 haben seinen Leib nicht gefunden, kommen und sagen, sie haben eine Erscheinung von Engeln gesehen, die sagen, er lebe. 24 Und einige von uns gingen hin zum Grab und fanden's so, wie die Frauen sagten; aber ihn sahen sie nicht. 25 Und er sprach zu ihnen: O ihr Toren, zu trägen Herzens, all dem zu glauben, was die Propheten geredet haben! 26 Musste nicht Christus dies erleiden und in seine Herrlichkeit eingehen? 27 Und er fing an bei Mose und allen Propheten und legte ihnen aus, was in der ganzen Schrift von ihm gesagt war. 28 Und sie kamen nahe an das Dorf, wo sie hingingen. Und er stellte sich, als wollte er weitergehen. 29 Und sie nötigten ihn und sprachen: Bleibe bei uns; denn es will Abend werden, und der Tag hat sich geneigt. Und er ging hinein, bei ihnen zu bleiben. 30 Und es geschah, als er mit ihnen zu Tisch sass, nahm er das Brot, dankte, brach's und gab's ihnen. 31 Da wurden ihnen die Augen geöffnet, und sie erkannten ihn. Und er verschwand vor ihnen. 32 Und sie sprachen untereinander: Brannte nicht unser Herz in uns, als er mit uns redete auf dem Wege und uns die Schrift öffnete? 33 Und sie standen auf zu derselben Stunde, kehrten zurück nach Jerusalem und fanden die Elf versammelt und

---

[1] Vorlage: Archiv des Rauhen Hauses, Hamburg, Bestand 61 H a, Nr. 84. – Vgl. Gerhardt, Wichern III, 219.

die bei ihnen waren; [34] die sprachen: Der Herr ist wahrhaftig auferstanden und Simon erschienen. [35] Und sie erzählten ihnen, was auf dem Wege geschehen war und wie er von ihnen erkannt wurde, als er das Brot brach.]

Auch heute ist noch Ostern, eines der großen Feste in der Christenheit, das in aller Welt gefeiert wird, soweit der Name Christi gepredigt wird. *Christus* aber ist der *Osterheld,* das Haupt, um das sich alle sammeln, zu dem aller Herzen empor sehen, anbetend, bewundernd, lobpreisend. Denn er war in den Tod gegangen, der Tod hatte auch ihn umfangen [..., fünf Wörter ul] Lebendigen, alles Leben schien *verloren,* nachdem der sich selbst das Leben genannt [vgl. Joh 11,25], sein Leben dahingegeben, verloren und des Todes Raub geworden, nachdem es ihm ergangen, wie [es] allen Menschenkindern seit Adam her ergangen ist und ergehen wird. Wo sollte nun noch ein *Ende des Todes* und *ein Ende des verdammenden Gesetzes* gefunden werden, wenn der Sohn Gottes selbst diesem Gesetz und seinem Fluch erlag, wie wir? – Aber siehe da, er ging zwar in den Tod, jedoch die Schmerzen und Bande des Todes hatten ihn nicht können halten, wie ein wahrhaftiger Simson [Ri 15,14] zersprengte er seine Ketten und in Siegesherrlichkeit brach er hervor, Sonne nach der Nacht, ja wirklich der Lebendige, der den Tod überwand. Und wo ist nun dein Stachel, Hölle, wo ist nun dein Sieg? [vgl. I Kor 15,55] Wer sollte sich jetzt *nicht* freuen dürfen:

O du selige, o du fröhliche
gnadenbringende Osterzeit
Welt lag in Banden
Christ ist erstanden – freue dich, o Christenheit

Die heiligen Ostertexte bringen uns diese wunderbare Geschichte, von der ersten frühen Morgenstunde an, wo die Engel das Grab öffnen und die Weiber herzukommen und es leer finden [vgl. Mt 28 parr] – bis zu der Abendstunde, wenn Jesus in die Mitte der Jünger tritt, deren viele noch nicht glauben können und die selbst will er gewiss machen, dass er lebt, denn er zeigt ihnen Hände und Füße und seine Seite [vgl. Joh 20,27] und redet mit ihnen und isst mit ihnen, dass sie es glauben müssen, wenn's ihnen auch schwer wird vor Freude zu glauben an Jesu. Das können sie nun aber, da sie alle ihn gesehen haben, gehen und verkündigen, dass Gott ihn auferweckt hat von den Toten, des seien sie alle Zeugen [vgl. Act 2,32] – und sind es bis heute auch unter uns, meine Lieben. – Die eben gelesene Geschichte nun gehört auch zu diesen Ostertagsgeschichten. Sie führt uns in die Nachmittagsstunden. Die Jünger scheinen sich sämtlich, halb verzweifelt, in gewaltiger Aufregung [2:] des Gemütes zerstreut zu haben – zwei von ihnen sehen wir aus Jerusalem weg nach Emmaus, wo sie zuhause waren, pilgern, etwa drei

Stunden von Jerusalem, wir können es berechnen, es muss etwa drei bis vier Uhr nachmittags gewesen sein, als sie dort auf dem Weg durch die Felder waren, etwa 6 Uhr, als von [..., ein Wort ul] der Auferstandene zu ihnen trat, den sie nicht erkannten, der aber gerade diese beiden gesucht und mit ihnen ging und bei ihnen blieb, bis er seine Gemeinde erreicht hatte, etwa neun Uhr abends, als er sie alle um sich in Jerusalem versammelt hatte mit seinem Friede sei mit euch. [vgl. Lk 24,36]

Lasst uns miteinander unser aufmerksames Auge für diese Andachtsstunde richten auf diese Geschichte.

Der auferstandene Jesus in der Mitte der beiden Emmausjünger. [3:]

Dann werden wir recht im Geist eine Osterstunde mit ihnen und Jesu feiern können.

Auf *dreierlei* wollen wir unsre Aufmerksamkeit richten:

1. auf die *Seelenverfassung* der beiden Emmausjünger
2. auf die *Absicht* und die *Art und Weise*, in welcher Jesus zu ihnen kommt
3. auf den *Erfolg*, den Jesus mit seinem Tun bei den Emmausjüngern gehabt.

Auf die *Seelenverfassung* der beiden Emmausjünger zu achten, wird für uns um so lehrreicher sein, weil wir daran werden ermessen können, ob auch wir, und welche unter uns, Emmausjünger sind oder nicht.

Allgemeine Schwierigkeit, dies *Innere*, und das ist die Seelenverfassung eines Menschen, zu erkennen.

Von den allermeisten ist über das Innere wenig oder nichts zu sagen, denn sie sind in ihrer Leichtfertigkeit, als hätten sie kein Inneres, keine Seele, sie sind seelenlos, tot, unempfindlich, ohne Nachdenken, stumpfsinnig – und wenn das Ewige, Himmlische auch nur in *menschlichen* Erweisungen der Liebe an sie kommt, verschließen sie sich oder sind misstrauisch, und wie häufig! unwahr! Kommt die Versuchung ihnen nahe, so sind sie wie jener wilde Haufe, der heute Hosianna – morgen aber aus dem selben Munde das Kreuzige! ruft [vgl. Mk 11,9; 15,13f.] und für Ostern wie jene (ohne Christus oder im Ärger darüber, dass andere ihn feiern) in Jerusalem. Doch davon reden wir zu Ostern; heut nicht. *Unser Text bringt uns dergleichen Leute nicht nahe,* sondern führt uns in die Nähe solcher, deren immer nur wenige, sehr wenige sind, die sich nämlich mit Gott und ihrem Heiland beschäftigen und deren Seelenverfassung darum eine gänzlich andere ist, sie haben wirklich eine Seele, und sie leben und sind wach und glauben. Und zu diesen wenigen gehören diese Emmausjünger! denen wir auf dem Wege von Jerusalem nach Emmaus in dieser Nachmittagsstunde begegnen. Ja, welch ein reiches Leben [..., ein Wort ul] wir nun merkwürdig finden [..., ein Wort ul].

Wer ein göttliches, himmlisches Leben *haben* und führen will, der hat wohl auch Seligkeit, aber auch oft schwere Zeiten. Da geht es oft durch *Ängste und Zweifel*, durch innere Kämpfe und Nöte der stärksten Art. Es gibt viele Nöte in der Welt: Krankheit, Familienunglück, Armut – und jeder von uns hat wohl noch etwas *besonders* hinzuzufügen. Aber das alles gehört am Ende doch mit ins Christenleben und zu unsrer Erziehung, damit wir aus Weltkindern *Gottes* Kinder, aus verlorenen Schafen *gerettet* werden (so schwer *die* Schule auch werden mag). Aber jene [4:] *inneren* Nöte, Zweifel, Anfechtungen, von denen wir eben geredet, die durch unsere Erneuerung in unserem Verhältnis zu Gott entspringen, die *innerlich* sind, sind noch ganz besonderer Art. Sie sind das Feuer des Schmelzers, die Hammerschläge in der Hand des Ewigen, mit denen er uns umgestalten will in sein Bild; und sie treffen ohne Unterschied Gesunde und Kranke, Herr und Knecht, Arme und Reiche, Gläubige und Ungläubige, Einsame und Nichteinsame – sie gehören nämlich in die innerliche Welt unseres Lebens mit denjenigen großen Ereignissen, welche die innere Entscheidung bringen und den Ausschlag geben in der Zeit für unsere Ewigkeit. Auch mancher Gläubige weiß davon lange Zeit nichts, und führt mancher ein langes Christenleben, ehe er diese großen Erfahrungen macht, aber durchmachen müssen wir alle sie einmal, wenn auch in verschiedener Gestalt – und wenn es dann so weit gekommen, wird jeder bekennen, dass es unsre eigene Schuld gewesen, dass wir ihn so spät, so mit ganzer Seele geliebt, dass es nicht an ihm, sondern an uns gelegen, weil wir nicht schon bälder und schärfer und rascher und entschiedener unser Herz und Auge auf unsern Heiland gerichtet.

Die schwersten Kämpfe der Art, die in eines Menschen Seele kommen können, waren in der Seele der ersten Jünger in jenen heiligen Tagen, die wir jetzt feiern, da er am Kreuz gestorben war, ausgebrochen. Diese Kämpfe währten fort bei den meisten den ganzen ersten Ostertag. Diese beiden, mit denen wir hier zusammen nach Emmaus wandern, machen uns diesen Seelenzustand statt aller anderen klar.

Denken wir uns da hinein!

Wie hatten sie auf ihn gehofft! Sie hatten seine ganze Herrlichkeit gesehen, wie er, ein Quell der Liebe, Leben und Seligkeit um sich her ausgebreitet und auch ihre Seele damit erfüllt! Wie war er ihr Leben, ihre Seligkeit, ihre Freude gewesen. Wie Kinder ihre Eltern und ein Mann sein Weib, wie eine Braut den Bräutigam, so hatten sie ihn geliebt, und *noch viel mehr als das*; ihn *nicht* mehr zu haben, ihn zu verlieren, machte sie unglücklicher als Waisen, als Witwen, also war ihnen eine Unerträglichkeit geworden! denn sie hatten in ihm noch viel mehr, den Heiland Israels, *ihren* Heiland, ihren Seligmacher, den König des Lebens, den Erfüller aller Gottesverheißungen besessen, aller Seelen Wünsche und ewige Hoffnung für sich und die ganze Welt war in ihm erfüllt - und siehe, dann war er, [5:] dieser selbige Herr, vom Tod überwältigt [..., fünf Wörter ul], gestorben und begraben, und damit alle *Hoffnung* dahin. *Hatten sie sich getäuscht?* Dafür schien alles zu sprechen, dann aber gab es keine Wahrheit, kein Leben, keine Freude mehr, dann war aller Glaube eitel, Gott [..., zwei Wörter ul] ihr Aug Trug und Täuschung gesehen und ihr Ohr Lüge oder [..., ein Wort ul] gehört und ihr [..., ein Wort ul] Täuschung, dann schien Gott ein schreckliches Spiel mit den heilsbegierigen Seelen zu treiben. Doch die unglaubliche Kunde, dass er auferstanden sei, war zwar an ihr Herz gekommen, aber sie fassten sie nicht - sie glaubten sie nicht und konnten sie nicht glauben, sie *vermochten* es nicht. - Alle argen Fragen, die nur im Innersten einen Menschen beschäftigen können, waren mit bangen Zweifeln in ihrer Seele lebendig geworden, die unseligsten *Widersprüche* rissen ihre Seelen auseinander - hätten sie sich darin mit vollem Bewusstsein vertiefen wollen und können, ihre Seelen hätten darüber zerbrechen *und zugrunde gehen müssen*. Es wird schon uns schwer und schwindelt, wenn wir dem Sinn der Emmausjünger nachdenken, wie viel eher wird ihre Seele mit Ängsten erfüllt gewesen sein! Aber sie waren ersichtlich wie in einer *Betäubung*, die der natürliche Schleier war, mit dem Jesus ihr Auge ihnen verbunden hielt, dass sie ihn nicht erkannten. Denn wie wir sehen, Jesus hatte sie aufgesucht, er war ihnen nachgegangen. Das ist ja gerade seine Heilandsliebe, dass er solche Betrübte, Bekümmerte, die sich in dieser oder ähnlicher Verfassung wie die Emmausjünger befinden, nachgeht, sie sucht - in welcher Absicht und Art?

II. *Darauf sollte unser zweiter Teil* uns eine Antwort geben? *In welcher Absicht und welchem Beweggrund? und in welcher Art kommt Jesus ihnen nahe?*

Wir fragen nach der *Absicht*, mit welcher Jesus die Emmausjünger und damit alle, die wie sie nach dem ewigen Heile fragen, naht? Etwa aus bloßem Mitleid oder menschlicher Freundschaft und Teilnahme? Welche andere Absicht konnte er, der Osterheld, der auferstandene Jesus haben, als die: dass auch ihnen ein Osterfest bereitet werde durch ihn, dass sie der seligen Kraft und herrlichen Hoffnung seiner Auferstehung teilhaftig werden, dass sie erfahren, was es heißt: Ich lebe, und ihr sollt auch leben! [Joh 14,19] Er will kein Leben, kein Gut, keine Herrlichkeit für sich haben, denn wie er nicht *für sich* gestorben ist, sondern *für uns* [6:] und Gott, so ist er auch nicht *für sich* lebendig geworden, sondern für uns - ein Friedensheld und Lebenskönig für alle, damit wir alle in ihm zum Frieden kommen nach all diesen Kämpfen und Nöten und zum Leben nach all diesen Schrecknissen des Todes, der an unsrer Seele nagt, noch eher, als er den Leib sich untertänig macht.

Und achten wir nun auf *die heilige Liebe*, mit der er dieses Liebesziel, sie seines Auferstehungslebens teilhaftig zu machen, zu erreichen weiß.

Mit *dem klaren Blick in ihr Herz* und mit der *vollen Bewusstheit*, wie *er ihnen ein Retter sei* und sie selig machen kann und will, tritt er an sie heran – aber so, dass sie ihn nicht erkennen, so dass man sieht, dass er ihnen zunächst unbekannt bleiben will, dass sie ihn für sich nicht erkennen sollen. *Ja, es steht ausdrücklich: ihre Augen wurden – nämlich von ihm gehalten, dass sie ihn nicht erkannten.* Sie [..., ein Wort ul] nur einen Menschen, wie sie selbst sind, ja nur einen Fremden zu sehen, der zufällig an sie hinantritt. Es ist aber Jesus, der Herrliche, Ewige, in eine Menschengestalt verkleidet. – *Meine Geliebten, wie oft macht er es mit uns also, und hat er es mit uns also gemacht*! Denken wir dem nach! In wie manchem Menschen ist er uns schon nahe gekommen, wo wir es zuerst gar nicht ahnten, dass der Herr es sei, der in ihm uns nahe. O, meine Geliebten! Je mehr wir unsere Augen offen halten wollten für ihn, der uns so liebt, der für uns sorgt, der uns Leibliches und Geistliches darreicht, umso mehr werden und würden wir inne werden, wie oft er als Unerkannter und nicht Gesehener uns nahe ist und nahe tritt. Des Leben und Liebe ihr Sein ist und sein Mantel ist die Verklärung der [..., zwei Wörter ul] für den Anfang[..., ein halbes Wort ul]. W*arum er das tut*? Um es mit uns zu machen wie mit den Emmausjüngern, er öffnet ihnen auf diese Weise das Herz, dass sie sich aussprechen gegen ihn, wie ein Bruder sich ausspricht gegen den Bruder, ein Freund gegen den Freund. So weiß er ihnen beizukommen und von ihrem Herzen Besitz zu nehmen. – Darnach aber dringt er nach und nach tiefer ein und zeigt ihnen [..., zwei Wörter ul] den Schaden des Herzens, dass sie langsam sind, zu glauben den heiligen Worten der Propheten, als er sie von der mangelnden Erkenntnis zu der vollkommenen führt, dass sie ihn ohne Hülle, wie er ist, erkennen sollen. Er öffnet [7:] ihnen die Schrift und legt ihnen alle Schriften aus, die von ihm gesagt waren – damit sie den Kern aller göttlichen, geoffenbarten Wahrheit erkennten: dass Christus, der *Messias* solches *leiden* musste, um zu seiner *Herrlichkeit eingehen* zu können [drei Abkürzungen ul] Da redet er von großen, heiligen Geheimnissen: darauf kommt es zu Ostern ihm an, dass sie erkennen, dass sein *Leiden das Leiden* des Weltheilandes gewesen, und dass solches kein *zufälliges, von Menschen willkürlich* veranlasstes, sondern, wenn auch durch ihre Schuld herbeigeführt, doch zugleich – wunderbar genug! ein in *Gottes Ratschluss begründetes, ein versöhnendes Opfer zur Versöhnung* und Versühnung der Sünden der Welt, – das aber freilich erst vollendet werden konnte durch diesen herrlichen Ausgang, dass, der das Opfer selber war, aus dem Opfer hervorging, emporstieg in ewiger Herrlichkeit und Verklärung, also dass in ihm die alle mit verklärt werden, für die er das Opfer gebracht.

Und das ist in der Tat das tiefste Geheimnis des Reiches und Ratschlusses *Gottes*. Das Menschenherz, das sich dahinein versetzt, versenkt sich in die Tiefe der *ewigen* Gottesliebe, deren herrliche Strahlung durch alle heiligen Geschichten (die der Herr für uns [..., ein Wort ul] hin durchleuchtet) und wie in die heiligen Anfänge, also in die heilige Vollendung alles Gotteswerkes hinausweist und dort wird jubeln, dass unser und aller Menschen Seligkeit das Gnadenwerk Gottes ist, auf das seine ganze Liebe und Erbarmung gerichtet ist.

Nachher bekennen seine Jünger, wie er mit diesen Darlegungen ihre Seelen in Liebe, Andacht und Anbetung entzündet, wie er ihr Herz ganz brennend gemacht, indem er aus der heiligen Glut der Gottesliebe glühendes Feuer in ihre Herzen gesenkt, dass sie in stillen Flammen gemeinsam ihm entgegen geschlagen. Das ist das heilige *Osterfeuer*, durch dessen Brennen er in unserem Herzen allein die rechte Osterfeier und Osterfreude entzünden kann und will. Möchte ein Funke davon in unserem Herzen zünden, dass er auch in unserem Herzen [8:] durch sein Leuchten und seine Flamme die Nacht oder Dämmerung vertreibe; die macht, dass wir ihn noch nicht erkennen, aber in seinem Licht dazu kommen, ihn in seiner Osterherrlichkeit zu sehen, wie nahe er uns ist, uns Osterfreude und Osterfrieden ins Herz zu geben.

III. *Das ist nämlich der Erfolg, den Jesus in seiner Liebe* bei den Emmausjüngern erreichen wollte und wirklich erreicht, wie er ihn *bei uns* erreichen will.

Wir erinnern uns der lieblichen Geschichte, wie sie unter solchem Gespräch und in solcher Herzensbewegung sind an den Flecken kommen V. 28 und sie ihn dringend baten: Bleibe bei uns, denn es will Abend werden! – Und er blieb bei ihnen. Und es geschah – nahm er das Brot – und da wurden *ihre Augen geöffnet, und sie erkannten ihn* V. 31.

Lukas erzählt uns leider! nicht im Einzelnen, wie diese Geschichte geschehen ist. Aber das merken wir wohl, wie allmählich sie dahin gekommen, inne zu werden, dass es vielleicht Jesus selbst sei; bis bei dem Brotbrechen (es war *nicht* eine Abendmahlsfeier) ihnen die Augen helle wurden und *sie ihn erkannten*! Wer könnte den Augenblick des Erkennens beschreiben oder beschreiben wollen! Ja, diese Welt von Sorgen und Anfechtungen war in dem Augenblick verschwunden, die Seelen der Jünger waren in dem Augenblick umgewandelt, der Tod war für sie verschlungen in den Sieg [vgl. I Kor 15,55]. Das alte Leben war verloren und Traurigkeit war dahin, und ein neues Leben der ewigen Erlösung war in ihnen angebrochen. Mit Petrus konnten sie ausrufen: *Gelobet sei Gott und der Vater unseres Herrn Jesu Christi, der uns nach seiner großen Barmherzigkeit wiedergeboren hat zu einer lebendigen Hoffnung durch die Auferstehung Christi von den Toten* (I Petr 1,2). Nun erst war Ostern für sie ein Ostern, ein Fest des Lebens, der Wiedergeburt, der ewigen Errettung aus Tod und Verderben zu dem lebendigen Gott. *Sie waren in die Auferstehung Christi eingegangen*, und in ihr war eine neue Welt ihnen aufgegangen, und jetzt ist das Himmelreich erschienen als das gewisse, selige, fröhliche Gottesreich!

Wie werden sie Jesu gegenüber gestanden sein! wie Essen und Trinken vergessen haben, wie war die wunderbare *Abendstunde* verwandelt in den heiligen, ja den seligsten Ostertag! – *Aber was geschah weiter?*

[9:] Ein Wunder folgt dem andern, wie zuvor, so auch jetzt, im Tun dessen, der wunderbar segnet! – Es wird ausdrücklich erzählt, dass in diesem Augenblick *Jesus plötzlich vor ihnen verschwand* und sie allein ließ und doch nicht allein. – *Er tut im Grunde hier* nichts anderes, als was *er die ganze Osterzeit* hindurch bis zu seiner Himmelfahrt tat, er entzieht seine leibliche, dem sterblichen Auge sichtbare Gestalt den Augen der Seinen, offenbar, um ihnen und allen, die ihm nachfolgen, zu sagen, *dass es nie darauf abgesehen* sein soll, in diesem sterblichen Leibe ihn mit leiblichen Augen oder in Gesichten und Träumen zu sehen, was eitel Schwärmerei ist und bleibt, sondern ihn mit den Augen und dem ganzen, starken, heiligen, neuen Leben des Glaubens – in der Hoffnung *einstigen Schauens* zu erfassen. Und diese Wahrheit gilt bis heute und für immer und für alle. Indem er seine damaligen Emmausjünger übt, dass sie ihn also ihren auferstandenen Herrn sein lassen, übt er gleichermaßen alle, die diesen Emmausjüngern noch heute gleichen oder ähnlich sind und die wie sie zur Osterfreude kommen und in ihr leben wollen: wohl uns, wenn wir uns zu Herzen nehmen und mit den Emmausjüngern durchdringen zu der *Erkenntnis des auferstandenen Heilandes im Geist und in der Wahrheit*.

In dieser gewissen Erkenntnis sehen wir sie von da an vor uns; sie sind in ihr nicht mehr träge, zu glauben den Worten der Propheten, sondern gar lieblich und fröhlich und solchen Glaubens von Herzen selig und gewiss. Und solcher Glaube wird zur Tat.

So stehen sie auf, kehren zurück nach Jerusalem noch an demselben Abend in die Gemeinschaft der anderen Jünger, und finden auch hier deren immer mehrere, die die gleiche Erfahrung wie sie gemacht und einander begrüßen, dass der Herr wahrhaftig auferstanden und von ihnen allen gesehen, *bis er dann selbst in ihre Mitte tritt* und, sie gemeinsam segnend, mit seinem Geist grüßt: *Friede sei mit euch*! [Lk 24,36] Wie köstlich und selig, wer in jener Gemeinschaft hat Ostern feiern können. [10:]

Meine Geliebten, der Gemeinschaft dieser Jünger in Christo sind wir alle einverleibt. *Das ist aber seine heilige gläubige Gemeinde auf Erden,* sie ist noch heute die Gemeinde hinter verschlossenen Türen - aber doch ist Jesus bei ihr drinnen -, die um ihn sich versammelt sieht, die die rechte Ostern feiert, zu der er auch uns hier heute aufs Neue hat ziehen wollen, um deretwillen er uns hat mit sich genommen auf den Weg nach Emmaus. Möchte nur keiner zurückgeblieben sein!

Möge er auch an uns, an recht vielen unter uns erreicht haben, dass wir recht wie auch die zwei unter uns Emmausgänger sind und werden, dass wir ihm unser Herz ausschütten, dass wir sein Wort gern hören, wie jene es taten, damit es uns im Herzen wie eine Fackel leuchte, in deren Licht wir den Auferstandenen erkennen, damit er seine Osterfreude als seine beste Ostergabe uns ins Herz senken könne, zur Linderung all unsrer Not und all unsrer inneren Kämpfe und Sorgen. Amen.

Johann Hinrich Wichern

Predigt: 11. Oktober 1863 über Acta 19,23-40[1] (19. So. n. Trinitatis – Anscharkapelle Hamburg)

[1:] Gelobt sei Gott und der Vater unseres Herrn Jesu Christi, der uns gesegnet hat mit allerlei geistlichem Segen in himmlischen Gütern durch Jesum Christum [Eph 1,3]. Amen.

Mit diesem Gruß beginnt Paulus den Brief an die Gemeinde in Ephesus – einer derjenigen Städte, denen der Apostel eine bedeutende Zeit, mehrere Jahre, seiner Missionstätigkeit etwa ums Jahr 56 bis 58 widmete. Im Bewusstsein seines apostolischen Missionsberufs und in klarer Erkenntnis, dass dem Herrn nicht bloß die Einzelnen und die Stillen im Lande, sondern die ganze Welt zugehört, sucht der große Völkerapostel und nach ihm auch die übrigen Apostel zur Gründung des Reichs Gottes sich vornehmlich die großen Städte auf, die den Mittelpunkt des Volkslebens bilden, sei es, weil dort die Fürsten und Regenten wohnten wie in Rom, sei es, dass dort die Wissenschaft und Kunst gepflegt wurden wie in Athen, sei es, dass sie als Handelsstädte hervorragend die Pflegestätten der Kultur, des Handels- und Menschenverkehrs bildeten, wie z.B. Philippi, Thessalonich, Korinth, Antiochien u.s.w. Zu diesen Städten gehörte auch Ephesus, dort, unweit von der kleinasiatischen Küste. Unser heutiger Predigttext wird uns für diese Stunde in Ephesus festhalten.

Ephesus war die Hauptstadt des griechischen Vorderasiens, eine blühende Handelsstadt mit einem schönen Hafen. Deswegen hatte sich dort ein reger Verkehr von der Land- und Wasserseite aus gebildet. Sie war zugleich der Mittelpunkt aller vorderasiatischen Bildung. Wir finden dort Rhetorenschulen, Künstler und großartige Handwerksbetriebe. Vor allen Dingen war sie berühmt durch ihren Dianen-Kultus. Die Artemis oder Diana von Ephesus kannte die ganze damalige Welt. Ihr Opfer und Fest standen unter der

[1] Vorlage: Archiv des Rauhen Hauses, Hamburg, Bestand 61 H a, Nr. 93. – Vermerk: „Vieles ist bei Halten der Predigt anders ausgeführt als es hier geschrieben ist." (1) – Lieder (1843): Vor der Predigt: 245 (Die Feinde [deines Kreuzes drohn]). Zwischen: 496 (Deiner Wahrheit [reines Licht]). Nach: 318 [Ich komme, Friedensfürst],4 (Mein [ganzes Leben]).

Aufsicht jener Asiarchen (in unserer Stelle [der] Bibel werden sie die Obersten Asiens genannt) reiche, hochangesehene Leute, die diese Ämter als Ehrenamt verwalteten. Auch unter uns mögen wenige sein, die nicht von dem berühmten Tempel zu Ephesus gehört. Man pflegt ihn zu den sieben Wunderwerken der Welt zu zählen, das er auch blieb, nachdem Herostratus ihn zur Verherrlichung des eigenen Namens verbrannte. Er stand auf dem Weg, der von der Stadt zum Hafen führte. Über 400 Fuß lang und 200 Fuß breit wurde er von 127 Stück 60 Fuß hohen Säulen getragen, mit kostbaren Reliefs und Gemälden geschmückt. Alljährlich wanderten große Scharen zu den Festen, die zu Ehren des Tempels von den Asiarchen veranstaltet wurden, herzu, um nach der Rückkehr den Ruhm der Diana aufs Neue zu mehren.

Da kommt 23 Jahre nach der Auferstehung des Herrn von jenen Höhen, die Ephesus umgeben, herab ein Handwerksmann, ein Jünger Jesu, seines Geschäftes ein Teppichmacher (voller Gedanken über das Heil der Welt und die Bedeutung dieser großen Stadt für den Bau des göttlichen Reiches). Er hatte schon vor Jahren hier einkehren wollen, da hatte ihm der Geist Gottes gewehrt [vgl. Act 18,19ff.], jetzt aber kommt er mit dem Willen und Segen Gottes, nachdem er eben die Galater besucht [vgl. Act 18,23]. Wer ist der Mann? Es ist Paulus! Er ist erfüllt von den Gedanken und Gebeten, in Ephesus das Wort des Lebens, das Heil in Christo, die Herrlichkeit Gottes in seinem eingeborenen Sohn zu verkünden. Lasst uns mit ihm dort einkehren und sehen, was Gott durch ihn tut. [2:]

Apostelgeschichte 19, 23-40

[[23] Es erhob sich aber um diese Zeit eine nicht geringe Unruhe über einen neuen
Weg. [24] Denn einer mit Namen Demetrius, ein Goldschmied, machte silberne Tempel
der Diana und verschaffte denen vom Handwerk nicht geringen Gewinn. [25] Diese und
die Zuarbeiter dieses Handwerks versammelte er und sprach: Liebe Männer, ihr
wisst, dass wir großen Gewinn von diesem Gewerbe haben; [26] und ihr seht und hört,
dass nicht allein in Ephesus, sondern auch fast in der ganzen Provinz Asien dieser
Paulus viel Volk abspenstig macht, überredet und spricht: Was mit Händen gemacht
ist, das sind keine Götter. [27] Aber es droht nicht nur unser Gewerbe in Verruf zu geraten, sondern auch der Tempel der großen Göttin Diana wird für nichts geachtet werden, und zudem wird ihre göttliche Majestät untergehen, der doch die ganze Provinz
Asien und der Weltkreis Verehrung erweist. [28] Als sie das hörten, wurden sie von
Zorn erfüllt und schrieen: Groß ist die Diana der Epheser. [29] Und die ganze Stadt wurde voll Getümmel; sie stürmten einmütig zum Theater und ergriffen Gajus und Aristarch aus Mazedonien, die Gefährten des Paulus. [30] Als aber Paulus unter das Volk
gehen wollte, ließen's ihm die Jünger nicht zu. [31] Auch einige der Oberen der Provinz
Asien, die ihm freundlich gesinnt waren, sandten zu ihm und ermahnten ihn, sich
nicht zum Theater zu begeben. [32] Dort schrieen die einen dies, die andern das, und
die Versammlung war in Verwirrung, und die meisten wussten nicht, warum sie zusammengekommen waren. [33] Einige aber aus der Menge unterrichteten den Alexan-

der, den die Juden vorschickten. Alexander aber winkte mit der Hand und wollte sich vor dem Volk verantworten. [34] Als sie aber inne wurden, dass er ein Jude war, schrie alles wie aus einem Munde fast zwei Stunden lang: Groß ist die Diana der Epheser! [35] Als aber der Kanzler das Volk beruhigt hatte, sprach er: Ihr Männer von Ephesus, wo ist ein Mensch, der nicht weiß, dass die Stadt Ephesus eine Hüterin der großen Diana ist und ihres Bildes, das vom Himmel gefallen ist? [36] Weil das nun unwidersprechlich ist, sollt ihr euch ruhig verhalten und nichts Unbedachtes tun. [37] Ihr habt diese Menschen hergeführt, die weder Tempelräuber noch Lästerer unserer Göttin sind. [38] Haben aber Demetrius und die mit ihm vom Handwerk sind einen Anspruch an jemanden, so gibt es Gerichte und Statthalter; da lasst sie sich untereinander beklagen. [39] Wollt ihr aber darüber hinaus noch etwas, so kann man es in einer ordentlichen Versammlung entscheiden. [40] Denn wir stehen in Gefahr, wegen der heutigen Empörung verklagt zu werden, ohne dass ein Grund vorhanden ist, mit dem wir diesen Aufruhr entschuldigen könnten. Und als er dies gesagt hatte, ließ er die Versammlung gehen.]

Das ist ein langer, fast zu langer und doch nur ein halber und deswegen zu kurzer Text. Wollen wir das eben Gelesene richtig verstehen, dann ist das nur möglich durch Hinzunehmen des Vorangehenden von V. 8 an, wodurch wir die Ursach dieser Volksbewegung – und das ist die Missionstätigkeit des Paulus – erfahren. Damit ist uns aber zugleich der Gegenstand der Predigt angewiesen; das Gelesene und Nichtgelesene zusammenfassend wollen wir miteinander betrachten

das apostolische Missionswerk des Paulus in der Stadt Ephesus

das uns zugleich als Vorbild aller heutigen Missionstätigkeit in der großen Stadt dienen kann. Wir betrachten

1. die Missionsarbeit des Apostels Paulus in Ephesus
2. die erfreuliche Frucht seiner Arbeit
3. die feindselige Volksbewegung gegen dieselbe.

1.

Wollen wir die *Missionsarbeit des Apostels Paulus* in Ephesus kennen lernen, so besteht sie hier wie aller Orten zuerst und zuletzt in derjenigen Verkündigung, mit der alles Reich Gottes anhebt und fortgeht und die die heilige Schrift immer zusammenfasst in das eine große Wort: *Jesus ist der Christ!* Oder gäbe es irgendwann und irgendwo in der Zeitlichkeit ein anderes Evangelium als die Einladung zu einem Heiland, die Anpreisung eines einzigen Retters und Seligmachers, der vom Himmel herabgekommen, uns Menschen ein ewiges Genüge zu bringen und von Sünde und Schuld und Gericht gewiss und wahrhaftig zu erlösen? Und steht das nicht felsenfest und gewiss, dass wir keines anderen Heilandes zu warten haben, als der gekommen ist, dass Jesus, und nur Jesus es ist, für uns gestorben und auferstanden vom Tode, der sich gesetzt zur Rechten der Majestät, von dannen er wiederkommen wird. Es ist in keinem anderen Heil, ist auch kein anderer Name gegeben, darin wir sollen selig werden [Act 4,12], das ist die Predigt Christi: Kommt her zu *mir*! [Mt 11,28] Ich bin das Licht der Welt! [Joh 8,12] Ich bin das Brot des Lebens. [Joh 6,35] *So verkündet der Heiland selbst*, und so verkündet der ganze Chor der Apostel.

Freilich ist es nicht genug, dass es gepredigt wird. Es predigen es viele aber wie die Schriftgelehrten, die nicht gelehrt sind zu jenem Beruf und darum ohne Frucht. Es kommt darauf an, *wie* es gepredigt wird, ob mit Beweisung des Geistes und der Kraft, und zwar des Geistes und der Kraft [I Kor 2,4] dessen, [3:] der gekommen ist, zu suchen und selig zu machen, was verloren war [vgl. Lk 19,10].

Das Wort muss gegeben werden aus dem Herzen voll Glauben, dann weckt es den Glauben, muss durchzuckt sein von dem Blitz des himmlischen Feuers, dann zündet es; erfüllt sie mit der Gewalt der Wahrheit, dann überzeugt es die Gewissen und geweiht sie mit der barmherzigen Liebe gegen die Sünde, dann macht es selig, ohne das wäre es ein tönend Erz und eine klingende Schelle [vgl. I Kor 13,1]. Wenn der zu Christo einladet nicht empfindbar macht, dass er es deswegen tut, weil er selbst erfahren, dass Jesus ihn selbst hat aus Sünde errettet und ihm den ewigen Frieden gegeben, der predigt nicht als ein Herold des Heilandes, der hat selbst keinen Frieden und bringt darum auch keinen Frieden. *Wie sehr tat das ein Paulus*, der wusste, dass ihm Barmherzigkeit widerfahre, dessen Seele erfüllt war von der Glut der Liebe zu denen, die er zu Jesu führen wollte und sollte! So kann er nachher selbst die Epheser zu Zeugen aufrufen ([Act] 20,31), *wie er nicht abgelassen, jahrelang Tag und Nacht einen jeden mit Tränen zu ermahnen*. Er hat also nicht bloß vor den vielen, die ihn hörten, gepredigt, sondern ist auch dem Einzelnen in der Tiefe der barmherzigen Liebe nachgegangen, wie ein *Arzt* dem Kranken [vgl. Lk 5,31], wie der *Hirte* dem verirrten Schaf [vgl. Lk 15,4ff.], um sie alle zu dem Heiland zu bringen, damit sie alle den Heiland lieb gewinnen, der die Sünder annimmt und selig – ja wahrhaftig *selig* macht!

O, meine Geliebten! wenn aller Orten das Evangelium gepredigt würde, anstattdessen gezweifelt, dass Jesus Christus ist, wenn es *also* gepredigt würde, so gepredigt würde in Stadt und Land, in der Kirche, in den Häusern, in den Schulen, auf den Gassen, den Vielen und den Einzelnen, wenn so die Menschenseelen von Menschenfischern [vgl. Mt 4,19] gesucht würden – nach dem Vorbild des Apostels, so einfältig und so tiefsinnig, so geduldig und so aufrichtig zugleich – wie ganz anders würde dann das Reich *Gottes* hervorbrechen, welch anderer Erfolg würde da auf der Verkündigung des Wortes ruhen, wie würde dasselbe leuchten wie ein Blitz, und wie würden wir dann die Wunder unseres Gottes unter den Menschen sehen!

Wie es hinsichtlich des Erfolges dem Apostel Paulus in Ephesus ergangen? Das wollen wir zum andern sehen! [4:]

2.

Es ist eine ziemlich allgemein gehörte Klage, dass in unseren Tagen das Evangelium und seine Predigt so wenig Frucht schaffe, dass ihr so viele Türen verschlossen oder nur so kleine Türen geöffnet seien.

Meine Geliebten. Im Großen und Ganzen angesehen hat diese Klage keine Wahrheit und deswegen kein Recht und ist entweder nur ein Zeugnis der Mutlosigkeit derer, die ihren Glauben nicht stärken an den großen Taten Gottes, die er noch heute in der Welt tut, oder entspringt aus dem kleinen Gesichtskreis der Vielen, die sich für die Dinge des Reiches Gottes selbst ihren Horizont beschränken und deswegen die Kriege und Siege, die Gott führt und feiert, nicht sehen. *Andererseits* aber ist diese Klage auch wieder berechtigt in Beziehung auf gewisse Kreise und gewisse Zustände, die sich namentlich in den großen Weltstädten finden, wie ein Paulus und die übrigen Apostel sie aufgesucht, in denen aber freilich wenig oder nichts gewirkt werden kann, wenn die Arbeit der *Kirche nicht als Arbeit des Reiches Gottes* und im *Missionsgeist* getan und im vollen Bewusstsein und Glauben an die Gebote und Verheißungen des lebendigen Gottes unternommen und bis ans Ende hinausgeführt wird. – Oder sollten die Zeugnisse apostolischer Wirksamkeit – z.B. in Antiochien, Philippi, Thessalonich, Korinth nicht zugleich als *Verheißung* für alle Tage gelten dürfen für alle, die in Christi Namen diesen Vorbildern nachfolgen wollen?

Hören wir Paulus in Ephesus, und vergegenwärtigen wir uns, wie die von ihm gestreute Saat um ihn her aufsprießt!

Mir ist hier, so schreibt er *von Ephesus* nach Korinth (I Kor 16,9) eine *große* – eine *weite* Tür aufgetan! Ja freilich weit – denn es öffnete sich ihm ganz Asien, Juden und Griechen –. *Alle*, so wird ausdrücklich berichtet, die in Vorderasien wohnten, *hörten das Wort des Herrn Jesu*. Das war nur in einer Stadt wie Ephesus möglich, wo der Handel den großen Verkehr vermittelte, aber der Apostel verschmäht es auch nicht, diese Verhältnisse dem Reich Gottes nutzbar zu machen. Wie hat in besseren Tagen auch in deutschen Städten der Handel die Hand geboten zur Ausbreitung des Reiches Gottes – während er jetzt sich tausendfach um alles andere, nur nicht um diese höchste Angelegenheit kümmert und den Mammon häuft, ohne ihn dem dienstbar zu machen, der zu allem Handel und Wandel allein Segen gibt und Segen geben kann. [5:]

Aber noch ein anderes ist hier hervorzuheben. – Nachdem Paulus seine Verbindung mit der Synagoge auch in Ephesus wegen der Lästerung der Juden hatte aufgeben müssen und ihm damit zugleich der Ort fehlte, wo er von da an eine größere Zuhörerschaft um sich versammeln konnte, eine Schwierigkeit, die in Ephesus so groß sein mochte als zuzeiten in unseren Städten – da öffnet ihm und zwar zu *täglicher* Benutzung ein gewisser Tyrannus, wahrscheinlich ein griechischer Rhetor und Lehrer der Beredsamkeit, seine Schule, das war nicht eine Synagoge, sondern ein *Hörsaal*, worin derselbe seine Studierenden zu lehren pflegte –. Einem Paulus war auch dieser Ort geheiligt durch das Evangelium, das er dort nun nicht mehr bloß vor Juden, sondern überwiegend vor Griechen darlegte, und zwar vor den gebildetsten und geistig am höchsten stehenden Griechen, zugleich ein Zeugnis, dass das Evangelium nicht Gegnerin der allgemeinen menschlichen Bildung und Wissenschaft ist, die damals von den Griechen vertreten wurde, vielmehr die Freundin derselben ist, auch sie zu Gott und damit in die rechte Tiefe und Höhe der Erkenntnis zu führen.

Welchen Eingang das Wort Gottes nach dieser Richtung gewonnen, stellt sich namentlich auch in der Freundschaft des Paulus mit jenen Asiarchen heraus, den einflussreichsten Männern des Landes, den höchstangesehenen im Volk, die in jenem Volksauflauf mit ihrer liebenden Bitte an den Paulus, sein Leben zu schonen, bekundeten, wie nahe sie sich ihm im Geist verwandt und verbunden wussten.

So hatte in Ephesus das Licht und die Liebe des göttlichen Wortes sich segnend emporgerankt bis in die höchsten Kreise der Gesellschaft, aber ebenso hatte es nach unten in dem großen Haufen Wurzel geschlagen.

Als ganz besonders merkwürdig nennt in dieser Beziehung die Apostelgeschichte ein Ereignis, woran zu erfahren, wie weit sie im Volk sich bereits als lebendiger Glaube verzweigte. Das ist die Verbrennung einer ungeheueren Menge von schlechten Büchern auf öffentlichem Markt. Der Inhalt dieser Bücher und Schriften stand in genauer Verbindung mit dem Götzendienst in jenem berühmten Dianentempel; ihr Inhalt war, wie es heißt, vorwitzige Kunst, das soll heißen Magie, Zauberei und Aberglaube aller Art. Diese Bücher waren also eines der handgreiflichsten Zeichen, in welchem Maße durch Pflege des Dianendienstes der Aberglaube, das heißt ein Afterglaube ohne Gott und gegen Gott, im Volk verbreitet war. Erinnern wir uns, in welch ungeheuerem Umfang und zu welchem Verderben – mehr als die meisten es ahnen – solcher Aberglaube an geheime Naturkräfte als Macht kräftigen Unglaubens unter unserem Volk im Schwange geht, so begreifen wir die Bedeutung der Tatsache, die offenbar nicht von Paulus selbst veranlasst ist, dass auf öffentlichem Markt [6:] ein solcher Haufe derartiger Bücher den Flammen übergeben wird, dass der Wert derselben auf 50.000 Drachmen, d. h. mindestens 12.000 Gulden, also der Wert eines schon ganz bedeutenden Bücherlagers, berechnet werden konnte. Man vergegenwärtige sich ein solches Ereignis in unseren Tagen! Wie groß müsste die Zahl der dabei beteiligten Epheser sein! Und die Handlung nun vollends als Ausdruck einer Gesinnung, die in allen lebte. Dies Feuer auf dem Markt war zugleich ein Zeugnis gegen das Heidentum, dem sie bis dahin gedient und ebenso ein Bekenntnis zu Christo, dem sie von nun an angehörten, zu Christo, dessen Licht und Wahrheit den Zauber und Bann ihrer Seele gelöst und sie zu der Freiheit geführt, in der sie nun neu erleuchtet, neu erstanden waren.

Damit in Verbindung stand mit Notwendigkeit die Abnahme des Verlangens nach jenen Amuletten, den silbernen Abbildern des Dianentempels, die man damals zur Verehrung der Diana, und um ihres Schutzes gewiss zu sein, bei sich trug, und deren *Gebrauch* so massenhaft war, dass ein Mann wie der Goldschmied Demetrius die Anfertigung fabrikmäßig betrieb. Die Minderung des Gebrauchs wurde bald so groß, dass die Fabrikanten davon aufs empfindlichste betroffen wurden und die ihnen sonst gleichgültige Ausbreitung des Glaubens tief und empfindlich eingriff in ihren heidnischen Erwerb.

Bedeutungsvoll setzt Lukas, indem er dies alles beschreibt, hinzu: *Also mächtig wuchs das Wort Gottes.*

Kurz: es baute sich in der alten Stadt eine neue Stadt aus Gott. Es entstand die Gemeinde, die uns aus dem Epheserbrief noch näher bekannt geworden, in der Juden und Griechen, geeinigt durch das Kreuz Christi [vgl. Eph 2,11ff.], als vom Tode erlöst mit Christo starben und mit ihm neu auferstanden, die sich vertieften in die Geheimnisse und Erkenntnisse der Liebe Gottes; der Ehebund wurde neu geheiligt, Eltern und Kinder neu in Gottes Liebe verbunden, christliche Kinderzucht aufgerichtet, Herr und Knecht in der Furcht Gottes neu geheiligt [vgl. Eph 5,21ff.]. Es war die Gemeinde, die so wohl bereitet war, dass Paulus sie einige Jahre später aufrufen konnte, den Harnisch Gottes anzuziehen, um als ein Geschlecht von Helden, gerüstet zur Linken und zur Rechten und angetan mit dem Geist des Gebetes, Widerstand zu tun, damit sie das Feld behalten, um nach Kampf und Sieg einzugehen in die Herrlichkeit [vgl. Eph 6,11ff.].

Das war, soweit wir es schildern können, die Frucht der Arbeit des großen Apostels in Ephesus. [7:]

3.

Unter Umständen wie die geschilderten kann es keinen Wunder nehmen, dass sich, erst im Stillen, dann immer lauter, der Widerstand gegen die heranwachsende Gemeinde Christi erhebt. Wo hätte sich je der Glaube lebendig bewiesen, ohne auf solchen Widerstand zu stoßen?

Das merkwürdige ist, dass dieser allgemeine Widerstand zunächst nicht ausgeht von Juden, auch nicht von heidnischen Priestern, sondern von einem Handwerker oder vielmehr Fabrikanten, jenem Demetrius, der, um in der Sprache unsrer Tage zu reden, die Ausbreitung des Reiches Christi nach einem sozialen oder volkswirtschaftlichen Standpunkt bemisst und folgedessen höchst schädlich erachtet, dann aber seinem Erwerbsverlangen dadurch Nachdruck zu verschaffen weiß, dass er bei seinen Arbeitern und durch sie in der Masse des Handwerkervolkes (ein echter Volksaufwiegler!) religiösen Fanatismus gegen die Christen und des Apostels Wort und für die hoch gefeierte Göttin Diana mit großem Erfolg wachruft. Alsobald ist die Stadt und das Theater, wohin die Massen stürmen, mit dem Geschrei: *Groß ist die Diana der Epheser!* erfüllt.

Lassen wir das Einzelne – um dem Apostel zu folgen!

Paulus war dem tobenden Haufen nachgeeilt, um im Theater zu ihnen zu reden. Er setzt sich dadurch einer großen Lebensgefahr aus und gibt dem Rat seiner Freunde, der Asiarchen, zurückzubleiben, nach.

Aber, meine Geliebten, wenn Paulus zu Wort gekommen wäre – was würde er etwa geredet haben gegenüber dem Lobpreis der großen Diana, deren Ruhm die ganze Welt erfüllte?

Wer war denn diese Diana? Oder hat die Antwort auf diese Frage für uns *kein* [..., ein Wort ul]? So scheint es! Aber es ist in der Tat nur Schein. Es wird Zeit sein, dass wir uns darüber schließlich noch einige Klarheit verschaffen.

Wenn Paulus mit allen Propheten, einem Jesaja [vgl. Jes 44,9ff.] und Jeremia [vgl. Jer 16,19f.] überhaupt, lehrt und geltend macht, dass die Götter von Menschenhänden gemacht keine Götter, sondern nur Gebilde menschlicher Hand sind, so ist auch die Diana nichts, am wenigsten göttlicher Natur. Aber bei all dem bleibt dann noch zu erwägen, dass diese Götter der griechischen Welt nicht bloß in diesen sichtbaren Göttergestalten von Holz oder Stein bestehen, sondern dass diese Gestalten wesentlich und zuerst Sinnbilder von Ideen, Verkörperungen von Herzensgedanken, künstlerische Vorstellungen vermeintlicher Wahrheiten sind. Diese Ideen aber können, wenn auch das sichtbare griechische Heidentum längst untergegangen, noch weiterleben als die Träger und Bewahrer eines geistigen Heidentums – auch mitten in der Christenheit. [8:] Für die Gebildeten, die Philosophen und ihre Schüler bedeuteten all diese äußeren Gestalten gar wenig. Das ist namentlich auch bei der ephesinischen Diana der Fall. Dieselbe stellt in ihrer überdies sehr sinnbildlich üppigen Gestalt – nichts Geringeres dar als die Vollkraft der *fruchtbringenden Natur* mit ihren die Menschenwelt umnebelnden Kräften. Bei dem Namen jener Göttin dachte man dergleichen an eine selbständige Natur ohne einen Gott, der sie geschaffen, der sie regiert, der sie dem Menschen dienstbar gemacht. Die *Vergötterung der Natur und der Naturkräfte, die an die Stelle* des lebendigen Gottes gestellt wird, ist das eigentliche Heidentum, das uns hier in dem Ruf: *Groß ist die Diana der Epheser, entgegentritt.*

Und sehen wir uns nun in unsrer Zeit um, in ihrem Schrifttum, in der Ansicht der Gebildeten, in der Volksstimmung und deren Äußerungen! Erfüllt nicht in immer größeren Dimensionen der Glaube an diese Natur ohne Schöpfer die gegenwärtig so sich nennende Christenheit? Oder wie weit hin gibt sich in ihr wirklich der Glaube kund an einen lebendigen Gott, Schöpfer Himmels und der Erden, an dessen Offenbarung in seinem Sohn, der alles trägt mit seinem lebendigen Wort? In wie weiten Kreisen gilt es nicht vielmehr für eine Beschränktheit des Geistes, für einen Mangel an Bildung, für einen Gegenstand des Spottes, ja selbst für unsittlich, überhaupt noch an eine Schöpfung im vollen Sinne der heiligen Schrift zu glauben? Von den unscheinbaren Kinderliedern, die „die süße heilige Mutter Natur" besingen, sind wir auf diesem Wege fortgeschritten bis zu dem Glauben an den [..., ein Wort ul] Fatalismus einer starren Naturnotwendigkeit und rühmt sich der Titanendünkel der Menschennatur in diesem Naturgetriebe, wenn auch vielleicht der erste zu sein, doch zuletzt wieder in ein bewusstloses Nichts zu versinken. Für diese Richtung zeugt zugleich der rohe Materialismus und geld- und genusssüchtige Industrialismus sowie die [..., ein Wort ul] Menschenvergötterung –, wo es freilich zu einem Irrsinn werden muss, an einen Erlöser, d.h. an das Evangelium von der Vergebung der Sünden zu glauben.

Aus diesem Geist heraus tönt weit und breit in der Welt, wenn auch mit anderen Worten als damals, das: Groß ist die Diana der Epheser!, die noch heute weit und breit ihren Tempel zur Ausbeutung der Menschenkräfte oder zur Befriedigung der niedrigen Lüste gebaut. Und das alles auf Kosten des Glaubens an den lebendigen Gott in Christo Jesu, unserm Herrn.

Und was bekundet dem allen gegenüber das Wort dieses Gottes, was sagt uns die Offenbarung des Glaubens von der Natur? Sie ist durch jenen heidnischen Geist versunken, gebunden mit dem Band der Eitelkeit, sie muss durch den Glauben wiedergeboren und soll erlöst werden. Vor Paulus und allen Aposteln und Propheten [9:] zunächst[2] und zu allererst und immer wieder, dass sie, die Natur mit all ihren Kräften und Gesetzen nicht Gott, sondern eine Kreatur, ein Werk aus Gottes Macht und Willen – aber auch, dass sie den Menschen untertan gemacht ist, dass er über sie herrsche, aber auch nicht minder teilhaftig der ewigen Gottesverheißung auf Erlösung; darum verkündet derselbe Paulus, dass sie sich mit uns sehnt nach der Erlösung und mit uns nach der Herrlichkeit der Freiheit der Kinder Gottes [vgl. Röm 8,19ff.], dass sie in Gott gegründet zur Vollendung geführt werden soll,

---

[2] Am Rand vermerkt: „Diese Stelle ist in der Ausführung anders geworden; namentlich auch durch die Ermahnung, sich der Schöpfung als des Gotteswerkes zu freuen, das so schön sei, die Himmel erzählen die Ehre Gottes – die Lilien auf dem Feldein ihrer Pracht."

wenn der neue Himmel und die neue Erde entsteht, auf die wir warten, in welcher Gerechtigkeit wohnt [vgl. II Petr 3,13].

Vor solchem Evangelium verschwindet alles alte und alles neue Heidentum mit seinem groben oder feinen Götzendienst, nicht bloß außerhalb, sondern auch innerhalb der Christenheit. Denn in ihm, diesem Evangelium, wird die Natur erkannt, wie sie ist und was sie ist, als Gottes Wunderwerk, in welchem wie in der anderen Offenbarung derselbe Gott waltet und wirket und die Gründe und Höhen aller Erkenntnis und alles Lebens erschließt.

Vor der Kraft dieses Evangeliums aber fallen auch alle falschen Altäre und Gottesdienste, in derselben Kraft aber, die die falschen Altäre niederwirft, entsteht zugleich ein neuer Tempel, den schon Paulus dort nach dem Dianaentempel aufgebaut, das wahre Wunderwerk des lebendigen Gottes, nicht bloß in Ephesus, sondern in der ewigen, alles überragenden Stadt des lebendigen Gottes, der Tempel aus lebendigen Steinen [vgl. I Petr 2,5] erbaut, auf dem Grund der Apostel und Propheten, da Christus der Eckstein ist [vgl. Eph 2,20].

In diesem Tempel der Gottesgemeinde aber ist dann auch nicht der leiseste Hauch eines Eifers von jenem „Groß ist die Diana der Epheser" mehr zu verspüren, sondern steigt der ewige Preis dessen empor, der erhaben ist über alle Götter und den in reiner himmlischer Harmonie die Geister der Versöhnten feiern in Psalmen und Lobgesängen und lieblichen Liedern.

Dem sei Lob und Ehre in Ewigkeit! Amen.

Johann Hinrich Wichern

Predigt: 9. Oktober 1864 über Johannes 13,34-35[1] (20. So. nach Trinitatis – Anscharkapelle Hamburg)

[385:] Das Lied[2], das wir soeben gesungen, ist, wie jeder bald empfindet, von einer ganz besonderen Art; es sagt und sinnt von einer Liebe, die eines anderen Gei[stes] Tat ist als alle andere Liebe, und aus der Erfahrung einer Liebe heraus, welche alles an der Erfahrung übersteigt und in eine andere neue Heimat weist. Der Schluß der Geschichte aber, die wir dort vor dem Altar gelesen, ist so ergreifend, weil in ihr sich die Wahrheit und Wirklichkeit dieser Liebe kund gibt. Oder sind sie nicht alle wie Brüder, nein wirklich Brüder, ich meine jene Männer, die niederknien, die mit dem Apostel beten, die ihn umarmen und ihm weinend nachsehen, als er das Schiff besteigt und die Wimpel desselben über der Meeresflut endlich verschwinden? [vgl. Act 20,36ff.] Es ist eine Familie, die wir dort versammelt sehen, aber eine neu geschaffene, es sind Angehörige der Familie Gottes, die Christus geschaffen und als sein heiliges Vermächtnis in der Welt hinterlassen, als er von hinnen schied, um in die Verklärung beim Vater einzugehen.

Alles, was wir bis dahin heute morgen gelesen, gehört, gesungen, hat uns bereitet, in diese Gedanken einzugehen und bei ihnen zu verweilen und es uns allen zur Erbauung diene, wenn die Predigt sich heute auf *diese Liebe*

---

1 Vorlage: Gerhard K. Schäfer (Hg.), Die Menschenfreundlichkeit Gottes bezeugen. Diakonische Predigten von der Alten Kirche bis zum 20. Jahrhundert (VDWI 4), Heidelberg 1991, 383-393. Nur an ausgewählten Stellen wird in den Anmerkungen auf die Handschrift Bezug genommen. Vorlage: Archiv des Rauhen Hauses, Hamburg, Bestand 61 H a, Nr. 98. – Am unteren Rand der Seite findet sich die Bemerkung: Ich war zu dieser Predigt ganz plötzlich veranlasst als Dienst [für Carl] Bertheau, weil derselbe zu seiner Schwester [Caroline Fliedner], der verwitweten Pastor [Theodor] Fliedner (deren Mann tags zuvor gestorben war [) zu reisen] veranlasst war. Ich musste die ganze Predigt auf der Kanzel neu überbeten und neu hervorgehen lassen, und der Herr hat, glaube ich, großen Segen darauf gelegt. Die Kirche war ziemlich gefüllt. – Theodor Fliedner starb am 4.10.1864.

2 Lieder (1843): Vor der Predigt: 552 Herz und Herz [vereint zusammen]. Zwischen: 513, V. 1 Himmelan [geht unsere Bahn]. Nach: 454 [Liebe, die du mich zum Bilde], V. 4. 5 Liebe, die mich [ewig liebet].

der Familie Gottes, wo alle Geschwister geworden, richtet. Der Heiland, indem er sie seine Brüder nennt – *ihr seid alle Brüder* [Mt 23,8] – bezeichnet selbst sie als *Bruderliebe,* und unter diesem Namen wird sie von allen Aposteln, Johannes, Petrus, Paulus, als eines der kostbarsten Kleinodien in der Gemeinde hingestellt und oft besonders erwähnt und gepriesen [vgl. Röm 12,10; I Thess 4,9; I Petr 1,22; 3,8; II Petr 1,7; I Joh 2,10; 3,14.16; 4,20.21; Hebr 13,1]. Diese Betrachtung führt uns von selbst auf Bahnen, welche in die Tiefen der Gottheit und Menschheit geleiten und zieht darum unser Herz zugleich himmelwärts aus dem Gewirr und der Unruhe der Zeit in das rechte himmlische Vaterland, die rechte Heimat. Erheben wir in diesem Vorgefühl [386:] noch einmal freudig unser Herz zu Gebet und Gesang, indem wir uns vereinen in dem Gesang No. 513, V. 1. [Himmelan geht unsre Bahn]

Text: Joh 13,34-35
[34 Ein neues Gebot gebe ich euch, dass ihr euch untereinander liebt, wie ich euch geliebt habe, damit auch ihr einander lieb habt. 35 Daran wird jedermann erkennen, dass ihr meine Jünger seid, wenn ihr Liebe untereinander habt.]

Wir machen zum Gegenstand unserer Predigt
die brüderliche Liebe
und betrachten

1. Die Stiftung dieser Liebe als ein Vermächtnis des Herrn.
2. Wir erwägen, dass und warum diese Liebe als Kennzeichen der Jünger gelten kann. Wir fahren fort, dann
3. die nächste und die weitere Aufgabe dieser Liebe in der Welt und
4. ihre Vollendung und Verklärung in Gott zu betrachten.

I.

Die Stiftung dieser Liebe ist ein Vermächtnis des Herrn – so haben wir gesagt. Wie ist das zu verstehen? Versetzen wir uns in den Augenblick, wo Jesus sie einsetzt, als ein Neues stiftet. Das Ganze ist in der großen Gemeinde leider! zu unbekannt, als dass hier nicht daran erinnert werden dürfte.

Der letzte Abend, den Jesus mit den Seinen zu verleben hatte, war gekommen. Die Ereignisse, die sie noch nicht fassen konnten, sah er mit klarem Auge, wie sie nach wenigen Stunden hereinbrechen mussten, zum voraus: sein Leiden unter den Händen der Häscher und ungerechten Richter, seinen Tod am Kreuz! Da versammelt er sie zum Genuss des letzten Osterlammes. Er wäscht ihnen die Füße in bedeutungsvoller Weise [vgl. Joh 13,1ff.]. Er setzt das heilige Abendmahl ein, teilt das Brot als seinen für sie gebrochenen Leib, den Kelch als das für sie vergossene Blut zur Vergebung der Sünden [vgl. Mk 14,12ff.; Mt 26,17ff.; Lk 22,7ff.]. Aufs Vollkommenste schon offenbart er sich als der geweissagte, unzweifelhafte alleinige Mittler. Der letzte Kampf mit und um den Verräter Judas beginnt, bis derselbe ausscheidet, den Verrat zu vollziehen. Und es war Nacht - tiefe Angst und Trauer überfällt die Elf, mit denen der [387:] Meister nun ganz allein ist [vgl. Joh 13,21ff.]. In dem Augenblick hebt er an: *Nun ist des Menschen Sohn verklärt, und Gott ist verklärt in ihm. Ist Gott verklärt in ihm, so wird Gott ihn auch verklären in ihm selbst und wird ihn bald verklären.* [Joh 13,31-32] Aber nun fährt er in zärtlicher Liebe fort, wie er noch nie zuvor getan, fängt an mit den Worten: *meine Kindlein!* und ihre Betrübnis und Sorge um ihn sehend, setzt er hinzu: Er werde nur noch eine kleine Weile bei ihnen sein. Wie er den Juden gesagt: *wo ich hingehe, da könnt ihr nicht hinkommen* [Joh 13,33], so sagt er zwar auch ihnen - aber er sagt *ihnen* auch einen Trost, indem er ihnen statt seiner bisherigen Erscheinung und seines bisherigen Umgangs einen Ersatz darbietet, nämlich ein Neues unter ihnen schafft und stiftet: *Ein neues Gebot gebe ich euch, dass ihr euch untereinander liebet.* Es ist also ein wirklich völlig Neues, nicht die Fortsetzung von etwas, das schon früher vorhanden gewesen, sondern ein wirklicher neuer Anfang von Liebe, eines Gemeinschaftslebens der Liebe, das sie bis dahin nicht besessen, das bis dahin auch sonst niemand eingesetzt. Kein Fremder, kein Fernstehender, kein Schriftgelehrter oder Pharisäer war bei dieser Stiftung gegenwärtig, auch Judas musste zuvor ausgeschieden sein, und erst als er so mit den Seinen abgeschieden, allein ist, erfolgt dieses neue Gebot, womit die himmlische Lebensordnung in die Welt eingeführt wird. Die brüderliche Liebe ist demnach ein *Geheimnis* für die Welt und für alle, die draußen sind, und nur den Jüngern anvertraut.

II.

Dass und wozu Jesus diese brüderliche Liebe als das Kennzeichen seiner Jünger einsetzt.

Er sagt damit auf das Bestimmteste, dass sie nur ein Eigentum und Besitztum seiner Jünger ist und nie zugleich anderen angehört.

Wie aber ist das zu verstehen? Ist nicht vielleicht schon im Stillen unter uns hie und da, wenn auch nicht ein Bedenken, doch eine Frage aufgeworfen: Wie und warum die brüderliche Liebe das Kennzeichen gerade der Jünger Jesu sein sollte? Denn so hört man fragen: Gibt es nicht auch unter denen, welche von Jesus nichts wissen und selbst nichts wissen wollen, Liebe - und zwar nicht bloß brüderliche Liebe, sondern Liebe aller Art? Wer kennt nicht unter solchen Menschen, in solchen Häusern und Fami- [388:] lien, vielfach die Liebe zwischen Mann und Weib, die Liebe von Eltern zu ihren Kindern, von Kindern zu den Eltern, ferner Geschwisterliebe, Freundesliebe usw.! Es bedarf gar keines Beweises. So gewiss aber das Vorhandensein dieser Liebe kein Beweis sein kann, dass die, die sie haben, schon deswegen auch, wenn sie Jesus *nicht* haben, Jünger Jesu seien, um so unerklärlicher scheint es zu bleiben, dass Jesus die Liebe als ein *Kennzeichen* seiner Jünger setzt. – Oder meint er etwa die barmherzige und darin besondere Art der Liebe zu Armen, Elenden, Witwen und Waisen und Notleidenden aller Art? Aber so unzählig oft diese Arten von Liebesbeweisen *brüderliche* Liebe genannt werden, so *gewiss ist sie* von Christo *nicht* so genannt. Denn sie findet sich auch bei denen, welchen Christus ganz unbekannt ist. Ja, wenn solche, die diese Liebe haben, diese Liebe üben, nennt die Schrift diese Liebe nicht *brüderliche,* sondern mit Wohlbedachtsamkeit mit einem anderen Namen: *allgemeine* Liebe.[3] Worin besteht dann aber die brüderliche Liebe, die der Herr hier meint und als Neues zum Kennzeichen seiner Jünger macht? – Wir sind in der Erkenntnis einen Schritt weiter geführt, wenn wir zunächst festhalten, was der Herr bei der Einsetzung sagt, dass sie eine Liebe der Jünger *untereinander* ist, also eine *wechselseitige, gegenseitige* Liebe, in welcher jeder nicht bloß gibt, sondern auch in Wahrheit wieder empfängt. Aber gilt nicht auch wiederum, dass dies auch bei der allgemeinen Gatten-, Geschwister- und Freundesliebe der Fall ist? Darum, so wichtig diese gegenseitige Liebe, muss doch noch ein anderes hinzukommen, um zu ihr zu kommen, und das ist nichts mehr und nichts weniger als er, der Herr selbst. Es ist nicht genau geredet: dass er noch hinzukommen muss, sondern die, von deren Liebe er redet, deren Liebe er weist, sollen zu ihm gekommen sein, und nun soll aus ihm, aus seiner Gnade, aus seiner Gemeinschaft diese Liebe geboren werden, soll dieses neue Leben, das er ihnen bietet, eine *neue* Gemeinschaft der Liebe schaffen. Sie soll aus ihm ein *Haus* Gottes, eine *Familie* Gottes werden. Diese Familie, dieses Gotteshaus stiftet er hier. Er ist eine Pflanzung aus dem Himmel auf die Erde. Sein Leib, sein verklärter Leib kehrt nun zurück in den Himmel, verklärt zum Vater, aber er stiftet sich in der Gemeinschaft, die seine Jünger aus ihm für einander haben, einen neuen Leib, eine neue Heimat, eine neue Herberge, in der er wohnen, bei ihnen aus- und eingehen, Segen und Leben spenden will. Er ist das Haupt, sie sind seine [389:] Glieder [vgl. Lied 552,1 (1843). Sie – durch Christus Gottes Erlöste – werden Gottes Kinder und untereinander Brüder und Geschwister, und ihr Leben ist nur Eines: die Liebe aus ihm, durch ihn, mit ihm, für ihn! *Ein jeder trägt dieses Zeugnis,* dass er dieses Herrn ist und dass er keines

---

[3] Vgl. z.B. II Petr 1,7 mit der Unterscheidung von *philadelphia* und *agape*. Begriffliche Differenzierungen im Blick auf das Binnenverhältnis der Gemeinde einerseits und ihr Außenverhältnis andererseits z.B. auch in I Petr 2,17; I Thess 4,9f.; 5,15.

anderen sein will, in ihm teilen sie Leid und Freud, in ihm sind sie *ein* Mann, *ein* Herz und *eine* Seele. Darin erkennen sie sich untereinander, und daran erkennt sie jedermann als Genossen im Volke Gottes, als Streiter in seinem Heere. Er aber ist mitten unter ihnen in dem Walten seines Geistes. – Daraus muss sich aber noch die weitere Frage

III.

nach den näheren und weiteren Aufgaben, die dieser brüderlichen Liebe in der Welt gestellt sind, beantworten.

Wir haben absichtlich die *näheren* Aufgaben von den weiteren oder ferneren, die ersten von den zweiten, unterschieden. Als nähere gilt uns die Aufgabe, welche die Jünger des Herrn untereinander haben, in der sie ihre Liebe gegeneinander zu bestätigen haben. Hören wir, was der Herr an jenem Abend, wo er von ihnen Abschied nimmt, zu ihnen redet von den heiligen Gütern, von der Freude, seiner Liebe und den Dingen redet, die er ihnen anvertraut, so merken wir, was für himmlische Schätze ihnen zur Hut und Pflege übergeben sind. Allein das allernächste, auf das er bei der Stiftung dieser Liebe gezeigt hat, ist doch noch ein anderes, und zunächst das Erste und Wichtigste. Wenn wir nämlich jenes Wort im Zusammenhang mit dem, was vorher geschah, lesen, so ist klar, dass er die Aufgabe dieser Liebe zunächst hat in der Fußwaschung abmalen und darstellen wollen. Denn Christus hat von ihnen gesagt, dass, nachdem sie durch ihn alle mit Gott versöhnet sind, nachdem ihnen durch Christus alle ihre Sünden vergeben sind, doch täglich wieder der Staub der Sünde ihnen anfliegt, von dem sie sich täglich wieder reinigen sollen. Aber diese Reinigung von Sünden, diese Heiligung des Lebens, soll nicht bloß die Lebensarbeit des Einzelnen sein, sondern wie Christus den Jüngern die Füße gewaschen, also sollen auch diejenigen, welche ihm angehören, seine Jünger sind, *einander* die Füße waschen, helfen und dienen, immer wieder neu zu werden und zu wachsen in der Gemeinschaft dessen, der allein heilig ist. Damit weist er diejenigen, welche Glauben haben und einander nahe kommen, aneinander, und macht er die Christen zu der Gemeinschaft, in der sie miteinander [390:] stehen sollen! Wir sollen solche Liebe nicht bloß an anderen üben, sondern sie uns auch als Zeichen der Liebe von den andern gefallen lassen, und jedenfalls soll unser ganzer Wandel in Sanftmut und Weisheit, in Geduld und Liebe, in Wahrheit und Keuschheit und aller Rechtschaffenheit dazu dienen, dass auch *absichtslos* die anderen dadurch bewahrt, in ihrem Gewissen überführt und miterbaut werden zur Behausung Gottes im Geist.

Das ist und bleibt immer die erste und herrlichste Offenbarung der brüderlichen Liebe, die wir untereinander üben. Wo das nicht der Fall ist, da wird alles weitere zu einer Unwahrheit und kann nicht dienen zur Förderung und zum Weiterbau des göttlichen Reiches. – Wo aber so das Leben in denen, welche die Gemeinde Gottes wahrhaftig sind, d.h. in der Liebe der Kinder Gottes oder der brüderlichen Liebe stehen, wächst, da wird mit Notwendigkeit diese Liebe und Gemeinschaft zu einem Quell, aus dem alles andere liebeleere und liebesdürftige Leben getränkt, geheiligt und zuletzt immer mehr ebenfalls zu Christo selbst hingeführt werden soll und hingeführt wird.

Wir haben vorhin geredet von der Liebe, die in reinen Naturverhältnissen unter Gatten, Eltern und Kindern und Geschwistern, Freunden und Verwandten und allen Menschen vorhanden ist, ohne jene neugestiftete, *neue* Liebe als gänzlich brüderliche Liebe, die Liebe, welche die Hausgenossen, die Familiengenossen Gottes untereinander haben. Aber wo diese göttliche, an Christo entzündete Liebe stattgefunden und zu einer Quelle geworden, da hört darum jene, als des natürlichen Menschen Liebe nicht auf, an der strömt jene himmlische Liebe nicht vorbei! Wenn du ein lebendiger Christ, ein wahrhaftiger Jünger oder Jüngerin des Herrn wirst, hört darum die Liebe zu deinem Ehegatten, der ihn vielleicht nicht kennt, zu den Kindern und Geschwistern und Verwandten, die von ihm nichts wissen, nicht auf, sondern sie ersteht erst recht aufs Neue und vollendet sich in dieser neuen Gotteskraft und Gotteslust. Ebenso erstickt dadurch die Liebe zu Armen, Elenden und denen, die in verschuldeter oder unverschuldeter Not und Elend sind, so wenig, als vielmehr aus der Gemeinschaft derer, welche die Liebe untereinander in Christo gefunden, ein Feuerstrom der göttlichen Liebe erst recht, nämlich rettend, heilend, helfend verklärend ausgeht durch die Welt. Jene brüderliche Liebe macht das Herz nicht eng, sondern so *weit*, dass sie alle Menschen umfasst, wie das die lebendige Christenwelt überall bekundet in der Pflege des Werkes der Mission, von der die Welt, so viel Liebe sie sonst haben mag, nichts ahnt und nichts weiß. Die Aufgabe der Liebe wird in der Pflege der [391:] brüderlichen Liebe eine unendliche. Sie kann nicht anders, denn sie entzündet sich und entbrennt in der Liebe Christi selbst und verklärt und vollendet sich in ihm.

IV.

Wenn wir aber zuletzt noch auf die *Vollendung und Verklärung* dieser brüderlichen Liebe

unseren Blick richten wollen, werden wir zuvor nicht anders können, als noch einen Augenblick bei ihrer unvollendeten und unverklärten Gestalt zu verweilen.

Wir haben diese neue Liebe und ihre Stiftung oben ein *Geheimnis* genannt, nämlich ein Geheimnis vor der Welt, denn Jesus selbst hat sie so behandelt und sie nicht im Tempel zu Jerusalem, nicht am Ufer des Galiläischen Meeres, sondern ganz im Verborgenen, im geschlossenen Kreise der Seinen gestiftet, und bis heute ist sie der Welt verborgen, die von ihr nichts weiß und nichts begreift, so wenig als sie den auferstandenen Christus gesehen und von ihm etwas erfahren hat. Und wenn der Herr dennoch sagt, dass jedermann an dieser Liebe erkennen solle, dass sie seine Jünger seien, so haben ausnahmsweise wohl einmal in alten Tagen wirklich Heiden von den Christen gesagt: *wie haben sie sich so lieb* [Tertullian, Apologie 39], aber weder sie und noch viel weniger die Christenheiden aller und unserer Tage haben darum die Jünger lieb gehabt, sondern ihre Erscheinung ist ihnen ein Rätsel und widerwärtig geblieben, und wenn sie die innere Verwandtschaft und das Zusammenhalten der Genossen des *einen* Glaubens und der *einen* Liebe dennoch verspürt, so hat sich daran wie oft! die Blindheit erst recht erwiesen, und finsterer Argwohn von arger Untat hat sich an das Offenbarwerden dieser Liebe vor den Augen der Welt geschlossen. Doch reden wir nicht von denen, die uns nicht einmal ihr Ohr leihen! *Wie steht es aber* mit dieser Liebe und der Erkenntnis dieser Liebe unter denen, die nicht von der Welt sind, sondern die Christum erkannt haben, lieben und ehren, wenn auch in verschiedenem Maße und Grade? Ist es nicht richtig zu sagen, dass auch für diese diese Liebe als brüderliche Liebe, als die Liebe von Gottes Verwandten und Genossen der *einen* Gottesfamilie – unendlich vielen ein vollständiges *Geheimnis* ist und geblieben ist? Ach, wie groß oder vielmehr klein ist der Kreis derer, die davon wissen, vollends aus Erfahrung wissen oder darin leben und weben? Viele, auch gottesfürchtige Christen, wissen [392:] gar nicht, wovon die Rede ist, wenn aus dem Johannesevangelium diese Rede Christi verlautet. Worin hat das seinen Grund, dass unzählige wirkliche Christen ohne diese Liebe leben? – *und wiederum auch, die Jesum* erkannt haben, die wissen, dass er ihr Heiland wahrhaftig ist, sie stehen mit dieser ihrer Liebe [unter]einander oft mutterseelenallein, Fremdlinge nicht bloß in ihrem eigenen Hause, in ihrer eigenen Familie, weil in denselben niemand ist, der mit ihnen den Heiland liebt, sondern auch fremd neben den vielen anderen, die wie sie vielleicht mit gleichem Sinne neben ihnen und nebeneinander hergehen. Woher diese Erscheinung? Es hat sich die Macht der Sünde und des Todes auf unser Leben und das Leben unseres Volkes so gewaltig gelegt, als wie ein Stein ruht vor der Grabestür, hinter der die Liebe oft zwar wieder erwacht ist, aber nicht hervorbrechen kann, sondern im Grabe bleiben muss. Es stehen enge Mauern und Wände zwischen den Herzen und Gemütern der Christen aufgebaut, deren Zerstörung eine Gottesarbeit sein wird! In Erkenntnis dieser Zustände haben andere von der Hoffnungszeit weissagen wollen, die als eine *Johanneische* Kirchenzeit[4] noch einmal hervorbrechen werde, in welcher dann auch das alles werde wahr und erfüllt und was Jesus hier von der neuen heiligen Liebe gesagt. Wie dem sei, meine Geliebten, - alles was jetzt ist, predigt uns die allgemeine Unvollkommenheit, auch die Unvollkommenheit dieser Liebe und die Gewalt, die Sünde und Tod auch an ihr haben. Aber andererseits weckt diese Lebenserfahrung auch unsere ganze Glaubenskraft, dass wir herausschauen über das Sterbliche und Sündige und Unvollkommene und hinüberschauen in das Land der Unsterblichkeit und Vollkommenheit, in den Himmel unserer Heimat, wo der verklärte Christus ist als der Mittler, der uns hier will reifen lassen, dass wir bald und beständig hinanschauen zu dem Gott, Vater, Sohn und heiligem Geist, der selbst die Liebe und dessen Liebe und Herrlichkeit das Urbild auch dieser Gemeinschaft der brüderlichen Liebe ist. Wenn wir aber bald unter Kämpfen, Arbeiten und beständig hindurchdringen bis zu diesem einzigen Ziel und [393:] gerettet dahin anlangen, und in der einzigen vollkommenen Heimat, da werden wir dann erfahren, dass dennoch unsere Liebe keine Torheit und ihre Hoffnung kein Wahn gewesen. Denn dann wird alles vergehen, aller Glaube, denn wir werden ihn schauen, wie er ist, und alle Hoffnung, weil alles wird erfüllt sein, dann wird Eines bleiben und sich vollenden, alle Liebe in dieser Liebe, die Jesus neu geschaffen, die Liebe der Kinder Gottes untereinander, in welcher sich spiegeln wird die Liebe des lebendigen Gottes, damit er sei alles in allem [vgl. I Kor 15,28]. Ihm sei Lob und Preis von Ewigkeit zu Ewigkeit. Amen.

---

[4] Vgl. Friedrich Wilhelm Joseph Schelling, Philosophie der Offenbarung, Drittes Buch: Der Philosophie der Offenbarung zweiter Teil, in: Schellings Werke, hg. von Manfred Schröter, 6. Hauptband: Schriften zur Religionsphilosophie 1841-1854, 389ff.: 718ff. Schelling sieht in Petrus, Paulus und Johannes die „Repräsentanten von drei Zeiten der christlichen Kirche" (695). Johannes gilt ihm als „Apostel der zukünftigen, erst wahrhaft allgemeinen Kirche ..., die ohne beschränkenden Zwang, ohne äußere Autorität, welcher Art sie sei, durch sich selbst besteht" (720), als Apostel der „letzten Zeit", wo das Christentum Gegenstand allgemeiner Erkenntnis geworden" (ebd.). Vgl. auch Heinrich Merz, Armuth und Christenthum. Bilder und Winke zum christlichen Communismus und Socialismus, Stuttgart/Tübingen 1849, 87; Gustav Werner, Der Friedensbote 1. Die Entscheidung, Reutlingen 1851, 11ff.

Johann Hinrich Wichern

Predigt: 17. September 1865 über Lukas 17,11-19[1] (14. So. nach Trinitatis – Hamm)

[3:] Unser heutiges Sonntagsevangelium führt uns Jesus vor, wie er ein herrliches Werk der Barmherzigkeit an jenen zehn Aussätzigen, die ihn um Erbarmen anrufen, tut. Es ist eine der merkwürdigsten Wunderheilungen in seinem Erdenleben. Je weniger man in der Gemeinde im allgemeinen von dem Leid des Aussatzes weiß, desto passender mag es sein, hier gleich im einleitenden Wort vor der Predigt, ein kurzes Wort darüber zu sagen. Wir finden den Aussatz in fast allen Teilen des Alten Testamentes erwähnt. Das Gesetz Mosis gibt über die Art, wie der angeblich oder wirklich Geheilte von den Priestern besichtigt werden und, wenn er wirklich geheilt ist, als gesund bestätigt werden soll, die ausführlichsten Vorschriften [vgl. Lev 13f.], und Jesus hält bei den Aussätzigen, die er heilt, deswegen immer ernstlich darauf, dass sie sich den Priestern zeigen [vgl. Mk 1,44; Lk 17,14]. Erst dann war der schreckliche Bann, der auf diesen Unglücklichen lastete, gehoben. Es will sich nicht schicken, diese Krankheit an dieser Stelle ausführlicher zu beschreiben, sie zeigt sich aber in der schrecklichsten, ekelerregenden Entstellung des ganzen davon ergriffenen menschlichen Körpers, der bei lebendigem Leibe in Verwesung übergeht, bis der Mensch, der allmählich auch seine Stimme verliert, eines jammervollen Todes stirbt. Die Aussätzigen sind von der ganzen menschlichen Gesellschaft ausgestoßen, und selbst die Familienliebe erstickt, wenn an einem Vater oder einer Mutter oder an einem der Kinder der Anfang des Aussatzes sich zeigt, nicht selten unter Misshandlungen wird er ausgetrieben und in die Gemeinschaft der Leidensgenossen verwiesen, die zum Beispiel noch heute in Jerusalem am Zionstor in einem meist unbewohnten Stadtteil wohnen. Die durch das Tor eingehenden Bauern werfen von ihrem Kohl, ihrem Brot und ihrem Gemüse ihre Brocken und Almosen hin, was ihnen sonst noch fehlt, müssen die Elenden sich erbetteln. Jedermann flieht sie, ihre Wohnungen heißen „Häuser des Elends", die jeder-

---

[1] Vorlage: Archiv des Rauhen Hauses, Hamburg, Bestand 61 H a, Nr. 101. – Auf dem Vorsatzblatt schreibt Wichern: „Die Ausführung war vielfach eine andere, namentlich umfassender und bündiger in dem Passus über die Wunder. W."

mann als Stätte des Todes meidet. Es ist noch in neuerer Zeit vorgekommen, dass Unglückliche, welche die ersten Spuren des Aussatzes an sich bemerkten, mehrere Monate lang verzweifelt durch die Berge und Täler des wüsten Landes flüchteten, vergeblich Hilfe suchend, die bis jetzt kein Mensch hat bieten können. Es ist deswegen ein bewundernswertes Werk christlicher Barmherzigkeit, wenn in unseren Tagen mit Kaiserswerther Diakonissen versucht werden soll, für Aussätzige ein Siechenhaus zu Jerusalem zu gründen.[2] Der Herr wolle den Jungfrauen und den dort dienenden Ärzten gnädig sein! Bei der Sachlage können wir uns aber auch nicht wundern, dass in dem Leben Jesu so oft die inständigen Bitten der Aussätzigen an ihn gelangen, und dass er die Herrlichkeit seiner in Wundern wirkenden Liebe so oft an ihnen offenbart zum Zeugnis, dass er der Heiland und der Trost aller Elenden ist, die zu ihm kommen [vgl. Mk 1,40ff.]. Wir wollen im Licht dieses Zeugnisses das heutige Evangelium lesen. Vorher Gesang[3] und Gebet. [4:]

Text Lk 17,11-19

[[11] Und es begab sich, als er nach Jerusalem wanderte, dass er durch Samarien und Galliläa hin zog. [12] Und als er in ein Dorf kam, begegneten ihm zehn aussätzige Männer; die standen von ferne [13] und erhoben ihre Stimme und sprachen: Jesus, lieber Meister, erbarme dich unser! [14] Und als er sie sah, sprach er zu ihnen: Geht hin und zeigt euch den Priestern! Und es geschah, als sie hingingen, da wurden sie rein. [15] Einer aber unter ihnen, als er sah, dass er gesund geworden war, kehrte er um und pries Gott mit lauter Stimme [16] und fiel nieder auf sein Angesicht zu Jesu Füßen und dankte ihm. Und das war ein Samariter. [17] Jesus aber antwortete und sprach: Sind nicht die zehn rein geworden? Wo sind aber die neun? [18] Hat sich sonst keiner gefunden, der wieder umkehrte, um Gott die Ehre zu geben, als nur dieser Fremde? [19] Und er sprach zu ihm: Steh auf, geh hin; dein Glaube hat dir geholfen.]

Die vorgelesene Geschichte zeigt uns

Jesus und die zehn aussätzigen Männer.

Die Geschichte wollen wir nehmen als einen neutestamentlichen Spiegel, in dem uns zur weiteren Erwägung vorgehalten wird

---

[2] Zum Kaiserswerther Engagement in Jerusalem vgl. den Beitrag von Julius Disselhoff in: Armen- und Krankenfreund 17. 1865, 210-211. Vgl. ingesamt Martin Gerhardt, Theodor Fliedner. Ein Lebensbild. Band 2, Düsseldorf-Kaiserswerth 1937, 493ff.; Uwe Kaminsky, Innere Mission im Ausland. Der Aufbau religiöser und sozialer Infrastruktur am Beispiel der Kaiserswerther Diakone (1851-1975), (Missionsgeschichtliches Archiv, 15) Stuttgart 2010.

[3] Lieder (1843): Vor der Predigt: 451. O Jesu[, Jesu, Gottes Sohn]. Zwischen: 229 [Höchster Tröster, komm hernieder!], V. [2] Geist der [Wahrheit] Nach 460 [Ja, ja, mein Herz will dich umfassen]. Schluss [V. 2] Ich steig' [hinauf zu dir].

eines der Liebeswunder Jesu mit der Frage, was für eine Bedeutung es noch heute für uns hat

die Verschiedenheit der Erfahrungen, die Jesus an den Begnadigten machte.

I.

In unserer Geschichte finden wir Jesus auf der letzten Reise nach Jerusalem, im Vorgefühl seines baldigen Sterbens am Kreuz ([Lk]18,31). Sein Weg ging zwischen den beiden Landstrichen Galiläa und Samaria hin, so kam er in eine der Grenzstädte, wo Galiläer und Samariter mannigfach gemischt waren. Und hier begegnet ihm ein Haufen aussätziger Männer. *Zehn* auf einmal! Welch ein Anblick! Wahrscheinlich war es die ganze Einwohnerschaft aus jenen Elendshütten, in welchen, wie noch heute dort vor dem Zionstor in Jerusalem, diese Unglücklichen in jener Ortschaft zusammen lebten. Diese zehn, als sie vernommen, dass Jesus durch ihren Markt käme, finden wir darüber einig, in ihrer Hilf-, Rat- und Rastlosigkeit sich an ihn zu wenden. Er allein ist es, der noch helfen kann: *Jesu, lieber Meister, erbarme dich unser!* [5:] Hört er und hilft er – so ist ihnen geholfen, hört er und hilft er nicht, so sind sie verloren. Welch ein Augenblick der Entscheidung! Was wird geschehen? Jesus könnte nicht Jesus sein, wenn er sich ihrer nicht erbarmte. Er sieht sie, und in dem Augenblick, wo er ihrer ansichtig wird, erhört er sie: Er sagt aber nicht: Seid gesund!, wie er dort Matthäus 8[,3] dem Aussätzigen sagt, sondern gebietet ihnen: *Gehet hin, zeigt euch* – so verlangt es das Gesetz! – *den Priestern!* Es kam darauf an, ob sie die neue Glaubensprobe bestehen und hingehen würden in der Erwartung, unterwegs die Heilung zu erfahren. Es mochte in dem einen oder anderen ein Zweifelskampf entstehen – aber sie gingen hin – und der weitere Verlauf zeigt, dass sie, ob alle auf einmal oder einer nach dem andern – wissen wir nicht, aber dass sie gewiss alle rein wurden. Was keine menschliche Kunst zu bewirken vermochte, wirkte hier in Gottes unendlicher Kraft der Wille Christi. Der Aussatz war verschwunden, die Kranken waren vollständig genesen. Die erflehte Hilfe war ihnen vollständig zuteil geworden.

Wir stehen vor einem der vielen Wunder, in denen Jesus seine Gottesmacht und Liebe gegen die Unglücklichsten und Elendsten offenbart. Und wir wollen daran nicht vorübereilen, da wir wissen, wie viel und wie laut und mit welcher Zuversichtlichkeit in unseren Tagen die Möglichkeit solcher Wunder, also auch die Berechtigung, an sie zu glauben, bestritten wird. Diese Geschichten gelten im besten Fall für die Erzeugnisse einer frommen, aber wenig erleuchteten Phantasie, sie werden als Sagen, Märchen, Legenden angesehen, an denen entweder kindische Kurzsichtigkeit oder einfältiger Köhlerglaube, wie man es nennt, festhalten könne. Wie soll sich der Christ und die christliche Gemeinde zu solchen Bezweiflungen des Wunders verhalten? Es lässt sich darauf nun vieles erwidern, aber wir wollen von vornherein zugestehen, dass jene Gegner nicht unrecht, sondern durchaus recht haben, *wenn* ihr starres Gesetz, ihr Begriff, den sie von Gott haben und geltend machen, richtig ist. Ist Gott nur ein unlebendiges Wesen; Gott, der weit weg von der Welt wohnt, ist er nicht der wahrhaftige Schöpfer und Träger alles dessen, was im Himmel und auf Erden ist, ist er an die Gesetze der mit ihm für gleich ewig gehaltenen Natur gebunden, ist er also selbst ein Unfreier und den Naturgesetzen untertan, dann kann er auch nicht die frei waltende Liebe sein und ist freilich ein Wunder, eine Unmöglichkeit, und der Glaube an die Wirklichkeit eines Wunders eine Torheit. Und vollends erscheint er da als Torheit, wo gar *kein Gott* mehr geglaubt wird, was bei unzähligen der Fall ist, die die Wunder bestreiten. Wie anders aber ist der Christengott? Er ist der lebendige Gott, von dem alles Leben und die ganze Welt geschaffen und der alle Dinge trägt mit seinem allmächtigen Wort. [6:] Er ist also der Schöpfer der Natur und nicht gebunden an ihre Gesetze, sondern diese ihre Gesetze und Ordnungen liegen in seiner Hand, sind seine Werke, er ist ihr Herr und Gebieter, weil er ihr Schöpfer ist. Aber unser Gott ist auch kein stummer und kein tauber Gott, der sich verborgen hält vor seinen Menschen, sondern er hat sich in seinem innersten Wesen ihnen aufgeschlossen und kundgetan und offenbar gemacht, hat geredet und redet noch und hört uns, am hellsten und herrlichsten in seinem Sohn, der der Erlöser und Versöhner der ganzen Welt geworden. Aber dieser Erlöser und Versöhner hat deshalb auch da, wo die Natur unter der Macht der Sünde durch Krankheit und allerlei Elend, Verderben und Tod in die Menschheit zerstörend eingebrochen, den Lauf dieser zerstörenden Natur vielfach gehemmt und damit offenbart, dass er der König einer neuen Welt des Heiles geworden; diese außerordentlichen Heilstaten sind seine *Wunder*, in denen er seine höchste, Natur überwindende und verstehende Liebe den Seinen kund werden lässt. Er führt uns in den Wundern wieder zurück zu dem Urquell alles Lebens, aus dem die ursprüngliche Welt hervorgegangen, aber von dem sie durch die Sünde abgefallen, aus dem aber in ihm als dem Haupt die Welt wiedergeboren und eine neue werden soll, in welcher aller Schmerz und alles Leid soll aufhören, alle Tränen sollen getrocknet, aller Tod soll auf ewig überwunden sein [vgl. Apk 21,1ff.]. In seinen Wunderwerken bestätigt er diesen seinen Welt rettenden Beruf und seine Heilandsherrlichkeit für alle, die da glauben. Er selbst erscheint uns deswegen als das Wunder aller *Wunder*, der vom Himmel herab als ein persönliches Wunder in die Welt gekommen und von dem nichts anderes ausgehen kann als ein wunderreiches Lieben. Weil er der Offenbarer Gottes, des lebendigen Gottes ist, deswegen umstrahlen ihn die Wunder nicht zu eitlem Schein, nicht zur Neugierde für eine sinnlose Menge, nicht zur Nahrung einer heidnischen Wundersucht, die sich bei allen natürlichen Menschen verbunden mit dem Aberglauben findet – sondern lediglich zur Bestätigung seiner Erlöserherrlichkeit, zur Stärkung des Glaubens für die, welche nach Gott fragen und zur Vollendung seines eigenen Werkes, das nämlich in der Geburt, in seinem Versöhnungstod, in seiner Auferstehung und Himmelfahrt nur dieses Wunder vollendet werden kann. Wenn darum der Täufer zu ihm schickt und fragt, ob er der Messias ist, so verweist er statt einer Antwort auf die ihn umgebenden Tatsachen: *die Blinden sehen, die Lahmen gehen, die Aussätzigen werden rein, die Tauben hören und die Toten stehen auf* – aber bedeutungsvoll ist, dass er hinzufügt: *und den Armen wird das Evangelium gepredigt* (Mt 11,5). Denn *die Armen* sind die Elenden, die geistlich Armen [vgl. Mt 5,3], die hungert und dürstet nach der Gerechtigkeit [vgl. Mt 5,6], die mühselig und beladen einhergehen [vgl. Mt 11,28], die dem Hirsche gleich schreien nach frischem Wasser [vgl. Ps 42,2] – es sind die Menschenseelen, die zwar in einem reinen, gesunden Leib wohnen, aber dem Geiste nach sich voller Mangel, hungrig, taub und blind, weil sündenbelastet wissen, sich also selbst nicht helfen können, nach einer neuen Welt, dem Himmelreich verlangen, das sie sich selbst nicht schaffen [7:] können, und das ist das viel größere *Liebeswunder*, dass diesen das Evangelium gepredigt wird und das Himmelreich ihnen erschlossen, vom Himmel herab in Christo ihnen nahe gebracht, durch Christus als Eigentum und Erbe übergeben ist. Was keine Weisheit der Weisen ersonnen, wonach Propheten und Könige vergeblich ausgeschaut – das ist jetzt in Christo herrlich offenbart. Dem gläubigen Menschenherzen, jedem solchen Menschenherzen, ist in Christo Leben und ewige Genüge geworden.

So sammelte sich um ihn die lebendige Schar seiner Jünger, die in ihm ihren Meister und Herrn erkannt, denen er, und uns, das Leben war.

Aber, meine Geliebten, so ist es nicht bloß damals gewesen, so ist es noch heute. Denn Jesus ist nicht ein Verstorbener, sondern wiewohl er gestorben, ist er auferstanden als der Erstling aller Toten [vgl. I Kor 15,20] und eingegangen in die ewige Herrlichkeit mit der Verheißung, bei uns zu sein bis an der Welt Ende [vgl. Mt 28,20]; und so waltet er wie in den Tagen seines Fleisches auch unter uns noch heute fort in gleicher *Wunderliebe* und *in gleichen Liebeswundern.*

Freilich ist mit seiner Heilsgeschichte auf Erden und der Geschichte seiner nächsten Apostel eine gewisse Art von Wundern vorläufig abgeschlossen, die erst wieder erscheinen wird, wenn er zur Vollendung seines Reiches wird wiederkommen. Das ist die Art von Wundern, über die der Bericht in der heiligen Schrift uns aufbewahrt ist, die uns dort urkundlich versichert, die für alle geschehen sind, die, soweit das Evangelium gepredigt ist, gepredigt und geglaubt werden sollen, *die den Ring des Siegels bilden, mit dem für alle die Heilandsherrlichkeit Jesu besiegelt worden.* In diesen Wundern, so auch an diesem, das an den zehn Aussätzigen geschehen, ist ein ewiges Zeugnis für alle gegeben, die glauben wollen an seinen Namen. Derartige Wunder, die mit dem Anspruch auftreten dürfen, von allen geglaubt zu werden, geschehen jetzt nicht mehr, sind auch nicht mehr nötig, und die römische Kirche zum Beispiel [..., ein Wort ul] aber glaubt, wenn sie nach Jahrhunderten durch ihre päpstliche Kommission die Wahrheit solcher späteren angeblichen Wunder ihrer Heiligen feststellen lässt. Wer glaubt daran, außer der römischen Kirche, und wer hat Gutes von ihnen, als der Abergläubische? Aber darum bleibt er doch ein *heilender Wundertuender* in seiner Gemeinde für alle, die an ihn glauben, und diese seine Gemeinde, die an ihn glaubt. Seine Wunder in dieser Kirchenzeit tragen aber einen, wie man gesagt hat, mehr privaten Charakter, ziehen sich in die Verborgenheit des Glaubenslebens zurück und tragen dazu bei, mit dem himmlischen Sauerteig des ewigen Lebens die Menschheit und das einzelne Menschenleben zu durchsäuern. Nur an einzelnen Beispielen mögen wir versuchen, das Gesagte zu veranschaulichen. Man fragt vielleicht: Wo aber sind die Hungrigen, die er speist, die Nackten, die er kleidet, die Blinden, Tauben, Stummen, Kranken aller Art, denen er hilft, wie er es in den Tagen seines Fleisches getan? Und wir verweisen auf das große Wunder der Umbildung seiner ganzen Menschheit, die er trotz alles Widerstrebens der Widersacher bereits zu einem so großen Teil in seiner *Christenheit* umgewandelt, und dann auf die allem Heidentum unbekannt gebliebenen, lediglich aus dem Glauben an ihn durch bald zwei Jahrtausende hindurch eingerichteten Stiftungen aller Art zur Übung der Barmherzigkeit an den Legionen und Millionen von Elenden, die in der Christenheit eine Hilfe an Leib und Seele gefunden und ihren Gott dafür preisen durch Jesum Christum als ihren Herrn. [8:] Die reichste Fülle seiner fortgehenden Liebeswunder liegt aber in dem stillen, verborgenen Schoß seiner Gemeinde und in ihr denen aufbewahrt, die ihn wahrhaftig erkannt als den Retter ihres Lebens. Unübersehbar ist das Gebiet der Gnadenwunder, in dem wir leben und die wir erfahren als die Erhörung unserer Gebete, die anbetungswürdigen Gnadenführungen unseres Lebens, die Beweisung seiner besonderen Gnade in der Gemeinschaft derer, die seiner Verheißung trauen, dass er, wo zwei und drei in seinem Namen beisammen sind, er selbst unter ihnen ist [vgl. Mt 18,20], in den Erweckungen unsres Gewissens die stete Erneuerung unseres Glaubenslebens. Und wie der Einzelne, so macht auch seine ganze Kirche solche Erfahrungen. Leben nicht wir selbst in solch neuer Gnadenzeit? Die Menge dieser Tatsachen, die alle reine Wunder sind, ist so groß und unzählbar wie die Sterne am Himmel und der Sand am Meer, so dass, die da glauben, anbetend stehen müssen vor dem reichen Herrn, der mit der Liebe, in der er dort unter den zehn Aussätzigen wirkte, unablässig weiter wirkt bis an der Welt Ende, damit die Schar immer größer und innerlich reicher werden könne, die dankend und Gott die

Ehre gebend ihm zu Füßen fällt. Freilich wächst die Schar und Zahl dieser seiner Anbeter nicht nach dem Maß seiner Gnaden, die er unter die Seinen bringt.

II.

Wir wollen nach Anleitung unseres Textes uns noch erinnern lassen an die verschiedenen Erfahrungen, die Jesus an denen macht, die seine Gnade erfahren. Als nur einer, jener Samariter, ihm zu danken zurückkehrt und Jesus diesen ansah, sprach er die vielsagenden Worte:

Sind ihrer nicht zehn rein geworden; wo sind aber die neun? Hat sich sonst keiner gefunden, der Gott die Ehre gab, als dieser Fremdling?

Aus diesen denkwürdigen Worten sehen wir zunächst, in welcher weitergehenden Erwartung Jesus den Zehn die Heilung hatte angedeihen lassen. Sie sollten, so hatte er gehofft, durch die Erfahrung der wunderbaren Heilung und Lebensrettung veranlasst werden, durch ihn zu Gott zu kommen, demselben die Anbetung des Lobes und Dankes darzubringen. Damit wäre die von ihm gesäte Saat zu einer reifen Frucht geworden, und sie wären dadurch nicht bloß leiblich gerettet, sondern am inwendigen Menschen geheilt und selig gemacht. Aber das geschah nicht. Diese Umkehr zu ihm und durch ihn zu Gott ließ sich nicht befehlen, wie der Weg zu den Priestern, sie konnte kein gesetzliches Werk sein, sondern musste frei aus dem innersten Herzen heraus geboren werden, ein Zeuge der inneren Umwandlung und Buße zu Gott. Aber diese Frucht sah er nicht an ihnen. Er hatte ihren ganzen Menschen retten wollen, *aber sie haben es nicht gewollt.* Gibt es noch viele, die sind wie diese Neun? Denen Gott wunderbare Barmherzigkeit bewiesen und die sie dennoch so ganz und gar in Undankbarkeit vergessen? Können wir daran noch zweifeln, dass diese Frage zu bejahen, wenn wir auf die Menge hinsehen, die in unseren Tagen den Herrn vergisst und verlässt und ohne ihn dahingeht in dieser Welt, so gewiss es ist, dass so viele von ihnen seit der Zeit des wieder erwachten Christenglaubens das Gotteswort wieder in so vielen Schulen und Kirchen und in so vielen Häusern kennen gelernt. Und wie viele erfuhren die Überfülle göttlicher Liebe in ihrem Leben [9:] und haben die Quellen göttlicher erkennbarer Hilfe in allerlei Nöten des Leibes und der Seele wieder um sich rauschen hören – und doch, wo ist denn die Frucht in ihrem Leben und unserem Gemeindeleben erkennbar? Die Zahl derer, die wie jene Neun hinter sich gehen, ist in Stadt und Land nicht nach Zehnern und Hunderten, sondern nach Tausenden zu zählen. (Und denken wir nicht an die andern, sondern an uns selbst, meine Geliebten, wie auch wir immer aufs Neue solcher Undankbarkeit gegen unseren lieben Herrn uns schuldig machen. Welch ein reicher Anlass, dass wir uns der Quelle dieser Unnatur erinnern, der Sünde, die uns immer wieder anklebt und die uns immer wieder versucht, mit jenen Neun zurückzubleiben, wenn er unser wartet!)

Was der Herr selbst empfindet, indem er dieses Sündigen der Neun und ihrer Gesinnungsgenossen sieht: das sagen unsere Textworte genau. Sie sind eine Offenbarung des innersten Herzens, das in dem Gottmenschen schlägt. Seine Stimme bringt uns kein Zorneswort, das er über die Neun ergießt, keinen Fluch, kein Wehe, das er ihnen nachruft. *Wo sind die Neun?* Das ist die Stimme des Heilandes, der nach Jerusalem zieht, dort zu sterben, der suchenden Liebe, der Wehmut, des tiefsten Schmerzes, mit der Jesus die Sünder liebt als der gute Hirte, der den Verlorenen nachgeht [vgl. Lk 15,3ff.; Joh 10,11ff.], ähnlich wie dort die Stimme Gottes, die im Paradies den verlorenen Menschen sucht und ruft: wo bist du? (Gen 3,9). Er gibt sie also noch nicht auf, wie er auch die jetzt verlorene und ihn vergessende Welt noch nicht aufgibt. Ach, wenn erst in seiner Christenheit diese suchende Liebe, dieser Missionsgeist erwachte, die sich derer erbarmen und denen helfen wollte, die des Herrn und seiner Gnade vergessen. Wohl uns, dass wir heute diese Stimme wieder vernommen haben mit dem *einen*, der wiedergekehrt ist und den wir zu Jesu Füßen finden!

Verweilen wir zum Schluss noch einen Augenblick bei dem einen, bei dem, im Unterschied von den Neun, wie Johannes sagen würde, die Liebe Gottes völlig geworden [vgl. I Joh 4,12], das heißt, an dem Gott durch Christum den Zweck seiner Liebe erreicht. Wo beginnt der für uns erkennbare Unterschied zwischen ihm und den Neun? Wir sehen ihn eins mit ihnen in dem Elend und dem Gefühl des Elends, in dem Vertrauen zu Jesus, er könne ihr Retter sein, in dem Entschluss, zu ihm zu gehen, in der gemeinsamen Bitte: erbarme dich unser, in dem Gehorsam, gegen den Befehl zu den Priestern zu gehen und *unterwegs die Heilung zu erwarten*. Der Unterschied zwischen ihm und den Neun wird aber in dem Augenblick offenbar, als alle die Genesung erfahren, da scheidet er sich von ihnen. Hier tritt eine Krisis ein für diese Zehn. Sollte der eine, der Samariter, die neun Israeliten nicht aufgefordert haben, mit ihm zu gehen, um zu Jesus zurückzukehren? Bei den Neun aber erstickt der Glaube in dem Genuss der Wohltat, die sie selbstsüchtig, ohne wieder begierig zu Jesus genießen wollen, vielleicht in der [10:] Freude und Sorge, die sich an ihre Genesung schließen. Der eine aber, indem er die Erfahrung der Hilfe gemacht, vergisst alles andere und überwindet alles andere, um zum *Quell* seines Heiles zurückzukehren, so dass das neu gewonnene Leben nicht versiegt, sondern in seine Quelle zurück geht und tiefe Wurzeln in Gott schlage. Er konnte nicht anders. Er folgt dem Trieb des heiligen Geistes, dem er nicht wehrt. In anschaulicher Weise beschreibt der Evangelist den zurückkehrenden Mann: *Mit lauter Stimme, Gott preisend*, tritt er in den Kreis der Jünger, *fällt auf sein Angesicht zu Jesu Füßen, Gott dankend, ihm anbetend die Ehre zu geben!* O des seligen Menschen! Er ist lebendiger Dankaltar für die erfahrene Gnade geworden. Das ist die neu aus Gott geborene Liebe, der neue Mensch nach Gottes Herz. So hatte Jesus gehofft, würden alle Zehn sich um ihn versammeln, da er aber nur an dem einen seine Gnade recht sieht, erfüllt ihn jene Wehmut, die ihm jenes Wort des Schmerzes eingibt, – dann aber *richtet* er das wiedergekehrte, dankerfüllte, gerettete Gotteskind auf mit dem Worte: *Stehe auf, gehe hin, dein Glaube hat dir geholfen, hat dich gerettet.*

Aber wie? Hatte etwa nur er – und hatten nicht auch jene Neun Glauben? Sicherlich hatten auch sie Glauben, wenigstens den Glauben gehabt, mit welchem sie zu Jesus gekommen waren und ihr: erbarme dich unser! ihm zugerufen. Jesus aber unterscheidet auch hier offenbar *Stufen und Grade des Glaubens.* Der Glaube ist wie ein *Baum, der wachsen* und dadurch erstarken muss, sonst, wenn sein Wachstum erstickt wird, geht sein Leben unter. So war es bei den Neun. Ihr bis dahin, wo sie genasen, gewachsener Glaube schwand und verschied unfruchtbar und damit ihnen nicht zur Rettung des inwendigen Lebens, weil sie nicht zu Jesu zurückkehrten, bei dem einen, dem Samariter, wurde er nun erst der volle, feste, gewisse, fröhliche, dankbare, neues Leben gebärende und bewährende *Glaube,* und darum sagt ihm der Herr: *dein Glaube hat dir geholfen, hat dich gerettet, nicht bloß leiblich, sondern auch inwendig,* da du nun ein Erlöster und ein Kind Gottes geworden. Meine Geliebten, welch reiche, fruchtbare Mahnung für uns alle, die solches Evangelium hören! Und wenn er nun unter Jesu segnender Hand hinging, wird er des Schmerzes, den Jesus über die anderen Neun empfand und ausgesprochen, vergessen haben? Es scheint unmöglich! Die Liebe Christi müsste seine Liebe und in ihm lebendig werden. Und sollte er da nicht hingegangen sein als ein rechter *barmherziger Samariter* [vgl. Lk 10,30ff.], sie zu bitten, dass auch sie umkehren zu Jesu, dass seine Freude auch ihnen vollkommen werde? Wir wissen es nicht. Aber wie viel gäbe es dort zu erwägen und zu predigen. Wir wollen diese Gedanken in einem treuen Herzen bewahren. Gott aber wolle uns helfen, dass wir der Wunder seiner Liebe, die er an uns tut, nicht vergessen, dass wir dem einen ähnlich werden und wie er auch einmal, als uns gesagt, die Stimme des Herrn hören: Stehe auf, gehe hin, dein Glaube hat dir geholfen. Amen.

Johann Hinrich Wichern

Predigt: 30. Oktober 1865 über Psalm 118,15-17[1] (Jahresfest für innere Mission – St. Jacobi Hamburg)

[3:] Psalm 118, 15-17. „Man singt mit Freuden vom Sieg in den Hütten der Gerechten: die Rechte des Herrn behält den Sieg! Die Rechte des Herrn ist erhöhet; die Rechte des Herrn behält den Sieg. Ich werde nicht sterben, sondern leben und des Herrn Werke verkündigen."

Meine Geliebten. Kann uns die heutige Feier stimmen, mit Freuden zu singen von Gottes Sieg? Wissen wir im Hinblick auf das Wunder der inneren Mission, denn gewisslich dass des Herrn Hand auch unter uns erhöht ist und große Taten getan? Macht unsre heutige Feier uns fröhlich gewiss, dass seine Rechte den Sieg behalten wird unter allen seinen Feinden?

Die innere Mission, aus ihrem Wesen heraus richtig verstanden und ihre Feier im rechten Sinn begangen, führt uns auf den Berg, wo die Stadt Gottes liegt, aus der lebendige Ströme sich in das Leben der Völker ergießen. Denn die innere Mission ist nicht mehr und nicht weniger als die Liebesarbeit der lebendigen Gottesgemeinde, die Gottes Reich innerhalb der Christenheit da baut, wo es bis dahin vielleicht noch nie gebaut oder wieder zerstört worden ist. Und wir beschränken uns dabei zunächst auf unsre eigene Kirche, die eine Tochter [der] Reformation ist, deren Geburtstagsfest wir erst gestern gefeiert.[2] Die Tatsache heißt uns im Licht unsrer Feier zurückblicken auf den Ursprung der evangelischen Kirche und zugleich fragen nach der Verbindung, in der Reformation und innere Mission miteinander stehen.

---

[1] Vorlage: Archiv des Rauhen Hauses, Hamburg, Bestand 61 H a, Nr. 102. – Vermerk: „W.[ilhelm] Baur hielt den Bericht über die innere Mission, ich hielt die Predigt, die ganze Kirche war, so weit das Auge von der Kanzel reichte, mit Menschen gefüllt. Wichern 30.10." (1) – In dieser Predigt finden sich neben den Unterstreichungen von Wicherns Hand (Tinte) weitere Unterstreichungen, die vermutlich von anderer Hand nachträglich hinzugefügt wurden, letztere werden hier nicht kenntlich gemacht. – Keine Liedangaben.

[2] Das Jahresfest der inneren Mission fand an einem Montag statt. Wichern bezieht sich auf die Besinnung auf die Reformation am Tag zuvor (Sonntag).

Was ist die Reformation? Was in Sonderheit die deutsche Reformation? Sie ist nicht ein einzelner, einst geschehener vorübergehender Akt, sondern das vom Herrn und Erlöser der Welt herbeigeführte und bis heute weiterwirkende weltgeschichtliche Ereignis, in welchem ein bis dahin mehr als tausendjähriger *Kampf* zu einem freilich nur vorläufigen Abschluss gelangte. Das war der Kampf zwischen der neugeschaffenen Gottesgemeinde und dem Heidentum der abendländischen Völker innerhalb der Kirche selbst. Er entstand, als nach dem Ratschluss Gottes das Reich Gottes auf Erden nicht mehr aus einzelnen, die in lebendigem Glauben herzukamen, zusammengebaut werden sollte, sondern als das ganze vor dem außerhalb des Christentums entstandene volkstümliche, also natürliche Leben der Völker mit deren Sitten und Lehren in Staat und Wissenschaft in das Reich Gottes hinübergenommen wurde – in derselben Weise und nach derselben Gottesordnung, in welcher einst das eine Volk Israel bis zur Erscheinung Christi als Volk dem Reich des Herrn war einverleibt worden, um in demselben seinen nationalen Zielen entgegen zu reifen. In diesen Kämpfen innerhalb der Christenheit floss das Blut vieler Märtyrer – wer kennt nicht den Namen der Waldenser und Hussens Namen! – bis der Kampf in der Person jenes mit Gott und um die ewigen Lebensgüter ringenden armen Augustiner Mönchs sich vergeistigte. Gehorsam seinem Herrn, der ihn überwand, und entbrannt aus [4:] Liebe zu seinem Volk, das er der Güter des Heiles beraubt sah, brachte er in dem Wort, das er verkündete, und in der Tat, mit [der] er es besiegelte, die Lösung all der Fragen, die Jahrhunderte auf dem Christenvolk gelastet. –

Und was für ein Wort war das? Kein anderes als das Wort von der Vergebung der Sünden, nicht aus den Werken, sondern allein aus Gnaden, durch den Glauben und das Zeugnis des gewissen Glaubens an die lautere, ewige Wahrheit nicht irgendeines Menschenwortes, sondern des Gotteswortes, das die Christenheit empfangen durch den Mund der gottgesandten Apostel und Propheten. Das Wort und Werk der Reformation galt nicht allein Einzelnen und der Kircheninstitution im engeren Sinn, sondern dem ganzen nationalen und volkstümlichen Leben, das zu Stadt und Land nach allen Ästen und Verzweigungen neu in ihm ergrünte und neu gesegnete Früchte zeitigte. – So ist die reformatorische Kirche eine Kirche der Mission innerhalb der Christenheit geworden, die lebendige, geist- und glaubenserfüllte Botschaft [ge]pflegt in der christlichen Völkerwelt, zu der Vergessenen und Verlassenen Vorteil als Gottes Eigentum [..., zwei Wörter ul] und das Evangelium dem Leben der Völker Kraft und Verheißung. Ein auch nur flüchtiger Blick in die Geschichte bestätigt das Gesagte. Das ist die Wahrheit und Herrlichkeit der evangelischen Kirche, eine solche Missionskirche und zugleich eine Volkskirche zu sein. Oder wäre eine auf dem Grund des Evangelii Christi ruhende, auf ihm erwachsene Gottesgemeinde, eine wahrhafte Volkskirche, ohne die Liebesbetätigung ihrer Genossen gegen alle ihr angehörigen Volksgenossen, die durch eigene oder fremde Schuld das Wort Gottes und damit das aus ihm geborene Leben nicht haben oder nicht kennen. Wäre und ist nicht eine Stadt- oder Land- oder Volksgemeinde ohne diese tatkräftige Liebe in der Gefahr, ein eitler Schein zu werden oder doch mit einem unerträglichen Mangel behaftet zu bleiben, für den sie Gott ihrem Herrn verantwortlich wäre? Und ist es anders möglich, als dass – dem Geist des Herrn und seinem Vorbild folgend, diese Liebe, die ihres Berufs sich bewusst geworden, sich zuerst und am stärksten denen zuwendet, welche doppelt bedürftig, nämlich arm an Seele *und* Leib, am Himmlischen und Irdischen, oder vollends denen, die nicht zweifach, sondern dreifach und zehnfach elend sind, welche in Lastern und Schanden stehen – die aber ja der Heiland nicht verstößt, sondern vor allen andern aufsucht und selig machen will, weil ohne ihn ihr Verderben um so gewisser ist.

Zeigt sich dieser Geist der Erbarmung schon gleich im Beginn unsrer Kirche, so ist nicht genug zu beklagen, dass er alsobald wieder erstarb, als die Kirche nach den schweren Anfechtungen blutiger Religionskriege bald in ein neues Gesetzeswesen versank, und noch mehr nachdem sie der neuen Versuchung *heidnisch* gewordener Weis- [5:] heit und fränkischer Gleißnerei [Heuchlerei] erlag.– Aber um so herrlicher erwies sich an ihr der Herr, als sie am Anfang unseres Jahrhunderts und nach den schweren Strafgerichten unter fremdem Joch ihrem Ursprung getreu in Buße und Glauben abermals erstand und in das Lebensalter eintrat, in dem sie heute steht und in welchem wir uns ihrer Segnungen freuen. Sie ist von da an neu und in schwerste Kämpfe eingetreten, aber zugleich mit den Kennzeichen einer neuen Geistesweihe, die sie von allen Gestalten, die sie in früheren Jahrhunderten an sich getragen, unterscheidet. Und dieses Kennzeichen und Gotteszeichen ist jener *Geist der Mission* und das Bekenntnis zur Mission und die aller ernsten Mission eingeborene lebendige Erkenntnis, dass es ein *Reich Gottes* gibt, das alle Kirchen umschließt und alles *Volksleben* in all seinen Erscheinungen, Sprachen und Entwicklungen in einem höheren Sinne mit in sich aufnehmen will. Hier ein plötzliches, dort auch gleichsam wie ein langsam zündendes Feuer hat nicht erst seit gestern, sondern seit dem Schluss des vorigen Jahrhunderts dieser Gedanke unter allen Völkern und Zonen, unter denen die evangelische Kirche eine volle oder eine beschränkte Heimat gefunden, gewirkt. In England, in Schottland, in fast ganz Nordamerika, in Holland, Dänemark, Norwegen, Schweden, in Russland bis zu seinen äußersten asiatischen Grenzen, in ganz Deutschland und der Schweiz, und weit über all diese Marken hinaus finden sich zu Stadt und Land die Stiftungen in Vereinen und Anstalten, die Zeugnisse der glaubenserfüllten Barmherzigkeit sind – seien es neu begründete Kirchen zu Tausenden, in denen Gottes Wort verkündigt wird, seien es Schulen aller Art, worin unabsehbare Scharen von Kindern gesammelt werden, sonstige Gesellschaften und Anstalten aller Art, die Jugend christlich zu erziehen und zu unterweisen, Kranken mit dem Trost des Evangeliums zu helfen, Verlassenen, bis dahin verstoßen [und] verworfen, in Christi Liebe eine Zuflucht und Rettung zu schaffen. Dazu die Bildung ganz neuer evangelischer Genossenschaften für diese Liebesdienste, die zu vielen Tausenden zählenden Beter und Arbeiter, deren Lebensberuf diese Arbeit der rettenden Liebe [6:] im Volk geworden. So hat der Herr auch in unseren Tagen und in der evangelischen Kirche in besonderem Sinn sein Wort erfüllt: *Ich will das Verlorene wieder suchen und das Verirrte wiederbringen, das Verwundete verbinden und des Schwachen warten* Ez 34, 16.

Aber überschauen wir weithin ausgebreitete, mit Gottes Gaben und Gnaden geschmückte, auf dem Grund des Glaubens erbaute und trotz alles Widerspruchs und aller Feindschaft dennoch, ja gerade deswegen desto weiter erblühte *Welt christlicher Liebeswerke*, diese goldene Königsstraße, auf der der Herr unter den Lobgesängen, Gebeten und Danksagungen der seinen einherzieht und einkehrt bei denen, die helfen, und denen, denen geholfen wird, und sehen wir den Segen und Trost, den Frieden und die *himmlische* Lebensfreude, die unter allen Zungen und Völkern bei den Unzähligen in unseren Tagen wieder eingekehrt ist – erfüllt sich da nicht in der inneren Mission unser reformatorisches Evangelium, um das der Herr uns heute versammelt, als prophetisches Wort:

Man singt mit Freuden vom Sieg in den Hütten der Gerechten.

Wir können dazu nur Ja und Amen sprechen und den Herrn preisen, der so Großes an seinem Volk getan!

II.

Aber hätte damit die innere Mission ihr Ziel erreicht?

Wir hören von allen Seiten die Einrede: wie gering die Zahl derer [sei], die in dieses Lob einstimmen im Vergleich zu denen, die mitten in der Christenheit gleichgültig an dem allen vorüberziehen. Man verweist uns auf die, für die es kein Reich Gottes, keine Missionsliebe, kein Missionswerk gibt. Ja, wir wollen es nicht bestreiten, die Menge des gegenwärtigen Geschlechtes in hoch und niedrig ist noch ungezählt, für die es kein Gotteshaus, keine Gottesgemeinde, kein Sakrament, kein Wort der ewigen Wahrheit, kein Lob und Dank, keine Bitte und keine Fürbitte vor Gottes Angesicht, kein Wirken und Walten Gottes in seinem Reich und für dasselbe existiert. Es ist ein oft angeführter, aber schlagender Beweis dafür in dem der Anblick, den unsere *leeren* Kirchen und die Art der Zuhörerschaft in den etwa gefüllten Kirchen, und umgekehrt der Blick auf die gefüllten Orte der weltlichen Lust, die sonntags und werktags gefüllt sind.

Man hält uns mit bestimmten Worten gerade diese Tatsache von seiten derjenigen entgegen, die bemüht sind, ein Jahrhundert des Unglaubens nachzuweisen, dass die Gemeinde Christi, der Glaube an ihn im völligen Absterben begriffen und die Kirche nahe daran ist, bald gänzlich zu verschwinden, und darum *innere Mission* eine Torheit ist. [7:] Hat dieser Einwand Grund und das Recht zu uns, Lob und Dank an unsrer Festfeier zu bestreiten?

Verschließen wir uns dieser Erwägung nicht, sondern folgen wir der Betrachtung des Gegenstandes tiefer noch weiter.

Wenn wir jenen Massen, die von der Kirche entfremdet sind, ein Wort von diesem lebendigen Christenleben und Christenliebe oder auch nur das Wort der Mission nahe bringen, bleibt dasselbe nicht bloß unverstanden, sondern erregt in neunundneunzig Fällen von hundert Verdacht und Verstimmung, selbst ein Schrecken, wenn nicht gar, was fast die Regel: Verachtung und selbst Hohn und Spott, vor dem sich viele fürchten, weshalb sie auch den Namen der Mission gar nicht in den Mund zu nehmen wagen. Auf Kanzeln!

Wie aber ist es erklärbar, dass mitten in der Christenheit die Liebe Gottes und die aus dieser Liebe geborene Beweisung christlichen Glaubens solche Geringschätzung erfahren kann? Es genügt nicht, auf die allgemeine Verderbtheit des menschlichen Herzens hinzuweisen, es müssen hier noch besondere Ursachen mitwirken, die der allen Menschen angehörigen Widerwilligkeit des menschlichen Herzens dieses *gehässige* Gepräge gegen Gottes Werke geben. Wir kehren auf unsre vorige geschichtliche Betrachtung zurück und entnehmen aus dem Verständnis der Geschichte die Wahrheit, dass der in der Reformation vorläufig erfasste Abschluss jenes Kampfes zwischen Heidnischem und Christlichem innerhalb der Christenheit noch lange nicht zu seinem Ende gekommen, sondern mit doppelter Kraft und verschärften Waffen wieder aufgestanden. Es ist wahr, das alles war schon zur Zeit der Reformation vorhanden, aber seine Stellung war eine andere. Worin liegt der Unterschied von jetzt und einst?

Das eigentümliche geschichtliche Gepräge haben unsere Tage in dem Umschwung und der nach außen und innen sich wendenden Umgestaltung aller menschlichen Verhältnisse; es bildet sich die neue, *modern* genannte Zeit. Aber haben sich auch schon öfter solche Umwandlungsperioden in der christlichen Welt, zum Beispiel in der Reformationszeit, vollzogen, so unterscheiden sich die gegenwärtigen, so rasch hereinbrechenden, von allem anderen Widerspruch gegen die Mission, gegen die Ausbreitung des Evangeliums dadurch ja auch jetzt öffentlich, dass das Neue, das da kommen will und gekommen ist nach der Welle der gegenwärtigen Sturmfluten in Staat, Gesellschaft, Schule, Kunst und Gewerbe, sich zu der Religion und speziell dem christlichen Leben völlig abweisend verhält, ja, in offenem Widerspruch steht gegen das eigentliche Christliche. Man will nichts mehr, das von vorn herein, mit innigster Lebensüberzeugung, mit dem Christentum in Verbindung steht oder vollends nur im Interesse des Christentums bestehen will und kann. Kein Staat, keine Schule, keine Ehe, keine Wissenschaft, keine Kunst, kein Gewerbe. Man [ge]steht dem Christentum [8:] höchstens zu, dass es als eine Privatmeinung fortexistieren kann, die Kirche soll als eine Privatgesellschaft gelten, deren Vorhandensein im Grunde gleichgültig ist. Die auf dieser Bahn noch weiter Fortgeschrittenen wollen aber überhaupt kein Christentum mehr: Dass das Wort Gottes in heiliger Schrift ewig unumstößliche Wahrheit, dass die Kirche des Herrn göttliche Stiftung zur Mehrung seines Reiches, dass sein Reich die alles umfassende und beseligende Gotteswelt, die bis in Ewigkeit bleibt, dass Gottes Offenbarung in Christo die Neuschöpfung einer Liebesgemeinschaft zwischen Gott und Menschheit ist, gilt für einen Wahn, selbst für eine absichtliche Trügerei derer, die die Wahrheit verderben. Erklärt man vielleicht auch die Mission zu den Heiden, wenn auch als eine Torheit, doch als unschädlich, wenn auch aus volkswirtschaftlicher Rücksicht nicht unbedenklich, so ist doch die innere Mission, in der der Anspruch des Wortes: Alles ist euer, ihr aber seid Christi! [I Kor 3,22f.] erhoben wird, nicht zu dulden und für uns ein Gegenstand notwendiger Befehdung. Die Alternative ist nämlich, wie einer der Chorführer verkündet: *Offenbarungsglaube* oder *Fortschritt*! Wo das eine, kann das andere nicht existieren, jener, der Offenbarungsglaube, gilt als das Symbol der Verfinsterung und Volksverdummung, ja aller Unsittlichkeit und alles dessen, was menschenunwürdig ist, während dieser, der *Fortschritt*, als Symbol des Lichtes, der Volksaufklärung und der Volkserrettung gelten muss. – *Luther*, wir sehen auch hier wieder auf die Reformation zurück: *Luther* ist für d[eren] Weltbetrachtung und wird genannt „ein *Schwächling*" und „ein gebrochener Geist". Sein Wert bestand nur in der Neuerung, dass er dem *Papsttum* widerstand; im übrigen ist die *deutsche Reformation* – wie noch in diesen Tagen ein anderer Prophet dieser Art verkündet, die Morgendämmerung der neuen Zeit – aber für *die* neue Zeit, deren *Sonnenaufgang* im vollen Glanze die französische Revolution sein soll ([Rudolf] Gottschall). Die ganze Kraft des Kampfes richte sich deswegen je länger desto bestimmter nicht gegen einzelne Lehrsätze des Evangeliums, sondern gegen das Haupt selbst, gegen die *Person Christi*. Entweder ist er der wirkliche Urheber all der Wahrheit, die er verkündet, da er sich als Gottes Sohn bezeugt, ein Betrüger oder ein Schwärmer – oder man sucht zu erweisen, dass er uns in einer trügerischen und sagenhaften Gestalt vorgeführt. Man entkleidet ihn darum aller Herrlichkeit, Gottes Sohn und der Gottmensch kann er nicht mehr sein, Wunder und Zeichen hat er nicht getan, Worte, die eine ewige Bedeutung zur Seligkeit oder Verdammnis haben, hat er nicht geredet, er ist nicht für uns gestorben zur Vergebung unsrer Sünden – am allerwenigsten ist er wahrhaftig am dritten Tage von den Toten erstanden, gen Himmel gefahren ist er nimmer, und an seine Wiederkunft zum Gericht am jüngsten Tag zu glauben, ist die Spitze aller Torheit. Er ist darum nichts anderes als wir, ein sterbliches Menschenkind. Es gibt nach dieser Lehre keine Sünde, keine Schuld vor Gott, keinen Tod, der der Sünde Sold ist [vgl. Röm 6,23], zuletzt auch keinen persönlichen Gott, der von der Welt sich unterscheidet – Gott und Welt und Mensch sind eins und eine Offenbarung Gottes ist ein Trugbild, das die Priesterschaft ersonnen. (Das alles schon zur Zeit der Reformation, aber nicht die Meinung des Volkes, des christlichen Volkes.) [9:] In unzähligen Organen aller Art und in jeder Weise und nach allen Richtungen hin wird diese Lehre offen und grundsätzlich verkündet und tritt mit dem Anspruch der unzweifelhaften Wahrheit alltäglich in der Christenheit auf und vergiftet das von der Kirche entfremdete – und sagen wir auch verlassene und vergessene Volk. So bildet sich mehr und mehr auf dieser Grundlage, die allen Offenbarungsglauben in Trümmer legen will, die öffentliche Meinung, unter deren Herrschaft die Verstimmung und der Eifer gegen die von Gott gelegte gesunde Grundlage aller Menschengesellschaft in stetem Wachsen begriffen ist.

Gewiss knüpft sich an diese Tatsache die ernsteste Erwägung für alle die, welchen der Name Christi als der Name ihres eigenen Lebens und Friedens ins Herz geschrieben und denen die Ausbreitung seines Reiches als Glaubens- und Lebenssache am Herzen liegt. Es ergibt sich auch daraus, dass die innere Mission nicht etwa nur Armenpflege und Wohltätigkeitsanstalt ist, sondern dass in ihr die Kirche und die Gesellschaft, soweit sie noch christlich ist und bleiben will, einzustehen hat für die heiligsten Güter des [..., ein Wort ul] Volks und des öffentlichen Lebens, an deren Besitz oder Verlust die Bewahrung und Errettung des Volkes oder zuletzt der Untergang des Ganzen zu gewärtigen steht. Denn materieller Wohlstand ist ein mehr als trügerischer Schatten, ohne sittliche Ausstattung des Geschlechts, und eine sittliche Ausstattung ist nicht möglich ohne das Christentum.

Und verstummt nun, meine andächtigen Freunde, solchem gewappneten und scheinbar vielfach siegreichen Widersacher gegenüber nicht in unsrer Missionsfeier jeder Psalmgesang? – Gewiss mischt sich in unsre Freude im Blick auf solchen Zustand in unsrem Volk eine Klage, eine tiefe Wehklage, wie sie schon Jeremias, der ähnliches in Israel erlebte, erhob: *Ach dass meine Augen Tränenquellen wären, dass ich Tag und Nacht beweinen möchte die*

Erschlagenen in meinem Volk (Jer 9, 1). Aber aus diesen Tränen muss der Aufschrei der Reformation abermals geboren werden: das ewig wahre Wort von *der Buße und von dem Glauben*, dass Luther es nicht bloß an die Schloßkirche zu Wittenberg angeschlagen mit weithin hallendem Hammerschlag, dass dieser die Tore der Herzen und namentlich die Herzen der Toren zermalmende Hammerschlag widerhallt auch in all unsern Kirchen auf all unseren Kanzeln, in allen unseren Christenhäusern! Dann fielen Reformationsfeier und Feier der inneren Mission wahrhaftig in eins!

Aber, meine Geliebten, verstummt darüber wirklich jener Siegesgesang der Gemeinde, der die Rechte des Herrn sieht große Taten tun und voller Freude bekennt, dass diese selbe Rechte des Herrn den Sieg dennoch behält?

Zunächst, meine Lieben, kennt der Glaube *keine Furcht*. Wie oft spricht zu ihr der Herr: Fürchte dich nicht, du kleine Herde! [Lk 12,32] Am wenigsten kennt sie oder soll sie kennen, Furcht vor ihren Feinden. Er sagt nie: Fürchtet [10:] euch vor euren Feinden: sondern *liebet* eure Feinde. [Mt 5,44] Furcht aber, spricht sein Jünger, ist nicht in der Liebe, die volle Liebe treibet die Furcht aus. [I Joh 4, 18] Freudige Siegesgewissheit ist der Schild in unserem Kampf. Gerade jetzt gilt es den Kampf, dass der Herr mit uns, denn es ist des Herrn Kampf [..., drei Wörter ul] fühlen, *dieser* Kampf für die Sache des Herrn ist die Bürgschaft für den Sieg. Denn wer ist es gewesen, der die schlaffen, toten, trägen Massen der Menschen in diese Bewegung gebracht, als allein das wiedererwachte Wort und die wiedererstandene Tat des Herrn und der Herr in seinem Wort und in seinen Taten! Indem die Welt gegen ihn sich auftürmt und all ihre Geistesmacht und Weisheit und was sie sonst mächtig macht, wider ihn aufbietet, wie [sie] es schon seit Jahrtausenden getan – bekennt sie eben seine Macht und unüberwindliche Stärke – seine siegreiche Majestät. Je mehr aber und aufrichtiger der Kampf wider ihn, je energischer die Opposition, desto tiefer [..., zwei Wörter ul] von selbst in die Reihen und Herzen seiner Widersacher ein und desto mehr werden die Aufrichtigen überwunden, dass er die Wahrheit und sein Reich die Heimat der Gerechtigkeit, des Friedens und der seligmachenden Freude ist. Oder haben wir auch in unsrer Vaterstadt das nicht erfahren, wir, die wir jetzt seit bald fünfzig Jahren in diesem bedeutungsvollen Kampf stehen und es mit Augen sehen, wie die Zahl derer, die ihn bekennen und anerkennen, sich fort und fort mehrt und die Werke und Arbeiten zur Mehrung seines Reiches trotz allen Widerspruchs, wenn auch unter dem Kreuz, fröhlich gedeihen. Und dazu soll er ja, wie sein Prophet sagt, die Starken zur Beute haben! [vgl. Jes. 53,12] Wurde doch aus einem Saulus ein Paulus! Und es gibt noch viele Wege nach Damaskus, wo es zuletzt zwar nicht unmöglich, aber doch schwer wird, wider den Stachel zu löcken. [vgl. Act 9,5]

So steht der Herr auch in all diesem Kampf und Widerstreit wider sein Wort und seine Wahrheit und sein Werk unter uns *mit der erhobenen Rechten*, das Siegesbanner, dem wir folgen, in seiner Rechten – und mitten im Kampf und unter zeitweiliger Niederlage wissen wir doch gewiss: *Seine Rechte behält den Sieg*. Entkleiden sie ihn auch in unseren Tagen abermals seiner Herrlichkeit, verwunden sie ihn und seine Liebe bis zum Tod, schlagen sie ihn in seiner Gemeinde aufs Neue mit Geißeln wie jene Knechte des Krieges, die damals gegen ihn geführt wurde – wohlan – so schauen wir ihn abermals unter uns in seiner Leidensgestalt, über der jener rief: Seht, welch ein Mensch! [Joh 19,5] Wir wissen, was für ein Heil er in dieser Gestalt für uns auf ewig erstritten. Es ist der Gottmensch, der nie stirbt, sondern aufersteht, in seiner Herrlichkeit uns alle zu sich zu ziehen und sein herrliches Reich unter all seinen Widersachern zu vollenden. [11:] Mögen wir darum auch unter den schweren Stunden oft meinen, *wir stürben* und sein Reich mit ihm – wir sterben nicht, und sein Reich stirbt nicht, denn er lebt und weltüberwindend geht [die] Verkündigung seines Namens hinaus in alle Welt.

Wir schließen unsre Missionsfeier in diesem Glauben und machen das letzte Wort des prophetischen Psalmes zu dem unseren, mit dem wir alle hinausgehen wollen, das Werk der inneren Mission [jeder] an seinem Teil und in seinem Lauf und Beruf zu tun: „Ich werde nicht sterben, sondern leben und des Herrn Werke verkündigen!" (Ps 118,17).

Ja Herr, dazu stärke du uns alle [ein Zeichen ul]. Lass zu uns kommen dein Reich, segne unsre Arbeit, das Werk der inneren Mission auch in dieser deiner Stadt, die wir deinem gnadenreichen Schutz befehlen, dass in ihr dein Reich sich mehre und mit Freuden in den Hütten der Gerechten von diesem Sieg verkündet werden. Amen.

Johann Hinrich Wichern

Predigt: 10. November 1868 über Lukas 19,41-42[1]
(Stiftungsfest des Vereins für innere Mission in Hamburg – St. Petri Hamburg)

[1:] Wo unter denen, die die Sprache der christlichen Welt noch oder wieder verstehen, der Name der Mission laut wird, erweitert sich das Herz und der Blick! So auch in unserer heutigen Festfeier. Je mehr aber die Festfeier rechter Art ist, soll sie auch das Herz und den Blick vertiefen und neuen Mut und neue Klarheit zu getroster und mutiger Fortsetzung der Arbeit bewirken. Um unsere Feier in diesem Sinn begehen zu können, lasst uns uns erheben und das Wort der heiligen Schrift vernehmen, das uns das Fundament der heutigen Festpredigt bieten soll. Es ist entnommen aus der Geschichte, wie Jesus unter Lobgesängen der Seinen und unter Palmzweigen, die das Volk streut, in Jerusalem einzieht und steht geschrieben: *Lukas 19,41 u. 42.*

[41] Und als Jesus nahe hinzu kam, sah er die Stadt an und weinte über sie [42] und sprach, wenn du es wüsstest, so würdest du auch bedenken zu dieser deiner Zeit, was zu deinem Frieden dient.

Da es sich bei unserer Festfeier um ein Fest der inneren Mission, in Sonderheit der Stadtmission, handelt, so ist gerade dieser Text gewählt und nicht etwa ein Wort oder Evangelium herbeigezogen, das sich auf die apostolische Arbeit in anderen Städten, zum Beispiel zu Antiochien, Ephesus, Philippi, Athen, Korinth oder Rom bezieht, denn diese Städte waren heidnische Städte, und die Missionsarbeit in ihnen war Heidenmission. Wir feiern aber ein Fest der inneren Mission und wir [..., ein Wort ul] die Missionsarbeit Jesu, die bekanntlich nie Heidenmission war, der ausdrücklich erklärte, dass er zunächst zu Israel gesandt, zu dem alttestamentlichen Volk Gottes. Und dieses Volk, als ein Volk, dem diejenigen göttlichen Offenbarungen und Verheißungen, deren auch wir Christen uns noch getrösten, mit seiner Ge-

---

[1] Vorlage: Archiv des Rauhen Hauses, Hamburg, Bestand 61 H a, Nr. 104. – Vermerk: „Festpredigt am Stiftungsfest d.[es] Vereins für i.[nnere] M.[ission] in Hamburg".

schichte, seinen Propheten, seinen in ihm gereiften Zuständen und inneren Kämpfen, die aus dem Zusammenstoß seines Glaubens mit dem volkstümlichen, nationalen Leben hervorgegangen, ist ein Vorbild des Christenvolkes, das sein ganzes volkstümliches Leben ins Christentum mit herübernimmt. Das in Israel geschehene Werk Christi und das Werk der Propheten in ihm ist sicherlich ein Missionswerk, aber nicht ein Werk der Heiden-, sondern der inneren Mission, der Ausbreitung des Reiches Christi in einem unter den Segnungen der Offenbarung stehenden Volke. So kann das Werk Christi in einer Stadt wie Kapernaum, Nain und insbesondere in Jerusalem als ein Urbild und Gebot des Werkes der inneren Mission und – in Sonderheit des Werkes der Stadtmission in unseren Christenstädten angesehen werden. Man lese mal in diesem Sinne die Geschichte Israels und das Werk seiner Propheten im Alten Testament und die Geschichte Christi in Israel im Neuen Testament, um an unzählig vielen Stellen ein neues Licht über das Werk und die Aufgabe der inneren Mission zu empfangen und immer mehr inne zu werden, dass sie nicht einer Armenwohltätigkeit gleicht, sondern die Ausbreitung des Reiches Christi in dem abgefallenen Geschlecht der Christenheit unter arm und reich, tief und hoch, gebildet und nicht gebildet und auch Verwahrlosten in allen Ständen unter Christen [..., ein Wort ul]. Wir wollen, anknüpfend an jenes gelesene Schriftwort, uns vor Augen stellen

das *Werk der Inneren Mission in einer christlichen Stadt* und

uns die drei Fragen beantworten:

1. wie die innere Mission im Lichte Christi die Stadt, in der sie arbeitet, ansehe
2. vor welch tiefstem Beweggrund ihre Arbeit ergehen und
3. was für ein letztes Ziel ihre Arbeit sich stecken soll? [2:]

I.

Wie die Innere Mission die Stadt anzusehen habe, in der und für die sie arbeitet?

Wir sind zu dieser Frage veranlasst durch das, was unsere Textgeschichte berichtet: Als Jesus, von den Jubelgesängen seiner Jünger umgeben, vom Ölberg herabsteigt, wird der Augenblick hervorgehoben, da *er die Stadt sieht, sah sie an*! – mit welchem alles erfassenden und durchdringenden Blick, das zeigt das Bestürmende, Bewegte, das dieser Blick in ihm hervorbringt.

Das Äußere betreffend, war Jerusalem eine große Stadt mit viel Hunderttausenden von Einwohnern, und überdies eine schöne Stadt, auf einem Berg zwischen quellenreichen Tälern gelegen, eigentlich in fünffacher Festung mit 90 Türmen umstellt, über alles hervorragend der kostbare Tempel von weißem Marmor unter einem goldenen Dach, in ihr schaltete ein König Herodes, der erfüllt war von der Leidenschaft zu bauen, es fehlte nicht an Theatern, an Arenen zu Spielen und Wetten, zu Tierkämpfen zwischen Löwen und Sklaven und Verbrechern, Einrichtungen zu Musikfesten und all dem, worin die Wollust und schnöde Sündenschande ihr Genüge finden konnte – also mitten im Heiligen Land eine Stadt wie unsere großen Städte. Ob Jesus und seine Jünger diese Größe und jene Herrlichkeit nicht gesehen und gekannt? Wir wissen ja, was er wenige Tage nach diesem Einzug über das Tempelsgebäude sagte (Mt 24), wie er alle jene Dinge, die vor Augen sind, nur ansah als in Verbindung steht [stehend] mit dem göttlichen Reich, mit dem Glauben an sein Wort und seine Person, mit der göttlichen Verheißung und Drohung und dem bevorstehenden Gottesgericht. Als er die Stadt *ansah*, sah er wie immer nicht, was vor Augen ist; was vor Augen ist, hatte für ihn nur Wert, soweit es der Ausdruck und das Abbild des Inwendigen ist und wie weit es Beziehung hat zu dem göttlichen Reich. Wir haben schon gehört, wie das, was er mit durchdringendem Blick sah, sein Innerstes bewegte und erschütterte. Denn er sah hinter all jenem *Reichtum* die unsägliche Armut, hinter jenem *Glanz* die erschreckende Nacht der schändlichsten Lüste, hinter dem *Stolze*, mit dem das Menschenwerk sich brüstet, den Frevel, mit dem Gottes Wort und Gesetz zertreten wurde, hinter den Vergügungssüchten der Ohnmacht [..., ein Wort ul] über den Gott, der zu Gericht sitzt – er sah in dem weiten, *großen Volk* der Stadt nur das kleine *Häuflein* der Seinen, das er gefunden wie eine Henne ihre Kücklein, die Jesum und seine Erscheinung lieb haben, ob der Tag kommen werde, wo sein Heil sie umfangen und Gottes Verheißung erfüllt werden sollte. Die Stadt, in der er lang und oft gearbeitet, in der er [..., vier Wörter ul]. Aus den wogenden Massen der ihm Heil zujauchzenden Volksmenge [vgl. Mt 21,9 parr] sah er schon von Ferne die Zurüstung zu dem Tag, wo sie die Luft erfüllen würden mit dem schrecklichen Geschrei: Kreuzige! Kreuzige ihn! [vgl. Mt 27,15ff. parr]

Haben die Städte unseres Jahrhunderts, in denen seit zwanzig und dreißig Jahren immer mächtiger und umfangreicher sich das Werk der Stadtmission erhebt, haben dieselben irgendwelche Ähnlichkeit mit jenem Jerusalem und den in ihm damals herrschenden Volkszuständen? Wir sehen hier ab von der einzigen Bedeutung, die Jerusalem hatte in der Geschichte des göttlichen Reiches und als Vorbild der ewigen, freien himmlischen Gottesstadt! Aber abgesehen davon fragen wir: Haben sie im natürlichen Leben eine Bedeutung wie Jerusalem, das bekanntlich als Hauptstadt des Landes das ganze Volk bestimmt? [3:]

Es gehört zu den charakteristischen Zeichen unseres Jahrhunderts, dass mit ihrem fort und fort steigenden Wachstum die großen Städte eine immer gewaltigere Herrschaft über das Leben der Völker erlangen. Ganz abgesehen von der äußeren Herrlichkeit, in der die eine die andere überbietet, sind sie nicht bloß die volkreichen Stätten der blühendsten Kultur nach allen künstlerischen, wissenschaftlichen, industriellen, kommerziellen Richtungen hin, sondern in ihnen stehen auch die Throne aller sonstigen geistigen und materiellen Mächte, die von ihnen ausgehenden Stimmen beherrschen das Leben der Völker, sie sind die Hauptglieder am Gesamtleib der Nation. Wir mit nüchternem Blick können in alledem an und für sich noch kein Unglück erkennen, sondern wir haben wie alle derartigen Entwicklungen und Gestaltungen des Volkslebens auch diese zunächst als ein Werk in der weltregierenden Vorsehung Gottes anzusehen, wir wollen und können nicht leugnen, dass sie in den großen, das einzelne Menschenleben weit überragenden Haushalt Gottes gehören.

Allein, so wenig der Glaube dieses alles übersieht – wenn er im *Licht Christi* an diese Erscheinungen und volkstümlichen gesellschaftlichen Aufbauten der Neuzeit hinaussieht, so wird er, wenn er die Stadt und die Städte mit den Augen Christi und dem Maße Christi ansieht, zur Lösung von noch ganz anderen Fragen sich aufgefordert fühlen.

Sehen wir nicht bloß auf das, was vor Augen ist, sondern fragen wir nach der Beziehung und der Verbindung all dieser Größe und Herrlichkeit und all dieses Verkehrs und geschäftlichen und geselligen Lebens mit *dem Reiche Gottes* – zu welchem Ergebnis gelangen wir dann?

Von welcher *geistigen* Nahrung lebt alltäglich eine solche Stadt? und kennt sie überhaupt geistliche Nahrung – ist ihr nicht auch selbst das Wort schon fremd und undeutlich geworden? Familie! Was wird gelesen in den großen und in den kleinen Häusern – worin besteht die Freude *und Ergötzung* einer solchen Bevölkerung in den Familien, in den so genannten Gesellschaften, in den öffentlichen Volksvergnügungen? Wo oder bei wie wenigen ist im Hause *die Bibel* das heilige Familienbuch, aus welchem man Gott hört und was er spricht? Wo sind die *Hausväter*, die Hauspriester sind, wo die *Mütter*, die in treuer, hingebender Sorgfalt ihre Kinder zu Christus führen und zu ihm beten lehren? Wenn Jesus die Stadt ansieht, dann fragt er, wie weit dort sein Wort Glauben und Eingang gefunden, nach der Liebe, die dort über ihm sich sammelt, nach der Huldigung, die ihm als dem König des Himmelreichs gebührt und was für ein kleines Häufelein findet er [..., zwei Wörter ul]. Wie ist der innerste Lebensquell, aus dem das [4:] unruhige, vielverzweigte Leben einer solchen Bevölkerung strömt, beschaffen? Will man es erfahren, so gibt es [eine] einzig sichere Probe! Man nenne nur den Namen *Jesu Christi* und wie viele sich über ihn verwundern und wie wenig er den unnennbaren, ewigen, einzigen Wert hat. Und wenn er vollends bekannt wird als der, in welchem sich beugen sollen aller Knie, die im Himmel und auf Erden und unter der Erde sind? [vgl. Phil 2,10] Wenn er bekannt wird als der wahrhaftige, ewige Sohn Gottes, der aus Erbarmen vom Himmel auf die Erde gekommen und Mensch geworden, dessen Wort die Wahrheit, die allein maßgebende Wahrheit ist, der Wunder getan und noch tun kann, durch den wir alleinig Zugang zum Vater haben, um deswillen unser Gebet erhört wird, der für uns alle gestorben und auferstanden? *Wie nimmt die Menge den, und jeden unter uns, der eines solchen Bekenntnisses sich nicht schämt*? Der fordert, dass Jesu Wort die Richtschnur des Glaubens und der Maßstab alles Lebens sein soll? Wir wollen der Gottvergessenheit, der Geringschätzung, der Verspottung des göttlichen Wortes nicht weiter gedenken, des stolzen Wahns nicht wehren, sondern *eitler* Bildung und sogenannter Kultur, die sich selbst als Gott behauptet, zur Kultur einsetzt – vor der das ganze Christentum mit seiner Vorgeschichte eitel Aberglaube und Torheit ist! Und diese seelenverderblichen Irrtümer sind nicht bloß *theoretisch* in der Erkenntnis, sondern auch ebenso *praktisch*, die Frucht bringen im Leben in tausend nächtlichen Gestalten! Das Verlassen der Gottesdienste! Die Entheiligung des Sonntags! Die Häuser der Lust und öffentlichen Vergnügungen! Der Missbrauch der heiligen Feste! Wir wenden den Blick auf die öffentliche und heimliche Schande und die erschreckenden Laster, die himmelschreienden Werke der Finsternis, von denen Paulus sagt: (Eph 5,12) *dass, was heimlich von ihnen geschieht, auch schändlich und beschämend zu sagen sei*! Wir gedenken allein nur an das durch diese Laster angerichtete Verderbnis in den Familien, im Familienleben, seiner Pflege in den höheren und niederen Ständen, die vielen Millionen, die diesem Satansdienst geopfert werden, mit denen man ganze Städte von Armen erhalten und umwandeln könnte, wir wissen von dem Verderben in der Jugend, das nicht weniger, sondern mehr wird. Wir gedenken dessen, wenn das Volk sich erzählt und [sich] freut und ihm neuer Raum in seinen Tagen [..., ein Wort ul]. Wie es nicht bloß [..., ein Wort ul] Wort, sondern auch [..., drei Wörter ul]! Und [..., ein Wort ul] wer heute des Weiteren! Das sind alles Zustände und Volksverhältnisse, aus denen das auch in unseren Tagen noch nicht verstummte *Kreuzige*! immer aufs Neue hervorbrechen muss – ja in denen Christus ohne Ablass *gekreuzigt* und mit *Füßen getreten wird*. Doch genug der Finsternis in unseren großen Städten, die die Sonne des Lebens *verfinstert* und die Wärme der Christenliebe verscheucht und uns geistlich in die Nähe der Polarmeere versetzt. Ist dem aber so: Kann dann das, wenn auch nur arme kleine Häuflein, das sich um Christus sammelt, ruhen, darf es sich mit der *Kainsfrage* beruhigen: Soll ich meines Bruders Hüter sein? [vgl. Gen 4,9] Unmöglich! Wer Jesum erkannt hat, kennt ihn nicht, wenn er sich nicht irgendwie von Gottes Geist leiten ließe: dem Herrn und seinem Reich zu dienen und auch seinerseits dazu zu tun, dass sein Reich auch in diese Finsternis wieder eindringe! Das aber ist das Werk der Stadtmission, dass uns ein solcher Christusblick auch auf die Städte mit Not- [5:] wendigkeit entstehen und sich Bahn brechen müsste. Sehen wir um uns, wie das Werk auch mit dieser Not sich ausbreitet und ausgebreitet hat!

II.

Wir kommen zur zweiten Frage: *von welchem tiefsten Beweggrunde uns das Werk einer solchen Stadtmission ausgehen soll?*

Als Moses das abfällige Volk am Sinai sah: *ergrimmte er im Zorn* und *zerbrach die Tafeln* des Gesetzes (2. Mose 23,19). Wenn Jesus dasselbe Volk in Jerusalem sieht – *bricht ihm sein Herz* vor Erbarmen und strömt in Tränen aus: es ist Moses und Christus – Gesetz und Gnade! Jene bringt keine Mission, sondern das Gericht – diese Christus, und Gnade, das ist der Inhalt des Evangeliums, aus dem die Missionsliebe geboren wird. Wer durch Moses sich nicht zur Erkenntnis seiner Sünde führen und demütigen lässt, wird wie jener Priester und Levit, wer die Gnade Gottes nimmt: ein barmherziger Samariter [vgl. Lk 10,25ff.]! Sie, diese Missionsliebe, die auch die *Wiege unseres heutigen Vereins* ist, wurzelt in jener *Liebe Christi*, – die wie er, Christus selbst, ein *Geheimnis für alle* ist, die Christus nicht haben. Sie dünkt ihnen unnatürlich und widernatürlich – und wird wie oft als *Heuchelei* gebrandmarkt. Man glaubt sie nicht, wenn das Verständnis fehlt, das aus der *Liebe*, die Christus hat, hervorgeht. Und was ist die Liebe Christi? *Die Liebe Christi* ist seine vollkommene Selbstverleugnung und Selbstentäusserung [vgl. Phil 2,7], aus der heraus er auch aus des Vaters Schoß gegangen, um Mensch wie wir, doch ohne Sünde, zu werden. [vgl. Hebr 4,15] In dieser Liebe versenkt er sich auch in das Leben der Verlorenen und derer, die ihn kreuzigen und töten, nimmt ihr Verlorensein in sich auf, nicht zum Schein oder aus bloß menschlichem Mitleid, sondern in der ganzen Stärke der *göttlichen* Liebe, so empfindet er und trägt, was jene noch nicht empfinden, erfahren und tragen: das Gesetz und den Zorn des heiligen und wahrhaftigen Gottes. Aus diesem *Erlebnis des Zorns und der fremden Strafe*, die er auf sich nimmt, dringt bei ihm das *Wehe* über die Sünder, es ist kein gesetzliches, sondern ein miterlebtes und vorerlebtes Wehe, das er im Schmerz der Erbarmung ruft, aus diesem Miterleben geht auch das *Weinen* und das Wehklagen hervor, mit dem er Jerusalem ansieht: *Diese selbstlose, barmherzige Liebe des Heilandes ist die am öffentlichen Wirken* [..., zwei Wörter ul] *weltversöhnende und durch Jesus Christus welterneuernde Macht im* [..., ein Wort ul], *die das Leben ist für alle, die an ihn glauben, ein ewig sprudelnder, unerschöpflicher Quell.* Wer Jesu Liebe lebendig erkannt und erfahren, weiß, dass auch er durch sie gerettet und selig gemacht ist und hat damit die Liebe um Christi willen kennen gelernt. Wer das in Wahrheit weiß, in einem solchen wird und ist zugleich der Missionsgeist geboren, der hinauszieht nicht bloß etwa in die Heidenwelt, sondern zunächst und zuerst in die Christenwelt, mit Christo zu suchen und zu retten, was verloren ist [vgl. Lk 19,10], was alles in der Luft unserer Städte [..., ein Wort ul]. *Wie ist dieser Missionsgeist so selten*! Und was für ein niederschlagendes Zeugnis ist diese Tatsache für das christliche

Leben unseres Volkes! Wo er aber ist, da muss er sich immer wieder stärken und erneuern aus dieser ewig fließenden lebendigen Quelle: Auch unser Missionsverein soll [6:] aus dieser Quelle geboren, also ein Werk Christi, ein Ausfluss seiner Liebe und Barmherzigkeit sein. – Aber wie oft wird sie wieder schwach, dieses Leuchtfeuer des Herzens, durch Weltförmigkeit und Menschenfurcht, die Christi sich schämt! Auf denn, Genossen dieser erbarmenden Liebe, lasst uns demütig mit dem Bekenntnis unsrer Sünde aufs Neue herzutreten und schöpfen aus diesem hellen, unerschöpflichen, ewigen Born, dass wir aufs Neue erquickt und erstarkt in neuem Eifer das begonnene Werk fortsetzen können; lasst uns aufs Neue uns sammeln um die *Glut dieser feurigen Liebe*, dass deren *Flamme* von den Schlacken uns läutere, und wir als die nicht mit Wasser, sondern mit Geist und mit Feuer Getauften in ihrem Lichte neu erglüht und erleuchtet, dem Ziele nachjagen, das er auch unsrer gemeinsamen Liebesarbeit vorhält! Der Ruf gilt allen – den Alten und den Jungen, den Männern und Frauen, den Jünglingen und Jungfrauen, wo und wer sie seien! Wandern wir in der Gemeinschaft mit Christo in jener großen Stadt, so zeigt er uns selbst das eine und einfache Ziel, um das es sich handelt und damit auch den letzten Grund unsrer gemeinsamen Arbeit?

III.

Welches ist das eine Ziel und der eine letzte Grund der vereinten Arbeit in der Stadtmission?

Christus zeigt uns dasselbe klar in dem Wort, das er unter den Tränen, die er über Jerusalem weint, spricht. So nämlich lautet das Wort richtig: *Wenn a u c h du, du Stadt! – es erkenntest zu dieser deiner Zeit, was zu deinem Frieden dient! Auch* du! Wer sind denn die in der Stadt, die erkannt haben, was ihnen zu Heil und Frieden dient? Welche anderen könnten es in diesem Augenblick für ihn sein, als die, die in diesem Augenblick von dieser Erkenntnis erfüllt ihn mit ihren Lobgesängen umgeben, die Menge seiner Jünger, die Rettung, Seligkeit und Frieden gefunden, deren Freude er sieht, deren Lobgetöne dort am Ölberg ihn umgibt, deren Freude und Seligkeit auch seine Freude ist, an denen er erreicht hat, um weswillen er vom Himmel gekommen! Und was anderes wäre es, was sie erfüllt und er hören [..., ein Wort ul], als das eine: dass *Jesus der Christ*, dass er der König des Himmelreiches ist. Welch ein Wort ist das! „Gelobt sei, der da kommt im Namen des Herrn" [Lk 19,38]. Das ist ihr Lied! Das ist ihr Ziel, darin haben sie den Frieden! Und stimmte auch Jerusalem mit ein – aber was für eine Hoffnung ist das! – so wäre auch Jerusalem gerettet: das wäre die vollständige Umwandlung und Umkehr der Stadt. – Sie würde ein Vorbild des himmlischen Jerusalem in diesem Augenblick! Aber *es verschließt seine Augen, es hat den König* und Retter und sieht und will ihn nicht! – Und wenn er dieses Heil, wenn er sich selbst, der Heiland und Retter, ihnen darbietet, muss er da nicht ebenso der Helfer, Heiland und Retter aller [7:] und vollendet seiner Christenstädte sein, da es jetzt schon eine solche Bedeutung in und unter den Völkern gegeben und vollends erst dann! – aber Elend und Verderben auch ihres Teils mit abzuwenden und zu überwinden die Aufgabe der in seinem Namen arbeitenden Stadtmission ist? Sollten die unter dem Banner Christi als seine Helfer und Diener arbeiten wollen, ein anderes Ziel haben können und dürfen als er und als ihn? Wer wollte wagen, das zu behaupten, und wenn Christus sein Heiland und König ist, nicht sein freudiges Ja und Amen dazu vor Gott und Menschen bekennen? Christus der alleinige Heiland und Retter des Volkes, und in ihm und durch ihn allein die Weihe und Rettung aller Dinge in unserem gemeinsamen städtischen Leben! Er das Licht, das Salz, das alles erhalte, der Sauerteig, der alles durchdringe! Das ist die Losung und das Banner, um das wir uns sammeln, das Ziel, das wir erstreben!

Freilich erhebt sich dem gegenüber nicht geringer Widerspruch mannigfaltiger Art. Was wissen und wollen in dieser Richtung z. B. die ungeheueren Massen der verführten Arbeiter, die in der ganzen Welt (man achte darauf) versammelt werden, sich selbst zu helfen, auf deren Banner man mit diesen Lettern schreibt: Kein Gott und keine Kirche! Kein Glaube und keine Wunder! Oder werden diejenigen widersprechen, die solche Sätze zwar nicht wagen, aber alle Hilfe von der Bildung oder Kultur erwarten: als wenn das Evangelium gegen die Kultur und gegen die Bildung wäre und nicht vielmehr die Mutter und Pflegerin aller Kultur, als wenn nicht die Kultur und Literatur, Kunst und Wissenschaft unter ihren Heroen zugleich Namen führte, die sich gebeugt haben und beugen vor dem gekreuzigten Heiland, dem sie ihre Krone gereicht? – *Oder* sind mit diesem Wort diejenigen zufrieden, die neuerdings die gottentfremdete Kultur mit dem Christenglauben zu versöhnen sich berufen erachten und die Christentumsgemeinschaft volksfremd machen zu können, indem sie es entleeren und vom Christentum so viel an Inhalten abziehen, als die angebliche Kultur es *fordert*. Wunder und göttliche Offenbarung abziehen, als die angebliche Kultur es verlangen kann. Aber nicht viertel oder halbes [..., ein Wort ul] erwartet von Kultur und Christentum, sondern nur das ganze Evangelium und der ganze Christus, wie er im Wort Gottes selbst offenbart, kann dem Volk die Hilfe bringen. – Aber noch andere *protestieren* oder halten sich kühl und fern, die nur eins wissen: dazu sei die Kirche und die Schule und die Obrigkeit [da]. Aber wir wollen ja keine andere Arbeit als die der christlichen Kirche, deren Glieder wir sind, deren Bekenntnis wir in allen Fällen teilen, oder der christlichen Schule und der christlichen Obrigkeit. Wo finden sich mehr als in den Kirchen [..., sechs Wörter ul], aber erst fülle man auch die bestehenden Kirchen mit lebendigen Bausteinen und verkünde dem herzukommenden Volk mit

Feuerzungen und brennenden Herzen voll suchender Heilandsliebe den auferstandenen und zum Himmel gefahrenen Christus als den Heiland und Tröster der sündigen Menschen und übe ein Gesetz und eine obrigkeitliche Verwaltung, die mit starker Hand den zerstörenden Greueln des Lasters einen unübersteiglichen Halt gebiete. – Ob, wenn das geschähe, dann noch verlangt würde, dass die lebendigen Glieder der Kirche die Hände in den Schoß legen sollen – wir zweifeln auch heute schon daran. [8:] Ein *bedenklicher Einwand* oder Fehler [ist], wenn man sagt: jene Hoffnung der Mission für unsre Städte und überhaupt alle derartigen Hoffnungen und Anstrengungen für unser Volk sei Selbsttäuschung und Phantasie, die sich nie erfüllen werde. Der Abfall sei bereits zu groß, die Masse zu gottentfemdet, dass an eine Umkehr zu Christo nicht wieder zu denken [sei]. Oder vielmehr werden Recht behalten, die das Ende aller schändlichen Saat und eines Kirchenbildes oder doch das Ende alles Kirchenwesens und vielfach aller Kirch[ein habes Wort ul] prophezeihen und raten, alle Kirchen abzubrechen. Abgesehen von dem Hochmut solcher Propheten und der Verzagtheit jener Sektengeister, lebt und steht seine innere Mission in der Zuversicht, dass Gott seine Kirche und seine Gemeinde nicht verlassen will und alle Zerstörung wieder erbauen und erwecken kann durch die Kraft des alles schaffenden Wortes Christi. Wir finden dafür zugleich eine Verheißung und Weissagung in der Geschichte unseres Volkes. Hofft nicht alle Welt *politisch* auf die Weissagung, die in der Geschichte liegt, wartet man nicht auf die Verwirklichung dessen, was schon [ein]mal war und, wie alle glauben, nochmal wiederkehren wird. Und wir stellen uns zu denen, die an die Erfüllung der geschehenen Weissagung glauben. Aber warum soll die nur für das politische Leben gelten? Alles Leben unseres Volkes ist immer zugleich politisch und kirchlich zusammen gewesen. Und die Kirche hat solche Verheißung auch. Auch in ihr wiederholt sich auf spiralförmigem Weg der Gang der Dinge des göttlichen Reiches.

Die Kirche hat schon lange vor uns hoffen gelernt, fast ein Jahrtausend auf Hilfe und göttliche Wirkung, trug Pest und Krieg. Es war heute vor 385 Jahren, als einem armen Bauern im Sachsenland ein Knabe geboren. Und als derselbe ein vierunddreissigjähriger Mann geworden, schlug er an die Schlosskirche zu Wittenberg so gewaltige Hammerschläge, dass Totes lebendig wurde, der Papst erschrak, die Völker rüttelten sich. Luthers Predigten des neuen Evangeliums waren vom Himmel gekommen und das [..., ein Wort ul] im All unserer alten Welt ist von da an wieder zusammen. Auch die Kirche wird wiedererstehen und im Volk sich wieder verjüngen. Ihr Haupt ist Christus, der unversiegliche Lebensquell auch für die Nation. Die Hoffnung beruht auf der Verheißung, dass die Gemeinde auf einem Felsengrund steht, so fest, dass auch die Pforten der Hölle sie nicht überwinden sollen. [vgl. Mt 16,18] Die Erfüllung der Hoffnung kommt, die Zeichen der Zeit lehren es gewiss: das wiedererwachte Evangelium und nun der Kampf wider dasselbe, die Heftigkeit des Zornes seiner Feinde, die Kriege des Herrn werden für diejenigen, [die] nicht auf ihrer Hut sind, immer gefährlicher, weil die Versuchungen listiger und schrecklicher werden. *Aber das ist Bürgschaft für sicheren Sieg.* Wir fürchten uns nicht. Ein feste Burg ist unser Gott [Lied 239 (1843)]. Das eine Wort aber, um das es sich handelt, ist zugleich die größte Tat, die der Mittelpunkt aller Dinge bleibt: dass Jesus der Christ ist! Der volle, ganze Jesus - der Christ, wie er sich selbst verkündet und verkünden lässt für alle Welt! Die ganze Wahrheit steckt im apostolischen Symbol [Glaubensbekenntnis] und seinen Erklärungen im lutherischen Katechismus. Auch das Bündnis seiner inneren Mission, das wir heute feiern, gehöre mit zu dem heiligen Bunde entschlossener, treuer Kämpfer. Sie soll sich der göttlichen Verheißungen freuen, die denen gegeben sind, die ihr Pfund nicht vergraben, denen gegeben werden soll, weil sie haben. [vgl. Mt 25,14ff.] So segne der Herr auch hier unser Missionswerk der Liebe und Arbeit und des Gebetes und kröne sie mit Zeugnissen seiner Gnade und Gegenwart auch in dem neuen Jahr, dass unser Weg gehe nach der goldenen Stadt. Amen.

Johann Hinrich Wichern

Predigt: 9. November 1869 über Psalm 85,2-8[1] (Jahresfest des Vereins für innere Mission in Hamburg – St. Petri Hamburg)

[3:] [Lied 241: Ach bleib mit deiner Gnade (1843)]
[Predigt-]Text: Psalm 85,1-9 [2-8]
[2] Herr, du bist vormals gnädig gewesen deinem Lande und hast die Gefangenen Jakobs erlöst; [3] du hast die Missetat vormals vergeben deinem Volk, und alle ihre Sünde bedecket; [4] du hast vormals allen deinen Zorn aufgehoben und dich gewendet von dem Grimm deines Zorns! [5] Tröste uns, Gott unser Heiland, und lass ab von diener Ungnade über uns. [6] Willst du denn ewiglich über uns zürnen und deinen Zorn gehen lassen immer für und für? [7] Willst du uns denn nicht wieder erquicken, dass sich dein Volk über dich freuen möge? [8] Herr, erzeige uns deine Gnade, und hilf uns!

Der Psalm, in dem Herrn Geliebte, gehört zu den Bußpsalmen. Er weist uns zurück in eine Zeit der Geschichte des heiligen Volkes, wo Gottes Gnade und Wahrheit sich an ihm herrlicher denn je zuvor geoffenbart hatte. Dasselbe Volk ist aber wieder abgefallen. Der Psalmist steht in der Zeit dieses Abfalles, wo Gottes Gerichte auf [4:] dem Volke lasten. Der Psalmist ist aber zu-

---

[1] Vorlage: Johann Hinrich Wichern, Festpredigt gehalten am Jahresfest des Vereins für innere Mission in Hamburg, den 9. Nov.[ember] 1869 im Abendgottesdienst der St. Petri Kirche in Hamburg, Hamburg o.J. – Dem Sonderdruck hat Wichern folgende Bemerkungen vorangestellt: „Zur Feier des Jahresfestes, das von dem hamburgischen Verein für die innere Mission am 9. Nov.[ember] abends in der hell erleuchteten St. Petri Kirche in großer Versammlung abgehalten wurde, besorgte Herr Pastor [Otto] Wolters den Altardienst und erstattete Herr Pastor Wilhelm Baur den erfreulichen Jahresbericht, an den sich dann die nachfolgende Predigt schloss. Ich hatte dieselbe nur als Ersatzmann für einen, durch Berufspflicht verhinderten auswärtigen Prediger übernommen. Zur Herausgabe derselben bin ich lediglich durch die mannigfachen an mich ergangenen Aufforderungen veranlasst worden. Immerhin habe ich sie auch gerne als ein Zeugnis für die eine Wahrheit des Evangeliums, das allein unserm Volke helfen kann, ausgehen lassen. Möge auch dem geschriebenen Worte der Segen nicht fehlen.“ (2). – Vgl. Gerhardt, Wichern III, 472.

gleich Prophet. Er betet für das Volk als einer der Siebentausend, die nicht aufgehört, ihre Häupter zum Herrn als dem alleinigen Retter zu erheben [vgl. I Reg 19,18]. Im prophetischen Geiste und Blicke erfleht er, der Erhörung gewiss, eine bessere Zukunft für sein Volk Israel, und er erfährt die Erhörung! – Vielleicht jedoch wendet hier jemand ein: Ist ein Bußpsalm mit dem Blick in alttestamentische Geschichte ein gut gewählter Text für eine Festpredigt am Jahrestag der inneren Mission, der uns hier zu Freude und Dank versammelt – und vollends am 9. November, dem Vorabende zu dem Geburtstage [Martin] Luthers [10. November 1483], dessen Name über unserm Volke aufgegangen wie eine strahlende Sonne, wie ein Königsname, in dem ein Königsleben über uns angebrochen? – Und dennoch, Geliebte, lasst uns sehen, wie

ein Doppelfest, das zugleich dem Gedächtnisse der Reformation und der inneren Mission

angehört, nach Maßgabe des verlesenen Textes uns ein helles, zur Feier aufweckendes Licht darbietet, in welchem sich uns

rückwärts in die Vergangenheit,

hierwärts in die bedeutsame Gegenwart und

vorwärts in die Zukunft unseres christlichen Volkslebens und unserer Liebesarbeit für dasselbe ein segenverheißender Blick eröffnet.

I.

Sehen wir rückwärts in die christliche Geschichte unseres Volkes! *Wann* ist, wie für das Auge jenes Propheten in Israel, also über *unser* Land, unser *Vater*land eine Herrlichkeit, in welcher die Gnade Gottes, die sich in Verkündigung der Erlösung und Vergebung der Sünden offenbart, aufgegangen, – wann ist das so und mehr geschehen, als in der Zeit vor viertehalbhundert Jahren, wo Gott sich in Luther und dessen reformatorischen Genossen die Rüstzeuge erweckte, um die weltumwandelnde und weltgestaltende Bewegung der Reformation, in deren Bereich auch wir gestellt sind, zu beginnen? Und wenn vor allen anderen *Luther* das göttliche Rüstzeug zum Aufbau dieser neuen Welt geworden ist, erinnert uns nicht sein *innerer* Weg, auf dem er dies Werkzeug wurde, an unseren Propheten, der uns in diesem Psalm in sein Innerstes blicken lässt? Die Gerichte, die über sein *Volk* ergingen, empfand er als Gerichte, die über [5:] *ihn selbst* sich ergossen. Also auch Luther! Das Nachdenken, sich Vertiefen, Erschrecken über den Zorn Gottes war der Weg zum Finden der Vergebung der Sünden, war der Weg in das gewaltige königliche Leben, in welchem er das, was er gefunden, allem Volke in so mächtigem Geiste und Worte wiedergab, dass die Hütten und Throne, die Knechte und die Könige, die Häuser und die Kirchen es vernahmen, sich bewegten und umgewandelt wurden. Der aber, in dem Luther alles gefunden, war *Christus* und Christus allein. Freilich war ihm Christus nicht ein Phantasiebild, nicht der *jetzt* [David Friedrich Strauss, 1808-1874] so genannte ideale Christus, sondern der Christus, der leibt und lebt, also der wahrhaftige, wirkliche, *geschichtliche* Christus, der Christus am Kreuz, gestorben für die Sünden der Welt, zur Rechtfertigung für uns Sünder, zum Trost aller Mühseligen und Beladenen [vgl. Mt 11,28]. Dieser Christus war sein Leben und seine Krone. Ihn und seine Gnade immer mehr und gewisser zu finden – für sich und für sein Volk, vertieft er sich in die heilige Schrift. Mit seiner Wissenschaft in Sprachen und Künsten verdeutscht er sie, und gibt er sie seinem Volke in der *deutschen Bibelübersetzung*, die wir hier *vor* uns, die wir alle, so wir wollen, in Händen haben. Aus diesem Wort und Geist quoll seine gewaltige *deutsche Predigt* und der einmal eben so kindliche, liebliche, als das andere Mal mannhafte, ritterliche Sang des *deutschen Kirchenliedes*; aus Kirchenlied, Predigt und den beiden *Sakramenten* erbaute sich in jenen Tagen der neue *deutsche Gottesdienst*, wie ihn das Volk bis dahin noch nie gesehen. Damit aber Hauseltern, Kinder und Gesinde ein göttliches Leben führen lernten, gab er ihnen die kleine und doch ganze Bibel in dem bewundernswürdigen kleinen *Katechismus*; das Pfarrhaus heiligte er neu, indem er in die Ehe trat; damit aber brachte er auch in der deutschen Christenwelt das *Weib* wieder zu vollen Ehren und erneute mit der Ehe die *Kinderzucht*; er schuf *Schulen* fürs gemeine Volk und Schulen für die künftigen Gelehrten. Sein Wort und Wirken befreite die *Wissenschaften* und die *Künste* von dem ihnen auferlegten Joch und führte beide zu dem frischen freien Brunnen der ewigen Wahrheit und keuschen Schönheit zurück; die *Obrigkeiten* erhielten durch das Wirken der Reformatoren wieder ihre rechte und zu Recht anerkannte Stellung im Leben des Volks, dass sie für dasselbe nicht mehr, wie jener zu sagen gewagt, der Mond[2], sondern die Sonne neben den anderen Sonnen wurden. Aber [6:] die so gekräftigten Gewalten rief er nun auch auf, überall hin der Gerechtigkeit Wege zu bahnen. Die gottlose Armut, den Bettel sollten sie stürzen, die Frauenhäuser schließen und die öffentliche Sittlichkeit in ihrem ganzen Umfange wieder aus dem Lasterpfuhl, in den sie geraten, befreien. – Kurz, wohin wir sehen, braucht Gott Luther, mit Paulus zu reden, als Mitarbeiter [vgl. I Kor 3,9] zum Neubau des ganzen Volks. Das ganze Volksleben wird in dem, was wir genannt, auf neue, ewige Fundamente gestellt; auf diesen steht es dann nicht bloß feste, sondern erblüht es in stets verjüngender Kraft, um, mit allen Kräften und

---

[2] Die Lehre, Papsttum und weltliche Herrschaft seien wi Mond und Sonne, geht auf Papst Gregor VII. (1073-1085) zurück.

Rechten ausgestattet, zu seinen edlen Zielen fortzuschreiten. Diese reformatorischen Gedanken traten mit Luther mit solcher Allgewalt in die Welt ein, dass sie nicht bloß eine neue Kirche, sondern zugleich eine neue Welt und Weltgeschichte geschaffen. Wo man sie mit obrigkeitlicher Macht und Gewalt zurückstößt und ersticken will, wie in der römisch gebliebenen Welt geschehen, wird der Sieg dieser Weltmächte der Anlass ihrer dauernden Niederlage – bis auf den heutigen Tag, man denke an Italien, Frankreich, Spanien! – Die Unterliegenden aber steigen als Märtyrer empor, als unsterbliche Zeugen dafür, dass in ihnen ein neues, unüberwindliches, auch sterbend siegendes apostolisches, d.h. aus Christo stammendes ewiges Leben, ein Gottesreich wieder erstanden ist, das zwar noch unterliegen, ja selbst noch sterben kann, aber nur um zu der von Gott versehenen Stunde dennoch um so herrlicher Leben bringend wieder aufzuerstehen.

Ist eine Zeit, in der solche Herrlichkeit in einem Volke anbricht, nicht eine Gnadenzeit und nicht auch in ihrer Art eine Erfüllung jenes Psalmwortes, das wir auch für unser Volk als prophetisch nehmen: Herr, du bist *vormals* gnädig gewesen und hast die Gefangenen erlöst; du hast die Missetat *vormals* dem Volke vergeben und alle ihre Sünden bedeckt; du hast *vormals* allen deinen Zorn aufgehoben und dich gewandt von dem Grimm dienes Zornes? – Wird der Bußpsalm, also verstanden, nicht zu einem Fest- und Lobepsalm für unser heutiges Doppelfest? –

II.

Aber wie es nach jenen vormaligen Tagen in Israel später ergangen, also auch bei uns! Wo ist, so könnte man auch unter uns [7:] fragen – wo ist das *Werk der Reformation*, wo ist *Luthers Werk* unter uns geblieben? Ich rede hier nicht von der politischen Frucht der Reformation, nicht von der durch sie bedingten Staatenbildung, nicht von der Wissenschaft und den sozialen Verhältnissen im Allgemeinen, sondern habe zunächst nur den *Kern* des Ganzen, das *religiöse*, das christlich fromme Volksleben vor Augen. Wir wollen und können hier nicht den *geschichtlichen* Gang des christlichen *Lebens* unter uns verfolgen, nach welchem auf allen Gebieten im Lauf der Jahrhunderte neue Menschen, Kinder Gottes erschienen, in welchen die Wirkungen der Reformation sich fortgesetzt; wir sehen ebenso ab von einzelnen Ereignissen und Zeitläuften, in denen die Reformation ihre nachwirkende Kraft sattsam bestätigt. Unser Blick richtet sich nur auf die *Gegenwart* und auch da nicht auf Einzelnes, sondern auf das Große und Ganze, auf solche allgemeine Züge, welche gerade unsere Zeit kennzeichnen. Wo, so dürfen wir bei solchem Umblick fragen, wo wird die *deutsche Bibel* noch gelesen, oder vielmehr, wo überall hin wird sie *nicht* mehr gelesen? Und was hält man von ihr, selbst ohne sie zu lesen und gelesen zu haben? Ist sie im Volke noch *Gottes*

Wort, mit vollkommener unwidersprechlicher *Wahrheit zur Gottseligkeit*? Ist es nicht vielmehr also, dass für Unzählige, wenn sie überhaupt noch eine Wahrheit glauben und wollen, Schiller und Goethe und Shakespeare höher stehen als die Bibel? Wo sind und singt und will man noch singen die reformatorischen und die aus gleichem Glauben geborenen Lieder der Väter? Man denke an die Pfalz, an jene Provinz Hannovers, an Ereignisse wie die, welche man wegen dieser Lieder in unsern Tagen zuletzt in Schlesien erlebt! Und der lutherische *Katechismus* in Schule und Haus? Haben wir nicht gegen ihn und seinen Inhalt noch vor wenig Jahren einen Volksaufstand im ganzen hannöverschen Lande erlebt, dem sich zuletzt die Obrigkeit selbst, dem Volke gehorsam, beugte? Und was ist der Katechismus anders als die Summe der Gebote gegen Gott und Menschen, der apostolische Glaube, das Vaterunser, die heiligen Sakramente! Was gelten aber in Tat und Wahrheit alle diese Dinge in weiten Kreisen unseres Volkes? Man sehe beispielsweise die eine industrielle Bewegung, die einen so großen Teil unseres Geschlechts für sich in Anspruch nimmt. Wir erinnern, wie vielfach unter der direkten und indirekten Eingebung vereinigter, zu allen Gottesoffenbarungen *Nein* [8:] sagender Geister aus allen Nationen Europas die Arbeiter sich erheben und die Arbeit*geber* sich fürchten, ohne Hilfe zu wissen, – wie das Volk die Obrigkeit und die Obrigkeit der Untertan werden soll und auch so vielfach ist! Man sehe an den *Geiz-* und *Mammonsdienst* der Menge, die in den weitesten Kreisen dem Materialismus und Nihilismus das Regiment über sich eingeräumt. Infolgedessen herrscht die alles verzehrende sadduzäische *Vergnügungssucht*[3] mit seinem widersinnigen *Luxus* gleichmäßig unter Reichen und Armen (Winter und Sommer sind dafür die unwiderleglichen Zeugen) oder der tugendselige Pharisäismus, wenn nicht die noch übermütiger sich spreizende *heidnische* Selbstgerechtigkeit, die gar kein Heil und keinen Heiland will und kennt und, nur sich selbst genügend, in stolzem Übermut gegen den demütigen Sohn Gottes und sein Reich sich erhebt. „Lasst uns zerreißen ihre Bande und von uns werfen ihre Seile. [Ps 2,3]" Durch alles hindurch aber windet sich der mephistische Sumpfweg der öffentlichen Sittenlosigkeit, auf welchem alles, was die Reformation in ihren Anfängen mit Macht und Erfolg von sich ausgestoßen, unter dem Schutz des Gesetzes wuchert, Billigung und Pflege findet, und das alles in einem Umfange, von welchem vordem kein Mensch, ja selbst das orientalische Altertum keine Vorstellung gehabt. Aber kehren wir zum eigentlich christlichen und kirchlich *gottes-*

---

[3] Das von Wichern verwendete polemische Interpretationsmuster geht auf Josephus zurück, der die Sadduzäer in Analogie zu den Epikureern kennzeichnet; vgl. Bell II, 164; Ant X, 278.

dienstlichen Leben zurück! In der Tat, wir besitzen deutsche Gottesdienste, und sie alle sind eine Frucht und ein Zeugnis der deutschen Reformation, – aber wie achtet man diese Gabe Gottes? Man sehe nicht die *wenigen* mehr oder minder gefüllten, sondern die *vielen*, vielleicht trotz des darin gepredigten lauteren Evangeliums sonntäglich *leer* bleibenden Kirchen in Stadt, Vorstadt und Land! Und was hält die angebliche Bildung und eigentliche Unbildung von der *Taufe* als dem Bade der Wiedergeburt und von dem *Abendmahl* als dem dargereichten Leibe und Blute des Herrn? Wie wenig oder nichts gilt die *Taufe* noch für die christliche *Erziehung*? Wie maßlos ist, wenn man auch nicht sagen darf die sittliche, doch die *religiöse Verwahrlosung* der vornehmen und der armen Kinder und der Hausstände, denen sie entwachsen! Wer kann die unzählbaren *unwahren Gelübde* zählen, die in der geforderten *Konfirmation* alljährlich abgelegt werden? Und vollends der daran sich schließende *unwürdige Abendmahlsgenuss*! Wer erschrickt nicht davor? – ich sage das als *lutherischer* [9:] Christ! – Gedenke man ferner unserer Sonntage und ihrer Entheiligung! und der christlichen Feste in unserer Stadt – vornehmlich des öffentlichen Unfugs, der das heilige Christfest umnachtet! Wer ahnt da in der tumultuierenden Menge noch etwas von der Herrlichkeit des menschgewordenen Gottessohnes, über den die himmlischen Engelchöre ihre Lobepsalmen singen [vgl. Lk 2,14]? – Und wie steht es mit der *Predigt des Wortes*? Wie sollten wir nicht mit Dank gegen Gott es preisen, dass wieder so viel Gotteswort auf den Kanzeln gepredigt, dass es auch an einzelnen Stellen wieder gern und mit Verlangen gehört wird; – unser Hamburg selbst ist davon Zeuge! Aber andererseits auch wieder, wie kalt und erfolglos ist vielfach diese Predigt; wie oft auch ist sie nur eine „um Hass und Haders willen“ (Phil 1,15). Aber umgekehrt – wie viel mehr gibt es *auf* den Kanzeln und *neben* den Kanzeln *falsche* Lehre! Wie viele glauben noch die Schöpfung der Welt durch den allmächtigen Willen des lebendigen Gottes, – und die Schöpfung des Menschen nach *Gottes Ebenbild* [vgl. Gen 1,27]? Wie viele oder vielmehr wie wenige wissen noch etwas von der *Sündhaftigkeit* und Verderbtheit der menschlichen Natur und vom *Tode*, als dem Solde der Sünde [vgl. Röm 6,23]? Und vollends von *Christus und seiner Herrlichkeit*? – Für die, welche da glauben, dass er der Einzige, der Retter unser aller, der Gott-Mensch ist, ist er der wahrhaftige Gott und der wahrhaftige Mensch, Jesus Christus gestern und heute und derselbe in Ewigkeit [Hebr 13,8]! Aber was ist er für die andern? Es steht für die Menge fest, dass er *nicht* der ewig eingeborene Sohn Gottes, dass er *nicht* aus dem Himmel gekommen, dass er *nicht* aus der Jungfrau Maria geboren! Wie viele glauben noch fest, zu eigenem und zu aller Trost, dass er sein Leben mit *Wundern* umgeben, da es ja nach ihrem Naturgesetz überhaupt keine Wunder geben kann? Und hat er sich selbst dargestellt als den, in welchem die *Weissagung* erfüllt ist und der selbst neue, die trostreichsten Verheißungen den Seinen gegeben, so gilt es jener Vernunft für unvernünftig, an Weissagung zu glauben; *Wunder und Weissagung* gibt es nicht! Deswegen können auch an Christo selbst keine Wunder geschehen sein, und deswegen ist er nach jener Lehre *nicht* vom Tode erstanden und wird er keine Toten erwecken, wird auch nicht wiederkommen zum Gerichte, den einen, dass sie seine Stimme hören zur *Auferstehung* des *Gerichtes*, den andern zur [10:] *Auferstehung* des *Lebens*. Wo bleibt da *unsere* Auferstehung? Sie ist ein eitler Trost! Jesus gibt uns die Verheißung, unser *Gebet* zu erhören und selbst für uns zu bitten [vgl. Hebr 7,25]; aber es gibt, so lehrt jene Weisheit, *keine Erhörung der Gebete*, also kann weder er Gebete erhören noch Erhörung der Gebete vermitteln! –

Fassen wir das alles zusammen, was bleibt dann noch von ihm, unserm König und Herrn? Ihm wird ein Demant [Diamant] nach dem andern aus seiner Krone genommen, und seine Krone selbst in den Staub getreten; man entkleidet ihn aller seiner Herrlichkeit, und was wir bis dahin für Wahrheit und Gnade gehalten, ist Irrtum und Aberglaube. So steht er abermals angeklagt und misshandelt vor uns, ein *Ecce homo*! Sehet, welch ein Mensch [Joh 19,5]! Und neben ihm nicht die schmerzlich suchende, sondern die von Hohn und Verzweiflung erfüllte Pilatusfrage: *Was ist Wahrheit* [Joh 18,38]? die gar keine Antwort kennt. Dann hatten damals die Pharisäer und Schriftgelehrten und Hohenpriester Recht, die ihn kreuzigten, – nicht seine Jünger, nicht seine Mutter, nicht die Frauen, die weinend am Kreuz und am Grabe standen, und vollends nicht Christus selbst, der Gekreuzigte und vom Tode Erstandene. Unser Glaube ist dann nicht mehr das Leben, sondern der Tod, nicht mehr die Wahrheit, sondern Wahn und Lüge! *Welch eine Umkehr der Dinge, der Fundamente unseres Heils!* Und das nennt man *Evangelium*? Das Reich dieser Weisheit sollte das *Reich Gottes* sein? Das wäre wirklich der wahre *Protestantismus*, wenn gleich er von Kathedern und Kanzeln und in großen Versammlungen verkündet oder wenn gleich ihm die Masse aller wirklich oder angeblich Gebildeten zufällt? oder fast alle Organe der Öffentlichkeit ihn preisen? – Wo ist, frage ich, demgegenüber die Reformation und die von ihr und ihrem ewigen Haupte gegründete evangelische Kirche – nicht bei Einzelnen und dem kleinen Häuflein – sondern in *unserm Volke* geblieben? Und wenn unsere ganze Literatur, namentlich die Tagesliteratur, und die so genannte Bildung jener Irrlehre zustimmt – wenn sie diese Un*bildung* und diesen Abfall vollends erst die rechte und höchste *Bildung* nennt, – wenn sie, um sich der Wahrheit zu entledigen, diese in Karikaturbildern vorführt und dann, leichten Kaufes triumphierend, verwirft und die, welche treu halten am Glauben der Väter, der Apostel und Propheten, die in Einfalt und

Treue stehen zu Jesu [11:] Wort, – mit Spott- und Ekelnamen schilt, – wo ist, fragen wir, das Werk *Luthers* geblieben? Und welch ein Wahn und welche Verblendung gehört dazu, Luther selbst zum Führer solcher Geister zu machen!

Wie ist diese *Verblendung* und *Verwirrung*, in der wir, trotz gottlob! einiger Ausnahmestellen, unleugbar stehn, die hoch geht wie die Woge eines wild schäumenden Meeres, wie ist sie zu verstehn, – wenn wir sie nicht erfassen und bekennen als ein *Gottesgericht*, das über unserm Volk sich lagert? Und wie viel *furchtbarer* und *gerechter* erscheint dasselbe, wenn wir sehn, wie diejenigen verhältnismäßig wenigen, die noch den einen Glauben an Jesum als ihren Herrn erkennen und bekennen, so vielfach in Hass und Hader, Zank und Streit sich untereinander fressen, in Parteien selbstsüchtig sich zerspalten und pharisäisch alles richten und verdammen, was ihrer Partei nicht angehört und angehören will, und gemeinhin am *meisten* diejenigen schelten, die zum Frieden im Glauben an den Herrn und zu dem einen Streit, nämlich zum Kampf wider die Sünde und ihr unheilvolles Werk mit Wort und Tat aufrufen und mahnen? Und während diese schelten und jene pharisäisch und heidnisch Christum verdammen – schwelgen die andern – trotz Armut und Reichtum in sadduzäischer Lust; Lasst uns essen und trinken, denn morgen werden wir tot sein [vgl. Jes 22,13; I Kor 15,32]– ist ihr Lebenslied! Erfüllt sich, dies alles zusammengeschaut, nicht in seiner Weise das Wort des Propheten in unserem Psalme, wo er den Herrn *ruft*, der sich von seinem Volke abgekehrt, dass er doch wiederkehre, wo er in dieser Todesgefahr ihn nennt „Gott unsern Heiland" – unsern *Retter* ! und fortfährt: Lass ab von der *Ungnade* über uns! Willst du denn *ewiglich zürnen*? Willst du uns nicht wieder erquicken – *lebendig machen* –, dass sich das Volk wieder über *dich* freuen möge? –

III.

Was ist, fragen wir zum Schluss, solchen Zuständen gegenüber zu tun? Ihr erwartet, ich solle antworten: *innere Mission*! Das antworte ich nicht, wenigstens jetzt noch nicht. Was ist also zu tun, nicht von Dir und mir, sondern von uns und allen denen, die trotz aller dieser Verwirrung und unter allen diesen Gerichten sich unter dem Banner Jesu sammeln, die in ihm und [12:] untereinander die Gemeinde des Herrn sind, von der wir wissen, dass sie auf einem Felsen steht, den auch die Tore der Hölle nicht überwältigen sollen [vgl. Mt 16,18]? Wir suchen die Antwort nicht weiter, wir haben sie in *unserm Text und in unserer Geschichte*; d.h. wir sehn auf das und sollen tun das, was der Prophet hier, was auch Luther und die Reformatoren getan – nämlich: nicht mit Verdammungsurteil und der Stimme des Gerichtes unter das Volk treten, sondern mit dem Volke unter das Gericht Gottes uns stellen, uns beugen, als die *Mitverschuldeten, Mitgerichteten, Mitverpflichteten,* die Gottes Zorn verdient haben, aber Vergebung der Sünden in Christo gesucht und aus Gnaden gefunden. Die solches tun, sind dadurch aber auch eines neuen Lebens in Wahrheit teilhaftig geworden und können es deswegen auch nicht lassen, dies neue Leben auch für die andern, die es noch nicht gewonnen, mit seinem Frieden und seinen ewigen, dem Menschenherzen allein genügenden Gütern zu suchen. Und damit stehen wir auf festem, göttlichen Boden. Hier treten wir in den Vorhof der inneren Mission, von hier aus finden wir den Weg in ihr innerstes Heiligtum. Wir haben von dem Vorredner [Wilhelm Baur][4] gehört, was in den mannigfachen Arbeiten unserer Stadtmission geschieht unter Armen und Kranken, unter Gebildeten und Ungebildeten, unter Kleinen und Großen, unter Gesellen und Jünglingen, mündlich, durch Gespräch und Besuch, durch Predigt und allerlei Liebesdienst. Das alles sind ebenso viele löbliche und köstliche Werke der inneren Mission, – Gott wolle sie wachsen lassen und mehren! Wir könnten noch Größeres, was geschehen sollte, hinzufügen, aber wollen heute davon schweigen. Es liegt uns für heute nur an dem Einen, durch alle genannten einzelnen Werke, wie durch ebenso viel geöffnete Tore hinabzusteigen *zu dem Quell,* aus dem jedes einzelne und alle gemeinsam fließen, – zu dem *innersten Heiligtum des Bodens,* auf dem sie alle gemeinsam, nach göttlicher Baukunst einheitlich zusammengehörend, sich haben auferbauen lassen – zu der einen *Wurzel,* aus der sie alle hervorgewachsen und zu einem wirklich *beschattenden Baume* mitten im Volke werden, unter dessen Äste und Zweige Gesammelte und Gerettete sich vor den Gerichten Gottes flüchten und sichere und erquickende Herberge finden. Dies eine aber, was an dieser Quelle, auf diesem allerheiligsten Grunde, in dieser tief in Gott sich versenkenden Wurzelung, nach der wir immer [13:] wieder zu trachten haben, geschieht, ist – *unsere Einkehr bei Gott im Gebete,* ja die *Fürbitte jedes Einzelnen und aller gemeinsam* für das unter den Gerichten stehende Geschlecht unsers *Volks.* Und dies Gebet und diese Fürbitte ist das innerste Heiligtum des in unsern Tagen so oft gemissdeuteten und seiner wahren Herrlichkeit entkleideten *allgemeinen Priestertums aller Christen.* Wo dieses Priestertum wirkt, wo dieses Feuer der fürbittenden Liebe entzündet ist, da wachsen aus ihm und gedeihen unter seinem Licht und seiner Wärme aus dem heiligen Stamme alle jene anderen so mannigfach verzweigten Werke der christlichen Liebe von selbst hervor. Diese betende und fürbittende Liebe ist wie die leuch-

---

[4] Vgl. Einundzwanzigster Jahresbericht des Vereins für innere Mission in Hamburg über das Jahr 1869, im Auftrage des Verwaltungsrates erstattet von Pastor Wilhelm Baur, Hamburg 1870, 7-16.

tende und wärmende Glut, die aus dem heilig geschürten Feuer ausstrahlt. In diesem Geiste betet der Prophet in allem, was der Psalm sagt, betet er in Sonderheit das Wort: *Herr, erzeige uns deine Gnade und hilf - d.h. errette uns!* Sein Gebet für das Volk versenkt sich zunächst in den *gegenwärtigen Abfall des Volkes*; vertieft sich in die Gerichte, unter denen das Volk seufzt; aber wir finden dies Gebet auch, wie es in Liebe sinnend zurückschaut und sich stärkt und gläubig nährt im Anschauen der vorigen Gnade, die in alten Tagen über dem Volk offenbar geworden. Wie dort im Psalm treibt das Gebet und unsere Fürbitte, die wir im Mitgefühl mit den Gerichten, die über unser Volk ergehen, beten, auf die Güter zurück, die wir an den Anfängen unserer Kirche neu aus Gottes Hand wieder empfangen haben. Oder können wir in unserer Fürbitte anders, als vor dem Herrn unserer Häuser und Ehen, unserer Kindererziehung und Schulen, unserer Gottesdienste und Predigt, der Ausbreitung des göttlichen Reiches und der Obrigkeiten und alles Regiments gedenken? Kurz, das rechte Gebet der inneren Mission umschließt das ganze Volk und Volksleben in heiligen Liebesströmen. So wandern wir zwar immer durch alle, wenn auch oft verwüsteten und verödeten Heiligtümer unseres Volkes, aber nicht als die Verzagten und Verzweifelten, sondern im priesterlichen Schmuck mit Gebet als prophetische Königskinder, die reich sind in Gott und in lebendiger Hoffnung. Unser Leben geht aus solchem fürbittenden Gebet immer wieder neu *verjüngt* hervor, aber auch immer wieder neu *gewappnet*; denn die nicht aufhörende Jugend des Christenlebens erscheint stets in Waffen. Und was sie an Waffen im Kampf für Gottes Reich [14:] gebraucht, empfängt sie aus Gottes Hand, - nämlich jenen *Harnisch Gottes*, den Panzer der Gerechtigkeit im Gewissen, den Schild des Glaubens, das Schwert des Geistes, d.h. das Wort Gottes, und über dem allen den hoch hinauswinkenden Helm der Hoffnung, - alles aber zusammengehalten durch den alles festhaltenden Gurt der Wahrheit, während das Herz stets bereit ist, *die* Wege zu wandeln, auf denen nur das Evangelium des Friedens vernommen wird [vgl. Eph 6,10ff.]. So gerüstet, steht die fürbittende, bewaffnete Gemeinde inmitten der Feindschaft wider Gottes Reich, mächtig zum Werke des Friedens mitten im Kampfe, stets wacker, das heilige Werk der inneren Mission - der Ausbreitung des göttlichen Reiches inmitten der verfallenden Christenheit zu tun.

Und ob solch Gebet Erhörung findet? - Lernen wir wieder von unserem Propheten! Was tut er, nachdem er gebetet? Er ist stille, denn er ist in des Herrn Nähe vor seinem Thron! Aber er hat ein Ohr für Gottes Stimme, sie zu hören. Und - o der seligen Erhörung! - die Errettung ist da! Trotz aller Gerichte wird vom Herrn *Friede, Heil und Errettung* dem Volke *zugesagt*! - Und was der Herr spricht, das geschieht [vgl. Ps 33,1]! Siehe, der Prophet schaut, wie unter diesem Frieden der Garten Gottes erblüht, in dem die holdesten Gestalten des Lebens wandeln: Güte und Treue, Gerechtigkeit und Friede, die einander begegnen, während die Gerechtigkeit selbst die Tritte voranschreitet, in denen sich die Wege des Lebens für alle bahnen [vgl. Ps 85,11ff.]. –

O dass Gottes Reich also auch wieder unter uns erschiene! Männer und Frauen, Eltern und Kinder, Jünglinge und Jungfrauen, beten wir für uns und für unser Volk! Das ist immer wieder der heilige und heiligende Anfang für jedes große oder kleine Werk der inneren Mission! Halten wir fest an der Hoffnung, die Gott uns vorhält, und fahren wir in diesem Geiste stets fort in dem Werke, das uns auch in dieser Stunde hier zu Bitte und Dank gegen den Herrn vereint, erfahren wir je mehr und mehr, dass es nur im Kampfe, aber dann stets mit solcher Hoffnung und Verheißung erblüht! Wohlan, ergreifen auch wir den Harnisch Gottes und treten damit ein in die *feste Burg*, die Gott selber ist, seiner Gaben und Gnaden gewiss, damit uns der Kampf gelinge gegen Sünde und Welt, gegen Teufel und Tod. Dann kämpfen wir unter einem Banner, unter [15:] dem wir nicht fliehen, sondern stehn, nicht fallen, sondern siegen, – als solche, die nicht erschrecken, sondern das Feld behalten. Es kann nicht anders sein, denn uns voran geht der siegreiche Herzog des Lebens, um den auch heute uns neu zu sammeln der Kern und die Krone unserer Festfeier ist. Und

Fragst du, wer der ist? –
Er heißt Jesus Christ,
Der Herr Zebaoth,
Und ist kein andrer Gott,
Das Feld muss er behalten.[5]

Sprechen wir alle dazu, als vor Gottes Angesicht, das, was wir hören, wenn wir also vor ihm betend bekennen, ein feierliches: Ja, Ja, es soll also geschehen! – ein festes, gewisses, ein fröhliches *Amen*! [Danach Gesang der Gemeinde: Ein feste Burg ist unser Gott.]

---

[5] Aus der zweiten Strophe des Liedes: Ein feste Burg ist unser Gott.

Johann Hinrich Wichern

Predigt: 3. Februar 1870 über Acta 4,12[1] (vor Fabrikarbeitern – Buckau bei Magdeburg)

[2:] In dem Herrn Geliebte. Euer Prediger und euer Gemeindekirchenrat haben mich aufgefordert, heute auf dieser Kanzel zu predigen. So bin ich euer Gast und danke es dem Herrn, dem die Gemeinde gehört, da ich zu keinem anderen Grunde gekommen bin, als sein Wort und Evangelium von seinem Reich euch zu predigen, was ja auch alle Seligkeit ist. Lasst uns das Schriftwort hören, das wir unsrer Andacht zu Grunde legen wollen. Es ist ein Wort des Apostels Petrus.

Apostelgeschichte 4,12: Es ist in keinem andern Heil, ist auch kein anderer Name den Menschen gegeben, darin wir sollen selig werden.

Der Text soll auch unser Thema sein. Wir wollen dem zwei Antworten Christus hieraus entnehmen

1. wer der im Text nicht genannte eine Name ist?
2. was dieser eine allein uns bringen kann?

---

[1] Vorlage: Archiv des Rauhen Hauses, Hamburg, Bestand 61 H a, Nr. 105. – Keine Liedangaben. – Vermerke: „Predigt in Buckau bei Magdeburg vor Fabrikarbeitern [..., ein Wort ul] gehalten." (1) „Abends 8 Uhr." (2) „Nota: Der Anfang und erste Teil hat seine Richtung in dem Umstand, dass die Fabrikarbeiter vor meiner Ankunft sich über meine Stellung gestritten, ob ich zu [Ferdinand] Lassalle [1825-1864] oder zu [Hermann] Schulze-Delitzsch [1808-1883] gehöre, denn dass nur einer dieser beiden der rechte Mann sei und dem Volk das Heil bringen werde, darüber sind die Leute sich einig, sie sind nur nicht einig, *welcher* von beiden es ist. W." (1) – Vgl. Gerhardt, Wichern III, 509-510. – Vgl. auch dazu Burghard Flieger, Selbsthilfe contra Staatshilfe. Der Konflikt zwischen Hermann Schulze-Delitzsch und Ferdinand Lassalle, in: Hermann Schulze-Delitzsch und die Konsum-, Produktiv- und Wohnungsgenossenschaften. Beiträge zur 3. Tagung zur Genossenschaftsgeschichte am 25. und 26. April 2008 in Eden (Oranienburg), Herausgegeben von der Heinrich-Kaufmann-Stiftung des Zentralverbandes deutscher Konsumgenossenschaften e.V., Norderstedt 2011, 98-103, auch online unter: http://www.kaufmann-stiftung.de/documents/ 1110TB2008155x220_Download.pdf.

I.

Wer der *eine* ist, in dem allein Heil zu finden? Der Text nennt ihn nicht. An wen *hat dabei jeder von uns gedacht*? Es war damals wie jetzt: Heil, Glück, Frieden suchte jedermann, denn es fehlte allen. Und es suchten nicht bloß Einzelne, sondern im ganzen Volk wurde es gesucht. Aber wie verschieden war dies Suchen. So verschieden es aber war, doch knüpfte man die Hoffnung immer an eine gewisse Person. [3:] Lesen wir nun das folgende Kapitel bis zum Ende, wo dieselbe Angelegenheit im Rat der Stadt besprochen wird, da nennt der Gamaliel zwei solcher Leute, auf die sich in jener Zeit beispielsweise das Volk verlassen, Theudas heißt der eine, Judas der Galiläer der andere [Act 5,36f.]. Diese durchzogen das Land, und ihr Name durchzog das Land, und daran knüpfte sich die Hoffnung des Landes zu Stadt und Land. Gamaliel meint, der hier im Text nicht genannt oder seine Gesandten, Petrus, Johannes, Jakobus, Andreas usw. könnten auch solche sein, man möge still zuhören und abwarten, was dabei herauskomme. Die Erfahrung werde beweisen, ob sie recht haben [vgl. Act 5,38f.]. In der Tat ist es jetzt nicht so ganz unähnlich. Das Volk sieht auch auf diesen und jenen und bildet sich durch Parteien und Hoffnungen aller Art. Aber auch in anderer Beziehung ist es das nicht. Denn wenn alle Welt damals Besserung, ja Umwandlung aller Zustände erwartete und der eine auf diese, der andere auf jene hoffte, gab es noch einen dritten Haufen, der freilich der allerkleinste war, er setzte seine Hoffnung nicht auf Menschen, sondern auf Gott selbst, was der tun werde oder getan. Das waren diese, die bis dahin als die Stillen gewartet auf die Erfüllung göttlicher Verheißungen und die einen gesehen, von dem sie glaubten und wussten, dass er der Verheißene sei. Und zu diesem Kreis gehörten die [4:] beiden Männer, die jenes Wort redeten, das wir gehört: Petrus und Johannes, aus deren Mund wir vernommen: Es ist in keinem andern Heil, und ist kein andrer Name gegeben, darin wir sollen selig werden. Wen meinen sie damit? Und haben sie ihresgleichen unter uns? die gleiche Hoffnung haben? Und wenn wir zu diesem gehen, ich hoffe und glaube es, weil wir in seinem Hause hier versammelt sind – so wissen wir alle, wer dieser eine und einzige ist und bleibt in Zeit und Ewigkeit, es hat der eine heilige Name, der Himmel und Erde erfüllt, vor dem sich aller Knie beugen, die im Himmel und auf Erden und unter der Erde sind [vgl. Phil 2,10]. – Ich nenne ihn, und anbetend lasst uns seinen Namen hören: *Jesus Christus gestern und heute und derselbe auch in Ewigkeit.* [Hebr 13,8]

Als Petrus jenes kühne Wort redete, durchfuhr es wie ein Blitz alle Herzen derer, die ihn hörten, denn den Mut hatten sie nicht erwartet. Der Mensch, der ihn aussprach, war erfüllt von diesem Namen, von dem Leben dieser Person – er war ihm der Erlöser und Heiland, wie er es auch ist *aller* Menschen und des ganzen Menschengeschlechts! – Ich will an die Geschichte jenes Tages erinnern. Der heilige Geist war zu Pfingsten ausgegossen, unter Wundern und Zeichen war durch diesen Geist (und nur der Geist *konnte* das!) war eine neue Welt, eine Welt von oben, entstanden, Gottes Reich war vom Himmel herab gekommen und hatte in Christo seine erste Eroberung unter den Menschen gemacht, die Gemeinde Christi war entstanden [vgl. Act 2]. – Da waren die beiden Apostel Petrus und Johannes [5:] in der Morgenstunde ausgegangen: sie fanden an der schönen Tür des Tempels, so schön und schöner als der Dom in Magdeburg, einen armen, mehr als vierzig Jahre alten Bettler [vgl. Act 3,1ff.]. Der bettelte sie an, aber die Apostel erkannten mehr in ihm, dass in ihm nämlich ein Verlangen war nach Erlösung. Gold und Silber habe ich nicht, was ich aber habe, das gebe ich dir. – Im Namen Jesu Christi von Nazareth stehe auf und wandle [Act 3,6]. Und siehe, er war gesund, sprang auf und lobte Gott. Da kam bald ein großer Haufe zusammen, und Petrus verkündete ihnen: in wessen Macht er das getan und verkündete dem ganzen Volk, dass Jesus und nur Jesus der Heiland ist. Er sagte ihnen, was jetzt die ganze Christenheit weiß oder wissen sollte – dass dieser Jesus, gestorben für unsere Sünden, auferstanden ist von den Toten, ein Fürst des Lebens, der durch seinen Geist das Volk bekehren wolle, dass es sich wende von dem Fleisch zu dem lebendigen Gott! Wie wir euch hier predigen, predigten sie. Und über zweitausend Männer kamen herzu und glaubten und gingen ein in die Gemeinde Gottes. – Aber sieh, wie wenn hier dem, der so predigt, darüber Gewalt getan würde, so geschah es da: die Diener der Obrigkeit griffen die Männer, weil sie von der Auferstehung redeten [vgl. Act 4,1ff.]. Das sollten sie nicht, das wollte man nicht hören. Und setzten sie in das Untersuchungsgefängnis. – Und als der Morgen kommt und die Tore Jerusalems sich öffnen, kommen von ihren Landsitzen die Großen der Stadt, die Hohenpriester und versammeln sich zu Gericht, und Petrus und Johannes [6:] werden mit dem Bettler vor das Gericht gestellt. Und zu seiner Verteidigung öffnet Petrus, voll des heiligen Geistes, den Mund und redet von Jesus, der dieses Wunder getan, von dem Jesus, der von ihnen gekreuzigt und der von Gott auferweckt sei. Den habe Gott zum Anfänger einer neuen Menschheit gemacht, zum Grund- und Eckstein einer neuen Welt, der einen heiligen Tempel Gottes bauen will; den aber haben sie verworfen, und sagt, es ist in keinem andern Heil und auch kein anderer Name den Menschen gegeben, dass wir sollen selig werden. Wie verschwinden dagegen alle anderen Helfer, die so nichtig sind!

Von da an setzt sich diese Predigt fort, bis heute, in diese Abendstunde nach Buckau. Meine Geliebten, wie steht es damit unter uns? Auch hier sind Vornehme und Geringe, Oberste der Stadt und Leute aus allem Volke. Geliebte Brüder: stehen wir zu Christo, zu ihm allein? Ist er und nur er unsere Hoffnung, unsere Zuversicht? Ist nur er uns der einzige neue Anfang neuen Lebens? Oder wissen wir einen anderen oder hoffen auf einen anderen? Weil wir etwa nicht glauben, dass er lebt, auch unter uns, uns sieht und hört, immer uns auch liebt und nahe ist und nur wartet, dass wir zu ihm reden und ihm uns ergeben, ganz, mit allen Sorgen und Nöten, Gedanken und Fragen, dass er uns antworte und wir erfahren, was unser Text uns sagt, dass in keinem andern Heil und kein andrer Name uns gegeben ist. Entscheiden wir uns, er wartet, dass er uns gebe und wieder gebe, was nur er allein uns zu geben vermag! [7:]

II.

Was aber ist's, was er uns allezeit und reichlich in den Schoß schüttet, wie nur Gott und unser Heiland zu geben vermag? Das wollen wir zum zweiten erweisen.

Der Apostel nenne das alles, was der Heiland den Menschen bringt, mit einem Wort: *das Heil, das Seligwerden* – beide Worte bedeuten dasselbe: *Rettung und gerettet werden*! Das ist also der Inbegriff alles dessen, um weswillen Christus, uns den Himmel zu bringen, der Heiland aus dem Himmel gekommen ist. Es ist also das Evangelium, und weil wir das glauben und haben, sind wir Christen, und zwar Evangelische Christen!

Was haben wir uns dabei zu denken! Was an dem Apostel mit diesem Kreuz [..., ein Wort ul]?

Wollen wir zuerst einmal in Bildern und Gleichnissen davon reden, um Errettung und Seligkeit zu verstehen. –

Ich sehe im Geist einen Todkranken, einen Sterbenden, Vater oder Mutter, es ist, wie alle erwarten, es ist dahin die Gesundheit – da kommt der erwartete Arzt, und siehe, der Kranke genest und ist gerettet.

Ein armer Familienvater – sucht vergeblich nach Brot für sich und die Seinen. Da findet ihn ein Wohltäter und bietet ihm einen Stall und Speise, und den Gliedern der Familie ist geholfen.

Oder ein Wanderer ist in der Nacht verirrt in der Finsternis und in Gefahr eines Mordes, da findet er ein Licht und die Gefahr ist vorbei. [8:]

Oder in einer Feuersbrunst sehet eine Familie dort oben an, bereits dem Flammentod übergeben, sie schreit um Hilfe, siehe, da wagt es ein Mutiger, ersteigt das Dach und führt alle hinaus!

Oder ein Schiffbrüchiger auf der Elbe im umgeschlagenen Nachen [= Kahn], und ein kühner Schwimmer entreißt ihn den Wellen.

Doch so viel wir noch also davon reden mögen, es ist doch alles nur menschlich geredet. Wir reden hier aber von göttlichen, ewigen Dingen!

Das versteht freilich nur, wer einen gerechten und heiligen Gott glaubt. Wenn wir die Stimme unseres Gewissens nicht übertönten, so erkennen wir uns aber als *Todkranke*, und Jesus ist der Arzt zum ewigen Leben [vgl. Lk 5,31], als die Hungrigen, und Jesus ist das Brot [vgl. Joh 6,35]; als die Verirrten in der Nacht, und Jesus [ist] das Licht [vgl. Joh 8,12]; als die Schiffbrüchigen, aber Jesus wandelt auf dem Meer [vgl. Mk 6,45ff.]; als die Verlorenen und Verdammten vor Gott nach dem Katechismus, aber Jesus ist der Retter, der für uns in den Tod gegangen ein.

Als die Erschreckten vor dem Tod, aber Jesus ist auferstanden und hat Tod und Gericht überwunden! – Wir stimmen ein: *Es ist in keinem andern Heil und kein anderer Name gegeben, dadurch wir sollen selig werden.*

Aus dieser Erfahrung heraus redet hier Petrus. Er hat das neue ewige Leben empfangen und zeigt dieses als ein Geretteter, dem seine Rettung so gewiss ist als sein Leben selbst. – In diesem Leben ist er eins mit all denen, die sich also gerettet wissen, die er wenige Stunden [9:] später bald trifft, wie sie die Erfüllung der Verheißung und die Erhörung ihrer Gebete sehen, so dass die Stätte erbebt, wo die betende Gemeinde den Herrn preist, der Gebete erhört.

In solcher Predigt soll Vernunft antworten können, ob sie solche Errettung erfahren habe. – Aber es soll auch die, welche hören, fragen, dass sie sich selber antworten, ob sie von solch neuem Leben etwas wissen. Ich tue das, meine Brüder.

Es gibt viele Menschen, die ohne Verstehen diese Dinge, das ist das Evangelium, hören, ohne dass sie es bestreiten. Aber die Worte sollen uns zu Herzen gehen, dass wir aus dem Schlaf erwachen, auf Gott hören, sein Heil suchen, dass wir es finden.

Die es aber schon gefunden haben und besitzen, sollen Gott preisen für solche Barmherzigkeit und damit nicht aufhören und sie sich *immer wieder* schenken lassen. Und dann aneinander gedenken, dass sie auch denen verpflichtet sind, die nichts davon wissen, und sollen das ihre Brüder und die Genossen ihres Lebens sein, damit auch die anderen sich mit ihnen freuen. Das wird dann die rechte [10:] Gottseligkeit, die die Verheißung hat dieses und des zukünftigen Lebens.

Auf dieser Bestimmung ist eine große Verheißung. Ich hörte noch dieser Tage von einem Fabrikherrn, der in einem stillen Tal unter hunderten Fabrikarbeitern lebt, denen er nicht bloß seinen Lohn zahlt, sondern denen er auch dieses Gotteswort beachtet und er Vater und Freund ist, in deren Häusern mehr Friede Gottes wohnt, weil er in ihren Herzen wohnt, die nicht murren und klagen, sondern stetig an der Gnade Gottes genügen lassen. Und dieser Geist ist dort bereits lebendig von einem Kind auf Kindeskind. O, dass uns allen ein solches Gut des Lebens, Heil, Rettung und Genüge zuteil werde, dass wir mit der Freudigkeit des Petrus und Johannes und aller Gläubigen immer lebendiger dessen gewiss werden, dass in keinem andern Heil und kein andrer Name den Menschen gegeben ist, als der Name des ewigen Gottessohnes, den wir anbeten und loben, weil er uns selig gemacht. Amen.

Johann Hinrich Wichern

Predigt: 2. September 1873 über Psalm 46,9-12[1] (Sedanstag – Hamm)

[1:] Es ist heute, der 2. September[2], ein *weltgeschichtlicher* Tag, wie Gott einen solchen nur selten in der Welt, unter den Völkern, anbrechen lässt, denn es ist der Tag der Entscheidung und des Gerichtes, an dem nicht bloß über zwei Völker Gottes Ratschluss in einem allen vernehmbaren Spruch offenbar ward, durch den er die Stellung fast aller Völker untereinander verwandelt und namentlich die Stellung unseres Volkes neu gemacht, ja ganz neu gemacht. Seine Erfüllung ist im Laufe der Jahrhunderte längst vorbereitet, nachdem er bis dahin lang verborgen geblieben, ebenso werden Jahrhunderte seine Nachwirkung erfahren. Dass wir ihn aber zugleich in unserem Gottesdienstjahre nun verzeichnet finden, und dass wir den Tag heute zuerst als von dem Herrn geschehen feiern, ist uns ein tröstliches Zeugnis, dass wir uns auch noch zu den Christenvölkern zählen und bekennen wollen. Der Tag von Sedan ist uns dann fortan nicht nur ein Tag, der *hoch steht in der Welt,* sondern auch ein *Tag,* der in der *Geschichte des Reiches Gottes unter uns genannt* sein soll. Es ist ein Zeugnis unter uns, dass wir in unsrer Gesamtheit nicht zu denen gehören, die glauben, dass die Welt und sie selbst sich selbst regieren, sondern zu denen, die glauben, dass Gott die Welt, und wie die Geschichte des Einzelnen, so auch der Völker regiert. Es ist der Sedantag ein Tag des *Sieges,* aber eines Sieges, der uns nicht selbst hoch erhebt, sondern in den Staub niederbeugt vor Gottes Angesicht, dass wir nicht uns, sondern ihm die Ehre geben. Wir bekennen uns damit zu dem Gott, der unser und aller Völker Geschicke in seiner Hand trägt, der unter dem Toben der Völker der *unwandelbare König* ist und ein *Reich* des unvergänglichen Friedens bewohnt, ein *Reich* voller Seligkeit und Herrlichkeit für alle, die seinen Fußtapfen nachwandeln und seinen Wegen nachsinnen, in

---

[1] Vorlage: Archiv des Rauhen Hauses, Hamburg, Bestand 61 H a, Nr. 109. – Keine Liedangaben.

[2] 1870: Kapitulation der französischen Hauptarmee vor den Deutschen, Gefangennahme von Kaiser Napoleon III. in Sedan (Stadt in Nordost-Frankreich).

Anbetung und zum ewigen Frieden. Lasst uns das auch heute tun nach Psalm 46, 9-12

[[9] Kommt her und schauet die Werke des Herrn, der auf Erden solch ein Zerstören anrichtet, [10] der den Kriegen steuert in aller Welt, der Bogen zerbricht, Spieße zerschlägt und Wagen mit Feuer verbrennt. [11] Seid stille und erkennet, dass ich Gott bin! Ich will der Höchste sein unter den Heiden, der Höchste auf Erden. [12] Der Herr Zebaoth ist mit uns, der Gott Jakobs ist unser Schutz.] [2:]

Majestätische Worte, die göttliche Gedanken tragen! Aber ihr Mittelpunkt und Herzpunkt steht in V.11, an den wir unsere Festandacht [an]schließen wollen:

Seid stille und erkennet, dass ich Gott bin.

Lasst uns dem nachsinnen und zwar 1. *wann* und unter welchen Umständen durch den Propheten, und 2. *wozu* er das durch den Propheten gesagt?

I.

Wann und unter welchen Umständen hat der Herr dies Wort durch den Propheten gesagt und *zum Stillesein* die Gemeinde aufgefordert? Offenbar, als die zur Gemeinde Gehörenden ihm noch *ferne* sind und er sie aus der *Ferne* in die Nähe Gottes rufen muss: *Kommt herzu!* Und als sie trotz der offenen Augen noch blind sind und er ihnen rufen muss: *Schaut die Werke des Herrn!* Und unter welchen Werken stehen die Menschen *Gott fern* und *blind* vor ihm? Sie sind umgeben von dem *Zerstören,* das er unter ihnen anrichtet, indem er den *ausgebrochenen Kriegen* steuert [entgegenwirkt]! Wie malt das unsere Zustände, die uns umgaben, bald nach Ausbruch des Kriegs, wo alles in furchtbarem Getöse uns umgab! Und als nun die *Waffen* der Völker zusammentrafen, gegeneinander gerichtet, und *Bogen, Spieße* und *Wagen,* die von keinem mehr sich bändigen lassen wollen und in unendlicher Verwirrung *zerbrechen, zerschlagen* und *verbrannt* wurden? Wir denken an die Schlachtfelder zu *Wörth, Spichern* und *Metz!* Und passt das alles nicht in erhöhtem Maße auf *Sedan,* wo das furchtbarste *Schlachtendrama* sich entrollte, das noch heute uns mit Entsetzen erfüllt! Dass alle diese Schlachtentage und der feindliche Zusammenstoß dieser Heerzüge sind unter den Völkern und Völkerfamilien, was für den [3:] Einzelnen schwere *Krankheitserscheinungen,* jene schweren *Krisen,* zu denen der Stoff sich im Stillen gehäuft und nun endlich entladen, wie denn dort zu Sedan eine der großen Krisen der Menschheit zur Entscheidung kam. – Für uns enthält dieses Wort ein Zeugnis, das freilich unzählig oft bestätigt ist, dass auch diese erschütternden Weltereignisse zu den *Werken des Herrn* gehören. Er hält in ihnen *ohne Ansehen der Person* nicht über einzelne, sondern über alle oder viele, über gut und böse, über dieses oder jenes Volk, oder wie an dem heutigen Tag über die Gesamtheit der Völker ein Gericht, weshalb der Prophet an einer anderen Stelle spricht. *Es sei vor ihm stille alle Welt, Habakuk* 2,20. Hier erscheint er in seiner majestätischen Heiligkeit und misst alle Völker mit seinem Maß und bringt alle *weltliche* Macht und Herrlichkeit vor sein Angesicht. In demselben lesen wir seine erhebenden ewigen Gedanken und Ratschlüsse über das Wohl der Völker. Er lässt sie nur in *Weissagen* teils ersehen, deren Inhalt sich dann erst nach und nach in der Geschichte auseinanderlegt und entfaltet. Er ist zunächst [..., ein Wort ul] da, als aller Welt noch verborgener, dann erst im Verlauf der Geschichte sich weiter und klarer offenbarende Gott! Und wer kann sich in diese verborgenen Gedanken vertiefen ohne das *Stillesein* und das *wartende* Gebet, wer kann so glauben, ohne ein *Christ* und *in Christo* zu sein, als dem einzigen Offenbarer der ewigen göttlichen Geheimnisse oder dem, in welchem sich alle Geheimnisse im Laufe der Geschichte lösen und lösen sollen und werden? Der ein Christ ist und also in *Christo* ist und lebt, sieht in der *Geschichte* nicht bloß die Geschichte, die geschieht (das kann auch jeder andere sehen und der Klügste am besten), sondern er sieht in der Geschichte zugleich den *Richter, der da kommt,* der in seinem Geist waltet und in und durch seinen Geist wirkt, dass die Geschichte sich *vollendet;* für den hat auch die *Zeit* ein Ende und eine Vollendung und Erfüllung in dem, der aller Zeit Ende und Erfüllung ist: *Christus,* der Welt Heiland! [4:]

Wer Jesus hat, sieht das, was geschieht, und die ganze Geschichte mit all ihren Wechselfällen und Ereignissen nur im prophetischen Geist, so auch die Großtaten Gottes in unseren 70er Jahren. Darum führt uns dieser Tag von Sedan in diese *sinnende Stille,* in der wir uns, nicht allein, sondern mit unserem ganzen Volk versammelt sehen vor ihm und ihn zu uns. Wir empfinden dann, dass noch ein Tag kommen wird, an *dem wir alle müssen offenbar werden vor dem Richterstuhl Christi, auf [dass] jeder empfange, nachdem er gehandelt hat bei Leibesleben, es sei gut oder böse* (II Kor 6,10).

Und wenn wir an solchem Tage das Gericht über *eines unsrer Mitvölker* hereinbrechen sehen, kann es geschehen ohne unser *Erschrecken und Zittern*? Wenn wir in *diese Gerichtsstille eintreten, wo bleibt da unsere Gerechtigkeit, wo unseres Volkes Ruhm*? Wenn wir so vor den *Heiland der Welt,* der zugleich der *Richter der Welt* ist, treten, müssen unsre Gedanken sich nicht zu *dem* kehren, der für alle *gestorben* ist, als Opfer für unsre Sünde, aber *der auch auferstanden ist,* ohne Unterschied der Person. Wenn wir dort alle Menschenherrlichkeit zusammenbrechen sehen, wie ein Nichts, und wenn die, die nicht zugrunde geht, wie dort bei Sedan, sondern bleibt, haben wir dafür einen anderen Grund als die *Gnade,* die wir preisen müssen? Und wenn damals der damals Mächtigste auf Erden Gottes Gnade gepriesen, haben die Tausende andere, die zu Gott gegangen oder unter den Lebendigen geblieben sind, etwas anderes zu preisen gehabt? Und wo solcher Preis sich erhoben, hat er sich anderswo gefunden, als in der *Stille Gottes,* aus deren Fülle allein wir unsre Stille nehmen können, gehorsam dem Worte des Propheten: *Seid still!* – [5:]

II.

Mit dem Gesagten aber haben wir zugleich die Antwort auf die andere Frage gefunden: *wozu* diese Aufforderung zur festlichen Stille uns geworden? *Zu welchem Zweck Gottes Prophet uns diese Stille als Aufgabe vor die Augen stellt?* Der Herr selbst spricht es in klaren Worten aus: *dass ihr erkennt, dass ich Gott bin!* Wir sollen in der *Stille* bei Gott, die uns erfüllt, erkennen, dass *er* der *HERR,* der *geoffenbarte Gott,* der Offenbarer Gottes in der Unruhe der Menschenwelt, der Sohn Gottes, der nachher Mensch geworden, Gott ist und keiner mehr, nicht einer! Solche *Erkenntnis ist keine tote, zeitliche,* sondern eine aus dem ewigen Leben und der Ewigkeit stammende und ins vergängliche Leben eingehende, dasselbe bestimmende und alles erfüllende Erkenntnis, die, wenn sie in uns angebrochen, uns selbst und Gott und alle Dinge und Ereignisse in einem ganz neuen, anderen Licht, im Licht der neuen Schöpfung erkennen lassen. Eine größere Erkenntnis als diese gibt es nicht, wir haben sie nicht bloß in der Weissagung, sondern auch in der Erfüllung, in der Tat und Wahrheit [vgl. I Joh 3,18]. –

Das passt auch auf den Tag zu Sedan!

Mag der Tag eine noch so große *politische* Bedeutung haben (und er hat sie), mag er zur *Stellung der Völker* noch so bestimmend nachwirken, mögen auch durch ihn noch so große *Schwierigkeiten* im Vertrag der beiden Völker und der *meisten anderen* Völker heraufgerufen werden, mag durch ihn das Verhältnis der Staaten zu der Kirche irritiert oder verrückt werden, wie das geschehen [ist], – so ist das Sache der *Diplomatie* und *Politik,* der *Staatsweisheit* und der menschlichen *Geschichte,* so hat das alles zunächst und direkt keine Bedeutung für das *Reich Gottes,* wenn wir das Reich Gottes nicht in den wandelbaren Gestalten und Verhältnissen der Kirchen in diese irdischen Weltverhältnisse herabziehen, aber wenn das Reich Gottes in und unter uns seine Wurzeln ins Herz, in den Mittelpunkt des Lebens, senkt, wird es eine Feste werden, die gegen alle Gefahren Schutz bietet. [6:]

Bleiben wir nur fest bei der heilsamen Erkenntnis, dass in Jesus Christus die Offenbarung Gottes und Gott selbst ist, so haben wir aber auch für unsere Tage die Erkenntnis und Bekenntnis alles Heils und Erkennens zugleich, dass die Grund*sünde* unsrer Tage in dem Abfall von dieser Wahrheit und der lebendigen Erkenntnis von dieser Wahrheit besteht und darin, dass die Menschen vergessen, wem sie die Ehre geben sollen. Die *Welt* und *die Menschheit* unserer Tage, so sehr sie an *Bildung* in der *Kultur,* also in *weltlicher* Erkenntnis steigt, gibt die *Ehre nicht Gott,* sondern *sich selbst;* die Kultur ist zum *Kultus* und *Gottesdienst* gemacht, das Menschliche an die Stelle des Göttlichen, Gott für den Menschen [ge]setzt. Nur dass der, der der wahrhaftige Gott und zugleich wahrhaftiger Mensch geworden und die wunderbare Vereinigung Gottes mit den Menschen vollzieht, und dadurch unser Verständnis, Versöhnung und Heil geworden, unser [..., vier Wörter ul] nun für wenige auch [..., ein Wort ul] wollen. Ist das aber nicht gerade *die fränkische*[3], die welsche [romanische] Sünde, die auch ihr Heil und in sehr verschiedener Gestalt das Volk ruiniert hat? Ist das nicht ein Rückfall in das Heidentum? *Droht* nicht aber auch *uns* dieselbe Gefahr, ja ein ebenso großer Abfall und Rückfall ins Heidentum, als modernes Heidentum unsrer Tage, das durch alle Kulturvölker den Sturmlauf des Versuchers gegen das Reich Gottes ausführt. Dagegen spricht der HERR: *Ich will Ehre einlegen unter den Heiden, d.h. Völkern. Ich will Ehre einlegen auf Erden.* [Ps 46,11] Das will sagen: Gott spricht: *Ich, der Herr, will erhöht und verherrlicht werden, wie von seinem Vater, so auch von den Menschen* [vgl. Joh 8,28] – und wenn das *geschehen, will er alle in seine Herrlichkeit zu sich ziehen!* [vgl. Joh 12,32] – Wenn er das aber auf *Erden* tun will, wie er spricht, wo anders auf Erden hat er die Stätte, wo er das zur Ausführung bringen will, als die alleinige Stätte, die [7:] er als seine hier dazu erwählt hat. Ist das nicht seine *Gemeinde,* die große heilige, allgemeine christliche Kirche, die Stätte, die er sich zu Eigentum und zu seinem Tempel erkoren, in der er nicht bloß so *mächtig und herrlich* und *verheißungsreich,* sondern auch so *erbarmungs-* und an *Liebe reich* erscheint in seiner wundervollen Selbsterniedrigung, dass wir nur niederfallen und anbeten können. Und sind wir wirklich sein Tempel, seine Gemeinde, die ihn also [..., zwei Wörter ul] umgibt? Kommen darum auch wir in diesem Sinne herzu und schauen seine Werke, nicht bloß der Zerstörung, hier ist ewige Gerechtigkeit, Friede und Freude im heiligen Geist [vgl. Röm 14,17] [..., fünf Wörter ul].

Kehren wir darum ein in sein Reich. Die Tore sind weit geöffnet und die Engel Gottes mit allen Vollkommenen warten unser aller, dass wir zu ihnen

---

[3] Wichern nimmt im Folgenden Bezug auf das Fränkische Reich (Regnum Francorum). Diese bedeutendste Reichsbildung des frühen Mittelalters umfasste germanische und romanische Völker. Das Großreich zerfiel durch Erbteilung in das Ostfränkische und das Westfränkische Reich, aus denen sich das Deutsche Reich und Frankreich entwickelten.

kommen, um sich mit ihnen, mit uns und untereinander zu freuen. Um diesen Preis, um uns zu gewinnen, sind vom Herrn alle jene Kämpfe gekämpft mit Tod und Teufel und herrliche Siege gefeiert, so dass das, was unter sündigen Menschen geschieht, damit nicht verglichen werden kann, und sind mehr als nur unvollkommene, befleckte Abschattungen dieser ewigen göttlichen Taten, die ewige Siege sind des Herrn. Also hören wir in Ewigkeit singen: Gott aber sei Dank, der uns den Sieg gegeben hat durch unsern Herrn Jesus Christus! [I Kor 15,57] Amen.

Gerhard Wehr

Zeittafel zu Johann Hinrich Wichern[1]

1808 *21. April:* Johann Hinrich Wichern wird in Hamburg als Sohn des Notars Johann Hinrich Wichern und seiner Frau Caroline Maria Elisabeth, geb. Wittstock, geboren.

1814 Besuch der Privatschule Ehlers.

1818 *8. März:* Aufnahme in die Bürger- und Gelehrtenschule (Gymnasium) Johanneum.

1823 *14. August:* Tod des Vaters.

1825 *8. Juni:* Konfirmation durch Pastor Otto Wolters in der Katharinenkirche in Hamburg. Konfirmationsspruch: Joh. 8,31f.: „So ihr bleiben werdet an meiner Rede [...]"

1826 *28. Januar:* Als Erziehungsgehilfe bei Johann Pluns (bis 6. Okt. 1827).
31. März: Als stud. theol. am Hamburger Akademischen Gymnasium.
23. Juli: Wicherns erste Predigt über Lk 16,1-9.

1828 *22. Oktober:* Immatrikulation an der Universität Göttingen. Wichtigster Lehrer wird Friedrich Lücke.

1830 *31. März:* Immatrikulation an der Universität Berlin; Vorlesungen bei Friedrich Schleiermacher, August Neander und Friedrich Hegel. Begegnung mit Vertretern der Berliner Erweckungsbewegung, besonders mit Hans Ernst Freiherr von Kottwitz.

1831 Nach Abschluß der Universitätsstudien Rückkehr nach Hamburg.

1832 *6. April:* Theologisches Examen vor der Hamburger Kirchenbehörde mit einer Arbeit über die lutherische Abendmahlslehre.
23. Mai: Amalie Sieveking begründet den „Weiblichen Verein für Armen- und Krankenpflege" in Hamburg.

---

[1] Zuvor erschienen in: Gerhard Wehr, Herausforderung der Liebe, Stuttgart 1983, 90-91 und in: Volker Herrmann/Jürgen Gohde/Heinz Schmidt (Hg.), Johann Hinrich Wichern – Erbe und Auftrag. Stand und Perspektiven der Forschung (VDWI 30), Heidelberg 2007, 353-354.

24. Juni: Wichern übernimmt die Oberlehererstelle der Sonntagsschule in der St.-Georgs-Gemeinde unter Pastor Johann Wilhelm Rautenberg.

1833 *25. Februar:* Wicherns Stegreifrede im Schneideramthaus für die Intensivierung der fürsorgerisch-erzieherischen Arbeit in Hamburg; Begegnung mit Amanda Böhme.
12. September: Gründungsversammlung des Rauhen Hauses.
31. Oktober: Wicherns Einzug im Rauhen Haus.
8. November: Die ersten drei Kinder werden ins Rettungshaus aufgenommen.

1835 *29. Oktober:* Eheschließung mit Amanda Böhme.

1839 Einrichtung eines Brüderhauses als „Seminar für die Innere Mission".

1844 *September:* Begründung der Monatszeitschrift „Fliegende Blätter aus dem Rauhen Haus".

1848 Als Beauftragter der preußischen Regierung in Oberschlesien.
22. September: Stegreifrede während des 1. Kirchentags in der Schlosskirche zu Wittenberg: „Die Liebe gehört mir wie der Glaube!"

1849 *Januar:* Gründung des „Central-Ausschusses für die Innere Mission der deutschen evangelischen Kirche". – Veröffentlichung der Denkschrift: „Innere Mission der deutschen evangelischen Kirche".
Juni: Erste Reise nach Süddeutschland.

1851 *3. Juni:* Ehrendoktor der theologischen Fakultät der Universität Halle.
Die preußische Regierung betraut Wichern mit der Reform des Gefängniswesens.

1857 *11. Januar:* Ernennung zum „Vortragenden Rat" im preußischen Innenministerium; gleichzeitig Ernennung zum Oberkonsistorialrat im Evangelischen Oberkirchenrat in Berlin.

1858 *April:* Gründung des Brüderhauses Johannesstift in Berlin-Moabit (später Berlin-Spandau) mit Brüdern des Rauhen Hauses.

1866 Erster Schlaganfall; die Folgen eines Kopfleidens machen sich immer stärker bemerkbar.

1872 *Mai:* Wichern kehrt ins Rauhe Haus zurück.

1873 *Januar:* Entlassung aus preußischem Staatsdienst und Pensionierung.

1881 *7. April:* Nach weiteren Schlaganfällen und nach jahrelangem Siechtum stirbt Johann Hinrich Wichern in Hamburg.

Martin Gerhardt/Volker Herrmann

Verzeichnis der Predigten Johann Hinrich Wicherns[1]

Nr.	Datum	Predigttext	Ort	
001.	23.07.1826	Lk 16, 1-9	Hamm	siehe 55-71
002.	26.12.1829	Joh 1,1-18	Niedernjesa bei Göttingen	siehe 72-78
003.	26.12.1829	Hebr 1,1-14	Stockhausen	
004.	09.05.1830	Joh 16,5ff.	Staaken bei Spandau	
005.	25.12.1830	II Kor 5,17	Spandau	siehe 79-86
006.	26.12.1830	Lk 2,15-20	Spandau, reformierte Kirche	
007.	09.01.1831	Röm 12,1-6	Spandau, große Stadtkirche	
008.	20.03.1831	Hebr 9,11-12	Spandau	
009.	15.05.1831	Joh 15,26-16,4	Spandau, reformierte Kirche	
010.	24.04.1832	Lk 24,36-47	Hamburg, St. Georg	siehe 99-113
011.	12.06.1832	Joh 10,1-11	Hamburg, Spinnhauskirche	siehe 114-121
012.	02.07.1832	Lk 1,39-56	Hamburg, Spinnhauskirche	
013.	19.07.1832	Mt 5,3-9	Hamburg, St. Georg	
014.	05.08.1832	Mk 8,1-9	Allermöhe	
015.	12.08.1832	Lk 18,1-9	Hamburg, St. Jacobi	
016.	19.08.1832	Röm 14,8-9	Hamburg	
017.	22.08.1832	Lk 19,1-10	Hamburg, St. Nicolai	
018.	16.09.1832	Lk 10,23-37	Hamburg, St. Michaelis	siehe 122-130
019.	30.09.1832	Gal 5,25-6,10	Hamburg, St. Petri	
020.	11.11.1832	Phil 3,12-14	Hamburg, St. Jacobi	
021.	27.12.1832	Joh 1,1-14	Hamburg, St. Georg	
022.	1832	Gal 2,20	Hamburg	siehe 87-98
023.	25.03.1833	Lk 1,26-38	Hamburg	
024.	[04.04.]1833	I Kor 11,23-32	Hamburg	siehe 131-142
025.	[08.04.1833]	Joh 20,11-18	Hamburg, St. Petri	
026.	05.05.1833	Joh 16,5-15	Hamm	
027.	23.06.1833	Mt 13,45-46	Hamburg, St. Jacobi	
028.	11.08.1833	I Kor 12,1-11	Hamburg, St. Katharinen	siehe 143-151
029.	25.08.1833	II Kor 3,4-11	Hamburg, St. Petri	
030.	05.01.1834	Mt 2,13-23	Hamm	

---

[1] Das ursprüngliche Verzeichnis der Predigten Johann Hinrich Wicherns wurde mutmaßlich von Martin Gerhardt bei der Einrichtung des Archivs des Rauhen Hauses (1923-1925) erstellt (Archiv des Rauhen Hauses, Hamburg). Die vorliegende Fassung ist leicht variiert und um die Seitenangaben der hier abgedruckten Predigten ergänzt. – Gerhardts Verzeichnis bildete 1935 auch die Grundlage für Lothar Przybylski, Wichern als Homilet, in: Westfälisches Pfarrerblatt, Nrn 2-3/1935, 9-12; 18-21.

031.	01.04.1834	Lk 24,36-47	Hamm	
032.	02.07.1834	Lk 1,39-56	Hamburg, St. Georg	siehe 152-161
033.	27.07.1834	Lk 16,1-9	Hamburg, St. Petri	
034.	24.08.1834	Lk 10,23-37	Hamm	
035.	[28.05].1835	[Act 1,1-12]	Hamm	
036.	[09.06.]1835	Joh 10,10	Hamburg, St. Georg	
037.	26.07.1835	Mt 5,20	Hamburg, St. Georg	
038.	14.08.1836	I Kor 15,1-10	Hamm	
039.	21.05.1837	Joh 6,[29-46]	Hamburg	
040.	25.06.1837	Joh 14,14	Hamburg, St. Nicolai	
041.	23.07.1837	Lk 16,1[-9]	Hamburg, St. Georg	siehe 162-173
042.	04.11.1838	Joh 10,22-30	Hamburg, St. Jacobi	
043.	25.11.1838	Kol 1,9-14	Hamm	
044.	16.06.1839	Lk 15,1-7	Hamm	
045.	04.08.1839	Lk 19,41-48	Hamm	
046.	08.04.1841	I Kor 11,23-34	Hamburg	
047.	29.08.1841	Mk 7,31-37	Altona, Christuskirche	siehe 174-184
048.	17.10.1841	Eph 4,22-28	Hamburg, St. Nicolai	
049.	31.10.1841	Eph 6,10-17	Hamburg, St. Katharinen	siehe 185-197
050.	31.07.1842	Lk 19,41-48	Hamm	
051.	28.08.1842	Gal 5,16-24	Hamburg, Waisenhaus	
052.	04.09.1842	Gal 5,25-6,10	Hamburg, St. Katharinen	
053.	26.11.1843	II Tim 4,1-8	Hamburg, St. Nicolai	siehe 198-206
054.	19.07.1846	Röm 6,3-11	Hamburg, St. Nicolai	siehe 207-215
055.	25.06.1848	Jes 40,1-8	Hamm	siehe 216-221
056.	23.07.1848	Gal 2,16-21	Hamburg, St. Katharinen	siehe 222-230
057.	18.08.1850	II Kor 3,4-11	Hamburg, St. Katharinen	
058.	17.11.1850	I Thess 4,13-17	Hamburg, St. Nicolai	
059.	24.11.1850	II Petr 1,19	Hamburg, Waisenhaus	
060.	04.05.1851	Lk 24,36-47	Hamburg, St. Nicolai	
061.	04.01.1852	Lk 15,3-7	Hamburg, Waisenhaus	
062.	19.12.1852	Apk 3,20	Hamburg, Waisenhaus	
063.	13.03.1853	Mt 11,25-30	Hamburg	
064.	16.05.1853	Joh 3,16-21	Hamburg, St. Michaelis	siehe 231-239
065.	19.02.1854	Mt 16,24	Hamburg	
066.	23.04.1854	I Joh 2,1-6	Hamburg, St. Katharinen	siehe 240-248
067.	18.03.1855	Joh 12,42-50	Hamburg, St. Georg	
068.	25.03.1855	Lk 23,39-43	Hamburg	
069.	01.04.1855	Joh 13,23-33	Hamburg	
070.	05.04.1855	Lk 22,14-23	Hamburg, St. Georg	
071.	08.04.1855[2]	Mt 28,1-10	Hamburg, St. Nicolai	
072.	05.08.1855	Act 8,14-24	Hamburg, St. Georg	
073.	09.12.1855	Apk 22,10	Hamburg	
074.	20.01.1856	Ps 23	Hamburg, Waisenhaus	
075.	31.05.1857	Act 2,1-13	Hamm	
076.	27.12.1857	Gal 4,1-7	Berlin, Dom	siehe 249-259
077.	17.01.1858	Joh 2,1-11	Berlin, Dom	

[2] Auszüge daraus wurden veröffentlicht: Aus einer Osterpredigt Wicherns über Matth. 28,1-10, in: Das evangelische Hamburg. Neue Folge des Hamburgischen Kirchenblattes 25. Jg., Nr. 7 vom 1.4.1931, 93-94.

078.	24.01.1858	Mt 8,1-13	Charlottenburg	
079.	21.03.1858	I Joh 4,8-11	Berlin, Dom	siehe 260-266
080.	11.04.1858	Joh 20,24-31	Zellengefängnis Moabit	
081.	15.06.1859	Act 2,1-13	Hamm	
082.	04.12.1859	Lk 21,25-36	Zellengefängnis Moabit	
083.	04.03.1860	Mt 15,21-28	Zellengefängnis Moabit	
084.	09.04.1860	Lk 24,13-35	Zellengefängnis Moabit	siehe 267-275
085.	13.05.1860	Joh 16,23-30	Zellengefängnis Moabit	
086.	14.04.1861	Joh 10,12-16	Berlin, Dom	
087.	18.04.1862	Mt 27,26-56	Zellengefängnis Moabit	
088.	27.04.1862	Joh 20,24-29	Berlin, Dom	
089.	01.03.1863	Mt 15,21-28	Zellengefängnis Moabit	
090.	26.07.1863	Lk 17,5-10	Hamburg, Anscharkapelle	
091.	02.08.1863	II Tim 2,3-13	Hamburg, Anscharkapelle	
092.	06.09.1863	Lk 15,20-32	Hamburg, Anscharkapelle	
093.	11.10.1863	Act 19,23-40	Hamburg, Anscharkapelle	siehe 276-285
094.	31.07.1864	Röm 1,16-17	Hamburg, Anscharkapelle	
095.	07.08.1864	Röm 3,22-31	Hamburg, Anscharkapelle	
096.	14.08.1864	Phil 2,12-18	Hamburg, Anscharkapelle	
097.	28.08.1864	Phil 3,7-16	Hamm	
098.	09.10.1864	Joh 13,34-35	Hamburg, Anscharkapelle	siehe 286-293
099.	27.08.1865	Lk 18,9-14	Hamburg, Anscharkapelle	
100.	03.09.1865	Mk 7,31-37	Hamburg, Anscharkapelle	
101.	17.09.1865	Lk 17,11-19	Hamm	siehe 294-302
102.	30.10.1865	Ps 118,15-17	Hamburg, St. Jacobi	siehe 303-311
103.	14.07.1867	Lk 4,16-21	Hamburg, Anscharkapelle	
104.	10.11.1868	Lk 19,41-42	Hamburg, St. Petri	siehe 312-321
105.	03.02.1870	Act 4,12	Buckau bei Magdeburg	siehe 333-337
106.	15.04.1870	Röm 8,31-32	Berlin, Singakademie	
107.	15.05.1870	Mk 10,45	Stettin	
108.	14.08.1870	I Kor 10,6-13	Hamburg, Anscharkapelle	
109.	02.09.1873	Ps 46,9-12	Hamm	siehe 338-343
110.	Undatiert	I Tim 3,16-4,16		
111.	Undatiert	Mt 5,20-26		
112.	Undatiert	Joh 10[,27-30]		
113.	Undatiert	Eph 4,22-28		
114.	Undatiert	Lk 24,36-47		
115.	Undatiert	Mt 6,24	Halle	
116.	26.10.1845	Taufe Johannes		
117.	undatiert[3]			
118.	09.11.1869	Ps 85,1-9	Hamburg, St. Petri	siehe 322-332

[3] Es handelt sich um kritische Anmerkungen Wicherns zur Bibelübersetzung Martin Luthers, auch Gerlachs und de Wettes.

Karl Janssen

Johann Hinrich Wicherns Predigtanschauung[1]

I. Die Kritik an der überlieferten Predigtpraxis

Wicherns Predigtanschauung geht von einer scharfen Kritik an der überkommenen Praxis der Predigt aus. Die zahllosen Äußerungen zu dieser Kritik lassen sich in zwei Komplexen von Gedanken zusammenfassen. Einmal geht es um die Frage, ob die Predigt wirklich noch die Schichten der Volkskirche erreicht, denen sie gelten müsste. Sodann geht es um die Frage nach dem notwendigen Inhalt der Predigt selbst.

Das Evangelium kann nach Wichern nur verstanden werden als Botschaft an die Armen. Ihnen gilt es, und wenn es ihnen nicht ausgerichtet wird, dann hat die Predigt ihre Aufgabe nicht erfüllt. Damit aber ist schon eine Kritik an der Predigtpraxis der evangelischen Kirche gegeben. Wichern scheint damit zunächst nur eine weitverbreitete Stimmung in damaligen christlichen Kreisen aufgenommen zu haben. Er zitiert diesen Gedanken 1844 aus einem kirchlichen Blatt: „Wir Armen – haben wohl gehört, den Armen soll das Evangelium gepredigt werden; aber von dieser Predigt sind wir gänzlich ausgeschlossen. Denn zur Kirche können wir nicht kommen aus Mangel an Kleidung. Auch kommt der Prediger nicht zu uns" (AS I, 67f. Anm.). Aber dieses Motiv hat Wichern dann sein ganzes Leben hindurch immer wieder vertreten und allseitig durchdacht. Zu den stereotyp wiederkehrenden Anklagen gegen die Predigtpraxis gehört seine Klage über den Ausfall der Armenpredigt. „Wo ist die Predigt seines Worts an unsere Armen? Wo sind die Armen in unseren Predigten und unseren Gottes-

---

[1] Erstveröffentlichung in: Stat crux dum volvitur orbis. Eine Festschrift für Landesbischof D. Hanns Lilje, Abt zu Loccum, zum sechzigsten Geburtstag am 20. August 1959, hg. von Georg Hoffmann/Karl Heinrich Rengstorf, Berlin 1959, 200-213. – Der erste Absatz, der einen Bezug zum Jubilar darstellte, wurde bei diesem Abdruck weggelassen. – Die Wichern-Zitate gibt Janssen nach der von ihm edierten Ausgabe der „Ausgewählte Schriften" (= AS) Wicherns (3 Bände, Gütersloh 1956-1958) und nach den von Johannes Wichern und Friedrich Mahling herausgegebenen „Gesammelten Schriften" (= GS) Wicherns (6 Bände, Hamburg 1902-1908) wieder.

diensten? Wo? Wir brauchen darauf keine andere Antwort zu geben als die: Den Armen wird in unseren Tagen im großen und ganzen das Evangelium *nicht* gepredigt" (GS 3, 752), stellt Wichern auch auf der Höhe seines Wirkens mit schneidender Schärfe fest (1855). Es war klar, dass Wichern damit zugleich die Frage in den Blick bekam, was mit dem Proletariat geschehen solle, das sich gerade als neuer Stand entwickelte. Auf seine Stellung in der Kirche hat Wichern mit Entschlossenheit seinen Grundsatz angewendet. Gerade in der Proletarierpredigt sieht er „eins der größten Zeichen der Wiedergeburt und inneren Erneuerung der Kirche" (AS I, 100), also das zentrale Problem der Predigt in der Gegenwart. Eben hier liegen nach seiner Überzeugung die entscheidenden Versäumnisse der Kirche. Sie hat die Armenpredigt vernachlässigt und damit einen Zustand herbeigeführt, der unverantwortlich ist.

Damit aber verbindet sich nun sein zweiter Gedankenkomplex über die traditionelle Predigt. Sie hat an einem wichtigen Punkte offensichtlich versagt: in der ethischen Aufgabe der Predigt. „Hätte die protestantische Kirche als Volkskirche sich ausgeboren nach ihrer ethischen Seite, so wäre gegen den gewaltsamen Umsturz eine unüberwindliche Macht aufgerichtet gewesen" (AS I, 119). Die Predigt hat nicht dazu geführt, „das Gebot der Liebe gegen die, welche bis dahin verlassen, vergessen, verwahrlost worden, zu vollziehen" (AS I, 105). Auch hier handelt es sich um ein durchgehendes Motiv des Wichernschen Denkens, das noch bei seinem letzten öffentlichen Auftreten bedeutsam hervortritt: „Hat, fragen wir, das Christentum, auch das protestantische, unser Volk schon als ethische Macht durchgedrungen? Wir verkennen am allerwenigsten, was es bisher bereits Großes und Herrliches und Göttliches gewirkt, aber ein Volksethos ist es bis jetzt noch nicht geworden" (AS I, 273). Die Predigt ist also in einem rein persönlichen Christentum steckengeblieben. Sie hat es einfach nicht fertig bekommen, die Frage der Gesellschaftsformung, der Durchdringung der öffentlichen Lebensformen zu lösen. Man hat ein beachtliches individuelles Christentum mit einem brauchbaren persönlichen Ethos verkündigt; aber darüber sind die ethisch zu bewältigenden Aufgaben des Gemeinschaftslebens aus der Predigt ausgeschaltet geblieben. Konkret heißt das: „Die Angelegenheiten des Proletariates müssen auf die Kanzeln, und so in die Gemeinde gebracht werden" (AS I, 103). Die Anklage Wicherns hat zu ihrem Hintergrund also eine sozialethisch ausgerichtete Predigt, die über ein individualistisches Christentum hinausführt.

Die Kritik Wicherns ist theologisch klar orientiert. Er hat der Predigt seiner Zeit nur sehr teilweise ihre dogmatische Korrektheit bestritten – das Zeitalter des Rationalismus lag hinter ihm, und nur gelegentlich beklagt er die Auswirkungen der falschen Lehre dieser Epoche (z.B. GS 3, 306) – aber er hat ihre Gegenwartsmächtigkeit bestritten und darin nicht mehr und nicht weniger als einen Abfall der Predigt von Christus gesehen. Diesen Zusammenhang macht seine Forderung deutlich, dass die Kirche zum Armen gehen müsse, wie Christus zu uns gekommen sei und nicht gewartet habe, bis die Menschen zu ihm kamen (AS I, 122). Hinter seiner Kritik steht also eine Grundüberzeugung theologischer Art: die Überzeugung, dass die Kondeszendenz Christi eine unmittelbare Bedeutung für die Praxis der Kirche habe. Wichern ist der Vertreter einer frühen, aber eindrücklichen Form christokratischer Theologie. Seine gegen die Praxis der Kirche geschleuderte Anklage ist nur ein Teil aus einem ganzen Komplex von Aussagen, die das soziale Leben in allen seinen Erscheinungsformen umfassen. Überall bleibt, dass der Mensch dem Sachverhalt gegenüber schuldig, dass Christus der Herr der Welt und aller ihrer Menschen und Gemeinschaften ist. „Das Evangelium gehört dem ganzen Volk mit all seinen öffentlichen und privaten Institutionen und Lebenserweisungen, und diesem Volk gehört wiederum das ganze Evangelium in der Fülle seiner geoffenbarten Wahrheit mit allen darin eröffneten Perspektiven für die einstige Vollendung des göttlichen Reiches“ (GS 3, 977).

Darum ist es notwendig, dass am Anfange der neuen Entwicklung die Buße der Prediger steht. Ohne eine eingehende geschichtliche und theologische Besinnung und Umkehr, ohne ein klares Schuldbekenntnis und ohne eine echte Regeneration der Predigt ist ein neuer Anfang nicht zu denken. Zunächst hat Wichern immer wieder den geschichtlichen Hintergrund dieser Schuld zu klären versucht. Der unbefriedigende Zustand der Kirche und ihrer Predigt ist nach seiner Überzeugung nicht etwa eine kurzfristige Angelegenheit der Gegenwart, sondern wurzelt bereits tief in der Geschichte. Wichern hat mehrfach sein Geschichtsbild skizziert, um diesen Fehler unmittelbar am Ursprung aufzudecken. Er verweist dabei immer wieder auf eine Reihe von Knotenpunkten der Welt- und Kirchengeschichte. Schon die Ära Konstantins, ebenso aber die Zeit der Germanenmission und die Reformation haben auf verschiedene Weise an der Erbschuld der Kirche teil. Immer wieder hat man sich damit begnügt, die Kirche als Institution zu errichten und zu sichern. Aber immer wieder hat man auf die Konstituierung der „inneren Mission“ verzichtet. Was Wichern damit meint, ist klar genug ausgesprochen: Die Kirche hat sehr wohl ihre Institutionen der Predigt und Wortverkündigung geschaffen und erhalten, sie hat die Sakramente gespendet; aber sie hat es nicht vermocht, die ethischen Kräfte zu entfalten und zu wahren, die notwendig gewesen wären, um über die Organisation hinauszugelangen. „Große Lebensverhältnisse des Volkes (sind) von der Kirche bis jetzt fast unberührt und von jeher neben ihr stehengeblieben.“ Es muss alles geschehen, „damit endlich die Strömungen des Heils sich in alle Adern des Volkslebens ergießen können“ (GS 3, 283). Dazu aber bedarf es einer spezifischen Voraussetzung: der Verkündigung des allgemeinen Priestertums der

Christen, also einer Kirche, die außer ihrem Charakter als Stiftung und Institution auch den Charakter der Genossenschaft und der Aktivität ihrer verantwortlichen Glieder besitzt. Die Buße muss sich also auch darauf erstrecken, dass die Kirche den freiwilligen Arbeitswillen ihrer Glieder wieder zu wecken und anzusprechen vermag. Die Kirche soll und muss ethisch wirksam werden. Dazu aber bedarf es ihrer inneren Wandlung. Die institutionelle Kirche soll Liebesgemeinschaft der aktiven Glieder werden.

Genau an dieser Stelle setzt der von Wichern immer wieder erhobene Bußruf an die Pfarrerschaft der Kirche ein. Wichern hat dabei zunächst die Frage der Predigt an die Armen und an das Proletariat eingehend behandelt. Über sie sagt er: „Die von der Kirche bis dahin noch nicht getilgte Schuld soll jetzt getilgt werden – und zwar durch eine große Buße nicht der einzelnen als solcher, sondern aller als Kirche. Diese Buße der Kirche muss der Grenzstein werden zwischen der alten und der beginnenden neuen Zeit, sie wird der Anfang der erneuten inneren Herrlichkeit der Kirche“ (AS I, 102). Dieses Grundmotiv ist das ganze Leben hindurch treibend geblieben. Es macht sich ebenso in der Wittenberger Rede bemerkbar wie in seiner letzten großen Rede auf der Berliner Oktoberversammlung von 1871 (vgl. AS I, 123f., 275). Nur hat er das immer wieder in ganz ähnlichen Formulierungen vorgetragene Wort von der Buße stets von der geschichtlichen Lage aus neu konkretisiert. In ihm lag sein Glaube an die Lebenskraft der Volkskirche ebenso begründet wie sein Glaube an die menschen- und weltverwandelnde Macht des Evangeliums. Er lebte davon, dass ihm das Wort von der Buße auch die Wandlungsmacht dieses Wortes zu verbürgen schien. Immer wieder richtete sich an dem Angebote der iustificatio impii auch sein Glaube an die Wandlungsfähigkeit der Kirche selbst auf.

II. Die Lehre von der Predigt

In diesem Zusammenhang sind die Äußerungen Wicherns zur Theorie der Predigt zu betrachten. Auch für ihn sind natürlich die Faktoren, die in einer Theorie der Predigt zu bedenken sind, das Wort Gottes, der Prediger und der Adressat der Predigt. Ihr Verhältnis zueinander und ihre nähere Bestimmung sind auch der Inhalt seiner Aussagen über die Predigt.

1. Dabei ist bei ihm sachgemäß von dem Subjekt der Predigt auszugehen. Das Subjekt der Predigt ist Christus. Wenn gepredigt wird, dann nimmt Christus durch den heiligen Geist das Wort. Die Predigt ist also grundsätzlich nicht Menschen, sondern Christi Wort. „Das Heil kommt, wenn Christus kommt, der nie allein kommt, sondern immer mit seinem Reiche kommt, mit den Gedanken, Kräften und Lebensquellen, die nur in seinem Reiche quellen“ (GS 3, 1152f.). Wir haben dieses Wort mit Eindeutigkeit auch auf die Predigt zu beziehen. Vor allem aber haben wir an die zahlreichen Stellen zu

denken, an denen klar wird, dass Christus sich selbst verkündigt: „Wie der ganze Christus im lebendigen Gottesworte sich offenbart, so muss er auch in den Gottestaten sich predigen" (AS I, 123). Wichern legt die Predigt als eschatologisches Ereignis aus, in dem sich Christus selber predigt. Sie ist für ihn Selbstwort und Selbstoffenbarung Christi.

Dieses Handeln Christi in der Welt findet durch den Heiligen Geist statt. Die charismatische Ausrüstung des Predigers mit dem Geiste Christi wird darum die entscheidende Frage Wicherns. Er kann diese Frage nicht mit dem Hinweis auf einen Amtsbegriff beantworten, der die Geistesgabe für den Prediger in sich schlösse. Dies würde für ihn die Freiheit des Geisteswirkens einschränken, die er aus der Augustana belegt: der Geist wirkt, „wie und wo er will". Vielmehr besteht die Aufgabe, dafür zu sorgen, dass Gabe und Amt zusammentreffen (GS 3, 473). Darum genügt ein zutreffender Amtsbegriff nicht als Ausrüstung für den Prediger. Ein solcher Begriff wäre nur „eine nackte, leblose Abstraktion", und es gilt bei allen Erwägungen zum Predigtamte auszugehen von „dem lebendigen Menschen im Amt, in dem getanen, geisterfüllten Amt, in dem faktischen, wirklichen Dienst vor Gott und für ihn" (GS 3, 966). Wicherns Grundaussage über das Amt schließt darum in sich, „dass das Amt von den heiligen Kräften des Geistes Gottes getragen sein soll, dass dieser Dienst, diese diakonia als ein Dienst aus dem Herrn, vor und in und unter Ihm und für Ihn verwirklicht werden soll" (GS 3, 967).

Dieser Ansatz hat zunächst Folgen für den Predigtbegriff: „Das Wort Gottes soll jedesmal eine Tat und die Gabe einer Begabung, eines Charisma sein; nicht zuerst eine Kunst, wiewohl die Kunst der Rede die Gabe nicht ausschließt" (GS 3, 1140). Die Predigt ist also an die Geisteswirkung im Prediger gebunden, und die charismatische Ausrüstung des Predigers ist entscheidend für sein Wirken. Er bedarf eines „speziellen Charisma für diesen Beruf" (AS I, 258). An dieser Stelle setzt die Kritik an der Auswahl und Vorbildung des Pfarrers ein, wie Wichern sie vorfindet. Wichern schildert eindringlich, dass die Entscheidung für diesen Beruf meistens zu früh stattfinde, damals meist schon in der Tertia, dass man meist bestimmte soziale Voraussetzungen, sittliche Integrität und wissenschaftliche Bildungsfähigkeit als die alleinigen Voraussetzungen ansehe, dass man damit aber die Frage nach der charismatischen Begabung des künftigen Predigers weder stelle noch stellen könne. „Wie wäre es auch nur zu begreifen, dass das Charisma nur an ein bestimmtes Alter oder eine gewisse soziale Stellung und wissenschaftliche Bildung gebunden sein solle? Unzweifelhaft sind das nicht die Bedingungen, an die der heilige Geist die Darreichung seiner Gaben knüpft" (AS I, 238f). Schon rein soziologisch ist nach Wicherns Überzeugung die Auswahl der künftigen Prediger wenig günstig, da sie meist nur aus einer bestimmten bürgerlichen Schicht kommen, so dass sowohl die höheren wie die proletarischen Schichten kaum Zugang zum Predigtamte haben. Noch ungünstiger aber wirkt die Tatsache, dass die Ausbildung des angehenden Theologen sich fast völlig auf eine wissenschaftliche Bildung beschränkt. Sicher geht es ihm dabei weniger um eine Einübung der Frömmigkeit im Sinne des Altpietismus, aber es geht doch darum, dass die Lehre als solche noch nicht das Charisma mit sich bringt: „Allewege bleibt dabei die Hauptsache, dass derjenige, welcher das Wort Gottes (was für ein Wort!) bringen soll, nicht genug habe an der sogenannten oder wirklich orthodoxen, wir verstehen darunter die der Heiligen Schrift entsprechende Lehre, sondern dass er inneren Beruf und selbst Lebenserfahrung von der Kraft des Wortes Gottes an sich gemacht habe, dass er mit Geist und Feuer getauft sei, wo dann der Geist Feuer und das Feuer Geist ist!" (AS I, 237). Wichern hat von hier aus besonders eine sorgsame Ausgestaltung der Kandidatenausbildung gefordert.

Dabei ist freilich nun deutlich, dass der Mensch als Subjekt der Predigt nicht aufgehoben und eliminiert werden kann und soll. In der Predigt redet der Prediger ja nicht „in Zungen" (AS I, 241), sondern in ihr soll er alle Kräfte der Persönlichkeit in den Dienst Christi stellen. Darum ist zunächst die wissenschaftliche Bildung schlechterdings grundlegend. „An dem Untergang der wissenschaftlichen Bildung überhaupt, und der theologischen insbesondere, arbeiten, wäre ein freventliches Vergehen gegen die Kirche, welche als Volkskirche ohne diese Bildung nicht wachsen und ihren allseitigen Beruf ausüben kann" (ebd.). Mit Nachdruck bekennt sich Wichern sowohl zur humanistischen Bildung, obwohl er sie in einen engen Bezug zur ethnischen Literatur der Antike bringt, wie zur Philosophie, in der er eine unentbehrliche „Gymnastik des Geistes" sieht. „Wir haben Gott für die klassische Bildung, die er uns wieder zugänglich gemacht, zu danken als für eine der Rüstkammern, in der die Waffen zu gewinnen seien, die wir nicht entbehren können, um siegreich in die Tiefen der Heiligtümer des heiligen Wortes einzuziehen" (GS 3, 963). Aber diese Ausbildung kann natürlich das Charisma nicht ersetzen. Denn in der Predigt soll ja der Mensch als ihr Subjekt wirken: „Die Persönlichkeit ist bei der Predigt so wichtig als das Wort, die Persönlichkeit nämlich redet mit und soll es auch" (GS 3, 1140). Alles hängt also am Menschen, der das Wort Gottes auszurichten hat. Er soll durch die Geistesgabe alle seine Kräfte, seinen Charakter, seine natürlichen Gaben in den Dienst an der von ihm verantwortlich zu übernehmenden Aufgabe stellen. Dass die Predigt Selbstwort Christi ist, schließt also nicht aus, dass der Mensch in ihr als Persönlichkeit das Wort nimmt, sondern schließt dies geradezu ein. Der Geist Gottes degradiert den Menschen nicht zum Objekt eines göttlichen Wirkens, sondern stellt den Menschen in verantwortliche Arbeit, macht ihn also erst zum freien Subjekt eigenen Wirkens.

Das Predigtcharisma ist aber für Wichern nicht an das Amt im engsten Sinne gebunden. Der Geist, der „auch in dieser Beziehung wirkt, wie und wo er will", wirkt vielmehr durch die Predigt immer wieder eine Fülle von Gaben in der Gemeinde selbst, Gaben, die nur zu oft übersehen werden: „Man kennt die Gaben nur zu wenig, welche als wahre Geistesgaben, als wahrhafte Charismen zur Erbauung der Kirche im kirchlich gläubigen Volk schon jetzt vorhanden sind" (AS I, 107), welche „nach Tätigkeit verlangen" (AS I, 108). Hier setzt Wicherns großer Gedanke an, der Laienpredigt in der Kirche Raum zu verschaffen. Die echte Volkspredigt kann nach Wicherns Überzeugung nur in Ausnahmefällen von Theologen ausgeübt werden, so wenig er bestreitet, dass es Geistliche gibt, die „wahre Volksmänner sind" (ebd.). „Wir müssen Straßenprediger haben", das ist die Aufgabe, die sich einer Kirche stellt, die die Fühlung zu breiten Volksschichten verloren hat. Sie kann sie wahrscheinlich nur finden in den Charismatikern der Gemeinde selbst. Mit Nachdruck weist er auf die reichen Erfahrungen hin, die man im ökumenischen Raum mit der Laienpredigt gesammelt hat, und mit besonderer Liebe erinnert er daran, dass die Erweckungsbewegung in Pommern und Ostpreußen immer wieder von gesegneter Laienpredigt berichtet. Wichern war dabei durchaus der Überzeugung, dass es nicht um eine wildwachsende Bewegung gehen könne. Natürlich bedürfen auch die Laienkräfte einer Zurüstung, und Wichern war weit davon entfernt, ihnen alle Funktionen des geistlichen Standes zu übertragen. Er dachte sich ihr Arbeitsfeld überall da, wo ohnehin das geordnete Amt nicht ausreichte, um die Verkündigung zu gewährleisten, also in der Straßenpredigt, bei der Arbeit an der fluktuierenden Bevölkerung, aber auch in der Großstadt mit ihren weithin ungeregelten Verhältnissen. Er wollte darum den Laienpredigern weder die Sakramentsverwaltung noch die Sonntagspredigt übertragen wissen. Aber er forderte eine Ordnung der Kirche, welche es ermöglichte, „diese Elemente [...], selbstverständlich mit allen nötigen Kautelen, förmlich und ordentlich zum Dienst in der Gemeinde [...] aufzunehmen und [...] organisch einzugliedern" (GS 1, 240).

Schon an dieser Stelle wird sichtbar, wie wenig Wichern den Prediger allein als menschliches Subjekt der Predigt anerkennt. Er hat vielmehr stets daran festgehalten, dass auch die Gemeinde selbst Trägerin des Wortes Gottes sein oder werden müsse. Die Verkündigung des allgemeinen Priestertums bedeutet, dass die Gemeinde die Pflicht zum Zeugnis hat: „Die lebendige Predigt vom allgemeinen Priestertum muss die sämtlichen Zuhörer aus der bisherigen Untätigkeit gegen die Armen und die Proletarier wecken, muss die Hörer der Predigt in ebensoviele Prediger des Wortes verwandeln, wenigstens zu verwandeln bestrebt sein" (AS I, 106). Diese Wirksamkeit der Gemeindeglieder aber soll sich „um das Amt gruppieren und die rechte und eigentliche Ordnung der Kirche erst neu erzeugen" (AS I, 107).

2. Aber was soll gepredigt werden? Natürlich antwortet Wichern: das Wort Gottes. Damit ist freilich noch wenig über den konkreten Inhalt gesagt. Es geht dabei für Wichern sicher nicht um eine einfache Wiederholung der

biblischen Aussage. Die Aufgabe der Schriftauslegung hat er von Anfang an der Bibelstunde zuerteilt. Die Predigt aber ist etwas anderes als bloße Schriftauslegung: „Die Auslegung (scil. in der Bibelstunde) muss sich gerade als reine Auslegung von jeder Predigtform unterscheiden" (GS 2, 312). Dass die Schriftwahrheit für jede Predigt leitend sein muss, ist selbstverständlich vorausgesetzt. Wichern hat den Vorwurf gegen die rationalistische Predigt, dass sie seit 1750 „weder in Kirche noch in Schule das lautere Evangelium gelehrt, ja, dasselbe zum Teil methodisch niedergearbeitet und [...] ausgerottet" habe, aufgenommen (GS 3, 306). Hier sah er eine Predigt, „welche das Wort Gottes verfälscht hat" (ebd.). Aber mit dieser Bestimmung des Verhältnisses zwischen Wort Gottes und Predigt ist ihm offensichtlich noch nicht genug gesagt. Die Frage ist ihm, was denn nun eigentlich das Evangelium sei. Und hier ist seine Antwort entscheidend wichtig: es ist Ausdruck und Überlieferung einer Geschichte.

„Das rechte Schwert ist das des Geistes, nämlich das lebendige Wort Gottes. Seine unüberwindliche Schärfe liegt in der Geschichte, deren Mittelpunkt, Christus, seine Strahlen nach allen Seiten entsendet. Nicht eher wird's besser und allgemeiner besser werden, bis Seine Geschichte und die auf ihn zielende Geschichte des alten Bundes, und die von Ihm ausgehende Geschichte Seines Reiches, die 1800-jährige, dem Leben unseres Volkes wieder unterbaut wird und unterbaut ist; erst dann wird das Christenvolk wieder lebendig erfahren, auf was für einem Grunde auch dies Jahrhundert und jeder einzelne in demselben eigentlich steht. Dann wird die Geschichte der Welt und die Geschichte des Heils jedem als seine eigene Geschichte offenbar werden" (GS 5, 372). Dieses Zitat weist Wicherns Verständnis dessen, was in seinem Sinne Wort Gottes sein soll, deutlich genug auf. Wichern geht also von der These aus, dass Offenbarung und Wort Gottes nichts anderes sind als Ereignis, als ein bestimmtes Geschehen. Sie stellen nicht abstrakte Begriffe dar, die abgesehen von ihrem Empfänger etwas sagen, und sie haben nicht nur eine kognitive Seite, sondern ebenso eine Ereignisseite, die das entscheidende Element in ihr darstellt. „Offenbarung ist nicht ein abstrakter Begriff und deswegen auch nicht ein Gegenstand des Begriffs und des Begreifens, sondern ein factum, eine Tatsache, welche das Begreifen nicht ausschließt, aber vom Begreifen auch nicht umschlossen wird. Offenbarung ist nicht bloß Mitteilung göttlicher, wenn auch neuer Erkenntnis, sondern tatsächliche, geschehene und noch geschehende Mitteilung göttlicher, heilender Lebenskräfte, Kundwerden des göttlichen Lebens und Wesens selbst für das Leben, und zwar das ganze Leben" (zit. bei Erwin Meißner, Der Kirchenbegriff Johann Hinrich Wicherns, Gütersloh 1938, 88, Anm. 1). Wichern hat von hier aus die Aufgabe der Predigt neu zu bestimmen gesucht. Es geht in ihr um Mitteilung der Geschichte, aus der der Mensch seine Existenz hat.

An dieser Stelle tritt deutlich hervor, dass der Mensch für Wichern das geschichtliche Wesen schlechthin ist. Natürlich weiß er, dass der Mensch und seine Institutionen auch eine Naturseite haben. Aber sie werden im eigentlichen Sinne menschlich erst, wenn sie geschichtlich verstanden werden. Es gehört zu Menschen, dass er das Wesen ist, das sich erinnern kann, das seine Geschichte hat, kennt und vollzieht. Was aber heißt das, wenn Wichern dem Menschen Geschichtlichkeit zuspricht? Natürlich ist diese Geschichte geprägt von der Mitte der Geschichte aus, also von Christus her. Diese Geschichte ist es, von der der Christ immer schon betroffen ist. In der Taufe ist er in sie einbezogen, und er soll diese Geschichte als seine eigene Geschichte erkennen. Dies geschieht freilich nicht ohne Anerkennung der in Christus geschehenen Geschichte. Die Aufgabe der Predigt ist also Mitteilung dieser Geschichte unter Aufforderung zu ihrer Anerkennung als eigene Geschichte. Der Mensch soll in dieser Geschichtsüberlieferung dessen inne werden, „dass die in dieser Geschichte im einzelnen und im ganzen waltende Hand dieselbe ist, welche auch die Geschichte des einzelnen Menschen leitet, und in demselben dieselbe Geschichte erzeugen will, die in der Person Christi endet“ (AS II, 297f.).

Von hier aus wird Wicherns Grundforderung an die Predigt verständlich. Sie soll nicht „über das Leben Christi“ gehalten werden, sondern soll nichts anderes sein als „liebevolle Vorführung der Person Christi und ihrer Geschichte“ (AS I, 233). Was sie vermitteln soll, ist „diese Erkenntnis der reinen, einfachen, lebendigen Geschichte Christi, einer Geschichte, die die Lebensmacht aller Geschichte jedes einzelnen Menschen werden und im Menschen der Anfang einer neuen Lebensgeschichte werden will“ (ebd.). In diesem Sinne fordert er: „Die Prediger, scheint uns, müssen zugleich wieder, wie die Lehrer es sind für die Kinder, Evangelisten, d. h. Erzähler des Lebens Christi für die Erwachsenen und für die versammelten Gemeinden werden“ (AS I, 234). Mit völliger Eindeutigkeit hat sich Wichern also zur Predigt bekannt, die selbst Ereignis, selbst geschichtliches Geschehen und selbst Vermittlung einer bestimmten geschichtlichen Bezogenheit des Menschen ist.

Die Geschichtlichkeit des Menschen lässt sich für Wichern aber auch verfehlen. Diese Verfehlung tritt dann ein, wenn der Mensch sich von seiner Geschichte loslöst und sie einfach negiert. Der Mensch kann sich dem Augenblick so sehr ergeben, dass er darüber Vergangenheit und Zukunft einbüßt. Wo dies geschieht, hat der Mensch freilich sich selbst in vollem Sinne verloren. Man kann die Geschichtlichkeit des Menschen nicht haben ohne Wissen um Vergangenheit und ohne Zukunftshoffnung. Für Wichern konnte also Geschichtlichkeit nicht als pure Aktualität und Punktualität interpretiert werden. Im Gegenteil: gerade in der Beschränkung auf die reine Gegenwart sieht Wichern die Zerstörung des Menschen schlechthin. „Die Gegenwart [...] ohne Geschichte rückwärts und ohne Zukunft vorwärts ist nichts als ein Schein und fällt in sich selbst zusammen“ (AS I, 265). Eine Predigt, die nicht an der geschichtlichen Ereignishaftigkeit Christi und an der eschatologischen Verheißung und Hoffnung orientiert ist, ist für Wichern eine eigentlich hoffnungslose Sache. Sie kann für ihn auch keine Gegenwartsmächtigkeit besitzen.

Doch kann es auch eine andere Form der Verfehlung echter Geschichtlichkeit geben. Geschichte ist ja in sich ambivalent. Sie stellt sich dar als Kampf zwischen dem Reiche der Sünde und dem Reiche Gottes. Dieser Kampf ist ihr eigentlicher Inhalt. Geschichte stellt sich also nicht dar als kontinuierlicher Prozess im Sinne eines fortschreitenden, in sich geschlossenen Kausalzusammenhanges. Sie vollzieht sich vielmehr in Angriff und Gegenangriff, in ständiger Auseinandersetzung zwischen Glauben und Unglauben, zwischen Sünde und Gnade. „Stoßweise“ (GS 3, 1133), in unberechenbaren „Zeiten und Jahren und Jahreszeiten“ vollziehen sich die Ereignisse der Geschichte (GS 3, 627). „Die mächtige Sünde mit dem von ihr gebildeten und konservierten Weltreich ist von Anfang an in den noch lange nicht entschiedenen Kampf mit dem Reiche Gottes eingetreten.“ „Dieses gegen das Ja des Gottesreiches gestellte Nein des Weltreichs hat nicht minder seine einheitliche fortschreitende Geschichte“ (GS 3, 1155). Einheitlich ist diese Geschichte natürlich nur dadurch, dass in ihr immer dieselben Mächte wirksam sind. Sie schreitet fort, weil diese ganze Geschichte eschatologisch ausgerichtet ist. Aber sie stellt sich als permanenter Kampf dar, in dem stets Gott und Widergott, Glaube und Sünde nebeneinander stehen und miteinander ringen. Dabei aber geht es für Wichern nicht eigentlich um die Beschreibung eines transsubjektiven Vorganges. Vielmehr ist es wesentlich, dass dieser Kampf zwischen den beiden Reichen sich in der Weise der menschlichen Entscheidung vollzieht. Jede Gegenwart hat den Charakter der Krise. Sie ist immer offen oder verborgen Ruf in die Entscheidung zwischen den beiden Reichen, an denen der Mensch teilhat. „Das Ende dieser Krisis ist die Selbstentscheidung der einen, die für, und der anderen, die gegen die Wahrheit sind“ (AS I, 231).

Seine eigene Zeit hat Wichern unter diesem Gesichtspunkt besonders ernst beurteilt. Er sah im Hervorbrechen der großen antichristlichen Geistesbewegungen seiner Epoche, im Marxismus und im Radikalismus des Bürgertums einen in seinem Sinne nur eschatologisch zu begreifenden Vorgang: „Wenn [...] der Gegensatz gegen das Reich Christi sich jetzt unverkennbar erweitert und vertieft, so beruht das auf einem von Gott geordneten, auch sittlichen Reichsgesetz, dass das zum Angriffspunkt erwählte Reich des Todes gegen das Reich des Lebens als ein ihm zu mächtiges reagiert, um seine eigene Existenz zu wahren und nicht vom Leben verschlungen zu werden“ (AS I, 231). Er hat den gleichen Gedanken in seiner Frühzeit bereits ausgesprochen; hier bezeichnet er den Krisis-Gedanken als eine besondere

Eigenart der Johanneischen Theologie. Er besagt: „Da sich das Leben Christi in ihr (scil. der Gemeinde) wiederholt, muss sich ihr gegenüber das Wesen der Welt in derselben Art wie gegen den Herrn offenbaren; die Welt ohne Christum und die Gemeinde in Christo werden in den schneidendsten Gegensatz nebeneinandergestellt" (GS 3, 13). Seine Zeit als Zeit einer besonderen Entscheidung ist für ihn so bedrängend gewesen, dass er sich nicht scheute, sie als „neuanbrechendes Zeitalter der Welt" zu bezeichnen (GS 3, 249). Und man wird nicht übersehen können, dass er wohl doch nicht ganz zufällig die innere Mission geradezu als „ein neues Heilsmoment in der Kirche" bezeichnet hat, obwohl er selbst von diesem Ausdruck später entschieden abrückte und ihn als „ungeschickt gewählt" bezeichnete (GS 3, 277 und Anm.). Aber faktisch steht jede Gegenwart in immer neuen Formen in der Entscheidung zwischen dem Reiche Christi und dem der Sünde. Nur in der Entscheidung kann überhaupt ergriffen werden, was die Geschichtlichkeit des Menschen ausmacht. „Darum ist die Gemeinde Christi nichts ohne Vergangenheit und Geschichte und nichts ohne Zukunft, d. h. ohne Hoffnung" (AS I, 265). Diese Tatsache hat nun aber zugespitzte Bedeutung für das Leben des Glaubenden. Es vollzieht sich als Teilnahme an dem Kampfe der beiden Reiche. Das gilt zunächst für das ethische Leben. Erst wer von dem Reiche Christi persönlich ergriffen ist, beginnt, aktiv an dem Kampfe teilzunehmen, indem er „neben der Geschichte (seines) Sündenlebens die Geschichte eines Lebens der Gnade in (sich) selbst kennenlernt" (GS 5, 427). Es gilt aber auch für die Christenheit in ihrer Gesamtheit. Sie beteiligt sich selbst und aktiv an dem Kampfe zwischen den beiden Reichen. Sie tut es, indem sie liebt. Das tut sie in der Form der Feindesliebe, „damit der Feind zur Gegenliebe komme" (AS I, 268).

Damit aber weist Wichern auf die Notwendigkeit hin, die Predigt als Überlieferung zu vertiefen durch eine apologetische Aufgabe. Diese Aufgabe hat freilich nur eine Nebenstellung neben der Funktion der Predigt, die dem Ereignis der Gegenwart Christi dient. Aber der Kampf, der der Christenheit aufgetragen ist, muss natürlich auch auf geistigem Gebiete geführt werden. Wichern hat von da aus der Auseinandersetzung immer wieder viel Nachdenken gewidmet. Natürlich meint er nicht den unfruchtbaren Versuch, so etwas wie eine schwächliche Verteidigung oder gar so etwas wie einen unehrlichen Versuch des Kompromisses zu unternehmen. Er lebte nicht der Überzeugung, dass die Wissenschaft des Glaubens Feind sei, und er durchschaute mit großer Klarheit, dass die Predigt ohne Wissenschaft haltlos und ungeeignet sei, die Fragen der Welt zu bewältigen, die auf sie warteten. Darum setzte er sich entschieden für eine Predigt ein, die über die öffentlichen Fragen informierte, für eine Predigt, die den Stand der Wissenschaft klar erkennen ließ, die es wagt, sich zu einer echten Bildungsaufgabe zu bekennen. „Vor der Gemeinde soll der Pfarrer die Existenz des Widerchristentums nicht verdecken; sie muss namentlich erfahren, wie weit dasselbe theoretisch oder praktisch in ihr Eingang gefunden, und ist gegen diese Gefahren zu rüsten. Zu dieser Zurüstung gehört die gründliche Erkenntnis göttlicher und menschlicher Dinge, um aller Art Unwissenheit ein Ende zu machen. Namentlich soll auch die schulmäßige und gründliche Erkenntnis menschlicher und irdischer Dinge dem Volke auf keiner Stufe vorenthalten werden, nicht bloß weil, aber auch weil gerade mit diesen Erkenntnissen von den Widerchristen gegen den Glauben mit Scheingründen operiert wird" (GS 3, 1071). Indem Wichern also die Theologie dazu auffordert, sich der Apologetik neu anzunehmen, will er erreichen, dass der Gegner wirklich ernst genommen wird. Man kann ihn nur dann innerlich überwinden, wenn man ihn nicht totschweigt, sondern sich ihm vorbehaltlos stellt. Die Apologetik soll also nicht verharmlosen, sondern gerade ernst nehmen und rückhaltlos aufnehmen. Die Gemeinde soll sich der Moderne aufschließen, ohne sich ihr preiszugeben.

Daraus ergibt sich für Wichern der Kulturauftrag der Predigt. Es kann für ihn keine Predigt geben, die sich der Aufgabe verschließt, das ganze Leben des Menschen in sich einzubeziehen. Eine Predigt, die sich dieser Aufgabe weigert, ist für Wichern Verleugnung Christi, der der Herr und die Wahrheit auch der Kultur ist. Es sind große Aufgaben, die dem Predigtinhalt gegeben sind. Wichern hat von der Predigt in keinem Augenblick gering gedacht. Für ihn war aller Neuanfang in der Kirche höchst unmittelbar mit dem Prediger und seiner Arbeit verbunden. Mitten in dem allgemeinen Kulturverfall, dessen Zeuge er wurde, hat Wichern sich unerschrocken dazu bekannt, dass der Predigt eine Aufgabe an der Welt zukomme, die auch ihren Inhalt prägen müsse.

3. Die Predigt ist an die Welt gerichtet. In ihr tut sich Christus der Welt kund. Indem er predigen lässt, zieht Christus die Welt vor sein Gericht und vermittelt er ihr sein Heil. Wichern hat diese Bezogenheit der Predigt auf die Welt immer wieder mit besonderem Nachdruck betont. Er konnte nicht anders verfahren; denn der in Christus offenbare Gott ist für ihn der Herr der Welt. Keine Predigt kann sinnvoll sein, die nicht von dieser Tatsache ausgeht und auf diese Tatsache hinführt. Die Predigt ist insofern mehr als eine Sache der glaubenden Gemeinde, die in ihr sich selbst sucht und erbaut. Sie ist erst recht mehr als die Selbstdarstellung des Predigers oder seiner religiösen Lebendigkeit. Die Predigt ist die Selbstbezeugung Christi vor der Welt, für die Welt und gegen die Welt. Auf die Frage nach der Zukunft der säkularisierten Großstadt antwortet Wichern: „Die Summe aller Antwort [...] ist für uns zunächst der Glaube an die unüberwindliche, alle Welt im Himmel und auf Erden innehabende Macht unseres Herrn und Heilandes" (GS 3, 652).

Bei dieser seiner Grundhaltung stieß Wichern auf den energischen Widerspruch des Pietismus. Ihm gegenüber hat er immer wieder die Liebe Christi zur Welt und die positive Bedeutung der Welt für den Christen hervorgehoben. Er sah in der Reduzierung Christi auf seine Herrschaft über die Gemeinde eine ungeheure Gefahr der Verengung, Verkürzung und Lähmung der Predigt. Dem Pietismus warf er mit Leidenschaft vor, er habe – geschichtlich vielleicht verständlich – ein nur negatives Weltverständnis besessen und dadurch die Aufgabe der Christenheit in der Welt nicht mehr aussagen können. „Die Zurückhaltung von dem, was nicht minder Gottes ist und durch die Erlösung gesühnt und verklärt worden, und das vorwiegende Beharren in und Zurückkehren zu der negativen Seite des Christentums bei den so gestimmten Brüdern" ist ein Mangel, „der schwinden muss und schwinden wird, sobald das volle Licht der Herrlichkeit des Versöhners und seines ewigen Heilswerkes im Glaubens leben aufgeht", erklärt Wichern schon in seiner Denkschrift vom Jahre 1849. Er hat aus diesem Grunde auch bereits damals jeden Zusammenhang geschichtlicher Art zwischen seinem Werke und dem geschichtlichen Pietismus bestritten (GS 3, 285 f.).

Die Auseinandersetzung mit diesem negativen Weltverständnis des Pietismus ist erst viel später, etwa seit 1856, zu ihrer Höhe gelangt. Jetzt formuliert er: „Jene Welt, die dem Gerichte verfallen, deren Fürst aus der Finsternis ist, ist nicht zu verwechseln mit der Welt, die wir als das Werk des heiligen Geistes kennen." Die Welt ist und bleibt nach Wicherns Verständnis Gottes Werk und soll in seinem Reiche vollendet werden (GS 3, 913). In dem pietistischen Weltverständnis sah Wichern nun geradezu eine „schwere, höchst bedenkliche Krankheit unseres christlichen und kirchlichen Lebens" (GS 3, 1075). Er dachte dabei an die Folgen: theologisch war es so, dass damit die Vollmacht Christi beschnitten und bestritten wurde. Praktisch aber fürchtete er, dass man die Welt einseitig nur als Stätte der moralischen und ethischen Verkommenheit betrachten konnte. „Man verschmäht die Welt, die Gottes Werk" ist (GS 3, 913), und muss daher „reiche und gesunde Elemente des Volks- und Familienlebens" abweisen. Man kann keinen „Sinn für die Schönheit und den Reichtum des Lebens" entwickeln (ebd.), kann aber besonders die positive Weltaufgabe der Christenheit nicht mehr wahrnehmen. Man überlässt die Welt ihrer Sünde, statt sich an dem Kampfe Christi um die Welt zu beteiligen. „Dieser Pietismus aber in seiner Weltflüchtigkeit wohnt nicht auf den Höhen, wo die Burgen gebaut sind, von deren Zinnen die Burgen der Widersacher überschaut werden können; sondern in gemütliche Täler hat er sich zurückgezogen, die oft so kostbar und lieblich sind, dass wir ihre eingefriedigte, vom Geist der Frömmigkeit umwehrte Stille der ganzen Kirche wünschen, – aber ohne die Mitgabe jener Krankhaftigkeit und jener Furcht" (GS 3,1066). Wichern hat demgegenüber die Welt als Aufgabe begriffen. In ihr vollzieht sich der Kampf zwischen Christus und

Antichristus, und es gilt für den Christen, an Christi Kampf um die Welt teilzunehmen.

Für Wicherns Verständnis ist die Predigt der Welt zugewendet. Sie ist das Ereignis, in dem Christus sich der Welt kundtut. Die Folge dieses Ereignisses ist die Erbauung der Gemeinde. Wichern glaubt an Christi „stilles, sanftes Wirken, Walten und Wehen, mit dem Er sich sein Volk geschaffen hat und auch wieder schaffen wird“ (GS 3, 652). Dieses Volk Gottes aber kann sich zu dem Herrn der Welt nicht bekennen, wenn es nicht die Welt in ihrer Gesamtheit als Aufgabe erkennt. Der Kirche als Volk Gottes kommt eine Aufgabe für die Welt zu. „In dem Gesagten liegt das Bekenntnis des Glaubens an eine welthistorische Bedeutung der Kirche; ihr ist damit eine weltumfassende Wirksamkeit zur Erneuerung des innersten Völkerlebens zugetraut“ (AS I, 97), so erklärt Wichern bereits 1848, und er ist dieser Grundüberzeugung treu geblieben. Darum kann er auch der Predigt eine klare Aufgabe zuerkennen. Sie hat die Aufgabe, Mission zu treiben. Es ist wirklich nicht zu befürchten, dass irgendwann einmal der Zustand eintritt, in dem sich diese Missionsaufgabe überflüssig macht. Wichern wusste in diesem Punkte sehr genau um die Notwendigkeit des eschatologischen Vorbehaltes. Für ihn gibt es keine eindeutige Welt, sondern er hat die Welt, in der wir leben, stets in ihrer Ambivalenz gesehen und von seinem ganzen Ansatz aus sehen müssen. Sie bleibt Kampfplatz zwischen dem Reiche Gottes und dem Weltreich der Sünde. Aber in ihr ist die Gemeinde als Werkzeug Gottes auf dem Plan. Ihre Aufgabe ist „der Hineinbau des göttlichen Reiches in diese sündliche und vergängliche Welt und das Durchbauen desselben mit dem verklärenden Lichtbau des Gottesreiches. In jedem Berufskreise des Lehr-, Nähr- und Wehrstandes, in jedem Gemeindewesen, sei es Familie oder Gemeinde, die kommunale oder kirchliche oder die große nationale Volksgemeinde, soweit dies alles im Reiche Christi seiner ihm innewohnenden Idee entspricht, vollzieht sich jene göttliche Architektur, die Selbsterbauung des Gottesvolkes“ (GS 3, 1069).

Es ist darum selbstverständlich, dass Wichern stets und grundsätzlich ökumenisch gedacht hat. So sehr er Kind seines nationalen Zeitalters war – er hat sich nachdrücklich für eine Bedeutung der Nation auch für das Eschaton ausgesprochen –, so sehr war er doch davon durchdrungen, dass eine Einschränkung der Predigt auf die nationalen Belange unsachlich sei. Der Kampf Christi um die Welt hat sein Ziel nicht in *einem* Volke, sondern „in den innersten Tiefen [...] aller Völker (GS 3, 1071), er konnte von der „nationalen Aufgabe der inneren Mission“ nicht reden, ohne zunächst von der inneren Mission als „internationaler Arbeit“ (GS 3, 632) zu sprechen, und zu seiner berühmten Wittenberger Rede gehört auch der „Gedanke eines großen Bundes der rettenden Liebe über Europa hin“ (AS I, 125). Gerade als bewusst lutherischer Theologe wusste er sich zur Wahrung des ökumenischen Anliegens verpflichtet. Denn für ihn fiel das Bekenntnis zu seiner evangelisch-lutherischen Kirche zusammen mit der „rechten christlichen Katholizität, des eingedenk, dass das erste Wort der Augustana das Bekenntnis zu solcher Katholizität ist" (AS II, 118). Für Wichern gehören darum auch innere und äußere Mission eng zusammen. Man kann die innere Mission nicht bejahen, ohne sie im Zusammenhange mit Gottes Kampf um die Welt zu sehen. Aber er verstand die Welt nicht nur geographisch. Es ist ja ihr Kennzeichen, dass sie eindeutig von der Verlorenheit und Lieblosigkeit bestimmt war. Darum ist es ihm so schwer geworden, dass man die Armen aus der Predigt ausschloss, dass man ihre besonderen Fragen nicht beachtete, dass man den ganzen Bereich der Kultur und Politik nicht mehr in die Predigt einbezog. Die Predigt hat es mit der Gesamtheit der menschlichen und dinglichen Welt zu tun, weil Christus der Herr der Welt ist und sich als solcher zur Kenntnis und Anerkennung bringen will.

Die Weltzugewandtheit der Predigt muss sich aber nach Wichern auch in der Bestimmung von Ort und Zeit der Verkündigung auswirken. So wie er die Frage des Predigerstandes aus den Vorstellungen einer selbstgenügsamen Kaste löste, so hat er auch den Gedanken des Temenos in Bezug auf Ort und Zeit überwunden. Man kann sich nicht an eine in Bewegung geratene Bevölkerung mit ihrer unübersehbaren Fluktuation wenden, wenn man ihr nicht bedingungslos nachgeht. Die Straßenpredigt, die Reisepredigt, die Predigt im Freien wird unerlässlich, wenn die Kirche sich nicht selbst aufgeben will. Auch die äußerst negativen Erfahrungen, die Wichern mit einem solchen Versuch in Hamburg machte (vgl. GS 3, 567), konnten ihn nicht davon überzeugen, dass dieser Versuch sinnlos sei. „Kann man nur in Kirchengebäuden predigen?" (AS I, 235) ist seine sachlich kaum als unberechtigt zu bezeichnende Frage. Und es war seine Überzeugung, dass man auch hier dem Beispiel Christi und den Erfahrungen vieler Zeiten der Kirche nur zu folgen brauche. Eine neue Zeit der Kirche müsse sich auch in der „Neuheit des Ortes für die Predigt" (AS I, 236) bemerkbar machen. Nur so sei die Frage zu beantworten, wie „den am weitesten Entfremdeten das Wort des Lebens nahegebracht werden sollte" (ebd.). Gewiss kann es fraglich sein, ob Wichern mit seinen Vorschlägen heute gangbare Wege beschritten hat. Jedenfalls aber hat er ohne Zweifel theologisch zutreffend die Frage des Temenos gestellt und beantwortet.

III. Zusammenfassung

Gewiss ist dem heutigen Leser die Sprache Wicherns wahrscheinlich fremd geworden. Er war schon zu seiner Zeit weit davon entfernt, sich einer theologischen Fachsprache zu bedienen. Auch seine Predigtgedanken sind dem heutigen Theologen in vieler Hinsicht fremd. Unter der Vorherrschaft einer

Theologie, die die Textpredigt in den Vordergrund stellt, die die Predigt als Gemeindepredigt ansieht, die zudem die Predigt als Menschenwort gegenüber dem „Selbstworte Gottes“ disqualifiziert, kann für ein Predigtdenken dieser Art in der Tat nur wenig Verständnis erwartet werden. Dennoch lassen sich auch die Ansätze einer als modern zu bezeichnenden Theologie nicht übersehen. Wichern erscheint als einer der frühesten dezidierten Vertreter einer christokratischen Theologie der Predigt.

An dieser Stelle mag die Kritik an seinem Predigtdenken mit vollem sachlichem Rechte einsetzen. Wichern hat nie ein sachliches Verhältnis zu dem Problem des Gesetzes, der Macht und der Staatlichkeit gewinnen können. In diesem Punkte blieb er ohne Frage der Geistigkeit seiner Zeit, der Romantik, tief verhaftet. Gewiss finden sich die schroffsten Äußerungen dieser Verständnislosigkeit in seiner Jugendschrift über „Das Wesen der Kirche“. Aber er hat seine Abneigung gegen das Gesetz nie überwinden können. „Die ganze Summe des Gesetzes tritt im Staate als organisierte Macht dem durchaus unbedingten wahren Leben gegenüber. Der Staat als der Träger und Schöpfer des Gesetzes kann nichts an sich kommen [...] lassen, dem er nicht durch die Legitimation den Stempel seines Wesens aufdrückte.“ So kommt es zur Staatskirche, zur Kirche als Institution, mit der Folge: „Der Herr der Kirche ist durch das Gesetz des Staates und der Staatskirche getötet“ (GS 3, 1-3). Auch ihm konnten die Folgen nicht erspart bleiben, die bei diesem Ansatze unvermeidlich sind. Er musste den Weg gehen, nun das Evangelium selbst zum Gesetze zu machen. Ihm schwebte, ob er wollte oder nicht, eine Welt vor, die mit dem Evangelium regiert wurde. Gewiss war dieser Gedanke aufgelockert durch seine Einsicht in die Ambivalenz der Welt und der Geschichte. Hier bot sich ihm die Möglichkeit, der Welt auch positiv zu begegnen, ihre Ordnungen und Gegebenheiten positiv aufzunehmen, damit aber bestimmte Funktionen des Gesetzes Gottes zu bejahen. Aber die vollen Möglichkeiten eines Weltverständnisses auf Grund einer Zwei-Regimenten-Lehre hat er nicht auszuschöpfen vermocht. Man kann diesen inneren Zusammenhang weder übersehen noch verharmlosen. In ihm liegt es zuletzt begründet, wenn sein Werk von seinem Ansatz aus zum Scheitern verurteilt war. Die bedrohlichen Folgen einer einseitig christokratisch orientierten Theologie lassen sich gerade bei einem Studium des Wichernschen Werkes deutlich genug aufzeigen.

Mit der Verwerfung des Gesetzes hängt es wohl auch unmittelbar zusammen, dass Wichern die Predigt nicht von der Sündenvergebung und damit von der iustificatio impii aus interpretiert. Seine Theologie des Kampfes zwischen Gottesreich und Weltreich der Sünde leidet an der entscheidenden Stelle darunter, dass sie die Absolution des Sünders nicht auszusagen vermag. Da sie den Menschen nicht mit dem Gesetze und darum nicht mit seiner Sünde konfrontiert, kann ihr die Sündenvergebung als Tat Gottes in der

Predigt nicht zur Hauptsache werden. Die Predigt proklamiert das kommende Gottesreich und führt in den Kampf Gottes um die Welt, sie führt in diesen Kampf auch im eigenen Leben. Aber dieser Kampf ist bei Wichern überwiegend eschatologisch orientiert; er stellt sich als Warten auf den endgültigen Sieg Christi dar, der die Sünde als überwunden zeigen wird. Dass sich das angefochtene Gewissen auf die bereits geschenkte Vergebung aller Sünden beziehen darf und soll, dass es aus der Vergebung die Kraft zum sittlichen Kampfe schöpfen kann, das hat Wichern nicht ausgesagt und nicht aussagen können. An die Stelle der iustificatio impii setzt er eine Erlösungslehre, die rein eschatologisch orientiert ist.

Diese kritischen Bemerkungen ändern freilich nichts an der Bedeutung zahlreicher Einzelaussagen Wicherns. Nichts wird dabei stärker hervorzuheben sein als seine Einsicht, dass die Predigt als Handeln Gottes mit der Welt zu beschreiben ist. Sie ist darum mehr als Gedankenmitteilung, mehr als reine Schriftauslegung, mehr als menschlich-subjektives Wort über ein objektives Gotteswort, sie ist Gottes Tat und Ereignis von Christus her, der sich des menschlichen Wortes durch den heiligen Geist bedient, um sein Reich zu bauen. Dass Christus auch in der Predigt, wie in jeder Tat der Liebe, sein certamen adversus diabolum (Apol. IV, 192) führt, das hat uns Wichern heute neu einzuprägen. Dass er nüchtern genug war, gerade darum die verantwortliche Tätigkeit des Predigers auch nach ihrer menschlichen Seite ernst zu nehmen, muss heute besonders hervorgehoben werden. Wird nämlich bei der Wiederentdeckung der Predigt als Gottestat das menschliche Subjekt der Predigt ausgeschaltet, dann ist die biblisch-reformatorische Linie zugunsten einer mystisch-quietistischen verlassen, die sich eher auf Madame Guyon oder Fénélon berufen kann als auf das Evangelium. Endlich aber ist festzustellen: die Frage der neuen Predigtformen und der Laienpredigt ist nach wie vor akut. Die soziologische Verengung des Predigerstandes und der Predigtgemeinde ist immer noch eine Tatsache. Hier hat Wichern Fragen gestellt, die noch nicht erledigt sind.

Hinter der Predigtanschauung Wicherns steht eine Theologie, die gewiss nicht unkritisch aufgenommen werden kann. Eines aber wird man nicht sagen dürfen: dass sie klein oder eng gedacht sei. Sie gehört zu den großen Leistungen des heute vielfach bekrittelten 19. Jahrhunderts. Einer ist dagewesen, der seine Zeit scharf in den Blick nahm, einer, der es versuchte, die unendliche Bewegung, in die diese Zeit geraten war, ernst zu nehmen und daraus für Predigt, Lehre und Arbeit der Kirche Folgerungen zu ziehen.

Autorenverzeichnis

Gerhardt, Martin (1894-1952), Lic. theol. (Berlin 1922), Dr. phil. (Erlangen 1924), 1923-1931 Archivar des Rauhen Hauses in Hamburg, 1931-1937 Archivar der Diakonissenanstalt Kaiserswerth, 1937-1945 Professor für Kirchengeschichte in Göttingen, 1952 Honorarprofessor für Kirchengeschichte in Göttingen.

Göggelmann, Walter, Dr. theol., Pfarrer i.R., geb. 1938, war Pfarrer der Württembergischen Landeskirche in Reutlingen (1969-2002) und ist nun freier Mitarbeiter und Lehrbeauftragter des Diakoniewissenschaftlichen Instituts der Universität Heidelberg. Forschungsschwerpunkt: Geschichte der Diakonie und der Sozialethik im 19. Jahrhundert.

Herrmann, Volker, Dr. theol., geb. 1966, 1990-2000 Wiss. Hilfskraft bzw. Mitarbeiter am Diakoniewissenschaftlichen Institut der Universität Heidelberg, 2000 Promotion in Heidelberg, 2001-2004 Wiss. Assistent am DWI, seit 2004 Professor für Evangelische Theologie/Diakoniewissenschaft am Studienstandort Hephata/Schwalmstadt der Evangelischen Hochschule Darmstadt.

Janssen, Karl, (1912-1984), Lic. theol (Rostock 1936), D. theol. (Münster 1961), 1938-1951 Pastor am Stephansstift Hannover, 1951-1957 ao. Prof. und 1958-1960 o. Prof. für Praktische Theologie an der Ev.-Theol. Fakultät der Universität Münster, 1961-1974 Vorsteher des Stephansstifts Hannover.

Schäfer, Gerhard K., Dr. theol., geb. 1952, 1985 Promotion, 1984-1993 Assistent am Diakoniewissenschaftlichen Institut der Universität Heidelberg, 1994 Habilitation in Praktischer Theologie, 1993-1998 Pfarrer in Eberbach, seit 1998 Professor für Diakoniewissenschaft und Gemeindepädagogik an der Evangelischen Fachhochschule Rheinland-Westfalen-Lippe in Bochum, seit 2007 dort Rektor.

Wehr, Gerhard, Dr. theol. h.c., geb. 1931, Diakon und Mitglied der Rummelsberger Brüderschaft, freier Schriftsteller, 1971-1990 Lehraufträge an der Diakonenschule Rummelsberg (Fachakademie für Sozialpädagogik). Zahlreiche Buchveröffentlichungen aus Bereichen der neueren Religions- und Geistesgeschichte.

Wichern, Johann Hinrich, (1808-1881), zur Vita siehe die Zeittafel von Gerhard Wehr im vorliegenden Band.